LE LAROUSSE DES DESSERTS

Pierre Hermé

Le Larousse des Desserts

Recettes, techniques & tours de main

Larousse

21, rue du Montparnasse 75283 Paris cedex 06

Direction éditoriale
Colette Hanicotte

Édition
Emmanuelle d'Harcourt
La présente édition a été réalisée avec la collaboration de
Rupert Hasterok

Adaptation des recettes
Paule Neyrat, Yannick Lefort

Diététique et notices nutritionnelles
Paule Neyrat

Physico-chimie de la cuisine
Hervé This

Direction artistique
Emmanuel Chaspoul

Création graphique et mise en pages
Sophie Compagne et Jacqueline Bloch

Lecture-Révision
Chantal Pagès *assistée de* Madeleine Biaujeaud et Édith Zha

Fabrication
Annie Botrel

Couverture
Véronique Laporte

Photographies
Seules sont mentionnées ci-dessous les photographies réalisées spécifiquement pour le Larousse des desserts.
Tous les autres crédits photographiques sont indiqués en page 464

Doubles pages 118-119, 162-163, 192-193, 212-213, 252-253, 262-263, 288-289, 306-307, 318-319, 344-345
Jean-Louis Bloch-Lainé
Cuisine
Richard Ledu

Doubles pages et pleines pages 132-133, 150-151, 182-183, 186, 204-205, 222-223, 242-243, 274-275, 294-295, 328, 330-331, 339, 366-367
Nicolas Bertherat
Stylisme
Coco Jobard avec la collaboration de Christiane Mèche

Pleines pages 115, 131, 135, 141, 145, 147, 159, 167, 177, 179, 215, 237, 259, 269, 271, 283, 313, 325 et première de couverture
Jean-François Rivière
Stylisme et cuisine
Coco Jobard avec la collaboration de Christiane Mèche

Pleines pages 352, 360
Pierre Ginet
Stylisme
Christine Drin
Cuisine
Richard Ledu

Ingrédients et recettes filmées
Studiaphot
(sauf pour les photographies indiquées en page 464)
Stylisme
Isabelle Dreyfus
Cuisine
Richard Ledu

Doubles pages 14-15, 110-111, 256-257, 332-333, 374-375
Olivier Ploton

La liste des établissements que l'éditeur tient à remercier pour avoir prêté du matériel et de la vaisselle pour les prises de vue figure en page 464

ISBN 978-2-03-584976-2

Avant-propos

À côté du *Larousse Gastronomique*, au succès avéré, et d'autres ouvrages pratiques consacrés à la cuisine, la première édition du *Larousse des desserts* a vu le jour en 1997, saluée par de nombreux gourmands. Cet ouvrage venait enfin satisfaire les passionnés de pâtisserie.

Quelque 750 recettes ont été réunies par Pierre Hermé, chef de file de la gastronomie sucrée qui, tout en respectant l'héritage des grands classiques, a su s'imposer comme un véritable créateur. Desserts traditionnels et contemporains, spécialités régionales et étrangères, sont regroupés selon leur catégorie : tartes, bavarois, puddings, viennoiseries, confiserie, etc. Une part importante a été attribuée aux préparations de base, techniques indispensables et presque immuables, qui sont le fondement de la pâtisserie française.

Pratique, ce livre a été conçu pour permettre à tous – débutants et amateurs chevronnés – de réussir à la maison gâteaux, desserts et entremets. Le degré de difficulté de chaque recette est indiqué, et des séquences filmées détaillent, étape par étape, tous les gestes indispensables pour réussir la pâtisserie.

Actuel, cet ouvrage répond aux préoccupations quotidiennes : comment intégrer un dessert dans un menu, quelle boisson d'accompagnement choisir, comment sélectionner des ingrédients de qualité, quel matériel adopter, le sucre fait-il grossir ? Une approche diététique sérieuse nous apprend que manger sainement, ce n'est pas forcément renoncer au sucre.

Enfin, vingt photographies en doubles pages présentent les « coups de cœur » de Pierre Hermé, créations originales dans lesquelles l'auteur a joué des rapprochements de textures et de saveurs : mou et croquant, chaud et froid, acide et amer, etc., pour faire saliver les plus gourmands.

La nouvelle édition qui paraît aujourd'hui se présente dans une maquette renouvelée et illustrée par de toutes nouvelles photographies.

L'Éditeur

Sommaire

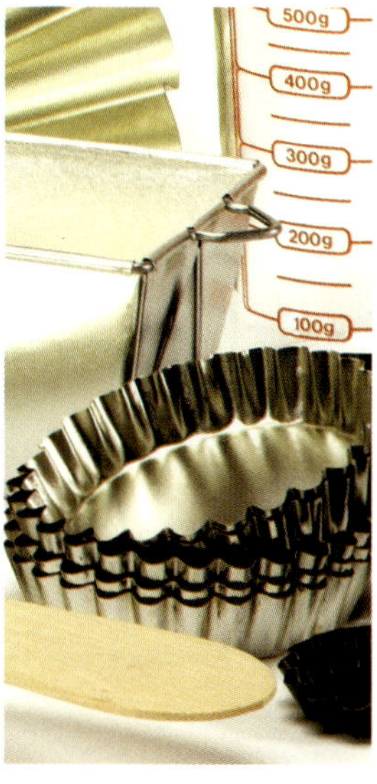

Comment utiliser le « Larousse des desserts »

PAGES 14 À 109 Les préparations de base

En 220 recettes, cette première partie du livre offre un panorama complet des préparations de base utilisées en pâtisserie : pâtes, crèmes, mousses, ganaches, glaces, sorbets, coulis, etc.

Titre des recettes

À l'intérieur de chaque chapitre, les recettes sont classées par ordre alphabétique.

Proportions

Les quantités d'ingrédients sont calculées pour un volume donné (pour 500 g de pâte, pour 50 cl de coulis, etc.).

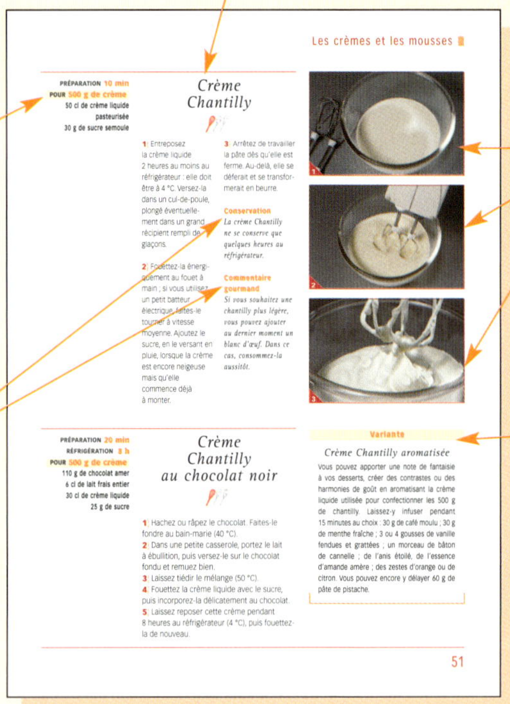

Illustrations

Des séquences filmées étape par étape permettent de visualiser les gestes essentiels.

Astuce et commentaire gourmand

Tout au long du livre, des tours de main donnent des conseils pratiques ; des commentaires gourmands apportent des idées de présentation ou d'association de saveurs. Hervé This, un scientifique qui étudie la physico-chimie appliquée aux arts culinaires, explique de façon rationnelle des préceptes transmis de génération en génération.

Variante

Des petits encadrés présentent des variantes de la recette principale.

PAGES 374 À 442 Pratique de la pâtisserie

Cette partie du livre rassemble :

- un tableau récapitulatif sur les **capacités et contenances** (page 376) ;
- une présentation du **matériel indispensable** (pages 377 à 384) ;
- un **guide des ingrédients** pour apprendre à les choisir et à les utiliser à bon escient (pages 385 à 426) ;
- des **notions de diététique** avec de nombreux tableaux, très pratiques pour surveiller son équilibre alimentaire sans se priver de desserts (pages 427 à 434) ;
- un glossaire qui donne une définition simple mais précise des principaux **termes utilisés en pâtisserie** (pages 435 à 438).

Les autres recettes du livre sont réparties en 3 grandes parties :

Temps de réalisation

Sont indiqués ici les temps de préparation, de repos, de réfrigération, voire de macération.

Proportions

Les proportions sont calculées en fonction du nombre de personnes indiqué.

Degré de difficulté

Pour chaque recette, un degré de difficulté est symbolisé par des petits fouets rouges (de 1 à 3).

Cuisson

Le temps total de cuisson inclut celui des préparations de base qui entrent éventuellement dans la composition du dessert.

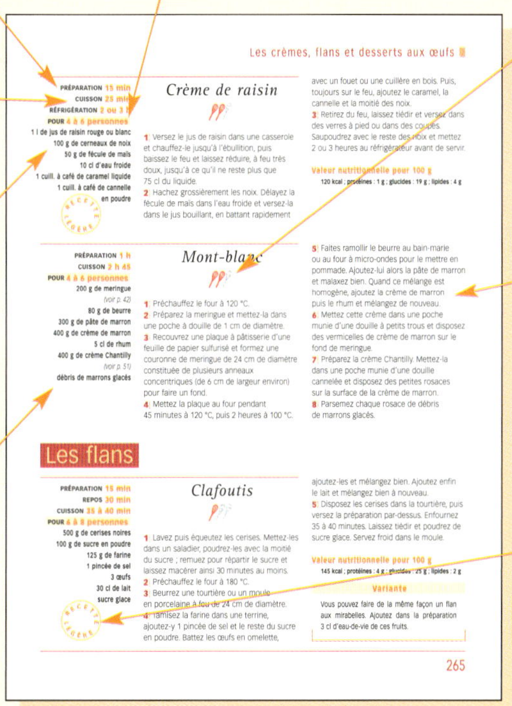

Les crèmes, flans et desserts aux œufs

Crème de raisin

PRÉPARATION 15 min
CUISSON 25 min
RÉFRIGÉRATION 2 ou 3 h
POUR 4 à 6 personnes
1 l de jus de raisin rouge ou blanc
100 g de cerneaux de noix
50 g de fécule de maïs
10 cl d'eau froide
1 cuill. à café de caramel liquide
1 cuill. à café de cannelle en poudre

RECETTE LÉGÈRE

1 Versez le jus de raisin dans une casserole et chauffez-le jusqu'à l'ébullition, puis baissez le feu et laissez réduire, à feu très doux, jusqu'à ce qu'il ne reste plus que 75 cl du liquide.
2 Hachez grossièrement les noix. Délayez la fécule de maïs dans l'eau froide et versez-la dans le jus bouillant, en battant rapidement avec un fouet ou une cuillère en bois. Puis, toujours sur le feu, ajoutez le caramel, la cannelle et la moitié des noix.
3 Retirez du feu, laissez tiédir et versez dans des verres à pied ou dans des coupes. Saupoudrez avec le reste des noix et mettez 2 ou 3 heures au réfrigérateur avant de servir.

Valeur nutritionnelle pour 100 g
120 kcal ; protéines : 1 g ; glucides : 19 g ; lipides : 4 g

Mont-blanc

PRÉPARATION 1 h
CUISSON 2 h 45
POUR 4 à 6 personnes
200 g de meringue (voir p. 42)
80 g de beurre
300 g de pâte de marron
400 g de crème de marron
5 cl de rhum
400 g de crème Chantilly (voir p. 51)
débris de marrons glacés

1 Préchauffez le four à 120 °C.
2 Préparez la meringue et mettez-la dans une poche à douille de 1 cm de diamètre.
3 Recouvrez une plaque à pâtisserie d'une feuille de papier sulfurisé et formez une couronne de meringue de 24 cm de diamètre constituée de plusieurs anneaux concentriques (de 6 cm de largeur environ) pour faire un fond.
4 Mettez la plaque au four pendant 45 minutes à 120 °C, puis 2 heures à 100 °C.
5 Faites ramollir le beurre au bain-marie ou au four à micro-ondes pour le mettre en pommade. Ajoutez-lui alors la pâte de marron et malaxez bien. Quand ce mélange est homogène, ajoutez la crème de marron puis le rhum et mélangez de nouveau.
6 Mettez cette crème dans une poche munie d'une douille à petits trous et disposez des vermicelles de crème de marron sur le fond de meringue.
7 Préparez la crème Chantilly. Mettez-la dans une poche munie d'une douille cannelée et disposez des petites rosaces sur la surface de la crème de marron.
8 Parsemez chaque rosace de débris de marrons glacés.

Les flans

Clafoutis

PRÉPARATION 15 min
REPOS 30 min
CUISSON 35 à 40 min
POUR 6 à 8 personnes
500 g de cerises noires
100 g de sucre en poudre
125 g de farine
1 pincée de sel
3 œufs
30 cl de lait
sucre glace

RECETTE LÉGÈRE

1 Lavez puis équeutez les cerises. Mettez-les dans un saladier, poudrez-les avec la moitié du sucre ; remuez pour répartir le sucre et laissez macérer ainsi 30 minutes au moins.
2 Préchauffez le four à 180 °C.
3 Beurrez une tourtière ou un moule en porcelaine à feu de 24 cm de diamètre.
4 Tamisez la farine dans une terrine, ajoutez-y 1 pincée de sel et le reste du sucre en poudre. Battez les œufs en omelette, ajoutez-les et mélangez bien. Ajoutez enfin le lait et mélangez bien à nouveau.
5 Disposez les cerises dans la tourtière, puis versez la préparation par-dessus. Enfournez 35 à 40 minutes. Laissez tiédir et poudrez de sucre glace. Servez froid dans le moule.

Valeur nutritionnelle pour 100 g
145 kcal ; protéines : 4 g ; glucides : 25 g ; lipides : 2 g

Variante
Vous pouvez faire de la même façon un flan aux mirabelles. Ajoutez dans la préparation 3 cl d'eau-de-vie de ces fruits.

265

Ingrédients

Les ingrédients sont mentionnés suivant leur ordre d'apparition dans la recette. Ils renvoient à la préparation de base lorsqu'elle est nécessaire à la confection de la recette.

Déroulé de la recette

Le texte de la recette est rédigé étape par étape. Chaque opération est numérotée.

Poids et mesures

Ils sont donnés très précisément car la réussite d'un dessert en dépend. Les très petites quantités sont mentionnées avec une équivalence en volume (cuill. à café ou à soupe) pour ceux qui ne disposeraient pas d'une balance précise.

Recette légère

Un « tampon » signale les recettes qui peuvent convenir aux persleur en calories, protéines, glucides et lipides est indiquée pour 100 g à la fin de la recette.

PAGES 439 À 449 **Les « coups de cœur » de Pierre Hermé**

Ce sont 20 créations originales du plus célèbre pâtissier français. Elles sont illustrées par de superbes photographies en doubles pages.

PAGES 450 À 463 **Les index**

- Un **index des recettes de A à Z** recense toutes les recettes proposées dans l'ouvrage, avec l'indication de leur pays d'origine lorsqu'il s'agit de recettes étrangères. Le degré de difficulté de chaque recette y est mentionné.
- Un **index par produit** permet de trouver des idées de recettes à partir d'un ingrédient.
- Un **index des recettes légères** s'adresse à celles et ceux qui doivent limiter leur consommation de mets sucrés.

Choisir et réussir un dessert

Gâteaux, tartes, entremets, fruits préparés et glaces sont toujours, à la fin d'un repas, un bonheur partagé. Le sucre possède une valeur psychoaffective plus ou moins consciente, liée en partie aux souvenirs de notre petite enfance, et la dégustation d'un dessert est souvent vécue comme un instant de plaisir.

Depuis l'Antiquité, les hommes ont toujours aimé terminer leur repas sur une saveur sucrée. Les Romains, puis les Gaulois, arrosaient de miel des galettes à base de farine, garnies de fruits, frais ou secs, et d'épices.

Grâce aux croisés qui découvrent en Orient la canne à sucre, ce « doux roseau » dont parle la Bible, se développe le commerce du sucre, denrée précieuse vendue chez les apothicaires.

À la fin du Moyen Âge, la corporation des pâtissiers, experts en pâtés de viande, de poisson et de fromage, se spécialise dans la confection de pastés de poyres, darioles à la crème, craquelins aux amandes… On ne parle pas encore de dessert. Une ordonnance de 1563 définit trois services : *à sçavoir les entrées de table, puis la chair ou poisson, et finalement l'yssue*.

On doit l'apparition de nouveaux plats sucrés à Catherine de Médicis, qui fait venir ses pâtissiers de Florence : leurs gâteaux à base de pâte à choux, leurs macarons et leurs glaces font les délices de la cour. L'engouement pour toutes ces douceurs ne cesse de croître. Brillat-Savarin rapporte que, dès le XVIIIe siècle, « l'esprit de convivialité » se répand dans toutes les classes de la société. Un dîner se termine toujours par un dessert, « dernier service du repas, composé de fruits, de pâtisseries, de confitures, de fromage ». Le chocolat n'est utilisé qu'au début du XIXe siècle. La création de nombreux mets sucrés, qui deviendront des grands classiques, est l'œuvre de grands maîtres pâtissiers de cette époque : les meringues de Carême, le saint-honoré de Chiboust, la pêche Melba d'Escoffier, le savarin des frères Julien…

Saveurs sucrées

Depuis, le répertoire des desserts s'est considérablement élargi et ce terme désigne de nos jours une gamme variée de pâtisseries, entremets, fruits au sirop, glaces, compositions sucrées, que l'on rêve de savoir préparer à la maison. Longtemps, les professionnels de la pâtisserie, dépositaires d'un riche patrimoine culinaire, se sont contentés de reproduire les techniques empiriques qu'ils avaient apprises. Mais, depuis quelques années, des chefs-pâtissiers repensent les grandes recettes classiques en créant de nouveaux mélanges et assemblages de textures et de saveurs.

Certains jouissent d'un prestige réservé jusque-là aux seuls grands cuisiniers. Pierre Hermé est de ceux-là. Pour ce chef de file de la pâtisserie contemporaine, le sucre ne doit plus jouer le rôle principal mais devenir un élément parmi d'autres de structure du dessert, servant de support d'arômes. Transformé par la cuisson et associé à d'autres ingrédients, le sucre donne de la consistance aux tartes, de l'onctuosité aux glaces, du moelleux aux macarons, du croustillant aux gaufres et révèle l'amertume du chocolat, l'acidité des agrumes, l'arôme des épices. Reste à trouver l'équilibre, car au-delà d'un certain dosage, il masque les saveurs, en-deçà, les produits associés paraissent fades.

Une tradition : le gâteau d'anniversaire

Alors qu'il est de bon ton aujourd'hui de fustiger certaines de nos habitudes alimentaires liées aux nouveaux modes de vie, il est rassurant de constater qu'une grande majorité de Français associent le dessert, et en particulier la pâtisserie, aux moments heureux de leur existence, qu'il s'agisse d'un repas familial ou entre amis, d'une fête ou d'un anniversaire. Pour célébrer cet événement, 80 % d'entre nous soufflent leurs bougies sur un gâteau !

Les règles du savoir-faire

Réussir un dessert ne demande pas nécessairement toutes les connaissances et le talent d'un grand pâtissier. Mais, avant de « mettre la main à la pâte », sachez que, si l'assemblage des différents éléments et la présentation finale (harmonie des couleurs, éléments de décor) laissent une place importante à l'imagination, les préparations de base relèvent de techniques bien précises. Il convient d'être vigilant sur le choix des ingrédients, de les peser avec précision, et de respecter la température et le temps de cuisson.

Ayez toujours en réserve des ingrédients de base, nombreux en pâtisserie. Tous les produits qui entrent dans la composition d'une recette doivent être de bonne qualité et d'une fraîcheur irréprochable. Vérifiez toujours leur date limite de consommation. Pour les plus fragiles d'entre eux, comme la crème fraîche ou le chocolat, achetez les quantités nécessaires au dernier moment. Conservez riz, semoules, etc., dans des récipients hermétiques, à l'abri de la chaleur et de l'humidité. La farine, comme les fécules, est une denrée périssable. Au-delà d'un mois, elle se déshydrate et peut être la cause d'un échec.

Choisissez toujours des fruits à maturité, surtout les fruits à noyau. Ce conseil est également valable si vous faites des confitures. Pensez à lire les ardoises ou les étiquettes qui précisent la catégorie et la provenance, et tenez compte de la variété conseillée dans la recette. Achetez des agrumes non traités quand vous devez utiliser les zestes. Enfin, privilégiez les fruits vendus dans leur emballage d'origine, car ils ont été peu manipulés.

Pour chaque recette, il est essentiel de respecter les proportions de tous les ingrédients car, en pâtisserie, il n'est pas question d'improviser. L'imagination et la création demandent une grande maîtrise. Balance et récipient gradué restent donc des instruments indispensables (le tableau situé en page 376 vous aidera également à calculer les dosages). Lorsque l'on a acquis une certaine expérience, on peut ajuster une recette en fonction des ingrédients (on peut modifier légèrement la dose de sucre en fonction de l'acidité des fruits, par exemple).

La cuisson reste l'étape finale, et bien connaître son four détermine en grande partie la réussite d'une préparation. Consultez le mode d'emploi du fabricant. Bien que les appareils soient de plus en plus perfectionnés, il peut y avoir une différence de 20 à 30 % entre la température affichée du thermostat et la température réelle. C'est pourquoi, pour toutes les recettes, la température n'est donnée qu'à titre indicatif. Vous pouvez étalonner votre four en utilisant un thermomètre spécial : suspendez-le au centre de la grille et comparez la température affichée à la température réellement obtenue au bout de 15 minutes. La plupart des appareils possèdent un voyant lumineux qui s'éteint dès que la température est atteinte. Vous pouvez aussi vous reporter au tableau indicatif de cuisson situé en page 383.

Science et art culinaire

En marge des recettes de base, vous trouverez les explications d'un scientifique, Hervé This, qui étudie la physico-chimie des arts culinaires. Appliquée à la pâtisserie, cette récente discipline élucide certains mystères (comment les œufs montent-ils en neige ? Pourquoi faut-il laisser reposer les pâtes ?).

Elle permet également d'expliquer de façon rationnelle des préceptes empiriques transmis de génération en génération. Pour ne pas rater une ganache, par exemple, il faut verser progressivement la crème chaude sur le chocolat fondu tout en travaillant le mélange à l'aide d'un fouet. Le résultat obtenu est une émulsion, c'est-à-dire un mélange de deux liquides en gouttelettes microscopiques. Bien d'autres explications vous sont données concernant notamment les pâtes, les crèmes, les mousses et la cuisson du sucre.

Produits congelés et pâtisserie

Si vous possédez un congélateur, utilisez pleinement ses ressources.
Il est intéressant de congeler certains fruits, tels quels, en compote ou en coulis pour les sauces ou les sorbets.
Les fruits rouges se congèlent sur plateau, enrobés de sucre. Pour les autres (cerises, abricots, pêches, prunes, mangues, etc.), il faut, selon le cas, les équeuter, les éplucher, les dénoyauter ou les couper en morceaux.
Sachez que les pâtes à tartes se congèlent très bien crues (en pain, en boule, dans leur moule), ainsi que certaines pâtisseries plus faciles à réaliser en grande quantité (génoise, par exemple).
Les temps de conservation vont de 6 à 10 mois selon les fruits, jusqu'à 2 mois pour les pâtes.
On trouve dans le commerce des produits surgelés tels que pâtes toutes prêtes (choisissez de préférence des pâtes pur beurre, plus savoureuses) et toutes sortes de fruits. Vérifiez la date limite de conservation et lisez attentivement le mode d'emploi, en particulier pour les pâtes.

Le choix d'un dessert

Il n'y a pas vraiment de règles pour choisir un dessert, seul doit vous guider le désir de faire plaisir. Vous trouverez dans cet ouvrage un choix incomparable de recettes, qui bénéficient du savoir-faire des professionnels : simples ou élaborées, classiques ou originales, rapides, régionales et étrangères. Dans tous les cas, et quelles que soient les circonstances, le bon sens doit présider à l'harmonie de votre menu. Pour succéder à des plats riches, mieux vaut servir un dessert léger, à base de glace, ou une salade de fruits, par exemple.

Effectuez l'inventaire des fruits de saison, ce qui peut être une façon de renouveler vos recettes préférées. Vous trouverez dans le chapitre consacré aux produits des indications concernant leur meilleure période de production. N'oubliez pas les fruits exotiques, et exploitez leurs saveurs originales.

En choisissant une recette à base de chocolat, vous ne risquez nullement de décevoir car rares sont ceux qui ne l'apprécient pas. Boisson divine chez les Aztèques, importée en Europe par les conquistadores, le chocolat est aujourd'hui l'objet d'une véritable passion. Dans une fève de cacao, on dénombre près de cinq cents substances, c'est dire si la variété des saveurs est immense selon les mélanges de différentes origines. Matière première de choix de la pâtisserie, le chocolat se prête admirablement aux gâteaux et desserts les plus savoureux, qui exhalent son puissant arôme. Il permet de nombreuses associations et se marie très bien avec les fruits, les épices et l'alcool.

Si vous souhaitez étonner vos invités, optez pour l'une des nombreuses recettes étrangères sélectionnées dans ce livre : le tiramisu, le vatrouchka, etc. Ne négligez pas pour autant la diversité de nos recettes régionales : le kouglof, le kouign-amann, les mirlitons de Rouen, le pithiviers, le saint-honoré, etc., illustrent parfaitement la richesse culinaire de nos provinces. Certaines fêtes calendaires, comme Noël ou l'Épiphanie, imposent le respect des traditions, et la Chandeleur est très souvent pour les enfants l'occasion de s'initier à l'art de la pâtisserie.

Viennoiseries, cakes, petits-fours, frais ou secs, gâteaux individuels et tartelettes seront particulièrement appréciés à l'heure du thé, ce délicieux moment de la journée où l'on peut difficilement refréner sa gourmandise.

Pour celles et ceux qui doivent, pour des raisons personnelles, limiter leur consommation de mets sucrés, ce livre propose aussi des recettes légères mais savoureuses, qui leur sont particulièrement destinées. Certaines d'entre elles sont simplement peu caloriques (leur composition nutritionnelle est indiquée), d'autres substituent un édulcorant au sucre de l'appareil.

Les boissons pour desserts

On a longtemps considéré que certains vins étaient réservés exclusivement à la dégustation de mets sucrés. D'ailleurs, on leur a donné l'appellation de « vins de dessert ». Ils se classent en plusieurs catégories.

Les vins de Champagne, connus de tous, se distinguent par leur effervescence si particulière. Ils sont les seuls à ne porter sur leur étiquette ni nom de cépage ni nom de lieu-dit mais seulement le nom de leur marque commerciale avec la mention « brut » ou « demi-sec » qui détermine la teneur en sucre.

Les vins de « vendanges tardives » sont issus de raisins surmûris, et même atteints de « pourriture noble », moisissure bénéfique qui provoque l'augmentation de leur teneur en sucre et favorise le développement de nouveaux arômes caractéristiques. Selon la région, leur appellation diffère. Dans le Sauternais, on parle de vins « liquoreux » tels le sauternes et le monbazillac. Dans le Val de Loire, on les appelle des vins « moelleux » : vouvray, quarts-de-chaume, etc. En Alsace, certains vins (gewurztraminer, riesling, muscat et tokay par exemple), encore plus riches en sucre, ont droit à la mention « sélection de grains nobles ».

Les vins doux naturels, également appelés vins « mutés », ont subi une vinification particulière qui consiste à interrompre la fermentation avec de l'eau-de-vie afin que le sucre ne se transforme plus en alcool. On obtient une perception sucrée, mais l'alcool augmente le titrage qui peut atteindre 16-17, voire 18 % Vol.

Parmi ces vins, on trouve le muscat beaumes-de-venise et tous les muscats du Languedoc-Roussillon (rivesaltes, saint-jean-de-minervois, banyuls, frontignan, maury, rasteau, etc.). Le porto est fait de la même façon. Selon leur âge et leurs arômes, le goût de ces vins est très différent.

Enfin, les vins de paille, vieux, sucrés, très liquoreux, sont obtenus à partir de grappes vendangées suspendues à des claies ou étendues sur de la paille. On les laisse sécher trois mois avant de les presser. Le plus connu d'entre eux est l'arbois du Jura.

Aujourd'hui, l'habitude se perd de boire ces vins avec le dessert, sauf peut-être pour les grandes occasions. Retenons néanmoins quelques exemples d'associations heureuses. Les tartes aux fruits s'accordent bien avec des vins doux naturels jeunes, et avec les vendanges tardives d'Alsace et de Loire s'il s'agit de fruits jaunes (pêches, abricots, mirabelles). Flans et crèmes se marient agréablement avec des vins doux vieillis. Les desserts au chocolat s'apprécient avec un vin doux naturel vieilli, rouge, au goût de rancio, ou tout simplement avec le café, boisson recommandée également avec les desserts à base de cet arôme.

Le champagne brut, de nos jours le plus prisé, crée toujours un mariage malheureux avec le sucre, qui fait ressortir désagréablement son acidité. Il faut donc lui préférer un demi-sec, plus doux. Comme le goût sucré du dessert neutralise celui du champagne, en buvant un demi-sec, on retrouvera la sensation d'un brut.

Avec les glaces et les desserts glacés, aucun vin n'est mis en valeur, car le froid annule une partie des sensations. On peut éventuellement proposer un petit verre d'eau-de-vie ou de vodka, mais l'eau fraîche est encore ce qui convient le mieux.

Pour accompagner gâteaux et tartes de l'après-midi, rien ne remplace le thé, universellement apprécié. Tous les thés, à l'exception des plus corsés, peuvent être servis : les ceylan dont le goût franc et simple est très apprécié à l'heure du thé ; les darjeeling dont le parfum fruité avec un léger arrière-goût de miel se marie particulièrement bien avec la pâtisserie ; les chine, légers et aromatiques.

Enfin, l'eau fraîche, qui est toujours la bienvenue à la fin d'un repas, reste la boisson le plus souvent conseillée par les pâtissiers. Plate ou gazeuse, ou simple eau du robinet, n'est-elle pas la boisson idéale pour apprécier pleinement la délicatesse d'un dessert ?

Les préparations de base

Les pâtes

Ces recettes de pâtes sont utiles à la réalisation de nombreux desserts et pâtisseries. C'est pourquoi leurs règles de préparation ont été regroupées. Certaines pâtes peuvent être préparées à l'avance et peuvent même être congelées, ce qui permet de les préparer en grande quantité.

PRÉPARATION 15 min
REPOS 2 h
POUR 500 g de pâte

250 g de farine
180 g de beurre à température ambiante
4 g (1 petite cuill. à café) de sel fin
5 g (1 cuill. à café) de sucre semoule (facultatif)
1 jaune d'œuf
5 cl de lait à température ambiante

Pâte brisée (pâte à foncer)

1| Tamisez toute la farine à l'aide d'une passoire posée sur un grand bol, cela évitera tout risque de grumeaux.
2| Dans une terrine, ramollisez le beurre à l'aide d'une spatule. Malaxez-le jusqu'à ce qu'il n'y ait plus de morceaux. Il doit avoir la consistance d'une crème.
3| Ajoutez ensuite le sel, le sucre, le jaune d'œuf et le lait, tout en remuant. Quand le mélange est bien homogène, incorporez petit à petit la farine, sans cesser de remuer.
4| Aussitôt que la pâte forme une boule, cessez de la malaxer. Aplatissez-la bien entre vos mains et enveloppez-la dans du film alimentaire.
5| Laissez reposer la pâte pendant au moins 2 heures au réfrigérateur (4 °C), avant de l'utiliser.

Commentaire gourmand

Cette pâte brisée se distingue de la suivante par l'ajout d'un jaune d'œuf, qui la rend un peu plus moelleuse.
La méthode utilisée pour le mélange des ingrédients permet d'obtenir une pâte très fondante.

Pâte brisée

PRÉPARATION **10 min**
REPOS **2 h**
POUR **500 g de pâte**
190 g de beurre à température ambiante
5 g (1 cuill. à café) de sel fin
5 cl de lait frais entier ou d'eau
250 g de farine

1] Coupez le beurre en petits morceaux et mettez-le dans un saladier. Écrasez-le à l'aide d'une spatule en bois et remuez rapidement.

2] Dans un petit bol, faites dissoudre le sel dans le lait (ou l'eau) et versez petit à petit le liquide sur le beurre, en remuant bien régulièrement, toujours avec la spatule.

3] Tamisez la farine à l'aide d'une passoire posée sur un grand bol. Incorporez la farine en plusieurs fois, en la versant en pluie, sans trop travailler la pâte.

4] Posez celle-ci sur un plan de travail et écrasez-la sous votre paume en la repoussant. Ramassez-la sur elle-même et recommencez pour la rendre homogène. Formez de nouveau une boule et aplatissez-la légèrement entre vos mains.

5] Enveloppez-la dans du film alimentaire et laissez-la reposer 2 heures au réfrigérateur (4 °C), avant de l'abaisser au rouleau à pâtisserie.

Un repos indispensable

Le repos des pâtes au frais les détend, les rend souples et malléables. Elles s'abaissent ensuite très facilement et ne se rétractent pas pendant la cuisson.

La congélation est-elle possible ?

La pâte brisée supporte bien la congélation. Quand vous voulez utiliser une pâte brisée congelée, laissez-la décongeler lentement au réfrigérateur avant de l'abaisser, sans la retravailler, car elle perdrait sa texture fondante.

1

2

3

4

5

Le repos des pâtes

La farine contient des grains d'amidon, mais aussi des protéines, notamment celle du gluten, qui forment un réseau élastique quand la farine est travaillée longtemps avec de l'eau. Ce réseau de gluten retient utilement les bulles de gaz carbonique dans la pâte à pain, mais il provoque la rétraction des autres pâtes. Le repos permet à ces protéines, analogues à des pelotes élastiques qui auraient été étirées, de reprendre lentement une configuration relâchée. Par ailleurs, les grains d'amidon ne gonflent et ne se soudent les uns aux autres qu'assez lentement, à température ambiante. Le repos favorisera la soudure, qui donnera sa cohésion à la pâte.

H. T.

PRÉPARATION 10 min
REPOS 1 h
POUR 500 g de pâte
1 gousse de vanille
125 g de sucre semoule
250 g de farine
125 g de beurre à température ambiante
1 œuf entier

Pâte sablée

1] Ouvrez la gousse de vanille en deux et grattez les graines. Mélangez dans un bol les graines de vanille et le sucre.
Tamisez la farine directement au-dessus du plan de travail. Coupez le beurre en petits morceaux et travaillez-le du bout des doigts avec la farine jusqu'à ce que la préparation soit sableuse et qu'il ne reste plus de morceaux de beurre.

2] Creusez un puits dans le sablage obtenu. Cassez-y l'œuf et versez le sucre parfumé à la vanille.

3] Mélangez du bout des doigts tous les ingrédients, mais sans trop les malaxer.

4] Écrasez la pâte sous votre paume, en poussant devant vous, pour la rendre bien homogène.

5] Roulez la pâte en boule, aplatissez-la légèrement entre vos mains et enveloppez-la dans du film alimentaire.Laissez-la reposer 1 heure au moins au réfrigérateur (4 °C) avant de l'abaisser au rouleau à pâtisserie.

Tour de main

Pour pouvoir travailler la pâte à la main, il est préférable de la préparer sur un marbre ou sur une planche.

Comment obtenir une pâte sablée ?

Les livres de cuisine anciens ne faisaient pas de différence nette entre les pâtes sablées et les pâtes brisées, mais il est clair qu'une pâte à foncer peut être plus ou moins sablée. Pour parvenir à cette consistance, il faut éviter de pétrir la pâte trop longtemps, et malaxer tous les éléments du bout des doigts pour obtenir un sablage. En incorporant d'abord l'œuf (ou les œufs) au sucre, ce dernier absorbe l'eau, qui ne peut plus alors servir de liant ni aux protéines du gluten ni aux grains d'amidon, évitant ainsi une élasticité indésirable de la pâte.
H. T.

Pâte sablée cannelle

PRÉPARATION 15 min
REPOS 2 ou 3 h
POUR 500 g de pâte

2 œufs entiers
5 g (1 cuill. à café) de levure chimique
200 g de farine type 45
190 g de beurre
50 g de sucre glace
35 g de poudre d'amande
1 g (1 petite pincée) de sel fin
8 g (2 petites cuill. à café) de cannelle de Ceylan en poudre
1 cl de rhum brun agricole (facultatif)

1] Dans une casserole, faites durcir les œufs à l'eau bouillante, passez-les sous l'eau froide, écalez-les et laissez-les refroidir. Tamisez les jaunes.
2] Dans un grand bol, incorporez la levure à la farine.
3] Coupez le beurre en petits morceaux, mettez-le dans une terrine et travaillez-le à la spatule pour le rendre homogène.
4] Ajoutez successivement le sucre glace, la poudre d'amande, le sel, la cannelle, éventuellement le rhum, les jaunes d'œufs tamisés et le mélange farine-levure. Remuez bien, mais sans trop malaxer.
5] Enveloppez la pâte bien à plat dans du film alimentaire et laissez-la reposer pendant 2 ou 3 heures au réfrigérateur (4 °C), avant de l'abaisser au rouleau à pâtisserie.

Tour de main

Grâce à l'ajout des jaunes d'œufs durs, cette pâte est très sablée mais elle est aussi très friable. Il faut donc la manipuler avec beaucoup de précaution lorsque vous l'abaissez. Après la cuisson, décollez-la délicatement de la plaque avec un carton ou une palette.

Pâte à sablés

PRÉPARATION 15 min
POUR 500 g de pâte

1/2 gousse de vanille
190 g de beurre à température ambiante
75 g de sucre glace
1 g (1 petite pincée) de sel fin
1 blanc d'œuf
225 g de farine

1] Ouvrez la 1/2 gousse de vanille en deux et grattez les graines.
2] Coupez le beurre en petits morceaux, mettez-le dans une terrine, écrasez-le et travaillez-le rapidement avec une spatule pour le ramollir.
3] Ajoutez successivement le sucre glace, le sel, les graines de vanille, le blanc d'œuf et enfin la farine, en veillant à bien incorporer chaque nouvel ingrédient.
4] Quand la pâte est homogène, cessez aussitôt de la travailler, pour qu'elle garde sa texture sablée.

Tour de main

Gardez la pâte assez souple si vous voulez dresser les sablés à la poche à douille (cannelée). Formez les gâteaux en W. Dans un four préchauffé à 170 °C, faites-les cuire sur une plaque recouverte de papier sulfurisé, pendant 20 minutes environ.

Pâte sucrée

PRÉPARATION 15 min
REPOS 2 h
POUR 500 g de pâte

210 g de farine
85 g de sucre glace
1 œuf entier
1/2 gousse de vanille
125 g de beurre à température ambiante
25 g de poudre d'amande
4 g (1 petite cuill. à café) de sel fin

1] Tamisez séparément la farine et le sucre à l'aide de deux passoires posées sur des terrines. Cassez l'œuf dans un bol. Ouvrez la 1/2 gousse de vanille en deux et grattez les graines.
2] Coupez le beurre en petits morceaux, mettez-le dans une terrine. Malaxez-le avec une cuillère en bois pour bien l'assouplir, puis ajoutez successivement le sucre glace, la poudre d'amande, le sel, les graines de vanille, l'œuf et, enfin, la farine, en tournant chaque fois jusqu'à ce que le nouvel ingrédient soit bien incorporé.
3] Formez une boule et aplatissez-la entre vos mains. Enveloppez-la dans du film alimentaire et laissez-la reposer 2 heures au réfrigérateur (4 °C).

Variante

Pâte sucrée aux noisettes

En remplaçant la poudre d'amande par de la poudre de noisette, vous obtiendrez une pâte au goût légèrement différent et très fondante.

Pâte feuilletée

PRÉPARATION 30 min
REPOS 10 h
POUR 1 kg de pâte

20 cl d'eau froide
14 g (1 cuill. à soupe) de sel fin
500 g de beurre de très bonne qualité à température ambiante
150 g de farine de gruau
250 g de farine ordinaire

1] Dans un verre, mettez l'eau froide et le sel, laissez celui-ci se dissoudre.
Dans une petite casserole, faites fondre 75 g de beurre.
Dans un saladier, mettez la farine de gruau et la farine ordinaire, et incorporez-leur d'abord l'eau salée, puis le beurre fondu en tournant régulièrement, mais sans trop malaxer la pâte.

2] Rassemblez cette détrempe en boule, aplatissez-la entre vos mains, enveloppez-la dans du film alimentaire et laissez-la reposer 2 heures au réfrigérateur (4 °C).

3] Coupez le reste du beurre en tout petits morceaux, mettez-le dans une terrine et ramollissez-le à l'aide d'une spatule en bois, jusqu'à ce qu'il ait la même consistance que la détrempe.
Lorsque la pâte a suffisamment reposé, farinez légèrement le plan de travail et abaissez la détrempe au rouleau à pâtisserie sur une épaisseur de 2 cm environ, en laissant au centre plus d'épaisseur que sur les bords.

4] Étalez la pâte en formant un carré aux angles bien droits et posez le beurre ramolli au centre du carré.

5] Repliez chaque coin de la pâte sur le beurre de façon à obtenir un « pâton » de forme carrée.

Pourquoi les feuilles ?

Le mode de préparation de la pâte feuilletée consiste à alterner des couches de beurre et des couches de pâte. Lors de la cuisson, l'eau contenue dans la pâte s'évapore, mais se trouve bloquée par les couches de matière grasse, imperméables. Comme la vapeur occupe plus de volume que l'eau qui l'a formée, les couches de matière grasse sont séparées. Notez qu'il est très important, pour obtenir un bon résultat, de faire des bords très nets : si, en divisant le pâton, on venait à souder les couches de pâte (invisibles à l'œil nu) sur les bords, il y aurait formation d'une croûte épaisse, ce qui empêcherait le feuilletage de gonfler.
H. T.

1

2

3

4

5

6] Abaissez le pâton en un rectangle trois fois plus long que large.

7] Repliez la pâte en trois, comme pour former une enveloppe rectangulaire : vous avez donné le premier « tour ». Laissez reposer le pâton pendant 2 heures au réfrigérateur.

8] Tournez le pâton de 90 °, abaissez-le en un rectangle de même taille que le précédent, repliez en trois comme pour la première fois : vous venez d'effectuer le deuxième tour. Laissez de nouveau reposer la pâte pendant au moins 1 heure au réfrigérateur.
Procédez de la même façon jusqu'à avoir fait six tours, deux par deux, en laissant à chaque fois reposer 2 heures au réfrigérateur.

9] À chaque tourage, marquez d'une pression du doigt le dessus de la pâte pour vous souvenir du nombre de tours effectués. Conservez la pâte au réfrigérateur jusqu'au moment de l'emploi.

Tour de main

Quand vous saupoudrez de farine le plan de travail pour abaisser les rectangles, faites-le avec parcimonie, car il vaut mieux éviter de surcharger en farine une pâte soumise à des tours.

Gain de temps

La vraie pâte feuilletée demande un très long temps de repos. Mais vous pouvez la préparer en grande quantité et en congeler une partie que vous utiliserez ultérieurement.

6

7

8

9

Variantes

Pâte feuilletée au café

Préparez le beurre que vous étalerez sur la détrempe. Faites-le fondre doucement et incorporez-lui environ 10 g de café soluble. Procédez ensuite comme pour la pâte feuilletée classique.

Pâte feuilletée au chocolat

Mélangez 50 g de cacao en poudre au beurre que vous étalerez sur la détrempe. Formez un carré, enveloppez-le dans du film alimentaire et mettez-le 2 heures au moins au réfrigérateur.

Pâte demi-feuilletée

PRÉPARATION 20 min
REPOS 8 h
POUR 500 g de pâte

250 g de farine
5 g (1 cuill. à café) de sel fin
250 g de beurre très froid
15 cl d'eau

1] Tamisez la farine à l'aide d'une passoire posée sur une terrine et saupoudrez-la avec le sel.
2] Coupez le beurre en petits morceaux, laissez-en quelques-uns assez gros qui ne s'incorporeront pas totalement à la farine, ce qui donnera une texture très croustillante à la pâte. Mélangez à la farine.
3] Ajoutez l'eau petit à petit en malaxant la pâte jusqu'à ce qu'elle soit homogène.
4] Roulez la pâte en boule, enveloppez-la dans du film alimentaire et mettez-la 2 heures au réfrigérateur (4 °C).
5] Donnez-lui ensuite 3 tours *(voir page 21)*, en la laissant reposer au frais 3 heures entre chaque tourage. Cette pâte sert à réaliser des petits feuilletés salés que l'on fait cuire au four à 200 °C.

Pâte feuilletée inversée

PRÉPARATION 30 min
REPOS 10 h au moins
POUR 500 g de pâte

Pour la première détrempe
60 g de farine (moitié type 45, moitié type 55)
160 g de beurre à température ambiante

Pour la seconde détrempe
150 g de farine (moitié type 45, moitié type 55)
5 g (1 cuill. à café) de sel fin
50 g de beurre
10 cl d'eau
1/4 de cuill. à café de vinaigre d'alcool

1] Dans une terrine, mélangez la farine et le beurre de la première détrempe jusqu'à ce que la pâte forme une boule. Aplatissez-la au rouleau à pâtisserie en un disque de 2 cm d'épaisseur et enveloppez-la dans du film alimentaire. Mettez-la 2 heures au réfrigérateur (4 °C).
2] Dans une autre terrine, mélangez tous les éléments de la seconde détrempe, mais n'incorporez pas l'eau d'un seul coup : la pâte ne doit pas être trop molle. Lorsqu'elle est homogène, aplatissez-la en un carré de 2 cm d'épaisseur ; enveloppez-la dans du film alimentaire et mettez-la 2 heures au réfrigérateur.
3] Abaissez la première détrempe en un disque de 1 cm d'épaisseur ; posez la seconde détrempe au centre et rabattez dessus le bord du disque pour l'enfermer parfaitement. Commencez à étaler ce pâton en le tapant avec le poing sur toute sa surface ; puis, à l'aide du rouleau à pâtisserie, en l'aplatissant doucement du milieu vers le bord, formez un rectangle trois fois plus long que large.
4] Rabattez vers le centre son quart inférieur, puis son quart supérieur : ses petits côtés se retrouvent alors bord à bord. Pliez la pâte en deux par le milieu : vous venez de lui donner un « tour en portefeuille », qu'on appelle aussi « tour double ».
5] Tournez ce nouveau rectangle, de manière que la pliure se trouve à gauche, et aplatissez-le légèrement ; enveloppez-le dans du film alimentaire et mettez-le 2 heures au réfrigérateur.
6] Écrasez un peu la pâte froide avec le poing, puis abaissez-la au rouleau (pliure toujours à gauche) en un rectangle trois fois plus long que large. Pliez celui-ci en portefeuille et remettez-le, enveloppé, 2 heures au moins au réfrigérateur.
7] Donnez enfin le troisième et dernier tour, un « tour simple », au moment d'utiliser la pâte. Étalez celle-ci à nouveau en rectangle, mais, cette fois, repliez le tiers inférieur puis le tiers supérieur sur le tiers central, pour obtenir un carré ; laissez-le reposer, enveloppé dans du film alimentaire, 2 heures au réfrigérateur, d'un côté puis de l'autre.
8] Quand vous abaissez la pâte, détendez-la en la soulevant du plan de travail et en la faisant glisser sur la paume de vos mains.
9] Posez-la sur une plaque tapissée de papier sulfurisé humidifié, piquez-la de nombreux coups de fourchette et laissez-la encore reposer 1 ou 2 heures au réfrigérateur avant de la faire cuire.

Commentaire gourmand

Cette pâte feuilletée est dite « inversée » car la première détrempe, qui, classiquement, est emprisonnée dans la seconde, se trouve ici à l'extérieur : dès lors, la pâte supporte des tours doubles et gonfle beaucoup à la cuisson en donnant un feuilletage tout à la fois croustillant et fondant.

PRÉPARATION 15 min
REPOS 1 ou 2 h
CUISSON 20 min
POUR 500 g de pâte

430 g de pâte feuilletée inversée *(voir p. 22)*
45 g de sucre semoule
25 g de sucre glace

Pâte feuilletée inversée caramélisée

1] Préchauffez le four à 230 °C. Sur un plan de travail, étalez la pâte feuilletée au rouleau sur une épaisseur de 2 cm. Découpez-la aux dimensions de la plaque à pâtisserie. Tapissez celle-ci de papier sulfurisé, légèrement mouillé à l'aide d'un pinceau et déposez-y la pâte. Mettez la plaque au réfrigérateur (4 °C) pour 1 ou 2 heures.
2] Poudrez uniformément la pâte de sucre semoule et glissez la plaque dans le four chaud, en baissant aussitôt la température à 190 °C. Après 8 minutes de cuisson, couvrez la pâte d'une grille pour l'empêcher de lever excessivement ; poursuivez la cuisson 5 minutes.
3] Retirez la plaque du four, ôtez la grille, couvrez la pâte d'un papier sulfurisé puis d'une seconde plaque, identique à la première ; retournez les deux plaques, sens dessus dessous, en les maintenant bien ensemble, sur le plan de travail ; retirez la première plaque et son papier.
4] Chauffez le four à 250 °C.
5] Poudrez régulièrement la pâte de sucre glace et enfournez-la pour 8 à 10 minutes : le sucre fond, devient jaune, et caramélise.

Commentaire gourmand

Cette pâte est idéale pour la préparation des mille-feuilles grands ou petits ; la caramélisation évite au feuilletage d'être détrempé par la crème.
C'est aussi une exquise friandise : découpez la pâte en bâtonnets ou en carrés et servez les feuilletés avec le café, tels quels ou garnis d'un flocon de Chantilly ou de mousse au chocolat.

PRÉPARATION 10 min
REPOS 7 h
POUR 500 g de pâte

250 g de farine
265 g de beurre
4 g (1 petite cuill. à café) de sel fin
5 g (1 cuill. à café) de sucre semoule
1 cl (2 cuill. à café) de rhum (facultatif)
1 jaune d'œuf
5 cl de lait
3 cl (2 cuill. à soupe) d'eau

Pâte feuilletée viennoise

1] Mélangez dans une terrine 160 g de farine, 15 g de beurre, le sel, le sucre et éventuellement le rhum.
2] Dans un bol, battez le jaune d'œuf avec le lait.
3] Incorporez le mélange lait-œuf à la pâte, puis l'eau, petit à petit : la préparation doit rester un peu ferme. Formez une boule, enveloppez-la dans du film alimentaire et mettez-la 2 heures au réfrigérateur (4 °C).
4] Abaissez la pâte. Coupez les 250 g de beurre restants en petits morceaux et travaillez-les intimement dans une autre terrine avec le reste de la farine. Formez un carré et posez-le au milieu de la pâte.
5] Donnez ensuite 1 tour simple *(voir page 21)*, puis 2 tours doubles *(voir ci-contre dans la pâte feuilletée inversée)*, 1 tour simple, en laissant reposer la pâte au réfrigérateur pendant 1 heure entre chaque tourage, et 2 heures à la fin.

Commentaire gourmand

Pour les pâtes feuilletées, il est conseillé d'utiliser du beurre « sec », préparé avec du lait de vaches nourries en hiver de fourrages secs. Ce beurre, généralement des Charentes ou de l'Est, ferme, parfois cassant, présente l'avantage de ne pas fondre très vite.

Variante

Pâte feuilletée inversée à la pistache

Préparez la première détrempe en mélangeant la farine avec le beurre et 70 g de pâte de pistache aromatisée et colorée. Procédez ensuite comme pour la pâte feuilletée inversée nature *(voir page 22)*. Vous obtiendrez ainsi une pâte au goût très délicat.

Pâte à savarin

PRÉPARATION 20 min
REPOS 30 min
POUR 500 g de pâte

1/4 de zeste de citron
60 g de beurre à température ambiante
15 g de levure de boulanger
160 g de farine type 45
2,5 g (1/2 cuill. à café) d'extrait naturel de vanille
15 g (1 cuill. à soupe) de miel d'acacia
5 g (1 cuill. à café) de sel fin
5 œufs

1] Hachez très finement le zeste de citron. Coupez le beurre en tout petits morceaux.
2] Émiettez la levure dans un saladier. Ajoutez la farine, la vanille, le miel, le sel, le zeste et un œuf. Mélangez avec une cuillère en bois, puis ajoutez les autres œufs un à un. Travaillez la pâte jusqu'à ce qu'elle se détache des parois du saladier. Incorporez le beurre et travaillez de nouveau jusqu'à ce que la pâte se détache à nouveau et soit élastique, lisse et brillante.
3] Lorsque la pâte est homogène, arrêtez de la malaxer et laissez-la lever pendant 30 minutes à température ambiante.
4] Quand vous aurez garni à demi le moule, laissez encore lever la pâte jusqu'à ce qu'elle atteigne les bords.

Tour de main

Pour faire cette pâte à l'aide d'un robot ménager, employez le crochet à pâte. Mettez la farine, le miel, le zeste et 3 œufs dans le bol. Faites tourner l'appareil en position vitesse moyenne jusqu'à ce que la pâte se détache des parois du bol, ajoutez les autres œufs, attendez de nouveau que la pâte se détache, puis incorporez le beurre en tout petits morceaux. Arrêtez l'appareil quand la pâte se détache bien des parois.

Pâte à brioche

PRÉPARATION 20 min
REPOS 4 h au moins
POUR 500 g de pâte

5 g de levure de boulanger
190 g de farine
20 g de sucre semoule
4 g (1 petite cuill. à café) de sel fin
3 œufs entiers
150 g de beurre à température ambiante

1] Émiettez la levure dans un saladier. Avec une cuillère en bois, mélangez-la avec la farine, le sucre et le sel. Ajoutez ensuite les œufs l'un après l'autre, en les incorporant à chaque fois.
2] Coupez le beurre en petits morceaux et, lorsque la pâte se détache bien des parois du saladier, incorporez-les un à un. Continuez à malaxer jusqu'à ce que la pâte se détache de nouveau.
3] Mettez-la dans une terrine, couvrez-la de film alimentaire et laissez-la doubler de volume pendant 3 heures dans un endroit chaud (22 °C).
4] Écrasez-la alors avec le poing pour lui redonner son volume initial et chasser le gaz carbonique produit par la fermentation. Remettez-la dans la terrine, couvrez-la de film alimentaire et faites-la de nouveau doubler de volume pendant 1 heure au moins avant de l'écraser une seconde fois.
5] Quand vous aurez façonné la brioche, laissez-la encore doubler de volume avant de l'enfourner.

Tour de main

Pour faire cette pâte à l'aide d'un robot ménager, utilisez le crochet à pâte et incorporez les œufs un à un.

Pâte briochée

PRÉPARATION 20 min
REPOS 4 h au moins
POUR 500 g de pâte

10 g de levure de boulanger
4,5 cl (3 cuill. à soupe) de lait frais entier
80 g de beurre
220 g de farine
30 g de sucre semoule
4 g (1 petite cuill. à café) de sel fin
3 œufs entiers

1] Émiettez la levure de boulanger sur un bol et délayez-la avec le lait. Coupez le beurre en petits morceaux.
2] Dans un saladier, versez la farine, le sucre, le sel et 1 œuf. Mélangez avec une cuillère en bois. Ajoutez ensuite les 2 autres œufs, puis les morceaux de beurre, en veillant à bien incorporer chaque ingrédient. Versez enfin le bol de lait avec la levure et travaillez jusqu'à ce que la pâte se détache bien des parois du saladier.
3] Mettez la pâte dans une terrine, puis procédez comme pour la pâte à brioche classique *(voir ci-dessus pour les temps de repos)*.

Pâte à brioche feuilletée

PRÉPARATION 30 min
REPOS 3 h
CONGÉLATION 1 h
POUR 500 g de pâte

250 g de farine de gruau
20 g de levure de boulanger
15 g (1 cuill. à soupe) de sucre semoule
3 g (1/2 cuill. à café) de sel fin
10 cl d'eau très froide
1 œuf entier très froid
15 g (1 cuill. à soupe) de lait entier en poudre
100 g de beurre froid

Versez la farine sur le plan de travail ou dans un saladier. Sur un des côtés du tas de farine, émiettez la levure.
Sur l'autre côté, mettez le sucre et le sel. Ils ne doivent pas être en contact au début car sel et sucre détruiraient la levure.
Creusez une fontaine au centre de la farine, versez-y l'eau et l'œuf, le lait en poudre et, avec les doigts ou une cuillère en bois, mélangez tout cela rapidement.
Dès que la pâte est homogène, arrêtez de la malaxer. Roulez-la en boule, enveloppez-la dans du film alimentaire et mettez-la au congélateur afin de la refroidir instantanément.

1] Quand la pâte est froide, travaillez-la et abaissez-la au rouleau à pâtisserie en un rectangle trois fois plus long que large.

2] Dans une terrine, ramollissez le beurre avec une spatule. Étalez-en la moitié sur les 2/3 inférieurs de la pâte, en tirant vers le bas, et donnez-lui un tour simple *(voir page 21)*.

3] Vérifiez que les angles sont bien droits. Mettez la pâte 30 minutes au congélateur, puis 1 heure au réfrigérateur (4 °C).

4] Faites ensuite un second tour simple sans rajouter de beurre *(voir pâte feuilletée inversée page 22)*. Abaissez de nouveau la pâte en rectangle avec le rouleau à pâtisserie.

5] Étalez le reste du beurre sur les 2/3 inférieurs du rectangle formé par la pâte. Rabattez la partie non beurrée sur celle du milieu, et la partie inférieure sur le pliage. Remettez la pâte 30 minutes au congélateur, puis 1 heure au réfrigérateur. Quand vous aurez formé la brioche, laissez-la lever pendant 1 heure 30 à 2 heures au réfrigérateur avant de l'enfourner.

Pourquoi faut-il utiliser des ingrédients très froids ?

Les levures sont des micro-organismes, c'est-à-dire des êtres vivants formés d'une seule cellule, qui ne prolifèrent que dans certaines conditions : en présence d'aliments, tels les sucres, et à des températures qui ne les condamnent ni à l'inertie ni à une destruction par dessèchement. Si on les mélangeait simplement avec la farine, l'eau, les œufs, le sucre, elles se développeraient immédiatement, et la pâte, perdant sa tenue, n'absorberait plus correctement le beurre lors du tourage. De surcroît, en refroidissant la pâte après l'avoir préparée, on ralentit l'activité des levures.
Dans ce cas, celles-ci développent des arômes de brioche caractéristiques.
H. T.

PRÉPARATION 20 min
REPOS 4 h au moins
CONGÉLATION 1 h 30
POUR 500 g de pâte

15 g de beurre
5 g de levure de boulanger
8 à 8,5 cl (5-6 cuill. à soupe) d'eau à 20 °C
210 g de farine type 45
4 g (1 petite cuill. à café) de sel fin
30 g (2 cuill. à soupe) de sucre semoule
5 g (1 cuill. à café) de lait entier en poudre
125 g de beurre à température ambiante

Pourquoi faut-il rabattre deux fois la pâte à croissants ?

À deux reprises, la recette indique d'écraser la pâte avec le poing pour lui redonner son volume initial, ce qui chasse le gaz carbonique. Lors de ces opérations, on effectue un nouveau pétrissage de la pâte, ce qui met les levures – qui ont proliféré au contact du milieu nourricier – au contact d'une pâte fraîche, où elles peuvent reprendre leur prolifération. Cette multiplication est exponentielle : une levure en engendre deux, qui en engendrent chacune deux, etc. ; après seulement 20 divisions, chaque cellule de levure donne ainsi naissance à plus de 30 000 cellules qui assurent chacune leur travail de fermentation.
H. T.

Pâte à croissants

Dans une petite casserole, faites fondre les 15 g de beurre. Émiettez la levure dans un bol et délayez-la avec l'eau. Tamisez la farine à l'aide d'une passoire posée sur un saladier ; ajoutez-y le sel, le sucre, éventuellement le lait en poudre, le beurre fondu et la levure délayée.

1 | Travaillez la pâte à la main, de l'extérieur vers l'intérieur. Arrêtez dès qu'elle est homogène. Si elle est trop ferme, incorporez-y un peu d'eau.

2 | Couvrez le saladier d'un film alimentaire et laissez la pâte doubler de volume entre 1 heure et 1 h 30 dans un endroit chaud (22 °C).

3 | Écrasez la pâte avec le poing pour chasser le gaz carbonique produit par la fermentation. Elle reprend alors son volume initial. Recouvrez le saladier d'un film alimentaire et entreposez-le au réfrigérateur (4 °C) pendant environ 1 heure pour que la pâte double à nouveau de volume. Écrasez-la une seconde fois et mettez-la 30 minutes au congélateur.

4 | Ramollissez les 125 g de beurre en le travaillant à l'aide d'une spatule. Abaissez la pâte au rouleau à pâtisserie en un rectangle trois fois plus long que large. Les angles doivent être bien droits. Étalez avec les doigts la moitié du beurre sur les 2/3 inférieurs de la pâte et donnez un tour simple avec le beurre puis un second tour simple sans beurre *(voir pâte à brioche feuilletée page 25)*. Mettez-la 30 minutes au congélateur, puis 1 heure au réfrigérateur.

5 | Recommencez le tourage avec le reste du beurre et remettez la pâte 30 minutes au congélateur, puis 1 heure au réfrigérateur.

1

2

3

4

5

Pâte à choux

PRÉPARATION 15 min
POUR 500 g de pâte

8 cl d'eau
10 cl de lait frais entier
4 g (1 petite cuill. à café) de sel fin
4 g (1 petite cuill. à café) de sucre semoule
75 g de beurre
100 g de farine
3 œufs entiers

1] Versez l'eau et le lait frais dans une casserole ; ajoutez le sel, le sucre et le beurre. Portez à ébullition en remuant avec une spatule.

2] Ajoutez toute la farine en une seule fois. Tournez énergiquement avec la spatule jusqu'à ce que la pâte soit lisse et homogène. Lorsqu'elle se détache des parois et du fond de la casserole, continuez de remuer la pâte pendant 2 ou 3 minutes, afin de la dessécher un peu.

3] Placez-la dans un saladier ; mettez les œufs entiers, un par un, en veillant à ce que le premier soit parfaitement incorporé avant d'ajouter le suivant.

4] Continuez de travailler ainsi la pâte. Soulevez-la de temps en temps : quand elle retombe en formant un ruban, cela signifie qu'elle est prête.

5] Mettez-la dans une poche à douille et déposez-la sur une plaque à pâtisserie selon la forme que vous souhaitez, en forme de boudin, par exemple, pour les éclairs.

Pourquoi faut-il mettre les œufs un à un dans la pâte à choux ?

Les choux gonflent quand ils ont été bien travaillés : ce travail de la pâte permet la création de myriades de bulles d'air microscopiques, dont les parois favorisent le passage des molécules, sous forme liquide dans la pâte, vers l'air, sous forme de vapeur. C'est la formation de cette vapeur, lors de la cuisson, qui assure le gonflement des choux.
H. T.

1

2

3

4

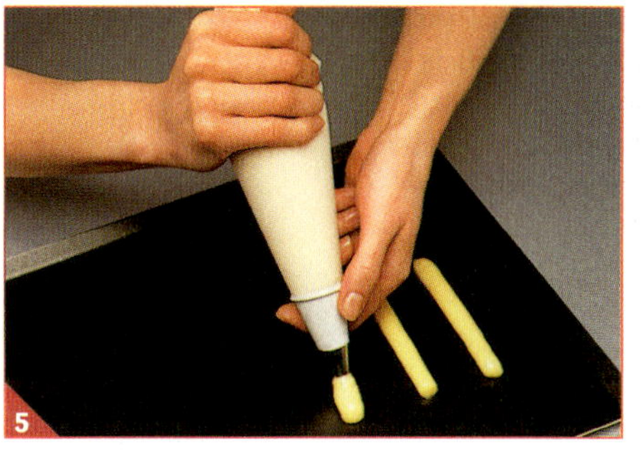
5

Pâte à beignets

PRÉPARATION 5 min
REPOS 1 h
POUR 500 g de pâte

- 9 g de levure de boulanger
- 185 g de farine
- 2,5 g de sel fin
- 4 g de sucre semoule
- 5 cl de bière blonde
- 4,5 cl d'huile
- 1 œuf entier, 1 blanc d'œuf
- 15 cl d'eau

1] Émiettez la levure dans une terrine.
2] Ajoutez la farine, le sel, le sucre, la bière, l'huile et l'œuf entier. Mélangez bien avec une cuillère en bois.
3] Versez l'eau petit à petit tout en continuant à remuer jusqu'à ce que le mélange soit bien homogène.
4] Laissez alors reposer la pâte pendant 1 heure environ à température ambiante (20 °C).
5] Juste avant l'emploi, montez le blanc d'œuf en neige très ferme et incorporez-le délicatement à la pâte.

Commentaire gourmand

Vous pouvez parfumer cette pâte à beignets avec 1 cuillerée à café d'extrait de vanille. Vous pouvez également réaliser de la même façon une pâte à beignets au chocolat en remplaçant 1/4 de farine par du cacao en poudre non sucré.

Pâte à crêpes

PRÉPARATION 10 min
REPOS 2 h au moins
POUR 500 g de pâte

- 2 œufs entiers
- 10 g de beurre
- 100 g de farine
- 1/2 gousse de vanille
- 2,5 g (1/2 cuill. à café) de sel fin
- 25 cl de lait frais entier
- 3 cl (2 cuill. à soupe) d'eau
- 1,5 cl (1 cuill. à soupe) de Grand Marnier (facultatif)

Ouvrez la 1/2 gousse de vanille en deux et grattez les graines. Dans un bol, battez les œufs en omelette. Faites fondre le beurre dans une casserole.

1] Tamisez la farine au-dessus d'une terrine. Incorporez-lui les graines de vanille, les œufs et le sel.

2] Délayez avec le lait et l'eau.

3] Ajoutez le beurre fondu et éventuellement le Grand Marnier, en mélangeant bien. Laissez reposer 2 heures au moins à température ambiante (20 °C). Au moment de l'emploi, allongez la pâte avec 1 cl d'eau.

1

2

3

Variante

Pâte à crêpes à la farine de châtaigne

En remplaçant la moitié de la farine de blé par la même quantité de farine de châtaigne, et le Grand Marnier par du whisky, vous obtiendrez une pâte à crêpes à la saveur délicate très originale.

Pâte à gaufres

PRÉPARATION 10 min
POUR 500 g de pâte

5 cl de crème liquide
20 cl de lait frais entier
3 g de sel fin
75 g de farine
30 g de beurre
3 œufs entiers
0,5 cl d'eau de fleur d'oranger

1] Dans une casserole, faites bouillir la crème et la moitié du lait. Laissez-les refroidir.
2] Dans une autre casserole, portez à ébullition le reste du lait avec le sel ; ajoutez la farine en pluie et le beurre. Faites cuire et dessécher 2 ou 3 minutes en remuant avec une spatule, comme pour une pâte à choux *(voir page 27)*.
3] Versez ce mélange dans une grande terrine, incorporez-y les œufs, un par un, puis la crème et le lait bouillis, et enfin l'eau de fleur d'oranger. Mélangez et laissez refroidir complètement.

Pâte à frire

PRÉPARATION 10 min
POUR 500 g de pâte

150 g de farine
45 g de farine de riz
30 g de fécule de pomme de terre
15 g (1 cuill. à soupe) de levure chimique
5 g de sel
10 g de sucre
4,5 cl (3 cuill. à soupe) d'huile
20 cl d'eau

1] Tamisez ensemble les deux sortes de farine et la fécule au-dessus d'un saladier. Ajoutez la levure chimique, le sel et le sucre et mélangez bien le tout.
2] Versez doucement l'huile en filet, en remuant avec une cuillère en bois.
3] Quand l'huile est bien incorporée, ajoutez peu à peu l'eau jusqu'à ce que vous obteniez une pâte lisse mais qui ne soit ni trop fluide ni trop épaisse.

Tours de main

Selon l'utilisation de cette pâte, vous pouvez varier les huiles (arachide, olive ou sésame) ou même les mélanger.

Gain de temps

On trouve dans les magasins de produits exotiques des poudres pour pâte à beignets toutes prêtes, qu'il suffit de réhydrater au moment de l'emploi.

Pâte à pain d'épice

PRÉPARATION 15 min
REPOS 1 h
POUR 500 g de pâte

250 g de miel
250 g de farine
1/4 de zeste d'orange ou de citron
5 g de levure chimique
5 g de grains d'anis
3 g de cannelle (poudre)
3 g de clou de girofle (poudre)

1] Portez le miel à ébullition.
2] Tamisez la farine dans une passoire posée sur une terrine. Creusez-y une fontaine et versez-y le miel. Mélangez bien avec une cuillère en bois.
3] Ramassez la pâte en boule, enveloppez-la dans un torchon propre et laissez-la reposer 1 heure à température ambiante (20 °C).
4] Hachez finement le zeste d'agrume. Incorporez la levure et pétrissez la pâte fortement pour l'affermir tout en ajoutant successivement l'anis, la cannelle, le clou de girofle et le zeste.
5] Les petits pains d'épice, découpés dans une abaisse de 5 à 8 mm d'épaisseur et dorés à l'œuf, doivent cuire à 170 °C.

Pâte à streusel ou à crumble

PRÉPARATION 5 min
POUR 500 g de pâte

125 g de beurre froid
125 g de sucre semoule
2,5 g (1/2 cuill. à café) de sel fin
125 g de farine
125 g de poudre d'amande

1] Coupez le beurre en petits morceaux d'environ 1,5 cm de côté. Mettez-les dans un saladier avec le sucre, le sel, la farine et la poudre d'amande. Avec une cuillère en bois, mélangez et pétrissez jusqu'à obtenir une grosse semoule que l'on appelle « streusel ».
2] Conservez la pâte sur une assiette au réfrigérateur (4 °C).

Tour de main

Vous pouvez aussi travailler cette pâte avec les doigts, mais la chaleur de vos mains fera fondre le beurre et la préparation sera nettement plus compacte.

Les pâtes aux édulcorants

Pâte brisée

PRÉPARATION **15 min**
REPOS **2 h**
POUR **500 g de pâte**

250 g de farine
1/2 cuill. à café de sel
3 cuill. à soupe d'édulcorant en poudre (aspartame)
130 g de beurre
1 jaune d'œuf
5 cl de lait écrémé

1] Dans un grand bol, mélangez soigneusement la farine, le sel et l'édulcorant en poudre à l'aide d'une cuillère en bois.
2] Coupez le beurre en tout petits morceaux, mettez-le dans une terrine et malaxez-le avec une spatule en bois pour le ramollir.
3] Ajoutez-lui l'œuf puis le lait et enfin le mélange farine-sel-édulcorant.
4] Mélangez le tout soigneusement mais ne pétrissez pas la pâte. Si elle manque de souplesse, vous pouvez ajouter une goutte de lait.
5] Formez une boule et laissez-la reposer au frais pendant 2 heures avant de l'abaisser.

Pâte sucrée

PRÉPARATION **15 min**
REPOS **2 h**
POUR **500 g de pâte**

100 g de beurre
1 pincée de sel
200 g de farine
9 cuill. à soupe d'édulcorant en poudre (aspartame)
40 g de poudre d'amande
1 œuf

1] Coupez le beurre en petits morceaux, mettez-le dans une terrine et malaxez-le avec une spatule en bois pour le ramollir.
2] Dans un grand bol, mélangez le sel, la farine et l'édulcorant en poudre.
3] Versez la poudre d'amande peu à peu sur le beurre et remuez jusqu'à ce que le mélange soit homogène. Puis ajoutez l'œuf et le mélange précédent.
4] Pétrissez la pâte rapidement avec une cuillère en bois ou à la main, formez une boule et laissez-la reposer au frais pendant 2 heures avant de l'abaisser.

Variante

Vous pouvez parfumer cette pâte avec un peu de vanille en poudre que vous ajouterez au mélange sel-farine-édulcorant.

Pâte sablée

PRÉPARATION **15 min**
REPOS **1 h**
POUR **500 g de pâte**

2 jaunes d'œufs
200 g de farine
1/2 cuill. à café de sel
1/2 cuill. à soupe de levure chimique
4 cuill. à soupe d'édulcorant en poudre (aspartame)
180 g de beurre
35 g de poudre d'amande
2 cl de rhum

1] Faites cuire les œufs jusqu'à ce qu'ils soient durs. Écalez-les et passez les jaunes à la moulinette ou écrasez-les finement à l'aide d'une fourchette.
2] Dans un bol, mélangez la farine, le sel, la levure et l'édulcorant en poudre.
3] Mettez le beurre dans une terrine et malaxez-le avec une spatule pour le ramollir.
4] Ajoutez au beurre, en mélangeant bien chaque fois, la poudre d'amande, puis les jaunes d'œufs, le rhum et enfin le mélange farine-levure-édulcorant.
5] Dès que la pâte est homogène, arrêtez de la travailler et mettez-la au frais pendant 1 heure avant de l'abaisser.

Variante

Vous pouvez réaliser de la même façon une pâte sablée parfumée à la cannelle en ajoutant simplement une cuillerée à soupe de cannelle en poudre.

Les pâtes à biscuits et les meringues

Pâtes à biscuits, à dacquoise, à génoise sont toutes des préparations à la structure aérée et souple, réalisées à partir des mêmes principaux composants. Ce sont surtout les proportions des ingrédients et les diverses manières d'effectuer le mélange qui donnent les différences de saveur et de texture.

Les biscuits

Pâte à biscuit à l'amande et au chocolat sans farine

PRÉPARATION 15 min
POUR 500 g de pâte

75 g de chocolat amer
4 œufs entiers et 1 blanc d'œuf
90 g de pâte d'amande
110 g de sucre semoule

1] Détaillez le chocolat en morceaux et faites-le fondre tout doucement dans une casserole au bain-marie (40 °C) ou au four à micro-ondes.
2] Séparez le blanc du jaune des œufs.
3] Dans une terrine, faites ramollir la pâte d'amande en la mélangeant d'abord avec les jaunes d'œufs avec la « feuille » du batteur électrique ; changez ensuite d'ustensile pour faire monter le mélange au fouet.
4] Dans un grand bol, montez en neige les 5 blancs d'œufs en les meringuant, c'est-à-dire en leur incorporant petit à petit le sucre semoule que l'on verse en pluie, sans cesser de fouetter avec le batteur électrique.
5] Versez le chocolat fondu sur les jaunes, puis ajoutez-leur les blancs montés en neige en soulevant délicatement la préparation.
6] Mettez la pâte dans une poche munie d'une douille n° 8 ou 9, et disposez-la en spirale, en partant du centre, dans un cercle posé sur une plaque tapissée de papier sulfurisé.

Pâte à biscuit à l'amande et à la noisette

PRÉPARATION 20 min
POUR 500 g de pâte

50 g de poudre d'amande
50 g de poudre de noisette
60 g de sucre semoule
6 blancs d'œufs
80 g de sucre semoule
sucre glace

1] Mélangez la poudre d'amande, la poudre de noisette et le sucre semoule.
2] Montez les blancs d'œufs avec les 80 g de sucre, en les meringuant. Incorporez délicatement les poudres aux blancs.
3] Mettez la pâte dans une poche munie d'une douille lisse n° 9 et coulez-la en spirale, en partant du centre, sur une plaque tapissée de papier sulfurisé.
4] Avant la cuisson, saupoudrez très légèrement de sucre glace, deux fois, à un intervalle minimal de 10 minutes.

Pâte à biscuit pour bûche

PRÉPARATION 30 min
POUR 500 g de pâte

4 œufs entiers
150 g de pâte d'amande
1 blanc d'œuf
75 g de farine
50 g de sucre semoule

1] Séparez le blanc du jaune des œufs.
2] Dans un cul-de-poule, ramollissez la pâte d'amande en y ajoutant très progressivement les 4 jaunes d'œufs, puis 2 blancs. Mettez ce mélange au bain-marie et fouettez-le en faisant chauffer jusqu'à ce qu'il épaississe (55-60 °C, température encore supportable pour le doigt). Retirez du feu et continuez à travailler au batteur électrique jusqu'à complet refroidissement.
3] Tamisez la farine dans une passoire posée sur une terrine. Montez en neige ferme les 3 blancs d'œufs restants en leur incorporant petit à petit le sucre.
4] Mélangez-les délicatement à la préparation à la pâte d'amande, tout en versant la farine en pluie.

Pâte à biscuit pour bûche au chocolat

PRÉPARATION 20 min
POUR 500 g de pâte

55 g de beurre
25 g de farine
25 g de fécule de pomme de terre
25 g de cacao en poudre
4 œufs entiers
2 jaunes d'œufs
125 g de sucre semoule

1] Faites fondre doucement le beurre dans une petite casserole.
2] Tamisez la farine, la fécule et le cacao dans une passoire posée sur une terrine.
3] Séparez le blanc du jaune des œufs. Battez en neige les blancs dans un grand bol en leur incorporant petit à petit la moitié du sucre.
4] Dans une terrine, fouettez les 6 jaunes avec le reste du sucre, jusqu'à ce qu'ils blanchissent et moussent.
5] Mettez 2 cuillerées à soupe de ce mélange dans la casserole contenant le beurre fondu.
6] Incorporez les blancs aux jaunes, en soulevant la préparation avec une spatule, puis la farine au cacao, très délicatement, et, enfin, le beurre fondu.

Pâte à biscuit capucine

PRÉPARATION 15 min
POUR 500 g de pâte

quelques noisettes entières
100 g de poudre d'amande
25 g de farine
220 g de sucre semoule
5 blancs d'œufs

1] Faites légèrement griller les noisettes de 15 à 20 minutes au four à 170 °C et concassez-les.
2] Dans une terrine, mélangez la poudre d'amande, la farine et 100 g du sucre.
3] Dans un grand bol, montez en neige les blancs d'œufs en leur incorporant petit à petit le sucre.
4] Mélangez-les délicatement à la poudre d'amande.
5] Mettez la pâte obtenue dans une poche munie d'une douille lisse n° 9 et disposez-la en spirale, en partant du centre, dans un cercle posé sur une plaque tapissée de papier sulfurisé. Parsemez les noisettes concassées.

PRÉPARATION 20 min
POUR 500 g de pâte
50 g de chocolat noir amer (60 % au moins de cacao)
5 œufs entiers
200 g de sucre semoule

Pâte à biscuit au chocolat sans farine

1] Détaillez le chocolat en morceaux et faites-le fondre doucement dans une casserole au bain-marie (40 °C).
2] Séparez le blanc du jaune des œufs.
Dans une terrine, fouettez les jaunes avec la moitié du sucre, jusqu'à ce qu'ils blanchissent et moussent.
3] Dans un grand bol, battez les blancs en neige, puis mettez-y le reste du sucre, en continuant de les fouetter, jusqu'à ce qu'ils soient bien fermes.
4] Incorporez délicatement 1/3 des blancs au mélange jaunes d'œufs-sucre, puis versez le chocolat fondu, en tournant avec une spatule en bois.
5] Ajoutez enfin le reste des blancs, en soulevant doucement la préparation.
6] Mettez la pâte dans une poche à douille lisse n° 9 et disposez-la en spirale, en partant du centre, dans un cercle posé sur une plaque tapissée de papier sulfurisé.

PRÉPARATION 15 min
POUR 500 g de pâte
100 g de chocolat noir amer (60 % au moins de cacao)
85 g de beurre à température ambiante
6 g (1 bonne cuill. à café) de cacao en poudre
100 g de sucre semoule
3 œufs entiers
3 blancs d'œufs

Pâte à biscuit au chocolat et au beurre sans farine

1] Détaillez le chocolat en morceaux et faites-le fondre doucement dans une petite casserole au bain-marie (40 °C).
2] Coupez le beurre en petits morceaux, mettez-le dans une terrine et fouettez-le avec le cacao et 40 g du sucre pour le rendre moelleux et léger.
3] Séparez le blanc du jaune des œufs.
4] Incorporez au beurre les 3 jaunes d'œufs et 1 blanc, puis le chocolat.
5] Montez en neige les 5 blancs d'œufs restants, en leur incorporant petit à petit le reste du sucre, puis mélangez-les délicatement aux jaunes.
6] Mettez la pâte dans une poche munie d'une douille lisse n° 8 et disposez-la en disque sur une plaque tapissée de papier sulfurisé.

PRÉPARATION 10 min
POUR 500 g de pâte
80 g de farine
4 œufs entiers
4 jaunes d'œufs
110 g de sucre semoule

Pâte à biscuit à la cuillère

1] Tamisez la farine à l'aide d'une passoire posée sur un bol.
2] Séparez le blanc du jaune des œufs.
Dans une terrine, battez en neige les blancs en leur incorporant petit à petit 50 g du sucre.
3] Dans une autre terrine, battez les 8 jaunes avec le reste du sucre, jusqu'à ce qu'ils blanchissent et moussent.
4] Incorporez le mélange jaunes d'œufs-sucre par petites quantités aux blancs montés en neige, en soulevant délicatement la préparation avec une spatule en bois; versez ensuite la farine en pluie, progressivement, en procédant de la même façon.
5] Pour préparer les biscuits à la cuillère, utilisez une poche à douille unie n° 16.
Saupoudrez les biscuits de sucre glace et glissez dans le four préchauffé à 220 °C pour 15 à 18 minutes.

Commentaire gourmand

Cette pâte à biscuit, très légère, est idéale pour la préparation des entremets à base de fruits à servir très froids ou glacés : moelleuse et souple, elle ne s'effrite pas et ne se brise pas, même lorsqu'elle est très humidifiée.

Pâte à biscuit façon « brownie »

PRÉPARATION 15 min
POUR 500 g de pâte

70 g de chocolat noir amer
125 g de beurre
2 œufs
150 g de sucre semoule
60 g de farine tamisée
100 g de noix de pecan

1] Détaillez le chocolat en morceaux et faites-le fondre doucement dans une casserole au bain-marie (40 °C), puis laissez-le tiédir.
2] Coupez le beurre en morceaux et faites-le fondre, puis laissez-le également tiédir.
3] Mélangez les œufs avec le sucre semoule. Incorporez-y le beurre et le chocolat.
4] Mélangez la farine et les noix de pecan grossièrement hachées, puis ajoutez-les à la préparation précédente, en remuant avec une spatule en bois.

Pâte à biscuit à l'huile d'olive

PRÉPARATION 15 min
POUR 500 g de pâte

125 g de farine
1 citron
100 g de beurre
1/2 zeste de citron
120 g de sucre semoule
4 œufs entiers
2 cl (4 cuill. à café) de lait frais entier
4 g (1 petite cuill. à café) de levure chimique
7,5 cl (5 cuill. à soupe) d'huile d'olive vierge

1] Tamisez la farine à l'aide d'une passoire posée sur un bol. Pressez le citron. Faites fondre le beurre dans une petite casserole et laissez-le tiédir.
2] Hachez très finement le zeste. Mettez-le dans une terrine avec le sucre et mélangez 30 secondes pour qu'il s'imprègne bien de son parfum.
3] Ajoutez les œufs, un par un. Fouettez jusqu'à ce qu'ils moussent, puis versez le lait en remuant.
4] Incorporez la farine, la levure, 1 cuillerée à café du jus de citron, le beurre fondu et enfin l'huile d'olive, en tournant avec une spatule et en attendant que chaque ingrédient soit bien incorporé avant d'ajouter le suivant.

Commentaire gourmand

Le biscuit à l'huile d'olive donne des gâteaux moelleux et fruités, que vous servirez tièdes ou à température ambiante.

Pâte à biscuit à l'italienne

PRÉPARATION 15 min
POUR 500 g de pâte

5 œufs
100 g de sucre glace
1/2 zeste de citron haché fin
le jus d'un citron
50 g de sucre semoule
60 g de farine
60 g de fécule de maïs

1] Cassez les œufs un par un et séparez les jaunes et les blancs.
2] Mélangez les jaunes avec le sucre glace et fouettez pendant environ 5 minutes, jusqu'à ce que le mélange blanchisse. Ajoutez alors le zeste et le jus de citron.
3] Dans une terrine, montez les blancs en neige avec le sucre semoule. Quand ils sont fermes, versez-les sur le mélange jaunes-sucre-citron et mélangez bien.
4] Mêlez la farine et la fécule et tamisez-les ensemble. Ajoutez-les dans la préparation précédente en les incorporant délicatement.

Pâte à biscuit à la japonaise

PRÉPARATION 10 min
POUR 300 g de pâte

125 g de poudre de noisette
125 g de sucre glace
20 g de farine
6 blancs d'œufs
25 g de sucre

1] Dans une terrine, mélangez la poudre de noisette, le sucre glace et la farine.
2] Dans un grand bol, montez en neige les blancs d'œufs en les meringuant petit à petit avec le sucre. Incorporez-les très délicatement au mélange poudre de noisette-sucre glace et farine.
3] Mettez la pâte obtenue dans une poche munie d'une douille lisse n° 7 et dressez-la en spirale, en partant du centre, dans un cercle posé sur une plaque tapissée de papier sulfurisé.

Pâte à biscuit Joconde

PRÉPARATION 25 min
POUR 500 g de pâte

30 g de farine de type 45
20 g de beurre
100 g de poudre d'amande
100 g de sucre glace
3 œufs entiers
3 blancs d'œufs
15 g de sucre semoule

1| Tamisez la farine à l'aide d'une passoire posée sur un bol. Faites fondre le beurre dans une petite casserole puis laissez-le refroidir. Mélangez dans un saladier la poudre d'amande et le sucre glace. Ajoutez-y 2 œufs entiers, un par un.

2| Fouettez vivement au fouet à main, ou au batteur électrique, pour émulsionner la pâte en y incorporant de l'air et pour la rendre plus légère : la pâte doit doubler de volume. Ajoutez alors seulement le dernier œuf et fouettez encore pendant 5 minutes.

3| Incorporez d'abord un peu du beurre fondu et refroidi, mélangez bien, puis ajoutez le reste.

4| Montez en neige les blancs d'œufs en les meringuant petit à petit, c'est-à-dire en leur incorporant peu à peu le sucre semoule. Mettez d'abord un peu de blanc monté en neige dans la pâte pour l'alléger, puis incorporez la totalité en soulevant la préparation avec une spatule, sans tourner, tout en versant la farine en pluie.

5| Étalez très régulièrement la pâte à biscuit, à l'aide d'une spatule métallique sur une plaque à pâtisserie tapissée de papier sulfurisé. Tirez sur les bords du papier, tout en prenant appui sur les bords de la plaque pour bien égaliser l'épaisseur du biscuit qui doit faire environ 3 mm.

Commentaire gourmand

Une fois cuite, cette pâte s'imbibe parfaitement de sirops, différents selon les entremets, et devient fondante. Elle se conserve très bien au congélateur, enveloppée dans du film alimentaire.

Tour de main

Il est très important de mélanger les blancs à la pâte dès qu'ils sont montés et de faire cuire aussitôt, sinon la pâte retombe.

Comment fouetter une pâte à biscuit ?

Fouetter consiste à introduire des bulles d'air dans une préparation. Dans bien des cas, cette étape représente la clef du succès, car la même pâte à biscuit sera bien gonflée, ou tristement plate, selon que vous aurez eu la patience ou non d'introduire beaucoup de bulles d'air.
Si vous envisagez d'acquérir un nouveau batteur électrique, prenez soin de vérifier que les fils des fouets sont inclinés. Les fils verticaux donnent, en effet, un résultat médiocre, et vous seriez obligé de tenir le batteur d'une façon peu pratique pour fouetter la pâte à biscuit.
H. T.

Pâte à biscuit Joconde à la pistache

PRÉPARATION 15 min
POUR 500 g de pâte

- 30 g de farine
- 20 g de beurre
- 100 g de poudre d'amande
- 100 g de sucre glace
- 3 œufs entiers
- 3 blancs d'œufs
- 15 g de sucre semoule
- 25 g de pâte de pistache aromatisée

1] Tamisez la farine à l'aide d'une passoire posée sur un bol.
2] Faites fondre le beurre dans une petite casserole puis laissez-le refroidir.
3] Mélangez dans une terrine la poudre d'amande et le sucre glace. Ajoutez-y d'abord 2 œufs entiers, un par un, puis introduisez la pâte de pistache aromatisée et colorée.
4] Procédez ensuite exactement comme pour la pâte à biscuit Joconde classique (*voir page 35*), en respectant scrupuleusement la façon de mélanger les ingrédients pour que la pâte ne retombe pas.

Pâte à biscuit aux noix

PRÉPARATION 10 min
POUR 500 g de pâte

- 30 g de farine
- 100 g de noix concassées
- 50 g de poudre d'amande
- 90 g de sucre glace
- 60 g de vergeoise brune
- 5 blancs d'œufs « cassés » (*voir p. 394*)

1] Tamisez la farine à l'aide d'une passoire posée sur une terrine. Ajoutez les noix concassées , la poudre d'amande et le sucre glace. Mélangez bien.
2] Montez en neige les blancs d'œufs « cassés » en les meringuant petit à petit avec la vergeoise brune.
3] Dès qu'ils sont montés, incorporez-y délicatement le premier mélange.

Tour de main

Il est important de mélanger les blancs à la pâte dès qu'ils sont montés et de les cuire aussitôt, sinon la pâte retombe.

Pâte à biscuit à rouler

PRÉPARATION 10 min
POUR 500 g de pâte

- 6 œufs entiers
- 75 g de farine
- 150 g de sucre semoule

1] Séparez le blanc du jaune des œufs. Tamisez la farine à l'aide d'une passoire posée sur un bol.
2] Dans une terrine, fouettez fermement les 6 jaunes d'œufs et 3 blancs avec la moitié du sucre jusqu'à ce que le mélange blanchisse et mousse.
3] Montez en neige les 3 derniers blancs en leur incorporant petit à petit le reste du sucre, sans cesser de fouetter au batteur électrique ou à la main.
4] Incorporez-les aux jaunes en soulevant délicatement la préparation avec une spatule.
5] Ajoutez enfin la farine tamisée en la versant en pluie.

Pâte à biscuit à rouler au chocolat

PRÉPARATION 15 min
POUR 500 g de pâte

- 55 g de beurre
- 25 g de farine
- 25 g de fécule de pomme de terre
- 30 g de cacao en poudre
- 4 œufs entiers
- 2 jaunes d'œufs
- 120 g de sucre semoule

1] Faites fondre le beurre dans une petite casserole et laissez-le tiédir.
2] Tamisez ensemble la farine, la fécule de pomme de terre et le cacao dans une passoire posée sur un bol.
3] Séparez le blanc du jaune des œufs. Fouettez les 6 jaunes avec la moitié du sucre jusqu'à ce qu'ils blanchissent et moussent.
4] Montez en neige les blancs d'œufs en leur incorporant petit à petit le reste du sucre, sans cesser de fouetter au batteur électrique ou à la main.
5] Mettez un peu des jaunes sucrés dans le beurre fondu et mélangez.
6] Versez le beurre sur le reste des jaunes, puis incorporez les blancs tout en ajoutant la farine, la fécule et le cacao, en soulevant délicatement la préparation.

Pâte à dacquoise à l'amande

PRÉPARATION 25 min
POUR 500 g de pâte

150 g de sucre glace
135 g de poudre d'amande
5 blancs d'œufs
50 g de sucre semoule

Comment monter les blancs en neige ?

Le grainage est cet incident qui se produit quand des blancs d'œufs sont excessivement fouettés : de l'eau en sort tandis que les blancs montés retombent en petits grains (d'où le nom de « grainage »). La raison : le travail du fouet a finalement produit une sorte de « cuisson » qu'il faut absolument éviter. Le remède : soit se servir d'un batteur à faible vitesse, soit utiliser des œufs « cassés », ou encore introduire le sucre en trois fois. Pour comprendre l'action du sucre, il suffit de comparer des blancs montés en neige avec du sucre et des blancs montés sans sucre : ceux qui ont été « serrés » avec du sucre sont composés de bulles beaucoup plus petites, de sorte que la même fermeté est obtenue avec moins de travail du fouet. C'est un avantage, puisqu'il faut précisément éviter le travail excessif qui conduirait au grainage.
H. T.

1| Mélangez le sucre glace et la poudre d'amande et tamisez-les dans une passoire au-dessus d'un morceau de papier sulfurisé.

2| Dans une terrine, fouettez les blancs d'œufs au batteur électrique. Incorporez-leur le sucre semoule en trois fois, pour qu'ils ne se défassent pas en formant de petits grains. Continuez de battre jusqu'à obtenir une meringue souple.

3| Ajoutez-y la poudre d'amande sucrée en la versant en pluie et en soulevant délicatement la préparation avec une spatule, sans fouetter.

4| Mettez la pâte dans une poche munie d'une douille lisse n° 9 ou 10 et disposez-la en spirale, en partant du centre, en 2 cercles de 22 cm de diamètre sur une plaque tapissée de papier sulfurisé.

5| Avant la cuisson, poudrez les cercles de dacquoise de sucre glace deux fois, à 15 minutes d'intervalle, pour les faire perler comme une meringue *(voir page 42)*.

Tour de main

Pour réaliser des biscuits et des meringues, les pâtissiers préfèrent souvent utiliser des blancs d'œufs « cassés » (voir page 394), c'est-à-dire conservés au réfrigérateur pendant 3 jours, car ils tiennent mieux.

Commentaire gourmand

La dacquoise est meilleure 24 heures après sa préparation. Elle est souvent associée à des crèmes mousselines, diversement aromatisées.

Pâte à dacquoise aux noisettes

PRÉPARATION 25 min
POUR 500 g de pâte

- 150 g de sucre glace
- 135 g de poudre de noisette
- 5 blancs d'œufs « cassés » (*voir p. 394*)
- 50 g de sucre semoule
- quelques noisettes aveline du Piémont grillées

1| Tamisez ensemble le sucre glace et la poudre de noisette à l'aide d'une passoire posée au-dessus d'une terrine.
2| Fouettez en neige les blancs d'œufs en les meringuant petit à petit avec le sucre semoule.
3| Mélangez-les délicatement à la poudre de noisette, en soulevant la préparation avec une spatule.
4| Mettez la pâte dans une poche munie d'une douille lisse n° 9 et couchez-la en disque sur une plaque tapissée de papier sulfurisé. Saupoudrez généreusement de noisettes grillées.

Pâte à dacquoise à la noix de coco

PRÉPARATION 20 min
POUR 500 g de pâte

- 150 g de sucre glace
- 40 g de poudre d'amande
- 100 g de noix de coco râpée
- 5 blancs d'œufs
- 50 g de sucre semoule

1| Tamisez ensemble le sucre glace et la poudre d'amande à l'aide d'une passoire posée au-dessus d'une terrine. Ajoutez la noix de coco râpée.
2| Fouettez en neige les blancs d'œufs en les meringuant petit à petit avec le sucre semoule. Ajoutez-les délicatement au mélange précédent, en soulevant la préparation avec une spatule.
3| Mettez la pâte dans une poche munie d'une douille lisse n° 9 et couchez-la en disque sur une plaque tapissée de papier sulfurisé.

Pâte à dacquoise à la pistache

PRÉPARATION 20 min
POUR 500 g de pâte

- 25 g de pistaches
- 115 g de poudre d'amande
- 135 g de sucre glace
- 5 blancs d'œufs
- 50 g de sucre semoule
- 20 g de pâte de pistache aromatisée et colorée

1| Décortiquez les pistaches, faites-les griller de 10 à 15 minutes au four à 170 °C et concassez-les.
2| Tamisez ensemble la poudre d'amande et le sucre glace et ajoutez les pistaches concassées.
3| Montez en neige les blancs d'œufs en leur incorporant petit à petit le sucre.
4| Mettez la pâte de pistache dans un bol et ajoutez-lui 1/5 des blancs en mélangeant au fouet.
5| Versez cette préparation sur le reste des blancs, puis ajoutez en pluie la poudre d'amande aux pistaches. Mélangez délicatement en soulevant avec une spatule.

Pâte à dacquoise au praliné

PRÉPARATION 20 min
POUR 500 g de pâte

- 125 g de noisettes entières, réduites en poudre
- 125 g de sucre glace
- 30 g de noisettes grillées et concassées
- 5 blancs d'œufs « cassés » (*voir p. 394*)
- 45 g de sucre semoule
- 20 g de pâte de noisette

1| Tamisez les noisettes en poudre et le sucre glace au-dessus d'une terrine et ajoutez les noisettes concassées.
2| Montez en neige les blancs d'œufs « cassés » en les meringuant petit à petit avec le sucre semoule.
3| Faites ramollir la pâte de noisette en la mélangeant avec 1/5 des blancs.
4| Versez par-dessus le reste des blancs. Incorporez-les à la préparation aux noisettes et mélangez en soulevant l'ensemble avec une spatule.
5| Mettez la pâte dans une poche munie d'une douille n° 9 et dressez-la en disque sur une plaque tapissée de papier sulfurisé.

Pâte à génoise

PRÉPARATION **30 min**
POUR **500 g de pâte**

140 g de farine
40 g de beurre
4 œufs entiers
140 g de sucre semoule

1| Tamisez la farine à l'aide d'une passoire posée sur un bol. Faites fondre le beurre doucement dans une petite casserole, en le gardant mousseux, et laissez-le tiédir. Cassez les œufs dans un cul-de-poule ; versez par-dessus le sucre en pluie, en remuant. Mettez le cul-de-poule dans un bain-marie frémissant et commencez à fouetter.

2| Continuez jusqu'à ce que le mélange ait épaissi (55-60 °C, température encore supportable au doigt).

3| Retirez cette préparation du bain-marie et fouettez-la au batteur électrique jusqu'à complet refroidissement.

4| Mettez 2 cuillerées de ce mélange dans un petit bol et incorporez-y le beurre fondu et tiède.

5| Versez ensuite la farine en pluie dans le cul-de-poule, en soulevant la pâte avec une spatule, puis ajoutez le contenu du petit bol, en mélangeant très délicatement.

Tour de main

Cette pâte à génoise, particulièrement légère, se conserve au congélateur une fois cuite, enveloppée dans du film alimentaire.

Comment les œufs montent-ils en neige ?

Les blancs d'œufs contiennent, notamment, de l'eau et des protéines. Celles-ci sont des molécules analogues à de petites pelotes repliées sur elles-mêmes. Certaines parties de ces molécules sont solubles dans l'eau, et se trouvent à l'extérieur des pelotes, au contact de l'eau ; tandis que d'autres parties, insolubles dans l'eau, sont enfouies au cœur des pelotes. Quand on monte des blancs en neige, les pelotes se déroulent, ce qui conduit à l'introduction de bulles d'air à l'intérieur. Les parties des protéines qui ne se dissolvent pas dans l'eau viennent spontanément au contact de l'air des bulles : elles évitent donc l'eau. Les bulles d'air sont ainsi enrobées de protéines, qui forment une coque stabilisatrice, piégeant l'air dans l'eau.

H. T.

Pâte à génoise à l'amande

PRÉPARATION 15 min
POUR 500 g de pâte

40 g de beurre
75 g de pâte d'amande (50 % au moins de poudre d'amande)
60 g de sucre semoule
2 jaunes d'œufs
4 œufs entiers
125 g de farine

1| Faites fondre le beurre dans une casserole et laissez-le tiédir.
2| Dans un cul-de-poule, fouettez au batteur électrique la pâte d'amande et le sucre semoule jusqu'à ce que la préparation soit sableuse.
3| Ajoutez les jaunes d'œufs, un par un, puis les œufs entiers, en remuant bien.
4| Mettez le cul-de-poule dans un bain-marie frémissant et fouettez le mélange jusqu'à ce qu'il blanchisse et mousse.
5| Incorporez un peu de ce mélange dans le beurre tiède.
6| Versez la farine en pluie dans le cul-de-poule, puis ajoutez le beurre, en soulevant délicatement la préparation avec une spatule.

Commentaire gourmand

Cette génoise remplace avantageusement la pâte à génoise classique, car elle a un goût plus riche.

Variante

Pâte à génoise au café

À la fin de la préparation précédente, ajoutez environ 5 g de café soluble délayé dans très peu d'eau pour obtenir une pâte parfumée.

Pâte à génoise au chocolat

PRÉPARATION 15 min
POUR 500 g de pâte

40 g de beurre
20 g de cacao en poudre
140 g de sucre semoule
2 jaunes d'œufs
4 œufs entiers
120 g de farine
20 g de fécule de pomme de terre

1| Faites fondre le beurre dans une petite casserole et laissez-le tiédir.
2| Dans un cul-de-poule, mélangez le cacao en poudre et le sucre semoule.
3| Ajoutez les jaunes d'œufs, un par un, puis les œufs entiers, en remuant bien.
4| Mettez le cul-de-poule dans un bain-marie frémissant et fouettez le mélange jusqu'à ce qu'il blanchisse et mousse.
5| Mettez 2 cuillerées de ce mélange dans un petit bol et incorporez le beurre fondu et tiède.
6| Tamisez ensemble la farine et la fécule de pomme de terre et versez-les en pluie dans le cul-de-poule, puis ajoutez le contenu du petit bol, en soulevant délicatement la préparation à l'aide d'une spatule.

Pâte à manqué

PRÉPARATION 15 min
POUR 500 g de pâte

100 g de farine
70 g de beurre
4 œufs entiers
140 g de sucre semoule
1/2 sachet de sucre vanillé
1,5 cl (1 cuill. à soupe) de rhum agricole (facultatif)
3 g (1/2 cuill. à café) de sel fin

1| Tamisez la farine à l'aide d'une passoire posée sur un grand bol.
2| Faites fondre doucement le beurre dans une petite casserole, sans le laisser colorer, et laissez-le tiédir.
3| Cassez les œufs et séparez le blanc du jaune. Mettez les blancs dans un bol.
4| Dans une terrine, fouettez vigoureusement les jaunes d'œufs avec le sucre semoule et le sucre vanillé jusqu'à ce qu'ils blanchissent et moussent.
5| Ajoutez la farine en pluie, le beurre fondu et éventuellement le rhum. Remuez bien afin d'obtenir une préparation homogène.
6| Dans un bol, battez les blancs en neige très ferme avec le sel, puis incorporez-les délicatement à la pâte.
7| Aromatisez cette pâte à manqué avec le parfum de votre choix.

Commentaire gourmand

Vous pouvez parfumer la pâte à manqué avec des noisettes pilées, des raisins secs, des fruits confits, de l'anis, une liqueur, un alcool, etc.

Pâte à progrès

PRÉPARATION 15 min
POUR 500 g de pâte

75 g de poudre de noisette
35 g de poudre d'amande brute
40 g de poudre d'amande blanche
160 g de sucre glace
10 g de farine
6 blancs d'œufs
2 g (1 petite pincée) de sel

1] Dans une terrine, mélangez les poudres de noisette et d'amande avec le sucre glace et la farine.
2] Dans un bol, montez au batteur électrique les blancs en neige ferme avec le sel.
3] Mettez-les dans la terrine et incorporez-les au mélange poudres d'amande et de noisette-sucre-farine en soulevant très délicatement la préparation à l'aide d'une spatule ou d'une cuillère en bois.
4] Mettez la pâte à progrès dans une poche munie d'une douille lisse n° 9 et disposez-la en disque sur une plaque tapissée de papier sulfurisé.

Commentaire gourmand

La pâte à progrès sert à préparer toutes sortes de gâteaux que l'on garnit de crème parfumée.

Pâte à succès à l'amande

PRÉPARATION 15 min
POUR 500 g de pâte

85 g de poudre d'amande
85 g de sucre glace
6 blancs d'œufs
160 g de sucre semoule
brisures d'amandes (facultatif)

1] Mélangez la poudre d'amande et le sucre glace et tamisez-les dans une passoire posée sur une terrine.
2] À l'aide d'un batteur électrique, montez les blancs d'œufs en neige avec un peu du sucre semoule. Lorsqu'ils ont bien gonflés, ajoutez en une seule fois le reste du sucre. Mélangez 1 minute et arrêtez l'appareil.
3] Incorporez-leur, à l'aide d'une spatule en bois, le mélange sucre-poudre d'amande, et éventuellement quelques brisures d'amandes.
4] Mettez la pâte à succès dans une poche munie d'une douille lisse n° 9 et disposez-la en disque sur une plaque tapissée de papier sulfurisé.

Variante

Pâte à succès à la noisette

Pour obtenir une pâte à succès parfumée à la noisette, remplacez la poudre d'amande par de la poudre de noisette.

Les meringues

PRÉPARATION **5 min**
POUR **500 g de meringue**
5 blancs d'œufs
340 g de sucre semoule
1 cuill. à café d'extrait naturel de vanille

Meringue française

1] Cassez les œufs un par un et mettez à part les blancs dans un saladier. Veillez à ce qu'il ne reste aucune trace de jaune dans les blancs : ils ne monteraient pas bien. À l'aide d'un batteur électrique, montez les blancs en neige en leur incorporant petit à petit 170 g du sucre.

2] Quand ils ont doublé de volume, versez encore 85 g du sucre et la vanille. Continuez à les fouetter jusqu'à ce qu'ils deviennent très fermes, lisses et brillants.

3] Ajoutez-leur le reste du sucre, en le versant en pluie. Lorsque celui-ci est bien incorporé, la masse doit être ferme et tenir solidement sur les branches du fouet.

4] Mettez la meringue dans une poche munie d'une douille lisse et disposez-la sur une plaque beurrée et farinée selon la forme souhaitée.

Tour de main

Si vous voulez faire « perler » les meringues, c'est-à-dire les voir se couvrir de petites perles blondes, agréables à l'œil et au palais, tamisez par-dessus un peu de sucre glace; attendez jusqu'à ce qu'une légère croûte se soit formée, puis poudrez-les une seconde fois, juste avant de les cuire.

Commentaire gourmand

Traditionnellement, la meringue ordinaire, que l'on appelle meringue française, est préparée avec moitié sucre semoule, moitié sucre glace. L'utilisation du seul sucre semoule lui donne une saveur légèrement caramélisée, une texture tout à la fois croquante et moelleuse, et évite le désagréable arrière-goût sec et plâtreux dont l'amidon ajouté la plupart du temps au sucre glace est, en partie, responsable.

PRÉPARATION 10 min
POUR 500 g de meringue

8,5 cl d'eau
280 g de sucre semoule
5 blancs d'œufs

Meringue italienne

1] Dans une casserole, faites bouillir l'eau avec le sucre, en nettoyant régulièrement les parois du récipient avec un pinceau mouillé. Faites chauffer le mélange jusqu'au « grand boulé » *(voir page 69)*.

2] À l'aide d'un batteur électrique, montez dans un grand bol les blancs d'œufs en neige, en « bec d'oiseau », c'est-à-dire pas trop fermes. Mettez l'appareil en vitesse moyenne et versez le sirop préparé avec le sucre sur les blancs. Fouettez jusqu'à léger refroidissement.

3] Mettez la meringue dans une poche à douille lisse et disposez-la sur un gâteau selon la forme souhaitée.

Commentaire gourmand

La meringue italienne permet aussi d'alléger des meringues ou des mousses et de confectionner des biscuits glacés, des crèmes au beurre, des sorbets et des soufflés glacés, ou encore des petits-fours.

PRÉPARATION 10 min
POUR 500 g de meringue

6 blancs d'œufs
340 g de sucre glace

Meringue suisse

1] Mettez les blancs d'œufs et le sucre dans un cul-de-poule ; placez celui-ci dans un bain-marie (40 °C), et fouettez le mélange jusqu'à ce qu'il ait épaissi (55-60 °C, température encore supportable au doigt).

2] Retirez le mélange du feu et fouettez-le vivement jusqu'à ce qu'il soit ferme.

3] Aromatisez-le avec le parfum de votre choix ou colorez-le selon votre goût.

Commentaire gourmand

Vous pouvez parfumer cette meringue en lui ajoutant par exemple une cuillerée à café d'extrait de vanille liquide, ou une cuillère à café d'eau de fleur d'oranger, ou encore le zeste d'un citron.

Cuisson des meringues

Préchauffez le four à 110-120 °C. Faites cuire vos meringues dans le four, la porte entrouverte. Comptez environ 40 minutes de cuisson pour les petites meringues façonnées à la poche à douille, et 1 heure 30 pour les grands disques.

Les crèmes et les mousses

Les crèmes jouent un rôle prépondérant dans l'élaboration des desserts et des pâtisseries. Certaines peuvent se conserver au réfrigérateur, d'autres nécessitent d'être préparées à la toute dernière minute. Les mousses sont des préparations plus légères, savoureuses et onctueuses.

Les crèmes

Crème amandine

PRÉPARATION 10 min
POUR 500 g de crème

120 g de beurre à température ambiante
100 g de poudre d'amande
150 g de crème pâtissière *(voir p. 58)*
110 g de meringue italienne *(voir p. 43)*

1] Faites d'abord une crème pâtissière dans un bol ; couvrez celui-ci et mettez-le au frais.
2] Préparez une meringue italienne. Réservez-la dans le bas du réfrigérateur.
3] Coupez le beurre en petits morceaux, mettez-le dans une terrine.
4] Malaxez-le à l'aide d'une spatule en bois ou fouettez-le vivement à la main ou au batteur électrique pour l'assouplir et le rendre moelleux et léger. Ajoutez petit à petit la poudre d'amande et, éventuellement, l'alcool de fruit de votre choix, tout en continuant à fouetter.
5] Incorporez la crème pâtissière au fouet, puis la meringue italienne, que vous avez préparées.

Commentaire gourmand

Vous pouvez relever le goût de la crème amandine en ajoutant une bonne cuillerée à soupe d'eau-de-vie d'abricot ou de kirsch. La crème amandine peut être utilisée dans une dacquoise. Prenez pour base la recette de la dacqoise au café (page 142) et remplacez la crème au beurre par de la crème amandine. Recouvrez le gâteau avec des fraises ou des framboises.

Crème anglaise à la vanille

PRÉPARATION 15 min
CUISSON 5 min
POUR 500 g de crème

2 gousses de vanille
15 cl de lait frais entier
20 cl de crème liquide
4 jaunes d'œufs
85 g de sucre semoule

1] Ouvrez les gousses de vanille en deux et grattez les graines. Mettez les gousses et les graines dans une casserole ; ajoutez le lait et la crème ; portez à ébullition, puis laissez infuser 10 minutes. Filtrez.

2] Dans un grand bol, fouettez les jaunes d'œufs avec le sucre pendant 3 minutes, puis versez le lait vanillé progressivement, en remuant.

3] Remettez le tout dans la casserole et faites cuire la crème sur feu moyen, sans cesser de la travailler à la spatule ou à la cuillère en bois, jusqu'à 83 °C, en évitant surtout d'atteindre l'ébullition, puis retirez-la du feu et tournez-la très lentement pour qu'elle soit parfaitement onctueuse. Elle est alors « à la nappe » : un doigt passé sur la spatule y laisse sa trace.

4] Filtrez-la à l'aide d'une passoire fine posée au-dessus d'un grand bol.

5] Plongez immédiatement celui-ci dans un récipient rempli de glaçons : la crème, dont la cuisson est ainsi interrompue, se conserve mieux. Laissez-la refroidir, en la remuant de temps en temps, puis réservez-la 24 heures au réfrigérateur (4 °C).

Comment éviter les grumeaux dans une crème anglaise ?

Le microscope révèle les secrets de la crème anglaise. Quand on chauffe la crème, l'œuf coagule progressivement en grumeaux qui sont invisibles à l'œil nu. Plus on chauffe, plus ces grumeaux sont denses. Les grumeaux visibles, ceux que l'on veut éviter, sont des agrégats de ces grumeaux microscopiques ; l'eau, qui s'en est évaporée a laissé ces derniers se lier de façon très dense. À quelles températures doit-on cuire une crème anglaise ? Certainement au-dessus de 68 °C, qui est la température de coagulation des jaunes d'œufs.
Et certainement à moins de 100 °C, qui est la température d'ébullition de l'eau.
H. T.

Variante

Crème anglaise collée

Mettez 4 ou 5 feuilles de gélatine à ramollir dans un grand récipient d'eau froide, rincez-les et égouttez-les. Ajoutez-les à la crème anglaise encore chaude et remuez pour bien les dissoudre. Passez la crème au chinois et fouettez-la jusqu'à complet refroidissement. Cette crème, additionnée de 500 g de crème fouettée et aromatisée suivant votre goût, sert notamment à la préparation du bavarois et de la charlotte russe.

Crème bavaroise

PRÉPARATION 10 min
POUR 500 g de crème
2 feuilles de gélatine
250 g de crème anglaise à la vanille *(voir p. 45)*
250 g de crème fouettée *(voir p. 53)*

1] Mettez les feuilles de gélatine à ramollir dans un grand bol avec beaucoup d'eau froide, rincez-les et égouttez-les. Dans un autre récipient, préparez la crème anglaise à la vanille. Juste après l'avoir filtrée au-dessus d'un bol, lorsqu'elle est encore chaude, ajoutez-lui la gélatine, en remuant pour dissoudre celle-ci complètement.

2] Plongez le bol contenant la crème anglaise dans un grand récipient rempli de glaçons et remuez jusqu'à ce que le mélange commence à épaissir (20 °C).

3] Incorporez la crème fouettée, que vous aurez préparée avec de la crème liquide de préférence à la crème épaisse. Soulevez délicatement la préparation à l'aide d'une spatule. Utilisez aussitôt.

1

2

3

Pourquoi la gélatine doit-elle tremper ?

Si l'on mettait la gélatine directement dans la préparation chaude, elle formerait des grumeaux et des fils dont on ne pourrait plus se débarrasser : l'eau chaude forme un gel en surface des feuilles, ce qui limite la diffusion de l'eau vers l'intérieur des feuilles. Dans l'eau froide, au contraire, les molécules d'eau ne forment pas immédiatement ce gel externe protecteur, de sorte que l'eau continue sa lente migration : toute la gélatine peut alors ramollir.
H. T.

Crème bavaroise à la cannelle caramélisée

PRÉPARATION 20 min
CUISSON 5 min
POUR 500 g de crème
50 g de sucre semoule
1 bâton de cannelle de Ceylan
20 cl de lait frais entier
2 feuilles de gélatine
3 jaunes d'œufs
200 g de crème fouettée *(voir p. 53)*

1] Dans une casserole, faites fondre tout doucement la moitié du sucre à sec, ajoutez le bâton de cannelle brisé et laissez caraméliser à feu doux.
2] Interrompez aussitôt la cuisson en versant le lait chaud dans la casserole. Portez de nouveau à ébullition, puis filtrez dans une passoire posée sur un bol.
3] Mettez les feuilles de gélatine à ramollir dans beaucoup d'eau froide, rincez-les et égouttez-les.
4] Dans une autre casserole, faites cuire les jaunes d'œufs, le reste du sucre et le lait aromatisé comme pour une crème anglaise *(voir page 45)*.
5] Ajoutez la gélatine à chaud, en remuant pour bien la dissoudre.
6] Filtrez la crème à l'aide d'une passoire posée sur une terrine, elle-même plongée dans un grand récipient rempli de glaçons, en remuant de temps en temps, jusqu'à ce qu'elle commence à épaissir (20 °C).
7] Incorporez la crème fouettée que vous avez préparée en soulevant délicatement la préparation. Utilisez aussitôt.

Commentaire gourmand

Vous pouvez associer cette crème à des pêches pochées et l'employer dans une charlotte.

PRÉPARATION 15 min
CUISSON 5 min
POUR 500 g de crème

200 g de lait d'amande
(voir p. 57)
4 jaunes d'œufs
3 feuilles de gélatine
1 goutte d'essence d'amande amère
250 g de crème fouettée
(voir p. 53)

Crème bavaroise au lait d'amande

1| La veille, préparez le lait d'amande. Ajoutez une goutte d'essence d'amande amère.
2| Faites ramollir la gélatine dans un récipient d'eau froide, rincez-la et égouttez-la.
3| Dans une casserole, faites cuire les jaunes d'œufs avec le lait d'amande, comme une crème anglaise *(voir page 45)*.
4| Ajoutez la gélatine à chaud, en remuant pour bien la dissoudre, puis l'essence d'amande amère. Plongez la casserole dans un récipient rempli de glaçons jusqu'à ce que la crème commence à épaissir (20 °C).
5| Incorporez la crème fouettée en soulevant délicatement la préparation. Utilisez aussitôt.

PRÉPARATION 15 min
CUISSON 5 min
POUR 500 g de crème

15 cl de lait frais entier
1 g (1 petite pincée) d'épices à pain d'épice
15 g de miel de châtaignier ou de sapin
3 feuilles de gélatine
65 g de pain d'épice moelleux
3 jaunes d'œufs
200 g de crème fouettée
(voir p. 53)

Crème bavaroise au pain d'épice

1| Dans une casserole, portez le lait à ébullition, ajoutez les épices et la moitié du miel et laissez infuser 15 minutes. Filtrez.
2| Mettez les feuilles de gélatine à ramollir dans beaucoup d'eau froide, rincez-les et égouttez-les.
3| Coupez le pain d'épice en petits cubes et mettez-le avec le lait aromatisé dans un grand bol ; passez le tout au mixeur jusqu'à obtenir un mélange homogène.
4| Dans la casserole, faites cuire les jaunes d'œufs, le reste du miel et le lait au pain d'épice, comme une crème anglaise *(voir page 45)*.
5| Ajoutez la gélatine à chaud, en remuant pour bien la dissoudre, puis plongez la casserole dans un récipient rempli de glaçons jusqu'à ce que le mélange commence à épaissir (20 °C).
6| Incorporez la crème fouettée, en soulevant délicatement la préparation. Utilisez aussitôt.

Commentaire gourmand

Suivant les régions, le pain d'épice réunit une dizaine d'épices parmi les suivantes : anis étoilé, cannelle, cardamome, clou de girofle, coriandre, écorce d'orange ou de citron séchée moulue, livèche, macis, racine de violette. Mais chaque pâtissier garde ses secrets de fabrication.

PRÉPARATION 15 min
CUISSON 5 min
POUR 500 g de crème

1 rose
20 cl de lait frais entier
2 cl (1 bonne cuill. à soupe) de sirop de rose
2 feuilles de gélatine
3 jaunes d'œufs
20 g de sucre semoule
250 g de crème fouettée
(voir p. 53)

Crème bavaroise aux pétales de rose

1| Détachez délicatement les pétales de la rose et hachez-les. Dans une casserole, portez le lait à ébullition, ajoutez les pétales et le sirop de rose. Laissez infuser pendant 15 minutes. Filtrez.
2| Mettez la gélatine à ramollir dans un grand bol rempli d'eau froide, rincez-la et égouttez-la.
3| Faites cuire dans la casserole les œufs, le sucre et le lait aromatisé, avec l'eau de rose, comme une crème anglaise *(voir page 45)*.
4| Ajoutez la gélatine à chaud, en remuant pour bien la dissoudre, puis plongez la casserole dans un récipient rempli de glaçons jusqu'à ce que le mélange commence à épaissir (20 °C).
5| Incorporez délicatement la crème fouettée. Utilisez aussitôt.

Commentaire gourmand

Vous trouverez du sirop de rose, au goût très délicat, dans les épiceries orientales.

Crème bavaroise de riz à l'orange

PRÉPARATION 15 min
CUISSON 5 min
POUR 500 g de crème

1/2 zeste d'orange
50 cl de lait frais entier
50 g de riz à grains ronds
30 g de sucre semoule
2 feuilles de gélatine
2 jaunes d'œufs
125 g de crème liquide

1] Hachez finement le zeste d'orange.
2] Dans une casserole, mettez 8 cl de lait, le riz, le zeste et 10 g de sucre, et faites cuire sur feu moyen jusqu'à ce que le riz ait absorbé tout le liquide. Laissez refroidir dans une passoire en remuant toutes les 5 minutes.
3] Mettez la gélatine à ramollir dans beaucoup d'eau froide, rincez-la et égouttez-la.
4] Dans une autre casserole, faites cuire les jaunes d'œufs, le sucre, le reste du lait et la gélatine, comme une crème anglaise *(voir page 45)*.
5] Versez-y le riz cuit et plongez immédiatement la casserole dans un récipient rempli de glaçons, en mélangeant, jusqu'à ce que le mélange commence à épaissir (20 °C).
6] Incorporez la crème en soulevant délicatement la préparation. Utilisez aussitôt.

Commentaire gourmand

Voici un entremets facile à réaliser : versez la crème dans un moule à baba et laissez figer au réfrigérateur pendant 2 ou 3 heures. Servez avec une compote d'abricot ou un coulis de framboise.

Crème bavaroise à la vanille

PRÉPARATION 15 min
CUISSON 5 min
POUR 500 g de crème

Pour l'infusion
1/2 gousse de vanille
20 cl de lait frais entier
1,5 cl (1 cuill. à soupe) d'extrait naturel de vanille
Pour la crème
3 feuilles de gélatine
2 jaunes d'œufs
50 g de sucre semoule
220 g de crème fouettée *(voir p. 53)*

1] Ouvrez la 1/2 gousse de vanille en deux et grattez les graines.
2] Mettez dans une casserole le lait avec la gousse, les graines et l'extrait de vanille. Portez à ébullition, puis laissez infuser plusieurs heures au frais. Filtrez.
3] Mettez la gélatine à ramollir dans beaucoup d'eau froide, rincez-la et égouttez-la.
4] Dans une autre casserole, faites cuire les jaunes d'œufs, le sucre et le lait vanillé, comme une crème anglaise *(voir page 45)*.
5] Ajoutez à chaud la gélatine égouttée, en remuant pour la dissoudre complètement, puis plongez la casserole dans un bain-marie rempli de glaçons, jusqu'à ce que le mélange commence à épaissir (20 °C).
6] Incorporez la crème fouettée en soulevant délicatement la préparation. Utilisez aussitôt.

Variante

Crème bavaroise au miel et au safran

Vous pouvez, suivant le même principe, mais sans vanille, remplacer 15 % du sucre par autant de miel et ajouter une pincée de pistils de safran.

Crème au beurre à l'anglaise

PRÉPARATION 25 min
CUISSON 5 min
POUR 500 g de crème

2 jaunes d'œufs
60 g de sucre semoule
7 cl de lait frais entier
250 g de beurre froid ou à température ambiante
120 g de meringue italienne *(voir p. 43)*

1] Dans une casserole, faites cuire les jaunes d'œufs, le sucre et le lait, sans vanille, comme une crème anglaise *(voir page 45)*.
2] Quand cette préparation est cuite, c'est-à-dire qu'elle est à la limite de l'ébullition, travaillez-la avec un batteur électrique à vitesse moyenne jusqu'à ce qu'elle soit complètement refroidie.
3] Dans une terrine, fouettez le beurre pour le rendre moelleux et léger, ajoutez la crème refroidie et mélangez bien.
4] Incorporez enfin la meringue italienne en soulevant délicatement la préparation.

PRÉPARATION 20 min
CUISSON 5 min
POUR 500 g de crème

250 g de beurre très mou
5 cl d'eau
140 g de sucre semoule
2 œufs entiers
2 jaunes d'œufs

Pourquoi faut-il passer un pinceau humide à l'intérieur de la casserole ?

L'emploi du pinceau permet d'éviter le désagréable phénomène du « massage » : quand le sucre présent dans la casserole contient trop peu d'eau, l'ajout brusque de cristaux de sucre peut provoquer une cristallisation instantanée. Or, quand on cuit du sucre, les parois qui chauffent risquent de se couvrir de cristaux, qui pourraient retomber dans la masse du sirop. En passant un pinceau humide, on évite la formation de ces cristaux.
H. T.

Crème au beurre

1| Dans un grand bol, travaillez le beurre en pommade avec une spatule en bois.

2| Versez l'eau dans une petite casserole ; ajoutez le sucre. Portez à ébullition sur feu doux, en passant un pinceau plat trempé dans l'eau sur les bords intérieurs de la casserole. Laissez cuire ce sirop jusqu'au « petit boulé », c'est-à-dire lorsque la température atteint 120 °C au thermomètre à sucre.

3| Mettez les œufs entiers et les jaunes dans une terrine et fouettez-les avec un batteur électrique jusqu'à ce qu'ils blanchissent et moussent.

4| Lorsque le sirop est prêt, versez-le en un mince filet sur les œufs en battant toujours, à petite vitesse. Continuez ainsi jusqu'à complet refroidissement, en utilisant un robot ménager si vous en possédez un. Le travail de refroidissement est effectué ainsi beaucoup plus rapidement.

5| Puis incorporez le beurre sans cesser de fouetter. Lorsque la crème est lisse et homogène, réservez-la au réfrigérateur.

Conservation

La crème au beurre peut se conserver, dans un récipient en verre hermétiquement fermé, jusqu'à 3 semaines au réfrigérateur.

Utilisations

La crème au beurre est utilisée pour garnir mokas, gâteaux russes, bûches de Noël, biscuits roulés, certains petits-fours ; elle peut également servir à réaliser des décors.

Commentaire gourmand

Vous pouvez parfumer cette crème avec 2 cl (1 bonne cuillerée à soupe) de cognac, de Cointreau, de Grand Marnier, de kirsch ou de rhum agricole, ou avec 10 g de café soluble délayé dans de l'eau, ou encore avec 1 cuillerée à soupe de pâte de pistache.

1

2

3

4

5

Crème au café

PRÉPARATION 25 min
CUISSON 5 min
POUR 500 g de crème

30 cl de lait frais entier
10 g de café moulu
4 jaunes d'œufs
75 g de sucre semoule
30 g de beurre à température ambiante
75 g de crème Chantilly
(voir p. 51)

1] Mettez le lait dans une casserole, ajoutez le café moulu, portez à ébullition et laissez infuser 30 minutes. Filtrez.
2] Dans un grand bol, fouettez les jaunes d'œufs avec le sucre pendant 3 minutes, puis versez le lait aromatisé au café en un mince filet, en remuant avec le fouet.
3] Remettez le tout dans la casserole et faites cuire cette crème anglaise sur feu moyen, sans cesser de la travailler à la spatule en bois, en évitant surtout d'atteindre l'ébullition.
4] Plongez la casserole dans un grand récipient rempli de glaçons, jusqu'à ce que la préparation ait tiédi (50 °C).
5] Coupez le beurre en tout petits morceaux, ajoutez-le à la crème en remuant avec une cuillère en bois pour le faire fondre ; laissez refroidir le tout complètement.
6] Ajoutez enfin la crème Chantilly, en soulevant délicatement la préparation à l'aide d'une spatule.

Commentaire gourmand

Vous pouvez parfumer cette crème avec un trait de liqueur d'anis.

Crème au caramel

PRÉPARATION 20 min
CUISSON 5 min
POUR 500 g de crème

125 g de meringue italienne
(voir p. 43)
125 g de sucre semoule
125 g de crème liquide
125 g de beurre

1] Préparez la meringue italienne et réservez-la en la gardant au frais dans le bas du réfrigérateur et dans un récipient couvert.
2] Dans une casserole, chauffez doucement le sucre à sec. Interrompez la cuisson en versant la crème liquide dans la casserole. Laissez refroidir.
3] Dans une terrine, fouettez le beurre pour le rendre moelleux et léger, et ajoutez-lui le caramel en remuant bien jusqu'à ce que le mélange soit à température ambiante (20 °C).
4] Incorporez la meringue italienne en soulevant délicatement la préparation à l'aide d'une spatule.

Crème Chantilly au chocolat au lait

PRÉPARATION 20 min
RÉFRIGÉRATION 12 h
POUR 500 g de crème

150 g de chocolat au lait
350 g de crème liquide

1] Hachez ou râpez le chocolat. Mettez-le dans une terrine.
2] Dans une casserole, portez la crème liquide à ébullition, puis versez-la doucement sur le chocolat.
3] Fouettez ensuite vivement le mélange, puis plongez la terrine dans un grand récipient rempli de glaçons, tout en continuant à fouetter.
4] Laissez reposer cette crème Chantilly pendant 12 heures au réfrigérateur (4 °C), puis fouettez-la de nouveau avant de l'utiliser.

Tour de main

Il est important de choisir un chocolat au lait de bonne qualité, c'est-à-dire contenant au moins 35 % de cacao.

PRÉPARATION **10 min**
POUR **500 g de crème**
50 cl de crème liquide pasteurisée
30 g de sucre semoule

Crème Chantilly

1] Entreposez la crème liquide 2 heures au moins au réfrigérateur : elle doit être à 4 °C. Versez-la dans un cul-de-poule, plongé éventuellement dans un grand récipient rempli de glaçons.

2] Fouettez-la énergiquement au fouet à main ; si vous utilisez un petit batteur électrique, faites-le tourner à vitesse moyenne. Ajoutez le sucre, en le versant en pluie, lorsque la crème est encore neigeuse mais qu'elle commence déjà à monter.

3] Arrêtez de travailler la pâte dès qu'elle est ferme. Au-delà, elle se déferait et se transformerait en beurre.

Conservation
La crème Chantilly ne se conserve que quelques heures au réfrigérateur.

Commentaire gourmand
Si vous souhaitez une chantilly plus légère, vous pouvez ajouter au dernier moment un blanc d'œuf. Dans ce cas, consommez-la aussitôt.

1

2

3

PRÉPARATION **20 min**
RÉFRIGÉRATION **8 h**
POUR **500 g de crème**
110 g de chocolat amer
6 cl de lait frais entier
30 cl de crème liquide
25 g de sucre

Crème Chantilly au chocolat noir

1] Hachez ou râpez le chocolat. Faites-le fondre au bain-marie (40 °C).
2] Dans une petite casserole, portez le lait à ébullition, puis versez-le sur le chocolat fondu et remuez bien.
3] Laissez tiédir le mélange (50 °C).
4] Fouettez la crème liquide avec le sucre, puis incorporez-la délicatement au chocolat.
5] Laissez reposer cette crème pendant 8 heures au réfrigérateur (4 °C), puis fouettez-la de nouveau.

Variante

Crème Chantilly aromatisée

Vous pouvez apporter une note de fantaisie à vos desserts, créer des contrastes ou des harmonies de goût en aromatisant la crème liquide utilisée pour confectionner les 500 g de chantilly. Laissez-y infuser pendant 15 minutes au choix : 30 g de café moulu ; 30 g de menthe fraîche ; 3 ou 4 gousses de vanille fendues et grattées ; un morceau de bâton de cannelle ; de l'anis étoilé, de l'essence d'amande amère ; des zestes d'orange ou de citron. Vous pouvez encore y délayer 60 g de pâte de pistache.

Crème Chiboust

PRÉPARATION 25 min
CUISSON 5 min
POUR 500 g de crème
4 œufs entiers
1 blanc d'œuf
50 g de sucre semoule
20 g de fécule de maïs
30 cl de lait frais entier
2 feuilles de gélatine

1] Cassez les œufs et séparez le blanc du jaune.
Préparez une crème pâtissière *(voir page 58)* avec les jaunes, 20 g du sucre, la fécule de maïs et le lait.

2] Mettez les feuiles de gélatine à ramollir dans beaucoup d'eau froide, rincez-les et égouttez-les.
Incorporez-les à la crème pâtissière à chaud, en remuant pour bien la dissoudre.
Retirez du feu.

3] Montez en neige les 5 blancs d'œufs en leur incorporant petit à petit le reste du sucre.

4] Incorporez le quart des blancs montés en neige à la crème pâtissière.

5] Versez ce mélange sur le reste des blancs en neige, en travaillant délicatement la préparation au fouet.
Utilisez aussitôt.

Conservation

La crème Chiboust doit être utilisée dès que le mélange est réalisé. Les gâteaux comportant cette crème doivent être consommés dans les 24 heures.

Utilisation

La crème Chiboust s'utilise souvent pour accompagner les tartes aux fruits et dans certains entremets.

Comment la gélatine agit-elle ?

La gélatine est composée de longues molécules qui, dans la peau, les tendons et les os des animaux terrestres, ou dans les arêtes des animaux marins, sont entortillées par trois. Ces triples hélices sont organisées en fibrilles résistantes. Quand on chauffe la gélatine, les molécules se dispersent dans l'eau chaude : tant que les molécules sont chaudes, elles bougent rapidement dans toutes les directions. Mais, quand la préparation refroidit, les forces d'association entre molécules sont plus fortes que l'énergie du mouvement. De petits segments de triples hélices se reforment, et les molécules de gélatine forment tout un réseau qui piège l'eau : imaginons une araignée qui aurait tissé des fils dans toutes les directions d'une chambre ; des mouches ne pourraient y voler.
H. T.

1

2

3

4

5

Crème au chocolat à la lavande

PRÉPARATION 10 min
CUISSON 5 min
POUR 500 g de crème

125 g de chocolat de couverture
15 cl de crème liquide
15 cl de lait frais entier
1 g (1 petite pincée) de lavande séchée hachée
1 feuille de gélatine
2 jaunes d'œufs
30 g de sucre semoule

1] Faites fondre doucement le chocolat dans une casserole au bain-marie (40 °C).

2] Dans une autre casserole, portez la crème et le lait à ébullition, ajoutez la lavande, couvrez et laissez infuser pendant 10 minutes. Filtrez. Mettez la gélatine à ramollir dans un récipient d'eau froide, rincez-la et égouttez-la.

3] Faites cuire dans la casserole les jaunes d'œufs, le sucre et le lait aromatisé comme pour une crème anglaise *(voir page 45)*.

4] Ajoutez la gélatine à chaud, en remuant pour bien la dissoudre, puis le chocolat, en 3 ou 4 fois, en soulevant délicatement la préparation à l'aide d'une spatule.

Crème au citron

PRÉPARATION 20 min
CUISSON 5 min
POUR 500 g de crème

3 citrons
2 œufs
135 g de sucre semoule
165 g de beurre à température ambiante

1] Prélevez le zeste des citrons et hachez-les finement. Pressez les agrumes : vous devez avoir 10 cl de jus.

2] Dans un cul-de-poule, mélangez les œufs et le sucre avec les zestes et le jus des citrons. Faites cuire au bain-marie, en remuant de temps en temps, jusqu'à la limite de l'ébullition (82-83 °C).

3] Filtrez le mélange dans une passoire posée sur une terrine et placez aussitôt celle-ci dans un récipient rempli de glaçons, en remuant jusqu'à ce que la préparation ait tiédi (55-60 °C), température encore supportable au doigt. Coupez le beurre en tout petits morceaux et incorporez-le en lissant au fouet.

4] Travaillez le tout 10 minutes en utilisant de préférence un mixeur, jusqu'à ce que la crème devienne parfaitement homogène.

5] Réservez 2 heures au réfrigérateur (4 °C) avant l'utilisation.

Crème diplomate

PRÉPARATION 10 min
CUISSON 5 min
POUR 500 g de crème

1/2 gousse de vanille
35 cl de lait frais entier
3 œufs
80 g de sucre

1] Ouvrez la 1/2 gousse de vanille en deux et grattez les graines.

2] Mettez le lait dans une grande casserole, ajoutez la gousse et les graines de vanille, portez à ébullition et faites infuser pendant 30 minutes. Filtrez et laissez refroidir.

3] Dans une terrine, battez au fouet les œufs avec le sucre.

4] Incorporez le lait refroidi en mélangeant bien. Réservez au réfrigérateur.

Crème fouettée

PRÉPARATION 5 min
POUR 500 g de crème

40 cl de crème liquide pasteurisée
10 cl de lait frais entier

1] Entreposez la crème et le lait 2 heures au moins au réfrigérateur : ils doivent être à 4 °C.

2] Versez-les dans un cul-de-poule placé dans un grand récipient rempli de glaçons et mélangez-les bien.

3] Fouettez ensuite le mélange crème-lait énergiquement au fouet à main ; si vous utilisez un petit batteur électrique, faites-le tourner à vitesse moyenne.

4] Arrêtez de travailler la crème dès qu'elle est ferme, sinon elle se déferait et se transformerait en beurre.

Commentaire gourmand

Pour la crème fouettée, préférez la crème liquide, moins amère que la crème épaisse.

Crème frangipane (crème à l'amande)

PRÉPARATION **15 min**
POUR **500 g de crème**

100 g de beurre à température ambiante
100 g de sucre glace
100 g de poudre d'amande
1 cuill. à café de fécule de maïs
2 œufs entiers
1 goutte d'essence d'amande amère
125 g de crème pâtissière *(voir p. 58)*

1] Coupez le beurre en petits morceaux, mettez-le dans une terrine, et ramollissez-le avec une spatule, sans le faire mousser.
2] Ajoutez successivement le sucre glace, la poudre d'amande, la fécule de maïs, les œufs et la goutte d'essence d'amande amère, en fouettant au batteur électrique à petite vitesse.
3] Incorporez la crème pâtissière, que vous aurez préparée juste auparavant, en mélangeant bien.
4] Recouvrez la terrine d'un film alimentaire et mettez la crème au frais si vous ne l'utilisez pas aussitôt.

Tour de main

La crème à l'amande ne doit absolument pas mousser, car elle lèverait à la cuisson, puis s'affaisserait ensuite au contact de l'air en se déformant.

Commentaire gourmand

L'essence d'amande amère est nécessaire pour relever délicatement le goût de la crème à l'amande, mais n'en mettez vraiment qu'une goutte, car son amertume pourrait rendre la crème immangeable.

Crème au fromage blanc

PRÉPARATION **15 min**
CUISSON **5 min**
POUR **500 g de crème**

20 cl d'eau
60 g de sucre semoule
2 feuilles de gélatine
200 g de fromage blanc à 40 %, battu
2 jaunes d'œufs
230 g de crème fouettée *(voir p. 53)*

1] Dans une casserole, faites bouillir l'eau avec le sucre jusqu'à ce que le thermomètre à sucre indique la température de 120 °C, stade de cuisson appelé « petit boulé » *(voir page 69)*.
2] Mettez les feuilles de gélatine à ramollir dans un grand récipient d'eau froide, rincez-les et égouttez-les.
3] Dans une terrine, versez le sirop chaud sur les jaunes d'œufs et fouettez jusqu'à ce que le mélange soit bien refroidi.
4] Incorporez la gélatine à la moitié du fromage blanc, puis ajoutez le reste, la crème fouettée et enfin les jaunes, en soulevant délicatement la préparation.

Crème au fruit de la Passion

PRÉPARATION **20 min**
CUISSON **5 min**
POUR **500 g de crème**

300 g de fruits de la Passion
1 citron
2 gros œufs entiers
110 g de sucre semoule
180 g de beurre

1] Épluchez et dénoyautez les fruits de la Passion. Coupez-les en morceaux et réduisez-les en purée au mixeur ou au moulin à légumes. Filtrez à l'aide d'une passoire fine posée sur une terrine : vous devez avoir obtenu 10 cl de jus. Pressez le citron.
2] Dans une casserole, mélangez successivement les œufs, le sucre, le jus des fruits de la Passion et 1 cl (2 cuillerées à café) de jus de citron.
3] Faites cuire au bain-marie jusqu'à ce que la crème épaississe.
4] Retirez du feu, laissez tiédir jusque vers 55 °C (c'est une température supportable si vous la testez avec un doigt), puis coupez le beurre en petits morceaux et ajoutez-le.
5] Fouettez 10 minutes au batteur électrique. Laissez bien refroidir en mettant la crème plusieurs heures au réfrigérateur (4 °C).

Crème au Grand Marnier ambassadeur

PRÉPARATION 10 min
POUR 500 g de crème

1 feuille de gélatine
1,5 cl (1 cuill. à soupe) de Grand Marnier
250 g de crème pâtissière *(voir p. 58)*
75 g de fruits confits
225 g de crème Chantilly *(voir p. 51)*

1| Mettez la gélatine à ramollir dans un récipient rempli d'eau froide, rincez-la et égouttez-la.
2| Dans une casserole au bain-marie, faites chauffer le Grand Marnier et faites-y fondre la gélatine. Ajoutez à ce mélange le quart de la crème pâtissière, que vous aurez préparée juste auparavant ; mélangez bien, puis ajoutez le reste de la crème pâtissière et les fruits confits.
3| Incorporez enfin la crème Chantilly, en soulevant délicatement la préparation à l'aide d'une spatule.

Commentaire gourmand

Vous pouvez façonner cette crème en quenelles à l'aide d'une cuillère trempée dans de l'eau chaude. Servez-la avec un sorbet à la fraise, le tout nappé d'un coulis de fraise ou de crème anglaise.

Crème au marron

PRÉPARATION 10 min
POUR 500 g de crème

125 g de beurre à température ambiante
250 g de pâte de marron
15 cl de crème liquide
3 cl (2 cuill. à soupe) de rhum

1| Dans une terrine, travaillez le beurre en pommade avec une spatule.
2| Ajoutez la pâte de marron et mélangez jusqu'à ce que la préparation soit homogène.
3| Portez la crème liquide à ébullition, puis ajoutez-la au mélange beurre-pâte de marron, en remuant bien. Incorporez enfin le rhum et 4 cuillerées à café d'eau (2 cl).

Commentaire gourmand

Vous pouvez enrichir cette crème aux marrons en lui additionnant quelques débris de marrons glacés.

Crème au mascarpone

PRÉPARATION 10 min
POUR 500 g de crème

400 g de mascarpone
10 cl de lait frais entier
1 g (1 petite pincée) de vanille en poudre

1| Détaillez le mascarpone en petits cubes.
2| Mettez-le dans une terrine avec le lait et la vanille et mélangez au fouet jusqu'à ce que la préparation soit parfaitement homogène.
3| Réservez la crème plusieurs heures au réfrigérateur avant de l'utiliser.

Commentaire gourmand

Vous pouvez accompagner cette crème de fraises ou de framboises, ou d'une salade de fruits.

Crème à mille-feuille

PRÉPARATION 10 min
POUR 500 g de crème

10 cl de crème liquide
10 g (2 cuill. à café) de sucre semoule
400 g de crème pâtissière *(voir p. 58)*

1| Entreposez la crème 2 heures au moins au réfrigérateur (4 °C) : elle doit être très froide.
2| Faites une crème Chantilly en fouettant la crème liquide dans un grand bol jusqu'à ce qu'elle soit ferme *(voir page 51)* ; ajoutez ensuite le sucre.
3| Mettez dans une terrine la crème pâtissière, que vous aurez préparée auparavant, et incorporez-lui la crème Chantilly, en soulevant délicatement la préparation à l'aide d'une spatule. Utilisez aussitôt.

Crème mousseline à l'amande

PRÉPARATION 15 min
POUR 500 g de crème

150 g de beurre
125 g de poudre d'amande
190 g de crème pâtissière
(voir p. 58)
140 g de meringue italienne
(voir p. 43)

1] Coupez le beurre en tout petits morceaux et mettez-le dans une grande terrine.
2] Fouettez-le au batteur électrique jusqu'à ce qu'il devienne moelleux et léger.
3] Ajoutez la poudre d'amande, sans cesser de battre.
4] Incorporez au fouet à main la crème pâtissière, puis la meringue italienne. Utilisez aussitôt.

Commentaire gourmand

Vous pouvez parfumer cette crème en lui ajoutant 3 cl (2 cuillerées à soupe) d'eau-de-vie de kirsch.
Un entremets délicieux consiste à intercaler de crème et de lamelles d'ananas 3 couches de génoise imbibée de sirop au rhum brun. Parsemez avec le zeste d'un citron vert.

Crème mousseline à la framboise

PRÉPARATION 10 min
POUR 500 g de crème

320 g de crème au beurre
(voir p. 49)
150 g de crème pâtissière
(voir p. 58)
3 cl (2 cuill. à soupe) d'eau-de-vie de framboise

Du beurre mêlé à du liquide ?

Les crèmes mousselines sont composées d'eau (dans la crème pâtissière), d'air (introduit au fouet) et de matière grasse. Or, celle-ci n'est pas soluble dans l'eau. Le mélange est cependant possible grâce aux molécules de protéines présentes dans le beurre (les caséines), qui viennent enrober les bulles d'air microscopiques et les gouttes d'eau contenues dans la préparation.
H. T.

1] Dans un cul-de-poule, fouettez la crème au beurre avec un batteur électrique pour la rendre moelleuse et légère, sans l'échauffer.

2] Lissez dans un saladier la crème pâtissière au fouet pour qu'elle ne fige pas. Ajoutez l'eau-de-vie en mélangeant bien.

3] Incorporez cette crème à la crème au beurre, en soulevant délicatement la préparation avec une spatule en bois. Utilisez aussitôt.

Tour de main

Pour réussir cette recette, il faut que la crème au beurre et la crème pâtissière soient à la même température au moment de leur utilisation.

Conservation

Toute crème mousseline doit être utilisée dès qu'elle est terminée.

1

2

3

Crème mousseline à la liqueur de Champagne

PRÉPARATION 10 min
POUR 500 g de crème

140 g de beurre à température ambiante
240 g de crème pâtissière *(voir p. 58)*
3 cl (2 cuill. à soupe) de liqueur de Champagne
80 g de meringue italienne *(voir p. 43)*

1] Coupez le beurre en petits morceaux, mettez-le dans une terrine et fouettez-le au batteur électrique pour le rendre moelleux et léger.
2] Ajoutez la crème pâtissière et la liqueur, en mélangeant bien.
3] Incorporez la meringue italienne au fouet, en soulevant délicatement la préparation. Utilisez aussitôt.

Tour de main

Si vous sortez la crème pâtissière du réfrigérateur, elle a tendance à figer, d'où la nécessité de la « lisser » au fouet à main, avant d'ajouter la liqueur.

Crème mousseline à la vanille

PRÉPARATION 15 min
POUR 500 g de crème

2 feuilles de gélatine
100 g de crème pâtissière *(voir p. 58)*
5 g (1 cuill. à café) d'extrait de vanille
400 g de crème fouettée *(voir p. 53)*

1] Mettez les feuilles de gélatine à ramollir dans un grand récipient d'eau froide, rincez-les et égouttez-les. Faites-les fondre doucement dans une casserole au bain-marie (la température ne doit pas dépasser 25 °C).
2] Incorporez-lui le quart de la crème pâtissière, que vous aurez préparée auparavant, et l'extrait de vanille, en mélangeant bien. Si vous constatez que le mélange se met à figer, faites-le légèrement réchauffer.
3] Ajoutez le reste de la crème pâtissière, puis la crème fouettée, en soulevant délicatement la préparation. Utilisez aussitôt.

Crème à l'orange

PRÉPARATION 15 min
CUISSON 5 min
POUR 500 g de crème

1/5 de zeste d'orange
1/4 de zeste de citron
1 orange
2 gros œufs entiers
120 g de sucre semoule
170 g de beurre à température ambiante

1] Hachez finement les zestes. Pressez l'orange : vous devez avoir 10 cl de jus.
2] Mélangez dans un cul-de-poule les œufs, le sucre, les zestes et le jus de l'orange. Faites cuire au bain-marie jusqu'à ce que le mélange épaississe.
3] Filtrez-le à l'aide d'une passoire posée sur une terrine, puis passez-le au mixeur.
4] Coupez le beurre en tout petits morceaux, ajoutez-le, puis mixez encore pendant 3 ou 4 minutes.

Lait d'amande

PRÉPARATION 10 min
RÉFRIGÉRATION 12 h au moins
POUR 500 g de lait

25 cl d'eau
100 g de sucre semoule
170 g de poudre d'amande
1 cl (1 petite cuill. à soupe) de kirsch pur
1 goutte d'essence d'amande amère

1] Dans une casserole, portez à ébullition l'eau et le sucre. Retirez du feu.
2] Incorporez la poudre d'amande et le kirsch, en mélangeant bien. Passez la préparation au mixeur, à chaud. Filtrez à l'aide d'une passoire posée sur une terrine.
3] Laissez reposer cette préparation pendant 12 heures au moins au réfrigérateur.
4] Le lendemain, juste avant l'utilisation, ajoutez une goutte d'essence d'amande amère ; pas plus, car cela donnerait un goût très désagréable.

PRÉPARATION 20 min
CUISSON 5 min
POUR 500 g de crème

1 et 1/2 gousse de vanille
30 g de fécule de maïs
80 g de sucre semoule
35 cl de lait frais entier
4 jaunes d'œufs
35 g de beurre
à température ambiante

Crème pâtissière à la vanille

1| Ouvrez les gousses de vanille en deux et grattez les graines. Mettez dans une casserole à fond épais la fécule et la moitié du sucre. Versez le lait en tournant au fouet. Ajoutez les gousses et les graines de vanille et portez à ébullition, en fouettant.

2| Dans un grand bol, battez les jaunes d'œufs 3 minutes avec le reste du sucre. Arrosez avec un peu du lait, toujours en fouettant.

3| Remettez le mélange dans la casserole et faites cuire en fouettant.

4| Dès l'ébullition, retirez du feu. Ôtez les gousses de vanille, versez la crème dans un bol et plongez celui-ci dans un grand récipient rempli de glaçons.

5| Lorsque la crème a tiédi (50 °C), incorporez le beurre, en fouettant vivement.

Conservation

Il est toujours préférable de préparer la crème pâtissière au moment où l'on en a besoin. En effet, cette crème se conserve difficilement plus de 12 heures au réfrigérateur. Passé ce délai, elle perd sa saveur.

Utilisations

Cette crème entre dans la préparation de nombreuses autres recettes. Elle sert aussi à garnir ou à fourrer les mille-feuilles, les éclairs, les choux, les religieuses, etc.

Variante

Crème pâtissière au chocolat

Vous pouvez parfumer la crème pâtissière en y ajoutant, en fin de cuisson et en deux ou trois fois, 250 g de chocolat noir râpé. Mélangez bien jusqu'à ce qu'il soit totalement fondu.

Les mousses

Mousse à l'abricot

PRÉPARATION 15 min
POUR 500 g de mousse

400 g d'abricots bien mûrs
3 feuilles de gélatine
1 cl (1 petite cuill. à soupe) de jus de citron
120 g de meringue italienne *(voir p. 43)*
150 g de crème fouettée *(voir p. 53)*

1] Dénoyautez les abricots, coupez-les en morceaux et passez-les au moulin à légumes : vous devez avoir 250 g de purée. Filtrez celle-ci dans une passoire fine posée sur une terrine.
2] Mettez la gélatine à ramollir dans beaucoup d'eau froide, rincez-la et égouttez-la.
3] Faites-la fondre doucement dans une casserole au bain-marie. Ajoutez-lui 50 g de la pulpe d'abricot additionnée du jus de citron.
4] Versez ce mélange en une seule fois dans le reste de purée, en fouettant vigoureusement. La température ne doit pas dépasser 15 °C pour que la préparation reste ferme.
5] Incorporez la meringue italienne bien froide, puis la crème fouettée, en soulevant délicatement la préparation.

Mousse à la banane

PRÉPARATION 15 min
POUR 500 g de mousse

400 g de bananes
1 citron
2 feuilles de gélatine
75 g de meringue italienne *(voir p. 43)*
160 g de crème fouettée *(voir p. 53)*
1 pincée de noix muscade en poudre (facultatif)

1] Pelez les bananes, coupez-les en morceaux et passez-les au moulin à légumes : vous devez avoir 250 g de purée. Pressez le citron.
2] Mettez la gélatine à ramollir dans beaucoup d'eau froide, rincez-la et égouttez-la.
3] Faites-la fondre dans une casserole au bain-marie. Ajoutez 50 g de la purée de banane additionnée d'une bonne cuillerée à soupe du jus de citron.
4] Versez ce mélange en une seule fois dans le reste de purée, en fouettant vigoureusement. La température ne doit pas dépasser 15 °C pour que la préparation reste ferme.
5] Incorporez la meringue italienne bien froide, puis la crème fouettée et, éventuellement, la noix muscade, en soulevant délicatement la préparation.

Commentaire gourmand

La noix muscade permet de relever délicatement le goût de la banane.

Mousse au caramel

PRÉPARATION 15 min
POUR 500 g de mousse

3 feuilles de gélatine
2 jaunes d'œufs
4 cl de sirop de densité 1,2624 (2 cl d'eau portés à ébullition avec 25 g de sucre)
190 g de caramel pour mousse *(voir p. 71)*
240 g de crème fouettée *(voir p. 53)*

1] Mettez la gélatine à ramollir dans beaucoup d'eau froide, rincez-la et égouttez-la.
2] Mélangez les jaunes d'œufs et le sirop dans une petite casserole.
3] Mettez celle-ci au bain-marie (40 °C) sur le feu jusqu'à ce que la préparation devienne assez épaisse, puis fouettez-la vigoureusement avec un batteur électrique jusqu'à complet refroidissement.
4] Faites fondre la gélatine au bain-marie (40 °C), ajoutez un peu du caramel refroidi puis tout le reste. Laissez tiédir jusqu'à température ambiante (20-22 °C).
5] Incorporez le caramel à la pâte, puis la crème fouettée, en remuant bien.

Tour de main

Lors du mélange final, la mousse doit être tiède ou froide, sinon elle se défait très facilement.

Mousse au chocolat

PRÉPARATION 15 min
POUR 500 g de mousse

180 g de chocolat noir
2 cl (1 bonne cuill. à soupe) de lait frais entier
10 cl de crème liquide
20 g de beurre
3 œufs entiers
15 g de sucre semoule

1| Sur une planche en bois, hachez le chocolat au couteau et mettez-le dans un grand bol. Portez à ébullition le lait et la crème liquide.

2| Versez ce liquide bouillant sur le chocolat en mélangeant au fouet 1 ou 2 minutes pour que la préparation atteigne la température de 40 °C.

3| Coupez le beurre en petits morceaux et incorporez-le au mélange en tournant avec le fouet.

4| Séparez le blanc du jaune des œufs. À l'aide d'un batteur électrique, montez les blancs en neige avec le sucre, puis ajoutez les jaunes quelques secondes avant d'arrêter l'appareil.

5| Incorporez 1/5 des blancs dans la ganache et mélangez. Puis reversez le tout dans le reste des blancs, en soulevant délicatement la préparation. Entreposez au réfrigérateur.

Conservation

Une mousse au chocolat ne doit pas être conservée plus de 24 heures au réfrigérateur.

Tour de main

Pour obtenir une crème bien mousseuse, veillez à battre les blancs d'œufs très fermes et à les incorporer très délicatement à la ganache en la soulevant avec la spatule.

Une émulsion de chocolat

La crème est une dispersion de microscopiques gouttelettes dans de l'eau ; le lait aussi. Chauffer le mélange de lait et de crème permet l'évaporation d'un peu d'eau, mais il en reste suffisamment pour conserver la structure du mélange appelé « émulsion ». Quand on verse celle-ci sur le chocolat, il fond lentement, et la matière grasse qu'il contient (le beurre de cacao) se disperse en gouttelettes, dans l'eau de l'émulsion. Ainsi la crème au chocolat que l'on forme en mêlant lait, crème et chocolat est-elle une cousine de la mayonnaise (dispersion de gouttes d'huile dans l'eau du jaune d'œuf et du vinaigre), de la béarnaise (dispersion de gouttes de beurre fondu dans l'eau du vinaigre et de l'œuf), de la crème (dispersion de gouttes de matière grasse du lait dans l'eau du lait) ou de la fondue au fromage (dispersion de la matière grasse du fromage dans le vin).

H. T.

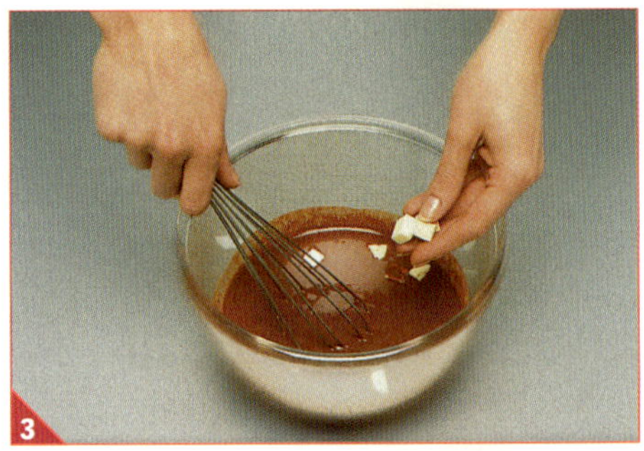

PRÉPARATION 15 min
CUISSON 5 min
POUR 500 g de mousse
165 g de chocolat amer
165 g de beurre à température ambiante
2 œufs entiers
2 blancs d'œufs
10 g (2 cuill. à café) de sucre semoule

Mousse au chocolat au beurre

1] Hachez ou râpez le chocolat. Faites-le fondre doucement dans une petite casserole au bain-marie, retirez-le du feu et laissez-le tiédir (40-45 °C).
2] Coupez le beurre en petits morceaux et fouettez-le dans un bol pour le rendre moelleux et léger. Versez par-dessus le chocolat, en deux fois, en mélangeant bien.
3] Séparez le blanc du jaune des œufs. Dans une terrine, montez les 4 blancs en neige avec le sucre semoule.
4] Incorporez-leur les jaunes jusqu'à ce que la préparation soit homogène.
5] Versez enfin le chocolat et remuez en soulevant délicatement la préparation.

PRÉPARATION 10 min
POUR 500 g de mousse
38 cl de crème liquide
120 g de chocolat blanc

Mousse au chocolat blanc

1] Dans un bol, fouettez 33 cl de crème liquide. Réservez le reste.
2] Hachez le chocolat et faites-le fondre doucement dans une petite casserole au bain-marie (35 °C).
3] Portez à ébullition les 5 cl de crème restants, et versez-les sur le chocolat fondu ; incorporez ensuite d'abord le quart de la crème fouettée, puis tout le reste, en soulevant délicatement la préparation à l'aide d'une spatule.

Commentaire gourmand

Vous pouvez utiliser cette mousse au chocolat immédiatement ou la laisser figer dans une coupe pour la déguster avec un coulis de fruits rouges.

PRÉPARATION 15 min
POUR 500 g de mousse
90 g de sucre semoule
30 g de beurre demi-sel
6 cl de crème liquide
85 g de chocolat mi-amer
230 g de crème fouettée *(voir p. 53)*

Mousse au chocolat au caramel

1] Dans une casserole à fond épais, faites cuire le sucre à sec jusqu'à ce qu'il devienne un caramel bien doré.
2] Interrompez la cuisson en ajoutant le beurre et la crème liquide.
3] Hachez ou râpez le chocolat. Arrosez-le petit à petit avec le caramel, en remuant.
4] Versez à nouveau le mélange dans la casserole, chauffez légèrement (45 °C), incorporez le beurre, puis la crème fouettée, en soulevant délicatement la préparation à l'aide d'une spatule.

PRÉPARATION 15 min
POUR 500 g de mousse
9 cl de crème liquide
1 feuille de gélatine
150 g de purée de mûre
100 g de chocolat amer
300 g de crème fouettée *(voir p. 53)*

Mousse au chocolat à la mûre

1] Faites bouillir la crème liquide, puis laissez-la refroidir.
2] Mettez la feuille de gélatine à ramollir dans de l'eau froide, rincez-la et égouttez-la.
3] Faites-la fondre doucement dans une casserole au bain-marie, ajoutez-y la purée de mûre en mélangeant bien.
4] Hachez ou râpez le chocolat. Faites-le fondre doucement au bain-marie (45 °C) avec la crème.
5] Incorporez d'abord le mélange gélatine-purée de mûre, puis la crème fouettée, en soulevant délicatement la préparation à l'aide d'une spatule.

Mousse au chocolat à l'orange

PRÉPARATION 10 min
POUR 500 g de mousse

- 8 cl de crème liquide
- 1/4 de zeste d'orange
- 175 g de chocolat mi-amer (60 % au moins de cacao)
- 2 œufs entiers
- 4 blancs d'œufs
- 15 g de sucre semoule

1] Faites bouillir la crème liquide, puis laissez-la refroidir.
2] Hachez finement le zeste d'orange. Hachez ou râpez le chocolat.
3] Mettez-le dans une casserole avec la crème liquide et le zeste d'orange et faites-le fondre doucement au bain-marie (45 °C).
4] Séparez le blanc du jaune des œufs. Montez en neige les 6 blancs avec le sucre. Incorporez-en d'abord un quart aux jaunes, puis le reste, en mélangeant bien.
5] Ajoutez enfin le chocolat, en soulevant délicatement la préparation avec une spatule.

Mousse au citron jaune

PRÉPARATION 10 min
POUR 500 g de mousse

- 220 g de crème au citron *(voir p. 53)*
- 1 citron jaune
- 3 feuilles de gélatine
- 70 g de meringue italienne *(voir p. 58)*
- 180 g de crème fouettée *(voir p. 53)*

1] Préparez la crème au citron 2 heures à l'avance.
2] Prélevez d'abord le zeste du citron et hachez-le finement.
3] Pressez le fruit : vous devez avoir obtenu 3 cl (2 cuillerées à soupe) de jus.
4] Mettez les feuilles de gélatine à ramollir dans un grand récipient d'eau froide, rincez-les et égouttez-les. Mélangez-les dans une terrine avec le zeste et le jus de citron.
5] Versez ce nouveau mélange dans la crème au citron, que vous aurez préparée 2 heures auparavant, en remuant pour bien dissoudre la gélatine.
6] Incorporez d'abord la meringue italienne, puis la crème fouettée, en soulevant très délicatement la préparation à l'aide d'une spatule en bois.

Mousse au citron vert

PRÉPARATION 10 min
POUR 500 g de mousse

- 250 g de citrons verts
- 4 feuilles de gélatine
- 190 g de meringue italienne *(voir p. 58)*
- 200 g de crème fouettée *(voir p. 53)*

1] Épluchez et épépinez les citrons. Passez la pulpe au moulin à légumes : vous devez avoir obtenu 110 g de purée.
2] Mettez les feuilles de gélatine à ramollir dans un grand récipient d'eau froide, rincez-les et égouttez-les.
3] Faites fondre la gélatine doucement dans une casserole au bain-marie (40 °C).
4] Ajoutez-lui un peu de pulpe de citron passée, puis versez ce mélange en une seule fois dans le reste de purée, en fouettant vigoureusement à la main ou au batteur électrique. Veillez régulièrement à ce que la température atteinte par le mélange ne dépasse pas 15 °C.
5] Incorporez la meringue italienne bien froide, puis la crème fouettée, que vous aurez préparées auparavant, en soulevant délicatement la mousse obtenue à l'aide d'une spatule en bois.

Commentaire gourmand

Le zeste de citron vert a un arôme très délicat. Vous pouvez donc donner un peu plus de goût à cette mousse en ajoutant un peu de zeste dans la purée. Utilisez dans ce cas des fruits non traités.

PRÉPARATION 20 min
POUR 500 g de mousse
350 g de framboises
1 citron
4 feuilles de gélatine
120 g de meringue italienne
(voir p. 43)
16 cl de crème liquide

Mousse à la framboise

1| Dans une passoire posée sur un saladier, écrasez les framboises avec une spatule en bois : vous devez avoir obtenu 200 g de purée. Pressez le citron.

2| Mettez la gélatine à ramollir dans un grand récipient d'eau froide, rincez-la et égouttez-la. Faites-la fondre doucement dans une casserole au bain-marie. Ajoutez-lui le quart de la purée de framboise, fouettez et réchauffez un peu le mélange (40 °C). Filtrez ensuite cette préparation au-dessus du reste de la purée de framboise en appuyant bien pour éviter qu'il reste des grumeaux de gélatine.

3| Versez la crème dans un bol plongé dans un récipient rempli de glaçons et fouettez-la vigoureusement à la main.

4| Incorporez au mélange purée de framboise-gélatine le jus de citron, puis la meringue italienne.

5| Incorporez enfin la crème fouettée. Utilisez aussitôt.

Gain de temps

Si ce n'est pas la saison des framboises, ou si vous n'avez pas le temps de préparer vous-même une purée de framboise, vous pouvez l'acheter toute prête. Il en existe en produit surgelé de bonne qualité.

Pourquoi ne faut-il pas trop chauffer la purée de framboise ?

Essayez un jour de chauffer la purée de framboise : une délicieuse odeur de framboise emplit la cuisine. Hélas, ces arômes s'évaporent rapidement et ne se trouvent plus dans la purée, laquelle prend un arôme de framboises cuites et non de framboises fraîches. Pour dissoudre la gélatine, il faut chauffer les framboises, mais pour conserver le parfum des framboises fraîches, il vaut mieux ne pas trop les chauffer. Les physiciens connaissent la température minimale à atteindre pour dissoudre la gélatine : 36 °C. Au-dessus de cette température, les molécules de gélatine restent dispersées dans l'eau ; au-dessous, elles s'associent en un gel. Comme la limite est floue, on peut sans risque porter la température jusqu'à 50 °C.
H. T.

Variante

Mousse à la fraise

Vous pouvez préparer suivant le même principe une délicieuse mousse à la fraise, en augmentant un peu la quantité de jus de citron, car ce fruit est un peu moins acide que la framboise.

1

2

3

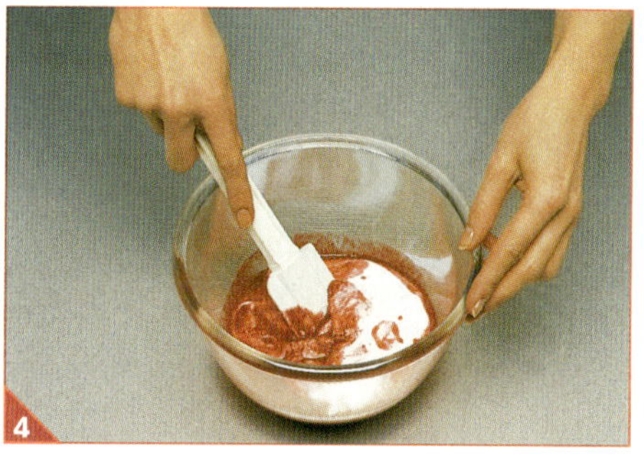
4

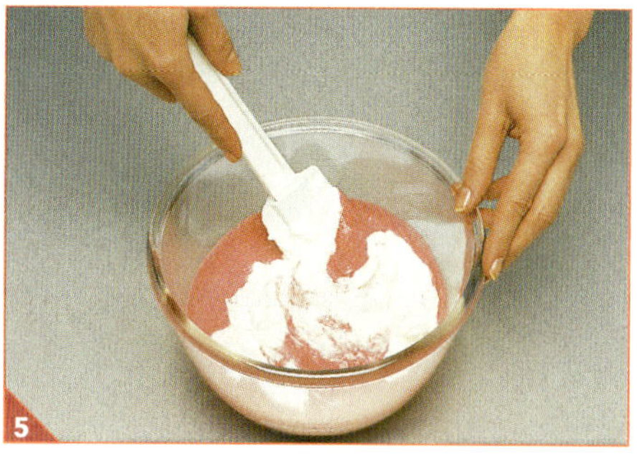
5

Mousse au fromage blanc

PRÉPARATION 10 min
POUR 500 g de mousse

- 6 feuilles de gélatine
- 350 g de fromage blanc
- 150 g de crème fouettée *(voir p. 53)*

1| Mettez la gélatine à ramollir dans un grand récipient d'eau froide, rincez-la et égouttez-la.
2| Faites-la fondre doucement dans une casserole au bain-marie.
3| Ajoutez-lui d'abord le quart du fromage blanc, en fouettant vigoureusement, puis le reste.
4| Incorporez enfin la crème fouettée, que vous aurez préparée juste avant, en soulevant délicatement la préparation à l'aide d'une spatule.

Commentaire gourmand

Pour réaliser cette mousse, choisissez de préférence du fromage blanc à 40 % de matières grasses.

Mousse au fruit de la Passion

PRÉPARATION 10 min
POUR 500 g de mousse

- 100 g d'abricots
- 180 g de fruits de la Passion
- 3 feuilles de gélatine
- 140 g de meringue italienne *(voir p. 43)*
- 180 g de crème fouettée *(voir p. 53)*

1| Préparez les purées d'abricot et de fruit de la Passion en les passant au mixeur ou au moulin à légumes.
2| Mettez les feuilles de gélatine à ramollir dans un grand récipient d'eau froide, rincez-les et égouttez-les.
3| Faite fondre doucement la gélatine dans la purée d'abricot.
4| Incorporez à ce mélange la purée de fruit de la Passion. Laissez bien refroidir cette préparation jusqu'à ce que la température soit d'environ 18 °C.
5| Incorporez d'abord la meringue italienne, puis la crème fouettée, que vous aurez préparées auparavant ; soulevez délicatement la préparation à l'aide d'une spatule.

Mousse à la mangue

PRÉPARATION 10 min
POUR 500 g de mousse

- 300 g de mangues
- 1 citron
- 3 feuilles de gélatine
- 125 g de meringue italienne *(voir p. 43)*
- 180 g de crème fouettée *(voir p. 53)*

1| Épluchez et dénoyautez les mangues. Passez-les au mixeur ou au moulin à légumes : vous devez avoir obtenu 180 g de purée.
2| Filtrez cette purée à l'aide d'une passoire fine posée sur une terrine, en l'écrasant bien avec une cuillère en bois.
3| Additionnez-la de 1,5 cl (1 cuillerées à soupe) de jus de citron.
4| Mettez la gélatine à ramollir dans un grand récipient d'eau froide, rincez-la et égouttez-la. Faites-la fondre doucement dans une casserole au bain-marie.
5| Ajoutez-lui d'abord un peu de la purée de fruit à la gélatine fondue, puis versez ce mélange en une seule fois dans la terrine contenant le reste de purée.
6| Fouettez vigoureusement cette préparation, en veillant à ce que la température ne dépasse pas 15 °C pour qu'elle reste un peu ferme.
7| Incorporez la meringue italienne, que vous aurez préparée suffisamment à l'avance pour qu'elle soit bien froide.
8| Ajoutez enfin la crème fouettée, en soulevant délicatement la préparation à l'aide d'une spatule.

Commentaire gourmand

On trouve des mangues presque toute l'année dans les rayons de produits exotiques mais elles sont en général meilleures en hiver et au printemps.

Mousse au marron

PRÉPARATION 10 min
POUR 500 g de mousse

1 feuille 1/2 de gélatine
35 g de beurre à température ambiante
140 g de pâte de marron
135 g de crème de marron
1,5 cl (1 cuill. à soupe) de whisky pur malt (facultatif)
17 cl de crème liquide

1] Mettez la gélatine à ramollir dans un grand récipient d'eau froide, rincez-la et égouttez-la.
2] Fouettez le beurre dans une terrine pour le rendre moelleux et léger.
3] Incorporez-lui la pâte et la crème de marron.
4] Dans une petite casserole, faites chauffer le whisky et faites-y fondre doucement la gélatine. Mélangez bien et versez sur l'appareil réalisé avec le beurre, la crème et la pâte de marron.
5] Incorporez la crème liquide en soulevant délicatement la préparation à l'aide d'une spatule en bois.

Commentaire gourmand
Vous pouvez consommer cette mousse immédiatement ou la laisser figer dans une grande coupe, et la déguster ensuite avec de la crème anglaise et quelques gâteaux secs.

Mousse à la menthe fraîche

PRÉPARATION 20 min
POUR 500 g de mousse

2 feuilles de gélatine
10 feuilles de menthe fraîche
3 cl (2 cuill. à soupe) d'eau
80 g de sucre
5 jaunes d'œufs
1 cl (1 petite cuill. à soupe) de sirop de menthe fraîche
270 g de crème fouettée *(voir p. 53)*

1] Mettez la gélatine à ramollir dans un grand récipient d'eau froide, rincez-la et égouttez-la.
2] Ciselez les feuilles de menthe fraîche.
3] Dans une casserole, portez à ébullition l'eau et le sucre. Ajoutez les feuilles de menthe fraîche et laissez infuser pendant 15 à 20 minutes, sans couvrir.
4] Retirez la menthe de la casserole et hachez-la très finement au mixeur.
5] Mettez les jaunes d'œufs dans une autre casserole avec le sirop de menthe et faites cuire au bain-marie jusqu'à ce que le mélange ait atteint une texture de pommade.
6] Versez cette pommade dans une terrine et remuez jusqu'à ce qu'elle soit complètement refroidie.
7] Faites fondre doucement la gélatine au bain-marie et incorporez-lui, en fouettant, un peu de la préparation. Ajoutez la menthe hachée, et, enfin, tout le reste de la préparation, en fouettant toujours vigoureusement.
8] Incorporez enfin la crème fouettée, que vous aurez préparée juste avant, en soulevant délicatement la préparation à l'aide d'une spatule. Utilisez aussitôt.

Mousse à la noix de coco

PRÉPARATION 15 min
POUR 500 g de mousse

2 feuilles de gélatine
190 g de purée de noix de coco
20 g de lait de coco, de préférence non sucré, en boîte
100 g de meringue italienne *(voir p. 43)*
190 g de crème fouettée *(voir p. 53)*

1] Mettez les feuilles de gélatine à ramollir dans un grand récipient d'eau froide, rincez-les et égouttez-les.
2] Dans une terrine, mélangez la purée de noix de coco et le lait de coco.
3] Faites fondre doucement la gélatine au bain-marie, puis incorporez-la à la préparation précédente.
4] Mélangez bien pour dissoudre parfaitement la gélatine.
5] Incorporez ensuite successivement la meringue italienne et la crème fouettée, que vous aurez préparées auparavant, en soulevant délicatement la préparation à l'aide d'une spatule.

Commentaire gourmand
Vous pouvez verser cette mousse dans des petits ramequins, garnie d'une couche de fraises ou de framboises. Vous pouvez également la servir accompagnée d'un coulis de fruit de la Passion.

PRÉPARATION 35 min
CUISSON 5 min
POUR 500 g de mousse

120 g de chocolat de couverture
3 jaunes d'œufs
40 g de sucre semoule
30 cl de crème liquide

Une variante : le « chocolat Chantilly »

Les mousses au chocolat les plus courantes s'obtiennent en ajoutant du chocolat fondu à des blancs battus en neige ou à de la crème fouettée. Mais savez-vous que le chocolat lui-même peut monter en mousse ? Dans une petite casserole, chauffez doucement 20 cl de n'importe quel liquide qui contienne de l'eau (jus d'orange, café, infusion de menthe...) et 225 g de chocolat à croquer : on obtient ainsi une émulsion de chocolat, analogue à la crème, puisque celle-ci est une émulsion de matière grasse dans l'eau du lait. Fouettez alors cette émulsion pendant qu'elle refroidit : d'abord, quelques grosses bulles instables apparaissent, puis, soudain, le mélange s'éclaircit, tandis que son volume augmente. Comme dans une crème Chantilly, on obtient une mousse de chocolat (et non une mousse au chocolat) : c'est le « chocolat Chantilly ».

H.T.

Mousse sabayon au chocolat

1] Coupez le chocolat en morceaux et faites-le fondre doucement dans une petite casserole au bain-marie (40 °C).
Dans un cul-de-poule, mélangez les jaunes d'œufs avec le sucre, puis versez 5 cl de crème liquide en fouettant.

2] Mettez le cul-de-poule dans un bain-marie d'eau frémissante puis fouettez la préparation sans arrêter pour la faire épaissir ; elle doit prendre la consistance d'une mayonnaise. Retirez-la alors du bain-marie, puis fouettez-la à nouveau à la main ou au batteur électrique jusqu'à ce qu'elle ait bien refroidi.

3] Versez la crème liquide restante bien froide dans un bol, lui-même plongé dans un récipient rempli de glaçons. Fouettez énergiquement au fouet à main ; si vous utilisez un petit batteur électrique, faites-le tourner à vitesse moyenne. Arrêtez de fouetter dès que la crème est devenue ferme.

4] Incorporez le quart de la crème montée dans le chocolat fondu, fouettez vigoureusement pour éviter la formation de grumeaux.

5] Ajoutez alors le sabayon (les jaunes d'œufs, le sucre et la crème cuite et refroidie), mélangez doucement, puis incorporez délicatement, à l'aide d'une spatule en bois, le reste de la crème montée.

PRÉPARATION 20 min
CUISSON 5 min
POUR 500 g de mousse

- 1 feuille de gélatine
- 1,5 cl (1 cuill. à soupe) d'eau
- 50 g de sucre semoule
- 1 œuf entier
- 2 jaunes d'œufs
- 80 g de chocolat amer
- 60 g de chocolat mi-amer
- 200 g de crème fouettée *(voir p. 53)*

Mousse sabayon aux deux chocolats

1] Mettez la gélatine à ramollir dans un grand récipient d'eau froide, rincez-la et égouttez-la.
2] Dans une casserole à fond épais, cuire l'eau avec le sucre jusqu'au « grand boulé » (130 °C).
3] Fouettez dans une terrine l'œuf et les jaunes pour les rendre moelleux et légers. Incorporez le sucre cuit, puis la gélatine, en mélangeant bien.
4] Continuez à fouetter la pâte jusqu'à complet refroidissement.
5] Faites fondre doucement les deux chocolats au bain-marie (40 °C) ou au four à micro-ondes. Mélangez-les avec le quart de la crème fouettée, puis incorporez le reste, et enfin la pâte refroidie. Mélangez le tout délicatement à l'aide d'une spatule. Utilisez aussitôt.

Variante

Mousse au chocolat et au citron

Vous pouvez aromatiser cette mousse en incorporant au chocolat fondu 1 zeste de citron très finement haché.

PRÉPARATION 10 min
POUR 500 g de mousse

- 10 cl d'eau
- 10 g de feuilles de thé earl grey
- 4 feuilles de gélatine
- 175 g de meringue italienne *(voir p. 43)*
- 220 g de crème fouettée *(voir p. 53)*

Mousse au thé earl grey

1] Dans une casserole, portez l'eau à ébullition, mettez-y les feuilles de thé et laissez infuser, pas plus de 4 minutes, puis filtrez.
2] Mettez la gélatine à ramollir dans un grand récipient d'eau froide, rincez-la et égouttez-la. Faites-la fondre doucement au bain-marie et versez-la dans l'infusion de thé, tout en remuant pour la dissoudre parfaitement.
3] Incorporez la meringue italienne, puis la crème fouettée, en soulevant délicatement la préparation à l'aide d'une spatule.

PRÉPARATION 25 min
POUR 500 g de mousse

- 1 feuille de gélatine
- 3 jaunes d'œufs
- 4 cl de sirop de densité 1,2624
- 165 g de turrón de Jijona en pâte
- 350 g de crème fouettée *(voir p. 53)*

Mousse au turrón de Jijona

1] Mettez la gélatine à ramollir dans un grand récipient d'eau froide, rincez-la et égouttez-la.
2] Préparez un appareil à bombe *(voir page 86)*. Mettez les jaunes d'œufs et le sirop dans une casserole. Placez celle-ci dans un bain-marie sur le feu et fouettez.
3] Hors du feu, fouettez le mélange au batteur électrique à vitesse rapide jusqu'à ce qu'il soit parfaitement refroidi. L'appareil a alors un aspect mousseux et très léger.
4] Faites dissoudre la gélatine dans une petite quantité de l'appareil, puis incorporez ce mélange au reste de pâte.
5] Délayez le turrón avec un peu de crème fouettée, puis ajoutez tout le reste.
6] Incorporez la pâte obtenue en soulevant délicatement la préparation à l'aide d'une spatule en bois.

Tour de main

Si vous n'avez pu trouver qu'un bloc de turrón (touron), travaillez-le à la spatule jusqu'à ce qu'il soit devenu pâteux.

Le sucre et le chocolat

Le sucre est à la base de toutes les préparations de desserts, gâteaux, entremets, confitures et confiseries. Il permet également de réaliser des glaçages, des nappages et des décors. Le chocolat est un des parfums les plus employés en pâtisserie et en confiserie.

Le sucre

Le sucre est d'autant plus soluble dans l'eau que la température de celle-ci est élevée : à titre d'exemple, un litre d'eau peut dissoudre deux kilos de sucre à 19 °C et près de cinq kilos à 100 °C. Chauffé à sec, le sucre commence à se dissoudre vers 160 °C ; il devient du caramel à partir de 170 °C et brûle vers 190 °C.

La cuisson du sucre doit se faire progressivement, de préférence dans un poêlon à fond épais, en cuivre non étamé ou en acier inoxydable, parfaitement nettoyé, en n'utilisant ni détergent ni matière abrasive.

Il faut choisir du sucre blanc raffiné parce qu'il est plus pur et risque donc moins de cristalliser. On peut utiliser aussi bien du sucre en morceaux que du sucre en poudre. Il faut mouiller légèrement le sucre avant de démarrer la cuisson : prévoir au minimum 300 g d'eau pour 1 kg de sucre.

La cuisson du sucre doit commencer à feu doux, puis on augmente la température dès que le sucre est dissous, en le surveillant soigneusement car les différentes étapes sont très rapprochées les unes des autres, et correspondent chacune à des utilisations particulières.

Le contrôle de la cuisson peut se faire soit avec un pèse-sirop, soit avec un thermomètre à cuisson du sucre. Mais il peut se faire également manuellement, car les caractéristiques physiques que prend le sucre permettent de déterminer la température atteinte *(voir explications page 70)*.

Les étapes de la cuisson du sucre

NAPPÉ (100 °C). Le sirop, parfaitement translucide, entre en ébullition ; quand on y trempe très vite une écumoire, il s'étend en nappe à sa surface.

Emplois

baba, fruits au sirop, savarin.

PETIT FILÉ (103-105 °C). À cette température, le sirop de sucre est plus épais. Recueilli sur une cuillère, il forme entre les doigts, que l'on a plongés dans de l'eau froide puis rapidement dans le sirop de sucre, un filament très fin de 2 ou 3 mm, qui se rompt facilement.

Emplois

fruits confits, pâte d'amande.

GRAND FILÉ OU LISSÉ (106-110 °C). Le filet obtenu entre les doigts, plus résistant, atteint 5 mm.

Emplois

glaçages, toutes les recettes indiquant « sirop de sucre » sans autre précision.

PETIT PERLÉ (110-112 °C). Le sirop se couvre en surface de bulles rondes ; recueilli sur une cuillère et pris entre les doigts, il forme un filet large et solide.

Emplois

fondant, touron.

GRAND PERLÉ OU SOUFFLÉ (113-115 °C). Le filet de sucre étiré entre les doigts peut atteindre 2 cm ; s'il retombe en faisant un fil tortillé (1 °C de plus), il est dit « en queue de cochon ». Quand on y plonge l'écumoire et que l'on souffle dessus, des bulles se forment de l'autre côté.

Emplois

fruits déguisés, glaçages, marrons glacés, sirops pour confitures.

PETIT BOULÉ (116-125 °C). Une goutte de sirop plongée dans l'eau froide forme une boule molle ; les bulles s'envolent de l'écumoire.

Emplois

crème au beurre, caramels mous, confitures et gelées, meringue italienne, nougat.

GRAND BOULÉ (126-135 °C). La boule de sirop qui se forme dans l'eau froide est plus dure : des petits flocons neigeux s'échappent de l'écumoire.

Emplois

caramel, confitures, décors en sucre, meringue italienne.

PETIT CASSÉ (136-140 °C). La goutte de sirop durcit immédiatement dans l'eau froide mais colle aux dents ; le sucre ne s'utilise pas à ce stade.

GRAND CASSÉ (146-155 °C). La goutte de sirop plongée dans l'eau froide devient dure, cassante, non collante ; le sucre se colore en jaune paille clair sur les parois de la casserole.

Emplois

barbe à papa, bonbons de sucre cuit, décors de sucre filé, fleurs en sucre, sucre soufflé.

CARAMEL CLAIR (156-165 °C). Le sirop, qui ne contient presque plus d'eau, se transforme en sucre d'orge, puis en caramel ; d'abord jaune, il devient doré et brun.

Emplois

aromatisation des entremets et des puddings, bonbons et nougatine, caramélisation des moules, cheveux d'ange, crème caramel, glaçage.

CARAMEL BRUN OU FONCÉ (166-175 °C). Le sucre brunit et perd son pouvoir sucrant ; il faut sucrer les préparations à base de caramel plus ou moins foncé.

Emplois

dernier stade de la cuisson avant la carbonisation, le caramel brun sert surtout à colorer sauces et bouillons.

Pourquoi le sirop prend-il parfois en masse ?

Lorsque l'on cuit un sirop à petit feu, l'eau s'évapore progressivement. Si l'on fait tomber un peu de sucre alors que la quantité d'eau est devenue très faible, le sucre cristallise et un bloc se forme. Lors de la préparation d'un caramel, on doit donc éviter d'agiter le sirop : si des cristaux se forment sur la paroi du récipient, où l'évaporation est très rapide, ils peuvent retomber dans le sirop et provoquer le « massage ». C'est pour éviter ce phénomène qu'il est recommandé de nettoyer la paroi du récipient avec un pinceau humide pendant toute l'opération.

H.T.

Cuisson du sucre

La façon la plus sûre de vérifier la température de cuisson est d'utiliser un pèse-sirop ou un thermomètre (gradué jusqu'à 200 °C). Toutefois, les professionnels testent souvent le degré de cuisson avec les doigts, surtout quand il s'agit de petites quantités. Plongez vos doigts dans un bol d'eau glacée et prélevez un peu de sirop de sucre entre votre pouce et votre index mouillés, puis trempez de nouveau ceux-ci immédiatement dans le bol d'eau glacée. Écartez les doigts pour tester la consistance. Ce test manuel peut être effectué jusqu'au « grand cassé » ; au-delà, il pourrait être dangereux.

1 | Quand vous le tirez entre les doigts, il file : on dit que le sucre est cuit « au filé ».

2 | Quand vous le posez sur le bout des doigts, il forme une petite perle plate : on dit que le sucre est cuit « au petit boulé ».

3 | Quand il forme une boule qui ne s'affaisse plus : on dit que le sucre est cuit « au grand boulé ».

4 | Quand vous le courbez entre les doigts, il reste souple : on dit que le sucre est cuit « au petit cassé ».

5 | Quand vous le tirez entre les doigts, il se casse facilement : on dit que le sucre est cuit « au grand cassé ».

Tour de main

Lorsque l'on poursuit la cuisson au-delà du « grand cassé », on obtient un caramel clair puis un caramel brun ou foncé.

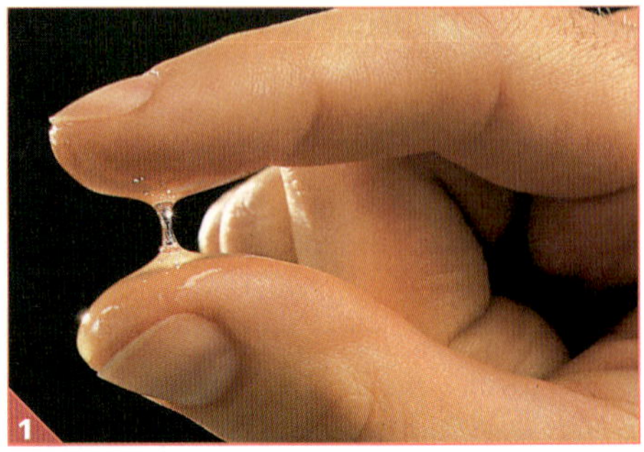

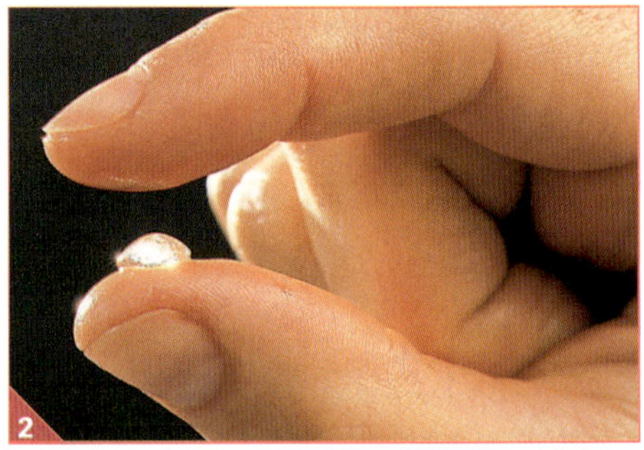

Caramel

CUISSON 10 min
POUR 500 g de caramel
450 g de sucre cristallisé
6 cl d'eau (4 cuill. à soupe)

1] Mélangez l'eau et le sucre dans une casserole à fond épais ou un poêlon en cuivre. Faites chauffer ce mélange en nettoyant régulièrement la paroi du récipient avec un pinceau humide, pour éviter une cristallisation instantanée. Lorsque le sucre cuit, la paroi de la casserole risque en effet de se couvrir de cristaux, qui pourraient tomber dans le sirop.

2] Dès que le stade de l'ébullition est atteint, passez de nouveau le pinceau sur la paroi. Vérifiez également de temps en temps la couleur du caramel en y plongeant une spatule en bois.

3] Interrompez la cuisson du caramel en fonction de son utilisation.
Blond clair, il sert aux décorations ; brun ou foncé, il s'utilise pour aromatiser toutes sortes de préparations.

Caramel pour mousse

CUISSON 10 min
POUR 500 g de caramel
100 g de glucose
130 g de sucre semoule
25 g de beurre demi-sel
25 cl de crème fouettée
(voir p. 53)

1] Dans une casserole, faites fondre doucement le glucose, sans le laisser bouillir.

2] Ajoutez le sucre et laissez cuire jusqu'à ce que le caramel soit bien doré.

3] Interrompez aussitôt la cuisson en ajoutant le beurre demi-sel, puis la crème fouettée, et portez de nouveau à ébullition (103 °C).

4] Laissez ce caramel complètement refroidir avant l'emploi.

Caramel à napper

CUISSON 10 min
POUR 500 g de caramel
20 cl de crème liquide
250 g de sucre semoule
50 g de beurre demi-sel

1] Dans une petite casserole, faites chauffer la crème liquide jusqu'à ébullition, et laissez-la refroidir.

2] Dans une autre casserole, chauffez le sucre à sec sur feu moyen, en le versant par petites quantités, jusqu'à ce que le caramel soit bien doré. Interrompez aussitôt la cuisson en ajoutant le beurre, puis la crème, et faites de nouveau bouillir. Laissez complètement refroidir avant l'emploi.

Caramel à sauce

CUISSON 10 min
POUR 500 g de caramel
350 g de sucre semoule
15 cl d'eau

1] Dans une casserole, faites chauffer le sucre à sec, puis mouillez-le d'un peu d'eau et laissez-le cuire sur feu doux jusqu'à ce que le caramel obtenu soit rouge ambré.
2] Versez alors le reste de l'eau et faites bouillir sur feu plus fort.
3] Retirez du feu quand le caramel a une belle couleur.

Caraméliser un moule

1] Préparez un caramel à napper *(voir page 71)* dans une casserole mais ne le laissez pas refroidir.
2] Versez-le à chaud dans le moule qui servira pour la cuisson d'une pâte au bain-marie.
3] Faites tourner rapidement le moule, jusqu'à ce que le caramel ne coule plus : le fond et les bords doivent être recouverts d'une couche d'épaisseur égale.

Cage en caramel

PRÉPARATION 10 min

Pourquoi les cages en caramel ramollissent-t-elles ?

Le caramel ne contient plus d'eau ; il tend donc à réabsorber l'humidité présente dans l'air ambiant. Pour la même raison, il ne faut pas servir un plat qui contient une couche croustillante en le couvrant d'une cloche. Celle-ci contribuerait à concentrer l'humidité sur le croustillant.
H.T.

Réalisée avec des fils de caramel, cette cage forme un décor original dans lequel vous pourrez servir de la glace, des fruits pochés ou des desserts crémeux. Il faut la réaliser le plus tard possible, car elle ramollit en une ou deux heures, et la conserver dans un endroit sec et frais jusqu'au moment de servir.

1] Préparez un caramel liquide. Huilez légèrement le dos d'une louche. Trempez une fourchette dans le caramel et faites-la aller et venir au-dessus de la louche en laissant couler le caramel.

2] Orientez vos mouvements de façon à faire croiser les fils de caramel et à obtenir un quadrillage assez serré.

3] Quand le quadrillage vous semble suffisant, ébarbez les fils qui dépassent à l'aide d'une paire de ciseaux et soulevez la cage pour la séparer de la louche. Procédez avec délicatesse pour ne pas la briser.

1

2

3

PRÉPARATION **15 min**

Décors simples en caramel

Préparez un caramel *(voir page 71)*. Quand il est brun doré, plongez la casserole dans un récipient rempli d'eau froide.

1] Tapissez une plaque à pâtisserie de papier sulfurisé. Plongez une cuillère à soupe dans le caramel chaud et laissez tomber celui-ci en filet sur le papier en dessinant les formes de votre choix.

2] Vous pouvez utiliser aussi du papier sulfurisé pour fabriquer un cône. Coupez la pointe et servez-vous en comme d'une poche à douille pour tracer un décor. Quand le caramel est sec, décollez-le du papier.

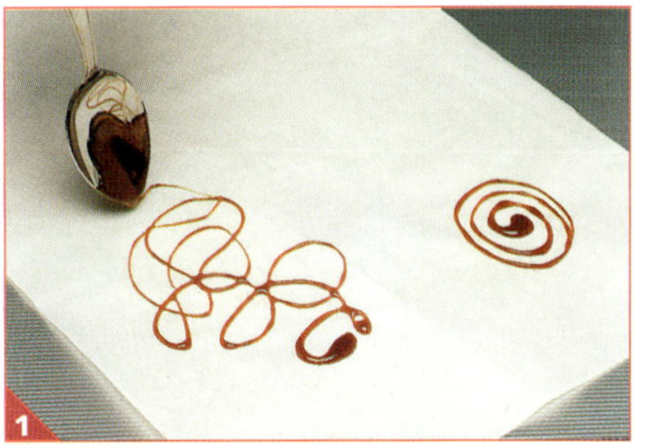
1

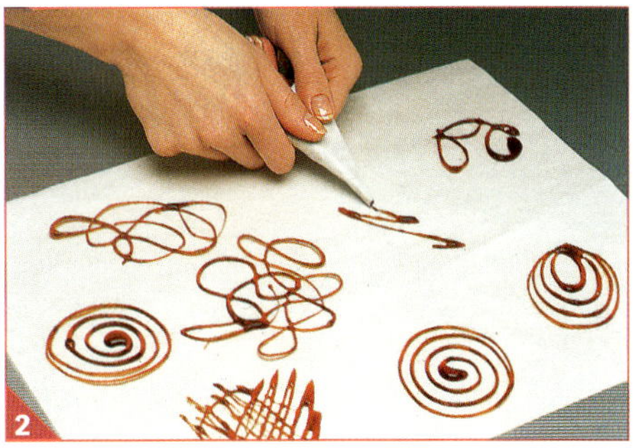
2

PRÉPARATION **10 min**
CUISSON **5 min**
POUR **500 g de fondant**
450 g de sucre en morceaux
20 g de glucose
3 cl (2 cuill. à soupe) d'eau

Fondant

Le fondant est une pâte blanche, molle et homogène, qui est surtout utilisée en confiserie pour fourrer l'intérieur de chocolats et des bonbons ; il est alors employé coloré et parfumé.
Fondu au bain-marie avec un peu d'eau, de sirop léger ou d'alcool, il se coule dans des caissettes ou enrobe massepains, fruits secs ou frais et cerises à l'eau-de-vie.
En pâtisserie, il s'utilise nature ou parfumé (au chocolat, au café, à la fraise, au citron ou à l'orange), et sert à glacer les choux, les éclairs, les génoises, les mille-feuilles, les religieuses, etc.

1] Dans une casserole à fond très épais, faites chauffer l'eau sur feu vif, avec le sucre et le glucose. Retirez le sirop du feu quand il atteint le stade du « petit boulé » (121 °C).
2] Versez-le sur un marbre ou un plan de travail bien froid et huilé, et laissez-le tiédir.
3] Travaillez-le vigoureusement avec une spatule métallique en l'étalant et en le ramassant plusieurs fois sur lui-même jusqu'à ce qu'il soit parfaitement homogène, lisse et blanc.
4] Mettez-le dans une boîte hermétique ou dans une terrine recouverte d'un film alimentaire et réservez au réfrigérateur (4 °C).

Commentaire gourmand

On peut acheter du fondant pâtissier tout prêt dans de nombreuses épiceries fines.

PRÉPARATION 5 min
POUR 500 g de glace
400 g de fondant
(voir p. 73)
ou de fondant pâtissier tout prêt
10 cl de sirop de densité 1,2624 (30 °B)

Glaçage au fondant

Travaillez d'abord le fondant entre vos mains pour le ramollir. Faites-le fondre doucement dans une casserole au bain-marie (moins de 34 °C) et ajoutez enfin le sirop en mélangeant bien.

1] Posez le gâteau à glacer sur une grille à pâtisserie. Versez le fondant légèrement refroidi sur le dessus, régulièrement.

2] Étalez-le avec une spatule en la tenant bien à plat, en une fine couche et en une seule fois. Laissez-le s'égoutter le temps qu'il fige.

3] Enlevez le fondant qui a coulé sous le gâteau à l'aide d'un couteau, en le rabattant vers l'intérieur.

1

2

3

Variante

Glaçage au fondant aromatisé

Vous pouvez parfumer ce glaçage au fondant en lui ajoutant de 20 à 30 g d'extrait de café, ou 25 g de cacao en poudre et 3 cl (2 cuillerées à soupe) de sirop supplémentaires.

PRÉPARATION 5 min
POUR 500 g de sucre
1 citron
450 g de sucre glace
2 blancs d'œufs

Glace royale

1] Pressez le citron. Versez le sucre glace dans une terrine. Ajoutez les blancs d'œufs et quelques gouttes du jus de citron.
2] Battez le mélange au fouet jusqu'à ce qu'il blanchisse et soit bien lisse. Étalez aussitôt ce glaçage sur le gâteau et laissez sécher à température ambiante ou à l'entrée d'un four tiède.

Commentaire gourmand

Pour réaliser d'amusants décors, préparez 500 g de glace royale très souple, c'est-à-dire en ajoutant un peu plus de blanc d'œuf. Faites-y dissoudre complètement 1 feuille de gélatine, et vous obtiendrez une pâte pour recouvrir des sujets factices ou des supports en polystyrène, que vous pourrez ensuite colorer ou décorer après séchage.

Variante

Glace royale aromatisée

Vous pouvez agrémenter cette glace royale avec le parfum ou le colorant de votre choix, ou les deux.

PRÉPARATION 20 min
POUR 500 g de sucre
500 g de sucre cuit
(voir ci-dessous)

Sucre bullé

Préparez d'abord un sucre cuit (voir ci-dessous). Étalez sur une plaque à pâtisserie un morceau de papier sulfurisé ou siliconé et parsemez-le de quelques gouttelettes d'alcool à 90 °C.

1| Versez au milieu du morceau de papier le sucre cuit, coloré ou non, et étalez-le plus ou moins finement à l'aide d'une spatule métallique : l'alcool réparti sur la plaque va le faire buller.

2| Quand le sucre est encore chaud et mou, froissez le papier en lui donnant la forme de votre choix. Laissez refroidir tel quel, puis soulevez le papier sulfurisé et le sucre qui a commencé à durcir.

3| Lorsque le sucre a suffisamment durci, décollez-le délicatement du papier.

Pourquoi l'alcool fait-il buller le sucre ?

L'alcool bout à 78 °C ; quand on le recouvre d'un sucre cuit, dont la température est alors bien supérieure, il s'évapore et fait buller le sucre.
H. T.

CUISSON 10 min
POUR 500 g de sucre
300 g de sucre semoule
10 cl d'eau
100 g de glucose

Sucre cuit

Le sucre cuit sert à la fabrication de bonbons, de pastilles, de sucettes, de la barbe à papa, mais il est surtout la base de très nombreuses préparations qui permettent de réaliser des décors : sucre bullé, sucre filé (cheveux d'ange), sucre soufflé, sucre tiré, etc.

1| Dans une casserole, portez à ébullition l'eau avec le sucre et le glucose et faites cuire à feu doux d'abord. Augmentez la température dès que le sucre est dissous et surveillez jusqu'au « grand cassé » (146-155 °C).
2| Laissez légèrement refroidir avant l'emploi.

Tour de main

On ajoute 100 g de glucose au sucre pour éviter que celui-ci ne cristallise.

PRÉPARATION 10 min
POUR 500 g de sucre
500 g de sucre cuit
(voir p. 75)

Sucre filé (ou cheveux d'ange)

Les cheveux d'ange forment une décoration très raffinée pour les glaces, les desserts en pièces montées, etc. Ils ne doivent être préparés qu'au dernier moment, car ils craignent énormément la chaleur et l'humidité.

1] Préparez le sucre cuit. Plongez la casserole de sucre cuit dans un récipient rempli d'eau froide pour interrompre la cuisson et la coloration. Trempez dans le sucre une fourchette ou un fouet dont vous aurez coupé les branches à la base. En tenant l'ustensile assez haut, faites-le aller et venir au-dessus d'un rouleau à pâtisserie.

2] Soulevez délicatement les fils avant qu'ils ne deviennent collants.

3] Enroulez-les sur eux-mêmes ou étendez-les sur un marbre, pour former un voile, ou la robe d'une figurine, ou tout autre décor.

1

2

3

PRÉPARATION 5 min
CUISSON 10 min
POUR 500 g de sucre
400 g de sucre semoule
10 cl d'eau
1 cuill. à soupe de glace royale *(voir p. 74)*

Sucre rocher

1] Mettez l'eau avec le sucre dans une casserole à fond épais et faites-les cuire jusqu'au « grand cassé » (146-150 °C).

2] Colorez éventuellement le sirop. Incorporez-lui la glace royale, qui fait monter, descendre, puis remonter le sucre. En lui ajoutant un peu d'alcool ou de jus de citron, vous le rendrez encore plus poreux.

3] Utilisez ce sucre pour réaliser des socles imitant l'architecture.

PRÉPARATION 20 min
POUR 500 g de sucre
350 g de sucre semoule
15 cl d'eau

Sucre soufflé

1] Travaillez le sucre cuit comme pour le sucre tiré *(voir p. 77)*.

2] Mettez-le dans une poire à sucre soufflé et coulez votre décor, en travaillant devant un ventilateur, ce qui permet de refroidir uniformément la préparation.

Tour de main

Le sucre soufflé peut être éventuellement coloré.

PRÉPARATION 15 min
POUR 500 g de sucre
500 g de sucre cuit
(voir p. 75)

Sucre tiré

Le sucre tiré est une préparation qui ne sert qu'à réaliser des décors, le plus souvent des fleurs ou des rubans.
On trouve facilement du sucre tiré prêt à l'emploi dans les supermarchés.

1] Préparez un sucre cuit *(voir page 75)*, éventuellement coloré, et versez-le sur un plan de travail en marbre légèrement enduit d'huile de maïs.

2] Rabattez ses bords vers l'intérieur jusqu'à ce qu'il épaississe.

3] Ramassez-le en boule, puis formez un boudin court.

4] Lorsque le sucre ne s'étale presque plus, étirez-le puis repliez-le sur lui-même, 15 ou 20 fois, pour qu'il soit bien « satiné », très brillant. Refaites ensuite une boule en forme de boudin sur une feuille de papier sulfurisé.

5] Détachez alors à la main des languettes que vous pourrez façonner en forme de fleurs, d'arabesques, de feuilles, de rubans, etc.

Tours de main

Pour préparer du sucre tiré, il est préférable de travailler dans une pièce sèche et chaude et il est conseillé de porter des gants en caoutchouc pour manipuler la préparation quand elle sera brûlante.

Pour le sucre tiré, il est conseillé d'ajouter dans le sucre cuit 5 gouttes d'un mélange d'eau et d'acide tartrique (en vente en pharmacie). Si vous souhaitez colorer le sucre cuit, ajoutez-lui du colorant liquide quand il est à 130 °C, c'est-à-dire avant la fin de la cuisson.

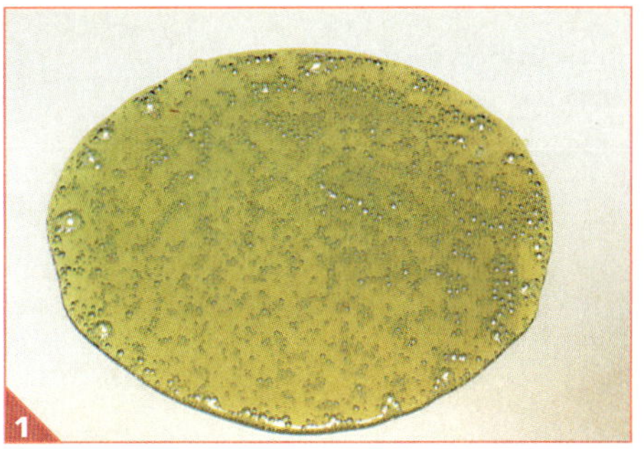
1

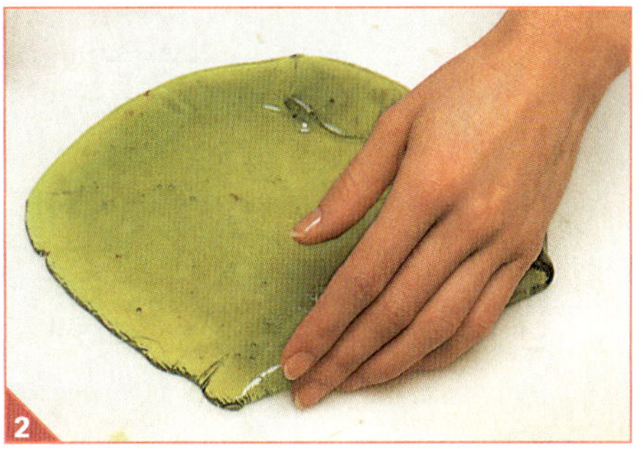
2

3

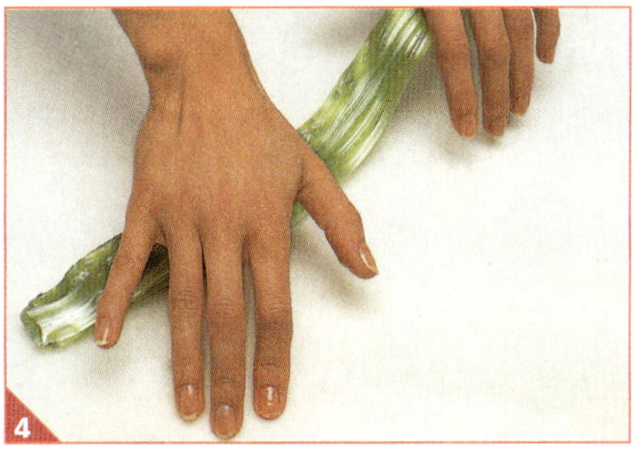
4

5

PRÉPARATION 20 min
POUR 500 g de pastillage
2 feuilles de gélatine
10 cl de vinaigre blanc
400 g de sucre glace

Pastillage

Le pastillage permet d'effectuer des pièces décoratives proches de la sculpture. Certains pâtissiers pratiquent même la peinture sur pastillage.
Faites ramollir les feuilles de gélatine dans un récipient d'eau froide, puis rincez-les et égouttez-les. Mettez-les dans un bol et faites-les fondre au bain-marie ou au four à micro-ondes. Ajoutez le vinaigre.

1] Dans une terrine, incorporez la gélatine fondue au sucre avec un fouet ou à la main, car le mélange va être très ferme. Sur le plan de travail fariné, écrasez le pastillage sous la paume de votre main en le repoussant pour le rendre le plus homogène possible.

2] Étalez-le au rouleau à pâtisserie, par petites quantités, car il sèche vite.

3] Posez par-dessus des formes découpées dans du carton (des chablons) et passez tout autour la pointe d'un couteau.

4] Vous pouvez ensuite disposer les motifs en les plaçant à l'intérieur de petits moules (cercles, demi-cercles, formes en étoile, en feuille, etc.).

Tour de main
Un colorant peut être ajouté à la pâte en fin de mélange, lorsque celle-ci est devenue épaisse.

Le chocolat

Le chocolat fond vers 30 °C, mais il ne supporte pas d'être porté directement sur le feu ; il doit être chauffé au bain-marie ou au four à micro-ondes, en dessous de 600 W.

Le chocolat pour décors a besoin de rester parfaitement brillant, onctueux et stable. Il faut alors le « tempérer », c'est-à-dire l'amener à 45-50 °C pour le chocolat au lait, 50-55 °C pour le chocolat noir, puis plonger la casserole dans un récipient rempli de glaçons tout en remuant. Lorsque la température est descendue à 28 °C, on fait réchauffer à 29-30 °C ou à 30-31 °C.

Le chocolat fondu, même « tempéré », réagit mal aux liquides ; en leur présence, il forme une masse épaisse et dure. Quand on veut le parfumer, on doit d'abord préparer une ganache *(voir page 81)*.

Décors en chocolat

Mettez 1 heure dans le congélateur une plaque en marbre ou en inox. Sortez-la et étalez par-dessus le chocolat tempéré. Vous allez pouvoir y prélever différents décors.

Bois en chocolat
En appliquant sur la couche de chocolat une « boisette » en plastique, vous y créerez un effet de bois.

Cigarettes en chocolat
Poussez un couteau à enduire sur la couche de chocolat et enroulez les cigarettes sur elles-mêmes.

Cônes en chocolat
Formez un cône en papier, versez-y le chocolat, retournez sur le marbre et laissez refroidir avant de démouler.

Copeaux en chocolat
Découpez la couche de chocolat en losanges et raclez-les avec un couteau à enduire en tirant vers vous.

Éventails en chocolat
Procédez comme pour les copeaux, mais en appuyant avec le doigt sur un des côtés de la lame du couteau.

Rouleaux en chocolat
Raclez la couche de chocolat, figée mais encore souple, avec une truelle crantée.

Chocolat marbré

PRÉPARATION 5 min
POUR 250 g de chocolat
125 g de chocolat blanc ou de chocolat au lait
125 g de chocolat noir mi-amer

1] Tempérez les deux chocolats.
2] Étalez sur la plaque très froide une couche, puis l'autre, et mélangez-les légèrement à l'aide d'une cuillère ou d'une fourchette pour obtenir des marbrures.

Commentaire gourmand
Le chocolat marbré est utilisé pour réaliser des décors, pour accompagner des desserts à l'assiette par exemple.

Chocolat pulvérisé

PRÉPARATION 5 min
POUR 250 g de chocolat
175 g de chocolat
75 g de beurre de cacao

1| Mettez le gâteau que vous souhaitez décorer pendant quelque temps au congélateur et ne le sortez qu'au dernier moment.

2| Faites fondre à 40 °C le chocolat et le beurre de cacao.

3| Mettez le mélange dans un pistolet à peinture tenu dans un endroit chaud.

4| Posez une forme en carton de votre choix sur le gâteau et pulvérisez le chocolat au pistolet.

5| Retirez la forme. Le gâteau, recouvert d'une couche veloutée, en garde la marque.

Glaçage au chocolat

PRÉPARATION 15 min
POUR 250 g de glaçage
80 g de chocolat noir mi-amer
8 cl de crème fraîche
15 g de beurre ramolli
80 g de sauce au chocolat
(voir p. 106)

1| Hachez ou râpez finement le chocolat dans un bol.
Dans une casserole, portez la crème fraîche à ébullition.
Retirez du feu et ajoutez le chocolat peu à peu.

2| À l'aide d'une spatule en bois, mélangez délicatement en petits cercles concentriques, en partant du centre du récipient.

3| Quand la température du mélange est descendue en dessous de 60 °C, coupez le beurre en petits morceaux et incorporez-le, ainsi que la sauce au chocolat que vous aurez préparée juste avant, en tournant délicatement.

Tour de main

Ce glaçage, qui s'utilise entre 35 et 40 °C, s'étalera sur les gâteaux d'autant plus facilement que vous en aurez mis beaucoup. En revanche, il fige facilement tout en restant bien brillant.

1

2

3

Les ganaches

La ganache est un mélange de chocolat, de crème fraîche et de beurre, qui s'utilise pour fourrer, napper ou glacer un gâteau. Il faut l'employer dès qu'elle est prête. Vous pouvez l'aromatiser avec un alcool, une liqueur, du café, de la cannelle, etc.

Ganache au chocolat

PRÉPARATION 10 min
POUR 500 g de ganache
300 g de chocolat noir mi-amer
25 cl de crème fraîche
10 g de café moulu

1] Hachez le chocolat à l'aide d'un couteau sur une planche en bois, ou râpez-le finement dans une terrine.
2] Dans une casserole, portez 20 cl de crème fraîche à ébullition. Gardez 5 cl à part pour l'étape suivante.
3] Retirez la crème du feu et versez-y le café. Laissez infuser pendant environ 30 minutes, puis filtrez. Vous allez constater qu'après cette opération la crème a réduit : il ne vous en reste plus qu'environ 160 g (16 cl). Complétez par conséquent avec les 5 cl de crème fraîche que vous avez réservés pour avoir, comme au départ, environ 20 cl. Chauffez de nouveau.
4] Ajoutez enfin le chocolat petit à petit. À l'aide d'une spatule, mélangez délicatement en petits cercles concentriques, en partant du centre du récipient.

Tour de main
Ne fouettez jamais trop une ganache, car le trop-plein d'air l'empêcherait ensuite de se conserver.

Commentaire gourmand
Vous pouvez réaliser une ganache nature en faisant fondre à feu doux 250 g de chocolat. Ajoutez-y 70 g de beurre en fouettant, puis 25 cl de crème fraîche.

Ganache au caramel

PRÉPARATION 20 min
POUR 500 g de ganache

115 g de chocolat noir mi-amer
85 g de chocolat au lait
85 g de sucre cristallisé
15 g de beurre demi-sel
10 cl de crème fraîche

1] Hachez ou râpez finement les deux chocolats, et mettez-les dans un cul-de-poule.
2] Dans une casserole à fond épais, faites cuire le sucre à sec, en le versant par petites quantités. Dès que le caramel mousse, décuisez-le avec le beurre, puis ajoutez la crème fraîche.
3] Portez le liquide à ébullition, puis versez-en la moitié sur le chocolat. À l'aide d'une spatule, mélangez délicatement en petits cercles concentriques, en partant du centre du récipient. Ajoutez le reste du liquide en deux fois, en procédant de la même façon.

Ganache au chocolat blanc

PRÉPARATION 15 min
POUR 500 g de ganache

300 g de chocolat blanc
15 cl de crème fraîche
50 g de beurre de cacao ou de graisse végétale

1] Hachez ou râpez finement le chocolat blanc dans une terrine.
2] Dans une casserole, portez la crème fraîche à ébullition.
3] Retirez-la du feu et versez-y le chocolat petit à petit. À l'aide d'une spatule, mélangez délicatement en petits cercles concentriques, en partant du centre du récipient.
4] Quand la température du mélange obtenu est descendue en dessous de 60 °C, incorporez le corps gras choisi, en procédant de la même façon.

Ganache au chocolat au lait

PRÉPARATION 20 min
POUR 500 g de ganache

300 g de chocolat au lait
15 cl de crème liquide
10 g de glucose
50 g de beurre à température ambiante

1] Hachez ou râpez finement le chocolat au lait et mettez-le dans un cul-de-poule.
2] Dans une casserole, portez la crème liquide à ébullition et ajoutez-lui le glucose.
3] Versez la moitié du liquide bouillant sur le chocolat. Mélangez doucement, en petits cercles concentriques et en partant du centre du récipient.
4] Ajoutez le reste de la crème en deux fois, en procédant de la même façon.
5] Quand le mélange obtenu a un peu refroidi (moins de 60 °C), coupez le beurre en petits morceaux et incorporez-le en tournant délicatement à l'aide d'une spatule.

Ganache au citron

PRÉPARATION 20 min
POUR 500 g de ganache

80 g de chocolat noir mi-amer
190 g de chocolat noir amer
1/5 de zeste de citron très finement haché
20 cl de crème fraîche
50 g de beurre ramolli

1] Hachez ou râpez finement les deux chocolats. Mettez-les dans un cul-de-poule et ajoutez-leur le zeste en remuant bien.
2] Dans une casserole, portez la crème fraîche à ébullition.
3] Versez-en la moitié sur le chocolat et mélangez délicatement en petits cercles concentriques, en partant du centre du récipient. Ajoutez le reste de la crème en deux fois, en procédant de la même façon.
4] Coupez le beurre en petits morceaux.
5] Quand la température du mélange est descendue en dessous de 60 °C, coupez le beurre en petits morceaux et incorporez-le, en tournant délicatement.

Tour de main

Pour récupérer une ganache qui a « tranché », prenez-en 100 g et incorporez-lui 10 cl de crème fraîche, sans chauffer au-delà de 35 °C, avant de remettre le tout dans le reste de la ganache.

PRÉPARATION 20 min
POUR 500 g de ganache

240 g de chocolat mi-amer
10 cl de crème fraîche
100 g de purée de framboise
20 g de sucre semoule
1 cl de liqueur ou de crème de framboise
30 g de beurre ramolli

Ganache à la framboise

Hachez ou râpez finement le chocolat, et mettez-le dans un cul-de-poule. Dans deux casseroles, portez à ébullition séparément la crème fraîche et la purée de framboise que vous aurez préparée auparavant.

1] Versez la moitié de la crème bouillante sur le chocolat. À l'aide d'une spatule, mélangez en petits cercles concentriques, en partant du centre du récipient.

2] Ajoutez le reste de crème, puis la purée de framboise, le sucre et enfin la liqueur (ou la crème) de framboise, en procédant de la même façon que précédemment.

3] Coupez le beurre en tout petits morceaux. Quand la température du mélange est descendue en dessous de 60 °C, incorporez les morceaux de beurre à l'aide d'un fouet.

1

2

3

PRÉPARATION 20 min
POUR 500 g de ganache

320 g de chocolat au lait
125 g de purée de fruit de la Passion (5 à 6 fruits)
15 g de glucose
50 g de beurre ramolli

Ganache au fruit de la Passion

1] Hachez ou râpez finement le chocolat et mettez-le dans un cul-de-poule.
2] Dans une casserole, portez à ébullition la purée de fruit et faites-y dissoudre le glucose.
3] Versez petit à petit la purée bouillante sur le chocolat. À l'aide d'une spatule, mélangez délicatement en faisant des petits cercles concentriques, à partir du centre du récipient.
4] Coupez le beurre en petits morceaux.
5] Quand la température du mélange est descendue en dessous de 60 °C, incorporez les morceaux de beurre en tournant très délicatement à l'aide d'une spatule.

Commentaire gourmand

Vous pouvez donner une saveur originale à cette ganache en ajoutant dans la casserole 2 g de gingembre râpé que vous laisserez infuser dans la purée de fruit.

Ganache à la lavande

PRÉPARATION 20 min
POUR 500 g de ganache

300 g de chocolat noir
25 cl de crème fraîche
1 cuill. à café de lavande séchée
30 g de sucre semoule
125 g de beurre ramolli

1] Hachez ou râpez finement le chocolat. Mettez-le dans un cul-de-poule.
2] Dans une casserole, portez la crème à ébullition et ajoutez la lavande et le sucre. Laissez infuser 15 à 20 minutes puis filtrez.
3] Chauffez de nouveau et versez la moitié du liquide bouillant sur le chocolat. À l'aide d'une spatule, mélangez doucement en veillant à ne pas incorporer d'air.
4] Ajoutez le reste du mélange crème-lavande, en procédant de la même façon.
5] Quand la température du mélange est descendue en dessous de 60 °C, coupez le beurre en petits morceaux et incorporez-le en tournant délicatement.

Ganache pour masquage

PRÉPARATION 15 min
POUR 500 g de ganache

250 g de chocolat à croquer
15 g de cacao en poudre tamisé
25 cl de crème fraîche

1] Hachez ou râpez finement le chocolat à croquer et mettez-le dans un cul-de-poule avec le cacao tamisé.
2] Portez la crème fraîche à ébullition.
3] Versez-la petit à petit sur le chocolat en fouettant au batteur à petite vitesse.
4] Passez le mélange au chinois pour éliminer les derniers grains de chocolat.

Commentaire gourmand

Cette ganache a une texture idéale pour masquer les gâteaux.

Ganache au miel

PRÉPARATION 20 min
POUR 400 g de ganache

100 g de chocolat noir mi-amer
100 g de chocolat au lait
110 g de crème fraîche
75 g de miel
20 g de beurre ramolli

1] Hachez ou râpez finement les deux chocolats. Mettez-les dans un cul-de-poule.
2] Dans une casserole, portez la crème fraîche à ébullition et ajoutez le miel.
3] Versez la moitié du liquide bouillant sur le chocolat. À l'aide d'une spatule, mélangez délicatement en petits cercles concentriques, en partant du centre du récipient.
4] Ajoutez le reste du mélange, en procédant de la même façon.
5] Quand la température du mélange est descendue en dessous de 60 °C, coupez le beurre en petits morceaux et incorporez-le en tournant délicatement.

Ganache à la pistache

PRÉPARATION 20 min
POUR 500 g de ganache

400 g de chocolat blanc
20 cl de crème fraîche
180 g de pâte de pistache colorée

1] Hachez ou râpez finement le chocolat blanc et mettez-le dans un cul-de-poule.
2] Dans une casserole, portez la crème fraîche à ébullition avec la pâte de pistache.
3] Versez la moitié du liquide bouillant sur le chocolat. À l'aide d'une spatule, mélangez doucement, en petits cercles concentriques et en partant du centre du récipient.
4] Ajoutez le reste du liquide, en procédant de la même façon.

Ganache au thé

PRÉPARATION 20 min
POUR 500 g de ganache

- 200 g de chocolat noir pas trop amer
- 80 g de chocolat au lait
- 5 g de thé de Chine
- 25 cl de crème bouillie
- 15 cl de crème fraîche
- 30 g de beurre ramolli

1] Hachez ou râpez finement les deux chocolats et mettez-les dans un cul-de-poule.
2] Faites infuser le thé dans 20 cl de crème bouillie, pendant 4 minutes, et filtrez. Après cette opération, il ne vous restera plus qu'environ 160 g de crème (16 cl). Complétez avec les 5 cl de crème fraîche que vous avez réservés pour avoir, comme au départ, environ 20 cl. Chauffez de nouveau.
3] Portez la crème fraîche à ébullition et ajoutez-y l'infusion de thé.
4] Versez la moitié du liquide bouillant sur le chocolat. À l'aide d'une spatule, mélangez délicatement en petits cercles concentriques, en partant du centre du récipient.
5] Ajoutez le reste de la crème en deux fois, en procédant de la même façon.
6] Quand la température du mélange est descendue en dessous de 60 °C, coupez le beurre en petits morceaux et incorporez-le, en tournant délicatement.

Ganache aux trois épices

PRÉPARATION 20 min
POUR 500 g de ganache

- 150 g de chocolat noir
- 150 g de chocolat au lait
- 25 cl de crème fraîche
- 30 g de sucre semoule
- 1 bâton de cannelle
- 4 ou 5 grains de poivre noir
- 3 ou 4 grains de piment de la Jamaïque
- 125 g de beurre ramolli

1] Hachez ou râpez finement les deux chocolats et mettez-les dans un cul-de-poule.
2] Dans une casserole, portez la crème à ébullition et ajoutez le sucre, la cannelle déchiquetée puis les grains de poivre et de piment écrasés. Laissez infuser pendant 15 à 20 minutes et filtrez.
3] Chauffez de nouveau et versez la moitié du liquide bouillant sur le chocolat. À l'aide d'une spatule, mélangez doucement en veillant à ne pas incorporer d'air.
4] Ajoutez le reste du mélange, en procédant de la même façon.
5] Quand la température du mélange est descendue en dessous de 60 °C, coupez le beurre en petits morceaux et incorporez-le en tournant délicatement.

Ganache au whisky

PRÉPARATION 15 min
POUR 500 g de ganache

- 250 g de chocolat noir
- 65 g de chocolat au lait
- 8 cl de crème fraîche
- 10 cl de whisky non flambé

1] Hachez ou râpez finement les deux chocolats et mettez-les dans un cul-de-poule.
2] Dans une casserole, portez la crème fraîche à ébullition.
3] Retirez-la du feu et versez-y petit à petit le chocolat et le whisky. À l'aide d'une spatule, mélangez délicatement en petits cercles concentriques, en partant du centre du récipient.

Les glaces, sorbets et granités

Ces préparations ont comme base un mélange pasteurisé composé de fruits ou parfumé d'un alcool, d'une liqueur, etc. Les glaces comportent de la crème, du lait, parfois des œufs ; les sorbets, du sirop de sucre.
Les granités sont des sirops de fruits peu sucrés ou parfumés.

PRÉPARATION 10 min
CUISSON 5 min
POUR 1 kg de pâte

10 jaunes d'œufs
30 cl de sirop de densité 1,406 (15 cl d'eau portés à ébullition avec 160 g de sucre)
50 cl de crème fouettée *(voir p. 53)*

Appareil à bombe

1] Mettez les jaunes d'œufs et le sirop dans une casserole. Placez celle-ci dans un bain-marie sur le feu et fouettez.

2] Hors du feu, battez le mélange jusqu'à ce qu'il soit complètement froid. Il a alors un aspect mousseux. Incorporez délicatement la crème fouettée.

Commentaire gourmand

Vous pouvez ajouter un parfum de votre choix (rhum, kirsch, verveine, gentiane, fraise, chocolat, pistache, vanille, etc.). Quand la préparation est terminée, on peut la conserver au congélateur dans des barquettes en aluminium.

1

2

Chemiser un moule de glace

1] Mettez le moule à bombe 1 heure au congélateur. Garnissez-en le fond de glace avec une spatule pour éliminer les bulles d'air. Faites remonter la glace le long des parois.

2] L'épaisseur de la couche de glace doit être régulière. Terminez en l'arasant pour obtenir un bord bien net.

Tour de main

En chemisant votre moule, vous éviterez que la glace ne colle à ses parois au moment du démoulage. On peut également utiliser pour cela du papier sulfurisé dont on tapisse le fond du moule.

Les glaces

Glace aux amandes

PRÉPARATION 20 min
POUR 1 litre de glace

70 g d'amandes douces
50 cl de lait frais entier
4 jaunes d'œufs
150 g de sucre semoule
1 gousse de vanille fendue et grattée

1] Faites légèrement griller les amandes en les passant au four à 170 °C pendant 15 à 20 minutes.
2] Laissez-les refroidir et hachez-les finement sur une planche.
3] Faites chauffer le lait jusqu'à ébullition et délayez-y les amandes grillées.
4] Dans une casserole, fouettez légèrement les jaunes d'œufs avec le sucre puis versez dessus le lait aux amandes.
5] Remettez la casserole sur le feu jusqu'à ce que la préparation soit bien homogène.
6] Tamisez ce mélange et faites infuser-y la gousse de vanille grattée pendant environ 30 minutes.
7] Mettez à glacer.

Glace à l'armagnac

PRÉPARATION 20 min
POUR 1 litre de glace

15 cl de lait
50 cl de crème fraîche
7 jaunes d'œufs
125 g de sucre semoule
30 g d'armagnac

1] Dans une casserole, portez le lait et la crème fraîche à ébullition.
2] Dans une autre casserole, fouettez vigoureusement les jaunes d'œufs avec le sucre semoule.
3] Versez le mélange lait-crème sur les œufs et faites cuire comme une crème anglaise (voir page 45), sans cesser de remuer jusqu'à 83 °C, et en veillant à ne pas atteindre le stade de l'ébulition.
4] Laissez complètement refroidir dans un récipient rempli de glaçons.
5] Ajoutez l'armagnac et mettez à glacer.

Glace au café

PRÉPARATION 15 min
POUR 1 litre de glace

50 cl de lait frais entier
3 cuill. à soupe de café soluble
6 jaunes d'œufs
200 g de sucre semoule
20 cl de crème Chantilly *(voir p. 51)*

1] Dans une casserole, portez le lait frais à ébullition. Ajoutez le café puis filtrez.
2] Fouettez légèrement dans une autre casserole les jaunes d'œufs avec le sucre, ajoutez le mélange café-lait bouillant, et faites cuire jusqu'à 83 °C, comme pour une crème anglaise *(voir page 45)*, en veillant à ne pas dépasser le stade de l'ébullition.
3] Laissez complètement refroidir dans un récipient rempli de glaçons et incorporez la crème Chantilly, en soulevant délicatement la préparation.
4] Mettez à glacer.

Commentaire gourmand

Vous pouvez décorer cette glace avec des grains de café à la liqueur.

Glace au caramel

PRÉPARATION 25 min
POUR 1 litre de glace

50 cl de lait frais entier
15 cl de crème liquide très froide
5 jaunes d'œufs
260 g de sucre semoule

1] Dans une casserole, portez le lait frais à ébullition avec 5 cl de la crème.
2] Dans un bol, fouettez le reste de la crème.
3] Dans une autre casserole, fouettez légèrement les jaunes d'œufs avec 85 g de sucre.
4] Dans une troisième casserole, faites cuire le reste du sucre à sec, en le versant par petites quantités, jusqu'à ce qu'il prenne une couleur ambre foncé.
5] Décuisez-le aussitôt avec la crème fouettée en mélangeant à l'aide d'une spatule, puis versez cet appareil au caramel dans le lait.
6] Incorporez le liquide chaud aux jaunes et faites cuire comme une crème anglaise *(voir page 45)*, à 83°C (veillez surtout à ne pas le faire bouillir).
7] Lorsque la préparation nappe à la cuillère, retirez-la du feu et laissez-la complètement refroidir dans un récipient rempli de glaçons.
8] Mettez à glacer.

Tour de main

L'emploi de la crème fouettée évite les projections de sucre.

Variante

Glace à la cannelle caramélisée

Vous réaliserez cette glace en ajoutant au sucre en cours de caramélisation 3 bâtons de cannelle. Ajoutez la crème à la cannelle au lait bouillant puis laissez infuser 1 heure avant de retirer les bâtons.

Glace au chocolat

PRÉPARATION 20 min
POUR 1 litre de glace

140 g de chocolat noir mi-amer
10 cl d'eau
50 cl de lait frais entier
3 jaunes d'œufs
110 g de sucre semoule

1] Hachez le chocolat sur une planche ou râpez-le finement.
2] Mettez-le dans une casserole avec les 10 cl d'eau et faites-le fondre doucement au bain-marie, à couvert.
3] Dans une autre casserole, fouettez les jaunes d'œufs avec le sucre jusqu'à ce qu'ils forment le ruban.
4] Portez le lait à ébullition et incorporez-le au chocolat en mélangeant bien avec une cuillère en bois.
5] Versez le lait avec le chocolat sur les jaunes et faites cuire comme une crème anglaise *(voir page 45)*, à 83 °C (veillez surtout à ne pas faire bouillir ce mélange). Laissez complètement refroidir dans un récipient rempli de glaçons.
6] Mettez à glacer.

Glace à la fraise

PRÉPARATION 10 min
RÉFRIGÉRATION 1 h
POUR 1 litre de glace

500 g de fraises
100 g de sucre semoule
500 g de glace à la vanille *(voir p. 92)*

1] Dans une terrine au bain-marie, faites cuire les fraises pendant une vingtaine de minutes avec le sucre, jusqu'à ce qu'elles soient réduites en purée.
2] Passez celle-ci dans une passoire fine et mettez le jus de côté.
3] Laissez refroidir la purée de fraise, puis mettez-la 1 heure au réfrigérateur, dans une terrine couverte d'un film alimentaire.
4] Mélangez le jus et 300 g de purée à la glace à la vanille.
5] Mettez à glacer. Ajoutez le reste de la purée de fraise avant de servir.

Glace à la framboise

PRÉPARATION 10 min
RÉFRIGÉRATION 6 h
POUR 1 litre de glace

400 g de framboises
1 cuill à soupe d'eau-de-vie de framboise
2 cl de jus de citron
150 g de sucre semoule

1] Triez les framboises et gardez-en quelques-unes pour la décoration.
2] Réduisez les autres en purée en les passant au mixeur. Passez la pulpe obtenue dans une passoire en plastique pour éliminer les pépins.
3] Mélangez le jus récolté avec l'eau-de-vie de framboise et le jus de citron.
4] Dans un moule à glace, battez ce mélange jusqu'à ce qu'elle mousse. Incorporez alors peu à peu le sucre en continuant à fouetter.
5] Mettez à glacer ce nouveau mélange pendant environ 2 heures.
6] Sortez la préparation, fouettez-la de nouveau et remettez-la à glacer pendant 1 heure.
7] Renouveler une fois cette opération puis laissez glacer complètement.

Glace au fromage blanc

PRÉPARATION 10 min
POUR 1 litre de glace

40 cl d'eau
240 g de sucre semoule
1 zeste de citron
350 g de fromage blanc
2cl de jus de citron

1] Dans une casserole, faites bouillir l'eau, le sucre semoule et le zeste de citron. Laissez refroidir.
2] Ajoutez petit à petit le fromage blanc et le jus de citron, en remuant bien pour que le mélange soit homogène.
3] Mettez à glacer.

Commentaire gourmand

Employez de préférence du fromage blanc à 40 % pour réaliser cette glace.

Glace aux herbes aromatiques

PRÉPARATION 15 min
POUR 1 litre de glace

15 cl de lait frais entier
50 cl de crème fraîche
20 g de feuille de basilic, de sauge ou de thym, frais, selon vos goûts
8 jaunes d'œufs
200 g de sucre semoule

1] Dans une casserole, portez le lait et la crème à ébullition.
2] Retirez du feu, ajoutez les herbes hachées de votre choix et laissez infuser pendant 20 minutes à couvert. Filtrez.
3] Fouettez dans une autre casserole les jaunes avec le sucre.
4] Versez le lait bouillant et faites cuire comme une crème anglaise *(voir page 45)*, à 83 °C (en veillant surtout à ne pas laisser bouillir ce mélange). Laissez complètement refroidir dans un récipient rempli de glaçons.
5] Mettez à glacer.

Glace à la menthe

PRÉPARATION 20 min
POUR 1 litre de glace
15 cl de lait frais entier
50 cl de crème fraîche
25 g de menthe fraîche hachée
8 jaunes d'œufs
200 g de sucre semoule
10 feuilles de menthe fraîche

1] Dans une casserole, portez le lait et la crème à ébullition.
2] Retirez du feu, mettez la menthe hachée et laissez infuser 20 minutes à couvert. Filtrez.
3] Fouettez dans une autre casserole les jaunes d'œufs avec le sucre.
4] Versez le lait dans la casserole et faites cuire comme une crème anglaise, à 83 °C *(voir page 45)*.
5] Laissez complètement refroidir dans un récipient rempli de glaçons.
6] Mettez à glacer. À la fin de cette opération, incorporez les feuilles de menthe fraîche finement hachées.

Glace à la noix de coco

PRÉPARATION 20 min
POUR 1 litre de glace
60 cl de crème fraîche
115 g de noix de coco râpée
10 cl d'eau
7 cl de lait
140 g de sucre roux
4 jaunes d'œufs

1] Dans une casserole, portez à ébullition 40 cl de la crème avec la noix de coco râpée. Retirez du feu et laissez infuser 10 minutes.
2] Passez ce mélange au mixeur en ajoutant l'eau bouillante.
3] Filtrez dans une passoire fine, et mettez la noix de coco à part.
4] Chauffez le lait et faites-y dissoudre le sucre. Versez le mélange dans une terrine, sur les jaunes d'œufs, en fouettant. Ajoutez la crème parfumée et le reste de crème fraîche.
5] Laissez complètement refroidir dans un récipient rempli de glaçons, incorporez la pulpe de noix de coco et mélangez bien.
6] Mettez à glacer.

Glace à la noix de macadamia

PRÉPARATION 15 min
POUR 1 litre de glace
100 g de sucre semoule
150 g de noix de macadamia
20 g de beurre
75 cl de glace à la vanille *(voir p. 92)*

1] Dans une casserole à fond épais, faites cuire le sucre à sec, en le versant par petites quantités. Quand il est bien caramélisé, mettez-y les noix de macadamia entières et mélangez vivement pour bien les enrober.
2] Décuisez ce caramel avec le beurre. Versez-le sur une plaque et laissez-le refroidir. Concassez les noix de macadamia.
3] Incorporez le tout à la glace à la vanille en fin de turbinage.

Glace au pain d'épice

PRÉPARATION 15 min
POUR 1 litre de glace
3 pruneaux
60 cl de lait frais entier
10 cl de crème fraîche
60 g de pain d'épice
5 g d'épices à pain d'épice moelleux
7 jaunes d'œufs
150 g de sucre semoule
1 cuill. à café d'apéritif anisé

1] Coupez les pruneaux en petits dés sur une assiette.
2] Dans une casserole, portez le lait et la crème à ébullition.
3] Mettez-les dans un grand saladier et mélangez avec le pain d'épice coupé en petits dés, les épices (grains d'anis, cannelle, clous de girofle, etc.) et les morceaux de pruneaux. Remuez vigoureusement avec une spatule en bois ou passez au mixeur jusqu'à ce que la préparation soit lisse.
4] Dans une autre casserole, fouettez les jaunes d'œufs avec le sucre, ajoutez le lait et faites cuire comme une crème anglaise *(voir page 45)*, à 83 °C, en veillant à ne pas atteindre le stade de l'ébullition.
5] Laissez complètement refroidir dans un récipient rempli de glaçons et incorporez l'apéritif anisé.
6] Mettez à glacer.

Glace au piment de la Jamaïque

PRÉPARATION 20 min
REPOS 24 h
POUR 1 litre de glace

- 12 cl de lait frais entier
- 5 g de piments de la Jamaïque concassés
- 45 cl de lait frais entier
- 10 cl de crème fraîche
- 8 jaunes d'œufs
- 200 g de sucre semoule

1] Dans une casserole, portez les 12 cl de lait à ébullition. Mettez-y le piment et laissez infuser pendant 2 heures.

2] Filtrez et remettez 1/3 du piment dans l'infusion. Ajoutez les 45 cl de lait et la crème et portez à ébullition.

3] Dans une autre casserole, fouettez légèrement les jaunes d'œufs et le sucre, puis ajoutez le lait aromatisé bouillant et faites cuire comme une crème anglaise *(voir page 45)*, à 83 °C.

4] Laissez complètement refroidir dans un récipient rempli de glaçons, puis laissez reposer 24 heures au réfrigérateur avant de mettre à glacer.

Commentaire gourmand

Le piment de la Jamaïque est composé de baies de la taille d'un grain de poivre, cueillies vertes et séchées au soleil, ce qui les rend brunes et comestibles. Connu en Amérique sous le nom de all spice *(toute-épice), il a un goût légèrement poivré qui rappelle à la fois la noix muscade, la cannelle et le clou de girofle.*

Glace à la pistache

PRÉPARATION 25 min
REPOS 12 h
POUR 1 litre de glace

- 50 g de pistaches de Sicile mondées
- 50 cl de lait frais entier
- 10 cl de crème fraîche
- 60 à 70 g de pâte de pistache pure
- 25 g de glucose
- 1 goutte d'essence d'amande amère
- 6 jaunes d'œufs
- 100 g de sucre semoule

1] Faites très légèrement griller les pistaches en les passant au four à 170 °C pendant 15 à 20 minutes ; laissez-les refroidir et râpez-les ou hachez-les.

2] Dans une casserole, portez le lait et la crème à ébullition. Ajoutez-y la pâte de pistache, en tournant pour la dissoudre complètement, puis le glucose, les pistaches et l'essence d'amande amère. Laissez infuser pendant 15 minutes.

3] Dans une autre casserole, fouettez légèrement les jaunes d'œufs et le sucre. Ajoutez le lait parfumé et faites cuire comme une crème anglaise *(voir page 45)*, à 83 °C, en veillant à ne pas atteindre le stade de l'ébullition.

4] Laissez complètement refroidir dans un récipient rempli de glaçons et gardez au frais 12 heures avant de turbiner.

Commentaire gourmand

Ne mettez surtout pas plus d'une goutte d'essence d'amande amère. Cela donnerait un goût désagréable à votre glace.

Glace plombières

PRÉPARATION 25 min
POUR 1 litre de glace

- 70 g de fruits confits
- 3 cl de rhum
- 65 cl de crème fraîche
- 00 g d'amandes douces mondées
- 3 g d'amandes amères mondées
- 70 cl de lait frais entier
- 4 jaunes d'œufs
- 100 g de sucre semoule

1] Coupez les fruits confits en petits dés et mettez-les à macérer dans le rhum.

2] Dans une casserole, portez la crème fraîche à ébullition.

3] Mettez les amandes douces et les amandes amères dans un mixeur et broyez-les en versant petit à petit le lait. Ajoutez la crème et mélangez bien.

4] Filtrez en pressant au maximum.

5] Fouettez dans une terrine les jaunes d'œufs avec le sucre. Portez le lait d'amande à ébullition et versez-le sur les jaunes. Faites cuire comme une crème anglaise *(voir page 45)* à 83 °C, en veillant à ne pas atteindre le stade de l'ébullition.

6] Laissez complètement refroidir dans un récipient rempli de glaçons et mettez à glacer.

7] Quand la glace est encore bien souple, incorporez-lui les fruits confits égouttés.

Glace au safran et à l'eau de rose

PRÉPARATION 15 min
POUR 1 litre de glace

- 60 cl de lait frais entier
- 20 cl de crème fraîche
- 1 cuill. à café d'extrait de vanille
- 4 jaunes d'œufs
- 100 g de sucre semoule
- 1 cuill. à café de safran en poudre
- 2 cl d'eau de rose

1] Dans une casserole, portez le lait et la crème à ébullition. Ajoutez l'extrait de vanille.
2] Dans une autre casserole, fouettez les jaunes d'œufs avec le sucre. Versez le mélange crème-lait bouillant et faites cuire comme une crème anglaise *(voir page 45)*, à 83 °C, en veillant à ne pas atteindre le stade de l'ébullition. Retirez du feu.
3] Diluez le safran dans un peu d'eau chaude et incorporez-le à la préparation avec l'eau de rose. Mélangez bien.
4] Laissez refroidir dans un récipient rempli de glaçons. Mettez à glacer.

Glace à la truffe

PRÉPARATION 15 min
POUR 1 litre de glace

- 35 cl de lait frais entier
- 35 cl de crème liquide
- 10 g de truffe hachée
- 10 jaunes d'œufs
- 120 g de sucre semoule
- 1 cl de xérès doux

1] Dans une casserole, portez le lait et la crème à ébullition, mettez-y la truffe hachée et laissez infuser 15 minutes. Filtrez en conservant les morceaux de truffe.
2] Dans une autre casserole, fouettez les jaunes d'œufs avec le sucre. Ajoutez le liquide aromatisé à la truffe, puis faites cuire comme une crème anglaise *(voir page 45)*, à 83 °C, en veillant à ne pas atteindre le stade de l'ébullition.
3] Quand le mélange est refroidi, incorporez le xérès et les morceaux de truffe.
4] Mettez à glacer.

Glace au thé

PRÉPARATION 20 min
POUR 1 litre de glace

- 60 cl de lait frais entier
- 12 cl de crème fraîche
- 14 g de thé
- poivre blanc
- 6 jaunes d'œufs
- 140 g de sucre semoule

1] Dans une casserole, portez le lait et la crème à ébullition. Mettez-y le thé (earl grey, assam ou thé de Ceylan) et laissez infuser, mais pas plus de 4 minutes.
2] Filtrez et ajoutez le poivre blanc (2 tours de moulin).
3] Dans une autre casserole, fouettez les jaunes d'œufs avec le sucre. Versez le mélange crème-lait bouillant et faites cuire comme une crème anglaise *(voir page 45)*, à 83 °C.
4] Laissez complètement refroidir dans un récipient rempli de glaçons. Mettez à glacer.

Glace à la vanille

PRÉPARATION 15 min
POUR 1 litre de glace

- 15 cl de lait frais entier
- 50 cl de crème fraîche
- 1 gousse de vanille fendue et grattée
- 7 jaunes d'œufs
- 150 g de sucre semoule

1] Dans une casserole, portez le lait et la crème à ébullition.
2] Mettez-y la gousse et les graines de vanille. Laissez infuser 30 minutes puis filtrez.
3] Dans une autre casserole, fouettez vigoureusement les jaunes d'œufs avec le sucre. Versez le lait aromatisé et faites cuire comme une crème anglaise *(voir page 45)*, sans cesser de remuer jusqu'à 83 °C, et en veillant à ne pas atteindre le stade de l'ébullition.
4] Laissez complètement refroidir dans un récipient rempli de glaçons.
5] Mettez à glacer.

Commentaire gourmand

Pour renforcer le parfum de cette glace, on peut laisser infuser la gousse et les graines de vanille une nuit entière, en conservant le mélange au réfrigérateur.

Les sorbets

Sorbet à l'abricot

PRÉPARATION 20 min
POUR 1 litre de sorbet

1,2 kg d'abricots bien mûrs
200 g de sucre semoule
2 citrons
30 cl d'eau

1] Ouvrez les abricots en deux et dénoyautez-les. Disposez-les en une seule couche dans un plat à gratin avec les 200 g de sucre et passez-les au four pendant 20 minutes à 180-200 °C.

2] Réduisez-les en purée au mixeur ou au moulin à légumes, puis ajoutez 4 cl de jus de citron et 30 cl d'eau en mélangeant bien.

3] Mettez dans une sorbetière.

Commentaire gourmand

Vous pouvez donner un goût délicat à cette glace en ajoutant les amandes de 6 noyaux d'abricots à la préparation.

Sorbet à l'ananas

PRÉPARATION 10 min
POUR 1 litre de sorbet

1,5 kg d'ananas
15 cl d'eau
200 g de sucre semoule
2 cl de jus de citron
1,5 cl (1 cuill. à soupe) de kirsch (facultatif)

1] Épluchez l'ananas, coupez la pulpe en dés en éliminant la partie centrale du fruit, mettez-la dans un mixeur et réduisez-la en purée : vous devez en avoir 650 g. Tamisez-la dans une passoire fine posée sur une terrine.

2] Dans une casserole, faites bouillir l'eau avec le sucre pour obtenir un sirop léger.

3] Incorporez-le à la purée de fruit, en mélangeant bien.

4] Remettez le tout dans la casserole et portez de nouveau à ébullition. Laissez complètement refroidir. Ajoutez le citron et, éventuellement, le kirsch.

5] Mettez dans une sorbetière.

Sorbet à l'avocat

PRÉPARATION 10 min
POUR 1 litre de sorbet

700 g d'avocats
5 cl de jus de citron
30 cl d'eau
270 g de sucre semoule

1] Ouvrez les avocats en deux, dénoyautez-les et pelez-les. Coupez-les en morceaux, mettez-les dans un mixeur et réduisez-les en purée : vous devez en avoir 370 g.

2] Mettez cette purée dans une terrine et incorporez-lui le jus de citron pour qu'elle ne noircisse pas.

3] Dans une casserole, faites bouillir l'eau avec le sucre pour obtenir un sirop léger. Laissez-le refroidir.

4] Incorporez la purée d'avocat au sirop.

5] Mettez dans une sorbetière.

Sorbet à la banane

PRÉPARATION 10 min
POUR 1 litre de sorbet

2 oranges
2 citrons de taille moyenne
6 bananes bien mûres
50 g de sucre glace

1] Pressez séparément les oranges et les citrons.

2] Épluchez les bananes. Coupez-les en morceaux et réduisez-les en purée au mixeur ou au moulin à légumes posé sur une terrine : vous devez en avoir 850 g.

3] Incorporez à cette purée d'abord le jus d'orange, en mélangeant bien, puis le jus de citron.

4] Ajoutez le sucre glace et remuez pour bien le faire fondre.

5] Mettez dans une sorbetière.

Sorbet au cassis

PRÉPARATION 10 min
POUR 1 litre de sorbet

- 400 g de cassis
- 40 cl d'eau
- 250 g de sucre
- 1/2 citron

1] Préparez les baies de cassis et faites-les cuire pour les réduire en purée.
2] Dans une casserole, faites bouillir l'eau avec le sucre jusqu'à ce que le sirop ait une densité de 1,140. Laissez-le tiédir.
3] Pressez le demi-citron.
4] Incorporez son jus au sirop, puis ajoutez la purée de cassis, en mélangeant bien.
5] Mettez dans une sorbetière.

Sorbet au champagne

PRÉPARATION 10 min
POUR 1 litre de sorbet

- 1/4 de gousse de vanille
- 22 cl d'eau
- 220 g de sucre
- 1/2 zeste d'orange
- 1/2 zeste de citron
- 1 citron
- 50 cl de champagne
- 30 g de meringue italienne *(voir p. 43)*

1] Fendez la gousse de vanille en deux et grattez les graines.
2] Dans une casserole, faites bouillir l'eau avec le sucre, les zestes d'orange et de citron, la gousse et les graines de vanille. Laissez infuser pendant 15 minutes et filtrez à l'aide d'une passoire posée sur une terrine.
3] Pressez le citron. Versez 2 cuillerées à café de son jus et le champagne dans la casserole et mélangez bien. Laissez refroidir complètement.
4] Incorporez la meringue italienne, que vous aurez préparée auparavant, en soulevant délicatement la préparation.
5] Mettez dans une sorbetière.

Commentaire gourmand

La meringue italienne donne de la tenue à ce sorbet qui, sans elle, serait très liquide.

Sorbet au chocolat

PRÉPARATION 10 min
POUR 1 litre de sorbet

- 60 cl d'eau
- 220 g de sucre semoule
- 220 g de chocolat noir amer (70 % de cacao)

1] Dans une casserole, faites bouillir l'eau avec le sucre pour obtenir un sirop léger.
2] Hachez ou râpez le chocolat et incorporez-le petit à petit au sirop, en remuant bien pour qu'il soit complètement dilué.
3] Portez de nouveau à ébullition.
4] Laissez complètement refroidir.
5] Mettez dans une sorbetière.

Sorbet au citron

PRÉPARATION 10 min
POUR 1 litre de sorbet

- 25 cl d'eau
- 250 g de sucre semoule
- 250 g de lait en poudre
- 6 citrons

1] Dans une casserole, faites bouillir l'eau avec le sucre pour obtenir un sirop léger.
2] Versez-le dans une terrine et laissez-le complètement refroidir.
3] Pressez les citrons : vous devez avoir au moins 25 cl de jus.
4] Mettez-le dans le sirop avec le lait et mélangez bien.
5] Mettez dans une sorbetière.

Tour de main

Comme le jus de citron fait cailler le lait, on utilise dans ce sorbet du lait en poudre, que l'on introduit au dernier moment dans le sirop.

Sorbet au citron vert et au basilic

PRÉPARATION 15 min
POUR 1 litre de sorbet
8 feuilles de basilic
40 cl d'eau
350 g de sucre semoule
1/2 zeste d'orange
4 citrons verts

1] Ciselez 3 feuilles de basilic.
2] Dans une casserole, faites bouillir l'eau avec le sucre et le zeste. Retirez du feu et ajoutez le basilic ciselé. Laissez infuser 15 minutes.
3] Quand le sirop est froid, passez-le dans une passoire très fine posée sur une terrine.
4] Ciselez les 5 autres feuilles de basilic. Pressez les citrons : vous devez avoir 25 cl de jus.
5] Incorporez ce jus au sirop parfumé avec le basilic et mélangez bien.
6] Mettez dans une sorbetière.

Sorbet au coing

PRÉPARATION 20 min
CUISSON 45 min
POUR 1 litre de sorbet
1,5 kg de coings
10 cl d'eau
1 citron
250 g de sucre semoule

1] Épluchez et évidez soigneusement les coings. Coupez-les en morceaux, mettez-les dans une casserole et faites-les cuire pendant 45 minutes à l'eau bouillante.
2] Réduisez-les en purée, à chaud, dans un moulin à légumes posé sur une terrine. Vous devez en avoir 800 g.
3] Pressez le citron.
4] Dans une autre casserole, faites bouillir l'eau avec le sucre et 5 cl du jus de citron.
5] Incorporez la purée de fruit à ce sirop.
6] Laissez complètement refroidir avant de mettre dans une sorbetière.

Sorbet à la fraise

PRÉPARATION 10 min
POUR 1 litre de sorbet
1 kg de fraises bien mûres
1 citron
250 g de sucre semoule

1] Équeutez délicatement les fraises et réduisez-les en purée au mixeur ou dans un moulin à légumes : vous devez en avoir 750 g. Tamisez cette purée à l'aide d'une passoire posée sur une terrine.
2] Pressez le citron.
3] Mettez la purée dans une casserole, et faites-la chauffer avec le sucre et 5 cl du jus de citron jusqu'à ébullition.
4] Laissez complètement refroidir avant de mettre dans une sorbetière.

Commentaire gourmand

Vous pouvez réaliser la même préparation en utilisant des fraises de bois ou mélanger les deux variétés.

Sorbet à la framboise

PRÉPARATION 15 min
POUR 1 litre de sorbet
1 kg de framboises bien mûres
250 g de sucre semoule

1] Triez soigneusement les framboises. Mettez-les dans une passoire en plastique très fine posée sur une terrine et écrasez-les bien avec une cuillère en bois, pour obtenir 800 g de purée lisse : les petits grains doivent rester dans la passoire.
2] Ajoutez le sucre et remuez bien avec une spatule pour le faire fondre.
3] Mettez dans une sorbetière.

Tour de main

N'utilisez pas de passoire métallique, car il ne faut pas mettre ces fruits très acides en contact avec des ustensiles oxydables, qui leur donneraient un goût désagréable.

Sorbet au fruit de la Passion

PRÉPARATION 15 min
POUR 1 litre de sorbet
800 g de fruits de la Passion bien mûrs
25 cl d'eau
300 g de sucre semoule
1 citron

1] Pelez les fruits de la Passion, coupez-les en petits morceaux, passez-les au moulin à légumes, puis à travers une passoire fine : vous devez avoir 500 g de purée lisse.
2] Dans une casserole, faites bouillir l'eau avec le sucre.
3] Pressez le citron.
4] Incorporez-en quelques gouttes seulement à la purée avec le sirop, en mélangeant bien.
5] Mettez dans une sorbetière.

Sorbet aux fruits exotiques

PRÉPARATION 20 min
POUR 1 litre de sorbet
1 kg d'ananas bien mûr
1 grosse mangue
1 banane
1 citron
225 g de sucre semoule
1 sachet de sucre vanillé
2 g (1 petite pincée) de cannelle en poudre

1] Épluchez l'ananas, coupez-le en quatre, retirez le cœur et détaillez la pulpe en dés, en recueillant le jus dans un bol.
2] Ouvrez la mangue en deux, dénoyautez-la et levez la pulpe avec une cuillère à café.
3] Pelez la banane et coupez-la en petites rondelles.
4] Pressez le citron.
5] Mettez toute la pulpe des fruits dans un grand saladier avec le jus de citron et le jus d'ananas. Passez ce mélange au mixeur pour en faire une purée : vous devez en avoir 750 g.
6] Versez-la dans une terrine et incorporez-lui le sucre, en mélangeant bien au fouet.
7] Ajoutez le sucre vanillé et la cannelle, en remuant avec une cuillère en bois.
8] Mettez dans une sorbetière.

Sorbet à la goyave

PRÉPARATION 15 min
POUR 1 litre de sorbet
700 g de goyaves
35 cl d'eau
180 g de sucre semoule
30 g de jus de citron

1] Équeutez et pelez les goyaves. Coupez-les en deux et retirez les graines. Mettez-les dans un mixeur ou dans un moulin à légumes posé sur une terrine et réduisez-les en purée : vous devez en avoir 350 g.
2] Dans une casserole, faites bouillir l'eau avec le sucre jusqu'à ce qu'il soit complètement fondu. Laissez refroidir.
3] Dans une terrine, mélangez le sirop, la purée de fruit et le jus de citron, en remuant avec une cuillère en bois.
4] Mettez dans une sorbetière.

Sorbet à la griotte aux noyaux éclatés

PRÉPARATION 25 min
REPOS 12 h au moins
POUR 1 litre de sorbet
1,2 kg de griottes
100 g de groseilles
300 g de sucre semoule

1] Dénoyautez les griottes en gardant 50 g de noyaux. Égrappez les groseilles.
2] Dans une casserole, faites cuire pendant 5 minutes la moitié des cerises avec le sucre. Quand l'ébullition est atteinte, versez cette pulpe dans une terrine sur le reste des cerises, et ajoutez les groseilles.
3] Mettez tous les fruits dans un saladier et passez-les au mixeur pour les réduire en purée : vous devez en avoir 900 g. Tamisez dans une passoire posée sur une terrine.
4] Enfermez les noyaux de griottes dans une mousseline, écrasez-les et plongez le petit sachet dans la purée pendant 12 à 15 heures.
5] Retirez le sachet de noyaux avant de mettre dans une sorbetière.

PRÉPARATION 15 min
POUR 1 litre de sorbet
1 kg de litchis frais
200 g de sucre semoule

Sorbet au parfum de litchi

1] Décortiquez et dénoyautez des litchis bien mûrs. Mettez-les dans un mixeur ou passez-les dans un moulin à légumes posé sur une grande terrine et réduisez-les en purée : vous devez en avoir 700 g.
2] Incorporez-lui le sucre.
3] Mettez dans une sorbetière.

Commentaire gourmand

Si ce n'est pas la saison des litchis, vous pouvez prendre des litchis au sirop mais, dans ce cas, n'utilisez que 150 g de sucre.

PRÉPARATION 15 min
POUR 1 litre de sorbet
250 g de sucre en morceaux
17 mandarines
10 cl d'eau
70 g de sucre semoule

Sorbet à la mandarine

1] Frottez le sucre en morceaux avec le zeste des mandarines. Veillez à choisir des fruits non traités.
2] Dans une casserole, faites bouillir l'eau avec ce sucre en morceaux parfumé, puis ajoutez le sucre semoule.
3] Pressez les mandarines : vous devez avoir 700 g de jus.
4] Versez-le dans le sirop et mélangez bien.
5] Laissez complètement refroidir avant de mettre dans une sorbetière.

Variante

Sorbet à l'orange

Vous pouvez réaliser de la même façon un sorbet à l'orange en respectant les mêmes proportions, mais en remplaçant le jus de mandarine par du jus d'orange (prévoyez environ 9 fruits).

PRÉPARATION 10 min
POUR 1 litre de sorbet
1,2 kg de mangues bien mûres
1 citron
150 g de sucre semoule

Sorbet à la mangue

1] Épluchez et dénoyautez les mangues. Coupez-les en morceaux.
2] Mettez-les dans un mixeur ou un moulin à légumes posé sur une terrine et réduisez-les en purée : vous devez en avoir 800 g. Pressez le citron.
3] À l'aide d'un fouet, mélangez la purée avec le sucre et 5 cl du jus de citron.
4] Mettez dans une sorbetière.

Commentaire gourmand

Un zeste de citron vert parfumera agréablement ce sorbet.

PRÉPARATION 30 min
RÉFRIGÉRATION 12 h au moins
POUR 1 litre de sorbet
1,5 kg de melon
200 g de sucre semoule

Sorbet au melon

1] Épluchez et évidez soigneusement le melon. Coupez-le en petits morceaux.
2] Disposez ceux-ci sur un plat tapissé de papier absorbant, couvrez-les bien et laissez-les au réfrigérateur (4 °C) 12 heures au moins pour qu'ils perdent leur eau.
3] Mettez-les dans un saladier avec le sucre et passez-les au mixeur jusqu'à ce que la purée soit bien lisse : vous devez en avoir 800 g.
4] Mettez dans une sorbetière.

Sorbet au pamplemousse

PRÉPARATION 15 min
POUR 1 litre de sorbet

1,5 kg de pamplemousses
1 citron
350 g de sucre semoule
6 feuilles de menthe

1] Pressez les pamplemousses : vous devez avoir 75 cl de jus. Pressez le citron.
2] Dans une casserole, faites bouillir le jus de pamplemousse avec le sucre et 1 cuillerée à soupe du jus de citron.
3] Laissez complètement refroidir ce mélange avant de le mettre dans une sorbetière.
4] Pendant ce temps, ciselez finement les feuilles de menthe.
5] Incorporez-les au sorbet quand il commence à prendre ; remettez à glacer.

Commentaire gourmand

Vous pouvez remplacer les feuilles de menthe par 150 g d'écorces d'oranges confites et taillées en tout petits dés.

Sorbet à la pêche

PRÉPARATION 35 min
POUR 1 litre de sorbet

1,5 kg de pêches bien mûres
120 g de sucre semoule
1 citron

1] Épluchez et dénoyautez les pêches bien mûres. Coupez-les en petits morceaux. Mettez-les dans un saladier et passez-les au mixeur pour les réduire en purée : vous devez avoir 900 g. Pressez le citron.
2] Dans une casserole, faites bouillir celle-ci avec le sucre et le jus de citron.
3] Laissez complètement refroidir avant de mettre dans une sorbetière.

Sorbet à la poire

PRÉPARATION 30 min
POUR 1 litre de sorbet

1,2 kg de poires
1 l d'eau
520 g de sucre semoule
7,5 cl de jus de citron
1 gousse de vanille
2 cl d'eau-de-vie de poire

1] Épluchez et évidez les poires.
2] Dans une casserole, faites bouillir l'eau avec 500 g de sucre, 5 cl de jus de citron, la gousse et les graines de vanille.
3] Laissez macérer les poires bien immergées dans ce sirop pendant 12 heures au moins, en les recouvrant d'une assiette.
4] Réduisez-les en purée, puis incorporez-leur les 20 g de sucre restants, 2,5 cl de jus de citron et l'eau-de-vie.
5] Mettez dans une sorbetière.

Sorbet à la pomme verte

PRÉPARATION 25 min
CUISSON 25 min
POUR 1 litre de sorbet

4 pommes granny smith
25 cl de très bon jus de pomme
25 g de sucre semoule
2,5 cl (1/2 cuill. à café) de jus de citron

1] Lavez et coupez les pommes en quatre, sans les éplucher, et évidez-les.
2] Mettez-les dans une casserole et faites-les cuire pendant 25 minutes avec le jus de pomme et le sucre.
3] Mettez le tout dans un grand saladier avec le jus de citron. Passez au mixeur jusqu'à ce que la purée soit lisse et homogène : vous devez en avoir 750 g.
4] Laissez complètement refroidir avant de mettre dans une sorbetière.

Sorbet au thé

PRÉPARATION 15 min
POUR 1 litre de sorbet

60 cl d'eau
50 g de feuilles de thé
450 g de sucre semoule
6 cl de jus de citron

1] Dans une casserole, faites chauffer l'eau. Quand elle frémit, mettez-y le thé et laissez infuser, mais pas plus de 4 minutes.
2] Filtrez et laissez refroidir.
3] Versez petit à petit le sucre dans l'infusion, en remuant bien avec une spatule en bois pour le faire dissoudre complètement. Ajoutez enfin le jus de citron.
4] Mettez dans une sorbetière.

Sorbet à la tomate

PRÉPARATION 40 min
POUR 1 litre de sorbet

1,2 kg de tomates bien mûres
190 g d'eau
375 g de sucre pour confitures
1 blanc d'œuf
50 g de sucre glace
vodka (facultatif)

1] Plongez les tomates entières quelques secondes dans l'eau bouillante, puis dans l'eau froide. Pelez-les et pressez-les à travers une passoire très fine : vous devez avoir 30 cl de jus.
2] Préparez un sirop à froid avec l'eau et le sucre.
3] Mélangez-le au jus de tomate et ajoutez éventuellement 3 cl de vodka, en remuant.
4] Mettez dans une sorbetière.
5] Montez le blanc d'œuf en neige avec le sucre glace. Incorporez-le au sorbet quand il commence à prendre, en fouettant délicatement.
6] Remettez à glacer.

Sorbet à la vodka

PRÉPARATION 15 min
POUR 1 litre de sorbet

60 cl d'eau
125 g de sucre
le zeste de 1/2 orange et de 1/4 citron
15 cl de vodka
15 g de meringue italienne (facultatif)

1] Dans une casserole, faites chauffer l'eau avec le sucre jusqu'à ébullition.
2] Retirez alors le récipient du feu et incorporez les zestes.
3] Ajoutez, éventuellement, la meringue italienne, que vous aurez préparée à l'avance *(voir page 43)*.
4] Laissez bien refroidir. Ajoutez la vodka et mettez dans une sorbetière.

Tour de main

N'introduisez la vodka qu'une fois le mélange bien refroidi, sinon elle risquerait de perdre son délicat goût d'alcool.

Les granités

Granité au café

PRÉPARATION 5 min
POUR 1 litre de granité

50 cl de café expresso
100 g de sucre semoule
40 cl d'eau

1] Dans une terrine, mélangez bien le café avec le sucre et l'eau.
2] Mettez au congélateur.
3] Après 1 heure 30, sortez la préparation et mélangez-la avec une spatule.
4] Remettez au congélateur jusqu'à ce que le granité soit complètement pris.

Commentaire gourmand

Vous pouvez agrémenter ce granité en versant dessus quelques gouttes de whisky pur malt juste avant de le servir.

Granité au citron

PRÉPARATION 15 min
POUR 1 litre de granité
2 citrons
70 cl d'eau
200 g de sucre semoule

1] Hachez finement le zeste d'un des citrons. Pressez les citrons en gardant la pulpe : vous devez avoir 10 cl de jus.
2] Mettez l'eau dans une terrine, faites-y fondre le sucre en remuant et ajoutez le zeste, le jus et la pulpe de citron.
3] Mélangez bien avec une cuillère en bois et mettez au congélateur.
4] Après 1 heure 30, sortez la préparation et mélangez-la avec une spatule.
5] Remettez au congélateur jusqu'à ce que le granité soit complètement pris.

Commentaire gourmand

Vous pouvez remplacer les citrons jaunes par des citrons verts et arroser ce granité d'un trait de vodka.

Granité à la menthe fraîche

PRÉPARATION 10 min
POUR 1 litre de granité
50 g de feuilles de menthe fraîche
80 cl d'eau
160 g de sucre semoule

1] Hachez finement les feuilles de menthe.
2] Dans une casserole, laissez infuser 40 g de menthe hachée pendant 15 minutes. Filtrez dans une passoire posée sur une terrine.
3] Mettez au congélateur.
4] Après 1 heure 30, sortez la préparation et mélangez-la avec une spatule.
5] Remettez au congélateur jusqu'à ce que le granité soit complètement pris.
6] Au moment de servir, parsemez du reste de menthe hachée.

Variante

Granité aux herbes

Vous pouvez, selon le même principe, préparer un granité aux herbes en remplaçant la menthe par les herbes fraîches de votre choix et même les associer si leurs goûts s'accordent.

Granité au miel

PRÉPARATION 10 min
POUR 1 litre de granité
75 cl d'eau
250 g de miel de Provence
75 g d'amandes mondées

1] Dans une terrine, mélangez bien l'eau et le miel.
2] Mettez au congélateur.
3] Après 1 heure 30, sortez la préparation et mélangez-la avec une spatule.
4] Remettez au congélateur jusqu'à ce que le granité soit complètement pris.
5] Faites griller les amandes pendant 15 à 20 minutes au four à 170 °C et concassez-les.
6] Parsemez-en le granité juste au moment de servir.

Granité au thé

PRÉPARATION 10 min
POUR 1 litre de granité
80 cl d'eau
160 g de sucre semoule
10 g (2 cuill. à café) de feuilles de thé

1] Dans une casserole, mettez l'eau et le sucre semoule.
2] Portez à ébullition, ajoutez le thé et laissez frémir, pas plus de 4 minutes. Filtrez dans une passoire très fine posée sur une terrine.
3] Mettez au congélateur.
4] Après 1 heure 30, sortez la préparation et mélangez-la avec une spatule.
5] Remettez au congélateur jusqu'à ce que le granité soit complètement pris.

Commentaire gourmand

Ce granité est très agréable avec une salade de pamplemousse.

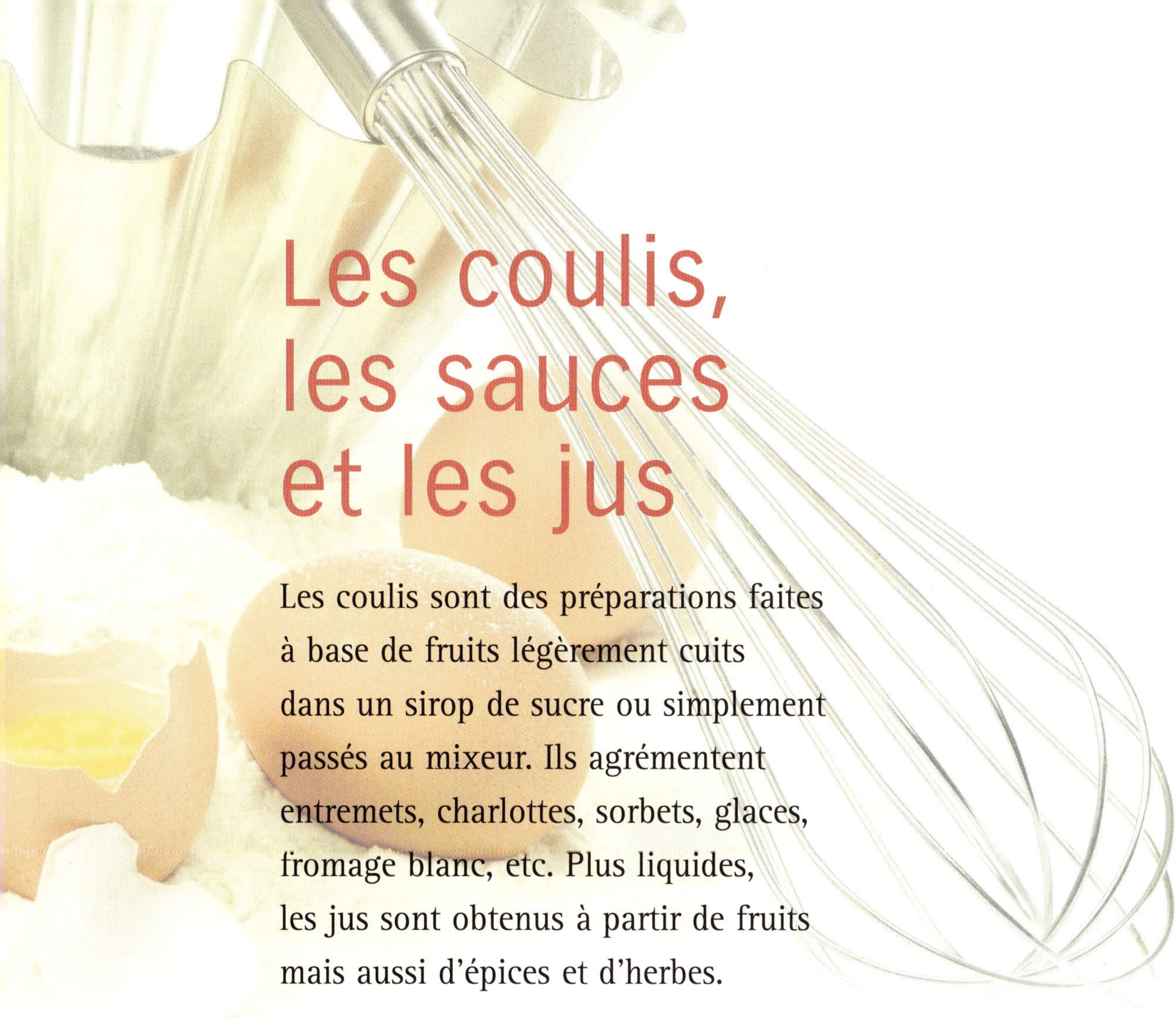

Les coulis, les sauces et les jus

Les coulis sont des préparations faites à base de fruits légèrement cuits dans un sirop de sucre ou simplement passés au mixeur. Ils agrémentent entremets, charlottes, sorbets, glaces, fromage blanc, etc. Plus liquides, les jus sont obtenus à partir de fruits mais aussi d'épices et d'herbes.

Les coulis

PRÉPARATION 20 min
POUR 50 cl de coulis

- 1 gros avocat bien mûr
- 1 banane moyenne
- 1 orange
- 2 citrons
- 60 g de sucre semoule
- 2 g (1/2 cuill. à café) de poivre du moulin
- 10 cl d'eau

Coulis à l'avocat et à la banane

1] Épluchez l'avocat et dénoyautez-le.
2] Pelez la banane.
3] Pressez l'orange et un citron et demi.
4] Coupez l'avocat et la banane en petits morceaux et passez-les au moulin à légumes, ou au mixeur, avec le jus des agrumes, le sucre et le poivre.
5] Ajoutez un peu de l'eau. Faites tourner l'appareil jusqu'à ce que la purée de fruit soit bien homogène : vous devez en obtenir environ 300 g.
6] Allongez-la petit à petit avec l'eau jusqu'à la consistance souhaitée.

Commentaire gourmand

Pour donner un petit goût exotique à ce coulis, vous pouvez ajouter une pincée de noix muscade en poudre ou de cannelle.

PRÉPARATION 15 min
POUR 50 cl de coulis
600 g de cassis
100 g de groseilles
85 g de sucre semoule
15 cl d'eau

Coulis au cassis

1] Égrappez soigneusement les cassis et les groseilles. Passez-les au mixeur ou au moulin à légumes : vous devez avoir 400 g de purée.
2] Filtrez celle-ci dans une grande passoire posée au-dessus d'une terrine. Ajoutez le sucre en mélangeant bien.
3] Allongez progressivement avec l'eau jusqu'à la consistance souhaitée.

Variante

Coulis à la groseille

Égrappez 600 g de groseilles. Passez-les au mixeur avec 100 g de framboises : vous devez avoir 400 g de purée. Filtrez dans une passoire posée sur une terrine et incorporez le sucre en mélangeant bien. Allongez petit à petit le coulis avec l'eau jusqu'à la consistance souhaitée.

PRÉPARATION 10 min
POUR 50 cl de coulis
1 citron
750 g de framboises
80 g de sucre semoule
10 cl d'eau

Coulis à la framboise

1] Pressez le citron : vous devez avoir 5 cl de jus. Réduisez les framboises en purée dans un grand bol à l'aide d'un mixeur : vous devez obtenir 400 g de purée.

2] Filtrez la purée de framboise en la faisant passer dans une passoire tout en pressant bien à l'aide d'une maryse ou d'une cuillère en bois.

3] Incorporez à l'aide d'une spatule le sucre semoule et le jus de citron. Allongez petit à petit le coulis avec l'eau jusqu'à la consistance souhaitée.

Commentaires gourmands

Ce coulis agrémentera aussi bien les œufs à la neige que les crèmes ou les gâteaux au chocolat.

Vous pouvez très bien préparer un coulis à la framboise en hiver en utilisant des fruits surgelés.

1

2

3

Coulis à la framboise et au banyuls

PRÉPARATION 10 min
CUISSON 5 min
POUR 50 cl de coulis

5 ou 6 grains de poivre
1 bâton de cannelle
1 orange
75 cl de banyuls
75 g de sucre semoule
20 cl de coulis de framboise
(voir p. 102)

1] Écrasez les grains de poivre et le bâton de cannelle. Prélevez le zeste de l'orange et hachez-le finement.

2] Dans une casserole, mélangez bien le banyuls avec le sucre, le poivre, la cannelle et le zeste d'orange.

3] Faites cuire sur feu moyen jusqu'à ce que la préparation ait réduit des deux tiers.

4] Laissez refroidir et incorporez le coulis de framboise en mélangeant bien.

Coulis aux fruits rouges

PRÉPARATION 15 min
POUR 50 cl de coulis

250 g de fraises bien mûres
125 g de groseilles
250 g de framboises
75 g de fraises des bois
80 g de sucre semoule
10 cl d'eau

1] Équeutez les fraises et égrappez soigneusement les groseilles.

2] Passez toutes les baies au mixeur ou au moulin à légumes : vous devez avoir 40 cl de purée.

3] Incorporez le sucre en mélangeant bien avec une cuillère en bois.

4] Allongez petit à petit le coulis avec l'eau jusqu'à la consistance souhaitée.

Variante

Coulis à la griotte

Vous pouvez réaliser un coulis semblable avec des griottes. Dénoyautez 750 g de griottes et égrappez 100 g de groseilles. Passez-les au mixeur ou au moulin à légumes : vous devez avoir 40 cl de purée.
Filtrez celle-ci dans une passoire posée sur une terrine et incorporez-lui 120 g de sucre en mélangeant bien. Allongez si nécessaire avec 10 cl d'eau.

Coulis à la mangue

PRÉPARATION 5 min
POUR 50 cl de coulis

50 cl de sorbet à la mangue
(voir p. 97)
10 cl d'eau

1] Préparez d'abord un sorbet à la mangue et faites-le réfrigérer.

2] Sortez le sorbet du congélateur et laissez-le fondre. Allongez-le petit à petit avec l'eau jusqu'à ce qu'il ait la consistance souhaitée pour faire un coulis.

Commentaire gourmand

Ce coulis agrémente aussi bien une semoule au lait qu'un fromage blanc.

Coulis à l'orange amère

PRÉPARATION 15 min
RÉFRIGÉRATION 12 h
POUR 50 cl de coulis

1 citron
1 orange
600 g d'oranges amères
50 cl d'eau
250 g de sucre semoule
1 g de cardamome en poudre
1 g de gingembre en poudre
1 g de poivre

1] Pressez le citron. Pressez l'orange : vous devez avoir 10 cl de jus.

2] Préparez la macération des oranges amères. Coupez les extrémités des fruits et détaillez celles-ci en rondelles moyennes. Mettez-les dans une terrine.

3] Portez l'eau à ébullition avec le sucre. Versez le sirop sur les oranges et laissez reposer 12 heures au moins, au frais.

4] Égouttez les oranges. Passez-les au mixeur avec le jus des agrumes, la cardamome, le gingembre jusqu'à ce que le coulis soit parfaitement lisse.

Tour de main

Pour préparer ce coulis, choisissez des oranges amères non traitées.

Coulis à la pêche

PRÉPARATION **15 min**
POUR **50 cl de coulis**

1 citron
600 g de pêches
50 g de sucre semoule

1] Pressez le citron.
2] Ébouillantez les pêches 30 secondes, plongez-les dans l'eau froide, épluchez-les et dénoyautez-les.
3] Passez les pêches dans le mixeur : vous devez avoir 40 cl de purée.
4] Ajoutez-lui le sucre et le jus de citron et mélangez bien.

Variante

Coulis à l'abricot

Passez au mixeur 600 g d'abricots dénoyautés. Ajoutez 50 g de sucre et le jus d'un citron à la purée obtenue.

Coulis au poivron et à la framboise

PRÉPARATION **25 min**
CUISSON **20 min**
RÉFRIGÉRATION **12 h au moins**
POUR **50 cl de coulis**

1 petit poivron rouge (100 g)
100 g de sucre semoule
20 cl d'eau
400 g de framboises

1] Lavez le poivron, ouvrez-le en deux et épépinez-le soigneusement.
2] Mettez-le dans une casserole, couvrez-le d'eau ; faites bouillir puis égouttez.
3] Recommencez cette opération : vous devez avoir 80 g de pulpe.
4] Mettez celle-ci dans une autre casserole avec le sucre et l'eau et faites-la cuire 20 minutes.
5] Laissez macérer 12 heures au moins au réfrigérateur.
6] Triez soigneusement les framboises.
7] Égouttez la pulpe de poivron, puis passez-la au mixeur avec les framboises jusqu'à ce que vous obteniez un coulis qui soit parfaitement lisse.

Commentaire gourmand

Pour réaliser un coulis, vous pouvez utiliser des framboises surgelées.

Coulis à la rhubarbe

PRÉPARATION **10 min**
RÉFRIGÉRATION **12 h au moins**
CUISSON **30 min**
POUR **50 cl de coulis**

450 g de rhubarbe
1 citron
80 g de sucre semoule
5 cl d'eau (facultatif)

1] Coupez la rhubarbe en morceaux, sans l'éplucher.
2] Pressez le citron : vous devez recueillir 5 cl de jus.
3] Mettez la rhubarbe dans une terrine avec le sucre et le jus de citron. Laissez macérer 12 heures au moins au réfrigérateur.
4] Dans une casserole, sur feu doux, faites cuire la rhubarbe 30 minutes.
5] Passez-la à chaud au mixeur pour la réduire complètement en purée.
6] Allongez éventuellement le coulis avec un peu d'eau selon la consistance souhaitée.
7] Ajoutez un peu de sucre si nécessaire.

Variante

Coulis à la rhubarbe et à la fraise

Vous préparerez ce coulis en mélangeant à parts égales rhubarbe et fraises. Ne mettez pas à macérer les fraises et faites-les cuire pendant 5 minutes tout au plus.

Les sauces

PRÉPARATION 10 min
POUR 50 cl de sauce
35 cl de lait frais entier
10 g de café moulu de Colombie
4 jaunes d'œufs
85 g de sucre semoule

Sauce anglaise au café

1] Dans une casserole, portez le lait frais à ébullition et ajoutez le café. Laissez infuser pendant 3 minutes.
2] Filtrez dans une passoire très fine posée sur une terrine.
3] Préparez la sauce en prenant les mêmes précautions que pour une crème anglaise *(voir page 45)* avec les jaunes d'œufs, le sucre et le lait aromatisé au café. Veillez à ne pas atteindre le stade de l'ébullition.
4] Gardez cette sauce quelque temps au réfrigérateur avant de l'utiliser.

PRÉPARATION 5 min
POUR 50 cl de sauce
500 g de crème anglaise *(voir p. 45)*
1 orange

Sauce anglaise à l'orange

1] Préparez d'abord une crème anglaise d'une consistance assez fluide.
2] Prélevez le zeste de l'orange et hachez-le finement.
3] Incorporez-le à la crème anglaise, en mélangeant bien.
4] Gardez la sauce au réfrigérateur 4 ou 5 heures pour que le zeste ait le temps de libérer pleinement son arôme.

Commentaire gourmand

Pour ce genre de préparation où l'on utilise les zestes, veillez à choisir des fruits non traités.

PRÉPARATION 15 min
POUR 50 cl de sauce
35 cl de lait frais entier
35 g de pâte de pistache aromatisée et colorée
4 jaunes d'œufs
20 g de sucre semoule

Sauce anglaise à la pistache

1] Dans une casserole, faites chauffer le lait avec la pâte de pistache pour la ramollir, puis fouettez le mélange pour bien la dissoudre.
2] Préparez une crème anglaise *(voir page 45)* avec les jaunes d'œufs, le sucre et le mélange lait-pâte de pistache, en veillant à ne pas atteindre le stade de l'ébullition.

Commentaire gourmand

Vous pouvez agrémenter cette sauce avec quelques pistaches broyées et, éventuellement, légèrement grillées.

PRÉPARATION 15 min
POUR 50 cl de sauce
75 g de turrón (touron en français)
30 cl de lait
40 g de sucre
4 jaunes d'œufs

Sauce anglaise au turrón

1] Coupez le turrón en tout petits morceaux pour faciliter ensuite sa dissolution.
2] Faites-le chauffer dans une casserole avec le lait, en fouettant pour bien le dissoudre.
3] Préparez une crème anglaise *(voir page 45)* avec les jaunes d'œufs, le sucre et le mélange lait-turrón, en veillant à ne pas atteindre le stade de l'ébullition.

Sauce au cacao

PRÉPARATION 10 min
POUR 50 cl de sauce

25 cl d'eau
50 g de cacao en poudre non sucré
80 g de sucre semoule
10 cl de crème épaisse

1] Dans une casserole, portez à ébullition l'eau, le cacao et le sucre.
2] Ajoutez la crème et laissez réduire en remuant jusqu'à ce que la sauce nappe la cuillère en bois.

Commentaire gourmand

Vous pouvez préparer cette sauce au cacao à l'avance et la conserver au réfrigérateur pendant 2 ou 3 jours. Vous la ferez réchauffer lentement au moment de vous en servir.

Sauce au caramel

PRÉPARATION 15 min
POUR 50 cl de sauce

25 cl de crème liquide
200 g de sucre semoule
45 g de beurre demi-sel

1] Dans une casserole, portez la crème liquide à ébullition.
2] Dans une autre petite casserole, faites cuire le sucre à sec sans cesser de remuer avec une cuillère en bois, jusqu'à ce que le caramel soit bien doré.
3] Interrompez la cuisson en ajoutant le beurre, puis versez petit à petit la crème, en mélangeant bien.
4] Faites de nouveau bouillir quelques instants et plongez la casserole dans un récipient rempli de glaçons.

Commentaire gourmand

La couleur du caramel aura une incidence directe sur le goût ; plus le caramel sera foncé, plus le goût sera prononcé.

Sauce au chocolat noir (ou blanc)

PRÉPARATION 15 min
POUR 50 cl de sauce

150 g de chocolat noir ou blanc
1 gousse de vanille
50 cl de lait

1] Hachez finement le chocolat choisi.
2] Ouvrez la gousse de vanille en deux et grattez les graines.
3] Dans une casserole, portez le lait à ébullition et ajoutez la gousse et les graines de vanille.
4] Interrompez la cuisson, puis versez petit à petit le lait sur le chocolat. Mélangez bien jusqu'à ce que la sauce soit bien homogène.

Commentaire gourmand

Cette sauce au chocolat s'utilise chaude pour accompagner les profiteroles ou les poires Hélène par exemple.

Les jus

Jus à l'abricot et au basilic

PRÉPARATION 15 min
RÉFRIGÉRATION 12 h au moins
POUR 50 cl de jus

1 citron vert
4 feuilles de basilic
1 gousse de vanille
35 cl d'eau
50 g de sucre semoule
10 cl de jus d'abricot tout prêt

1] Hachez finement le zeste de la moitié du citron vert.
2] Ciselez finement les feuilles de basilic.
3] Ouvrez la gousse de vanille en deux et grattez les graines.
4] Dans une terrine, mélangez l'eau avec le sucre, puis ajoutez la gousse et les graines de vanille, le zeste de citron et le basilic.
5] Laissez infuser pendant 12 heures au moins au réfrigérateur.
6] Incorporez le jus d'abricot.

Commentaire gourmand

Ce jus parfumé au basilic assaisonne très agréablement les salades de fruits d'été. Vous pouvez le préparer avec un peu moins de sucre.

Jus à la cardamome

PRÉPARATION 15 min
POUR 50 cl de jus

40 cl d'eau
65 g de sucre semoule
15 g (1 cuill. à soupe) d'amidon de maïs
1 g (1 petite pincée) de cardamome en poudre

1] Mettez dans une grande casserole l'eau, le sucre, l'amidon de maïs et la cardamome en poudre.
2] Mélangez bien et portez à ébullition.
3] Laissez refroidir avant utilisation.

Commentaire gourmand

Ce jus à la cardamome accompagne délicieusement les pommes au four, les compotes de fruits, les desserts et gâteaux au chocolat, ainsi que les tartes à l'orange.

Jus à la coriandre

PRÉPARATION 15 min
POUR 50 cl de jus

1/2 zeste de citron
20 g de feuilles de coriandre fraîche
45 cl d'eau
80 g de sucre semoule

1] Hachez très finement le zeste de citron.
2] Ciselez les feuilles de coriandre.
3] Mettez dans une casserole l'eau, le sucre et le zeste de citron. Faites chauffer jusqu'à ébullition.
4] Retirez du feu, ajoutez la moitié de la coriandre et laissez infuser pendant 10 à 15 minutes. Filtrez.
5] Ajoutez le reste de la coriandre, et passez le mélange au mixeur jusqu'à ce que le jus soit parfaitement lisse.

Commentaire gourmand

Ce jus à la coriandre relève délicieusement une salade d'ananas.

Variante

Jus aux plantes

Vous réaliserez de la même façon des jus à la citronnelle, à la marjolaine, à la verveine.

Jus épicé

PRÉPARATION 20 min
REPOS 12 h au moins
POUR 50 cl de jus

1 citron
1 orange
1/2 gousse de vanille
4 g de grains de poivre noir
1 morceau de racine de gingembre
35 cl d'eau
140 g de sucre
1 étoile de badiane
1 petit clou de girofle

1] Prélevez les zestes de l'orange et du citron et hachez-en finement environ la moitié.
2] Pressez le citron : vous devez obtenir 4 cl de jus.
3] Ouvrez la 1/2 gousse de vanille en deux et grattez les graines.
4] Décortiquez les grains de poivre noir.
5] Détaillez 5 fines lamelles dans le morceau de racine de gingembre.
6] Dans une casserole, portez l'eau à ébullition avec le sucre. Ajoutez tous les autres ingrédients en mélangeant bien.
7] Retirez du feu et laissez infuser pendant 12 heures au moins. Filtrez.

Commentaire gourmand

Ce jus rehausse d'un peu de piquant les dattes, les mangues et les oranges. Pour préparer ce jus, choisissez des agrumes non traités.

Jus de fraise

PRÉPARATION 15 min
CUISSON 45 min
RÉFRIGÉRATION 5 ou 6 h
POUR 50 cl de jus

800 g de fraises bien mûres
50 g de sucre semoule

1] Équeutez les fraises. Mettez-les dans un cul-de-poule avec le sucre et faites-les cuire 45 minutes au bain-marie.
2] Filtrez cette purée dans une passoire posée sur une terrine : vous devez avoir 50 cl de jus. Gardez à part les fraises cuites.
3] Réservez le jus pendant 5 ou 6 heures au réfrigérateur (4 °C) et clarifiez.

Commentaire gourmand

Ce jus accompagne délicieusement une glace à la vanille, tous les fruits rouges, et les sorbets aux fruits. Il peut aussi servir à faire cuire les fruits.

Jus de fraise caramélisé

PRÉPARATION 15 min
POUR 50 cl de jus

800 g de fraises bien mûres
1 citron
50 g de sucre semoule

1] Faites cuire les fraises comme dans la recette précédente mais sans sucre.
2] Pressez le citron : vous devez obtenir 5 cl de jus.
3] Dans une casserole, faites cuire le sucre à sec jusqu'à ce que le caramel soit bien doré.
4] Interrompez la cuisson en ajoutant le jus de citron, puis versez le jus de fraise en mélangeant bien.

Commentaire gourmand

Ce jus peut accompagner les pommes ou les poires dorées à la poêle, mais aussi les fruits cuits.

Jus de framboise

PRÉPARATION 10 min
CUISSON 30 min
POUR 50 cl de jus

700 g de framboises
80 g de sucre semoule

1] Mettez les framboises dans un cul-de-poule avec le sucre et faites-les cuire 30 minutes au bain-marie.
2] Filtrez cette purée dans une passoire en plastique posée sur une terrine et réservez au réfrigérateur (4 °C).

Commentaire gourmand

Ce jus de framboise accompagne les pommes ou les poires dorées à la poêle.

Jus à l'huile d'olive et au basilic

PRÉPARATION 10 min
POUR 50 cl de jus

24 feuilles de basilic frais
2 citrons
30 cl d'huile d'olive
45 g de sucre semoule
5 g (1 cuill. à café) de poivre du moulin

1] Ciselez finement les feuilles de basilic.
2] Pressez les citrons : vous devez obtenir 15 cl de jus.
3] Dans une terrine, mettez le basilic ciselé, le jus de citron, l'huile d'olive et le sucre. Poivrez et mélangez bien.

Commentaire gourmand

Ce jus très parfumé convient parfaitement pour cuire des pêches au four.

Jus à la menthe fraîche

PRÉPARATION 15 min
POUR 50 cl de jus

20 g de feuilles de menthe fraîche
40 cl d'eau
120 g de sucre semoule

1] Ciselez finement les feuilles de menthe.
2] Dans une casserole, portez à ébullition l'eau avec le sucre.
3] Retirez du feu, ajoutez la moitié de la menthe et laissez infuser pendant 15 à 20 minutes, à découvert pour qu'elle ne prenne pas un goût de foin. Filtrez.
4] Ajoutez le reste de menthe et passez au mixeur jusqu'à ce que la préparation soit parfaitement lisse.

Tour de main

Si vous souhaitez un jus un peu plus épais, incorporez au sucre, avant la cuisson, 10 g de fécule de pomme de terre.

Jus Suzette

PRÉPARATION 15 min
POUR 50 cl de jus

1 orange
1 citron
250 g de sucre semoule
2,5 cl (2 petites cuill. à soupe) de Grand Marnier

1] Prélevez et hachez finement le zeste de la moitié de l'orange. Pressez l'orange : vous devez avoir 15 cl de jus. Pressez le citron : vous devez avoir 2,5 cl de jus.
2] Dans une casserole, faites cuire le sucre à sec jusqu'à ce que le caramel soit bien doré.
3] Interrompez la cuisson en versant le jus d'orange puis le jus de citron.
4] Incorporez enfin le zeste d'orange et le Grand Marnier.

Commentaire gourmand

Ce jus nappe délicieusement une salade d'orange ou des crêpes.

Jus à la vanille

PRÉPARATION 10 min
POUR 50 cl de jus

2 gousses de vanille
80 g de sucre semoule
10 g de fécule de pomme de terre
40 cl d'eau

1] Ouvrez les gousses de vanille en deux et grattez les graines.
2] Mélangez dans une casserole d'abord le sucre et la fécule. Versez l'eau sur ce mélange et portez à ébullition.
3] Ajoutez les gousses et les graines de vanille et laissez frémir 2 minutes. Filtrez.

Commentaire gourmand

Ce jus à la vanille accompagne à merveille les fruits pochés et le riz au lait.

Les recettes de pâtisserie

Les tartes, tourtes et crumbles

Les tartes et les tourtes sont composées d'un fond en pâte brisée, feuilletée, sablée ou sucrée, garnie généralement de fruits, de chocolat, de crème parfumée, de sucre, de riz... La tourte est recouverte d'une abaisse qui forme un couvercle. La pâte à crumble est émiettée au-dessus des fruits.

Les tartes

Pasta frola

PRÉPARATION 1 h
REPOS 30 min
CUISSON 35 à 40 min
POUR 4 à 6 personnes

300 g de farine
10 g de levure en poudre
1 œuf
2 jaunes d'œufs
1 cuill. à soupe de lait
125 g de sucre
150 g de beurre à température ambiante
1 cuill. à café de zeste de citron râpé
500 g de pâte de coing

1| Mélangez la farine avec la levure.
2| Dans une terrine, battez l'œuf entier avec les jaunes d'œufs et la cuillerée de lait.
3| Ajoutez le sucre, le beurre, le zeste râpé et le mélange farine-levure ; remuez jusqu'à obtenir une pâte tendre et homogène.
4| Laissez reposer cette pâte au réfrigérateur pendant 30 minutes.
5| Abaissez la pâte au rouleau sur 3 ou 4 mm d'épaisseur et garnissez-en un moule à tarte de 22 cm de diamètre.
6| Coupez des bandes de 1 cm de large dans le reste de pâte et mettez-les à part.
7| Préchauffez le four à 170 °C.
8| Diluez la pâte de coing dans une petite casserole avec trois cuillerées à soupe d'eau et laissez refroidir.
9| Remplissez la tarte avec la confiture ainsi obtenue et décorez la surface avec les bandes de pâte.
10| Mettez la tarte au four pendant environ 40 minutes, jusqu'à ce que la pâte soit dorée. Démoulez et servez tiède ou froid.

Tarte aux abricots

PRÉPARATION 40 min
REPOS 10 h + 30 min + 30 min
CUISSON 12 + 25 min
POUR 6 à 8 personnes

250 g de pâte feuilletée *(voir p. 20)*
180 g de crème à l'amande *(voir p. 54)*
900 g d'abricots
20 g de sucre en poudre
20 g de beurre mou
4 cuill. à soupe de marmelade ou de nappage d'abricot

1] Préparez la pâte feuilletée (n'oubliez pas qu'elle doit reposer 10 heures au total).
2] Étalez-la au rouleau sur 2 mm d'épaisseur puis mettez-la au réfrigérateur 30 minutes.
3] Beurrez et poudrez de sucre un moule de 22 cm de diamètre puis déposez la pâte dans le moule. Coupez les bords au rouleau et fixez-les bien en les pinçant tout autour avec le pouce et l'index. Piquez le fond avec une fourchette et mettez au réfrigérateur pendant 30 minutes.
4] Préparez la crème à l'amande.
5] Préchauffez le four à 185 °C. Recouvrez le fond de tarte d'un disque de papier sulfurisé de 23 cm, frangé sur les bords, ajoutez des noyaux d'abricots (ou des légumes secs) et faites cuire pendant 12 minutes. Ôtez le papier et les noyaux et remettez au four 5 minutes.
6] Étalez la crème à l'amande sur la pâte. Coupez les abricots en deux, retirez les noyaux. Disposez les fruits en rosace, peau en dessous, en les faisant se chevaucher. Poudrez bien de sucre et parsemez de noisettes de beurre.
7] Mettez au four 22 à 25 minutes : les fruits doivent caraméliser.
8] Sortez du four et laissez refroidir un peu. Avec un pinceau, nappez de marmelade d'abricot. Dégustez tiède.

Voir photographie page 115

Tarte à l'ananas

PRÉPARATION 10 + 25 min
REPOS 1 + 1 h
CUISSON 35 min
POUR 6 à 8 personnes

250 g de pâte à foncer *(voir p. 16)*
2 œufs
110 g de sucre en poudre
1 cuill. à café de farine
1 verre de lait
le jus de 1/2 citron
4 cuill. à soupe de sirop d'ananas réduit
6 tranches d'ananas au sirop
30 g de sucre glace

1] Préparez la pâte à foncer et laissez-la reposer 1 heure. Étalez-la sur 2 mm. Beurrez un moule à tarte de 22 cm de diamètre et garnissez-le avec le disque de pâte. Piquez le fond avec une fourchette en plusieurs endroits. Laissez reposer 1 heure au frais.
2] Préchauffez le four à 200 °C. Enfournez le moule et faites cuire pendant 20 minutes à 180 °C.
3] Préparez la garniture : séparez le blanc et le jaune des œufs. Mélangez les jaunes avec 80 g de sucre en poudre, la farine et le lait.
4] Faites épaissir ce mélange sur feu doux en remuant sans arrêt avec une cuillère en bois, puis ajoutez le jus de citron et le sirop d'ananas réduit.
5] Laissez tiédir le fond de tarte, puis versez-y la crème et disposez dessus les tranches d'ananas bien égouttées.
6] Battez les blancs d'œufs en neige ferme avec 30 g de sucre en poudre, recouvrez-en les fruits et poudrez de 30 g de sucre glace.
7] Remettez 10 minutes au four pour faire dorer le meringage. Servez frais.

Tarte belge au sucre

PRÉPARATION 20 + 30 min
REPOS 40 min + 2 h
CUISSON 12 + 10 min
POUR 4 à 6 personnes

250 g de pâte briochée *(voir p. 24)*
10 g de beurre
1 œuf
80 g de sucre en poudre
30 g de crème fraîche épaisse

1] Préparez une pâte briochée et laissez-la reposer 40 minutes au réfrigérateur. Beurrez un moule de 26 cm de diamètre. Façonnez la pâte en boule, aplatissez-la. Étalez-la à la taille du moule et disposez ce disque. Laissez lever, c'est-à-dire doubler de volume pendant environ 2 heures à température ambiante (22-24 °C).
2] Faites préchauffer le four à 220 °C. Battez l'œuf et, avec un pinceau, dorez-en la surface de la pâte ; poudrez de sucre en poudre.
3] Faites cuire pendant 12 minutes, en ayant baissé la température du four à 200 °C.
4] Sortez la tarte et étalez la crème fraîche sur toute la surface puis remettez-la à cuire pendant 8 à 10 minutes afin de glacer légèrement la surface du gâteau : le sucre chaud absorbe en effet la crème.
5] Servez cette tarte le jour même, tiède ou complètement refroidie.

Tarte caraïbe « crème coco »

PRÉPARATION 15 + 30 min
REPOS 2 h + 30 + 30 min
CUISSON 35 à 40 min
POUR 6 à 8 personnes

500 g de pâte sucrée
(voir p. 19)

Pour la « crème coco »

85 g de sucre glace
40 g de poudre d'amande
45 g de poudre de noix de coco
5 g de fécule de maïs
70 g de beurre
1 œuf
1/2 cuill. à soupe de rhum brun agricole
170 g de crème fraîche liquide

Pour la garniture

1 gros ananas bien mûr
2 citrons verts
4 grappes de groseilles
4 cuill. à soupe de gelée de coing

1| Préparez la pâte sucrée et laissez-la reposer pendant 2 heures.
2| Abaissez-la au rouleau sur 2 mm d'épaisseur. Détaillez un rond de 28 cm de diamètre. Posez-le sur une plaque et mettez-le au réfrigérateur pendant 30 minutes.
3| Beurrez un moule à tarte de 22 cm de diamètre. Disposez la pâte. Piquez-la avec une fourchette et laissez de nouveau reposer 30 minutes au frais.
4| Préparez la « crème coco » : mélangez le sucre glace, la poudre d'amande, la poudre de noix de coco et la fécule de maïs et tamisez le tout dans une passoire. Dans une terrine, malaxez le beurre avec une spatule pour l'assouplir. Ajoutez le mélange amande-coco-sucre-fécule de maïs puis l'œuf sans cesser de tourner. Versez ensuite le rhum et la crème liquide. Lorsque la crème est bien homogène, mettez-la au frais.
5| Préchauffez le four à 220 °C.
6| Versez la « crème coco » dans le moule jusqu'à mi-hauteur. Mettez au four pendant 35 à 40 minutes. Laissez refroidir avant d'ajouter la garniture.
7| Avec un couteau-scie, retirez toute l'écorce de l'ananas. Découpez des tranches de 1 cm d'épaisseur, retirez-en la partie centrale puis détaillez-les en lamelles. Faites-les égoutter sur un papier absorbant pendant 30 minutes.
8| Avec un couteau économe, épluchez finement les citrons verts en évitant soigneusement qu'il reste de la peau blanche puis détaillez les zestes en très fines lanières.
9| Recouvrez la tarte de lamelles d'ananas ; parsemez les zestes par-dessus.
10| Égrappez 4 grappes de groseilles et répartissez-les sur la tarte.
11| Dans une casserole, faites fondre la gelée de coing ; avec un pinceau, nappez-en légèrement les fruits.
12| Gardez la tarte au frais pendant 2 heures avant de servir.

Tour de main

Vous pouvez préparer la veille la pâte sucrée et la « crème coco » (mettez-les dans un saladier recouvert de film alimentaire) et les laisser reposer au frais.

Tarte à la cassonade

PRÉPARATION 10 + 20 min
REPOS 2 h
CUISSON 10 + 30 min
POUR 6 à 8 personnes

375 g de pâte brisée
(voir p. 17)
150 g d'amandes mondées
3 œufs
200 g de crème fraîche épaisse
300 g de cassonade

1| Préparez la pâte brisée. Ramassez-la en boule et laissez-la reposer pendant 2 heures au frais.
2| Préchauffez le four à 200 °C.
3| Beurrez un moule à tarte de 25 cm. Abaissez la pâte au rouleau sur une épaisseur de 3 mm et disposez-la dans le moule. Piquez-la avec une fourchette. Tapissez le fond de tarte avec du papier sulfurisé recouvert de légumes secs et faites cuire pendant 10 minutes.
4| Broyez les amandes au mixeur.
5| Cassez les œufs un à un et séparez les jaunes et les blancs.
6| Versez les amandes broyées dans une terrine, ajoutez la crème fraîche, la cassonade et les jaunes d'œufs un à un. Mélangez bien avec une spatule.
7| Fouettez les blancs d'œufs en neige bien ferme et incorporez-les doucement au mélange en tournant toujours dans le même sens avec une spatule en bois pour ne pas les casser.
8| Versez cette préparation sur le fond de tarte et remettez à cuire au four pendant 30 minutes. Servez frais.

Tarte aux abricots

À la sortie du four, laissez refroidir la tarte sur une grille à pâtisserie, pour rendre la pâte feuilletée plus croustillante.

Tarte aux cerises à l'alsacienne

PRÉPARATION 40 min
REPOS 2 + 1 h
CUISSON 20 + 15 min
POUR 4 à 6 personnes

300 g de pâte brisée (voir p. 17)
500 g de griottes
50 g de sucre en poudre
250 g de crème à l'amande (voir p. 54)
500 g de cerises noires burlat ou gorge de pigeon
180 g de pâte à streusel (voir p. 29)

1] Préparez la pâte brisée et laissez-la reposer au frais pendant 2 heures.
2] Dénoyautez les griottes et mettez-les dans une terrine. Poudrez-les de sucre en poudre et laissez-les macérer pendant 2 heures environ. Mettez-les ensuite dans une passoire pendant 1 heure pour qu'elles égouttent.
3] Préchauffez le four à 180 °C.
4] Préparez la crème à l'amande.
5] Abaissez la pâte brisée sur une épaisseur de 2 mm. Garnissez-en un moule à tarte de 26 cm de diamètre à revêtement antiadhésif ; piquez le fond de nombreux coups de fourchette afin qu'il ne boursoufle pas pendant la cuisson. Garnissez avec les griottes, couvrez celles-ci avec la crème à l'amande puis répartissez les cerises noires non dénoyautées. Enfournez pendant 20 minutes.
6] Préparez la pâte à streusel.
7] Lorsque la tarte est cuite, parsemez-la de streusel et remettez au four pendant 15 minutes. Laissez-la tiédir 10 minutes avant de la démouler puis mettez-la à refroidir sur une grille. Servez cette tarte encore un peu tiède ou froide.

Tour de main

Le noyau des cerises noires parfume délicieusement leur chair. N'hésitez pas à employer des griottes surgelées si vous n'en trouvez pas de fraîches.

Tarte au chocolat

PRÉPARATION 15 + 40 min
REPOS 2 h
CUISSON 20 + 20 min
POUR 6 à 8 personnes

250 g de pâte sucrée (voir p. 19)
80 g de pâte à biscuit au chocolat sans farine (voir p. 33)
300 g de ganache au chocolat (voir p. 81)

1] Préparez la pâte sucrée et laissez-la reposer au frais pendant 2 heures.
2] Préchauffez le four à 170 °C.
3] Abaissez la pâte au rouleau sur une épaisseur de 1,5 mm.
4] Garnissez-en un moule à tarte de 26 cm de diamètre à revêtement antiadhésif. Piquez le fond de nombreux coups de fourchette. À l'aide d'un petit couteau, dessinez-y des croisillons pour que la pâte ne gonfle pas pendant la cuisson. Puis couvrez-la d'un disque de papier sulfurisé de 30 cm de diamètre et mettez par-dessus des noyaux d'abricots ou des légumes secs.
5] Enfournez pendant 12 minutes. Retirez le papier sulfurisé et les noyaux (ou les légumes secs) et poursuivez la cuisson pendant encore 8 à 10 minutes.
6] Démoulez la tarte et laissez-la refroidir.
7] Préparez le biscuit au chocolat sans farine. Sur une plaque recouverte de papier sulfurisé, posez un cercle de 24 cm. Versez la pâte à biscuit sans farine dans une poche à douille munie d'une douille lisse de 8 cm. Coulez-la dans le cercle. Mettez au four pendant 20 minutes en laissant la porte du four entrouverte. Laissez refroidir sur une grille.
8] Préparez la ganache au chocolat. Versez-la dans une poche à douille munie d'une douille moyenne. Coulez une fine couche sur le fond de tarte.
9] Posez le biscuit par-dessus la première couche de ganache puis recouvrez-le avec le reste de ganache.
10] Laissez bien refroidir la tarte pendant 1 heure environ au réfrigérateur, et servez-la à température ambiante.

Tour de main

Vous pouvez décorer cette tarte avec des copeaux de chocolat noir ou de fines tuiles de caramel piquées dans la ganache.

Tarte au citron

PRÉPARATION 10 + 15 min
REPOS 2 h
CUISSON 20 + 15 min
POUR 4 à 6 personnes

250 g de pâte sucrée
(voir p. 19)
5 citrons non traités
3 œufs
100 g de sucre
80 g de beurre fondu

1] Préparez la pâte sucrée et laissez-la reposer 2 heures au réfrigérateur.
2] Préchauffez le four à 190 °C.
3] Étalez la pâte sur 3 mm d'épaisseur et mettez-la dans un moule de 18 cm de diamètre. Piquez le fond avec une fourchette et posez par-dessus un disque de papier sulfurisé recouvert de noyaux d'abricots ou de légumes secs. Baissez la température du four à 180 °C et enfournez pour 20 minutes.
4] Râpez le zeste des citrons et pressez les fruits.
5] Dans une terrine, mélangez les œufs, le sucre, le beurre, le jus et enfin le zeste des citrons. Fouettez vigoureusement tous ces ingrédients.
6] Sortez la tarte du four et versez-y cette préparation. Faites cuire de nouveau pendant 15 minutes. Servez frais.

Olympe Versini

Variante

Vous pouvez préparer de la même façon une tarte à l'orange (avec 3 fruits) ou à la mandarine (avec 7 fruits).

Tarte meringuée au citron

PRÉPARATION 15 + 40 min
REPOS 2 h + 30 min
CUISSON 25 + 10 min
POUR 6 à 8 personnes

300 g de pâte sucrée
(voir p. 19)
700 g de crème au citron
(voir p. 53)
3 blancs d'œufs
150 g de sucre en poudre
10 g de sucre glace

1] Préparez la pâte sucrée et laissez-la reposer 2 heures.
2] Préparez la crème au citron.
3] Préchauffez le four à 190 °C.
4] Beurrez un moule de 25 cm de diamètre. Étalez la pâte sur 2,5 mm d'épaisseur. Glissez-la à l'intérieur du moule de manière à ce qu'elle en épouse bien la forme. Laissez reposer au réfrigérateur pendant 30 minutes.
5] Tapissez le moule avec du papier sulfurisé, recouvrez de légumes secs. Mettez au four pendant 25 minutes, mais retirez cette garniture au bout de 18 minutes.
6] Garnissez avec la crème au citron bien froide, égalisez à l'aide d'une spatule et mettez au réfrigérateur.
7] Pendant ce temps, confectionnez la meringue : battez les blancs en neige ferme en incorporant le sucre petit à petit. Étalez-la sur toute la surface de la crème avec une spatule ou une poche à douille en faisant des rosaces. Saupoudrez d'une fine couche de sucre glace et faites dorer au four à 250 °C pendant 8 à 10 minutes. Servez la tarte froide.

Tarte aux figues noires et framboises

PRÉPARATION 10 + 30 min
REPOS 2 h
CUISSON 40 min
POUR 4 à 6 personnes

250 g de pâte brisée
(voir p. 17)
180 g de crème à l'amande
(voir p. 54)
600 g de figues noires
1 barquette de framboises
Pour le sucre à la cannelle
50 g de sucre en poudre
1/3 de cuill. à café de cannelle en poudre

1] Préparez la pâte brisée et laissez-la reposer 2 heures au réfrigérateur.
2] Préparez la crème à l'amande.
3] Étalez la pâte brisée sur une épaisseur de 2 mm et garnissez un moule à revêtement antiadhésif de 26 cm de diamètre. Piquez le fond avec une fourchette. Répartissez la crème à l'amande sur le fond de la tarte.
4] Préchauffez le four à 180 °C.
5] Lavez les figues ; coupez-les verticalement en quatre ou en six suivant leur taille. Disposez-les soigneusement en cercle, la pointe en haut, et la peau contre la crème à l'amande. Faites cuire pendant 40 minutes.
6] Sortez la tarte du four et laissez-la tiédir 5 minutes avant de la poser sur une grille.
7] Mélangez le sucre et la cannelle et saupoudrez-en la tarte dès qu'elle est froide. Ajoutez ensuite les framboises.

Tarte aux marrons et aux poires

Un appareil à clafoutis, composé de pâte de marron, de whisky, de sucre et d'œufs, est versé sur un fond de pâte brisée garni de marrons émiettés et de cubes de poires. Une chiffonnade de pâte à filo couvre l'ensemble.

Voir recette page 449

Tarte aux fraises

PRÉPARATION 15 + 30 min
REPOS 2 h
CUISSON 25 min
POUR 6 à 8 personnes

250 g de pâte sucrée *(voir p. 19)*
200 g de crème à l'amande *(voir p. 54)*
40 grosses fraises gariguette ou mara des bois (800 g environ)
150 g de gelée de fraise
poivre noir du moulin

1] Préparez la pâte sucrée (laissez-la reposer 2 heures) et la crème à l'amande.
2] Étalez la pâte au rouleau sur une épaisseur de 1,5 mm. Déposez le disque de pâte dans un moule à tarte beurré de 22 cm de diamètre et piquez le fond à la fourchette.
3] Préchauffez le four à 180 °C.
4] Répartissez la crème à l'amande dans le fond de tarte et faites cuire 25 minutes.
5] Équeutez les fraises. Délayez si nécessaire la gelée de fraise avec un peu d'eau.
6] Laissez refroidir la tarte puis nappez toute sa surface de gelée.
7] Disposez les fraises en couronne, poudrez-les d'un nuage de poivre noir du moulin puis, à l'aide d'un pinceau, nappez-les de gelée de fraise. Vous pouvez servir cette tarte avec de la crème Chantilly.

Variante

Tarte feuilletée aux fraises

Étalez finement 300 g de pâte feuilletée *(voir page 20)* et découpez un rond de 30 cm que vous déposerez sur une plaque recouverte de papier sulfurisé. Posez un cercle par-dessus et donnez à l'intérieur des coups de fourchette afin que la pâte monte sur les bords et non au milieu. Faites-la cuire à 250 °C, ajoutez un peu de sucre glace pour la caraméliser en fin de cuisson. Laissez-la refroidir puis garnissez-la de 150 g de crème à mille-feuille *(voir page 55)* et de 800 g de fraises, nappées de 100 g de gelée de fraise.

Tarte aux framboises

PRÉPARATION 30 + 25 min
REPOS 10 + 1 h
CUISSON 25 min
POUR 6 à 8 personnes

300 g de pâte feuilletée *(voir p. 20)*
300 g de crème à mille-feuille *(voir p. 55)*
500 g de framboises
6 cuill. à soupe de gelée de groseille ou de framboise

1] Préparez la pâte feuilletée (n'oubliez pas qu'elle doit reposer 10 heures au total).
2] Préparez la crème à mille-feuille et laissez-la refroidir. Préchauffez le four à 200 °C.
3] Abaissez la pâte feuilletée sur 3 ou 4 mm d'épaisseur, garnissez un moule à tarte beurré de 24 cm de diamètre, piquez le fond à la fourchette en plusieurs endroits, garnissez-le avec un papier sulfurisé recouvert de légumes secs.
4] Baissez la température du four à 180 °C et enfournez pendant 25 minutes.
5] Faites fondre à feu doux la gelée de framboise ou de groseille. Recouvrez le fond de tarte refroidi avec la crème à mille-feuille, répartissez les framboises par-dessus et nappez-les au pinceau avec la gelée. Servez frais.

Tarte au fromage blanc

PRÉPARATION 10 min
REPOS 2 h + 30 min
CUISSON 45 min
POUR 4 à 6 personnes

250 g de pâte brisée *(voir p. 17)*
500 g de fromage blanc bien égoutté
50 g de sucre en poudre
50 g de farine
50 g de crème fraîche
2 œufs

RECETTE LÉGÈRE

1] Préparez la pâte brisée et laissez-la reposer 2 heures. Préchauffez le four à 200 °C.
2] Abaissez la pâte sur une épaisseur de 2 mm et garnissez un moule à tarte beurré de 18 cm de diamètre ; gardez-le au réfrigérateur pendant 30 minutes.
3] Préchauffez le four à 180 °C.
4] Dans une terrine, mélangez le fromage blanc, le sucre, la farine, la crème fraîche et les œufs battus.
5] Versez cette préparation dans le moule et enfournez pendant environ 45 minutes. Servez froid.

Valeur nutritionnelle pour 100 g

240 kcal ; protéines : 7 g ; lipides : 14 g ; glucides : 20 g

Tarte aux framboises (Linzertorte)

PRÉPARATION 10 + 15 min
REPOS 2 h
CUISSON 35 à 40 min
POUR 6 à 8 personnes

500 g de pâte sablée cannelle (voir p. 19)
200 g de confiture de framboise

1] Préparez la pâte sablée et laissez-la reposer 2 heures.
2] Préchauffez le four à 180 °C.
3] Abaissez la pâte sablée sur une épaisseur de 3 mm et disposez-la dans un moule beurré de 22 cm de diamètre, en l'appliquant bien à l'intérieur et en coupant l'excédent au ras du bord. Piquez-la à la fourchette en plusieurs endroits et étalez-y la confiture.
4] Rassemblez en boule les chutes de pâte et abaissez-les en rectangle sur une épaisseur de 2 mm. Découpez des bandelettes de 8 mm de large que vous disposerez sur la confiture, en croisillons ; soudez leurs extrémités au bord de la pâte.
5] Enfournez pendant 35 à 40 minutes. Démoulez et laissez refroidir.

Tarte au me'gin à la mode de Metz

PRÉPARATION 10 + 10 min
REPOS 2 h
CUISSON 35 min
POUR 4 à 6 personnes

250 g de pâte brisée (voir p. 17)
200 g de fromage blanc
100 g de crème fraîche
3 œufs
20 g de sucre en poudre
1 pincée de sel
1 sachet de sucre vanillé ou quelques gouttes de vanille liquide

1] Préparez la pâte brisée et laissez-la reposer 2 heures.
2] Abaissez la pâte au rouleau sur une épaisseur de 2 mm et garnissez-en un moule beurré de 18 cm de diamètre.
3] Préchauffez le four à 200 °C.
4] Mélangez le fromage blanc bien égoutté (dit « fremgin » ou « me'gin »), la crème, les œufs battus en omelette, le sucre et le sel puis le sucre vanillé ou la vanille.
5] Versez ce mélange dans le moule et enfournez pour 35 minutes.
6] Dégustez à température ambiante.

Tarte à la menthe et aux fruits rouges

PRÉPARATION 10 + 40 min
REPOS 2 + 1 h
CUISSON 26 min
POUR 6 à 8 personnes

250 g de pâte brisée (voir p. 17)
400 g de riz au lait (voir p. 280)
5 cuill. à soupe de gelée de groseille
1/2 botte de menthe
200 g de fraises
1 barquette de framboises
1 barquette de fraises des bois
1 barquette de groseilles
poivre du moulin

1] Préparez la pâte brisée et laissez-la reposer 2 heures.
2] Pendant ce temps, faites le riz au lait.
3] Préchauffez le four à 180 °C.
4] Étalez la pâte brisée sur une épaisseur de 2 mm. Disposez-la dans un moule beurré de 22 cm de diamètre et piquez-la de coups de fourchette avant de la garnir d'un papier sulfurisé et de noyaux d'abricots (ou de légumes secs).
5] Faites cuire pendant 18 minutes (la pâte doit être blonde) puis retirez le papier et les noyaux d'abricots (ou les légumes secs). Garnissez le fond de pâte avec le riz au lait puis passez au four à 180 °C pendant 8 minutes et laissez refroidir.
6] Dans une casserole, faites fondre la gelée de groseille. Nappez-en le riz avec un pinceau. Hachez les feuilles de menthe fraîche et parsemez-en la tarte. Ajoutez encore quelques petites touches de gelée de groseille, toujours avec votre pinceau.
7] Dans un saladier, mélangez tous les fruits rouges et disposez-les par-dessus. Poudrez-les de poivre noir (quatre tours).
8] Mettez la tarte 1 heure au réfrigérateur avant de servir.

Variante

Lorsque ce n'est pas la saison des fruits rouges, on peut utiliser des tranches de pamplemousse ou même d'orange.

Tarte aux myrtilles

PRÉPARATION 10 + 20 min
REPOS 2 h
CUISSON 30 min
POUR 4 à 6 personnes

- 350 g de pâte brisée *(voir p.17)*
- 400 g de myrtilles (ou de bleuets)
- 60 g de sucre en poudre
- 10 g de sucre glace

1] Préparez la pâte brisée et laissez-la reposer pendant 2 heures.
2] Préchauffez le four à 190 °C.
3] Beurrez et farinez un moule à tarte de 28 cm de diamètre. Abaissez la pâte sur une épaisseur de 3 mm. Étalez le disque sur le moule. Piquez le fond avec une fourchette, recouvrez de légumes secs et faites cuire à blanc pendant 10 minutes.
4] Triez les myrtilles. Saupoudrez-les de sucre en poudre. Mélangez bien le tout.
5] Sortez la tarte du four et répartissez les myrtilles sur la pâte.
6] Remettez la tarte au four et faites cuire pendant encore 20 minutes à 180 °C.
7] Laissez refroidir avant de démouler sur le plat de service. Saupoudrez de sucre glace.

Variante

Tarte aux bleuets

Dans certaines régions du Canada, à la place des myrtilles, on utilise des baies sauvages appelées « bleuets » et, traditionnellement, on décore la tarte de noisettes de crème Chantilly.

Tarte aux poires Bourdaloue

PRÉPARATION 10 + 30 min
REPOS 2 h
CUISSON 30 min
POUR 6 à 8 personnes

- 300 g de pâte brisée *(voir p. 17)*
- 10 à 12 demi-poires au sirop (selon la taille)
- 280 g de crème à l'amande *(voir p. 54)*
- 4 cuill. à soupe de nappage à l'abricot

1] Préparez la pâte brisée et laissez-la reposer 2 heures.
2] Faites la crème à l'amande. Gardez-la au frais.
3] Égouttez les poires au sirop.
4] Préchauffez le four à 190 °C.
5] Étalez la pâte sur 2 mm d'épaisseur et installez-la soigneusement dans un moule à tarte beurré de 22 cm de diamètre en faisant, avec le pouce et l'index, une petite crête sur les bords.
6] Versez la crème à l'amande à mi-hauteur et lissez-la bien. Coupez les poires en lamelles de 2 mm d'épaisseur et installez-les en couronne par-dessus.
7] Enfournez pendant 30 minutes.
8] Lorsqu'elle est tiède, démoulez la tarte sur une grille. Avec un pinceau, passez le nappage à l'abricot.

Tarte feuilletée aux pommes

PRÉPARATION 30 + 35 min
REPOS 10 + 1 h
CUISSON 25 + 25 min
POUR 6 à 8 personnes

- 350 g de pâte feuilletée *(voir p. 20)*
- 500 g de pommes granny smith ou cox orange
- 300 g de compote de pomme
- 30 g de beurre
- 20 g de sucre en poudre
- 20 g de sucre glace

1] Préparez la pâte feuilletée (n'oubliez pas qu'elle doit reposer 10 heures au total).
2] Abaissez la pâte sur une épaisseur de 2 mm. Découpez-y un rectangle de 30 cm de long sur 13 cm de large et deux rubans de 2 cm de large.
3] À l'aide d'un pinceau, badigeonnez le bord de la pâte, côté longueur, et posez par-dessus les rubans en les fixant avec le pouce. Laissez reposer 1 heure.
4] Préchauffez le four à 200 °C. Faites cuire la tarte pendant 25 minutes environ, elle doit rester de couleur blonde. Laissez-la refroidir.
5] Épluchez les pommes, coupez-les en deux et, après avoir ôté les pépins, détaillez-les en lamelles de façon à reconstituer le demi-fruit. Garnissez le centre de la pâte de compote de pomme et disposez ces moitiés de pommes en lamelles par-dessus. Parsemez de sucre en poudre et déposez une noisette de beurre sur chaque demi-fruit.
6] Mettez la tarte au four à 180 °C pendant 25 minutes. Laissez refroidir puis saupoudrez les bords de sucre glace en utilisant une petite passoire. Servez le jour même.

Tarte aux myrtilles ►
Tout simplement saupoudrée de sucre glace, elle sera appréciée à l'heure du thé.

Tarte liégeoise aux pommes

PRÉPARATION 10 + 20 min
REPOS 2 h
CUISSON 45 min
POUR 4 à 6 personnes

300 g de pâte brisée
(voir p. 17)
1 kg de pommes
1 œuf
2 pincées de cannelle en poudre
200 g de sucre en poudre
50 g de farine

RECETTE LÉGÈRE

1] Préparez la pâte brisée et laissez-la reposer 2 heures.
2] Étalez la pâte sur une épaisseur de 3 mm et garnissez-en un moule beurré de 25 cm de diamètre.
3] Préchauffez le four à 200 °C.
4] Préparez la garniture : cassez l'œuf dans une terrine et battez-le avec une pincée de cannelle et une cuillerée à soupe de sucre en poudre. Épluchez les pommes, coupez-les en quartiers, évidez-les et détaillez-les en fines lamelles.
5] Badigeonnez le fond de pâte avec l'œuf à la cannelle. Mélangez 150 g de sucre, l'autre pincée de cannelle et la farine et poudrez-en la pâte. Disposez les pommes par-dessus.
6] Enfournez pour 45 minutes.
7] Quand la tarte a un peu refroidi, démoulez-la sur un plat et poudrez-la du reste du sucre. Dégustez tiède.

Valeur nutritionnelle pour 100 g
190 kcal ; protéines : 1 g ; lipides : 6 g ; glucides : 30 g

Tarte aux pralines

PRÉPARATION 30 min
REPOS 2 h
CUISSON 30 min
POUR 4 à 6 personnes

250 g de pâte brisée
(voir p. 17)
150 g de pralines roses
150 g de crème fraîche

1] Préparez la pâte brisée et laissez-la reposer 2 heures.
2] Mettez les pralines sur un torchon, repliez celui-ci et écrasez avec le rouleau à pâtisserie pour réduire les pralines en petits morceaux.
3] Préchauffez le four à 180 °C.
4] Beurrez un moule de 18 cm de diamètre. Étalez la pâte brisée sur une épaisseur de 2 mm et disposez-la dans le moule. Piquez le fond avec une fourchette, recouvrez d'un rond de papier sulfurisé; garnissez-le de noyaux d'abricots ou de haricots secs. Mettez au four pendant 10 minutes.
5] Dans un saladier, mélangez les pralines concassées avec la crème fraîche.
6] Retirez le moule du four, versez-y le mélange pralines-crème, et remettez au four pendant 18 à 20 minutes.
7] Laissez refroidir la tarte avant de la servir.

Tarte aux prunes

PRÉPARATION 10 + 35 min
REPOS 2 h
CUISSON 30 min
POUR 6 à 8 personnes

300 g de pâte brisée
(voir p. 17)
500 g de prunes
110 g de sucre en poudre

RECETTE LÉGÈRE

1] Préparez la pâte brisée et laissez-la reposer 2 heures.
2] Lavez les prunes et dénoyautez-les en les incisant sur le côté, sans séparer les deux moitiés.
3] Préchauffez le four à 200 °C.
4] Étalez la pâte brisée sur une épaisseur de 4 mm et disposez-la dans un moule à tarte beurré de 22 cm de diamètre. Retirez-en l'excédent et égalisez le bord. Piquez le fond à la fourchette en plusieurs endroits, poudrez-le de 40 g de sucre.
5] Disposez les prunes ouvertes, face bombée contre la pâte. Poudrez les fruits de 40 g de sucre.
6] Enfournez pendant 30 minutes, puis laissez refroidir complètement.
7] Poudrez avec 30 g de sucre en poudre et servez aussitôt.

Valeur nutritionnelle pour 100 g
250 kcal ; protéines : 2 g ; lipides : 11 g ; glucides : 34 g

Tarte à la rhubarbe

PRÉPARATION 15 + 30 min
REPOS 8 + 2 h + 30 min
CUISSON 15 + 15 min
POUR 6 à 8 personnes

250 g de pâte brisée
(voir p. 17)
60 g de sucre en poudre
600 g de rhubarbe
60 g de sucre cristallisé

Pour l'appareil aux amandes
1 œuf
75 g de sucre en poudre
25 g de lait
(2 cuill. 1/2 à soupe)
25 g de crème liquide
(2 cuill. 1/2 à soupe)
25 g de poudre d'amande
55 g de beurre noisette froid

1] La veille, nettoyez la rhubarbe. Coupez les côtes en tronçons de 2 cm. Mettez-les dans une grande terrine et poudrez-les de sucre en poudre. Couvrez et laissez macérer 8 heures au moins.

2] Préparez la pâte brisée. Laissez-la reposer 2 heures.

3] Versez la rhubarbe dans une passoire et laissez-la s'égoutter 30 minutes.

4] Préchauffez le four à 180 °C.

5] Étalez la pâte brisée sur une épaisseur de 2 mm. Garnissez-en un moule de 26 cm de diamètre, à revêtement antiadhésif. Piquez le fond de nombreux coups de fourchette.

6] Recouvrez le moule d'un papier sulfurisé frangé sur les bords et mettez par-dessus des noyaux d'abricots (ou des légumes secs), pour que la pâte brisée ne gonfle pas pendant la cuisson.

7] Faites cuire la pâte au four pendant 15 minutes.

8] Préparez l'appareil aux amandes : battez l'œuf et le sucre dans un bol, ajoutez-y le lait, la crème, la poudre d'amande et le beurre noisette. Mélangez.

9] Retirez le papier et les noyaux de la tarte. Disposez les tronçons de rhubarbe sur la pâte puis versez l'appareil aux amandes et mettez la tarte au four pendant 15 minutes ou un peu plus. Servez la tarte froide ou à peine tiède après l'avoir généreusement poudrée de sucre cristallisé.

Commentaire gourmand

Vous pouvez accompagner cette tarte d'un coulis de fraise ou encore la garnir d'une meringue à l'italienne (voir page 43) et la passer alors 5 minutes au four pour la faire dorer.
La rhubarbe peut être remplacée par des myrtilles (prévoir 700 g de fruits) ou par des mirabelles (600 g).

Variante

Tarte à la rhubarbe à l'alsacienne

Après 15 minutes de cuisson, vous pouvez couvrir la tarte de 200 g de streusel *(voir page 29)* et la laisser cuire encore pendant 20 minutes. Servez-la refroidie.

Tarte au raisin frais

PRÉPARATION 10 + 30 min
REPOS 1 h
CUISSON 10 + 30 min
POUR 6 à 8 personnes

500 g de pâte sablée
(voir p. 18)
500 g de raisin blanc
3 œufs
100 g de sucre en poudre
25 cl de crème fraîche
25 cl de lait
10 cl de kirsch
sucre glace

RECETTE LÉGÈRE

1] Préparez la pâte sablée et laissez-la reposer 1 heure.

2] Lavez et égrenez le raisin blanc.

3] Préchauffez le four à 200 °C.

4] Étalez la pâte sur 3 mm d'épaisseur et garnissez-en un moule à tarte beurré de 24 cm de diamètre ; piquez le fond à la fourchette en plusieurs endroits. Rangez les grains de raisin par-dessus en les serrant bien les uns contre les autres et enfournez pour 10 minutes.

5] Dans une terrine, mélangez les œufs et le sucre en poudre puis, quand la préparation blanchit, ajoutez la crème fraîche. Battez bien au fouet et arrosez peu à peu avec le lait, puis avec le kirsch.

6] Sortez la tarte du four, versez-y la crème puis poursuivez la cuisson pendant 30 minutes. Laissez refroidir, démoulez et poudrez de sucre glace.

Valeur nutritionnelle pour 100 g

238 kcal ; protéines : 3 g ; lipides : 12 g ; glucides : 28 g

Tarte de Saint-Jacques

PRÉPARATION 45 min
REPOS 10 min
CUISSON 35 min
POUR 6 à 8 personnes

Pour la pâte
5 cl d'huile de tournesol
5 cl de lait
100 g de farine
25 g de sucre
1/4 de cuill. à café de sel

Pour la garniture
4 œufs
200 g de sucre
1 bonne pincée de cannelle
1 cuill. de zeste de citron râpé
200 g de poudre d'amande
sucre glace pour saupoudrer

1| Mélangez l'huile de tournesol avec le lait, la farine, le sucre et le sel, jusqu'à obtenir une pâte lisse et homogène. Couvrez-la avec un film étirable et laissez reposer 30 minutes.
2| Abaissez cette pâte au rouleau sur une épaisseur de 3 mm et garnissez-en un moule à tarte beurré de 22 cm de diamètre (utilisez de préférence un modèle démontable).
3| Préparez la garniture dans un saladier : battez les œufs avec le sucre, la cannelle et les zestes de citron râpés, jusqu'à ce qu'ils soient bien mousseux.
4| Préchauffez le four à 180 °C.
5| Ajoutez la poudre d'amande dans le saladier et mélangez bien. Versez sur la pâte et lissez pour obtenir une surface plane.
6| Enfournez pendant environ 40 minutes, jusqu'à ce que le dessus de la tarte soit doré.
7| Découpez dans un papier le contour d'une croix de Saint-Jacques (ou d'une coquille Saint-Jacques) et posez celle-ci au centre de la tarte pour l'utiliser comme pochoir.
8| Saupoudrez le sucre glace et retirez le papier. Démoulez et servez.

Tarte au riz

PRÉPARATION 10 + 40 min
REPOS 1 h
CUISSON 25 + 40 min
POUR 6 à 8 personnes

500 g de pâte sablée *(voir p. 18)*
200 g de fruits confits
3 cuill. à soupe de rhum
40 cl de lait
1 gousse de vanille
100 g de riz rond
1 pincée de sel
75 g de sucre en poudre
1 œuf
2 cuill. à soupe de crème fraîche
50 g de beurre
5 morceaux de sucre

1| Coupez en petits dés les fruits confits et faites-les macérer dans le rhum.
2| Préparez la pâte sablée et laissez-la reposer 1 heure.
3| Faites bouillir le lait avec la gousse de vanille. Lavez le riz, versez-le dans le lait bouillant, ajoutez le sel et le sucre, mélangez puis laissez cuire à feu doux pendant 25 minutes.
4| Préchauffez le four à 200 °C.
5| Retirez le riz du feu. Quand il a un peu refroidi, ajoutez l'œuf battu, en remuant énergiquement. Incorporez ensuite la crème fraîche et les fruits confits, avec le rhum de macération.
6| Étalez la pâte sablée sur 3 mm d'épaisseur, garnissez-en un moule à tarte, piquez le fond à la fourchette en plusieurs endroits et versez-y la garniture.
7| Faites fondre le beurre dans une petite casserole. Concassez les morceaux de sucre. Arrosez la tarte du beurre fondu et parsemez du sucre concassé.
8| Enfournez la tarte pendant environ 40 minutes. Servez froid.

Tarte suisse au vin

PRÉPARATION 10 + 20 min
REPOS 2 h
CUISSON 20 + 15 min
POUR 6 à 8 personnes

500 g de pâte à foncer *(voir p. 16)*
15 g de fécule
220 g de sucre en poudre
1 bonne pincée de cannelle
15 cl de vin blanc
20 g de sucre glace
20 g de beurre

1| Préparez la pâte à foncer et laissez-la reposer 2 heures.
2| Préchauffez le four à 240 °C.
3| Abaissez la pâte au rouleau sur une épaisseur de 2 mm. Beurrez un moule à tarte de 22 cm. Garnissez le moule avec la pâte.
4| Mélangez la fécule avec le sucre et la cannelle. Recouvrez-en le fond de pâte. Mouillez avec le vin blanc.
5| Enfournez pendant 20 minutes.
6| Sortez la tarte, poudrez-la de sucre glace, parsemez-la de noisettes de beurre et poursuivez encore la cuisson 15 minutes. Servez tiède.

Tarte Tatin

PRÉPARATION 20 + 30 min
REPOS 10 h
CUISSON 50 + 30 min
POUR 4 à 6 personnes

250 g de pâte feuilletée
(voir p. 20)
1,5 kg de pommes golden (ou une autre variété de pomme ayant une bonne tenue à la cuisson)
200 g de sucre en poudre
130 g de beurre

1] Préparez la pâte feuilletée (n'oubliez pas qu'elle doit reposer 10 heures au total).
2] Épluchez les pommes, tranchez-les en deux avant de les évider et de les couper en deux à nouveau.
3] Préchauffez le four à 180 °C.
4] Dans une casserole, faites caraméliser le sucre. Ajoutez le beurre et mélangez.
5] Versez le caramel dans un moule en fonte émaillée ou une sauteuse ou encore dans un moule à génoise de 25 cm.
6] Rangez les morceaux de pomme par-dessus, les uns contre les autres, bien droits et bien serrés. Mettez au four de 50 minutes à 1 heure selon la qualité des pommes.
7] Sortez le plat du four et laissez refroidir.
8] Étalez la pâte feuilletée au rouleau sur 2,5 mm d'épaisseur. Détaillez un disque de la dimension du récipient et recouvrez-en les fruits.
9] Remettez le plat au four pendant 30 minutes, jusqu'à ce que la pâte soit cuite.
10] Laissez refroidir pendant environ 3 heures et démoulez en plongeant le plat dans l'eau chaude puis en le retournant sur un plat de service allant au four.
11] Avant de servir, repassez la tarte Tatin au four pour qu'elle soit tiède.

Voir photographie page 128

Les tourtes

Apple pie

PRÉPARATION 40 min
REPOS 2 h
CUISSON 50 min
POUR 6 à 8 personnes

300 g de pâte à foncer
(voir p. 16)
40 g de farine
30 g de cassonade
1 pincée de vanille en poudre
1/2 cuill. à café de cannelle en poudre
1 pincée de noix muscade râpée
800 g de pommes reinettes
1 citron
1 œuf battu

1] Préparez la pâte à foncer. Laissez-la reposer 2 heures au réfrigérateur.
2] Divisez-la en deux pâtons inégaux. Étalez-les sur une épaisseur de 2 mm.
3] Disposez le plus grand pâton dans un moule à tarte en porcelaine de 22 cm.
4] Préparez la garniture : dans un saladier, mélangez la farine, la cassonade, la vanille, la cannelle et la noix muscade. Répartissez la moitié de ce mélange sur la pâte.
5] Préchauffez le four à 200 °C.
6] Pelez les pommes, enlevez le centre, coupez-les en quartiers, puis en fines tranches. Disposez-les en couronne dans le moule à tarte en formant un dôme au centre. Arrosez de jus de citron, puis poudrez du reste du mélange farine-cassonade aux épices.
7] Recouvrez le tout avec le second disque de pâte. Avec un pinceau, enduisez les bords d'œuf battu et soudez-les bien. Pratiquez une cheminée au centre. Dorez le couvercle à l'œuf.
8] Mettez le moule au four pendant 10 minutes. Badigeonnez à nouveau d'œuf battu et poursuivez la cuisson pendant encore 40 minutes.

Commentaire gourmand

Vous pouvez servir l'apple pie nature et encore tiède ou accompagné de crème fraîche, d'un coulis de mûre ou même d'une boule de glace à la vanille (voir page 92).

Galette des rois à la frangipane

PRÉPARATION 30 + 20 min
REPOS 10 h + 30 min
CUISSON 40 min
POUR 4 à 6 personnes

600 g de pâte feuilletée *(voir p. 20)*
300 g de crème frangipane *(voir p. 54)*
1 fève
1 œuf

1] Préparez la pâte feuilletée (n'oubliez pas qu'elle doit reposer 10 heures au total).
2] Préparez la crème frangipane.
3] Divisez la pâte en deux et abaissez chaque pâton au rouleau sur 2,5 mm d'épaisseur.
4] Battez l'œuf et badigeonnez-en le pourtour de l'un des disques de pâte. Étalez la crème frangipane sur celui-ci et ajoutez la fève à quelques centimètres du bord.
5] Posez l'autre disque de pâte par-dessus et soudez bien les bords. Avec un petit couteau, tracez des rayures parallèles, espacées, dans un sens puis dans l'autre, de façon à former des losanges. Laissez reposer au réfrigérateur pendant 30 minutes.
6] Préchauffez le four à 250 °C.
7] Glissez la galette dans le four, puis baissez la chaleur à 200 °C et poursuivez la cuisson pendant 40 minutes.
8] Servez chaud ou tiède.

Gâteau Champigny

PRÉPARATION 30 + 30 min
REPOS 10 h
CUISSON 20 + 25 à 30 min
POUR 6 à 8 personnes

400 g de pâte feuilletée *(voir p. 20)*
800 g d'abricots
150 g de sucre cristallisé
1 petit verre d'alcool de fruit
quelques amandes des noyaux d'abricot
1 œuf
2 cuill. à soupe de lait

1] Préparez la pâte feuilletée (n'oubliez pas qu'elle doit reposer 10 heures au total).
2] Dénoyautez les abricots et cassez quelques noyaux pour en extraire l'amande. Faites cuire les fruits dans une poêle pendant 20 minutes avec le sucre et un peu d'eau jusqu'à ce qu'ils commencent à se défaire. Avec une écumoire, retirez-les.
3] Laissez réduire le sirop, puis ajoutez l'alcool et quelques amandes d'abricot. Remettez les abricots et laissez-les refroidir.
4] Préchauffez le four à 230 °C.
5] Abaissez la pâte feuilletée en un long rectangle de 2 mm d'épaisseur. Découpez quatre bandes de 1,5 cm de large et deux rectangles égaux. Battez l'œuf en omelette et badigeonnez-en le dessus d'un des rectangles.
6] Appliquez les bandes de pâte autour de celui-ci, soudez-les bien pour faire des bords nets. Versez la marmelade d'abricot au milieu et étalez-la jusqu'au rebord de pâte.
7] Appliquez le second rectangle par-dessus, pressez avec les doigts pour le faire adhérer à la marmelade et pour refermer le gâteau. Ajoutez le lait au reste de l'œuf battu et badigeonnez-en le dessus du champigny. Tracez des croisillons avec la pointe d'un couteau.
8] Enfournez pendant 25 à 30 minutes.
9] Servez une fois refroidi.

Pastis landais

PRÉPARATION 20 min
REPOS 20 min
CUISSON 45 min
POUR 2 ou 3 pastis

1 kg de farine type 55
30 g de levure de boulanger
7 œufs
200 g de sucre vanillé
200 g de beurre
1 l de lait
30 cl de rhum brun
sel

1] Préparez un levain avec 200 g de farine, la levure de boulanger et 30 cl d'eau tiède. Mélangez le tout rapidement et faites une boule. Mettez-la dans un saladier et laissez-la reposer pendant environ 20 minutes dans un endroit chaud.
2] Battez les œufs entiers avec le sucre vanillé, une pincée de sel et le beurre fondu tiède ; ajoutez le reste de farine, le lait, le levain puis le rhum. Mélangez bien tous ces ingrédients.
3] Beurrez 2 ou 3 moules à charlotte puis remplissez chacun d'eux, à moitié, avec la préparation.
4] Préchauffez le four à 170 °C.
5] Mettez les moules au four pendant 45 minutes. Attendez 5 minutes avant de démouler.
6] Servez les pastis accompagnés d'une crème anglaise *(voir page 45)*.

André Gaüzère

Tarte Tatin
Servez-la tiède et accompagnée de crème fraîche épaisse.

Pithiviers

PRÉPARATION 15 + 15 + 35 min
REPOS 10 h
CUISSON 45 min
POUR 6 à 8 personnes

500 g de pâte feuilletée *(voir p. 20)*
400 g de crème à l'amande *(voir p. 54)*
1 œuf

1] Préparez la pâte feuilletée (n'oubliez pas qu'elle doit reposer 10 heures au total).
2] Préparez la crème à l'amande.
3] Abaissez la moitié de la pâte feuilletée au rouleau et découpez-y un disque de 20 cm de diamètre; garnissez-le avec la crème à l'amande, en laissant tout autour une marge de 1,5 cm.
4] Préchauffez le four à 250 °C.
5] Abaissez le reste de pâte feuilletée de façon à obtenir un disque d'un diamètre identique au premier. Badigeonnez le tour du premier disque avec un pinceau trempé dans l'eau. Posez le deuxième sur la crème et soudez bien les bords.
6] Festonnez le tour du pithiviers et dorez-le à l'œuf. Tracez des motifs en losange ou en rosace sur le dessus avec la pointe d'un petit couteau.
7] Enfournez pendant 45 minutes.
8] Servez tiède ou froid.

Tourte au sirop d'érable

PRÉPARATION 10 min
REPOS 1 h
CUISSON 5 + 35 min
POUR 4 personnes

300 g de pâte brisée *(voir p. 18)*
10 cl de sirop d'érable
3 cuill. à café de fécule de maïs
50 g de beurre
50 g d'amandes hachées

1] Préparez la pâte brisée. Laissez-la reposer 1 heure au réfrigérateur.
2] Délayez le sirop d'érable avec un peu d'eau et faites-le bouillir 5 minutes. Ajoutez la fécule de maïs délayée dans de l'eau froide, puis le beurre. Laissez refroidir.
3] Préchauffez le four à 220 °C.
4] Abaissez la moitié de la pâte brisée et foncez-en une tourtière beurrée de 18 cm de diamètre.
5] Versez la crème au sirop d'érable sur le fond de tarte. Garnissez avec les amandes hachées. Abaissez assez finement le reste de la pâte, posez le disque sur le dessus de la préparation, pincez les bords et pratiquez une cheminée au milieu de ce couvercle.
6] Enfournez pendant 30 à 35 minutes.
7] Servez cette tourte froide.

Tourte à l'orange

PRÉPARATION 30 + 30 min
REPOS 10 + 2 h
CUISSON 45 min
POUR 8 à 10 personnes

800 g de pâte feuilletée *(voir p. 20)*
le zeste d'1/4 d'orange non traitée
70 g de beurre mou
85 g de poudre d'amande
85 g de sucre glace
3 g de fécule de maïs
25 g d'écorce d'orange confite
1/2 cuill. à soupe de Cointreau
1 œuf
15 cl de crème liquide
glace royale *(voir p. 74)*

1] Préparez la pâte feuilletée (n'oubliez pas qu'elle doit reposer 10 heures au total).
2] Préparez la crème à l'amande : hachez finement le zeste d'orange. Mettez le beurre dans une terrine et travaillez-le à la spatule. Puis ajoutez successivement la poudre d'amande, le sucre glace, la fécule de maïs, le zeste, l'écorce d'orange en petits morceaux, le Cointreau, l'œuf et la crème.
3] Partagez la pâte feuilletée en deux parties égales. Étalez-les au rouleau sur 2 mm d'épaisseur et découpez deux disques de 28 cm chacun.
4] Disposez le premier disque sur une plaque recouverte d'un papier sulfurisé mouillé. Avec un pinceau trempé dans l'eau, humectez tout le pourtour de l'abaisse sur 3 cm de largeur. À l'intérieur, versez la crème à l'amande.
5] Recouvrez avec le deuxième disque, soudez bien les bords. Marquez-les en biais avec un petit couteau. Mettez au réfrigérateur pour 2 heures.
6] Préchauffez le four à 200 °C.
7] Préparez le glaçage royal.
8] Recouvrez la surface de la tourte d'une fine couche de glace royale. Tracez les 8 ou 10 parts à l'aide d'un couteau. Saupoudrez de sucre glace.
9] Baissez la température du four à 180 °C et mettez-y la tourte pendant 45 minutes. Si celle-ci devient trop brune, protégez-la avec un papier d'aluminium.
10] Laissez refroidir la tourte et dégustez-la tiède de préférence.

Pithiviers
Ce gâteau peut être dégusté tiède ou froid.

Tarte au café

Sensation café avec la douceur de la chantilly et l'onctueuse ganache au café sur une pâte sucrée croustillante recouverte de moelleux biscuits à la cuillère.

Voir recette page 449

Les crumbles

Apple crumble

PRÉPARATION 5 + 30 min
CUISSON 15 + 15 min
POUR 6 à 8 personnes

- 300 g de pâte à crumble *(voir p. 29)*
- 1 kg de pommes
- 60 g de raisins secs
- 1 pincée de cannelle
- 30 g de cassonade
- 30 g de beurre
- 250 g de crème fraîche

1 Faites la pâte à crumble et gardez-la au réfrigérateur sur une assiette pendant que vous préparez les éléments de la garniture.
2 Épluchez les pommes, coupez-les en huit, enlevez les pépins. Mettez les fruits dans une jatte, ajoutez les raisins, la cannelle, la cassonade et mélangez bien.
3 Dans une grande poêle à revêtement anti-adhésif, mettez à fondre le beurre, jetez-y le mélange préparé avec les pommes, les raisins et la cassonade et faites-le revenir en remuant régulièrement jusqu'à ce que les pommes soient bien dorées.
4 Préchauffez le four à 200 °C.
5 Disposez les pommes dans un plat à gratin beurré. Couvrez de pâte à crumble. Mettez le plat au four pour 15 minutes en baissant la température à 150 °C. Servez tiède avec la crème fraîche bien froide présentée à part.

Crumble aux abricots et aux framboises

PRÉPARATION 10 + 30 min
CUISSON 20 min
POUR 6 à 8 personnes

- 250 g de pâte à crumble *(voir p. 29)*
- 40 g de beurre
- 1 kg d'abricots frais
- 125 g de framboises
- 80 g de sucre en poudre
- 1 pincée de fleurs de lavande
- 1 jus de citron
- poivre noir du moulin

1 Faites la pâte à crumble et gardez-la au réfrigérateur sur une assiette pendant que vous préparez la garniture.
2 Dans une grande poêle à revêtement anti-adhésif, faites fondre le beurre, plongez-y les abricots dénoyautés et le sucre ; laissez cuire pendant 3 minutes. Ajoutez la lavande, le jus de citron, donnez 3 tours de moulin à poivre, mélangez bien.
3 Préchauffez le four à 170 °C.
4 Disposez les abricots dans un plat à gratin de 20 cm de long. Parsemez de framboises puis de morceaux de pâte à crumble et passez au four pendant 20 minutes.
4 Servez le crumble tiède ou froid accompagné de glace à la vanille *(voir page 92)* ou de sorbet à la framboise *(voir page 95)*.

Crumble aux griottes et glace au fromage blanc

PRÉPARATION 5 min + 1 h
REPOS 1 h
CUISSON 20 + 5 min
POUR 6 personnes

- 140 g de pâte à crumble *(voir p. 29)*
- 3 pincées de cannelle en poudre
- 500 g de glace au fromage blanc *(voir p. 89)*
- 500 g de griottes
- 10 g de beurre
- 10 g d'huile d'olive
- 50 g de sucre en poudre
- 1 cuill. à soupe de vinaigre blanc
- poivre noir du moulin

1 Faites la pâte à crumble en y ajoutant la cannelle et gardez-la au frais, sur une assiette, pendant 1 heure.
2 Préparez la glace au fromage blanc.
3 Préchauffez le four à 170 °C.
4 Étalez le crumble, mettez-le sur une plaque et faites-le cuire pendant 20 minutes. Dénoyautez les griottes.
5 Dans une poêle à revêtement antiadhésif, faites fondre à feu doux le beurre et l'huile. Ajoutez les fruits et le sucre et mettez à revenir à feu vif pendant 3 ou 4 minutes. Aspergez avec le vinaigre blanc, assaisonnez de poivre et retirez du feu.
6 Parsemez le centre de six assiettes à soupe avec le crumble émietté, disposez une quenelle de glace par-dessus puis les cerises chaudes tout autour. Servez aussitôt.

Valeur nutritionnelle pour 100 g
215 kcal ; protéines : 3 g ; lipides : 7 g ; glucides : 32 g

RECETTE LÉGÈRE

Crumble aux griottes
Un dessert à dresser au dernier moment, afin que le jus des griottes n'imbibe pas la pâte à crumble.

Crumble aux poires et aux marrons glacés

PRÉPARATION 10 + 30 min
CUISSON 10 + 20 à 25 min
POUR 6 à 8 personnes

250 g de pâte à crumble *(voir p. 29)*
150 g de crème fraîche épaisse
60 g de sucre en poudre
1 œuf
2 gousses de vanille
1 kg de poires mûres
160 g de marrons glacés
50 g de raisins de Corinthe
40 g de noix fraîches
1 cl d'eau-de-vie de poire williams (facultatif)

1] Faites la pâte à crumble et gardez-la au réfrigérateur, sur une assiette, pendant que vous préparez la garniture.
2] Dans une terrine, battez ensemble la crème fraîche, le sucre en poudre, l'œuf et, éventuellement, l'eau-de-vie de poire.
3] Fendez les gousses de vanille dans le sens de la longueur et, avec la pointe d'un couteau, grattez l'intérieur et ajoutez les graines à la préparation.
4] Préchauffez le four à 180 °C.
5] Épluchez les poires et coupez-les en deux ; après avoir ôté les pépins, détaillez-les en cubes et disposez-les dans un plat ovale de 20 cm de longueur.
6] Égrenez les marrons glacés en petits morceaux sur toute la surface du plat, versez la garniture.
7] Mettez le plat au four pendant 10 minutes. Puis retirez-le et disposez-y la pâte à crumble. Remettez au four pour 20 à 25 minutes.
8] Laissez refroidir le crumble et servez-le tiède avec un sorbet à la poire *(voir page 98)* ou une glace au caramel *(voir page 88)* ou au chocolat *(voir page 88)*.

Crumble à la rhubarbe et à l'orange

PRÉPARATION 5 + 30 min
REPOS 12 h
CUISSON 10 + 25 min
POUR 6 à 8 personnes

250 g de pâte à crumble *(voir p. 29)*
1 grosse orange ou 2 petites (non traitées)
320 g d'eau
150 g de sucre
800 g de rhubarbe
180 g de crème épaisse
60 g de sucre en poudre
1 œuf
1 pincée de clou de girofle en poudre

1] La veille : coupez les oranges en fines tranches, sans les éplucher. Faites bouillir l'eau avec le sucre, plongez-y les tranches d'orange et laissez-les cuire à petits bouillons pendant 5 minutes. Puis laissez-les macérer pendant 12 heures.
2] La veille : coupez la rhubarbe et mettez-la à macérer avec le sucre.
3] Le jour même, faites la pâte à crumble et gardez-la au réfrigérateur.
4] Égouttez les tranches d'orange et coupez-les en petits morceaux. Égouttez la rhubarbe.
5] Préparez la garniture : battez la crème, le sucre, l'œuf et la poudre de clou de girofle.
6] Préchauffez le four à 180 °C.
7] Dans un plat à gratin ovale de 20 cm, disposez la rhubarbe, parsemez de morceaux d'orange, versez la garniture et glissez au four pour 10 minutes.
8] Retirez le plat du four, parsemez-le de morceaux de crumble et remettez-le au four pour 25 minutes.
9] Laissez tiédir le crumble avant de servir.

Commentaire gourmand

Vous pouvez déguster ce crumble avec de la crème fraîche ou un sorbet à la fraise (voir page 95).

Les gâteaux

Les pâtes et préparations de base utilisées pour les gâteaux sont assez peu nombreuses mais ces desserts varient à l'infini par la forme, la taille, la nature des ingrédients et le décor. Les gâteaux sont toujours assez riches. Il vaut donc mieux les servir après un repas léger.

PRÉPARATION 30 min
TREMPAGE 12 h
CUISSON 5 h
POUR 8 à 10 personnes

- 250 g de blé concassé
- 60 g de pois chiches
- 60 g de haricots blancs secs
- 60 g de riz
- 1 zeste d'orange non traitée
- 50 g de cerneaux de noix
- 6 figues sèches
- 1 kg de sucre en poudre
- 1 grenade
- 50 g de pistaches

Açûre (Turquie)

1] Faites tremper, séparément, le blé concassé, les pois chiches et les haricots blancs pendant toute une nuit. Égouttez-les soigneusement.

2] Faites bouillir de l'eau dans un fait-tout. Jetez-y le blé concassé et le riz, en pluie. Lorsque l'ébullition a repris, baissez le feu et laissez cuire, très doucement, pendant 4 heures, en surveillant régulièrement cette cuisson.

3] Au bout de 3 heures de cuisson, mettez les pois chiches et les haricots à cuire dans une casserole à part : recouvrez-les d'eau et, lorsque celle-ci se met à bouillir, versez l'ensemble dans le fait-tout. Faites cuire encore 1 heure, toujours à feu doux.

4] Au terme de la cuisson, râpez le zeste d'orange, concassez la moitié des noix, coupez les figues en quatre et ajoutez tout cela dans le fait-tout. Mélangez bien.

5] Ajoutez ensuite le sucre, mélangez de nouveau et faites cuire encore 5 minutes.

6] Égouttez et versez dans un grand plat de service creux.

7] Coupez la grenade en quatre parts et disposez-les (sans les graines) autour du plat de service avec les pistaches et le reste des cerneaux de noix pour décorer.

8] Servez ce plat traditionnel tiède ou froid.

Barm brack irlandais

PRÉPARATION 40 min
REPOS 1 h + 30 min
CUISSON 1 h
POUR 6 à 8 personnes

400 g de farine
120 g de sucre en poudre
1/2 cuill. à café de sel fin
1 petite cuill. à café de cannelle en poudre
1 pincée de noix muscade
60 g de beurre ramolli en morceaux
20 cl de lait
10 g de levure de boulanger
1 œuf
60 g d'écorces d'orange et de citron confites
150 g de raisins secs de Smyrne
120 g de raisins secs de Corinthe

1] Mélangez dans une terrine la farine, 90 g de sucre, le sel, la cannelle et 1 pincée de noix muscade râpée. Ajoutez le beurre en morceaux et incorporez-le avec les doigts. Lorsque la préparation est homogène, émiettez-la entre vos mains.
2] Faites bouillir le lait. Dans un bol, émiettez la levure, délayez-la avec une cuillère à soupe de lait chaud, ajoutez une bonne pincée de sucre, puis l'œuf, et battez énergiquement.
3] Hachez les écorces confites. Ajoutez-les dans la terrine puis versez le lait chaud, la levure délayée avec l'œuf et les raisins secs. Travaillez la pâte à l'aide d'une spatule en bois jusqu'à ce qu'elle soit homogène.
4] Posez un torchon sur la terrine et laissez reposer 1 heure environ à température ambiante : la pâte doit doubler de volume.
5] Divisez-la en 2 parts égales. Mettez-les chacune dans un moule rond de 20 cm de diamètre et de 4 ou 5 cm de hauteur. Couvrez et laissez de nouveau reposer 30 minutes à température ambiante.
6] Préchauffez le four à 180 °C.
7] Mettez les deux moules au four pendant 1 heure environ, en surveillant régulièrement la cuisson.
8] Préparez un sirop avec le reste du sucre et deux cuillères à soupe d'eau. Portez à ébullition. Retirez du feu.
9] Sortez les gâteaux. Avec un pinceau, nappez-les de sirop et remettez-les au four pendant 3 minutes.
10] Laissez-les refroidir avant de servir.

Commentaire gourmand

En Irlande, le barm brack (bairin breac, en gaélique) se déguste le jour de Halloween, le 31 octobre. La tradition veut que l'on glisse un anneau dans la pâte. On dit que celui ou celle qui le trouve se mariera dans l'année.

Biscuit aux amandes

PRÉPARATION 15 min
CUISSON 40 min
POUR 8 à 10 personnes

14 jaunes d'œufs
400 g de sucre en poudre
15 g de sucre vanillé
1 cuill. à soupe d'eau de fleur d'oranger
185 g de farine
185 g de fécule
200 g de poudre d'amande
1 goutte d'essence d'amande amère
3 blancs d'œufs
12 cuill. à soupe de confiture de framboise
nappage abricot
100 g de fondant à la vanille
amandes hachées

1] Dans une terrine, mélangez les jaunes d'œufs, 300 g de sucre en poudre, le sucre vanillé et l'eau de fleur d'oranger ; fouettez jusqu'à ce que le mélange blanchisse.
2] Tamisez la farine et la fécule ensemble, ajoutez-les dans la terrine. Mélangez bien. Ajoutez ensuite la poudre d'amande et l'essence d'amande amère.
3] Montez les blancs d'œufs en neige avec le restant de sucre. Incorporez-les délicatement à la première préparation.
4] Préchauffez le four à 180 °C.
5] Beurrez un moule à biscuit de 28 cm de diamètre et de 4 ou 5 cm de hauteur, puis poudrez-le de sucre semoule et versez-y la pâte.
6] Mettez au four pendant 40 minutes.
7] Vérifiez la cuisson avec la pointe d'un couteau : elle doit ressortir sèche.
8] Démoulez le gâteau sur une grille et laissez-le refroidir complètement.
9] Coupez le biscuit en 3 disques d'épaisseur égale. Avec une spatule, garnissez le premier de confiture de framboise avec pépins, posez le deuxième par-dessus et faites de même, puis recouvrez avec le troisième.
10] À l'aide d'un pinceau, passez 2 cuillerées de nappage abricot sur le dessus et le tour du gâteau, puis glacez le dessus avec du fondant parfumé à la vanille et garnissez d'amandes hachées.

PRÉPARATION 20 min
CUISSON 40 min
POUR 4 à 6 personnes

600 g de pâte à biscuit à la cuillère (voir p. 33)
15 g de beurre
30 g de sucre glace
10 cl de sirop d'orange
5 cl d'eau
300 g de marmelade d'orange
180 g de fondant (voir p. 73)
2 cl de curaçao
écorces d'orange confites ou tranches d'orange fraîche

Biscuit mousseline à l'orange

1| Préparez la pâte à biscuit à la cuillère.
2| Préchauffez le four à 180 °C.
3| Beurrez au pinceau un moule à charlotte de 20 cm de diamètre puis poudrez-le largement de sucre glace. Versez la pâte à biscuit dans le moule : elle ne doit le remplir qu'aux deux tiers.
4| Enfournez pendant 40 minutes.
5| Vérifiez la cuisson avec la pointe d'un couteau : elle doit ressortir propre. Démoulez le gâteau sur une grille et laissez-le tiédir.
6| Coupez le biscuit en 2 disques d'égale épaisseur. Allongez le sirop d'orange avec l'eau. Imbibez le premier disque d'un peu de sirop d'orange, puis enduisez-le d'une bonne couche de marmelade d'orange. Recouvrez avec le second disque. Imbibez à nouveau légèrement.
7| Mélangez le fondant avec le curaçao et recouvrez-en la surface du gâteau.
8| Décorez de motifs en écorces d'orange confites ou de tranches d'orange fraîche.

PRÉPARATION 25 min
CUISSON 10 min
POUR 4 à 6 personnes

450 g de pâte à biscuit à rouler (voir p. 36)
15 g de beurre
100 g de sucre
1 cuill. à café de rhum
6 cuill. à soupe de marmelade d'abricot ou de gelée de framboise
nappage abricot
125 g d'amandes effilées

Biscuit roulé

1| Préparez la pâte à biscuit à rouler.
2| Préchauffez le four à 180 °C.
3| Faites fondre le beurre sans le cuire. Tapissez la plaque du four de papier sulfurisé et, avec un pinceau, badigeonnez-le de beurre fondu. Puis étalez régulièrement la pâte sur 1 cm d'épaisseur avec une spatule métallique.
4| Mettez au four pendant 10 minutes : le dessus du biscuit doit juste blondir.
5| Mélangez le sucre avec 10 cl d'eau et faites un sirop, ajoutez-y le rhum.
6| Grillez légèrement les amandes au four à 180 °C.
7| Déposez le gâteau sur un torchon et, avec un pinceau, imbibez-le de sirop. Avec une spatule, recouvrez-le de marmelade d'abricot ou de gelée de framboise.
8| En vous aidant du torchon, roulez le biscuit. Tranchez les 2 extrémités en biais ; au pinceau, passez 2 cuillerées à soupe de nappage abricot sur tout le biscuit et parsemez-le avec les amandes.

PRÉPARATION 15 min
CUISSON 45 min
POUR 8 personnes

14 œufs
500 g de sucre en poudre
1 sachet de sucre vanillé
185 g de farine tamisée
185 g de fécule
1 pincée de sel
beurre et fécule pour le moule

Biscuit de Savoie

1| Cassez les œufs en séparant les blancs et les jaunes.
2| Préchauffez le four à 170 °C.
3| Dans une terrine, mettez le sucre en poudre, le sucre vanillé et les jaunes, puis mélangez jusqu'à ce que la préparation soit bien lisse et blanchisse.
4| Battez les blancs en neige très ferme avec une pincée de sel. Incorporez-les au mélange précédent, avec la farine et la fécule et continuez de bien remuer en tournant toujours dans le même sens pour ne pas casser les blancs et jusqu'à ce que la pâte soit homogène.
5| Beurrez un moule à biscuit de Savoie ou un moule à génoise de 28 cm, puis poudrez-le de fécule. Versez-y la pâte : le moule ne doit être rempli qu'aux deux tiers.
6| Mettez au four pendant 45 minutes.
7| Vérifiez la cuisson avec la pointe d'un couteau : elle doit ressortir propre. Démoulez le biscuit sur un plat de service à la sortie du four. Servez-le froid.

Voir photographie page 141

Bûche aux marrons

PRÉPARATION **1 h**
RÉFRIGÉRATION **6 h au moins**
CUISSON **10 min**
POUR **8 à 10 personnes**

400 g de pâte à biscuit à la cuillère *(voir p. 33)*

Pour le sirop

7 cl d'eau
75 g de sucre en poudre
75 cl de vieux rhum brun agricole

Pour la crème légère aux marrons

2 cl de crème liquide
2 g de gélatine (1 feuille)
200 g de crème fouettée
40 g de beurre
140 g de pâte de marron
120 g de purée de marron
30 cl de vieux rhum brun agricole
5 à 6 marrons glacés
120 g de cassis en grains au sirop, en conserve ou en bocal

Pour la crème au beurre aux marrons

300 g de crème au beurre *(voir p. 49)*
80 g de pâte de marron

1] Laissez égoutter le cassis dans une passoire pendant 2 heures.
2] Préparez la crème au beurre et gardez-la au frais.
3] Préchauffez le four à 230 °C.
4] Préparez la pâte à biscuit à la cuillère. Étalez-la sur une plaque tapissée de papier sulfurisé de 40 x 30 cm. Faites-la cuire pendant 10 minutes.
5] Préparez le sirop : dans une casserole, faites bouillir l'eau et le sucre, remuez avec une cuillère en bois. Laissez refroidir le sirop et ajoutez le vieux rhum lorsque le liquide est parfaitement froid.
6] Préparez la crème légère aux marrons : faites bouillir la crème liquide. Mettez la gélatine à ramollir dans l'eau froide et égouttez-la. Montez la crème fouettée. Avec un fouet électrique ou à main, battez le beurre, la pâte et la purée de marron jusqu'à ce que l'appareil soit souple. Mélangez la gélatine égouttée à la crème liquide chaude et versez le tout en continuant de fouetter. Enfin, ajoutez le rhum puis la crème fouettée, en la mélangeant très délicatement.
7] Émiettez les marrons glacés. Avec un pinceau, imbibez légèrement le biscuit avec le sirop.
8] Avec une spatule, étalez la crème légère aux marrons sur toute la surface du biscuit. Parsemez de grains de cassis et de miettes de marrons glacés. Roulez la bûche dans le sens de la largeur. Enveloppez-la dans du film alimentaire, bien serrée, pour qu'elle garde sa forme. Mettez-la 6 heures au réfrigérateur.
9] Dans un saladier et au bain-marie, travaillez la crème au beurre avec une spatule pour lui donner une consistance crémeuse. Lorsqu'elle est homogène et lisse, ajoutez les 80 g de pâte de marron et travaillez-la encore un peu au fouet pour lui donner une consistance lisse.
10] Déroulez le papier et posez la bûche sur un plat rectangulaire. Coupez en biais les deux extrémités et posez-les sur le dessus de la bûche pour la décorer.
11] Recouvrez toute la bûche d'une couche de crème au beurre aux marrons et lissez bien avec une spatule. Puis faites des rayures avec une fourchette pour imiter l'écorce du bois. Remettez au réfrigérateur pour durcir la crème au beurre.
12] Au moment de servir, changez de plat, déposez la bûche sur un napperon de dentelle et décorez-la avec des boules de sapin et des feuilles de houx dorées.

Catalf roumain

PRÉPARATION **30 min**
REPOS **15 + 45 min**
CUISSON **30 à 40 min**
POUR **6 à 8 personnes**

60 g de beurre
10 œufs
400 g de farine
200 g de noisettes moulues
100 g de sucre en poudre

Pour le caramel

1/2 gousse de vanille fendue
4 cl d'eau
100 g de sucre en poudre

1] Faites ramollir le beurre.
2] Cassez d'abord 9 œufs en séparant les blancs et les jaunes. Cassez le dernier œuf, ajoutez-le aux 9 jaunes et battez-les au fouet comme pour une omelette.
3] Ajoutez peu à peu le beurre et la farine en mélangeant et pétrissez bien pour obtenir une boule de pâte assez compacte.
4] Étalez cette pâte au rouleau et laissez-la reposer 15 minutes au frais.
5] Roulez-la en forme de saucisse, puis coupez-la en tranches très fines. Laissez-les sécher pendant 45 minutes environ à température ambiante.
6] Préchauffez le four à 180 °C.
7] Beurrez un moule à génoise de 25 cm. Rangez-y par couches successives les tranches de pâte, les noisettes et le sucre.
8] Préparez le caramel. Enlevez la vanille et versez le caramel dans le moule.
9] Enfournez pendant 30 à 40 minutes. Servez le gâteau froid.

Biscuit de Savoie
Il peut être également façonné dans des moules individuels.

Croquembouche

PRÉPARATION 1 h 30 + 1 h
CUISSON 10 + 18 à 20 min
POUR 15 personnes

800 g de pâte à choux *(voir p. 27)*
180 g de pâte sucrée *(voir p. 19)*
1 kg de crème pâtissière *(voir p. 58)*
50 g de rhum ou de kirsch ou de Grand Marnier
700 g de sucre en morceaux
3 cuill. à café de vinaigre
200 g de dragées

1] La veille, préparez la pâte à choux, la pâte sucrée et la crème pâtissière avec le parfum de votre choix. À la poche à douille, façonnez 75 choux et faites les cuire à 200 °C pendant 10 minutes.
2] Le jour même : mettez la crème pâtissière dans une poche munie d'une douille très fine qui perce la base des choux et fourrez les choux de crème.
3] Préchauffez le four à 180 °C.
4] Étalez la pâte sucrée sur 4 mm d'épaisseur. Découpez un disque de 22 cm de diamètre, posez-le sur une plaque recouverte de papier sulfurisé et faites cuire pendant 20 minutes. Préparez un caramel clair avec la moitié du sucre en morceaux et 20 cl d'eau. Ajoutez la moitié du vinaigre pour éviter que le sucre ne cristallise.
5] Trempez d'abord le haut de chaque chou dans le caramel et déposez tous les choux sur une plaque.
6] Sur le plat de service, posez le disque de pâte sucrée, enduisez d'huile un saladier de 14 cm de diamètre et retournez-le sur le disque de pâte. Trempez la base de chaque chou dans le caramel et collez une couronne de choux caramélisés autour du saladier, la partie caramélisée vers l'extérieur du gâteau.
7] Retirez le saladier et continuez à monter les rangées de choux en les décalant légèrement les uns par rapport aux autres. Terminez la décoration en collant les dragées avec du caramel dans les cavités les plus importantes laissées entre les choux.
8] Servez dans les trois quarts d'heure suivants.

Dacquoise au café

PRÉPARATION 40 min
CUISSON 35 min
POUR 6 à 8 personnes

480 g de pâte à dacquoise à l'amande *(voir p. 37)*
400 g de crème au café *(voir p. 50)*
amandes effilées et légèrement grillées
sucre glace

1] Préparez une pâte à dacquoise à l'amande.
2] Préchauffez le four à 170 °C.
3] Sur une (ou deux) plaque(s) recouverte(s) de papier sulfurisé, dessinez deux cercles de 22 cm de diamètre. Versez la pâte dans une poche à douille munie d'une douille n° 9 et remplissez les cercles de pâte en partant du centre et en formant une spirale vers l'extérieur. Faites cuire pendant 35 minutes et laissez refroidir.
4] Préparez la crème au café. Mettez la crème dans une poche à grosse douille lisse et étalez-en une couche épaisse sur le premier disque. Posez le second disque sur le premier et appuyez pour bien le fixer. Parsemez les amandes grillées sur le dessus de la dacquoise et poudrez très légèrement de sucre glace. Servez frais.

Délice au chocolat

PRÉPARATION 20 min
CUISSON 20 min
POUR 4 à 6 personnes

4 œufs
150 g de sucre en poudre
150 g de beurre
200 g de chocolat noir amer
2 cuill. à soupe de farine
100 g d'amandes en poudre

1] Préchauffez le four à 220 °C.
2] Cassez les œufs en séparant les blancs et les jaunes. Fouettez vivement les jaunes avec le sucre dans une terrine jusqu'à ce que le mélange mousse.
3] Faites ramollir le beurre. Mettez à fondre le chocolat détaillé en morceaux dans une casserole placée au bain-marie. Incorporez-le au mélange jaunes d'œufs-sucre.
4] Ajoutez en remuant la farine, la poudre d'amande et le beurre.
5] Fouettez les blancs en neige et incorporez-les au mélange, sans trop travailler pour ne pas les casser.
6] Beurrez un moule à manqué et versez-y la pâte. Enfournez pendant 20 minutes. Vérifiez la cuisson du gâteau avec une aiguille : sa pointe doit ressortir un peu humide.
7] Laissez refroidir et démoulez.

Forêt-Noire

PRÉPARATION 40 min
RÉFRIGÉRATION 2 à 3 h
CUISSON 35 à 40 min
POUR 6 à 8 personnes

700 g de pâte à biscuit à l'amande et au chocolat (voir p. 31)
200 g de sucre en poudre
10 cl de kirsch
800 g de crème Chantilly (voir p. 51)
2 sachets de sucre vanillé
60 cerises à l'eau-de-vie
250 g de chocolat amer râpé en copeaux épais

1] Préparez la pâte à biscuit à l'amande et au chocolat.
2] Préchauffez le four à 180 °C.
3] Beurrez un moule de 22 cm de diamètre, farinez-le, puis secouez-le pour éliminer l'excédent de farine. Mettez-y la pâte et enfournez pendant 35 à 40 minutes.
4] Vérifiez la cuisson avec la pointe d'un petit couteau.
5] Démoulez le gâteau et laissez-le refroidir. Coupez ensuite le biscuit avec un couteau scie, en 3 disques égaux.
6] Préparez le sirop avec le sucre en poudre, 35 cl d'eau et le kirsch.
7] Préparez la crème Chantilly en y ajoutant le sucre vanillé.
8] Imbibez le premier disque de biscuit avec le sirop au kirsch puis recouvrez-le de crème Chantilly et enfoncez-y 25 à 30 cerises à l'eau-de-vie. Faites la même chose avec le deuxième disque, posez-le sur le premier. Imbibez de sirop le troisième et posez-le par-dessus.
9] Recouvrez le gâteau de crème Chantilly. Décorez de copeaux de chocolat et mettez au réfrigérateur 2 ou 3 heures avant de servir.

Commentaire gourmand

Originaire d'Allemagne, ce gâteau rond et haut, formé de 3 couches de biscuit au chocolat, est aussi populaire en Alsace.

Fraisier

PRÉPARATION 1 h 30
REPOS 8 h
CUISSON 10 min
POUR 8 à 10 personnes

800 g de pâte à génoise (voir p. 39)
500 g de crème au beurre (voir p. 49)
100 g de crème pâtissière (voir p. 58)
1 kg de grosses fraises
180 g de sucre en poudre
3 cuill. à soupe de liqueur de framboise
5 cuill. à soupe de kirsch

Pour la décoration
100 g de pâte d'amande
6 grosses fraises
30 g de nappage abricot

1] Préparez la pâte à génoise. Coulez deux rectangles de 18 x 22 cm sur une plaque beurrée et passez-la au four à 230 °C pendant 10 minutes.
2] Préparez la crème au beurre et la crème pâtissière.
3] Lavez, équeutez et séchez soigneusement les fraises.
4] Faites bouillir 150 g de sucre en poudre avec 12 cl d'eau, ajoutez-y la liqueur de framboise et 3 cuillerées à soupe de kirsch.
5] Posez sur une plaque tapissée de papier sulfurisé un des deux rectangles de génoise. Au moyen d'un pinceau, imbibez-la avec le tiers du sirop.
6] Fouettez la crème au beurre pour l'alléger et incorporez-y, avec une spatule en bois, la crème pâtissière. Étalez un tiers de cette préparation sur le biscuit imbibé.
7] Posez les fraises dessus, pointe vers le haut et très serrées, en les enfonçant bien. Arrosez-les de 2 cuillerées à soupe de kirsch et poudrez de sucre en poudre. Égalisez les pointes avec un couteau-scie, couvrez du reste de crème et lissez le dessus et les côtés avec la spatule. Couvrez avec le second rectangle de génoise et imbibez-le du reste de sirop. Enduisez le gâteau d'une fine couche de pâte d'amande.
8] Laissez reposer le fraisier 8 heures au moins dans le réfrigérateur.
9] Avant de le servir, parez-en les bords avec un couteau trempé dans de l'eau chaude. Décorez de fraises coupées en éventail et badigeonnées au pinceau de nappage abricot.

Variante

Framboisier

Vous pouvez réaliser un framboisier en suivant la même recette et en remplaçant les fraises par des framboises.

Gâteau Alexandra

PRÉPARATION 40 min
RÉFRIGÉRATION 10 min
CUISSON 50 min
POUR 6 à 8 personnes

- 180 g de chocolat noir
- 4 œufs
- 125 g de sucre en poudre
- 75 g de poudre d'amande
- 20 g de farine
- 80 g de fécule
- 1 pincée de sel
- 75 g de beurre fondu
- 100 g de nappage abricot
- 200 g de fondant (voir p. 73)

1] Dans une petite casserole à fond épais ou au four à micro-ondes, faites fondre 100 g de chocolat noir.

2] Cassez 3 œufs et séparez les blancs des jaunes. Dans une terrine ou au batteur, fouettez les 3 jaunes avec l'œuf entier et le sucre en poudre jusqu'à ce que le mélange blanchisse. Ajoutez la poudre d'amande et mélangez, puis le chocolat fondu, la farine et la fécule l'un après l'autre tout en continuant de mélanger.

3] Préchauffez le four à 180 °C.

4] Battez les blancs en neige très ferme avec 1 pincée de sel et incorporez-les délicatement à la pâte en tournant toujours dans le même sens pour ne pas les casser. Ajoutez ensuite le beurre fondu.

5] Beurrez un moule carré de 18 cm de côté, farinez-le et versez-y la pâte. Enfournez pendant 50 minutes, puis laissez refroidir.

6] Chauffez le nappage abricot et passez-le, avec un pinceau, sur tout le gâteau, puis mettez celui-ci pendant 10 minutes au réfrigérateur.

7] Dans une casserole ou au four à micro-ondes, faites fondre les 80 g de chocolat restant. Par ailleurs, mettez à tiédir le fondant. Mélangez le chocolat et le fondant : cela doit être assez fluide pour s'étaler facilement.

8] Avec une spatule, recouvrez-en le gâteau, égalisez bien et conservez au frais jusqu'au moment de servir.

Gâteau corse au broccio

PRÉPARATION 20 min
REPOS 2 h
CUISSON 30 min
POUR 6 à 8 personnes

- 500 g de broccio frais
- 1 orange non traitée
- 1 citron non traité
- 6 œufs
- 150 g de sucre en poudre
- 1 pincée de sel
- 1 cuill. à café d'huile d'olive

1] Enveloppez le broccio frais dans une mousseline et faites-le égoutter dans une passoire pendant 2 heures.

2] Râpez le zeste de l'orange et du citron.

3] Séparez le blanc et le jaune des œufs.

4] Ajoutez le sucre aux jaunes et battez vigoureusement jusqu'à ce que le mélange blanchisse.

5] Préchauffez le four à 180 °C.

6] Battez les blancs en neige ferme avec 1 pincée de sel. Ajoutez au mélange jaunes d'œufs-sucre d'abord le fromage par petites quantités, puis les zestes d'orange et de citron, et enfin les blancs en neige.

7] Huilez un moule à manqué de 25 cm de diamètre environ. Versez-y la pâte et lissez le dessus. Faites cuire pendant 30 minutes. Laissez tiédir, démoulez et servez froid.

Gâteau aux carottes

PRÉPARATION 10 min
CUISSON 40 min
POUR 4 à 6 personnes

- 250 g de carottes
- 2 œufs
- 100 g de sucre en poudre
- 50 g de farine
- 10 g de levure chimique
- 60 g de noisettes en poudre
- 70 g d'amandes en poudre
- 2,5 cl d'huile
- 1 pincée de sel

1] Épluchez les carottes, lavez-les et râpez-les.

2] Préchauffez le four à 180 °C.

3] Dans une terrine, cassez les œufs et fouettez-les avec le sucre.

4] Tamisez ensemble la farine, la levure et la poudre de noisette et d'amande, puis ajoutez-y petit à petit les œufs battus en remuant sans arrêt avec une cuillère en bois. Ajoutez ensuite l'huile, le sel et les carottes râpées et mélangez bien jusqu'à ce que la pâte soit homogène.

5] Beurrez un moule et versez-y la préparation. Enfournez pendant 40 minutes.

6] Laissez refroidir le gâteau dans le moule. Démoulez-le ensuite et coupez-le en tranches.

Gâteau aux carottes ►
Utilisez un moule à gâteau festonné, plutôt qu'un moule à manqué pour ce gâteau très simple à réaliser.

Gâteau au chocolat

PRÉPARATION 30 min
CUISSON 45 min
POUR 6 à 8 personnes

3 œufs
125 g de sucre
125 g de beurre
1 pincée de sel
150 g de chocolat à cuire
3 cuill. à soupe de lait
1 cuill. à dessert de café soluble (facultatif)
125 g de farine

Pour la décoration

2 cuill. à soupe de sucre
1 cuill. à soupe de vinaigre
cerneaux de noix
glaçage au chocolat
(voir p. 80)

1] Cassez les œufs et séparez les blancs et les jaunes. Ajoutez le sucre dans les jaunes et fouettez-les jusqu'à ce qu'ils blanchissent.

2] Coupez le beurre en petits morceaux pour qu'il ramollisse et mettez-le dans une autre terrine. Battez les blancs en neige ferme avec 1 pincée de sel.

3] Cassez le chocolat en petits morceaux, ajoutez le lait et faites-le fondre dans une casserole au bain-marie ou au four à micro-ondes. Unifiez le mélange quand le chocolat est fondu.

4] Préchauffez le four à 190 °C.

5] Faites juste tiédir la terrine où se trouve le beurre en la mettant 2 minutes au four. Sortez-la et ajoutez d'abord le chocolat chaud (et éventuellement le café soluble) et mélangez, puis versez la préparation jaunes-sucre en remuant bien.

6] Tamisez la farine et ajoutez-la en pluie, puis incorporez les blancs en neige. Beurrez un moule de 25 cm de diamètre, versez-y la pâte et enfournez pendant 45 minutes.

7] Préparez la décoration : dans une petite casserole, mettez le sucre, 1 cuillère à soupe d'eau et le vinaigre et faites caraméliser.

8] Mettez chaque cerneau de noix sur une fourchette, trempez-le dans le caramel et déposez-le sur une assiette huilée.

9] Laissez refroidir le gâteau dans son moule, puis démoulez-le sur une grille, au-dessus d'un plat. Avec une spatule métallique, étalez le glaçage au chocolat sur le dessus et le tour du gâteau en lissant bien. Décorez avec les noix et mettez au frais.

Gâteau de brownies au chocolat

PRÉPARATION 1 h
REPOS 5 ou 6 h + 1 h
CUISSON 18 min
POUR 6 à 8 personnes

300 g de glaçage au chocolat
(voir p. 80)
100 g de ganache au chocolat
(voir p. 81)
800 g de crème au chocolat
(voir p. 53)
6 g de gélatine (3 feuilles)

Pour le biscuit façon « brownies »

70 g de chocolat amer
2 œufs
150 g de sucre en poudre
100 g de noix de pecan ou de noix fraîches
125 g de beurre
60 g de farine
8 cerneaux de noix

1] Préparez le glaçage au chocolat, la ganache au chocolat et la crème au chocolat en ajoutant, dans le mélange lait et crème bouillis, la gélatine trempée et égouttée.

2] Préparez le biscuit : faites fondre le chocolat au bain-marie ou au four à micro-ondes. Mélangez les œufs et le sucre et battez-les jusqu'à ce qu'ils blanchissent. Hachez grossièrement les noix. Coupez le beurre en cubes et mettez le dans la cuve de votre robot. Avec le fouet boule, et à grande vitesse, faites-le blanchir puis ajoutez, en 3 fois, le chocolat fondu et ensuite le mélange œufs-sucre blanchis. Arrêtez le robot, retirez la cuve puis, à l'aide d'une spatule et en soulevant la pâte, incorporez la farine puis les noix hachées.

3] Préchauffez le four à 170 °C.

4] Beurrez un cercle de 22 cm de diamètre et de 3 cm de hauteur, posez-le sur une plaque recouverte de papier sulfurisé, versez-y la pâte et passez au four pendant 18 minutes. Laissez refroidir avant de retirer le cercle en passant la lame d'un couteau tout autour.

5] Lavez et essuyez le cercle. Remettez-y le biscuit puis coulez par-dessus la crème au chocolat jusqu'à ras bord. Laissez refroidir pendant 5 ou 6 heures au réfrigérateur.

6] Avec une spatule, déposez la ganache au chocolat sur le dessus, en lissant bien. Enlevez le cercle : chauffez-en l'extérieur avec la paume de vos mains.

7] Posez le gâteau sur un carton épais de taille identique et mettez-le au congélateur pendant 1 heure.

8] Faites fondre au bain-marie le glaçage au chocolat et recouvrez-en le gâteau en lissant à la spatule pour couvrir les bords.

9] Décorez avec 8 cerneaux de noix disposés sur le pourtour.

Gâteau de brownies
Découpez des carrés dans le gâteau moelleux et saupoudrez-les de sucre glace tamisé.

Gâteau de courge

PRÉPARATION 1 h
REPOS 12 h
CUISSON 10 min + 1 h
POUR 6 à 8 personnes

400 g de potiron
4 œufs
40 cl d'huile
350 g de farine
250 g de sucre en poudre
200 g de noisettes en poudre
3 cuill. à café de cannelle en poudre
1 pincée de sel
20 g de beurre

1] La veille : épluchez et coupez le potiron en gros morceaux en prenant soin de bien retirer toutes les graines. Plongez les morceaux de potiron dans une marmite d'eau froide salée, portez à ébullition et faites cuire 10 minutes.
2] Égouttez et laissez reposer le potiron dans une passoire pendant une nuit.
3] Le lendemain, faites-en une purée en passant le potiron au moulin à légumes ou au mixeur. Ajoutez à cette purée, et en mélangeant chaque fois, les œufs un à un, l'huile, la farine, le sucre, la poudre de noisettes, la cannelle et une pincée de sel. Il faut que vous obteniez une pâte onctueuse.
4] Préchauffez le four à 160 °C.
5] Beurrez un moule en couronne. Versez la pâte et glissez au four pendant 1 heure. Vérifiez la cuisson avec la pointe d'un couteau : elle doit ressortir sèche. Laissez refroidir le gâteau avant de le démouler.

Gâteau de Dundee

PRÉPARATION 20 min
REPOS 10 min
CUISSON 1 h 15 min
POUR 6 à 8 personnes

500 g de raisins secs
125 g de beurre
250 g de farine
125 g de sucre
1 paquet de levure chimique
1 cuill. de cannelle, gingembre et coriandre
4 œufs
5 cl de lait
100 g d'écorces d'orange
100 g de cerises confites

1] Mettez les raisins dans un saladier. Couvrez-les d'eau tiède et laissez-les gonfler 10 minutes.
2] Faites ramollir le beurre en le coupant en petits morceaux dans une terrine passée à l'eau chaude.
3] Dans une autre terrine, mélangez bien la farine, le sucre, une pincée de sel, la levure et le mélange d'épices (cannelle, gingembre et coriandre).
4] Préchauffez le four à 200 °C.
5] Battez les œufs avec le lait, versez dans cette terrine et mélangez, puis ajoutez le beurre et pétrissez la pâte.
6] Égouttez les raisins ; coupez les écorces d'orange et les cerises confites en morceaux. Incorporez ces fruits à la pâte.
7] Beurrez un moule à bord haut de 30 cm de diamètre. Versez-y la pâte et mettez au four pendant 1 heure 15 minutes. Laissez refroidir le gâteau avant de le démoulez.

Gâteau flamand

PRÉPARATION 15 + 25 min
REPOS 2 h + 30 min
CUISSON 45 min
POUR 6 à 8 personnes

350 g de pâte sucrée *(voir p. 30)*
3 œufs
125 g de sucre en poudre
1 sachet de sucre vanillé
100 g de poudre d'amande
5 cl de kirsch
25 g de fécule de pomme de terre
40 g de beurre
200 g de fondant *(voir p. 73)*
5 cl de kirsch
cerises confites
bâtonnets d'angélique

1] Préparez la pâte sucrée et laissez-la reposer 2 heures au frais.
2] Étalez-la sur 2 ou 3 mm d'épaisseur, beurrez un moule à manqué de 20 cm de diamètre, garnissez-le avec le disque de pâte puis gardez-le au réfrigérateur pendant 30 minutes.
3] Préchauffez le four à 200 °C.
4] Cassez les œufs en séparant les blancs et les jaunes.
5] Dans une terrine, mélangez le sucre en poudre, le sucre vanillé et la poudre d'amande. Incorporez les jaunes, un par un, au fouet, puis ajoutez 5 cl de kirsch et continuez à travailler jusqu'à ce que la préparation blanchisse. Versez en pluie la fécule de pomme de terre et mélangez-la.
6] Battez les blancs en neige très ferme avec 1 pincée de sel et mélangez-les délicatement au mélange précédent.
7] Faites fondre le beurre et ajoutez-le.
8] Versez cette préparation dans le moule, mettez au four 45 minutes. Laissez ensuite refroidir 15 minutes avant de démouler.
9] Mettez le fondant dans une casserole et faites-le fondre sur feu doux. Ajoutez le kirsch, puis, avec une spatule, étalez le fondant sur le gâteau. Décorez de cerises confites et de bâtonnets d'angélique.

Gâteau au fromage blanc

PRÉPARATION 40 min
REPOS 2 h
CUISSON 40 min
POUR 6 à 8 personnes

- 500 g de fromage blanc en faisselle
- 150 g d'abricots secs
- 50 cl de vin blanc
- 1/2 cuill. à café de cannelle en poudre
- 1 citron non traité
- 150 g de beurre
- 350 g de farine
- 200 g de sucre en poudre
- 1 pincée de sel
- 1 sachet de levure chimique
- 5 jaunes d'œufs
- 1 sachet de sucre vanillé

1] Versez le fromage blanc dans une passoire revêtue d'une mousseline et laissez-le égoutter 2 heures.
2] Mettez les abricots à tremper dans 40 cl de vin blanc avec la cannelle en poudre.
3] Râpez le zeste du citron. Faites ramollir le beurre.
4] Versez la farine dans une jatte ou sur le plan de travail et creusez une fontaine. Mettez-y 160 g de sucre, 1 pincée de sel, la levure, le beurre ainsi que 2 jaunes d'œufs. Mélangez bien, pétrissez jusqu'à ce que la pâte soit homogène en ajoutant 10 cl de vin blanc pour l'assouplir.
5] Coupez la boule de pâte en deux. Beurrez un moule à manqué de 28 cm de diamètre. Étalez chaque morceau sur 3 mm d'épaisseur de façon à avoir deux disques de ce format.
6] Garnissez le moule avec l'un des deux disques.
7] Préchauffez le four à 160 °C.
8] Égouttez les abricots et hachez-les.
9] Versez le fromage blanc dans une grande jatte, ajoutez-y le sucre vanillé et le reste du sucre en poudre, les abricots hachés et 3 jaunes d'œufs et mélangez bien tout cela, puis versez dans le moule, lissez bien le dessus avec une spatule en bois.
10] Humectez avec un peu d'eau le tour du deuxième disque avec un pinceau, placez-le sur le mélange au fromage blanc, soudez bien les bords.
11] Mettez au four pendant 40 minutes. Démoulez le gâteau quand il est tiède et servez frais.

Commentaire gourmand

Vous pouvez remplacer les abricots secs par des fruits confits ou des raisins secs.

Gâteau à la mandarine

PRÉPARATION 30 min
REPOS 2 h
CUISSON 25 min
POUR 6 à 8 personnes

- 300 g de pâte à foncer *(voir p. 16)*
- 125 g d'amandes mondées
- 4 œufs
- 4 morceaux d'écorces de mandarine confites
- 125 g de sucre en poudre
- 3 gouttes de vanille liquide
- 2 gouttes d'essence d'amande amère
- marmelade d'abricot
- marmelade de mandarine
- 3 ou 4 mandarines
- amandes effilées
- nappage abricot
- feuilles de menthe fraîche

1] Préparez la pâte à foncer et laissez-la reposer 2 heures.
2] Tamisez 3 cuillerées à soupe de marmelade d'abricot. Dans un mortier ou au robot, pilez les amandes, en y incorporant les œufs, un par un. Coupez en morceaux les écorces de mandarine et ajoutez-les, puis le sucre en poudre, 3 gouttes de vanille liquide, 2 gouttes d'essence d'amande amère et la marmelade d'abricot tamisée. Mélangez bien le tout.
3] Préchauffez le four à 200 °C.
4] Abaissez la pâte à foncer sur 3 mm d'épaisseur et garnissez-en un cercle à flan de 24 cm de diamètre. Au fond, étalez bien environ 150 g de marmelade de mandarine. Versez ensuite la préparation aux amandes. Lissez bien le dessus.
5] Enfournez pendant 25 minutes. Sortez le gâteau et laissez-le refroidir.
6] Épluchez les mandarines.
7] Passez les amandes quelques minutes au four pour les blondir.
8] Chauffez 3 cuillerées à soupe de nappage abricot. À l'aide d'un pinceau, nappez-en légèrement le dessus du gâteau. Disposez en rond les quartiers de mandarines et recouvrez-les de nappage.
9] Parsemez les amandes effilées et piquez les feuilles de menthe. Servez frais.

Gâteau Victoria

Sur un biscuit dacquoise moelleux
au parfum de noix de coco
se mêlent la suavité juteuse
de l'ananas et le parfum oriental
de la coriandre fraîche.

Voir recette page 445

Gâteau à la noix de coco

PRÉPARATION 40 min
CUISSON 35 à 45 min
POUR 6 à 8 personnes

350 g de crème pâtissière (voir p. 58)
260 g de beurre
350 g de sucre glace
6 œufs
265 g de nois de coco en poudre
15 g de coriandre en poudre
30 cl de lait frais entier
400 g de farine
10 g de levure chimique

1] Préparez une crème pâtissière parfumée avec 2 cuillères à soupe de rhum.
2] Au batteur, mélangez 250 g de beurre et le sucre glace jusqu'à ce que le mélange devienne bien homogène.
3] Ajoutez les œufs un à un, 250 g de noix de coco et la coriandre, et enfin le lait, tout en continuant de battre.
4] Préchauffez le four à 180 °C.
5] Tamisez ensemble la farine et la levure et, avec une cuillère en bois, incorporez-les dans cette préparation.
6] Beurrez un moule à génoise de 22 cm de diamètre et poudrez-le avec le reste de noix de coco. Versez-y la pâte : il doit être rempli aux trois-quarts.
7] Mettez au four pendant 35 à 45 minutes. Vérifiez la cuisson avec la pointe d'un couteau : elle doit ressortir propre. Sortez et démoulez le gâteau en le retournant sur une plaque. Laissez-le refroidir ainsi.
8] Coupez-le en 3 disques égaux et, avec une spatule, garnissez-en deux de crème pâtissière au rhum, puis mettez-les l'un sur l'autre. Posez le troisième par-dessus et poudrez-le de sucre glace.

Commentaire gourmand

Vous pouvez aussi consommer ce gâteau tel quel, sans crème.

Tour de main

Pour éviter que le dessous du gâteau ne prenne trop de couleur pendant la cuisson dans un moule à revêtement antiadhésif, mettez-le, pour aller au four, sur une plaque et un papier en kraft.

Gâteau roulé catalan

PRÉPARATION 45 min
CUISSON 15 min
POUR 6 à 8 personnes

70 g de crème fouettée (voir p. 53)

Pour la pâte
50 g de beurre
3 œufs
100 g de farine
1 citron non traité
100 g de sucre glace

Pour la crème pâtissière
50 cl de lait
1/2 gousse de vanille
1/2 citron non traité
3 jaunes d'œufs
75 g de sucre en poudre
1 cuill. à soupe de fécule de maïs
1 cuill. à soupe de farine
30 g de beurre

1] Préparez d'abord la crème fouettée.
2] Confectionnez la crème pâtissière. Faites bouillir le lait dans une casserole avec la vanille, fendue et grattée, et le zeste de citron. Dans une terrine, mélangez les jaunes, le sucre, la fécule de maïs et la farine. Filtrez le lait. Versez un peu de lait bouillant en mince filet dans la terrine, tout en continuant à tourner avec le fouet. Versez le tout dans la casserole et portez la crème à ébullition pendant 2 ou 3 minutes, puis retirez du feu.
3] Versez la crème pâtissière dans un saladier et plongez celui-ci dans un récipient rempli de glaçons. Lorsque la crème atteint 50 °C, ajoutez les 30 g de beurre en tournant vivement avec un fouet.
4] Laissez refroidir complètement avant d'incorporer la crème fouettée.
5] Faites fondre doucement le beurre au bain-marie, sans trop le chauffer.
6] Préparez la pâte. Séparez le blanc du jaune des œufs. Dans une terrine, travaillez les jaunes, le sucre et le zeste de citron jusqu'à ce que le mélange soit bien blanchi.
7] Battez les blancs en neige très ferme. Ajoutez, en soulevant la pâte, un peu de farine et une partie des blancs. Travaillez la pâte, toujours en soulevant, puis ajoutez le reste de farine et le reste des blancs. Terminez en incorporant le beurre fondu mélangé avec un peu de la préparation.
8] Préchauffez le four à 200 °C.
9] Versez la pâte sur une plaque recouverte de papier sulfurisé ; égalisez l'épaisseur et enfournez pendant 10 minutes. Le biscuit doit être à peine blond.
10] Retournez le biscuit sur une seconde feuille de papier sulfurisé, décollez le premier papier et laissez refroidir complètement.
11] Étalez la crème froide sur le biscuit, puis roulez-le. Saupoudrez largement de sucre glace. Servez bien frais.

Gâteau russe

PRÉPARATION **1 h**
REPOS **10 min**
CUISSON **25 à 30 min**
POUR **6 à 8 personnes**

Pour le biscuit amande-noisette
45 g de poudre d'amande
40 g de poudre de noisette
150 g de sucre en poudre
5 blancs d'œufs
1 pincée de sel

Pour la crème mousseline à la pistache
400 g de crème au beurre (voir p. 49)
80 g de pâte de pistache
200 g de crème pâtissière (voir p. 58)
80 g de pistaches
sucre glace

1] Préparez la crème au beurre et la crème pâtissière, et gardez-les au frais.
2] Mélangez les poudres d'amande et de noisette et 65 g de sucre en poudre.
3] Montez les blancs d'œufs en neige avec la pincée de sel et en ajoutant, petit à petit, 85 g de sucre en poudre, puis ajoutez le mélange des poudres et du sucre en tournant délicatement avec une spatule en bois.
4] Préchauffez le four à 180 °C.
5] Sur une feuille de papier sulfurisé, dessinez deux disques de 22 cm de diamètre.
6] Versez la pâte dans une poche à douille munie d'une douille n° 9. Déposez-la dans chaque disque en partant du centre et en formant une spirale qui s'arrête à 2 cm des bords. Saupoudrez très légèrement de sucre glace chacun des disques de pâte une première fois ; attendez 10 minutes et saupoudrez de nouveau.
7] Mettez au four pendant 25 à 30 minutes. Laissez les biscuits refroidir, puis décollez-les du papier sulfurisé à l'aide d'une spatule.
8] Brisez 60 g de pistaches et faites-les griller dans le four.
9] Préparez la crème mousseline à la pistache : fouettez vivement la crème au beurre au batteur électrique ou au fouet à main jusqu'à ce qu'elle soit bien légère et aérée. Tout en continuant de fouetter, ajoutez la pâte de pistache puis la crème pâtissière bien lisse. Et mettez dans une poche à douille (n° 9).
10] Posez le premier disque de biscuit sur une assiette. Sur tout le pourtour, déposez des boules de crème serrées les unes contre les autres. Puis remplissez le centre du biscuit et parsemez de pistaches grillées.
11] Recouvrez avec le second disque en appuyant légèrement dessus pour le fixer. Une fois que le gâteau est ainsi garni, les boules se voient sur les côtés. Mettez pendant 1 heure au réfrigérateur.
12] Coupez en deux le reste des pistaches. Au moment de servir le gâteau, poudrez-le de sucre glace et parsemez des demi-pistaches.

Jalousies aux pommes

PRÉPARATION **30 + 40 min**
REPOS **10 h**
CUISSON **20 + 30 min**
POUR **4 à 6 personnes**

500 g de pâte feuilletée (voir p. 20)
1 kg de pommes
1 citron
1 sachet de sucre vanillé
1 cuill. à café de cannelle en poudre
1 œuf
5 à 6 cuill. à soupe de nappage abricot
50 g de sucre en grains

1] Préparez la pâte feuilletée (n'oubliez pas qu'elle doit reposer 10 heures au total).
2] Préparez la marmelade de pomme : pelez, coupez et épépinez les fruits et taillez-les en lamelles ; arrosez-les du jus de citron et faites-les cuire tout doucement avec le sucre vanillé 20 minutes environ. Remuez en fin de cuisson pour assécher la marmelade, ajoutez la cannelle et mélangez bien. Retirez du feu.
3] Faites préchauffer le four à 200 °C.
4] Étalez la pâte feuilletée en un grand rectangle de 3 mm d'épaisseur. Découpez-y 2 bandes égales de 10 cm de large. Humectez d'eau la tôle du four et posez-y l'une des 2 bandes de pâte.
5] Battez l'œuf dans un bol et, avec un pinceau, badigeonnez le tour de cette bande de pâte. Étalez ensuite la marmelade de pommes en une seule couche épaisse à l'intérieur de la partie badigeonnée.
6] Sur la seconde bande de pâte feuilletée, faites des entailles régulières, au couteau, espacées de 5 mm et en biais sur toute la surface, sans aller jusqu'au bord.
7] Posez cette bande sur la première. Pincez les bords tout autour pour bien souder les 2 épaisseurs. Égalisez le pourtour et badigeonnez le dessus avec le reste d'œuf battu. Passez au four pendant 30 minutes.
8] Lorsque le gâteau est cuit, badigeonnez-le de nappage abricot avec un pinceau. Parsemez de grains de sucre. Coupez la jalousie en parts de 5 cm de large. Servez tiède.

Megève

PRÉPARATION 40 min
REPOS 2 jours
CUISSON 1 h 30
POUR 6 à 8 personnes

45 g de sauce chocolat (voir p. 106)
250 g de meringue française (voir p. 42)
300 g de glaçage au chocolat (voir p. 80)
ou 120 g de copeaux de chocolat noir

Pour la mousse
260 g de chocolat très amer
185 g de beurre à température ambiante
3 jaunes d'œufs
5 blancs d'œufs
15 g de sucre en poudre

1| Préchauffez le four à 110 °C.
2| Préparez la sauce chocolat
3| Préparez la meringue française et versez-la dans une poche à douille munie d'une douille cannelée n° 9.
4| Placez un cercle de 22 cm de diamètre sur la plaque recouverte de papier sulfurisé. Farinez tout autour, retirez le cercle et déposez la meringue à l'endroit marqué de façon à former un disque. Répétez l'opération 2 fois pour obtenir 3 disques de meringue. Faites cuire les disques pendant 1 heure 30.
5| Préparez la mousse au chocolat : faites fondre tout doucement le chocolat au bain-marie. Mettez le beurre dans une terrine et fouettez-le au fouet électrique ou à main pour l'alléger et lui incorporer un maximum d'air. Ajoutez-y le chocolat fondu tiède (40 °C environ) en trois fois, tout en continuant de fouetter sans arrêt pour bien aérer la préparation.
6| Dans un bol, mélangez les jaunes d'œufs et la sauce chocolat. Incorporez-les au mélange beurre-chocolat.
7| Dans une jatte, montez les blancs en neige avec le sucre : ils doivent être encore mousseux et se recourber « en bec d'oiseau » lorsqu'on y plonge le doigt et qu'on le retire.
8| Ajoutez le quart de ces blancs dans le bol contenant la crème au chocolat et au beurre. Mélangez, puis versez le contenu du bol sur les blancs restant dans la jatte et tournez délicatement en soulevant la préparation avec une spatule.
9| Étalez les 2/5 de cette mousse sur le premier disque de meringue avec une spatule. Posez le deuxième disque dessus et nappez-le également de 2/5 de mousse. Posez enfin le troisième disque et recouvrez le dessus et les côtés du gâteau avec le restant de la mousse.
10| Mettez le megève au réfrigérateur pour 2 jours.
11| Avant de le servir, couvrez-le de nappage au chocolat juste tiédi ou garnissez-le tout simplement de copeaux de chocolat noir.

Moka

PRÉPARATION 40 min
RÉFRIGÉRATION 1 h + 2 h
CUISSON 35 + 5 min
POUR 6 à 8 personnes

650 g de pâte à biscuit Joconde (voir p. 35)
600 g de crème au beurre (voir p.49)
1 cuill. à café d'essence de café
1 cuill. à soupe de café soluble
1 cuill. à soupe d'eau chaude

Pour le sirop
130 g de sucre
100 cl d'eau
1 cuill. à café d'essence de café
1 cuill. à soupe de café soluble
150 g de noisettes mondées
grains de chocolat au café

1| Préparez la pâte à biscuit Joconde.
2| Préchauffez le four à 180 °C.
3| Beurrez un moule à manqué de 20 cm de diamètre, versez-y la pâte et glissez au four 35 minutes.
4| Démoulez le biscuit sur une plaque, laissez-le refroidir, puis couvrez-le avec un torchon et mettez-le 1 heure au réfrigérateur.
5| Mélangez l'essence de café, le café soluble et l'eau. Préparez la crème au beurre en la parfumant avec la préparation précédente.
6| Préparez le sirop en faisant bouillir le sucre et l'eau. Laissez-le refroidir et ajoutez le café soluble et l'essence de café.
7| Concassez finement les noisettes et grillez-les au four.
8| Découpez le biscuit en 3 disques. Divisez la crème au beurre en 5 parts. Avec un pinceau, imbibez le premier disque de sirop au café, puis, avec une spatule, recouvrez-le d'un cinquième de la crème et parsemez un quart des noisettes sur le dessus. Posez le deuxième disque par-dessus et faites de même, puis répétez la même opération avec le troisième.
9| Toujours avec la spatule, enrobez le pourtour du gâteau de crème et fixez-y le reste des noisettes.
10| Mettez le reste de la crème dans une poche à douille cannelée et dessinez des rosaces sur le gâteau. Au centre de chacune d'elles, posez un grain de chocolat au café.
11| Mettez le moka au réfrigérateur pendant 2 heures et servez-le très frais.

Megève ▶
Une mousse au chocolat aérienne entre trois couches de meringue croustillante.

Montmorency

PRÉPARATION 40 min
CUISSON 30 min
POUR 4 à 6 personnes

400 g de cerises au sirop
350 g de pâte à génoise à l'amande *(voir p. 40)*
200 g de fondant *(voir p. 73)*
1 verre à liqueur de kirsch
3 gouttes de colorant rouge
12 cerises confites
morceaux d'angélique

1] Préchauffez le four à 200 °C.
2] Lavez, égouttez et dénoyautez les cerises.
3] Préparez la pâte à génoise à l'amande et ajoutez-y les cerises. Mélangez bien.
4] Beurrez un moule à génoise de 20 cm de diamètre, versez-y la pâte et enfournez pour 30 minutes.
5] Démoulez sur une grille et laissez refroidir.
6] Dans une casserole, faites tiédir le fondant à feu doux et en remuant. Ajoutez-y le kirsch et 2 ou 3 gouttes de colorant rouge et mélangez bien.
7] À l'aide d'une spatule, recouvrez le gâteau de cette préparation en lissant bien et décorez-le de cerises confites et de quelques morceaux d'angélique.

Variante

Ce biscuit peut aussi être coupé en deux abaisses, imbibées de kirsch et fourrées de crème au beurre *(voir page 49)* additionnée de cerises à l'eau-de-vie.

Montpensier

PRÉPARATION 20 min
CUISSON 30 min
POUR 4 à 6 personnes

50 g de fruits confits
50 g de raisins de Smyrne
10 cl de rhum
80 g de beurre
7 jaunes d'œufs
125 g de sucre
100 g de poudre d'amande
125 g de farine
3 blancs d'œufs
50 g d'amandes effilées
150 g de nappage abricot

1] Faites tremper les fruits confits et les raisins de Smyrne dans le rhum.
2] Préchauffez le four à 200 °C.
3] Faites ramollir le beurre. Mélangez les jaunes d'œufs avec le sucre en poudre et travaillez-les avec un fouet jusqu'à ce qu'ils blanchissent, puis ajoutez-y la poudre d'amande, le beurre ramolli et enfin la farine. Tournez bien jusqu'à ce que la pâte soit homogène.
4] Battez les blancs en neige ferme avec une pincée de sel et incorporez-les à leur tour, doucement pour ne pas les casser, avec une cuillère en bois.
5] Égouttez les fruits confits et les raisins, ajoutez-les dans la préparation.
6] Beurrez un moule à génoise de 22 cm de diamètre et parsemez-le d'amandes effilées. Versez-y la pâte et glissez au four pour 30 minutes.
7] Démoulez sur une grille et laissez refroidir.
8] Avec un pinceau, nappez la surface du gâteau de nappage abricot. Servez ce gâteau frais de préférence.

Orangine

PRÉPARATION 30 min
REPOS 1 h
CUISSON 45 min
POUR 6 à 8 personnes

250 g de crème pâtissière *(voir p. 58)*
8 cl de curaçao
650 g de pâte à génoise *(voir p. 39)*
300 g de crème Chantilly *(voir p. 51)*
200 g de fondant *(voir p. 73)*
écorces d'orange confites

Pour le sirop
60 g de sucre vanillé
5 cl de curaçao

1] Préparez d'abord la crème pâtissière et aromatisez-la avec 5 cl de curaçao.
2] Préparez le sirop en faisant bouillir 5 cl d'eau et le curaçao avec le sucre vanillé.
3] Préchauffez le four à 200 °C.
4] Préparez la pâte à génoise.
5] Beurrez un moule de 26 cm de diamètre, versez la pâte et enfournez pour 45 minutes.
6] Préparez la crème Chantilly, puis ajoutez-y délicatement la crème pâtissière aromatisée au curaçao. Réservez au réfrigérateur pendant 1 heure.
7] Mélangez le fondant avec 3 cl de curaçao. Coupez le biscuit en 3 disques égaux.
8] Avec un pinceau, imbibez le premier de sirop aromatisé au curaçao, puis recouvrez-le de crème pâtissière-Chantilly.
9] Posez le deuxième disque par-dessus et répétez la même opération. Posez ensuite le troisième et, avec une spatule, étalez soigneusement le fondant au curaçao en lissant bien.
10] Décorez le gâteau avec des morceaux d'écorces d'orange confites. Servez frais.

Paris-brest

PRÉPARATION 40 min
CUISSON 40 à 45 min + 10 min
POUR 4 à 6 personnes

300 g de crème au beurre *(voir p. 49)*
225 g de crème pâtissière *(voir page 58)*
300 g de pâte à choux *(voir page 27)*
50 g de sucre cristallisé
50 g d'amandes hachées
25 g de beurre mou
sucre glace

Pour la crème

90 g de praliné noisette ou amande en pâte

1] Préparez la crème au beurre et la crème pâtissière et gardez-les au frais.
2] Préparez la pâte à choux et mettez-la dans une poche à douille munie d'une douille cannelée n° 12.
3] Préchauffez le four à 180 °C.
4] Beurrez l'intérieur d'un cercle de 22 cm de diamètre et posez-le sur une plaque recouverte de papier sulfurisé. Déposez une couronne de pâte à l'intérieur du cercle, puis une deuxième contre la première et une troisième à cheval entre les deux. Poudrez de sucre cristallisé et d'amandes hachées ou effilées. Faites cuire ainsi au four pendant 40 à 45 minutes, en entrouvrant la porte après les 15 premières minutes de cuisson pour que la pâte sèche bien.
5] Sur une autre plaque recouverte de papier sulfurisé, déposez une quatrième couronne d'un diamètre inférieur à celui de la triple couronne. Faites-la cuire pendant 8 à 10 minutes.
6] Préparez la crème : mettez la crème au beurre dans une terrine et fouettez-la pour l'alléger. Ajoutez-y le praliné de votre choix, en mélangeant au fouet, puis la crème pâtissière.
7] Lorsque la grande couronne a refroidi, coupez-la en deux, horizontalement, à l'aide d'un couteau-scie.
8] Mettez la crème dans une poche munie d'une douille cannelée. Garnissez le fond d'une couche de crème. Posez la couronne cuite à part par-dessus puis, sur le dessus, déposez un cordon de crème en feston, débordant un peu de la pâte.
9] Poudrez la partie supérieure de sucre glace et posez-la sur la crème.
10] Gardez le paris-brest au frais, mais sortez-le une heure avant de le servir.

Tour de main

Vous pouvez ajouter 80 g de noisettes caramélisées et concassées dans la crème. Vous pouvez aussi remplacer la petite couronne par un chapelet de petits choux de 1,5 ou 2 cm de diamètre, que vous disposerez avec une poche à douille n° 8 et que vous ferez cuire pendant 20 minutes.

Parisien

PRÉPARATION 35 min
CUISSON 40 + 5 min
POUR 6 à 8 personnes

600 g de crème à l'amande *(voir p. 54)*
1 gousse de vanille
1 citron
500 g de pâte à génoise à l'amande *(voir p. 40)*

Pour le sirop

100 g de sucre en poudre
100 cl d'eau
80 cl de Grand Marnier

Pour la décoration

100 g de fruits confits
meringue italienne *(voir p. 43)*
sucre glace

1] Préparez d'abord la crème à l'amande en ajoutant, quand vous faites chauffer le lait, la gousse de vanille fendue et grattée. Mettez-la au frais.
2] Râpez le zeste du citron.
3] Préparez la pâte à génoise à l'amande en y ajoutant ce zeste.
4] Préchauffez le four à 180 °C.
5] Beurrez un moule à manqué de 22 cm de diamètre, versez-y la pâte et enfournez pour 40 minutes.
6] Hachez assez finement les fruits confits.
7] Préparez la meringue italienne.
8] Préparez le sirop : faites bouillir l'eau et le sucre. Laissez refroidir, puis ajoutez le Grand Marnier.
9] Quand le biscuit est froid, coupez-le en 6 disques de 1 cm d'épaisseur chacun. Avec un pinceau, imbibez le premier disque de sirop, puis, avec une spatule, recouvrez-le d'une couche de crème à l'amande et parsemez celle-ci de fruits confits. Posez le deuxième disque par-dessus, répétez la même opération. Et ainsi de suite jusqu'au dernier, où vous ne mettrez pas de fruits confits.
10] Avec une poche à douille cannelée, recouvrez toute la surface du gâteau de meringue italienne. Poudrez de sucre glace, passez au four pour la dorer.
11] Servez ce gâteau froid.

Progrès au café

PRÉPARATION 45 min
CUISSON 45 min
RÉFRIGÉRATION 1 + 1 h
POUR 6 à 8 personnes

400 g de pâte à progrès *(voir p. 41)*
150 g d'amandes effilées
20 g de café soluble
600 g de crème au beurre *(voir p. 49)*
sucre glace

1| Préparez la pâte à progrès.
2| Préchauffez le four à 130 °C.
3| Beurrez 2 plaques à pâtisserie, posez dessus 3 assiettes de 23 cm de diamètre, poudrez les plaques de farine, enlevez les assiettes : vous aurez ainsi 3 disques.
4| Versez la pâte à progrès dans une poche à douille n° 8 et recouvrez les 3 disques dessinés en traçant une spirale à partir du centre vers le bord.
5| Mettez au four pendant 45 minutes environ. Laissez refroidir les disques sur une grille.
6| Dans le four encore chaud, dorez les amandes. Diluez le café soluble dans une cuillère à soupe d'eau bouillante.
7| Préparez la crème au beurre en la parfumant avec le café. Mettez-en un quart de côté. Divisez le reste en trois parties.
8| Avec une spatule, recouvrez le premier disque de crème, ajoutez le deuxième par-dessus et recouvrez-le ; faites de même avec le troisième, puis garnissez le tour du gâteau avec le quart de crème restante.
9| Décorez le dessus avec les amandes effilées. Mettez 1 heure au réfrigérateur.
10| Dans du papier épais, découpez des bandes de 1 cm de large et de 25 cm de long. Posez-les sur le gâteau, espacées les unes des autres de 2 cm, mais sans appuyer. Saupoudrez de sucre glace, retirez les bandes et remettez pour 1 heure au réfrigérateur. Sortez le gâteau une bonne heure avant de servir.

Rétès hongrois aux pommes

PRÉPARATION 45 min
REPOS 15 + 30 min
CUISSON 20 min
POUR 6 à 8 personnes

Pour la pâte
600 g de farine tamisée
1 œuf
1 cuill. à soupe de vinaigre
50 g de beurre ramolli

Pour la garniture
500 g de pommes reine des reinettes
50 g de beurre
100 g de chapelure
100 g de raisins de Smyrne
2 cuill. à soupe de cannelle en poudre
100 g de sucre en poudre
sucre glace

1| Dans une terrine ou sur le plan de travail, versez la farine et creusez une fontaine. Cassez l'œuf au centre, ajoutez le vinaigre et 30 cl d'eau tiède et, avec le bout des doigts, mélangez le tout.
2| Coupez le beurre en tout petits morceaux et incorporez-le de même à la pâte, puis pétrissez-la pendant 20 minutes : elle doit être très souple. Recouvrez-la d'un torchon propre et laissez-la reposer au moins 15 minutes au réfrigérateur.
3| Abaissez la pâte au rouleau jusqu'à ce qu'elle soit aussi fine qu'une crêpe. Recouvrez-la de nouveau et laissez-la encore reposer 30 minutes, le temps qu'elle sèche un peu.
4| Préchauffez le four à 200 °C.
5| Pelez les pommes, coupez-les en quatre, ôtez le cœur et détaillez-les en fines tranches.
6| Faites fondre le beurre dans une petite casserole. Avec un pinceau, répartissez-le sur la pâte. Poudrez celle-ci de chapelure, puis disposez les pommes dessus, parsemez les raisins. Mélangez la cannelle et le sucre et saupoudrez-en toute la surface.
7| Roulez la pâte sur elle-même, comme pour faire une bûche. Posez-la sur la plaque du four recouverte de papier sulfurisé et mettez au four pendant 20 minutes. Poudrez de sucre glace et servez tiède.

Variante

Vous pouvez farcir les rétès avec une crème au pavot. Mélangez 300 g de graines de pavot moulues avec 20 cl de lait et 200 g de sucre en poudre et faites cuire 10 minutes. Coupez 1 pomme en tranches fines, râpez le zeste d'un citron et mélangez le tout.

Progrès au café
L'association du progrès et de la crème au beurre parfumé au café fait toute la saveur de le gâteau.

Sachertorte Joseph Wechsberg

PRÉPARATION 35 min
CUISSON 45 min
RÉFRIGÉRATION 3 h
POUR 6 à 8 personnes

- 200 g de chocolat amer
- 125 g de beurre
- 8 jaunes d'œufs
- 10 blancs d'œufs
- 1 pincée de sel
- 140 g de sucre en poudre légèrement vanillé
- 125 g de farine tamisée
- 350 g de glaçage au chocolat *(voir p. 80)*
- 8 cuill. à soupe de nappage abricot

1] Préchauffez le four à 180 °C.
2] Garnissez deux moules de 26 cm de diamètre de papier sulfurisé beurré.
3] Coupez le chocolat amer en petits morceaux et faites-le fondre au bain-marie ou au four à micro-ondes. Faites fondre le beurre. Avec une cuillère en bois ou un fouet, mélangez les jaunes d'œufs et ajoutez-leur le beurre et le chocolat fondus.
4] Fouettez les blancs en neige ferme avec le sel, puis versez-y le sucre, en continuant de battre jusqu'à ce que la mousse forme des pics entre les branches du fouet. Ajoutez-en d'abord un tiers dans le mélange œufs-beurre-chocolat, puis, peu à peu, le reste. Versez la farine en pluie et continuez de mélanger jusqu'à ce que la pâte soit homogène.
5] Versez la pâte dans les moules. Mettez au four pour 45 minutes : les gâteaux doivent être bien gonflés et secs.
6] Préparez le glaçage au chocolat.
7] Démoulez les gâteaux sur une grille et laissez-les refroidir complètement.
8] Avec un pinceau, recouvrez la surface d'un des gâteaux de nappage abricot. Posez le second gâteau par-dessus. Avec une spatule, répartissez le glaçage sur toute la surface et les côtés.
9] Mettez le sachertorte sur le plat de service puis au réfrigérateur pour 3 heures afin que le glaçage durcisse. Sortez-le une demi- heure avant de servir.

Saint-honoré

PRÉPARATION 30 + 50 min
REPOS 10 h
CUISSON 25 + 18 min
POUR 6 à 8 personnes

- 120 g de pâte feuilletée *(voir p. 20)*
- 250 g de pâte à choux *(voir p. 27)*
- 250 g de crème à mille-feuille *(voir p. 55)*
- 250 g de sucre en poudre
- 60 g de glucose
- 8 cl d'eau
- 200 g de crème Chantilly *(voir p. 51)*

1] Préparez la pâte feuilletée (n'oubliez pas qu'elle doit reposer 10 heures au total).
2] Préparez la pâte à choux et la crème à mille-feuille.
3] Étalez la pâte feuilletée très froide sur 2 mm d'épaisseur. Découpez-y un disque de 22 cm. Posez-le sur une plaque tapissée de papier sulfurisé humide.
4] Faites glisser la pâte à choux dans une poche à douille lisse n° 9 ou 10 et dressez-la en couronne à 1 cm des bords, puis, en appuyant sur la poche, dessinez une spirale à l'intérieur. Poudrez la pâte feuilletée de sucre.
5] Préchauffez le four à 200 °C.
6] Sur une autre plaque garnie de papier sulfurisé, dressez avec la pâte restante 24 petits choux de 2 cm de diamètre.
7] Glissez les deux plaques au four. Faites cuire pendant 25 minutes pour la base en feuilletage et 18 minutes pour les petits choux, en ouvrant la porte dès la fin du premier tiers de la cuisson (8 ou 9 minutes après le début).
8] À l'aide d'une douille n° 5, faites des trous dans la couronne tous les 2 cm et percez les petits choux. Quand tout est complètement refroidi, mettez la crème à mille-feuille dans une poche à douille ronde unie n° 7 et, en enfonçant bien la douille dans les trous et en appuyant fort pour faire pénétrer la crème, garnissez la base et les petits choux.
9] Dans une casserole, mettez le sucre, le glucose et l'eau. Faites cuire jusqu'à 155 °C puis plongez le fond de la casserole dans de l'eau froide pour arrêter la cuisson du caramel. Un par un, plongez-y à demi les petits choux et posez-les, côté caramélisé, sur une plaque à revêtement antiadhésif.
10] Ensuite, replongez les petits choux, du côté opposé, en les faisant pivoter de façon à ce que le caramel enrobe aussi les côtés. Posez-les aussitôt, les uns après les autres, sur la couronne de pâte à choux, bien serrés. Laissez refroidir.
11] Montez la crème Chantilly, mettez-la dans une poche à douille cannelée et remplissez-en le centre du gâteau.
12] Servez le saint-honoré le plus rapidement possible après sa confection.

Savarin à la crème pâtissière

PRÉPARATION 15 min
REPOS 30 min
CUISSON 20 à 25 min
POUR 4 à 6 personnes

400 g de pâte à savarin *(voir p. 24)*
700 g de crème pâtissière *(voir p. 58)*

Pour le sirop
1 gousse de vanille
250 g de sucre
50 cl d'eau

1] Préparez la pâte à savarin.
2] Beurrez un moule à savarin de 20 à 22 cm de diamètre, versez-y la pâte à savarin et laissez-la reposer pendant 30 minutes dans un endroit tiède.
3] Préchauffez le four à 200 °C.
4] Enfournez pour 20 à 25 minutes. Démoulez ensuite sur une grille et laissez refroidir.
5] Préparez la crème pâtissière. Mettez-la au réfrigérateur.
6] Ouvrez et grattez la gousse de vanille. Dans une casserole, faites fondre le sucre dans l'eau, ajoutez la vanille et chauffez jusqu'à obtenir un sirop. Quand celui-ci est tiède, imbibez-en le savarin avec une cuillère.
7] Garnissez le centre du gâteau de crème pâtissière et servez très frais.

Semifreddo italien

PRÉPARATION 45 min
CUISSON 40 min
CONGÉLATION 30 min
POUR 4 à 6 personnes

400 g de pâte à Pan di Spagna *(voir p. 254)*
1 pointe de couteau de poudre de safran
pommes (boskoop de préférence)
65 g de sucre en poudre
1 citron non traité
12 cl de vin blanc
3 cuill. à soupe d'eau
20 cl de crème fraîche
4 jaunes d'œufs
100 g de sucre en poudre
150 g d'amaretti (ou de macarons aux amandes)

1] Préchauffez le four à 200 °C.
2] Préparez la pâte à Pan di Spagna en y ajoutant le safran en poudre. Versez-le dans un moule de 22 cm de diamètre et faites-le cuire pendant 40 minutes.
3] Préparez les pommes : pelez-les, ôtez les pépins et coupez-les en tranches. Faites-les cuire dans une casserole avec 65 g de sucre, le zeste du citron, le vin et l'eau pendant 10 minutes sur feu doux : les fruits doivent être cuits à cœur et le liquide absorbé.
4] Montez la crème fraîche avec un fouet. Dans une casserole, mélangez les jaunes d'œufs et les 100 g sucre jusqu'à ce qu'ils blanchissent et mettez-les au bain-marie ; fouettez-les quelques instants puis, hors du feu, battez-les de nouveau jusqu'à ce qu'ils refroidissent. Ajoutez alors délicatement la crème fouettée.
5] Écrasez les pommes en purée, avec une fourchette. Émiettez les amaretti. Mélangez l'ensemble avec la crème.
6] Coupez la génoise en trois dans le sens de l'épaisseur. Découpez un papier sulfurisé de même format. Posez dessus la première abaisse et, avec une spatule, recouvrez-la d'une couche de garniture. Posez par-dessus la deuxième abaisse et faites de même, puis la troisième.
7] Mettez le semifreddo pendant 30 minutes au congélateur, puis gardez-le au froid, au réfrigérateur, jusqu'au moment de servir.

Singapour

PRÉPARATION 1 h
CUISSON 1 h 30 + 40 min
POUR 6 à 8 personnes

725 g de sucre
1 boîte 4/4 de tranches d'ananas au sirop
500 g de pâte à génoise *(voir p. 39)*
150 g d'amandes
300 g de sucre
15 cl d'eau
5 cl de kirsch
200 g de marmelade d'abricot
bigarreaux et angélique confits

1] Portez à ébullition 75 cl d'eau et 600 g de sucre. Mettez les tranches d'ananas, à confire dans le sirop pendant 1 heure 30 à petits frémissements. Laissez tiédir et égouttez.
2] Préchauffez le four à 200 °C.
3] Préparez la pâte à génoise. Mettez-la dans un moule de 22 cm.Cuisez 40 minutes. Démoulez et laissez refroidir.
4] Faites blondir au four les amandes.
5] Portez l'eau et le sucre à ébullition. Laissez-le tiédir et ajoutez le kirsch.
6] Coupez les tranches d'ananas en dés. Réservez-en une douzaine.
7] Coupez la génoise en 2 abaisses. Imbibez-les de sirop. Sur la première, mettez de la marmelade d'abricot et répartissez les dés d'ananas. Recouvrez de la seconde abaisse et passez du nappage abricot sur tout le singapour. Parsemez tout le tour d'amandes grillées et décorez le dessus avec le reste des dés d'ananas, des bigarreaux et des morceaux d'angélique confits. Servez très frais.

Mille-feuille aux framboises et à l'anis

Ce mille-feuille est composé de deux couches de crème parfumée à l'anis et piquées de framboises fraîches, placées entre trois couches de pâte feuilletée inversée caramélisée. Grâce à la caramélisation, la crème ne détrempe pas facilement ce feuilletage croustillant et fondant.

Voir recette page 447

Tiramisu

PRÉPARATION 25 min
CUISSON 8 min environ
RÉFRIGÉRATION 2 h
POUR 6 personnes

20 cl de café très serré
4 blancs d'œufs
3 cl d'eau
90 g de sucre en poudre
250 g de mascarpone
4 jaune d'œufs
20 biscuits à la cuillère environ
8 cl de marsala sec (ou d'amaretto)
cacao en poudre non sucré

1] Préparez le café et laissez-le refroidir.
2] Fouettez au batteur électrique les blancs en neige molle. Portez l'eau à ébullition avec le sucre et laissez bouillir 3 minutes au maximum. Versez en filet le sucre cuit sur les blancs et fouettez au batteur jusqu'à complet refroidissement.
3] Mélangez le mascarpone dans une jatte avec les jaunes. Dès que cette préparation est lisse, incorporez-y délicatement les blancs en neige.
4] Imbibez légèrement de café les biscuits à la cuillère. Disposez-en une première couche dans le fond d'un plat à gratin de 19 x 24 cm environ. Aspergez-les de marsala. Recouvrez-les d'une couche de préparation de mascarpone. Continuez de la même façon en terminant le tiramisu par une couche de crème au mascarpone. Gardez au réfrigérateur pendant au moins 2 heures.
5] Au moment de servir, saupoudrez le dessus du tiramisu de cacao tamisé.

Commentaire gourmand

Le tiramisu est encore meilleur s'il est préparé la veille.

Vatrouchka

PRÉPARATION 40 min
REPOS 1 h
CUISSON 15 + 50 min
POUR 6 à 8 personnes

200 g de fruits confits
5 cl de cognac (ou rhum ou armagnac)

Pour la pâte

125 g de beurre
1/2 citron non traité
1/2 orange non traitée
3 jaunes d'œufs
200 g de sucre en poudre
1 pincée de sel
1 sachet de sucre vanillé
40 g de crème fraîche
350 g de farine

Pour la garniture

100 g de beurre
200 g de sucre
3 jaunes d'œufs
500 g de fromage blanc
200 g de crème fraîche
30 g de fécule
1 blanc d'œuf
1 œuf
sucre glace

1] Coupez les fruits confits en petits dés et faites-les macérer avec le cognac.
2] Mettez le fromage blanc à égoutter dans une passoire.
3] Préparez la pâte : faites ramollir le beurre. Râpez les zestes d'orange et de citron. Dans un saladier, mettez les jaunes et le sucre et fouettez jusqu'à ce que l'appareil blanchisse ; ajoutez alors le beurre, la pincée de sel et le sucre vanillé, puis les zestes et la crème fraîche en mélangeant chaque fois. Versez ensuite la farine d'un seul coup et mélangez encore sans trop pétrir. Mettez la pâte en boule au réfrigérateur, couverte d'un film alimentaire et laissez-la reposer.
4] Préchauffez le four à 200 °C.
5] Étalez la pâte, découpez un disque de 3 mm d'épaisseur et de 28 cm de diamètre. Posez-le sur un papier sulfurisé de même format puis sur la plaque. Piquez-le avec une fourchette et glissez au four pendant 15 minutes.
6] Faites une boule avec les chutes de pâte.
7] Préparez la garniture : avec une fourchette, travaillez le beurre en pommade. Ajoutez le sucre, puis les jaunes d'œufs un par un en mélangeant bien, le fromage blanc égoutté, par petites quantités, et la crème fraîche ; terminez par la fécule et les fruits confits égouttés. Travaillez cette pâte jusqu'à ce qu'elle soit homogène. Battez le blanc en neige bien ferme et ajoutez-le.
8] Versez cette préparation sur le fond de tarte refroidi en lissant avec une spatule.
9] Étalez le reste de la pâte en un rectangle de 3 mm d'épaisseur et découpez-le en bandes étroites ; déposez-les en croisillons sur le dessus du gâteau, soudez bien les extrémités sur le bord du gâteau.
10] Battez l'œuf et, avec un pinceau, dorez la garniture et les bandes de pâte. Mettez au four à 200 °C pendant 50 minutes.
11] À la sortie du four, poudrez de sucre glace et laissez refroidir.

Restaurant Dominique, Paris

Les gâteaux individuels et les tartelettes

Les desserts individuels utilisent une grande variété de pâtes : pâte feuilletée pour les mille-feuilles et les conversations, pâte brisée ou pâte sucrée pour les barquettes, pâte à chou pour les religieuses et les éclairs, etc. Les tartelettes et les barquettes sont parmi les plus faciles à réaliser.

Amandines à la duchesse

PRÉPARATION 40 min
REPOS 2 h
CUISSON 20 min
POUR 8 tartelettes

300 g de pâte sucrée *(voir p. 19)*
400 g de crème à l'amande *(voir p. 54)*
10 cl de kirsch
300 g de groseilles au sirop
100 g de gelée de groseille

1] Préparez la pâte sucrée et laissez-la reposer au frais pendant 2 heures.
2] Préparez la crème à l'amande en y ajoutant le kirsch.
3] Préchauffez le four à 200 °C.
4] Étalez la pâte sur 3 mm d'épaisseur. Découpez 8 disques de pâte avec un emporte-pièce ou avec un moule à tartelette. Déposez les disques dans les petits moules beurrés. Piquez le fond avec une fourchette.
5] Égouttez les groseilles au sirop. Réservez-en quelques-unes pour la décoration. Répartissez les autres dans les moules. Puis, avec une cuillère, recouvrez-les de crème à l'amande.
6] Mettez les amandines au four 20 minutes. Laissez-les refroidir complètement avant de les démouler délicatement.
7] Dans une petite casserole, faites tiédir la gelée de groseille. Avec un pinceau, badigeonnez-en les amandines.
8] Décorez le dessus des amandines avec quelques groseilles au sirop et conservez-les au frais jusqu'au moment de les servir.

Commentaire gourmand

Vous pouvez, en suivant la même recette, faire des amandines aux cerises en remplaçant les groseilles par 300 g de cerises confites.

Baba au rhum

PRÉPARATION 30 min
REPOS 30 min
CUISSON 15 min
POUR 8 babas

Pour la pâte
100 g de beurre
le zeste de 1/2 citron
250 g de farine
25 g de miel d'acacia
25 g de levure de boulanger
8 g de fleur de sel
1 cuill. à café de vanille en poudre
8 œufs

Pour les moules
25 g de beurre

Pour le sirop
le zeste de 1/2 citron
le zeste de 1/2 orange
1 gousse de vanille
1 l d'eau
500 g de sucre en poudre
50 g de purée d'ananas
10 cl de rhum brun agricole

Pour le nappage
100 g de nappage abricot
10 à 20 cl de rhum brun agricole

Cette recette se fait en deux temps : l'idéal est de laisser s'écouler 48 heures entre les deux étapes de la préparation.

1 Coupez le beurre en petits morceaux et laissez-le à température ambiante. Râpez le zeste du citron.

2 Dans la cuve d'un robot pétrisseur équipé de la feuille, mettez la farine, le miel, la levure émiettée, la fleur de sel, la vanille, le zeste de citron et 3 œufs. Faites tourner l'appareil à vitesse moyenne jusqu'à ce que la pâte se détache de la paroi de la cuve. Ajoutez alors 3 œufs et travaillez de même. Lorsque la pâte se détache de nouveau de la paroi, ajoutez les 2 œufs restants et travaillez encore 10 minutes. Sans cesser de faire tourner l'appareil, ajoutez alors le beurre coupé en petits cubes. Quand la pâte est homogène – elle reste très liquide –, versez-la dans un saladier et laissez-la lever pendant 30 minutes à température ambiante.

3 Beurrez les 8 moules à baba individuels. Mettez la pâte dans une poche à douille et remplissez les moules à moitié. Laissez de nouveau lever la pâte jusqu'à ce qu'elle atteigne le bord du moule.

4 Préchauffez le four à 200 °C. Faites cuire les babas 15 minutes.

5 Laissez-les refroidir, puis démoulez-les sur une grille. Laissez-les rassir un ou deux jours; ils s'imbiberont mieux du sirop.

6 Préparez le sirop : râpez les zestes de citron et d'orange, fendez et grattez la gousse de vanille. Faites bouillir ensemble l'eau, le sucre, les zestes, la vanille et la purée d'ananas. Après ébullition, ajoutez le rhum et arrêtez le feu. Laissez tiédir jusqu'à 60 °C.

7 Trempez un à un les babas dans le sirop. Pour vous assurer qu'ils sont bien imbibés, enfoncez-y la lame d'un couteau : elle ne doit rencontrer aucune résistance.

8 Faites bouillir dans une casserole le nappage abricot. Aspergez les babas de rhum puis, au pinceau, badigeonnez-les de nappage abricot bouillant.

9 Garnissez les babas de crème Chantilly nature ou parfumée à la cannelle ou au chocolat *(voir page 51)* que vous piquerez, en saison, de fruits rouges entiers ou de fruits exotiques coupés en cubes.

Tour de main

Cette préparation est plus facile à faire en utilisant un robot, mais vous pouvez aussi bien utiliser un fouet manuel.

Barquettes aux framboises

PRÉPARATION 10 + 30 min
REPOS 2 + 1 h
CUISSON 15 min
POUR 10 barquettes

300 g de pâte brisée *(voir p. 17)*
150 g de crème pâtissière *(voir p. 58)*
200 g de framboises
5 cuill. à soupe de gelée de groseille (ou de framboise)
25 g de beurre pour les moules

1 Préparez la pâte brisée et laissez-la reposer 2 heures au frais.

2 Préparez la crème pâtissière et mettez-la au réfrigérateur.

3 Étalez la pâte brisée sur 3 mm d'épaisseur. Découpez 10 morceaux de pâte avec un moule ou un emporte-pièce. Déposez ces morceaux dans des petits moules beurrés. Piquez le fond avec une fourchette. Laissez reposer pendant 1 heure.

4 Préchauffez le four à 180 °C et enfournez les moules garnis de pâte pendant 15 minutes.

5 Démoulez les barquettes et laissez-les refroidir. Avec une petite cuillère, mettez au fond de chacune d'elles un peu de crème pâtissière. Triez les framboises et répartissez-les dessus.

6 Dans une petite casserole, faites tiédir la gelée de groseille (ou de framboise) et, avec un pinceau, nappez-en délicatement les framboises.

Baba au rhum
Préparez la chantilly à l'avance et gardez-la au réfrigérateur. Fouettez-la, de nouveau, deux minutes avant d'en garnir les babas.

Barquettes aux marrons

PRÉPARATION 1 h
REPOS 2 + 1 h
CUISSON 15 min
POUR 10 barquettes

300 g de pâte sucrée (*voir p. 19*)
400 g de crème au marron (*voir p. 55*)
100 g de glaçage au café (*voir p. 74*)
100 g de glaçage au chocolat (*voir p. 80*)
25 g de beurre

1] Préparez la pâte sucrée et laissez-la reposer 2 heures au frais.
2] Étalez la pâte sur 3 ou 4 mm, puis, avec un emporte-pièce cannelé ou un des moules, découpez 10 morceaux de pâte ovales.
3] Beurrez les moules à barquette et déposez-y les morceaux de pâte. Piquez le fond avec une fourchette et laissez-les reposer pendant 1 heure.
4] Préchauffez le four à 180 °C et enfournez pour 15 minutes.
5] Préparez la crème au marron.
6] Démoulez les barquettes quand elles sont froides et, avec une cuillère, garnissez-les généreusement de crème au marron de façon à former une sorte de dôme. Lissez avec une spatule.
7] Recouvrez l'un des côtés de chaque barquette de glaçage au café et l'autre de glaçage au chocolat. Mettez le restant de crème au marron dans une poche à douille et tracez une ligne de crème sur le dessus. Servez frais.

Bouchées à l'abricot

PRÉPARATION 30 min
CUISSON 20 min
POUR 20 bouchées

Pour la pâte
200 g de beurre fondu
1 petit verre de rhum
250 g de sucre
8 œufs
200 g de farine

Pour la garniture
10 cuill. à soupe de marmelade d'abricot
5 cl de rhum
amandes effilées
20 cerises confites

1] Préchauffez le four à 180 °C.
2] Faites fondre le beurre et ajoutez-y le rhum. Dans un saladier, rassemblez le sucre en poudre et les œufs et fouettez-les jusqu'à ce que le mélange blanchisse.
3] Ajoutez la farine tamisée et le beurre fondu et parfumé au rhum.
4] Remplissez avec cette pâte, mais aux trois quarts seulement, des petits moules ronds ou ovales beurrés.
5] Mettez au four pendant 20 minutes. Démoulez les bouchées sur une grille et laissez-les refroidir. Faites dorer les amandes effilées dans le four.
6] Mélangez 5 cuillerées de marmelade d'abricot avec la moitié du rhum. Coupez chaque bouchée en deux, dans le sens de l'épaisseur. Garnissez une moitié avec cette marmelade au rhum et posez l'autre par-dessus.
7] Faites réduire le reste de la marmelade d'abricot, ajoutez-y le reste du rhum et recouvrez-en le dessus et le tour des bouchées. Garnissez avec les amandes et posez une cerise confite sur le dessus.

Brioches polonaises

PRÉPARATION 20 + 30 min
REPOS 4 h
CUISSON 35 + 10 min
POUR 6 brioches

300 g de pâte à brioche (*voir p. 24*)
200 g de crème pâtissière (*voir p. 58*)
150 g de fruits confits
5 cl de kirsch
200 g de meringue (*voir p. 42*)
50 g d'amandes effilées

Pour le sirop
150 g de sucre
250 g d'eau
30 cl de kirsch

1] Préparez la pâte à brioche et laissez-la reposer 4 heures au frais.
2] Formez des petites boules de 50 g et mettez-les dans les moules à brioche beurrés. Laissez gonfler.
3] Préchauffez le four à 200 °C. Mettez ces brioches à cuire pendant 10 minutes à 200 °C, puis baissez le four à 180 °C et poursuivez la cuisson pendant 25 minutes.
4] Préparez le sirop : faites bouillir l'eau et le sucre. Laissez refroidir et ajoutez 30 cl de kirsch. Préparez la crème pâtissière et incorporez les fruits confits coupés en petits dés et 5 cl de kirsch.
5] Démoulez les brioches et coupez le chapeau de chacune d'elles, puis le corps en 3 tranches horizontales. Avec un pinceau, imbibez chaque tranche de sirop au kirsch et recouvrez de crème pâtissière; reconstituez la brioche.
6] Préparez la meringue. Mettez les brioches dans un plat allant au four, enrobez-les de meringue, parsemez dessus les amandes effilées et mettez au four pendant 10 minutes à 200 °C. Servez frais.

Choux au café

PRÉPARATION 40 min
CUISSON 20 min
POUR 12 choux

350 g de pâte à choux *(voir p. 27)*
800 g de crème pâtissière *(voir p. 58)*
6 cuill. à café d'extrait de café soluble

Pour le glaçage

200 g de fondant
4 cuill. à café d'extrait de café
30 g de sucre
2 cuill. à soupe d'eau

1] Préparez la pâte à choux.
2] Préchauffez le four à 180 °C.
3] Versez la pâte à choux dans une poche munie d'une grosse douille cannelée n° 14 et déposez sur la plaque recouverte de papier sulfurisé 12 petits tas bien ronds.
4] Mettez au four pendant 20 minutes en entrouvrant un peu la porte du four au bout de 5 minutes de cuisson.
5] Préparez la crème pâtissière et parfumez-la avec de l'extrait de café soluble.
6] Préparez le glaçage : faites chauffer, d'une part, le fondant au bain-marie ou au four à micro-ondes et ajoutez-y l'extrait de café; faites bouillir, d'autre part, l'eau et le sucre pour faire un sirop. Versez peu à peu ce sirop sur le fondant, en tournant avec une cuillère en bois.
7] Versez la crème pâtissière dans une poche munie d'une douille lisse moyenne n° 7 et garnissez-en les choux en enfonçant la douille par-dessous. Trempez la moitié supérieure de chaque chou dans le fondant, enlevez l'excédent avec le doigt. Posez sur une grille et laissez refroidir.

Tour de main

La préparation du fondant demande un peu d'attention. S'il est trop chaud, il sera terne ; s'il est trop froid, il sera difficile à étaler. Sa température idéale se situe entre 32 °C et 35 °C.
Le sirop permet de lui donner la consistance et la température idéales pour qu'il s'étale facilement.

Variante

De la même façon, vous pouvez préparer des choux au chocolat, avec une crème pâtissière au chocolat *(voir page 58)* et du fondant parfumé au chocolat avec 20 g de cacao en poudre ; ou encore des choux à la crème Chiboust aromatisée au café *(voir page 52)* que vous glacerez avec du fondant au café.

Choux à la crème Chantilly

PRÉPARATION 30 min
CUISSON 20 min
POUR 10 choux

300 g de pâte à choux *(voir p. 27)*
500 g de crème Chantilly *(voir p. 51)*
sucre glace

1] Préparez la pâte à choux.
2] Préchauffez le four à 180 °C.
3] Versez la pâte à choux dans une poche munie d'une douille lisse de 15 mm de diamètre. Déposez sur la plaque recouverte de papier sulfurisé 10 choux ovales de 8 cm de long sur 5 cm de large (ils formeront les corps des cygnes).
4] Retirez la douille et remplacez-la par une douille de 4 ou 5 mm de diamètre. Faites avec la pâte 10 contours en forme de « S », sur 5 ou 6 cm de hauteur (ils serviront à faire les cous des cygnes).
5] Mettez les choux au four pendant 18 à 20 minutes et les « S » pendant 10 à 12 minutes.
6] Préparez la crème Chantilly et mettez-la au réfrigérateur.
7] Laissez refroidir les choux dans le four éteint, porte ouverte.
8] Avec un petit couteau-scie, coupez la partie supérieure de chaque chou. Puis recoupez chaque morceau en deux dans le sens de la longueur (ceux-ci deviendront les ailes des cygnes).
9] Versez la crème Chantilly dans une poche munie d'une grosse douille cannelée et garnissez chaque chou en formant un dôme. Enfoncez un « S » à l'une des extrémités et piquez les ailes dans la crème. Poudrez largement de sucre glace.

Conversations

PRÉPARATION 30 + 30 min
REPOS 10 h + 15 min
CUISSON 30 min
POUR 8 conversations

400 g de pâte feuilletée *(voir p. 20)*
200 g de crème à l'amande *(voir p. 54)*
2 blancs d'œufs
250 g de sucre glace

1] Préparez la pâte feuilletée (n'oubliez pas qu'elle doit reposer 10 heures au total).
2] Préparez la crème à l'amande.
3] Partagez la pâte feuilletée en deux. Étalez un morceau au rouleau sur une épaisseur de 3 mm. Avec un emporte-pièce, découpez 8 cercles. Faites la même chose avec le deuxième morceau de pâte.
4] Beurrez les 8 moules à tartelette et disposez-y les premiers ronds de pâte.
5] Garnissez-les de crème à l'amande jusqu'à 5 mm du bord, en l'étalant régulièrement avec le dos d'une petite cuillère.
6] Avec un pinceau, humectez les bords des 8 autres ronds de pâte feuilletée et fixez-les par-dessus la crème, en les soudant bien.
7] Préparez le glaçage. Battez les blancs d'œufs en neige molle en y incorporant peu à peu le sucre glace. Avec une spatule, étalez ce mélange sur toute la surface des conversations.
8] Préchauffez le four à 180-190 °C.
9] Faites une boule avec les chutes de pâte, étalez-la sur 2 mm d'épaisseur et découpez 15 bandelettes de 6 à 8 mm de large. Disposez-les en losanges sur le glaçage en les entrelaçant. Laissez reposer les gâteaux durant 15 minutes.
10] Mettez au four pendant 30 minutes. Servez froid.

Histoire gourmande

Cette petite pâtisserie à l'amande aurait été créée à la fin du XVIIe siècle et devrait son nom au titre d'un ouvrage alors à la mode, les Conversations d'Émilie *(1774) de Madame d'Épinay.*

Délices aux fraises

PRÉPARATION 30 min
REPOS 1 h
CUISSON 15 min
POUR 6 tartelettes

250 g de pâte sablée *(voir p. 18)*
300 g de fraises
60 g de sucre en poudre
130 g de beurre
6 feuilles de menthe fraîche

1] Préparez la pâte sablée et laissez-la reposer 1 heure au réfrigérateur.
2] Lavez rapidement les fraises, équeutez-les. Mettez-en la moitié dans un saladier avec le sucre et laissez-les macérer pendant environ 1 heure. Mettez l'autre moitié à égoutter sur du papier absorbant.
3] Préchauffez le four à 190 °C.
4] Étalez la pâte sablée sur 3 mm d'épaisseur et, avec un emporte-pièce, découpez 6 disques de pâte.
5] Disposez ces disques dans les moules à tartelette beurrés. Piquez le fond de chacun d'eux avec une fourchette. Découpez 6 morceaux de papier sulfurisé, placez-les sur le fond avec quelques haricots secs pour éviter que la pâte ne boursoufle pendant la cuisson.
6] Enfournez pendant 10 minutes.
7] Mettez le beurre dans un saladier et, avec un fouet ou une fourchette, travaillez-le pour le ramollir.
8] Égouttez les fraises macérées, passez-les au tamis et ajoutez-les au beurre. Mélangez jusqu'à ce que vous obteniez une crème bien homogène.
9] Quand les tartelettes sont froides, démoulez-les délicatement et, avec une cuillère, répartissez la crème à la fraise dans chacune d'elles. Déposez les fraises fraîches par-dessus et décorez avec quelques feuilles de menthe.

Délices aux fraises
Ces tartelettes sont décorées de feuilles de menthe fraîche.

Délices aux noix

PRÉPARATION **40 min**
REPOS **1 + 1 h**
CUISSON **15 min**
POUR **8 délices**

250 g de pâte sucrée
(voir p. 19)
250 g de crème à l'amande
(voir p. 54)
350 g de crème au café
(voir p. 50)
100 g de cerneaux de noix

Pour la finition

250 g de fondant
(voir p. 73)
2 cuill. à soupe d'extrait de café
2 cuill. à soupe d'eau chaude
8 cerneaux de noix

1] Préparez la pâte sucrée et laissez-la reposer 1 heure.
2] Préparez la crème à l'amande et la crème au café ; mettez-les au réfrigérateur.
3] Préchauffez le four à 190 °C.
4] Étalez la pâte sur 2 mm d'épaisseur. Avec un moule à tartelette, découpez 8 cercles. Beurrez les 8 moules et mettez-y les disques de pâte. Piquez le fond avec une fourchette et répartissez-y la crème à l'amande.
5] Mettez au four pendant 15 minutes.
6] Hachez les cerneaux de noix et incorporez-les à la crème au café.
7] Démoulez les tartelettes quand elles sont froides. Avec une petite cuillère, garnissez-les d'un dôme de crème parfumée au café , lissez bien avec une spatule. Puis gardez-les au réfrigérateur pendant 1 heure.
8] Dans une casserole, faites tiédir le fondant au bain-marie ou au four à micro-ondes, ajoutez-y l'extrait de café et les 2 cuillerées d'eau chaude.
9] Piquez le fond de chaque délice avec une fourchette et plongez les dômes de crème dans le fondant jusqu'à la pâte. Égalisez la surface à l'aide d'une spatule métallique.
10] Décorez chaque délice avec un cerneau de noix et mettez au frais jusqu'au moment de servir.

Éclairs au café

PRÉPARATION **45 min**
CUISSON **20 min**
POUR **12 éclairs**

375 g de pâte à choux
(voir p. 27)

Pour la crème pâtissière au café

800 g de crème pâtissière
(voir p. 58)
5 g d'eau
5 g de café soluble
5 g d'extrait de café

Pour le glaçage

60 g de sucre en poudre
4 cuill. à soupe d'eau
250 g de fondant
(voir p. 73)
2 cuill. à soupe d'extrait naturel de café

1] Préparez la crème pâtissière et parfumez-la en incorporant avec un fouet le café dilué et l'extrait de café ; gardez-la au frais.
2] Préparez la pâte à choux.
3] Préchauffez le four à 190 °C.
4] Glissez la pâte dans une poche munie d'une grosse douille cannelée n° 13 ou n° 14. Sur une plaque recouverte de papier sulfurisé, déposez 12 bâtonnets de 12 cm de long (ils doivent faire environ 30 g chacun). Faites-les cuire pendant 20 minutes, en entrouvrant un peu la porte du four au bout des 7 premières minutes.
5] Disposez ensuite les éclairs sur une grille et laissez-les refroidir complètement.
6] Préparez le glaçage : dans une casserole, mettez l'eau et le sucre et portez à ébullition pour faire un sirop. Dans une autre casserole mettez le fondant à chauffer au bain-marie. Dès qu'il est ramolli, ajoutez-y l'extrait de café et versez peu à peu le sirop en un mince filet, en tournant très lentement avec une cuillère en bois, sans faire de bulles. Dès que le fondant est devenu pâteux et souple (sa consistance idéale), n'ajoutez plus de sirop. Il s'étalera alors facilement sans couler.
7] Mettez la crème pâtissière dans la poche munie d'une douille lisse moyenne n° 7. Enfoncez la douille à l'une des extrémités de chaque éclair ; fourrez-les ainsi un à un.
8] Versez le fondant dans la poche munie d'une douille plate et nappez-en le dessus des éclairs. Il fige en 5 à 10 minutes et les éclairs sont prêts à être dégustés ; sinon, gardez-les au frais.

Variante

Éclairs au chocolat

Ajoutez 200 g de chocolat noir grossièrement râpé, en trois ou quatre fois, dans la crème pâtissière encore chaude. Pour le glaçage, ajoutez 25 g de cacao amer en poudre, tamisé.

Éclairs au chocolat
Ils doivent être préparés suffisamment à l'avance pour pouvoir être servis froids.

Jeu de pommes

PRÉPARATION 30 min
CUISSON 15 min
POUR 4 jeux de pommes

Pour la pâte
200 g de farine
140 g de beurre
sel
8 g de sucre en poudre
20 cl d'eau

Pour la garniture
4 pommes
30 g de beurre
30 g de sucre en poudre
sucre glace
2 cuill. à soupe de miel d'acacia
1 citron
5 cl de calvados

1] Préparez la pâte : dans la cuve du robot, mettez la farine, le beurre assez ferme, 1 g de sel, le sucre et 20 cl d'eau. Faites tourner rapidement l'appareil et sortez la pâte : les particules de beurre doivent apparaître.
2] Préchauffez le four à 220 °C.
3] Épluchez et émincez les pommes.
4] Abaissez finement la pâte et découpez-y avec un emporte-pièce 16 ronds de 12 cm de diamètre.
5] Déposez-les sur une plaque à pâtisserie et garnissez-les avec les tranches de pommes. Badigeonnez-les de beurre fondu et poudrez-les de sucre.
6] Enfournez les tartelettes 15 minutes. Sortez-les et poudrez-les de sucre glace. Passez-les sous le gril pour les caraméliser.
7] Laissez tiédir les tartelettes et superposez-les 4 par 4 dans des assiettes à dessert. Au moment de servir, nappez chaque jeu de pommes de miel d'acacia additionné de jus de citron et d'un peu de calvados. Servez-les éventuellement avec une boule de sorbet au citron.

Jean et Pierre Troisgros

Madeleines

PRÉPARATION 10 min
CUISSON 15 min
POUR 12 madeleines

100 g de farine
3 g de levure chimique
100 g de beurre
1/4 de citron non traité
2 œufs
120 g de sucre en poudre

1] Tamisez ensemble la farine et la levure au-dessus d'un bol.
2] Faites fondre le beurre dans une petite casserole et laissez-le refroidir.
3] Hachez finement le zeste du 1/4 de citron.
4] Cassez les œufs dans une terrine, versez le sucre par-dessus. Fouettez pendant 5 minutes pour bien les faire mousser ; ajoutez le mélange farine-levure en pluie, puis le beurre et le zeste haché, sans cesser de tourner.
5] Préchauffez le four à 220 °C.
6] Beurrez légèrement la plaque à madeleines et remplissez-la de pâte seulement aux deux tiers. Mettez au four pendant 5 minutes à 220 °C puis baissez la température à 200 °C et laissez cuire encore 10 minutes.
7] Démoulez les madeleines tièdes et laissez-les refroidir.

Mirlitons de Rouen

PRÉPARATION 30 + 15 min
REPOS 10 h + 30 min
CUISSON 15 à 20 min
POUR 10 tartelettes

250 g de pâte feuilletée
(voir p. 20)
2 œufs
4 gros macarons
60 g de sucre en poudre
20 g de poudre d'amande
15 amandes mondées
sucre glace

1] Préparez la pâte feuilletée (n'oubliez pas qu'elle doit reposer 10 heures au total).
2] Étalez la pâte au rouleau sur 2 mm d'épaisseur. Avec un emporte-pièce, découpez 10 cercles et déposez-les dans les moules à tartelette.
3] Cassez les œufs dans une terrine et battez-les. Émiettez finement les macarons, ajoutez-les aux œufs battus et mélangez.
4] Ajoutez ensuite le sucre en poudre et la poudre d'amande et fouettez jusqu'à ce que la préparation soit bien homogène.
5] Remplissez aux trois quarts les moules avec cette crème et mettez ceux-ci pendant 30 minutes au réfrigérateur.
6] Préchauffez le four à 200 °C.
7] Coupez les amandes en 2 dans le sens de la longueur et piquez 3 demi-amandes au centre de chaque tartelette. Poudrez-les de sucre glace et mettez au four pendant 15 à 20 minutes. Servez tiède ou froid.

Ponts-neufs

PRÉPARATION 50 min
REPOS 2 h
CUISSON 20 min
POUR 10 tartelettes

350 g de pâte à foncer *(voir p. 16)*
650 g de crème pâtissière *(voir p. 58)*
30 g de macarons
250 g de pâte à choux *(voir p. 27)*

Pour la finition
1 œuf
100 g de gelée de groseille
sucre glace

1] Préparez la pâte à foncer et gardez-la au frais pendant 2 heures.
2] Préparez ensuite la crème pâtissière et ajoutez les macarons finement écrasés. Mettez-la au frais.
3] Préparez la pâte à choux.
4] Étalez la pâte à foncer sur 3 mm d'épaisseur, découpez-y, avec un emporte-pièce, 10 disques un peu plus grands que les moules à tartelette et garnissez ceux-ci. Rassemblez les chutes de pâte et roulez-les en boule.
5] Préchauffez le four à 190 °C.
6] Ajoutez la pâte à choux à la crème pâtissière et mélangez bien. Versez cette nouvelle pâte dans les moules. Cassez l'œuf dans un bol, battez-le et, à l'aide d'un pinceau, dorez le dessus des tartelettes.
7] Abaissez le reste de la pâte, découpez 20 bandelettes de 5 à 6 mm de large et disposez-les en croix sur chaque gâteau.
8] Mettez les tartelettes au four pendant 15 à 20 minutes, puis, quand elles sont froides, démoulez-les.
9] Dans une petite casserole, et à feu doux, chauffez un peu la gelée de groseille. Avec un pinceau, nappez un quartier sur deux et poudrez les autres de sucre glace. Mettez au frais jusqu'au moment de servir.

Profiteroles au chocolat

PRÉPARATION 40 min
CUISSON 15 min
POUR 30 profiteroles

350 g de pâte à choux *(voir p. 27)*
1 œuf

Pour la sauce au chocolat
200 g de chocolat à croquer
10 cl de crème fraîche
400 g de crème Chantilly *(voir p. 51)*
75 g de sucre en poudre
1 sachet de sucre vanillé

1] Préparez la pâte à choux.
2] Préchauffez le four à 200 °C.
3] Mettez la pâte à choux dans une poche à douille à embout lisse et disposez 30 boules de pâte de la taille d'une noix sur une plaque recouverte de papier sulfurisé. Cassez l'œuf, battez-le et dorez chaque boule à l'aide d'un pinceau. Mettez les boules au four pendant 15 minutes, en entrouvrant la porte du four au bout de 5 minutes.
4] Préparez la sauce au chocolat. Hachez finement le chocolat. Faites bouillir la crème fraîche, versez-la ainsi sur le chocolat et mélangez bien.
5] Préparez la chantilly en y ajoutant peu à peu le sucre en poudre et le sucre vanillé. Versez-la dans une poche munie d'une douille n° 7. Percez le fond des choux et remplissez-les.
6] Dressez les profiteroles dans une coupe ou sur une assiette et servez-les avec la sauce au chocolat bien chaude.

Voir photographie page 177

Puits d'amour

PRÉPARATION 30 + 30 min
REPOS 10 h
CUISSON 15 min
POUR 6 puits

500 g de pâte feuilletée *(voir p. 20)*
1 œuf
sucre glace

Pour la garniture
350 g de crème pâtissière parfumée à la vanille *(voir p. 58)*

1] Préparez la pâte feuilletée (n'oubliez pas qu'elle doit reposer 10 heures au total).
2] Préparez la crème pâtissière et gardez-la au frais.
3] Préchauffez le four à 240 °C.
4] Étalez la pâte feuilletée sur 4 à 5 mm d'épaisseur. Avec un emporte-pièce ou un moule, découpez-y 12 disques de 6 cm de diamètre. Sur une tôle recouverte de papier sulfurisé, placez 6 de ces disques. Battez l'œuf dans un bol et dorez ces disques avec un pinceau.
5] Avec un petit emporte-pièce, évidez les 6 autres disques pour en faire des couronnes. Les bords doivent faire 1,5 cm de large. Posez-les sur les disques et dorez-les de la même façon.
6] Mettez au four pendant 15 minutes. Puis laissez refroidir sur une grille et poudrez de sucre glace.
7] Avec une cuillère à café, remplissez le centre de crème pâtissière à la vanille. Servez frais.

Religieuses au chocolat

PRÉPARATION 45 min
CUISSON 25 min
POUR 12 religieuses

800 g de crème pâtissière au chocolat *(voir p. 58)*
500 g de pâte à choux *(voir p. 27)*

Pour le glaçage

60 g de sucre en poudre
4 cuill. à soupe d'eau
250 g de fondant *(voir p. 73)*
25 g de cacao amer en poudre

1] Préparez d'abord la crème pâtissière au chocolat et gardez-la au frais.
2] Préparez la pâte à choux.
3] Préchauffez le four à 190 °C.
4] Mettez les deux tiers de la pâte dans une poche munie d'une grosse douille cannelée n° 13 ou 14. Sur une plaque recouverte de papier sulfurisé, déposez 12 gros choux.
5] Faites-les cuire pendant 25 minutes environ, en entrouvrant un peu la porte du four au bout de 7 minutes pour permettre à la pâte de gonfler régulièrement.
6] Disposez ensuite les choux sur une grille et laissez-les refroidir complètement.
7] Procédez de la même façon avec le reste de la pâte mais en faisant des petits choux, que vous ferez cuire pendant seulement 18 minutes.
8] Préparez le glaçage : dans une casserole, mettez l'eau et le sucre et portez à ébullition pour faire un sirop. Dans une autre casserole, faites chauffer le fondant au bain-marie. Dès qu'il est ramolli, ajoutez-y le cacao tamisé, mélangez et versez peu à peu le sirop en tournant très lentement avec une cuillère en bois, sans faire de bulles.
9] Mettez la crème pâtissière au chocolat dans la poche munie d'une douille lisse moyenne n° 7. Enfoncez la douille en dessous de chaque gros chou et fourrez-les tous. Faites de même pour les petits choux.
10] Trempez chaque petit chou dans le fondant et enlevez l'excédent avec le doigt. Faites de même avec les gros choux et déposez immédiatement un petit chou dessus pour qu'il reste collé.

Tour de main

Vous pouvez aussi décorer ces religieuses avec de la crème au beurre au café, en dessinant des flammes sur le dessus de chaque religieuse avec une poche munie d'une douille cannelée.

Variante

Religieuses au café

Préparez une crème pâtissière au café. Pour le glaçage, ajoutez 2 cuillerées à soupe d'extrait naturel de café.

Rochers congolais

PRÉPARATION 5 min
REPOS 24 h
CUISSON 8 à 10 min
POUR 30 à 40 rochers congolais

20 cl de lait frais
300 g de noix de coco râpée
200 g de sucre en poudre
4 œufs

1] La veille : faites tiédir le lait. Dans un saladier, mélangez le sucre, la noix de coco râpée et le lait. Remuez un peu, puis ajoutez les œufs un à un en fouettant entre chaque œuf. Mettez au réfrigérateur pendant 24 heures.
2] Déposez cette pâte sur une plaque recouverte de papier sulfurisé en formant 30 à 40 petites pyramides.
3] Préchauffez le four à 250 °C et faites cuire pendant 8 à 10 minutes de façon à faire colorer le sommet des rochers.

Tour de main

Faites attention, la noix de coco râpée rancit très facilement. Stockez-la toujours au réfrigérateur et prenez soin de la goûter avant de l'utiliser.

Profiteroles au chocolat ▸
Garnissez les choux de crème Chantilly au dernier moment, afin qu'elle ne détrempe pas la pâte à choux, puis nappez-les de sauce au chocolat bien chaude.

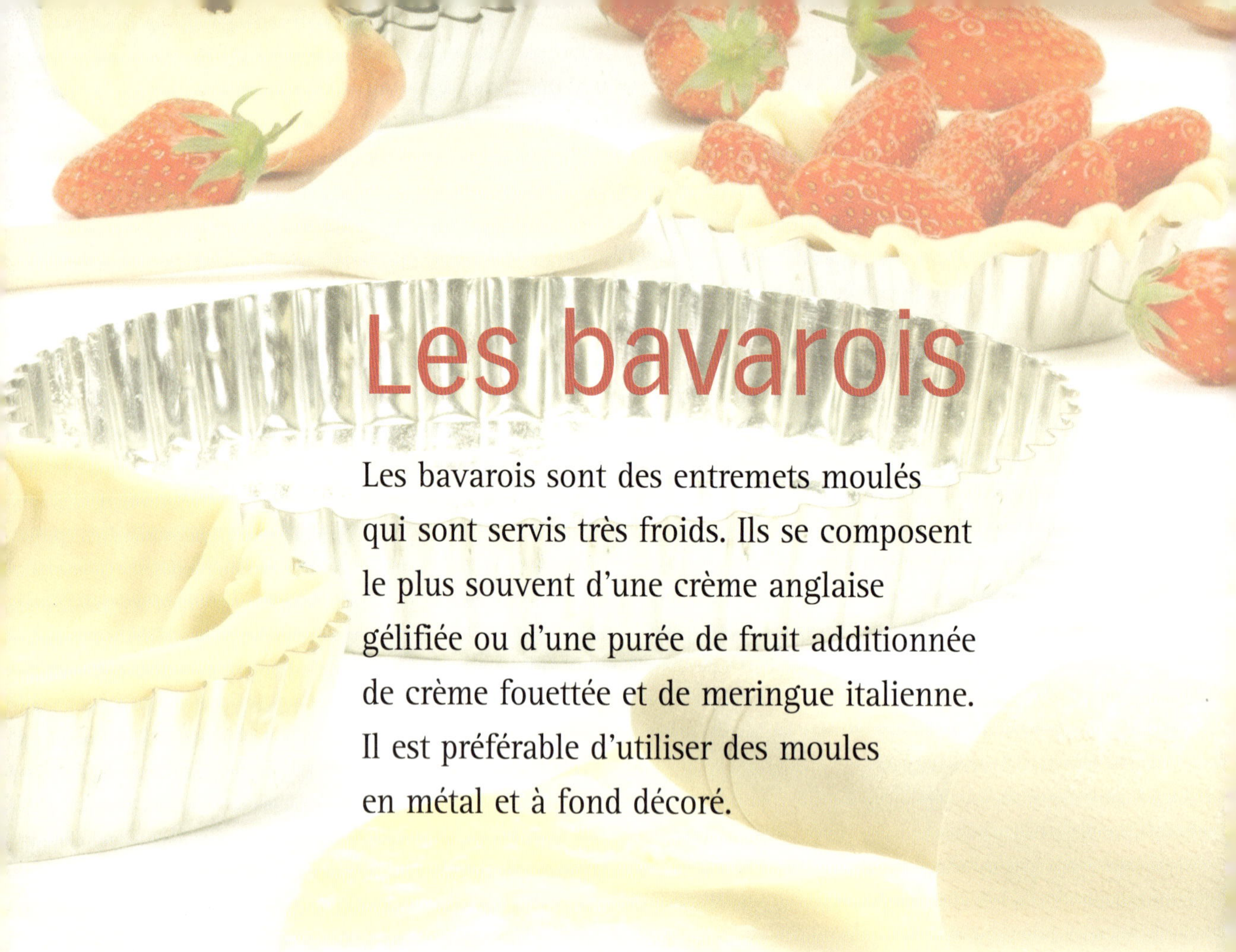

Les bavarois

Les bavarois sont des entremets moulés qui sont servis très froids. Ils se composent le plus souvent d'une crème anglaise gélifiée ou d'une purée de fruit additionnée de crème fouettée et de meringue italienne. Il est préférable d'utiliser des moules en métal et à fond décoré.

PRÉPARATION 45 min
RÉFRIGÉRATION 6 à 8 h
POUR 6 à 8 personnes

500 g de cassis frais ou surgelé
170 g de sucre en poudre
5 feuilles de gélatine
50 cl de crème fraîche
15 g de beurre
50 g de sucre glace

Bavarois au cassis

1] Triez les cassis et passez-les sous l'eau dans une passoire. Égouttez-les bien, puis écrasez-les au robot ou au moulin à légumes avec la grille fine. Passez-les enfin dans une passoire fine pour éliminer les grains. Si vous employez des fruits surgelés, faites-les décongeler à l'avance, puis écrasez-les.

2] Mettez les feuilles de gélatine à tremper dans de l'eau fraîche pendant 15 minutes, puis égouttez-les soigneusement.

3] Faites chauffer le quart de la pulpe de cassis avec le sucre en poudre, ajoutez-y la gélatine, mélangez bien. Versez ensuite dans le reste de la pulpe de cassis et mélangez de nouveau. Ajoutez alors la crème fraîche puis le sucre glace, en mélangeant bien.

4] Beurrez un moule à manqué de 22 cm de diamètre et tapissez-le de papier sulfurisé. Versez-y la préparation et mettez au réfrigérateur pendant 6 à 8 heures.

5] Pour démouler, plongez très rapidement le moule dans de l'eau tiède et retournez-le sur le plat de service.

Variante

Ce bavarois peut se faire avec d'autres fruits rouges, frais ou surgelés. Vous pouvez aussi l'agrémenter de grains de cassis à l'alcool. Dans ce cas, déposez une couche de crème, parsemez-la de grains de cassis et recommencez jusqu'à ce que le moule soit rempli.

Bavarois au cassis
La gelée au cassis est façonnée ici dans des bols individuels. Gardez-les au réfrigérateur jusqu'au dernier moment.

PRÉPARATION 30 min
RÉFRIGÉRATION 20 min + 3 h
CUISSON 5 min
POUR 6 à 8 personnes

300 g de pâte de marron
130 g de crème Chantilly *(voir p. 51)*
900 g de crème bavaroise à la vanille *(voir p. 48)*
10 g de beurre
15 g de sucre en poudre
180 g de miettes de marrons glacés
3 marrons glacés

Bavarois à la cévenole

1] Émiettez la pâte de marron dans un saladier. Montez la crème Chantilly, pour la crème et la décoration.
2] Préparez la crème bavaroise à la vanille.
3] Dès qu'elle est cuite, versez-la sur la pâte de marron et mélangez bien. Puis laissez refroidir. Ajoutez alors 100 g de crème Chantilly et remuez pour que la préparation soit homogène.
4] Beurrez et sucrez un moule à baba de 20 cm de diamètre. Versez-y la crème, puis répartissez les miettes de marrons glacés et mettez le moule au réfrigérateur pendant 3 heures.
5] Passez le moule quelques instants sous l'eau chaude et démoulez-le en le retournant sur le plat de service.
6] Mettez les 30 g restants de crème Chantilly dans une poche avec une douille cannelée et décorez le bavarois avec des rosaces.
7] Coupez en deux les marrons glacés et intercalez-les entre les rosaces de chantilly.

PRÉPARATION 30 min
RÉFRIGÉRATION 6 h
POUR 4 à 6 personnes

700 g de crème bavaroise *(voir p. 46)*
70 g de chocolat à 55 % de cacao au minimum
2 cuill. à café d'extrait de vanille liquide

Bavarois au chocolat et à la vanille

1] Préparez la crème bavaroise et partagez-la en deux parts.
2] Faites fondre doucement le chocolat au bain-marie ou au four à micro-ondes.
3] Ajoutez-le dans une des deux parts et mélangez bien.
4] Ajoutez l'extrait de vanille dans l'autre moitié de crème bavaroise.
5] Dans un moule à manqué de 22 cm de diamètre, versez la crème bavaroise qui est parfumée au chocolat. Mettez alors le moule au réfrigérateur pendant 30 minutes environ pour laisser prendre la crème.
6] Recouvrez ensuite avec la crème bavaroise parfumée à la vanille. Laissez prendre de nouveau au frais en mettant le moule au réfrigérateur pendant 4 ou 5 heures.
7] Démoulez le bavarois sur le plat de service. Avec un couteau économe, faites 50 à 70 copeaux de chocolat et parsemez-les sur le bavarois.

PRÉPARATION 1 h
RÉFRIGÉRATION 6 à 8 h
POUR 6 à 8 personnes

750 g de crème bavaroise *(voir p. 46)*
4 bananes
10 cl de rhum
200 g de crème Chantilly *(voir p. 51)*
2 tranches d'ananas au sirop
30 g de pistaches
huile

Bavarois à la créole

1] Épluchez les bananes, coupez-les en rondelles et mettez-les immédiatement à macérer dans le rhum.
2] Préparez la crème bavaroise.
3] Égouttez les bananes et ajoutez le rhum dans la crème.
4] Badigeonnez d'huile un moule à manqué de 22 cm de diamètre. Versez-y une première couche de crème bavaroise. Répartissez dessus des rondelles de banane macérées, puis recouvrez avec de la crème bavaroise et recommencez jusqu'à ce que le moule soit rempli, en terminant par une couche de crème. Mettez le bavarois au réfrigérateur pendant 6 à 8 heures.
5] Montez la crème Chantilly.
6] Égouttez bien les tranches d'ananas au sirop et coupez-les en lamelles.
7] Démoulez le bavarois sur un plat rond après l'avoir passé rapidement sous l'eau chaude. Mettez la chantilly dans une poche à douille et dessinez des rosaces de crème, en intercalant les lamelles d'ananas entre chaque rosace.
8] Enfin, écrasez les pistaches et parsemez-les sur tout le dessus du bavarois.

Bavarois aux fruits

PRÉPARATION 1 h
RÉFRIGÉRATION 6 à 8 h
POUR 6 à 8 personnes

600 g de crème bavaroise (voir p. 46)
50 cl de purée de fruit surgelée (abricot, ananas, cassis, fraise, framboise, etc.)
3 feuilles de gélatine
1/2 citron
noix de coco râpée
sucre glace

Recette légère

1] Faites décongeler la purée de fruit.
2] Préparez la crème bavaroise.
3] Mettez les feuilles de gélatine à tremper dans de l'eau fraîche pendant 15 minutes, puis égouttez-les.
4] Pressez le jus du demi-citron et ajoutez-le à la purée de fruit. Faites tiédir le quart de la purée de fruit, ajoutez-y la gélatine bien essorée, mélangez puis versez dans le reste de la purée de fruit et mélangez à nouveau.
5] Ajoutez cette préparation à la crème bavaroise, mélangez et versez dans un moule à manqué de 22 cm de diamètre ou dans un moule à charlotte de 18 cm. Mettez au réfrigérateur pendant 6 à 8 heures.
6] Démoulez le bavarois sur un plat rond après l'avoir trempé quelques instants dans de l'eau chaude.
7] Passez rapidement au four chaud la noix de coco râpée pour la griller légèrement et parsemez-la sur le bavarois. Poudrez de sucre glace.

Commentaire gourmand

Vous pouvez servir ce bavarois avec un coulis du même fruit que celui qui le parfume.

Valeur nutritionnelle pour 100 g

80 kcal ; protéines : 1 g ; glucides : 12 g ; lipides : 3 g.

Bavarois à la normande

PRÉPARATION 50 min
RÉFRIGÉRATION 6 à 8 h
POUR 6 à 8 personnes

700 g de crème bavaroise (voir p. 46)
3 feuilles de gélatine
400 g de pommes
70 g de sucre
30 g de beurre
7 cl de calvados
2 ou 3 pommes
sucre glace

1] Préparez la crème bavaroise.
2] Mettez les feuilles de gélatine à tremper dans de l'eau fraîche pendant 15 minutes, puis égouttez-les.
3] Épluchez les pommes, retirez les pépins, coupez-les en morceaux et mettez-les dans une casserole avec le sucre et le beurre. Quand la compote est cuite, passez-la à la moulinette ou écrasez-la bien à la fourchette. Ajoutez la gélatine bien essorée dans la compote chaude, puis laissez refroidir.
4] Quand la compote est froide, mélangez-la soigneusement avec la crème bavaroise et ajoutez le calvados. Versez dans un moule à manqué de 22 cm de diamètre ou dans un moule à charlotte de 18 cm, puis mettez au réfrigérateur pendant 6 à 8 heures.
5] Préchauffez le four à 200 °C.
6] Préparez les pommes pour la décoration : épluchez les pommes et coupez-les en deux, puis faites des rondelles de 3 ou 4 mm d'épaisseur. Disposez-les sur la plaque recouverte de papier sulfurisé, poudrez-les de sucre glace et mettez-les au four pendant environ 4 ou 5 minutes pour les dorer.
7] Pour démouler facilement le bavarois, trempez le moule quelques instants dans de l'eau chaude et retournez-le sur le plat de service.
8] Tapissez soigneusement les côtés et le dessus du bavarois en dessinant des rosaces avec les lamelles de pommes dorées.

Émotion Exaltée

Un délicieux jeu de goûts et de textures : la douce gelée de tomates, la mousse au chocolat blanc soyeuse, la note piquante du sel dans les fraises au citron et à la menthe.

Voir recette page 444

Charlottes, diplomates, puddings et pains perdus

Les charlottes sont des entremets composés de biscuits à la cuillère, de crème bavaroise, de mousse ou de fruits. Les diplomates sont faits à partir d'un pain brioché ou de biscuits à la cuillère. Les puddings sont préparés à base de pâte, de mie de pain, de biscuits ou de semoule.

Les charlottes

Charlotte aux abricots

PRÉPARATION 30 min
RÉFRIGÉRATION 24 h
POUR 6 à 8 personnes

RECETTE LÉGÈRE

Pour les fruits secs et confits
- 100 g de fruits confits
- 6 cl de rhum
- 100 g de raisins secs

Pour le sirop
- 40 g de sucre
- 10 cl d'eau
- 4 cl de rhum

Pour les abricots
- 1 grande boîte d'abricots au sirop
- 1 citron
- 100 g de sucre
- 2 feuilles de gélatine
- 36 biscuits à la cuillère

1] Coupez les fruits confits en dés. Mettez-les à macérer dans le rhum avec les raisins secs.
2] Dans une casserole, mettez le sucre et l'eau. Portez à ébullition, puis laissez tiédir hors du feu et ajoutez le rhum.
3] Égouttez les abricots et mixez-les.
4] Pressez le citron, ajoutez le jus et le sucre à cette purée. Faites tremper les feuilles de gélatine dans de l'eau froide.
5] Ajoutez-les d'abord au quart de la purée d'abricot, puis au reste, en mélangeant bien à chaque fois.
6] Égouttez les raisins et les fruits confits.
7] Trempez les biscuits un par un dans le sirop. Tapissez-en le fond d'un moule carré de 22 cm de côté. Étalez par-dessus une couche de fruits confits et de raisins secs, une couche de purée d'abricot et une couche de biscuits imbibés. Montez ainsi la charlotte en alternant raisins secs et fruits confits, purée d'abricot et biscuits imbibés. Terminez par une couche de biscuits.
8] Mettez au réfrigérateur pendant 24 heures. Démoulez la charlotte et nappez-la du reste de purée d'abricot.

Valeur nutritionnelle pour 100 g
215 kcal ; protéines : 1 g ; glucides : 46 g ; lipides : 2 g

Charlotte au café

PRÉPARATION 1 h
RÉFRIGÉRATION 4 h
POUR 6 à 8 personnes

Pour la crème au café
80 cl de crème liquide
40 g de café arabica moulu
3 feuilles de gélatine
100 g de sucre en poudre

Pour les biscuits imbibés
150 g de biscuits à la cuillère
120 g de café fort expresso très chaud
60 g de sucre en poudre
3/4 de tablette de chocolat au riz soufflé
10 tranches de pain de mie de 3 x 6 cm
60 g de beurre

Pour le décor
30 g de chocolat au lait

1] Préparez la crème au café : faites bouillir la crème liquide. Versez-y le café moulu, couvrez et laissez infuser pendant 5 minutes.
2] Tamisez cette crème à l'aide d'une passoire très fine. Prélevez 100 g de cette infusion, ajoutez les feuilles de gélatine et 100 g de sucre.
3] Versez le reste de la crème infusée dans un saladier et placez celui-ci dans un bain-marie de glaçons jusqu'à ce que la crème soit très froide, puis battez-la vigoureusement au fouet.
4] Mettez un peu de cette crème fouettée dans le mélange crème infusée-gélatine, puis reversez cette préparation dans le reste de la crème fouettée. Mélangez bien.
5] Faites le café expresso et sucrez-le.
6] Hachez grossièrement le chocolat au riz soufflé.
7] Beurrez les tranches de pain de mie des deux côtés et passez-les sous le gril.
8] Beurrez un moule à charlotte de 16 cm de diamètre et disposez tout autour les toasts chauds. Garnissez le fond du moule avec un peu de crème au café et répartissez la moitié du chocolat haché. Mouillez quelques biscuits à la cuillère avec le café bien chaud et posez-les dessus.
9] Renouvelez l'opération jusqu'à ce que le moule soit complètement garni, en terminant par une couche de biscuits imbibés de café. Couvrez le moule d'un film alimentaire et conservez au réfrigérateur pendant 4 heures.
10] Démoulez la charlotte en passant rapidement le moule sous le robinet d'eau chaude et en le retournant sur le plat de service. Faites des copeaux de chocolat au lait et parsemez-les. Servez la charlotte bien froide.

Histoire gourmande

C'est à Antonin Carême que l'on doit l'invention de cet entremets glacé sans cuisson, composé d'une crème au café (ou au chocolat) versée dans un moule tapissé de biscuits à la cuillère et de tranches de mie de pain imbibées de sirop.

Charlotte au chocolat

PRÉPARATION 40 min
RÉFRIGÉRATION 4 h
CUISSON 20 min
POUR 6 à 8 personnes

800 g de crème bavaroise (voir p. 46)
300 g de chocolat noir
400 g de crème anglaise (voir p. 45)
300 g de biscuits à la cuillère

Pour le sirop
10 cl d'eau
120 g de sucre en poudre
10 cl de rhum ou de Grand Marnier
30 g de chocolat noir

1] Préparez d'abord la crème bavaroise. Faites fondre doucement le chocolat au bain-marie ou au four à micro-ondes, et ajoutez-le à la crème bavaroise en mélangeant bien. Laissez refroidir.
2] Faites la crème anglaise et gardez-la au frais pendant que vous préparez le reste de la garniture.
3] Préparez le sirop de trempage : faites bouillir l'eau et le sucre en poudre dans une petite casserole. Laissez tiédir avant d'ajouter le rhum (ou le Grand Marnier).
4] Imbibez un à un les biscuits à la cuillère avec le sirop tiède et tapissez-en le fond et les côtés d'un moule à charlotte de 22 cm de diamètre.
5] Versez avec précaution la crème bavaroise au chocolat à l'intérieur du moule et mettez au réfrigérateur pendant 4 heures.
6] Pour démouler la charlotte, passez le moule rapidement sous l'eau chaude avant de le retourner sur un plat.
7] Avec un couteau économe, découpez des copeaux de chocolat noir et parsemez-les sur le dessus de la charlotte. Servez avec la crème anglaise.

Charlotte au chocolat et à la banane

PRÉPARATION 45 min
RÉFRIGÉRATION 3 h
POUR 6 à 8 personnes

700 g de mousse sabayon au chocolat *(voir p. 66)*
250 g de biscuits à la cuillère

Pour le sirop
8 cl d'eau
80 g de sucre en poudre
2 citrons
6 cl de vieux rhum agricole

Pour les bananes
2 bananes
1 citron et 1/2
15 g de beurre
noix muscade en poudre
poivre du moulin
20 g de sucre en poudre

Pour la décoration
1/2 citron
1 banane
30 g de chocolat

1] Préparez la mousse sabayon au chocolat et mettez-la au frais.
2] Préparez le sirop : dans une casserole, faites bouillir l'eau et le sucre. Pressez les deux citrons. Laissez refroidir le sirop, avant d'ajouter le rhum et le jus de citron.
3] Préparez les bananes poêlées : épluchez les fruits et coupez-les en tranches de 1 cm d'épaisseur. Pressez le citron et 1/2 et versez le jus sur les bananes en mélangeant bien pour qu'elles ne noircissent pas.
4] Faites fondre le beurre dans une poêle à revêtement antiadhésif, jetez-y les bananes et faites-les cuire à feu vif pendant 2 ou 3 minutes. Ajoutez 1 pincée de noix muscade et 2 ou 3 tours de moulin à poivre. Laissez refroidir les bananes.
5] Beurrez et sucrez un moule à charlotte de 16 cm de diamètre.
6] Trempez légèrement les biscuits à la cuillère dans le sirop et tapissez tout le tour du moule. Versez de la mousse sabayon au chocolat jusqu'à la moitié de la hauteur, puis parsemez les morceaux de bananes.
7] Mettez une couche de biscuits imbibés. Ajoutez le reste de la mousse sabayon, puis le reste des bananes et terminez par des biscuits en haut du moule. Mettez au réfrigérateur pendant au moins 3 heures.
8] Pour démouler la charlotte, passez rapidement le moule sous l'eau chaude, retournez-le sur le plat de service.
9] Préparez la décoration de la charlotte : pressez le demi-citron. Coupez la dernière banane en rondelles et trempez-les dans le jus. Disposez-les tout autour du bord supérieur de la charlotte.
10] Avec un couteau économe, découpez des copeaux de chocolat et mettez-les au centre. Servez bien frais.

Charlotte aux fraises

PRÉPARATION 35 min
RÉFRIGÉRATION 4 h
POUR 6 à 8 personnes

1 kg de fraises
6 feuilles de gélatine
60 g de sucre
75 cl de crème liquide
250 g de biscuits à la cuillère bien moelleux

RECETTE LÉGÈRE

1] Lavez les fraises rapidement, équeutez-les et laissez-les égoutter sur un papier absorbant.
2] Mettez les feuilles de gélatine à tremper dans un peu d'eau.
3] Réservez quelques fraises (les plus belles) pour la décoration. Mettez toutes les autres dans la cuve du robot et faites tourner pour les réduire en purée ou écrasez-les au moulin à légumes.
4] Passez ensuite la purée au chinois ou dans une passoire pour avoir une pulpe bien fine.
5] Égouttez soigneusement les feuilles de gélatine. Faites chauffer légèrement le quart de la pulpe de fraise avec le sucre, puis ajoutez la gélatine et mélangez. Incorporez ensuite le restant de la pulpe et remuez bien de nouveau.
6] Ajoutez la crème en veillant à ce qu'elle soit bien incorporée au reste du mélange.
7] Trempez légèrement les biscuits à la cuillère dans de l'eau et disposez-les dans un moule à charlotte de 16 cm de diamètre, puis versez-y la mousse de fraise. Recouvrez d'une couche de biscuits et conservez au réfrigérateur pendant 4 heures.
8] Pour démouler la charlotte, passez rapidement le moule sous l'eau chaude et retournez-le sur le plat de service. Décorez le dessus avec les fraises réservées.

Valeur nutritionnelle pour 100 g
185 kcal ; protéines : 2 g ; glucides : 11 g ; lipides : 14 g

Charlotte au chocolat et à la banane
Garnie d'une mousse sabayon et de bananes poêlées, cette charlotte doit être réfrigérée au moins trois heures.

Charlotte aux fruits rouges

PRÉPARATION 40 min
RÉFRIGÉRATION 2 h
POUR 6 à 8 personnes

Pour la mousse de fruits rouges
- 100 g de fraises
- 100 g de framboises
- 3 feuilles de gélatine
- 1/2 citron
- 50 g de sucre en poudre
- 30 cl de crème liquide
- 60 g de fraises des bois
- 20 biscuits à la cuillère

Pour le nectar de framboise
- 80 g de framboises
- 50 cl d'eau
- 50 g de sucre en poudre
- 2 cl de kirsch

Pour le décor
- 50 g de fraises
- 50 g de framboises
- 50 g de mûres
- 4 à 5 grappes de groseilles
- 50 g de fraises des bois
- 300 g de coulis de framboise

RECETTE LÉGÈRE

1] Lavez les fraises rapidement, équeutez-les et laissez-les égoutter sur un papier absorbant. Gardez les plus belles (environ 50 g) pour la décoration de la charlotte.
2] Mettez toutes les autres dans la cuve du robot et faites tourner pour les réduire en purée ou écrasez-les au moulin à légumes. Passez ensuite la purée au chinois ou dans une passoire pour avoir une pulpe bien fine.
3] Écrasez toutes les framboises en purée (sauf les 50 g prévus pour la décoration), à la Moulinette ou au mixeur, pour faire le nectar et la mousse. Passez cette purée dans une passoire très fine pour éliminer les pépins.
4] Préparez le nectar de framboise : faites bouillir l'eau et le sucre. Laissez refroidir le sirop et ajoutez alors le kirsch et 50 g de purée de framboise.
5] Préparez la mousse de fruits rouges : faites tremper les feuilles de gélatine dans de l'eau. Pressez le citron, mélangez la purée de fraise et le reste de la purée de framboises. Ajoutez-y le jus ainsi que le sucre en poudre.
6] Faites fondre les feuilles de gélatine au bain-marie ou au four à micro-ondes. Versez 2 ou 3 cuillères de pulpes sucrées dans la gélatine fondue, mélangez, puis ajoutez tout le reste des pulpes et remuez bien. Battez la crème liquide et ajoutez-la en fouettant pour bien mélanger.
7] Beurrez un moule à charlotte de 18 cm de diamètre. Imbibez très légèrement un à un les biscuits à la cuillère avec le nectar de framboise et tapissez tout le pourtour du moule.
8] Garnissez au tiers de la hauteur du moule avec la mousse de fruits rouges. Parsemez les fraises des bois. Posez par-dessus des biscuits à la cuillère trempés dans le nectar, en appuyant doucement. Garnissez à ras avec la mousse avant de renouveler l'opération avec les biscuits.
9] Mettez la charlotte pendant 3 heures au réfrigérateur.
10] Démoulez-la en passant rapidement le moule sous l'eau chaude avant de le retourner sur le plat.
11] Décorez la charlotte avec les fraises coupées en deux, les framboises, les mûres, les groseilles et les fraises des bois.
12] Servez la charlotte bien froide, accompagnée d'un coulis de framboise.

Valeur nutritionnelle pour 100 g
100 kcal ; protéines : 2 g ; glucides : 18 g ; lipides : 1 g

Charlotte aux marrons

PRÉPARATION 35 min
RÉFRIGÉRATION 6 h
POUR 4 à 6 personnes

- 200 g de purée de marron
- 120 g de crème de marron
- 3 cl de whisky
- 2 feuilles de gélatine
- 30 g de crème fraîche
- 50 g de crème Chantilly *(voir p. 51)*
- 2 sachets de sucre vanillé
- 18 biscuits à la cuillère
- 60 g de marrons glacés

Pour le sirop
- 8 cl d'eau
- 100 g de sucre
- 6 cl de whisky pur malt

1] Mélangez dans un saladier la purée de marron, la crème de marron et 3 cl de whisky avec une cuillère en bois.
2] Faites tremper les feuilles de gélatine dans l'eau froide pour les ramollir. Égouttez-les très soigneusement.
3] Faites tiédir la crème fraîche, puis mettez-y la gélatine à fondre.
4] Ajoutez le mélange aux marrons.
5] Préparez la crème Chantilly en y ajoutant le sucre vanillé. Ajoutez l'appareil aux marrons, en plusieurs fois.
6] Préparez le sirop : faites bouillir l'eau avec le sucre; laissez refroidir, puis ajoutez les 6 cl de whisky.
7] Beurrez légèrement un moule à charlotte de 18 cm de diamètre. Imbibez un à un les biscuits à la cuillère avec le sirop. Tapissez-en le fond et le bord du moule. Versez la moitié de l'appareil aux marrons. Répartissez les morceaux de marrons glacés uniformément, puis complétez avec le reste de l'appareil. Mettez la charlotte 6 heures au moins dans le réfrigérateur.
8] Démoulez en passant le moule sous l'eau chaude avant de le retourner sur le plat de service. Servez frais.

Francis Vandenhende

PRÉPARATION 1 h
CUISSON 15 + 35 min
RÉFRIGÉRATION 12 à 24 h
POUR 6 à 8 personnes

160 g de pâte à biscuit pour bûche au chocolat (voir p. 32)

our les noisettes caramélisées

80 g de noisettes
1/4 de gousse de vanille
20 cl d'eau
60 g de sucre

Pour le sirop

50 g de sucre en poudre
15 g de cacao en poudre
10 cl d'eau

Pour la mousse

300 g de chocolat noir très amer
140 g de sucre en poudre
500 g de crème Chantilly (voir p. 51)
2 œufs
5 jaunes d'œufs

Pour la décoration

300 g de nappage chocolat
140 g de biscuits à la cuillère
30 g de chocolat

Charlotte aux noisettes et au chocolat

1] Préchauffez le four à 170 °C.

2] Préparez les noisettes caramélisées : mettez les noisettes sur une plaque et faites-les légèrement griller pendant environ 15 minutes. Puis mettez-les dans un tamis à gros trous ou dans une grande passoire et roulez-les sous la paume de la main pour les débarrasser de leur peau.

3] Coupez et grattez le quart de gousse de vanille et mettez-le dans l'eau avec le sucre. Faites bouillir jusqu'à 118-120 °C.

4] Retirez du feu. Jetez les noisettes tièdes dans ce sucre cuit et remuez-les avec une cuillère en bois pour que le sucre cristallise bien autour. Remettez la casserole sur le feu, continuez de tourner jusqu'à ce que les noisettes deviennent ambrées, puis versez-les sur une plaque ou un plat huilé et laissez-les refroidir.

5] Préparez la pâte à biscuit pour bûche au chocolat. Étalez-la dans un cercle à pâtisserie de 18 cm de diamètre et faites cuire pendant 35 minutes. Laissez refroidir le biscuit, puis découpez deux disques, l'un de 18 cm de diamètre, l'autre de 14 cm.

6] Préparez le sirop : dans une casserole, mélangez le sucre et le cacao, ajoutez l'eau. Portez à ébullition en tournant avec un fouet. Retirez du feu.

7] Préparez la mousse : cassez le chocolat en morceaux et faites-le fondre au bain-marie ou au four à micro-ondes. Laissez refroidir à 45 °C. Mettez le sucre dans une casserole avec 3 cuillères à soupe d'eau. Laissez bouillir pendant 3 minutes environ, jusqu'à ce que la surface se couvre de grosses bulles (125 °C). Retirez alors du feu.

8] Préparez la crème Chantilly.

9] Cassez les œufs dans une terrine, ajoutez les jaunes et fouettez en versant le sirop chaud en un mince filet. Continuez de fouetter jusqu'à ce que le mélange blanchisse, triple de volume et refroidisse.

10] Dans le chocolat fondu, ajoutez d'abord le quart de la chantilly, mélangez, puis versez le reste et mélangez de nouveau.

11] Ajoutez ensuite le mélange œufs-sirop en soulevant la préparation avec un fouet.

12] Calez un moule en demi-sphère de 18 cm sur un cercle de 12 à 14 cm et versez-y la moitié de la mousse. Imbibez de sirop le biscuit au chocolat de 14 cm et posez-le sur la mousse.

13] Hachez grossièrement les noisettes caramélisées et parsemez-en la surface du biscuit, puis versez le reste de la mousse. Imbibez de sirop le biscuit le plus grand et couvrez-en la mousse.

14] Entourez le moule d'un film alimentaire et mettez-le au réfrigérateur pendant 12 à 24 heures en le maintenant calé sur le cercle.

15] Au moment de servir la charlotte, plongez le moule 10 secondes dans de l'eau tiède et renversez-le sur le plat de service pour le démouler.

16] Nappez entièrement la charlotte de nappage chocolat.

17] Coupez les biscuits à la cuillère en deux et collez-les aussitôt tout autour.

18] Avec un couteau économe, faites des copeaux de chocolat et décorez-en le dessus du dôme.

Tour de main

Si vous n'avez pas de moule en demi-sphère, prenez un grand bol ou un saladier du même format.

Commentaire gourmand

Vous pouvez réaliser de la même manière une charlotte aux amandes.

Charlotte aux poires

PRÉPARATION 1 h
CUISSON 30 min
RÉFRIGÉRATION 6 à 8 h
POUR 6 à 8 personnes

Pour les poires
1,5 kg de poires
1 l d'eau
500 g de sucre en poudre

Pour la crème
500 g de crème anglaise *(voir p. 45)*
8 feuilles de gélatine
5 cl d'eau-de-vie de poire
50 g de crème Chantilly *(voir p. 51)*
24 biscuits à la cuillère

RECETTE LÉGÈRE

1] Préparez d'abord un sirop avec le sucre et 1 litre d'eau.
2] Pelez toutes les poires et faites-les pocher entières dans ce sirop. Vérifiez la cuisson avec la pointe d'un couteau.
3] Faites une purée de poire avec seulement 2 des poires cuites, enlevez les pépins et passez-les à la Moulinette : vous devez obtenir 150 g de purée.
4] Préparez la crème anglaise. Faites tremper les feuilles de gélatine dans un grand récipient d'eau froide, égouttez-les puis ajoutez-les dans la crème encore chaude mais hors du feu. Quand la crème est froide, ajoutez l'eau-de-vie et la purée de poire.
5] Montez la chantilly et mélangez-la avec la crème parfumée aux poires.
6] Coupez les autres poires cuites au sirop en tranches moyennes, enlevez les pépins. Gardez quelques tranches pour la décoration.
7] Tapissez un moule à charlotte de 20 cm de diamètre avec les biscuits à la cuillère. Versez une couche de crème, ajoutez par-dessus une couche de tranches de poire, puis remettez une couche de crème et ainsi de suite jusqu'à ce que le moule soit rempli. Terminez avec une couche de biscuits.
8] Couvrez le moule d'un film alimentaire et mettez au réfrigérateur pendant environ 6 à 8 heures.
9] Passez rapidement le moule sous l'eau chaude pour démouler la charlotte sur le plat de service. Décorez le dessus avec le reste des poires coupées.

Valeur nutritionnelle pour 100 g
110 kcal ; protéines : 2 g ; glucides : 16 g ; lipides : 4 g

Charlotte aux poires et aux figues

PRÉPARATION 50 min
CUISSON 18 min
RÉFRIGÉRATION 3 h
POUR 6 à 8 personnes

500 g de poires au sirop
80 g de biscuits à la cuillère

Pour les figues rôties
4 figues fraîches
10 g de beurre
20 g de sucre en poudre
le zeste de 1/2 orange non traitée
50 cl de jus de pomme

Pour la crème aux poires
200 g de poires au sirop
4 feuilles de gélatine
250 g de crème anglaise *(voir p. 45)*
25 cl de crème liquide

Pour la décoration
1 poire au sirop
2 figues fraîches

1] Préchauffez le four à 200 °C.
2] Préparez les figues rôties : incisez le sommet de chaque figue et mettez-les dans un plat à four avec le beurre, le sucre, le zeste d'orange et le jus de pomme. Enfournez pendant 18 minutes en arrosant les fruits avec leur jus, toutes les 3 ou 4 minutes. Puis sortez le plat du four et laissez refroidir.
3] Préparez la crème aux poires : égouttez les 200 g de poires au sirop et passez-les à la Moulinette pour les réduire en purée.
4] Faites ramollir les feuilles de gélatine dans de l'eau froide puis égouttez-les soigneusement.
5] Préparez la crème anglaise et ajoutez, en fin de cuisson, la gélatine et la purée de poire. Mélangez bien. Puis mettez cette préparation à refroidir dans un bac rempli de glaçons.
6] Fouettez la crème liquide et, lorsque la crème anglaise est bien froide, ajoutez-la en mélangeant délicatement avec un fouet.
7] Égouttez les 500 g de poires au sirop et coupez-les en cubes. Coupez également les figues rôties en cubes.
8] Tapissez le pourtour d'un moule à charlotte de 16 cm de diamètre de biscuits à la cuillère. Versez de la crème à mi-hauteur. Parsemez de cubes de poires et de figues rôties. Mettez une couche de biscuits à la cuillère, en appuyant doucement dessus.
9] Recommencez cette opération jusqu'à ce que le moule soit bien rempli. Terminez avec des biscuits.
10] Recouvrez le moule avec un film alimentaire et mettez au réfrigérateur pendant 3 heures.
11] Démoulez la charlotte en passant le moule sous l'eau chaude et en le retournant sur le plat de service.
12] Coupez la poire et les figues en lamelles et décorez la charlotte. Servez bien frais.

Charlotte riviéra

PRÉPARATION 1 h
REPOS 5 ou 6 h
CUISSON 5 min
RÉFRIGÉRATION 4 h
POUR 6 à 8 personnes

18 biscuits à la cuillère

Pour les pêches fraîches pochées

1 kg de pêches fraîches
75 cl d'eau
380 g de sucre
1 bâton de cannelle
5 citrons

Pour le jus de menthe

1 botte de menthe fraîche
16 cl d'eau
80 g de sucre en poudre

Pour la crème onctueuse au citron

g de crème au citron *(voir p. 53)*
300 g de beurre

Pour la décoration

sucre glace
1 cuill. à soupe de gelée de coing ou de pomme
3 ou 4 grappes de groseilles ou quelques fraises des bois

1] Préparez les pêches pochées : faites bouillir l'eau, le sucre, le bâton de cannelle et le jus des citrons. Épluchez les fruits, coupez-les en deux et retirez le noyau. Plongez-les aussitôt dans le sirop, éteignez le feu et laissez-les ainsi macérer pendant 5 ou 6 heures en les recouvrant d'une assiette pour qu'ils restent bien immergés.
2] Égouttez les pêches pochées sur un papier absorbant et coupez-les en grosses lamelles.
3] Préparez le jus de menthe : hachez les feuilles de menthe. Faites bouillir l'eau et le sucre. Retirez du feu et incorporez alors le hachis de menthe. Versez dans le bol du mixeur et broyez finement.
4] Préparez la crème au citron. Filtrez-la pour retirer les zestes puis, dans la crème encore chaude, incorporez le beurre en fouettant sans arrêt au fouet, ou mieux encore au mixeur à tige.
5] Beurrez et poudrez de sucre un moule à charlotte de 18 cm de diamètre. Trempez la partie plate des biscuits dans le jus de menthe et tapissez-en le pourtour du moule. Versez la moitié de la crème au citron dans le fond du moule, puis mettez un tiers des pêches coupées en tranches et recouvrez de biscuits imbibés. Ajoutez le reste de la crème et la moitié des pêches restantes. Terminez avec des biscuits.
6] Gardez le reste des pêches au frais sur une assiette recouverte d'un film alimentaire.
7] Recouvrez également le moule et mettez le tout au frais pendant au moins 4 heures.
8] Démoulez la charlotte en la retournant sur le plat après l'avoir passée rapidement sous l'eau chaude.
9] Poudrez la charlotte de sucre glace et disposez les tranches de pêche en corolle. Nappez de gelée chaude de coing ou de pomme à l'aide d'un pinceau.
10] Décorez avec les fruits rouges de votre choix et une feuille de menthe fraîche. Servez bien frais.

Gâteau « le prélat »

PRÉPARATION 1 h 30
RÉFRIGÉRATION 6 à 8 h + 2 à 3 h
POUR 6 à 8 personnes

1 l de café très concentré sucré
7 cl de rhum blanc
300 g de sucre cuit au filé
2 zestes d'oranges non traitées
300 g de chocolat amer
75 cl de crème double
2 œufs entiers
6 jaunes d'œufs
30 biscuits à la cuillère

Pour le glaçage

300 g de chocolat
30 cl de crème fraîche liquide
5 cl d'eau
50 g de miel

1] Préparez le café très concentré. légèrement sucré et ajoutez-y le rhum blanc. Laissez refroidir.
2] Faites cuire le sucre au filé *(voir page 69)*.
3] Râpez les zestes d'orange. Faites ramollir le chocolat au bain-marie ou au four à micro-ondes. Fouettez légèrement la crème. Battez ensemble les œufs entiers et les jaunes. Versez dessus le sucre cuit au filé et fouettez jusqu'à ce que le mélange ait refroidi. Ajoutez le chocolat, les zestes et la crème. Mélangez bien.
4] Beurrez un moule rectangulaire de 20 x 24 cm et tapissez le fond de biscuits à la cuillère imbibés d'un peu de café. Avec une cuillère, recouvrez de crème au chocolat. Disposez une nouvelle couche de biscuits imbibés, et ainsi de suite jusqu'en haut du moule, en terminant par des biscuits au café.
5] Mettez le gâteau au réfrigérateur pendant 6 à 8 heures.
6] Pour démouler le gâteau, passez rapidement le moule sous l'eau chaude avant de le retourner sur un plat de service.
7] Préparez le glaçage : hachez finement le chocolat. Faites bouillir ensemble la crème fraîche, l'eau et le miel et versez ce mélange bouillant sur le chocolat haché en remuant à l'aide d'une cuillère en bois.
8] Mettez le gâteau sur une grille posée sur le plat. Nappez-le de glaçage en l'étalant bien avec une spatule, récupérez ce qui coule pour le remettre sur le gâteau.
9] Gardez ce gâteau de nouveau au réfrigérateur pendant 2 ou 3 heures. Servez très frais.

Alexandre Dumaine

Charlotte au chocolat blanc, à la rhubarbe et aux fruits rouges

La charlotte est montée avec des biscuits à la cuillère préalablement trempés dans un jus au fruit de la Passion. On a superposé alternativement des couches de mousse au chocolat blanc, de compote de rhubarbe, de biscuits imbibés.

Pour la décoration, quelques feuilles de menthe et des fruits rouges frais sont disposés au dernier moment.

Voir recette page 442

Les diplomates

Diplomate au bavarois

PRÉPARATION 1 h
MACÉRATION 1 h
RÉFRIGÉRATION 6 h
POUR 4 à 6 personnes

- 50 g de raisins de Smyrne
- 10 cl d'eau
- 100 g de sucre en poudre
- 50 g de fruits confits coupés en dés
- 5 cl de rhum
- 500 g de crème bavaroise à la vanille (voir p. 48)
- 200 g de biscuits à la cuillère

Pour la finition

- 3 cuill. à soupe de nappage abricot
- 3 cl de rhum

1] Mettez les raisins de Smyrne dans une passoire et lavez-les rapidement. Portez à ébullition 10 cl d'eau avec 100 g de sucre en poudre et plongez-y les raisins; laissez refroidir, puis égouttez-les, mettez-les sur une assiette et gardez le sirop.
2] Coupez les fruits confits en dés et mettez-les à macérer pendant 1 heure dans le rhum.
3] Préparez la crème bavaroise à la vanille.
4] Beurrez un moule à charlotte de 18 cm de diamètre.
5] Égouttez les fruits confits. Mélangez le sirop des raisins et le rhum des fruits confits et trempez-y les biscuits à la cuillère. Disposez quelques fruits confits au fond du moule, recouvrez d'une couche de crème bavaroise à la vanille.
6] Ajoutez par-dessus d'abord une couche de biscuits à la cuillère et parsemez-la de fruits confits. Continuez ainsi à superposer les couches jusqu'à ce que le moule soit complètement rempli, en terminant par une couche de fruits confits.
7] Mettez un film alimentaire sur le moule et gardez-le pendant 6 heures au moins dans le réfrigérateur.
8] Démoulez le diplomate en passant le moule rapidement sous l'eau chaude avant de le retourner sur le plat de service.
9] Faites fondre le nappage abricot, ajoutez le rhum et nappez-en le diplomate à l'aide d'un pinceau. Servez frais.

Diplomate aux fruits confits

PRÉPARATION 35 min
MACÉRATION 1 h
CUISSON 1 h
POUR 6 à 8 personnes

- 200 g de fruits confits
- 80 g de raisins secs
- 10 cl de rhum
- 1 pain brioché de 500 g
- 40 g de beurre
- 200 g de sucre en poudre
- 1 sachet de sucre vanillé
- 25 cl de lait
- 6 œufs

Pour le décor

- 30 g de fruits confits

1] Hachez les fruits confits et mettez-les à macérer dans le rhum avec les raisins secs pendant 1 heure.
2] Préchauffez le four à 150 °C.
3] Coupez le pain brioché en tranches de 2 cm d'épaisseur. Enlevez la croûte, beurrez les tranches des deux côtés et faites-les dorer légèrement sous le gril du four, en les retournant.
4] Égouttez les raisins et les fruits confits. Gardez le rhum.
5] Beurrez un moule à charlotte de 22 cm de diamètre et poudrez-le de sucre.
6] Répartissez d'abord une couche de toasts dans le fond et recouvrez-la de raisins et de fruits confits. Mettez une autre couche de toasts, puis une couche de fruits macérés et continuez jusqu'à ce que le moule soit complètement rempli.
7] Mélangez dans une grande jatte le sucre en poudre et le sucre vanillé avec le lait. Battez les œufs à la fourchette et ajoutez-les avec le rhum de macération dans la jatte.
8] Versez peu à peu cette préparation dans le moule pour laisser au pain le temps d'absorber le liquide.
9] Faites cuire pendant 1 heure au bain-marie dans le four. Il ne doit pas y avoir d'ébullition.
10] Laissez refroidir complètement, démoulez sur le plat de service. Décorez avec les fruits confits. Servez frais.

Diplomate aux pruneaux

PRÉPARATION 40 min
MACÉRATION 12 h
RÉFRIGÉRATION 6 h
POUR 4 à 6 personnes

200 g de pruneaux d'Agen
1 bol de thé léger
500 g de crème pâtissière *(voir p. 58)*
50 g de sucre en poudre
3 cl de rhum ou de kirsch
28 biscuits à la cuillère

Pour la finition

500 g de crème anglaise au rhum ou au kirsch *(voir p. 45)*

1] La veille : faites le thé et mettez-y les pruneaux entiers à macérer toute la nuit.
2] Préparez la crème pâtissière.
3] Versez les pruneaux et le thé dans une grande casserole, ajoutez le sucre et faites-les cuire doucement 15 minutes. Laissez-les refroidir, puis égouttez-les et dénoyautez-les.
4] Ajoutez le rhum ou le kirsch dans le sirop. Trempez-y un par un les biscuits à la cuillère et garnissez-en le fond d'un moule à charlotte de 18 cm de diamètre.
5] Versez d'abord un peu de crème pâtissière, mettez une couche de pruneaux puis une couche de biscuits, et continuez ainsi jusqu'à ce que le moule soit rempli, en terminant par des biscuits. Recouvrez le diplomate d'un film alimentaire et mettez-le au réfrigérateur pendant 6 heures.
6] Préparez la crème anglaise, parfumez-la au rhum ou au kirsch et mettez-la aussi au réfrigérateur.
7] Démoulez le diplomate et servez-le nappé de crème anglaise.

Les puddings et les pains perdus

Christmas pudding

PRÉPARATION 3 semaines à l'avance
CUISSON 4 h
RÉCHAUFFAGE 2 h
POUR 12 à 25 personnes

500 g de graisse de rognon de bœuf
125 g d'écorces d'orange
125 g de cerises confites
125 g d'amandes mondées
le zeste de 2 citrons
500 g de raisins secs
500 g de raisins de Smyrne
250 g de raisins de Corinthe
500 g de chapelure fraîche
125 g de farine
25 g de quatre-épices
25 g de cannelle
1/2 noix muscade
1 pincée de sel
30 cl de lait
7 ou 8 œufs
6 cl de rhum
le jus de 2 citrons

1] Coupez la graisse de rognon de bœuf en petits morceaux.
2] Hachez les écorces d'orange et les cerises confites, les amandes et le zeste des citrons.
3] Mélangez tous ces ingrédients dans une terrine avec toutes les variétés de raisin, la chapelure, la farine et toutes les épices. Ajoutez le sel, le lait et mélangez.
4] Battez chaque œuf et, au fur et à mesure, ajoutez-le en mélangeant à chaque fois.
5] Versez ensuite le rhum et le jus des citrons. Pétrissez bien pour obtenir une pâte homogène.
6] Enveloppez cette pâte dans un linge fariné, en lui donnant la forme d'une boule. Refermez-la bien avec une ficelle et faites cuire à l'eau bouillante pendant 4 heures environ. Autre solution : graissez légèrement une terrine ronde, mettez-y la pâte et obturez le couvercle de la terrine avec du papier sulfurisé; ficelez pour que la terrine ne s'ouvre pas et mettez-la dans une cocotte avec de l'eau jusqu'à mi-hauteur. Faites cuire pendant 4 heures.
7] Conservez le pudding dans son linge ou sa terrine pendant 3 semaines au moins dans un endroit frais.
8] Au moment de le servir, faites-le réchauffer 2 heures au bain-marie, puis démoulez-le, arrosez-le de rhum et servez-le flambant, orné d'une branche de houx.

Variante

Ce pudding se sert également avec un « rhum butter » : 250 g de sucre glace mélangés et battus avec 125 g de beurre jusqu'à ce que le mélange soit crémeux et blanc. Ajoutez alors, cuillère par cuillère, un verre de rhum. Cette sauce se sert très froide sur le Christmas pudding flambant.

Pain perdu brioché

PRÉPARATION 20 min
CUISSON 5 min
POUR 4 à 6 personnes

1/2 gousse de vanille
1/2 l de lait
100 g de sucre en poudre
250 g de brioche rassise
2 œufs
100 g de beurre
sucre glace
cannelle en poudre

1| Ouvrez la gousse de vanille et grattez les graines, mettez-la dans le lait avec 80 g de sucre. Portez à ébullition, puis laissez infuser et refroidir.

2| Coupez la brioche en tranches assez épaisses. Battez les œufs en omelette avec 20 g de sucre.

3| Plongez rapidement, pour qu'elle ne se défasse pas, chaque tranche de brioche dans le lait refroidi, puis passez-la dans les œufs battus.

4| Faites chauffer le beurre dans une grande poêle à revêtement antiadhésif et faites rissoler toutes les tranches de brioche de chaque côté ; elles doivent être bien dorées.

5| Dressez-les sur un plat et poudrez-les de sucre glace et de cannelle.

Pudding au pain à la française

PRÉPARATION 15 min
CUISSON 1 h
POUR 6 à 8 personnes

thé léger
50 g de raisins secs
125 g de marmelade d'abricot
14 tranches de pain brioché rassis
4 œufs
100 g de sucre en poudre
40 cl de lait
60 g de fruits confits coupés en dés
6 cl de rhum
1 pincée de sel
4 poires au sirop
coulis de cassis

1| Préparez un thé léger et mettez-y les raisins à gonfler.

2| Tamisez la marmelade d'abricot.

3| Égouttez les raisins secs.

4| Coupez les tranches de pain brioché en petits cubes dans un grand saladier.

5| Dans une terrine, battez les œufs en omelette avec le sucre en poudre, versez-les dessus et mélangez. Ajoutez le lait tiède, les raisins secs, les fruits confits, le rhum, 1 pincée de sel et la marmelade d'abricot. Mélangez bien.

6| Égouttez soigneusement les poires au sirop et coupez-les en lamelles.

7| Préchauffez le four à 200 °C.

8| Beurrez un moule à pudding de 18 cm de diamètre (ou un moule à manqué de 22 cm) et versez-y la moitié de la pâte. Répartissez par-dessus les lamelles de poire, coupez puis recouvrez avec le reste de la préparation. Secouez doucement le moule sur le plan de travail pour homogénéiser l'appareil

9| Mettez le pudding dans un plat au bain-marie. Portez d'abord à ébullition sur le feu, puis faites cuire le gâteau pendant 1 heure au four.

10| Passez le fond du moule quelques instants dans de l'eau froide, puis démoulez le pudding dans un plat rond et servez avec un coulis de cassis.

Pudding aux pommes

PRÉPARATION 30 min
CUISSON 2 h
POUR 6 à 8 personnes

225 g de graisse de rognon de bœuf
400 g de farine
30 g de sucre en poudre
7 g de sel
10 cl d'eau

Pour les pommes

500 g de pommes (reine des reinettes)
70 g de sucre en poudre
1 zeste de citron non traité
cannelle en poudre

1| Hachez finement la graisse de rognon. Mélangez-la, au robot ou dans un saladier avec une cuillère en bois, avec la farine, le sucre en poudre, le sel et l'eau en travaillant bien jusqu'à ce que la pâte soit homogène, puis étalez celle-ci sur 8 mm d'épaisseur.

2| Hachez le zeste du citron.

3| Épluchez, épépinez et coupez les pommes en lamelles et mélangez-les avec le sucre, le zeste et la cannelle.

4| Beurrez un bol à pudding de 1 litre, ou un moule à charlotte, ou un moule en Pyrex de 18 à 20 cm de diamètre et de 10 cm de hauteur. Disposez-y la moitié de la pâte, puis mettez les pommes.

5| Recouvrez avec le reste de la pâte et soudez les bords en les pinçant entre les doigts. Enveloppez le bol dans un linge et fermez avec une ficelle. Placez le pudding dans une casserole d'eau bouillante et faites cuire pendant 2 heures à feu doux.

Pain perdu brioché ►
Poudré de sucre glace et de cannelle, ce pain perdu est servi avec des fraises fraîches.

Pudding au potiron

PRÉPARATION 1 h
CUISSON 50 min
POUR 4 à 6 personnes

1 kg de potiron
350 g de sucre
2 oranges non traitées
5 œufs
200 g de fécule de maïs
50 cl de lait
10 cl de jus d'orange
quelques oranges confites

1| Pelez le potiron et retirez les graines. Coupez-le en morceaux et cuisez-les dans de l'eau bouillante avec 50 g de sucre jusqu'à ce qu'ils soient tendres. Égouttez-les et passez-les au moulin à légumes.
2| Râpez le zeste des oranges et pressez le jus des fruits.
3| Cassez les œufs et fouettez-les vigoureusement.
4| Mélangez la purée de potiron avec la fécule de maïs, le lait, le jus d'orange, les zestes râpés et les œufs battus.
5| Mettez le reste de sucre (300 g) dans un moule à pudding. Ajoutez 3 cl d'eau et faites bouillir jusqu'à obtenir un caramel clair. Laissez tiédir et versez la préparation précédente par-dessus.
6| Préchauffez le four à 180 °C.
7| Enfournez le moule au bain-marie pendant 50 minutes ; contrôlez la cuisson : lorsque l'on introduit une aiguille dans le pudding, elle doit ressortir propre.
8| Laissez refroidir, puis démoulez. Décorez la surface avec les tranches d'oranges confites et servez.

Pudding à la semoule

PRÉPARATION 30 min
CUISSON 25 + 30 min
REPOS 30 min
POUR 6 à 8 personnes

1 l de lait
125 g de sucre
100 g de beurre
1 pincée de sel
250 g de semoule fine
6 œufs
3 cl de liqueur à l'orange
beurre et semoule pour le moule

1| Faites chauffer le lait avec le sucre, le beurre et 1 grosse pincée de sel. Lorsque le lait bout, versez-y la semoule en pluie. Mélangez avec une cuillère en bois et faites cuire 25 minutes à feu très doux. Laissez tiédir.
2| Préchauffez le four à 200 °C.
3| Cassez les œufs en séparant les jaunes et 4 blancs. Montez ces 4 blancs en neige très ferme avec 1 pincée de sel.
4| Dans la semoule tiède, versez les jaunes d'œufs et la liqueur à l'orange. Mélangez bien, puis ajoutez les blancs d'œuf et remuez de nouveau avec une cuillère en bois.
5| Beurrez un moule à savarin, poudrez-le de semoule. Versez-y cet appareil, mettez-le dans un bain-marie et faites-le cuire au four pendant 30 minutes : le pudding doit être légèrement élastique au toucher.
6| Laissez-le reposer environ 30 minutes avant de le démouler.

Commentaire gourmand

Vous pouvez servir ce pudding avec une sauce anglaise à l'orange (voir page 105).

Scotch pudding

PRÉPARATION 30 min
CUISSON 1 h
POUR 6 à 8 personnes

200 g de beurre
500 g de mie de pain
30 cl de lait
125 g de sucre en poudre
375 g de raisins secs (de Corinthe, de Málaga et de Smyrne)
175 g de fruits confits en dés
4 œufs
6 cl de rhum

1| Préchauffez le four à 200 °C.
2| Faites ramollir le beurre au bain-marie ou au four à micro-ondes.
3| Émiettez la mie de pain et mettez-la dans un saladier. Versez dessus le lait bien chaud. Ajoutez d'abord le beurre fondu, le sucre en poudre, les raisins de Corinthe, de Málaga, de Smyrne et les fruits confits en dés, en mélangeant chaque fois. Ajoutez ensuite les œufs entiers un par un, en mélangeant, entre chaque œuf, et le rhum. Tournez jusqu'à ce que la pâte soit bien homogène.
4| Beurrez un moule de 22 cm de diamètre et versez-y la pâte.
5| Mettez le moule dans un bain-marie et enfournez pendant 1 heure.

Commentaire gourmand

Vous pouvez servir ce pudding accompagné d'un sabayon (voir page 270), parfumé avec 5 cl de rhum, ou bien d'une crème anglaise (voir page 45), parfumée avec 3 cl de madère.

Les crêpes, les beignets et les gaufres

Crêpes et gaufres sont des préparations traditionnelles, faciles à réaliser et souvent associées à des fêtes rituelles. Les beignets figurent parmi les plus anciens des entremets régionaux. Il en existe une grande variété car la pâte utilisée diffère selon l'aliment à enrober.

Les crêpes

Crêpes au sucre

PRÉPARATION 15 min
REPOS 2 h
CUISSON 30 min
POUR 10 crêpes

800 g de pâte à crêpes *(voir p. 28)*
huile d'arachide
sucre en poudre

RECETTE LÉGÈRE

1| Préparez la pâte à crêpes et laissez-la reposer 2 heures.
2| Mettez un peu d'huile d'arachide dans un bol. Faites chauffer une poêle à revêtement antiadhésif et graissez-la avec un coton trempé dans l'huile.
3| Versez de la pâte dans la poêle avec une petite louche. Inclinez la poêle dans tous les sens pour bien répartir la pâte. Remettez sur le feu. Quand la pâte est mate, décollez les bords avec une spatule et retournez la crêpe. Faites cuire l'autre face pendant 1 minute environ : la crêpe doit devenir blonde.
4| Faites glisser la crêpe cuite sur le plat de service. Poudrez de sucre.

Valeur nutritionnelle pour 100g
165 kcal ; protéines : 6 g ; glucides : 19 g ; lipides : 6 g

Commentaire gourmand
Vous pouvez préparer une pâte à crêpes en remplaçant la moitié du lait par de la bière blonde. Utilisez alors une poêle à blinis et comptez environ une louche par crêpe. Laissez cuire 1 minute, retournez la crêpe et faites-la cuire jusqu'à ce qu'elle soit dorée. Servez ces crêpes tartinées de beurre salé et arrosées de sirop d'érable.

Crêpes aux amandes

PRÉPARATION 10 + 20 min
REPOS 2 h
CUISSON 30 min
POUR 12 crêpes

- 1 kg de pâte à crêpes *(voir p. 28)*
- 500 g de crème pâtissière *(voir p. 58)*
- 75 g de poudre d'amande
- 3 cl de rhum
- sucre glace

1| Faites la pâte à crêpes et laissez-la reposer 2 heures.
2| Préparez la crème pâtissière ; à la fin de la préparation, ajoutez la poudre d'amande et le rhum. Mélangez bien.
3| Faites chauffer une poêle à revêtement antiadhésif légèrement graissée et préparez une douzaine de crêpes selon la méthode habituelle *(voir recette page 199)*.
4| Garnissez au fur et à mesure chaque crêpe de crème pâtissière à l'amande et roulez-les une par une. Disposez-les délicatement dans un plat pouvant aller au four.
5| Préchauffez le four à 250 °C.
6| Poudrez de sucre glace et dorez au four. Servez immédiatement.

Crêpes en aumônière

PRÉPARATION 35 min
REPOS 2 h
CUISSON 20 min
POUR 6 crêpes

- 500 g de pâte à crêpes *(voir p. 28)*
- 1 citron
- 2 pommes
- 2 poires
- 2 bananes
- 10 g de sucre en poudre
- 180 g de coulis à la framboise *(voir p. 102)*
- 12 piques en bois

1| Préparez la pâte à crêpes, laissez-la reposer 2 heures.
2| Préparez les 6 crêpes selon la méthode habituelle *(voir recette page 199)* et gardez-les dans un plat au chaud.
3| Pressez le citron. Pelez les pommes et les poires, en enlevant tous les pépins ; épluchez les bananes.
4| Coupez tous les fruits en petits morceaux et arrosez-les de jus de citron.
5| Faites-les cuire ensuite à petit feu dans une casserole avec le sucre pendant une dizaine de minutes.
6| Nappez chaque assiette de coulis à la framboise. Répartissez les fruits cuits au centre de chaque crêpe. Repliez les bords pour former une aumônière et maintenez l'ensemble fermé avec 2 piques en bois.
7| Dressez chaque aumônière sur les assiettes et servez tout de suite.

Crêpes des chartreux

PRÉPARATION 35 min
REPOS 2 h
CUISSON 20 min
POUR 6 crêpes

- 500 g de pâte à crêpes *(voir p. 28)*
- 50 g de beurre ramolli
- 50 g de sucre en poudre
- 3 meringues
- 5 cl de Chartreuse verte
- 1 orange non traitée
- 6 macarons
- 5 cl de cognac
- sucre glace

1| Faites la pâte à crêpes et laissez-la reposer 2 heures. Sortez le beurre du réfrigérateur pour qu'il ramollisse.
2| Mettez le beurre dans une terrine et travaillez-le avec une cuillère en bois ou une fourchette pour le mettre en pommade, puis ajoutez le sucre en poudre et mélangez. Émiettez les meringues entre vos doigts au-dessus de la terrine et mélangez encore. Ajoutez enfin la Chartreuse verte.
3| Râpez le zeste d'orange et ajoutez-le à la pâte. Hachez finement les macarons au couteau et incorporez-les à la préparation précédente avec le cognac. Mélangez bien.
4| Faites cuire les crêpes selon la méthode habituelle *(voir recette page 199)*, tartinez généreusement chacune d'elles avec la garniture et pliez-les en quatre.
5| Disposez-les sur les assiettes chaudes, poudrez de sucre glace et servez très chaud.

Variante

Crêpes à la mandarine

Ajoutez le jus d'une mandarine et 1 cuillerée de curaçao dans la pâte à crêpes. Faites un beurre de mandarine en malaxant 50 g de beurre, le jus et le zeste d'une mandarine, 1 cuillerée de curaçao et 50 g de sucre en poudre. Déposez une cuillerée de ce beurre dans chaque crêpe avant de la plier en quatre.

Crêpes Condé

PRÉPARATION 45 min
REPOS 2 h
CUISSON 20 + 5 min
POUR 6 crêpes

500 g de pâte à crêpes *(voir p. 28)*
50 g de fruits confits en dés
10 cl de rhum
100 g de riz rond
40 cl de lait
1 gousse de vanille
80 g de sucre
30 g de beurre
1 pincée de sel
3 jaunes d'œufs
sucre glace

1| Faites la pâte à crêpes, laissez-la reposer 2 heures.
2| Mettez les fruits confits à macérer dans le rhum.
3| Dans une casserole, portez à ébullition 2 litres d'eau, plongez-y le riz rond pendant quelques secondes, puis rincez-le à l'eau froide et égouttez-le.
4| Préchauffez le four à 200 °C.
5| Mettez le lait à bouillir avec la gousse de vanille, puis retirez celle-ci. Ajoutez le sucre, le beurre, 1 grosse pincée de sel, remuez bien, puis ajoutez le riz.
6| Attendez que le mélange soit de nouveau à ébullition, mélangez encore, puis versez le tout dans un plat allant au four.
7| Couvrez le plat d'un papier d'aluminium et enfournez pendant environ 20 minutes.
8| Faites cuire les crêpes selon la méthode habituelle *(voir recette page 199)* et tenez-les au chaud dans un plat au-dessus d'une casserole d'eau bouillante.
9| Lorsque le riz est cuit, remuez-le et laissez-le refroidir 5 minutes avant d'y ajouter les jaunes d'œufs, un par un, puis les fruits confits avec le rhum. Mélangez bien.
10| Garnissez les crêpes avec cette préparation, roulez-les et disposez-les dans un plat, les unes contre les autres. Poudrez de sucre glace.
11| Augmentez la température du four à 250 °C et remettez le plat pour faire dorer les crêpes quelques minutes. Servez aussitôt.

Crêpes dentelles bretonnes

PRÉPARATION 5 min
REPOS 2 h
CUISSON 20 min
POUR 80 crêpes dentelles

250 g de farine de froment
1 pincée de sel
250 g de sucre en poudre
1/2 cuill. à café de vanille liquide
5 œufs
75 cl de lait frais

1| Mettez la farine, le sel, le sucre dans une jatte et mélangez, puis ajoutez la vanille et les œufs, un par un, en mélangeant à chaque fois avec une cuillère en bois. Versez enfin le lait et continuez de remuer jusqu'à ce que vous ayez une pâte lisse et fluide, puis laissez reposer la pâte pendant 2 heures.
2| Faites chauffer une petite poêle à revêtement antiadhésif, graissez-la légèrement. Versez-y un peu de pâte à crêpes et, d'un mouvement rapide, étalez-la le plus possible. Dès que la crêpe se colore, retournez-la.
3| Quand la crêpe est cuite, coupez-la en trois bandes et roulez celles-ci sur elles-mêmes.
4| Conservez ces crêpes à l'abri de l'humidité, dans une boîte hermétique.

Crêpes épaisses aux pommes

PRÉPARATION 40 min
REPOS 30 min
CUISSON 15 min
POUR 4 personnes

Pour la pâte
3 œufs
220 g de farine
50 cl de lait
50 g de sucre

Pour la garniture
3 pommes reinettes
75 g de sucre
10 cl de rhum

1| Préparez la pâte : fouettez les œufs jusqu'à ce qu'ils soient mousseux. Mélangez la farine et le lait, puis incorporez les œufs et le sucre jusqu'à obtenir une pâte lisse et homogène. Laissez-la reposer 30 min.
2| Préparez la garniture : épluchez les pommes, retirez le cœur et coupez-les en lamelles très fines. Saupoudrez-les de sucre.
3| Faites chauffer une poêle à revêtement antiadhésif légèrement beurrée. Versez une quantité suffisante de pâte pour recouvrir le fond de la poêle, puis ajoutez le quart des pommes émincées.
4| Recouvrez les pommes avec de la pâte. Couvrez la poêle et laissez cuire à feu doux jusqu'à ce que le fond soit doré. Retournez et poursuivez la cuisson 7 ou 8 minutes. Préparez ainsi les 4 crêpes épaisses.
5| Faites chauffer le rhum, poudrez chaque crêpe de sucre et flambez. Servez aussitôt.

Crêpes normandes

PRÉPARATION 35 min
REPOS 2 h
CUISSON 15 min
POUR 6 crêpes

500 g de pâte à crêpes *(voir p. 28)*
3 pommes
6 cl de calvados
50 g de beurre
sucre glace
20 cl de crème fraîche

1] Faites la pâte à crêpes et laissez-la reposer 2 heures.
2] Épluchez les pommes, épépinez-les et coupez-les en lamelles très fines. Mettez-les à macérer dans le calvados jusqu'à ce que la pâte soit prête.
3] Faites chauffer le beurre dans une poêle, jetez-y les pommes et faites-les rapidement dorer. Laissez-les refroidir et ajoutez-les dans la pâte à crêpes.
4] Faites cuire les crêpes dans une poêle à revêtement antiadhésif. Poudrez-les de sucre glace. Empilez-les au fur et à mesure sur le plat de service.
5] Servez-les bien chaudes avec la crème fraîche présentée à part en saucière.

Crêpes Suzette

PRÉPARATION 30 min
REPOS 2 h
CUISSON 30 min
POUR 6 crêpes

500 g de pâte à crêpes *(voir p. 28)*
2 mandarines
2 cuill. à soupe de curaçao
2 cuill. à soupe d'huile de maïs
50 g de beurre
50 g de sucre en poudre
5 cl de Grand Marnier

1] Râpez le zeste d'une mandarine et pressez le jus des deux fruits.
2] Préparez la pâte en y ajoutant la moitié du jus de mandarine, 1 cuillerée de curaçao et l'huile de maïs. Laissez reposer 2 heures.
3] Coupez le beurre en petits morceaux dans une terrine. Malaxez avec le reste du jus de mandarine et de curaçao, le zeste râpé et le sucre en poudre.
4] Faites les crêpes selon la méthode habituelle *(voir recette page 199)*, plutôt fines.
5] Déposez un peu de beurre parfumé sur chaque crêpe, pliez-la en 4 et réchauffez-la à feu doux. Mettez-les dans un plat.
6] Mettez à chauffer le Grand Marnier dans une petite casserole, versez-le sur les crêpes et flambez.

Matafans bisontins

PRÉPARATION 10 min
REPOS 1 h
CUISSON 10 min
POUR 5 crêpes

50 g de farine
15 cl de lait
1 œuf
2 jaunes d'œufs
50 g de sucre en poudre
1 pincée de sel
1 cuill. à café d'huile
2 cl de kirsch
beurre

1] Creusez une fontaine dans la farine et versez-y le lait, l'œuf entier et les jaunes, un peu de sucre en poudre, le sel et l'huile.
2] Mélangez, puis ajoutez le kirsch. Laissez reposer la pâte pendant environ 1 heure.
3] Faites chauffer un peu de beurre dans une poêle à revêtement antiadhésif. Versez la pâte, répartissez-la bien dans la poêle *(voir recette page 199)*. Quand la crêpe est cuite d'un côté, retournez-la et faites dorer l'autre côté.

Commentaire gourmand

Préparez une poêlée de cerises déglacées au kirsch : passez rapidement 250 g de cerises fraîches dénoyautées ou au naturel dans une poêle chaude avec un peu de beurre et ajoutez-y 2 à 3 cl de kirsch. Servez les matafans bien chauds, recouverts de ces cerises.

Pannequets à la confiture

PRÉPARATION 20 + 30 min
REPOS 2 h
CUISSON 50 min
POUR 8 crêpes

700 g de pâte à crêpes *(voir p. 28)*
16 moitiés d'abricot au sirop
125 g de confiture de quetsche
60 g d'amandes effilées
25 g de beurre
sucre glace
5 cl de rhum

1] Préparez la pâte à crêpes et laissez-la reposer 2 heures.

2] Faites les crêpes dans une poêle à revêtement antiadhésif selon la méthode habituelle *(voir recette page 199)*.

3] Coupez les abricots en fines lamelles.

4] Tartinez chaque crêpe d'une couche de confiture de quetsche, sans recouvrir le bord. Posez au centre l'équivalent d'un abricot et parsemez d'amandes effilées.

5] Préchauffez le four à 240 °C.

6] Roulez les crêpes et disposez-les dans un plat à gratin beurré. Poudrez les pannequets de sucre glace et mettez-les au four pendant 5 à 7 minutes. Faites chauffer le rhum, versez-le sur les crêpes et faites flamber.

Les beignets

Beignets aux cerises

PRÉPARATION 20 min
REPOS 1 h
CUISSON 15 min
POUR 30 beignets

400 g de pâte à beignets *(voir p. 28)*
300 g de cerises à chair ferme
100 g de sucre cristallisé
1 pincée de cannelle en poudre
huile pour la friture

1] Préparez la pâte à beignets et laissez-la reposer 1 heure.

2] Faites chauffer l'huile de friture à 175 °C.

3] Lavez les cerises sans les équeuter et séchez-les soigneusement. Dans une assiette, mélangez le sucre et la cannelle.

4] Prenez chaque cerise par la queue et plongez-la dans la pâte à beignets, puis mettez-la dans le bain de friture. Laissez frire jusqu'à ce que les beignets deviennent dorés.

5] Avec une écumoire, retirez-les au fur et à mesure en les égouttant. Déposez-les sur du papier absorbant.

6] Passez-les dans le mélange sucre-cannelle et servez-les bien chauds.

Variante

Vous pouvez aussi faire des beignets de banane (prévoyez 800 g de pâte à beignets pour 6 bananes). Faites d'abord macérer les bananes coupées dans le sens de la longueur. Piquez-les sur une longue fourchette, tournez-les dans la pâte et faites-les frire.

Beignets au citron et au miel

PRÉPARATION 25 min
REPOS 45 min
CUISSON 20 min
POUR 20 beignets

Pour la pâte
100 g de farine
1/2 paquet de levure chimique
15 cl d'eau
1 citron

Pour le sirop
750 g de sucre en poudre
40 cl d'eau
1 citron
1 cuill. à soupe de miel
huile pour la friture

1] Préparez cette pâte à beignets : délayez la levure avec l'eau. Pressez le jus du citron. Mettez la farine dans un saladier, faites un puits et versez-y la levure délayée et le jus de citron. Mélangez bien : la pâte doit être lisse et pas trop liquide. Laissez-la reposer environ 45 minutes.

2] Préparez le sirop : pressez le citron. Mélangez le sucre et l'eau et faites bouillir pendant environ 5 minutes. Ajoutez alors le miel et le jus de citron. Retirez du feu.

3] Faites chauffer l'huile de friture à 175 °C.

4] Mettez la pâte dans une poche munie d'une douille n° 5. Quand l'huile est suffisamment chaude (175 °C), pressez sur la poche pour y faire tomber des morceaux de pâte de 5 ou 6 cm environ. Remuez et sortez les beignets quand ils sont dorés.

5] Déposez-les sur du papier absorbant. Trempez-les dans le sirop, mettez-les sur le plat de service et servez bien chaud.

Boules de Berlin

Une délicieuse douceur moelleuse que l'on peut garnir de confiture de quetsches, d'abricots, de framboises, ou encore de crème pâtissière.

Voir recette page 440

PRÉPARATION 15 min
REPOS 1 h
CUISSON 15 min
POUR 15 beignets

200 g de pâte à beignets
(voir p. 28)
1 orange
15 grappes de fleurs d'acacia
huile pour la friture
sucre glace

Beignets de fleurs d'acacia

1] Préparez la pâte à beignets en y ajoutant 10 cl de jus d'orange et laissez-la reposer pendant 1 heure.
2] Faites chauffer l'huile de friture à 170-180 °C. Trempez chaque grappe d'acacia dans la pâte à beignets et enrobez-la bien, puis plongez-la dans la friture.
3] Avec l'écumoire, retournez les grappes pour qu'elles dorent bien de tous les côtés, puis retirez-les pour les déposer sur du papier absorbant.
4] Mettez-les sur le plat de service recouvert d'une serviette. Poudrez-les de sucre glace et servez.

PRÉPARATION 20 min
REPOS 1 h
CUISSON 15 min
POUR 30 beignets

500 g de farine tamisée
3 œufs
sel
1 petit paquet de levure chimique
2 cuill. à soupe d'huile d'olive
400 g de broccio frais
huile pour la friture
sucre glace

Beignets à l'imbrucciata

1] Disposez la farine tamisée en fontaine dans une terrine. Incorporez les œufs, 1 pincée de sel, la levure chimique et l'huile d'olive. Ajoutez 35 cl d'eau et mélangez pour obtenir une pâte bien lisse. Recouvrez d'un linge et laissez reposer pendant 1 heure à température ambiante.
2] Faites chauffer l'huile pour la friture.
3] Coupez le broccio frais en tranches. Piquez chaque tranche sur une fourchette, enrobez d'un peu de pâte, puis plongez-la dans la friture brûlante.
4] Quand les beignets sont dorés, retirez-les avec une écumoire et égouttez-les. Déposez-les sur du papier absorbant.
5] Mettez les beignets sur le plat de service et poudrez-les de sucre glace.

PRÉPARATION 30 min
REPOS 1 h
CUISSON 20 min
POUR 10 beignets

800 g de pâte à beignets
(voir p. 28)
150 g de fruits confits
10 cl de kirsch ou de rhum
600 g de crème pâtissière
(voir p. 58)
1 brioche mousseline rassise
huile pour la friture

Pour le sirop
300 g de sucre
20 cl d'eau
3 cl de kirsch ou de rhum

Beignets Nanette

1] Préparez la pâte à beignets et laissez-la reposer 1 heure.
2] Mettez les fruits confits coupés en dés à macérer dans le kirsch (ou le rhum).
3] Préparez la crème pâtissière et ajoutez-y les fruits macérés égouttés.
4] Détaillez la brioche en tranches rondes.
5] Faites chauffer l'huile pour la friture.
6] Préparez le sirop : faites bouillir l'eau avec le sucre. Retirez du feu, ajoutez le kirsch (ou le rhum).
7] Avec une petite cuillère, recouvrez chaque tranche de brioche d'une couche de crème pâtissière aux fruits confits et collez-les deux à deux, côté crème contre crème. Arrosez-les d'un peu de sirop de sucre
8] Piquez-les sur une longue fourchette, trempez-les dans la pâte à beignets et plongez-les dans la friture chaude.
9] Égouttez, épongez, poudrez de sucre fin et dressez sur le plat de service.

Commentaire gourmand

Choisissez la même eau-de-vie (kirch ou rhum) pour faire macérer les fruits confits et pour parfumer le sirop.

Beignets aux pommes

PRÉPARATION 30 min
REPOS 1 h
CUISSON 20 min
POUR 20 beignets

400 g de pâte à beignets *(voir p. 28)*
4 pommes (belle de Boskoop ou reine des reinettes)
huile pour la friture
90 g de sucre en poudre
1 cuill. à café de cannelle en poudre

1] Préparez la pâte à beignets et laissez-la reposer 1 heure.
2] Épluchez les pommes et, avec un vide-pomme, ôtez-en le cœur, puis coupez-les en tranches égales, assez épaisses.
3] Faites chauffer l'huile à 175 °C.
4] Mélangez la moitié du sucre avec la cannelle dans une assiette.
5] Plongez chaque rondelle de pomme d'abord dans le sucre parfumé à la cannelle, en insistant suffisamment pour que le sucre y adhère bien.
6] Piquez ensuite chaque rondelle sur une longue fourchette, trempez-la dans la pâte à beignets et plongez-la ensuite dans la friture chaude.
7] Avec une écumoire, retournez les beignets pour qu'ils dorent bien de tous les côtés, ôtez-les de la friture et déposez-les sur du papier absorbant.
8] Mettez les beignets sur le plat de service et poudrez-les de sucre. Servez-les aussitôt.

Beignets viennois

PRÉPARATION 30 min
REPOS DE LA PÂTE 1 h 30 + 1 h
REPOS DES BEIGNETS 30 min
CUISSON 15 min
POUR 35 beignets

1,2 kg de pâte à brioche *(voir p. 24)*
250 g de confiture d'abricot
huile pour la friture
sucre glace

1] Préparez la pâte à brioche et laissez-la reposer 1 heure 30 dans un endroit tiède (elle doit doubler de volume).
2] Écrasez-la avec la main, puis placez-la au réfrigérateur pendant 1 heure. Elle s'étalera ainsi plus facilement.
3] Divisez-la ensuite en 2 parts et étalez chacune d'elles au rouleau sur une épaisseur de 5 mm.
4] Découpez avec un emporte-pièce ou un verre des disques de 6 à 8 cm de diamètre. Humectez les bords de tous les disques avec un pinceau.
5] Avec une cuillère à café, déposez un peu de confiture d'abricot au centre d'un disque sur deux. Recouvrez avec les disques restants et soudez bien les bords.
6] Étalez un linge sur une plaque, parsemez-le de farine, déposez les beignets et laissez-les lever 30 minutes.
7] Faites chauffer l'huile à 160-170 °C.
8] Plongez les beignets dans la friture. Lorsqu'ils ont gonflé et blondi sur un côté, retournez-les. Égouttez-les sur du papier absorbant, dressez-les sur un plat et poudrez-les de sucre glace.

Bugnes lyonnaises

PRÉPARATION 30 min
REPOS 3 h
CUISSON 15 min
POUR 25 bugnes

50 g de beurre ramolli
2 gros œufs
250 g de farine tamisée
30 g de sucre en poudre
1 pincée de sel
3 cl de rhum, d'eau-de-vie ou d'eau de fleur d'oranger
huile pour la friture
sucre glace

1] Faites ramollir le beurre. Battez les œufs en omelette.
2] Dans une jatte, versez la farine tamisée et faites une fontaine. Mettez-y le beurre, le sucre, 1 grosse pincée de sel, les œufs battus et le rhum (ou l'eau-de-vie ou l'eau de fleur d'oranger). Mélangez et pétrissez longuement, puis formez une boule et laissez reposer 3 heures au frais.
3] Faites chauffer l'huile à 180 °C.
4] Étalez la pâte à bugnes au rouleau sur une épaisseur de 5 mm environ.
5] Détaillez la pâte en bandelettes de 10 cm de long sur 4 cm de large. Avec un couteau, faites une fente de 5 cm au centre de chaque bandelette. Passez-y une des extrémités de la pâte comme pour faire un nœud.
6] Plongez les bugnes dans l'huile chaude en les retournant une fois, retirez-les délicatement avec l'écumoire et égouttez-les sur du papier absorbant.
7] Disposez-les sur le plat de service et poudrez-les de sucre glace.

Churros

PRÉPARATION 10 min
REPOS 1 h
CUISSON 10 min
POUR 45 churros

25 cl d'eau
60 g de beurre
1 pincée de sel
60 g de sucre en poudre
225 g de farine
2 œufs
huile de pépins de raisin pour la friture

1| Dans une casserole, faites bouillir l'eau avec le beurre, le sel et 2 pincées de sucre en poudre.
2| Tamisez la farine dans un saladier, creusez une fontaine et versez-y l'eau bouillante en remuant avec une cuillère en bois. Vous allez obtenir rapidement une pâte épaisse mais de texture homogène.
3| Incorporez les œufs battus, mélangez et laissez la pâte reposer 1 heure au frais.
4| Faites chauffer l'huile de friture à 180 °C.
5| Mettez la pâte dans une poche à douille cannelée de n° 10. Faites tomber dans la friture des bandes de pâte de 10 cm de long. Opérez en plusieurs fois, pour que les beignets ne collent pas les uns aux les autres.
6| Laissez-les dorer, retournez-les dans la friture avec l'écumoire. Retirez-les et égouttez-les sur du papier absorbant.
7| Poudrez les churros de sucre en poudre et servez-les tièdes.

Crème frite en beignets

PRÉPARATION 45 min
REPOS 1 h
CUISSON 15 min
POUR 30 beignets

850 g de crème pâtissière *(voir p. 58)*
600 g de pâte à beignets *(voir p. 28)*
beurre pour la plaque
huile pour la friture
sucre

1| La veille : préparez la crème pâtissière. Sur une plaque recouverte de papier sulfurisé, étalez la crème sur une épaisseur de 1,5 cm environ, laissez-la refroidir complètement, puis mettez la plaque au réfrigérateur.
2| Préparez la pâte à beignets et laissez-la reposer 1 heure.
3| Faites chauffer l'huile à 180 °C.
4| Détaillez la crème pâtissière en rectangles, en losanges ou en cercles. Mettez chaque morceau sur une longue fourchette et trempez-le dans la pâte à beignets, puis plongez-le dans l'huile très chaude.
5| Tournez les beignets avec précaution, sortez-les quand ils sont bien dorés, puis égouttez-les sur du papier absorbant.
6| Dressez-les sur un plat et poudrez de sucre au moment de servir.

Pets-de-nonne

PRÉPARATION 15 min
CUISSON 25 à 30 min
POUR 30 pets-de-nonne

300 g de pâte à choux *(voir p. 27)*
huile pour la friture
sucre glace

1| Préparez la pâte à choux.
2| Faites chauffer l'huile à 170-180 °C.
3| Avec une cuillère à café, prenez un peu de pâte à choux et plongez-la dans l'huile de friture. Mettez ainsi une dizaine de cuillerées, tournez-les pour qu'elles dorent bien.
4| Au bout de 2 ou 3 minutes de cuisson, retirez-les avec l'écumoire, déposez-les sur du papier absorbant.
5| Continuez ainsi jusqu'à ce qu'il n'y ait plus de pâte.
6| Déposez les pets-de-nonne sur un plat de service et poudrez-les de sucre glace avant de les servir.

Variante

En ajoutant 50 g d'amandes effilées dans la pâte à choux, vous pourrez préparer des « petits choux amandines en beignets ». Servez-les tièdes avec un coulis de fruit de votre choix.

Churros ▸
Ces beignets se dégustent traditionnellement avec une tasse de chocolat chaud.

Les gaufres

Gaufres au sucre

PRÉPARATION 15 min
REPOS 1 h
CUISSON 10 min
POUR 5 gaufres

500 g de pâte à gaufres *(voir p. 29)*
huile pour le moule
sucre glace

RECETTE LÉGÈRE

1] Préparez la pâte à gaufres et laissez-la reposer 1 heure au moins.
2] Graissez le moule à gaufre avec un pinceau trempé dans l'huile et faites-le chauffer. Versez une petite louche de pâte dans une moitié du gaufrier ouvert, de façon à la remplir mais sans en faire déborder.
3] Fermez le gaufrier, puis retournez-le pour que la pâte se répartisse également dans les deux parties du moule. Faites cuire chaque côté pendant 2 minutes.
4] Ouvrez le gaufrier, démoulez la gaufre et poudrez-la de sucre glace.

Commentaire gourmand

Si les gaufres sont délicieuses à déguster telles quelles, vous pouvez aussi les recouvrir de confiture, de crème fraîche ou même de crème Chantilly (voir page 51).

Valeur nutritionnelle pour 100 g

170 kcal ; protéines : 6 g ; glucides : 13 g ; lipides : 9 g

Gaufres au sureau et aux pêches

PRÉPARATION 15 min
REPOS 2 h
CUISSON 1 h
POUR 5 gaufres

sorbet à la pêche *(voir p. 98)*

Pour la pâte
125 g de beurre
250 g de crème fouettée
3 jaunes d'œufs
2 blancs d'œufs
120 g de sucre en poudre
180 g de farine tamisée
4 g de levure chimique
2 g de fleurs de sureau séchées
50 cl de lait frais entier

Pour les pêches poêlées
500 g de pêches
30 g de beurre
30 g de sucre
1 citron
1 g de fleurs de sureau séchées
2 à 3 tours de moulin de poivre noir

1] Si vous ne prenez pas de sorbet du commerce, préparez le sorbet à la pêche et mettez-le au congélateur.
2] Faites ramollir le beurre dans une terrine tiède et travaillez-le vigoureusement à l'aide d'une spatule pour le mettre en pommade.
3] Préparez cette pâte à gaufres : montez la crème fouettée ; battez les blancs en neige avec une pincée de sel et en ajoutant peu à peu la moitié du sucre.
4] Dans une terrine, fouettez ensemble les jaunes avec l'autre moitié du sucre.
5] Incorporez ensuite le beurre ramolli, puis la farine, la levure et les fleurs de sureau.
6] Versez le lait puis la crème fouettée tout en mélangeant, puis ajoutez les blancs montés, en soulevant très délicatement la préparation pour ne pas les casser.
7] Laissez reposer la pâte 2 heures au moins.
8] Huilez le gaufrier à l'aide d'un pinceau et faites-le chauffer.
9] Versez de la pâte à gaufres dans une moitié du gaufrier avec une petite louche. Fermez celui-ci et faites cuire 5 minutes d'un côté et 4 minutes de l'autre.
10] Préparez les pêches poêlées : épluchez les pêches (choisissez de préférence des pêches blanches), coupez-les en deux et enlevez le noyau. Faites fondre le beurre dans une poêle à revêtement antiadhésif. Mettez-y les moitiés de pêches, le sucre, 1 cuillerée à soupe de jus de citron, les fleurs de sureau et faites cuire rapidement à feu vif pendant 3 minutes. Assaisonnez de 2 ou 3 tours de moulin à poivre et transvasez le tout sur un plat.
11] Posez une gaufre au centre de chaque assiette. Disposez les pêches autour et mettez une grosse quenelle de sorbet à la pêche par-dessus. Servez aussitôt.

Commentaire gourmand

Vous pouvez remplacer les fleurs de sureau par des fleurs de lavande ou par des petits morceaux de nougat, que vous ajouterez à la fin de la cuisson des pêches.

Gaufres à la vergeoise

PRÉPARATION 20 min
REPOS 2 h
CUISSON 6 à 8 min par gaufre
POUR 18 gaufres

380 g de farine
190 g de vergeoise blonde
1 pincée de sel
140 g de beurre
3 œufs

1] Faites ramollir le beurre dans une terrine et travaillez-le en pommade.
2] Mélangez la farine, la vergeoise et le sel dans un saladier. Ajoutez le beurre et les œufs et malaxez la pâte jusqu'à ce qu'elle soit bien homogène. Couvrez d'un film alimentaire et laissez reposer pendant 2 heures.
3] Partagez la pâte en 18 portions, façonnez celles-ci en boulettes.
4] Huilez légèrement le gaufrier à l'aide d'un pinceau et faites-le chauffer.
5] Posez une boulette de pâte sur l'une de ses faces. Refermez et laissez cuire d'un côté 4 minutes environ.
6] Retournez le gaufrier et faites cuire l'autre côté pendant 2 ou 3 minutes. Ouvrez-le pour contrôler la cuisson et n'hésitez pas à la continuer si nécessaire. Démoulez la gaufre sur le plat de service.
7] Laissez refroidir les gaufres et consommez-les comme des biscuits.

Tour de main

Vous pouvez aussi assembler ces gaufres par deux en les garnissant de ganache (voir page 81) ou de crème au beurre (voir page 49) aromatisée au café ou à la pistache, ou encore à la vanille.

Gaufres de Sienne aux amandes

PRÉPARATION 30 min
REPOS 12 h
CUISSON 15 min
POUR 50 gaufres dites Ricciarelli

2 blancs d'œufs
1 pincée de sel
500 g de poudre d'amande
500 g de sucre en poudre
1/2 cuill. à café de vanille liquide
175 g de sucre glace

1] La veille : battez légèrement les blancs en neige avec 1 pincée de sel dans un cul-de-poule.
2] Dans un saladier, mélangez la poudre d'amande et le sucre à l'aide d'une spatule en bois. Ajoutez les blancs montés, en tournant avec précaution pour ne pas les casser, puis la vanille. Mélangez pour obtenir une pâte souple.
3] Mettez 100 g de sucre glace dans un bol. Détaillez des tas de pâte avec une petite cuillère et aplatissez-les avec la paume de la main. Faites-en des petits losanges de 6 cm de long sur 4 de large avec un couteau que vous plongerez chaque fois dans le sucre glace.
4] Quand toutes les gaufres sont prêtes, disposez-les sur une plaque beurrée et laissez-les sécher toute une nuit.
5] Le lendemain, préchauffez le four à 130 °C.
6] Enfournez les gaufres pendant 15 minutes afin de les sécher. Elles doivent rester bien blanches et molles. Laissez-les refroidir complètement et poudrez-les de sucre glace avant de les consommer.

Commentaire gourmand

Ces petites gaufres peuvent être servies avec toutes sortes de compotes (abricot, pomme, poire, fraise, etc.) et quelques rosaces de crème Chantilly.

Beignets de poire, feuilles de menthe et feuilles de citronnier

Des quartiers de poire, des feuilles de menthe et de citronnier sont trempés dans la pâte à frire, jetés dans l'huile chaude puis servis chauds avec quelques gouttes de citron et du sucre en poudre. Attention, la feuille de citronnier ne se mange pas : on déguste juste la pâte imprégnée de son parfum.

Voir recette page 440

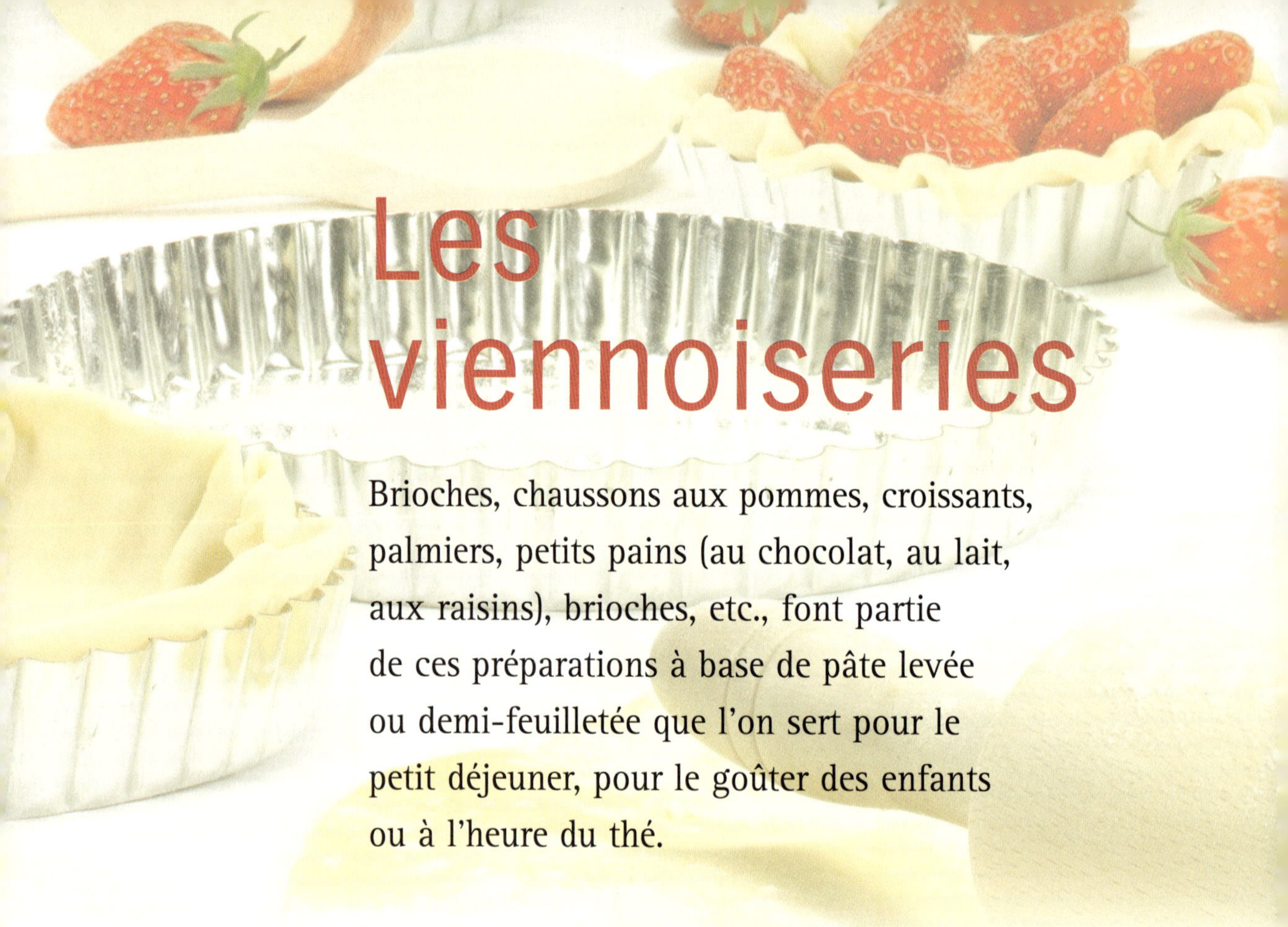

Les viennoiseries

Brioches, chaussons aux pommes, croissants, palmiers, petits pains (au chocolat, au lait, aux raisins), brioches, etc., font partie de ces préparations à base de pâte levée ou demi-feuilletée que l'on sert pour le petit déjeuner, pour le goûter des enfants ou à l'heure du thé.

Brioche aux fruits

PRÉPARATION 1 h
REPOS 3 + 1 h
CUISSON 45 min
POUR 4 à 6 personnes

- 400 g de pâte à brioche *(voir p. 24)*
- 150 g de crème frangipane *(voir p. 54)*
- 300 g de fruits de saison (abricots, pêches, poires, prunes)
- 5 cl d'eau-de-vie de poire ou de prune
- 50 g de sucre
- 1/2 citron
- 1 œuf
- sucre glace

1] Préparez la pâte à brioche et laissez-la lever pendant 3 heures.
2] Préparez la crème frangipane et mettez-la au réfrigérateur pendant que vous faites la suite de la préparation.
3] Lavez les fruits que vous avez choisis, épluchez-les si nécessaire et coupez-les en gros dés. Mettez-les à macérer dans l'eau-de-vie de votre choix avec le sucre et le jus d'un demi-citron.
4] Écrasez la pâte levée avec la paume de la main et mettez-la au réfrigérateur pour une demi-heure.
5] Beurrez un moule rond à bord peu élevé de 22 cm de diamètre.
6] Préchauffez le four à 200 °C.
7] Prenez les trois quarts de la pâte. Étalez au rouleau ce morceau et garnissez-en le moule, comme pour une tarte.
8] Versez la crème frangipane dans le fond. Égouttez les fruits et ajoutez-les par-dessus.
9] Étalez l'autre morceau de pâte et posez-le par-dessus en soudant bien les bords.
10] Laissez encore lever pendant 1 heure à température ambiante.
11] Battez l'œuf dans un bol et dorez tout le dessus de la brioche à l'aide d'un pinceau.
12] Mettez au four pendant 15 minutes à 200 °C, puis continuez la cuisson à 180 °C pendant 30 minutes.
13] Retirez du four, poudrez de sucre glace et servez bien chaud.

Brioche aux fruits ▶
Façonnée ici en portion individuelle, elle est accompagnée d'un coulis frais à l'abricot.

Brioche parisienne

PRÉPARATION 20 + 5 min
REPOS 4 h + 1 h 30
CUISSON 30 min
POUR 4 personnes

300 g de pâte à brioche *(voir p. 24)*
1 œuf

1] Préparez la pâte à brioche et laissez-la lever pendant 4 heures.
2] Divisez-la en 2 boules : l'une de 250 g pour le corps de la brioche, l'autre de 50 g pour la tête. Farinez vos mains et roulez la grosse boule pour qu'elle soit bien ronde.
3] Beurrez un moule à brioche de 1/2 litre et déposez-la dedans. Faites de même avec la petite boule en lui donnant une forme de poire. Avec vos doigts, creusez un peu le haut de la grosse boule pour pouvoir y enfoncer la partie la plus étroite de l'autre boule et appuyez légèrement pour la faire tenir.
4] Laissez lever la pâte à température ambiante pendant 1 heure 30 : elle va doubler de volume.
5] Préchauffez le four à 200 °C.
6] Mouillez les lames d'une paire de ciseaux et faites des petites incisions dans la grosse boule, en partant du bord vers la tête.
7] Battez l'œuf et dorez la brioche à l'aide d'un pinceau.
8] Enfournez pendant 10 minutes à 200 °C, puis baissez la température à 180 °C et continuez la cuisson pendant 20 minutes environ. Démoulez la brioche encore tiède.

Commentaire gourmand

Cette brioche accompagnera agréablement une salade de fruits, une glace, une compote de fruits ou d'autres desserts. Vous pouvez aussi la déguster en fines tranches (telles quelles ou légèrement grillées) tartinées de beurre salé.

Variante

À partir de cette brioche parisienne coupée en 5 tranches, vous pouvez faire une brioche polonaise avec 100 g de fruits confits coupés en dés et macérés dans 3 cl de kirsch et mélangés à 300 g de crème pâtissière *(voir page 58)*. Recouvrez avec 200 g de meringue *(voir page 42)* et 50 g d'amandes effilées et dorées au four pendant 5 minutes.

Brioche aux pralines

PRÉPARATION 30 min
REPOS 3 + 1 h
CUISSON 45 min
POUR 4 à 6 personnes

400 g de pâte à brioche *(voir p. 24)*
130 g de pralines roses

1] Préparez la pâte à brioche.
2] Concassez grossièrement 100 g de pralines et broyez le reste soit au robot, soit en les mettant dans un torchon plié en deux et en les écrasant avec le rouleau à pâtisserie.
3] Ajoutez les 100 g de pralines concassées à la pâte à brioche et laissez-la lever pendant 3 heures.
4] Pétrissez rapidement la boule et roulez-la sur le reste des pralines pour les répartir sur toute sa surface. Déposez cette boule pralinée sur une plaque recouverte de papier sulfurisé et mettez à lever pendant 1 heure.
5] Préchauffez le four à 230 °C.
6] Enfournez la plaque pour 15 minutes, puis baissez la température à 180 °C et poursuivez la cuisson 30 minutes.
7] Démoulez la brioche et servez-la tiède.

Variante

Sur le même principe, vous pouvez aussi faire une brioche de Saint-Genix. Faites une brioche et mélangez dans la pâte 130 g de pralines de Saint-Genix entières (ce sont des pralines, particulières, très rouges). Faites-la cuire dans un moule ou sur la plaque.

Brioche roulée aux raisins

PRÉPARATION 20 + 20 min
REPOS 3 h 30 + 2 h
CUISSON 30 min
POUR 4 à 6 personnes

300 g de pâte à brioche *(voir p. 24)*
70 g de raisins secs
4 cuill. à soupe de rhum
100 g de crème pâtissière *(voir p. 58)*
1 œuf

Pour le glaçage
3 cl de rhum
60 g de sucre glace

1] Préparez la pâte à brioche et laissez-la gonfler pendant 3 heures.
2] Mettez les raisins secs à macérer dans le rhum.
3] Faites la crème pâtissière.
4] Aplatissez la pâte levée avec la paume de la main et remettez-la au réfrigérateur pendant une demi-heure environ.
5] Égouttez les raisins.
6] Beurrez un moule à génoise de 22 cm de diamètre. Séparez la pâte à brioche en deux morceaux, l'un de 140 g, l'autre de 160 g. Avec le rouleau, étalez le premier au format du moule et disposez-le délicatement dans le moule, puis mettez dessus une couche de crème pâtissière.
7] Aplatissez l'autre morceau de pâte à brioche en un rectangle de 12 cm de large et de 20 cm de long. Recouvrez ce rectangle avec le reste de la crème pâtissière, puis parsemez les raisins.
8] Roulez le rectangle pour obtenir un boudin de 20 cm de long et coupez-le en six tronçons d'épaisseur égale.
9] Disposez ces tronçons à plat, les uns à côté des autres, dans le moule que vous avez déjà garni de pâte et de crème et laissez lever pendant 2 heures dans un endroit tiède.
10] Préchauffez le four à 200 °C.
11] Dorez la brioche à l'œuf battu et faites-la cuire d'abord pendant 10 minutes à 200 °C, puis pendant 20 minutes à 180 °C. Démoulez-la quand elle est tiède.
12] Préparez le glaçage : faites tiédir le rhum et mélangez-le avec le sucre glace. Lorsque la brioche est froide, badigeonnez-la à l'aide d'un pinceau.

Chaussons aux pommes

PRÉPARATION 30 + 30 min
REPOS 10 h
CUISSON 35 à 40 min
POUR 10 à 12 petits chaussons

500 g de pâte feuilletée *(voir p. 20)*
5 pommes reinettes
1 citron
150 g de sucre
20 g de crème fraîche épaisse
30 g de beurre
1 œuf

1] Préparez la pâte feuilletée (n'oubliez pas qu'elle doit reposer 10 heures au total).
2] Pressez le jus de citron.
3] Pelez les pommes en enlevant tous les pépins, coupez-les en petits dés et mélangez-les tout de suite avec un peu de jus de citron pour éviter qu'elles ne noircissent. Égouttez-les et mélangez-les bien dans une jatte avec le sucre et la crème.
4] Coupez le beurre en petits morceaux.
5] Préchauffez le four à 250 °C.
6] Étalez la pâte feuilletée au rouleau sur 3 mm d'épaisseur. Découpez 10 à 12 cercles de 12 cm de diamètre.
7] Battez l'œuf dans un bol et badigeonnez leur pourtour à l'aide d'un pinceau. Déposez avec une cuillère les dés de pommes et le beurre sur une moitié de chaque disque.
8] Repliez l'autre moitié sur celle qui est garnie. Dorez le dessus avec le reste de l'œuf. Laissez sécher puis, avec la pointe d'un couteau, tracez des croisillons en prenant soin de ne pas percer le chausson.
9] Enfournez pendant 10 minutes à 250 °C, puis continuez la cuisson à 200 °C pendant 25 à 30 minutes. Servez tiède.

Variante

Vous pouvez également réaliser des chaussons aux pommes et aux pruneaux avec 250 g de pruneaux trempés et dénoyautés, 50 g de raisins de Corinthe trempés dans du rhum et 4 pommes coupées en dés.

Cramique

PRÉPARATION 25 min
REPOS 1 h
CUISSON 40 min
POUR 6 personnes

- un bol de thé
- 100 g de raisins de Corinthe
- 100 g de beurre
- 3 œufs
- 1 pincée de sel
- 20 cl de lait frais
- 20 g de levure de boulanger
- 500 g de farine
- 1 cuill. à soupe de sucre en poudre

1] Faites le thé et mettez-y les raisins à tremper.

2] Coupez le beurre en tout petits morceaux.

3] Cassez 2 œufs et battez-les en omelette avec la pincée de sel.

4] Faites tiédir le lait. Émiettez la levure dans un saladier, versez un peu de lait et mélangez. Ajoutez de la farine petit à petit en tournant avec une cuillère en bois jusqu'à ce que vous ayez une pâte molle.

5] Mettez le reste de la farine sur le plan de travail et creusez une fontaine. Mettez-y le levain. Ajoutez les œufs battus ainsi que le reste du lait tiède.

6] Travaillez la pâte à la main et pétrissez-la jusqu'à ce qu'elle devienne élastique. Ajoutez le beurre. Continuez à pétrir. Égouttez les raisins et ajoutez-les à leur tour. Malaxez encore un peu la pâte pour bien les intégrer.

7] Préchauffez le four à 200 °C.

8] Façonnez la pâte en une sorte de boudin, puis mettez-la dans un moule à cake beurré de 28 cm de long ; elle doit le remplir aux trois quarts. Cassez et battez le dernier œuf et dorez au pinceau. Laissez lever pendant 1 heure à température ambiante.

9] Enfournez le cramique à 200 °C pendant 10 minutes, puis baissez la température du four à 180 °C et continuez ainsi sa cuisson pendant 30 minutes.

10] Démoulez-le et laissez-le refroidir.

Commentaire gourmand

Servez ce cramique avec une compote de fruits, une crème au chocolat ou une glace aux fruits.

Croissants

PRÉPARATION 25 min
REPOS 5 h 30
CUISSON 15 min
POUR 8 croissants

- 400 g de pâte à croissants *(voir p. 26)*
- 1 jaune d'œuf

1] Préparez la pâte à croissants (n'oubliez pas qu'elle nécessite 5 h 30 de repos au total, au réfrigérateur).

2] Étalez la pâte à croissant sur une épaisseur de 6 mm.

3] Coupez des triangles de 14 cm x 16 cm pour former les croissants. Roulez chaque triangle sur lui-même en partant de la base (14 cm de large) vers le sommet.

4] Déposez les croissants sur la plaque recouverte de papier sulfurisé. Délayez le jaune d'œuf avec un petit peu d'eau et dorez les croissants à l'aide d'un pinceau. Laissez-les reposer pendant 1 heure : ils vont doubler de volume.

5] Préchauffez le four à 220 °C.

6] Dorez de nouveau les croissants et enfournez-les. Au bout de 5 minutes à 220 °C, baissez la température du four à 190 °C et continuez la cuisson encore 10 minutes.

Variante

Croissants alsaciens

Faites un sirop avec 70 g de sucre et 50 cl d'eau. Hors du feu, ajoutez-y 70 g de noix, amandes et noisettes en poudre (210 g en tout) et 20 g de sucre cristallisé. Étalez cette préparation sur les triangles de pâte à croissants, puis procédez de la même façon. Quand les croissants alsaciens sont cuits, passez dessus du glaçage fait avec 150 g de sucre glace mélangé avec 6 cl d'eau ou de kirsch et laissez refroidir.

Cramique ►
Spécialité du nord de la France et de la Belgique, le cramique est délicieux à l'heure du thé.

Gâteau des Rois de Bordeaux

PRÉPARATION 30 min
REPOS 3 + 1 h
CUISSON 30 min
POUR 8 à 10 personnes

1,5 kg de pâte à brioche *(voir p. 24)*
1 zeste de citron non traité
4 fèves
1 œuf
250 g de cédrat confit
250 g de melon confit
sucre en grains

1] Préparez la pâte à brioche en y ajoutant le zeste râpé du citron. Laissez-la reposer pendant 3 heures.
2] Divisez la pâte en 4 parts égales. Aplatissez-les avec la paume de la main et façonnez-les en couronne. Enfoncez une fève dans le fond de chacune d'elles. Déposez-les sur une plaque recouverte de papier sulfurisé et remettez-les à lever dans un endroit tiède pendant 1 heure au moins.
3] Préchauffez le four à 200 °C.
4] Battez l'œuf et dorez les couronnes à l'aide d'un pinceau. Faites cuire à 200 °C pendant 10 minutes environ, puis à 180 °C pendant 20 minutes.
5] Retirez du four, parsemez les morceaux de cédrat, les tranches de melon confit et le sucre en grains sur le dessus et les côtés.
6] Laissez refroidir avant de servir.

Kouglof

PRÉPARATION 40 min
RÉFRIGÉRATION DU LEVAIN 4 ou 5 h
REPOS 2 h + 1h 30
CUISSON 35 à 40 min
POUR 2 kouglofs

Pour le levain
115 g de farine
5 g de levure du boulanger
8 cl de lait

Pour la pâte
25 g de levure de boulanger
8 cl de lait
250 g de farine
3 pincées de sel
75 g de sucre en poudre
2 jaunes d'œufs
85 g de beurre
145 g de raisins
6 cl de rhum agricole
40 g d'amandes entières mondées
30 g de beurre
sucre glace

1] La veille : mettez les raisins à tremper dans le rhum.
2] Préparez le levain : mélangez la farine, la levure et le lait dans un saladier ; malaxez bien. Couvrez le saladier d'un torchon mouillé et mettez-le 4 ou 5 heures au réfrigérateur jusqu'à ce que de petites bulles apparaissent à la surface du levain.
3] À la fin de ce temps de repos, faites la pâte : délayez la levure dans le lait. Mettez le levain, la farine, le sel, le sucre, les jaunes d'œufs et la levure délayée dans un grand saladier. Mélangez bien jusqu'à ce que la pâte se détache de la paroi du saladier.
4] Ajoutez alors le beurre et continuez de la travailler jusqu'à ce qu'elle se détache à nouveau de la paroi.
5] Égouttez et ajoutez les raisins macérés. Mélangez, puis couvrez le récipient avec un torchon et laissez reposer la pâte pendant 2 heures environ à température ambiante, jusqu'à ce qu'elle double de volume.
6] Beurrez les deux moules à kouglof et déposez une amande entière en bas de chaque cannelure.
7] Mettez la pâte sur le plan de travail fariné et divisez-la en deux parts égales. Écrasez chaque morceau avec la paume de la main pour lui redonner sa forme initiale. Faites deux boules en rabattant les bords vers le centre. Roulez chaque boule sur le plan de travail en la serrant sous la paume de vos mains, dans un mouvement circulaire.
8] Farinez vos doigts, prenez chaque boule en main, enfoncez un pouce au centre, étirez un peu la pâte et mettez-la dans le moule. Laissez-la encore lever à température ambiante pendant 1 heure 30 environ : si l'endroit est sec, couvrez d'un torchon humide.
9] Préchauffez le four à 200 °C .
10] Enfournez les deux moules pendant 35 à 40 minutes. Démoulez-les sur une grille et badigeonnez-les de beurre fondu afin qu'ils sèchent moins vite.
11] Laissez refroidir, poudrez légèrement de sucre glace et servez.

Tour de main

Si vous voulez conserver les gâteaux quelque temps, enveloppez-les dans un film alimentaire.

Muffins

PRÉPARATION 25 min
REPOS 2 h
CUISSON 30 min
POUR 18 muffins

30 cl de lait
1 œuf
2 pincées de sel
250 g de farine de froment
1 paquet de levure chimique
60 g de sucre en poudre
100 g de beurre ramolli

1] Faites tiédir le lait. Cassez l'œuf et séparez le blanc et le jaune.
2] Mettez la farine, la levure et le sel dans une terrine et faites une fontaine. Mettez-y le jaune et le lait, et mélangez.
3] Roulez la pâte en boule, recouvrez-la d'un torchon et laissez-la reposer 2 heures dans un endroit tiède.
4] Préchauffez le four à 220 °C.
5] Montez le blanc avec 1 pincée de sel.
6] Incorporez le sucre et le beurre à la pâte, puis le blanc en neige (délicatement pour ne pas le casser).
7] Beurrez 18 petits moules ronds et remplissez-les de pâte à mi-hauteur. Faites cuire pendant 5 minutes, puis baissez la température à 200 °C et laissez les muffins dans le four encore une dizaine de minutes jusqu'à ce qu'ils soient bien dorés.
8] Sortez-les, recouvrez la plaque du four d'une feuille de papier sulfurisé, démoulez-les dessus. Remettez-les au four 10 à 12 minutes pour les faire dorer de l'autre côté.

Pains aux raisins

PRÉPARATION 30 min
REPOS 30 min + 1 h 30
CUISSON 20 min
POUR 12 pains

Pour le levain
15 g de levure de boulanger
6 cl de lait
60 g de farine

Pour la pâte
150 g de beurre
500 g de farine
30 g de sucre en poudre
3 œufs
6 pincées de sel fin
3 cl de lait
100 g de raisins de Corinthe
1 œuf
sucre en grains

1] Préparez le levain : délayez la levure de boulanger avec le lait et la moitié de la farine et mélangez bien. Poudrez avec le reste de farine et laissez lever 30 minutes dans un endroit tiède.
2] Mettez les raisins dans un bol d'eau tiède et laissez-les gonfler.
3] Lorsque le levain est prêt, préparez la pâte : faites ramollir le beurre. Tamisez la farine dans une terrine, ajoutez le levain, puis le sucre en poudre, les œufs et le sel. Pétrissez pendant 5 minutes en frappant la pâte sur la table pour la rendre élastique.
4] Ajoutez alors le lait et mélangez bien. Incorporez ensuite le beurre ramolli à la pâte, puis les raisins de Corinthe égouttés. Pétrissez encore un peu et laissez reposer 1 heure dans un endroit tiède.
5] Partagez la pâte en 12 morceaux. Façonnez ceux-ci en fins boudins, enroulez-les en spirale et laissez lever 30 minutes sur la plaque recouverte de papier sulfurisé.
6] Préchauffez le four à 210 °C.
7] Dorez les pains à l'œuf, poudrez-les de sucre en grains, et faites-les cuire pendant 20 minutes.
8] Servez les pains aux raisins de préférence tièdes ou froids.

Palmiers

PRÉPARATION 40 min
REPOS 10 h
CUISSON 10 min
POUR 20 palmiers

500 g de pâte feuilletée *(voir p. 20)*
sucre glace

1] Préparez la pâte feuilletée (n'oubliez pas qu'elle nécessite 10 h de repos au total). Poudrez la pâte de sucre glace aux deux derniers tours.
2] Préchauffez le four à 240 °C.
3] Étalez la pâte en un rectangle de 1 cm d'épaisseur. Poudrez de sucre glace. Rabattez chaque côté vers le centre, dans le sens de la longueur une première fois puis encore une deuxième fois pour obtenir une sorte de boudin.
4] Divisez ce boudin en tronçons de 1 cm d'épaisseur, puis déposez ceux-ci sur une plaque recouverte de papier sulfurisé, en les espaçant pour qu'ils ne collent pas les uns aux autres, car la pâte va s'étaler à la cuisson.
5] Faites cuire les palmiers 10 minutes au four, en les retournant à mi-cuisson pour qu'ils dorent sur les deux faces.
6] Laissez-les refroidir et conservez-les dans une boîte hermétique pour qu'ils ne ramollissent pas.

Kouign-amann aux fruits rouges

Une compotée de fruits rouges et noirs aux notes chaudes et acides nichée dans une pâte levée feuilletée caramélisée et croquante.

Voir recette page 445

Pognes de Romans

PRÉPARATION 20 min
REPOS 2 h + 30 min
CUISSON 40 min
POUR 2 pognes

250 g de beurre
500 g de farine
10 g de sel
1 cuill. à soupe d'eau de fleur d'oranger
250 g de levain de pâte à pain
6 œufs
200 g de sucre en poudre
1 œuf

1] Faites ramollir le beurre.
2] Tamisez la farine au-dessus d'une terrine, creusez une fontaine et mettez-y le sel, l'eau de fleur d'oranger, le levain de pâte à pain, le beurre et 4 œufs entiers.
3] Travaillez la pâte avec une cuillère en bois ou dans le bol du robot, puis ajoutez les 2 derniers œufs, un par un.
4] Incorporez alors le sucre en poudre par très petites quantités, sans cesser de remuer. Recouvrez la terrine avec un torchon et laissez lever pendant 2 heures.
5] Mettez la pâte levée sur le plan de travail fariné, écrasez-la avec le plat de la main. Faites-en deux boules, façonnez-les en couronne et déposez-les dans deux tourtières beurrées.
6] Laissez lever à nouveau la pâte pendant 30 minutes dans un endroit chaud.
7] Préchauffez le four à 190 °C.
8] Dorez les couronnes à l'œuf et faites-les cuire pendant 40 minutes au four.

Pompe de Noël

PRÉPARATION 30 min
REPOS 5 ou 6 h
CUISSON 15 min
POUR 8 personnes

Pour le levain
5 cl de lait
35 g de levure de boulanger
30 g de farine

Pour la pâte
500 g de farine
1 cuill. à soupe de miel
7 cuill. à soupe d'huile d'olive
2 oranges
2 cuill. à soupe de grains d'anis
2 pincées de sel
1/2 tasse de café sucré

1] Râpez le zeste d'une orange et pressez le jus des deux oranges.
2] Préparez le levain : faites tiédir le lait. Émiettez la levure dans un saladier, versez-y le lait tiède pour la dissoudre et ajoutez la farine. Pétrissez bien. Farinez vos doigts et faites une boule avec la pâte. Remplissez le saladier d'eau tiède et laissez la pâte doubler de volume (5 à 8 minutes environ).
3] Sur le plan de travail, tamisez la farine, creusez une fontaine : mettez-y le miel, l'huile d'olive, le zeste et le jus des fruits, les grains d'anis et le sel et pétrissez le tout du bout des doigts. Avant que la pâte soit homogène, retirez le levain de l'eau et incorporez-le. Pétrissez alors rapidement jusqu'à ce que vous ayez une boule de pâte ferme mais souple au toucher.
4] Étalez-la sur une épaisseur de 1 cm, en faisant un cercle de 30 à 40 cm de diamètre. Huilez la plaque et déposez la pompe. Faites 12 incisions en étoile avec la pointe d'un couteau. Laissez lever pendant 5 ou 6 heures.
5] Préchauffez le four à 200 °C.
6] Faites le café, sucrez-le. Badigeonnez la pompe de café sucré avec un pinceau, et enfournez pendant 15 minutes.

Guy Gedda

Scones

PRÉPARATION 20 min
CUISSON 10 min
POUR 12 scones

1 bol de thé
60 g de raisins de Smyrne
60 g de raisins de Corinthe
240 g de farine
1 pincée de sel
90 g de sucre en poudre
10 g de levure chimique
220 g de beurre
20 cl de lait
1 œuf

1] Préparez le thé et faites-y tremper tous les raisins secs pendant une heure, puis égouttez-les.
2] Tamisez la farine dans une terrine et formez un puits. Versez-y 1 pincée de sel, le sucre et la levure et mélangez le tout. Coupez 100 g de beurre en morceaux et incorporez-les peu à peu.Travaillez la pâte jusqu'à ce qu'elle soit granuleuse.
3] Ajoutez le lait, puis l'œuf, et continuez de mélanger avec une spatule en bois.
4] Quand la pâte est homogène et souple, ajoutez les raisins égouttés.
5] Préchauffez le four à 220 °C.
6] Sur le plan de travail fariné, étalez la pâte sur une épaisseur de 1 cm. Découpez-la en disques à l'aide d'un verre.
7] Posez ceux-ci sur une plaque recouverte de papier sulfurisé. Enfournez pendant 10 minutes.
8] Ouvrez chaque scone en deux, beurrez-le généreusement, refermez et posez-le sur le plat de service. Servez-les tout de suite.

Les petits-fours

Les petits-fours sont des préparations très variées, ayant en commun leur petite taille. Les petits-fours secs sont surtout destinés à accompagner des desserts aux œufs, des desserts glacés, des sorbets, etc. Les frais sont souvent des répliques en miniature de gâteaux individuels.

Les petits-fours secs

Allumettes glacées

PRÉPARATION 20 min
REPOS 10 h
CUISSON 10 min
POUR 20 allumettes

200 g de pâte feuilletée *(voir p. 20)*
200 g de glace royale *(voir p. 74)*

1] Préparez la pâte feuilletée (n'oubliez pas qu'elle doit reposer 10 heures au total).
2] Préchauffez le four à 200 °C.
3] Étalez la pâte feuilletée sur une épaisseur de 4 mm. Découpez des bandes de pâte de 8 cm de large.
4] Passez dessus une légère couche de glace royale, avec un pinceau ou une petite palette.
5] Détaillez les bandes de pâte en tronçons de 2,5 à 3 cm de large et rangez ceux-ci sur une plaque à pâtisserie recouverte de papier sulfurisé.
6] Mettez au four pendant 10 minutes environ, jusqu'à ce que le dessus des allumettes soit de couleur crème.

Tour de main

La glace royale ne peut se faire qu'en grande quantité, mais vous pouvez garder ce qui n'est pas consommé dans le haut de votre réfrigérateur pendant 10 à 12 jours au maximum, dans un bol soigneusement recouvert d'un film alimentaire.

Arlettes aux épices

PRÉPARATION 30 min
REPOS 1 h 30 + 4 h + 10 min
CUISSON 4 ou 5 min
POUR 40 arlettes

500 g de pâte feuilletée inversée caramélisée *(voir p. 23)*
50 g de beurre

Pour le sucre glace vanillé
7 g de quatre-épices
5 g de vanille en poudre
50 g de sucre glace

1] Préparez la pâte feuilletée inversée caramélisée et mettez-la au frais pendant 1 heure 30.
2] Préparez le sucre glace vanillé : mélangez le quatre-épices et la vanille en poudre avec le sucre glace.
3] Faites fondre le beurre. Étalez la pâte feuilletée sur une épaisseur de 2 mm en formant un carré de 40 cm et passez du beurre fondu sur toute sa surface avec un pinceau. Roulez la pâte sur elle-même et mettez-la au réfrigérateur pendant 4 heures environ, puis 10 minutes au congélateur.
4] Préchauffez le four à 230 °C.
5] Coupez le rouleau de pâte en tranches de 2 mm d'épaisseur avec un couteau long et très bien aiguisé. Poudrez le plan de travail avec le sucre glace aux épices. Posez dessus les disques de pâte 2 par 2, recouvrez-les de sucre, puis étalez-les très finement.
6] Mettez tous les disques sur une plaque recouverte de papier sulfurisé et enfournez pendant 4 ou 5 minutes.

Tour de main

Ces arlettes aux épices se conservent très bien une quinzaine de jours dans une boîte en fer et dans un endroit sec, ou une dizaine de jours dans une boîte plastique hermétique.

Variante

Vous pouvez faire de ces arlettes aux épices un véritable dessert : recouvrez-les de mousse au chocolat *(voir page 60)* ou de crème au beurre parfumée à la pistache *(voir page 49)* ; posez-en une autre par-dessus et servez-les, sur assiette, avec un coulis à la pêche *(voir page 104)* ou à la framboise *(voir page 102)*.

Bâtonnets au cumin

PRÉPARATION 25 min
RÉFRIGÉRATION 2 h
CUISSON 10 min
POUR 20 bâtonnets

300 g de pâte sucrée *(voir p. 19)*
20 g de graines de cumin
1 œuf

1] Préparez la pâte sucrée en y incorporant tout à la fin les graines de cumin ; remuez bien et laissez-la reposer pendant 2 heures au frais.
2] Préchauffez le four à 200 °C.
3] Étalez la pâte au rouleau sur 5 mm d'épaisseur puis découpez-la en petits bâtonnets de 8 à 10 cm de long.
4] Battez l'œuf dans un bol, dorez les bâtonnets de pâte avec un pinceau et disposez-les sur une plaque recouverte de papier sulfurisé. Enfournez 10 minutes.

Commentaire gourmand

Vous pouvez faire de la même façon des bâtonnets au carvi ou à l'anis.

Bâtonnets glacés à la vanille

PRÉPARATION 20 min
CUISSON 10 min
POUR 15 bâtonnets

85 g de poudre d'amande
85 g de sucre
1 sachet de sucre vanillé
1 blanc d'œuf
glace royale *(voir p. 74)*
1 cuill. à café de vanille liquide

1] Mélangez la poudre d'amande, le sucre et le sucre vanillé dans un saladier. Ajoutez le blanc d'œuf et remuez jusqu'à ce que la pâte soit liée.
2] Préparez la glace royale en y ajoutant la vanille liquide.
3] Préchauffez le four à 160 °C.
4] Farinez légèrement le plan de travail et étalez la pâte au rouleau sur 1 cm d'épaisseur. Recouvrez cette abaisse d'une couche de glace royale.
5] Détaillez-la en languettes de 2 cm de large sur 10 cm de long. Beurrez et farinez une plaque, et disposez-y les bâtons. Faites cuire pendant 10 minutes.

Biscuits de Cordoba

PRÉPARATION 15 min
REPOS 1 h
CUISSON 10 min
POUR 20 à 25 biscuits

200 g de beurre
400 g de farine
15 g de sucre en poudre
1 sachet de sucre vanillé
2 jaunes d'œufs
10 cl de lait
confiture de lait ou de goyave ou de papaye

1] Coupez le beurre en petits morceaux.
2] Tamisez la farine dans un saladier et mélangez-la avec le sucre en poudre et le sucre vanillé. Ajoutez le beurre peu à peu, puis les jaunes d'œufs, un à un.
3] Versez ensuite le lait et mélangez sans trop pétrir, jusqu'à ce que la pâte soit bien ferme. Laissez reposer 1 heure au frais.
4] Préchauffez le four à 180 °C.
5] Étalez la pâte au rouleau sur 3 mm d'épaisseur. Découpez-y des ronds ou des rectangles avec un couteau, un verre ou un emporte-pièce. Posez-les sur la plaque recouverte de papier sulfurisé, en les espaçant bien.
6] Enfournez pendant 10 minutes. Décollez les biscuits à l'aide d'une spatule. Laissez-les refroidir sur un plan de travail.
7] Enduisez-les de confiture de lait, de goyave ou de papaye, et réunissez-les par deux.

Brownies

PRÉPARATION 30 min
CUISSON 15 à 20 min
POUR 30 brownies

800 g de pâte à biscuit façon « brownie »
(voir p. 34)

1] Préparez la pâte à biscuit façon brownie.
2] Préchauffez le four à 180 °C.
3] Beurrez un moule carré de 30 cm de côté et versez-y la préparation. Lissez bien le dessus avec une spatule et enfournez pour 15 à 20 minutes. La pâte doit rester moelleuse : vérifiez la cuisson avec la pointe d'un couteau, elle doit ressortir avec de la pâte collée.
4] Laissez tiédir avant de démouler, puis retournez le moule sur un plat et laissez refroidir. Découpez d'abord des bandes puis des carrés de 4 cm de côté environ et mettez-les dans des caissettes en papier gaufré.

Tour de main

Vous pouvez très bien conserver ces brownies pendant quelques jours dans une boîte hermétique.

Cookies au chocolat

PRÉPARATION 20 min
CUISSON 8 à 10 min par fournée
POUR 30 cookies

110 g de beurre ramolli
175 g de chocolat noir ou de pépites de chocolat noir
110 g de sucre brun
100 g de sucre en poudre
1 œuf
1/2 cuill. à café de vanille liquide
225 g de farine
1/2 cuill. à café de levure chimique
1 pincée de sel

1] Faites ramollir le beurre.
2] Si vous n'avez pas de pépites, râpez le chocolat sur une râpe à gros trous, ou hachez-le au couteau.
3] Préchauffez le four à 170 °C.
4] Battez le beurre dans une terrine avec les deux sortes de sucre, jusqu'à ce que le mélange devienne jaune pâle et mousseux. Ajoutez l'œuf entier, puis la vanille liquide.
5] Tamisez la farine avec la levure et le sel. Versez le tout peu à peu en pluie dans la terrine, en travaillant bien avec une spatule en bois pour éviter la formation de grumeaux. Puis incorporez à la pâte les pépites de chocolat noir ou le chocolat râpé.
6] Mettez une feuille de papier sulfurisé sur la plaque à pâtisserie. Disposez des petits tas de pâte bien espacés sur la plaque avec une cuillère à soupe que vous tremperez chaque fois dans un bol d'eau. Aplatissez-les avec le dos de la cuillère de façon à former des disques de 10 cm de diamètre environ.
7] Enfournez pendant 8 à 10 minutes. Les cookies doivent être croustillants à l'intérieur.
8] Sortez-les du four, posez-les sur une grille. Servez-les tièdes ou froids.

Voir photographie page 228

Galettes bretonnes

PRÉPARATION 10 min
RÉFRIGÉRATION 2 h
CUISSON 10 min
POUR 30 à 35 galettes

130 g de beurre
135 g de sucre en poudre
2 g de sel
1 œuf
230 g de farine
7 g de levure chimique

1] Faites ramollir le beurre et mélangez-le avec le sucre et le sel. Ajoutez 'œuf et malaxez avec une cuillère en bois pendant quelques minutes. Versez ensuite la farine et la levure et pétrissez jusqu'à ce que la pâte soit homogène.
2] Mettez celle-ci en boule, enveloppez-la dans un film alimentaire et laissez-la reposer pendant 1 heure au frais.
3] Coupez la pâte en 4 morceaux. Façonnez chacun d'eux en un boudin de 3 cm de diamètre, puis coupez celui-ci en tranches de 1 cm d'épaisseur. Déposez ces disques de pâte sur une plaque recouverte de papier sulfurisé et remettez pendant 1 heure environ au réfrigérateur.
4] Préchauffez le four à 200 °C et enfournez pendant 10 minutes.
5] Quand les galettes sont refroidies, mettez-les dans une boîte hermétique.

Commentaire gourmand
Servez ces galettes bretonnes avec une crème anglaise, une mousse au chocolat, une salade de fruits, une compote, une glace ou un sorbet.

Galettes pascales moyen-orientales

PRÉPARATION 45 min
REPOS 2 h
CUISSON 35 min
POUR 20 galettes

Pour la pâte
250 g de beurre
500 g de farine
5 cl de d'eau de fleur d'oranger
5 cl d'eau de rose

Pour la garniture
200 g de noix, d'amandes ou de pistaches mondées
200 g de sucre
5 cl d'eau de fleur d'oranger

1] Faites fondre le beurre dans une casserole.
2] Mettez la farine dans une terrine et versez le beurre dessus avec l'eau de fleur d'oranger et l'eau de rose. Pétrissez bien, en ajoutant éventuellement un peu d'eau. Laissez reposer 2 heures : la pâte doit être consistante.
3] Hachez les noix, les amandes mondées ou les pistaches, puis mélangez-les avec le sucre et l'eau de fleur d'oranger (ou l'eau de rose).
4] Préchauffez le four à 160 °C.
5] Prélevez des boules de pâte de la taille d'un petit œuf. Creusez-les avec vos doigts, pour leur donner une forme de cône. Remplissez chaque cône avec un peu de garniture et refermez-le.
6] Déposez les galettes sur la plaque à pâtisserie recouverte de papier sulfurisé et mettez au four pendant 35 minutes. Sortez les galettes pascales et poudrez-les de sucre glace.

Langues-de-chat

PREPARATION 20 min
CUISSON 30 min
POUR 45 langues-de-chat

125 g de beurre
1 sachet de sucre vanillé
75 à 100 g de sucre en poudre
2 œufs
125 g de farine

1] Coupez le beurre en morceaux et travaillez-le avec une spatule pour le mettre en pommade très lisse. Ajoutez le sucre vanillé et le sucre en poudre et mélangez bien. Puis ajoutez les œufs, un par un. Tamisez la farine, versez-la en pluie et incorporez-la avec un fouet.
2] Préchauffez le four à 200 °C.
3] Mettez une feuille de papier sulfurisé sur la plaque à pâtisserie. Glissez la pâte dans une poche à douille unie n° 6 et déposez de petites languettes de pâte de 5 cm de long, espacées les unes des autres de 2 cm.
4] Les langues-de-chat ne tiendront pas sur une seule plaque à pâtisserie. Faites cuire chaque fournée pendant 4 ou 5 minutes. Quand les langues-de-chat sont refroidies, conservez-les dans une boîte hermétique.

Cookies
Ces petits gâteaux d'Amérique du Nord se consomment aussi bien tièdes que froids.

Macarons

PRÉPARATION 45 min
CUISSON 10 à 20 min
POUR 20 gros macarons ou 80 petits

Pour la pâte
480 g de sucre glace
280 g de poudre d'amande
7 blancs d'œufs

Pour les couleurs
40 g de cacao en poudre
1/2 cuill. à café d'extrait de café
6 gouttes de colorant carmin ou 6 gouttes de colorant vert
1 cuill. à café de vanille liquide

1] Tamisez ensemble le sucre glace et la poudre d'amande. Si vous faites des macarons au chocolat, tamisez le cacao.
2] Fouettez les blancs en neige ferme dans une terrine. Ajoutez le colorant de votre choix.
3] Versez très rapidement et en pluie le mélange sucre-amande sur les blancs. Mélangez avec une cuillère en bois en ramenant l'appareil du milieu de la terrine vers les bords, tout en faisant tourner la terrine de la main gauche. Opérez ce mélange délicatement pour ne pas casser les blancs. Vous devez obtenir une pâte un peu coulante pour que les macarons ne soient pas trop secs une fois cuits.
4] Préchauffez le four à 250 °C.
5] Mettez 2 plaques l'une sur l'autre et une feuille de papier sulfurisé sur la deuxième. Versez la pâte dans une poche à douille munie d'une douille lisse n° 8 pour faire des petits macarons (2 cm de diamètre) et n° 12 pour des gros (7 cm de diamètre).
6] Formez les macarons. Laissez-les ainsi reposer un quart d'heure à température ambiante (une petite croûte va se former à la surface), puis glissez les plaques au four et baissez aussitôt la température à 180 °C. Faites cuire 18 à 20 minutes si ce sont des gros macarons, 10 à 12 minutes pour des petits, en laissant la porte du four entrouverte.
7] Quand les macarons sont cuits, sortez la double plaque. Mettez un peu d'eau dans un verre doseur et, en le soulevant légèrement, faites couler un peu d'eau sous le papier sulfurisé : la vapeur produite permet de détacher plus facilement les macarons.
8] Laissez refroidir ceux-ci sur une grille avant, éventuellement, de les garnir.
9] Rangez les macarons sur un plateau recouvert d'un film alimentaire et gardez-les 2 jours au réfrigérateur : ils seront alors encore meilleurs.

Variante

Vous pouvez garnir les macarons selon vos goûts avec : 300 g de ganache au chocolat *(voir page 81)* ; ou 300 g de crème au beurre nature *(voir page 49)* ; ou 300 g de crème au beurre parfumée au café *(voir page 49)* ; ou 300 g de confiture de » framboises-pépins » *(voir page 336)* ; ou 300 g de crème au beurre parfumée à la pistache *(voir page 49)*. Prévoyez ces quantités pour 20 petits macarons (ou 5 gros). Déposez alors, avec une petite cuillère ou à la poche à douille, la ganache, la crème ou la confiture sur la partie plate d'un macaron et mettez par-dessus un second macaron.

Palets de dames

PRÉPARATION 15 min
CUISSON 10 min
POUR 25 palets

80 g de raisins de Corinthe
8 cl de rhum
125 g de beurre
125 g de sucre en poudre
2 œufs
150 g de farine
1 pincée de sel

1] Lavez les raisins de Corinthe et faites-les macérer dans le rhum pendant environ 1 heure.
2] Préchauffez le four à 200 °C.
3] Faites ramollir le beurre. Fouettez-le dans une terrine avec le sucre en poudre, puis ajoutez les œufs, un par un, et mélangez bien. Versez ensuite la farine, les raisins avec le rhum et 1 pincée de sel. Malaxez bien entre chaque ingrédient ajouté.
4] Sur la plaque à pâtisserie recouverte de papier sulfurisé, déposez avec une petite cuillère des petits tas de pâte bien séparés les uns des autres et faites cuire pendant 10 minutes. Quand les palets sont froids, conservez-les dans une boîte hermétique.

Petits gâteaux aux noix de pecan

PRÉPARATION 30 min
CUISSON 15 min
POUR 25 petits gâteaux

150 g de beurre
200 g de noix de pecan
4 œufs
100 g de sucre
400 g de farine

1] Faites ramollir le beurre.
2] Pilez les noix de pecan en les écrasant dans un torchon avec le rouleau à pâtisserie, ou en utilisant un robot.
3] Cassez les œufs dans un grand saladier, battez-les en omelette, puis ajoutez le sucre et le beurre, en mélangeant bien avec un fouet. Incorporez ensuite peu à peu la farine, sans cesser de remuer. Ajoutez les noix de pecan et mélangez bien.
4] Préchauffez le four à 200 °C.
5] Versez la pâte sur le plan de travail, roulez-la en boudin, puis découpez-la en rondelles de 1 cm d'épaisseur.
6] Posez celles-ci sur la plaque à pâtisserie recouverte de papier sulfurisé, en les espaçant de 4 cm environ pour qu'elles ne collent pas les unes aux autres et faites cuire pendant 15 minutes.
7] Laissez refroidir. Conservez ces petits gâteaux dans une boîte hermétique, dans un endroit sec.

Sablés florentins

PRÉPARATION 15 + 30 min
RÉFRIGÉRATION 2 h
CUISSON 15 + 10 à 12 min
POUR 90 sablés

400 g de pâte sucrée
(voir p. 19)
100 g d'écorce d'orange confite
1 orange non traitée
50 cl de crème liquide
9 cl d'eau
220 g de sucre cristallisé
10 g de glucose
120 g de beurre
100 g de miel liquide
280 g d'amandes effilées
300 g de chocolat mi-amer

1] Préparez la pâte sucrée et mettez-la au réfrigérateur pendant 2 heures.
2] Préchauffez le four à 180 °C.
3] Étalez-la pâte sur une épaisseur de 2 mm et piquez-la avec une fourchette. Étalez-la sur la plaque à pâtisserie recouverte de papier sulfurisé et faites-la cuire pendant 15 minutes, jusqu'à ce qu'elle soit blonde.
4] Coupez l'écorce d'orange confite en tout petits morceaux.
5] Râpez le zeste d'orange, ajoutez-le à la crème liquide et faites bouillir le tout.
6] Dans une casserole à fond épais, versez l'eau, le sucre et le glucose et faites cuire jusqu'à ce que vous ayez un caramel ambré.
7] Ajoutez le beurre, la crème bouillie et le miel liquide, en mélangeant avec une spatule. Laissez cuire jusqu'à 125 °C *(voir page 69)*.
8] Hors du feu, ajoutez les morceaux d'écorce confite et les amandes effilées. Mélangez bien.
9] Versez cette préparation sur la pâte sucrée quand elle sort du four, étalez-la le plus finement possible.
10] Augmentez la température du four à 230 °C et enfournez de nouveau la plaque pendant 10 à 12 minutes.
11] Retirez la plaque du four et laissez refroidir, puis découpez en carrés de 3 cm de côté environ.
12] Faites fondre le chocolat au bain-marie ou au four à micro-ondes, puis tempérez-le pour qu'il reste bien brillant : lorsqu'il a atteint 50 °C, plongez la casserole dans un saladier rempli de glaçons tout en continuant à remuer jusqu'à ce que la température soit descendue à 28 °C. Réchauffez-le jusqu'à 29 ou 31 °C sans cesser de remuer.
13] Trempez à moitié chaque florentin dans le chocolat, en marquant une diagonale. Posez les sablés au fur et à mesure sur une feuille de papier sulfurisé et laissez-les refroidir dans un endroit sec.

Tour de main

Les sablés florentins se conserveront plusieurs jours dans une boîte hermétique.

Commentaire gourmand

Vous pouvez réaliser des florentins sans chocolat à partir de la même pâte et en suivant la même recette.

Sablés à la noix de coco

PRÉPARATION 30 min
REPOS 2 h
CUISSON 18 à 20 min
POUR 60 sablés

325 g de beurre
150 g de sucre glace
3 pincées de sel
75 g de poudre d'amande
75 g de noix de coco râpée
2 œufs
325 g de farine

1] Malaxez le beurre dans une terrine, avec une fourchette pour l'assouplir, puis ajoutez, en mélangeant bien entre chaque ingrédient, le sucre glace, le sel, la poudre d'amande, la noix de coco râpée, 1 œuf et, enfin, la farine.
2] Pétrissez un peu la pâte. Laissez reposer au frais pendant 2 heures.
3] Préchauffez le four à 180 °C.
4] Étalez la pâte sur une épaisseur de 3,5 cm et posez-la sur le plan de travail fariné. Découpez-la en morceaux avec un emporte-pièce cannelé de 45 à 55 mm de diamètre.
5] Disposez les sablés sur une plaque à pâtisserie recouverte de papier sulfurisé.
6] Cassez le second œuf dans un bol et dorez tous les sablés avec un pinceau. Mettez-les au four pendant 3 ou 4 minutes. Laissez refroidir.

Sablés Linzer

PRÉPARATION 30 min
REPOS 2 h
CUISSON 7 ou 8 min
POUR 40 sablés

500 g de pâte sablée à la cannelle *(voir p. 19)*
200 g de confiture de « framboise-pépins » *(voir p. 336)*
1 œuf

1] Préparez la pâte sablée à la cannelle et laissez-la reposer au frais pendant 2 heures.
2] Coupez-la en 2 morceaux. Étalez chaque pâton sur 3 mm d'épaisseur. Mouillez entièrement le premier avec un pinceau trempé dans de l'eau.
3] Préchauffez le four à 180 °C.
4] Détaillez le second pâton avec un emporte-pièce cannelé rond de 5 cm de diamètre. Faites un trou au milieu de chacun des disques avec un emporte-pièce rond de 2 cm de diamètre.
5] Détaillez le morceau de pâte que vous avez humidifié avec l'emporte-pièce cannelé de 5 cm de diamètre, mais ne faites pas de trou au centre des disques.
6] Posez chaque disque de pâte plein sur un disque percé.
7] Disposez les sablés sur une plaque à pâtisserie recouverte de papier sulfurisé.
8] Cassez l'œuf dans un bol, battez-le et dorez chaque sablé avec un pinceau. Mettez au four pendant 7 ou 8 minutes.
9] Laissez refroidir les sablés, puis déposez au centre de chacun un dôme de confiture de framboise.

Sablés viennois au cacao

PRÉPARATION 15 min
CUISSON 10 à 12 min par fournée
POUR 65 sablés environ

260 g de farine
30 g de cacao en poudre
250 g de beurre mou
100 g de sucre glace
1 pincée de sel
2 blancs d'œufs

1] Préchauffez le four à 180 °C.
2] Tamisez la farine avec le cacao. Avec un fouet, malaxez le beurre dans une jatte jusqu'à ce qu'il soit crémeux et très mou. Ajoutez le sucre glace tamisé et le sel. Fouettez jusqu'à ce que la préparation soit homogène.
3] Battez légèrement les blancs d'œufs. Mesurez-en 3 cuillerées à soupe. Incorporez celles-ci dans la préparation en fouettant. Versez-y peu à peu le mélange farine-cacao tamisé et remuez doucement jusqu'à ce que la pâte soit homogène, mais sans trop la travailler.
4] Versez 1/3 de la pâte dans une poche munie d'une douille à bout cannelé n° 9. Sur deux plaques à pâtisserie recouvertes de papier sulfurisé, façonnez des formes de « W » d'environ 5 cm de long sur 3 cm de large. Laissez un espace de 2,5 cm entre chaque.
5] Enfournez les plaques et laissez cuire de 10 à 12 minutes environ. Laissez les sablés refroidir sur une grille à pâtisserie. Procédez de la même façon avec toute la pâte.

Sablés viennois au cacao
Une pâte peu travaillée rend ces biscuits délicats et friables.

Tuiles

PRÉPARATION 20 min
CUISSON 4 min
POUR 25 tuiles

75 g de beurre
100 g de sucre en poudre
1/2 sachet de sucre vanillé
75 g de farine
2 œufs
1 pincée de sel
75 g d'amandes effilées

1] Faites fondre le beurre, tamisez la farine.
2] Préchauffez le four à 200 °C.
3] Mélangez dans une jatte avec une cuillère en bois le sucre en poudre, le sucre vanillé, la farine tamisée, les œufs, en les ajoutant un à un, et une petite pincée de sel.
4] Incorporez le beurre fondu et les amandes effilées (malaxez-les doucement afin de ne pas les briser).
5] Mettez une feuille de papier sulfurisé sur la plaque à pâtisserie.
6] Disposez avec une petite cuillère des petits tas de pâte bien distants les uns des autres et étalez-les légèrement avec le dos d'une fourchette mouillée chaque fois à l'eau froide. Faites cuire pendant 4 minutes environ.
7] Huilez généreusement le rouleau à pâtisserie. Puis décollez délicatement chaque tuile avec une palette métallique et placez-la tout de suite à cheval sur le rouleau. Dès qu'elle est froide, enlevez la tuile du rouleau et mettez-la dans une boîte hermétique.

Tour de main

Faites cuire ces tuiles par petites fournées pour faciliter l'opération de moulage sur le rouleau, car elles sont très fragiles.

Tuiles aux amandes

PREPARATION 20 min
REPOS 24 h
CUISSON 15 à 18 min
POUR 40 petites tuiles

125 g d'amandes effilées
125 g de sucre semoule
2 pincées de vanille en poudre
1 goutte d'extrait naturel d'amande amère
2 blancs d'œufs
25 g de beurre
20 g de farine

1] Mélangez, dans une terrine, les amandes, le sucre, la vanille, l'extrait d'amande amère et les blancs d'œufs.
2] Faites fondre le beurre dans une petite casserole et versez-le chaud dans la terrine, en tournant avec une spatule. Continuez de tourner jusqu'à ce que le mélange soit homogène. Couvrez la terrine d'un film et mettez-la 24 heures au réfrigérateur.
3] Lorsque la pâte a reposé, incorporez la farine en la tamisant. Mélangez.
4] Répartissez la pâte par cuillerées à café sur des plaques anti-adhésives. Aplatissez-la le plus finement possible avec le dos d'une cuillère à soupe trempée dans de l'eau froide, en ne craignant pas de voir la pâte s'étaler comme de la dentelle. Laissez entre chaque tuile un espace d'au moins 3 cm.
5] Faites cuire les tuiles au four 15 à 18 minutes, à 150 °C. Elles doivent être uniformément dorées.
6] Huilez généreusement un rouleau à pâtisserie. Décollez chaque tuile avec une palette métallique et placez-la tout de suite à cheval sur le rouleau. Dès qu'elle est froide, enlevez la tuile du rouleau et mettez-la dans une boîte hermétique.

Visitandines

PRÉPARATION 20 min
RÉFRIGÉRATION 1 h
CUISSON 8 à 10 min
POUR 40 visitandines

4 blancs d'œufs
40 g de farine
185 g de beurre
125 g de sucre en poudre
125 g de poudre d'amande

1] Mettez 3 blancs d'œufs dans un bol, 1 blanc dans un autre et laissez-les au réfrigérateur pendant une bonne heure.
2] Tamisez la farine. Faites fondre le beurre doucement au bain-marie.
3] Battez en neige très ferme le blanc seul et remettez-le au frais.
4] Préchauffez le four à 220 °C.
5] Mélangez le sucre en poudre et la poudre d'amande. Ajoutez la farine, puis incorporez peu à peu les 3 blancs en neige, en travaillant bien le mélange, et enfin le beurre fondu, à peine tiède. Ajoutez pour terminer le blanc battu en neige.
6] Beurrez des petits moules à barquette et déposez-y la préparation en petites masses, à l'aide d'une poche munie d'une grosse douille lisse.
7] Mettez au four 8 à 10 minutes ; les gâteaux doivent être dorés à l'extérieur et moelleux à l'intérieur. Démoulez les visitandines quand elles sont tièdes.

Les petits-fours frais

Abricotines

PRÉPARATION 40 min
CUISSON 15 min
POUR 40 abricotines

100 g de blancs d'œufs
1 pincée de sel
15 g de farine
100 g de poudre d'amande
100 g de sucre glace
1 cuill. à café de vanille liquide
100 g d'amandes effilées
300 g de confiture d'abricot
150 g de chocolat mi-amer

1] Fouettez les blancs en neige avec le sel dans un saladier.
2] Tamisez ensemble la farine, la poudre d'amande et le sucre glace dans un autre récipient, ajoutez la vanille.
3] Versez et mélangez doucement les blancs sur ce mélange et incorporez-les en soulevant délicatement la préparation.
4] Mettez celle-ci dans une poche à douille munie d'une douille n° 8.
5] Préchauffez le four à 180 °C.
6] Prenez 2 plaques, posez d'abord une feuille de carton ondulé sur chacune d'elles, puis une feuille de papier sulfurisé (les abricotines resteront ainsi très moelleuses).
7] Déposez des boules de pâte de 1,5 cm de diamètre espacées les unes des autres de 2 cm. Parsemez-les d'amandes effilées, puis, en maintenant bien les côtés, faites basculer les plaques à la verticale pour éliminer les amandes qui n'auraient pas adhéré à la pâte.
8] Faites cuire pendant 15 minutes, avec la porte du four entrouverte.
9] Retirez les abricotines des plaques et mettez-les sur une grille. Faites un petit creux avec votre index sur leur côté plat. Avec une petite cuillère, remplissez une coque sur deux d'un dôme de confiture d'abricot et recouvrez-la d'une coque vide.
10] Faites fondre le chocolat au bain-marie ou au four à micro-ondes et trempez à moitié chaque abricotine dedans.
11] Laissez refroidir les abricotines sur une plaque recouverte de papier sulfurisé.

Commentaire gourmand

Vous pouvez aussi faire ces abricotines nature, sans les tremper dans le chocolat.

Beignets au citron

PRÉPARATION 1 h
CUISSON 10 min
RÉFRIGÉRATION 2 h
POUR 40 beignets

400 g de crème au citron *(voir p. 53)*

Pour les zestes de citron confits
1 citron non traité
10 cl d'eau
130 g de sucre

Pour la pâte à beignets
180 g de beurre
375 g de pâte d'amande
4 œufs
2 gouttes de vanille liquide

Pour le nappage au citron
150 g de nappage abricot
1 citron non traité

1] Préparez la crème au citron et gardez-la au frais.
2] Préparez les zestes de citron confits : prélevez le zeste du citron et coupez-le en fines lanières. Faites bouillir l'eau et le sucre et plongez-y les zestes de citron pendant 3 minutes, puis égouttez-les sur une grille.
3] Préparez la pâte à beignets : faites ramollir le beurre. Coupez la pâte d'amande en petits morceaux et mettez-les dans un saladier avec 2 œufs. Écrasez bien pour les mélanger, puis ajoutez les 2 autres œufs et remuez encore. Mettez alors la vanille et le beurre et mélangez à nouveau.
4] Préchauffez le four à 200 °C.
5] Beurrez des moules à tartelette et coulez la pâte dedans. Mettez au four pendant 10 minutes.
6] Sortez les beignets du four et démoulez-les sur une plaque recouverte de papier sulfurisé. Appuyez au centre, avec l'index, de façon à y faire un trou. Laissez refroidir.
7] Mettez la crème au citron dans une poche à douille avec une douille n° 8 et déposez un dôme de crème dans le trou de chaque beignet, puis mettez les beignets pendant 2 heures au réfrigérateur ou pendant 1 heure au congélateur.
8] Préparez le nappage au citron chaud : râpez le zeste du citron et pressez le jus. Mettez le zeste et le jus dans une casserole avec le nappage abricot et faites bouillir 10 secondes. Laissez refroidir.
9] Trempez un à un les beignets dans le nappage abricot, puis déposez-les sur une grille. Garnissez chacun d'eux avec les zestes de citron confits et mettez de nouveau au réfrigérateur jusqu'au moment de servir.

PRÉPARATION **40 min**
RÉFRIGÉRATION **2 h**
POUR **20 brochettes**
200 g de ganache au chocolat
(voir p. 81)
4 bananes
2 citrons
20 piques en bois
de 7 cm de long

Brochettes de chocolat et de banane

1] Préparez la ganache.
2] Étalez-la dans un cercle ou sur un plat sur 1,5 cm d'épaisseur environ et mettez au réfrigérateur pendant 2 heures.
3] Épluchez les bananes. Pressez les citrons dans un saladier et déposez-y les fruits pour les empêcher de noircir. Coupez les bananes en tranches épaisses et divisez ces tranches en 2 morceaux de 2 cm environ qui formeront ainsi des demi-cercles.
4] Coupez la ganache en cubes de 1,5 cm de côté environ.
5] Intercalez sur chaque pique un morceau de banane et un morceau de ganache. Mettez ces brochettes au réfrigérateur jusqu'au moment de les servir.

PRÉPARATION **30 min**
POUR **20 brochettes**
1 melon de 500 g
100 g de nappage abricot
200 g de framboises
20 piques en bois
de 7 cm de long

Brochettes de melon et de framboises

1] Coupez le melon en deux et enlevez tous les pépins. Détaillez-y des boules de 1,5 cm de diamètre environ avec une cuillère parisienne.
2] Versez le nappage abricot dans une petite casserole, ajoutez 2 cuillères à soupe d'eau et faites tiédir.
3] Plongez les boules de melon dans le nappage abricot tiède, puis égouttez-les dans une passoire.
4] Triez soigneusement les framboises.
5] Embrochez sur chaque pique 2 boules de melon puis 2 framboises, et recommencez jusqu'à remplir la pique. Gardez les brochettes au réfrigérateur jusqu'au moment de servir.

PRÉPARATION **30 min**
POUR **12 brochettes**
1 pamplemousse
1 petite grappe de raisin blanc
ou rosé muscat
1/4 de botte
de menthe fraîche
12 piques en bois
de 7 cm de long

RECETTE LÉGÈRE

Brochettes de pamplemousse et de raisin

1] Pelez le pamplemousse à vif (en éliminant aussi la peau blanche) et coupez-le en tranches d'une épaisseur d'environ 1 cm. Mettez celles-ci à égoutter pendant 1 heure sur un plat recouvert de plusieurs couches de papier absorbant.
2] Égrappez le raisin. Effeuillez la menthe fraîche en prenant soin de choisir les feuilles les plus longues.
3] Préparez les brochettes en enfilant sur la pique un grain de raisin. Continuez avec une feuille de menthe que vous piquerez par l'une de ses extrémités, puis enfilez une tranche de pamplemousse dans le sens de la longueur. Piquez ensuite la seconde extrémité de la feuille de menthe de façon à envelopper la tranche de pamplemousse dans la feuille de menthe, puis terminez la brochette par un grain de raisin.
4] Gardez les brochettes au réfrigérateur jusqu'au moment de les servir.

Valeur nutritionnelle pour 1 brochette
20 kcal ; glucides : 5 g

Tour de main
Vous pouvez présenter ces brochettes dans un plat ou, mieux encore, les piquer sur un ananas ou un pamplemousse recouvert de papier doré.

Brochettes de melon et de framboises ►
Utilisez des petites brochettes plutôt que de longues brochettes en bois.

Carrés au chocolat et aux noix

PRÉPARATION 45 min
CUISSON 20 min
POUR 20 carrés

150 g de chocolat noir
80 g de cerneaux de noix hachés
50 g de beurre
180 g de sucre en poudre
2 œufs
100 g de farine
1 sachet de sucre vanillé

Pour la ganache

80 g de chocolat
8 cl de crème fraîche liquide

1] Faites fondre le chocolat au bain-marie ou au four à micro-ondes.
2] Hachez les noix au couteau ou au robot.
3] Faites ramollir le beurre.
4] Préchauffez le four à 240 °C.
5] Préparez la ganache : hachez le chocolat, faites bouillir la crème et versez-la dessus en remuant sans arrêt.
6] Mélangez dans une terrine le sucre et les œufs, travaillez au fouet jusqu'à ce que le mélange blanchisse, puis ajoutez le beurre, la farine, le sucre vanillé, le chocolat et les noix hachées, en amalgamant bien chaque ingrédient avant d'incorporer le suivant.
7] Beurrez un moule rectangulaire de 30 x 20 cm. Versez-y la pâte et faites cuire pendant 20 minutes.
8] Laissez refroidir le gâteau, puis recouvrez-le d'une couche de ganache de 5 mm d'épaisseur environ.
9] Attendez de nouveau qu'il soit froid, puis découpez-le en petits carrés.

Duchesses

PRÉPARATION 20 min
CUISSON 4 ou 5 min
POUR 20 duchesses

4 blancs d'œufs
1 pincée de sel
60 g de beurre
70 g de poudre d'amande
70 g de sucre en poudre
30 g de farine
30 g d'amandes effilées
140 g de praliné

1] Préchauffez le four à 220 °C.
2] Battez les blancs d'œufs en neige très ferme avec le sel.
3] Faites fondre 30 g de beurre.
4] Mélangez dans une grande terrine la poudre d'amande, le sucre et la farine.
5] Ajoutez les blancs en neige à la préparation en tournant doucement, toujours dans le même sens, pour ne pas les casser. Ajoutez le beurre fondu et mélangez.
6] Garnissez de cette pâte une poche à douille munie d'une douille n° 7 et dressez-la en petites masses sur 2 plaques à pâtisserie recouvertes de papier sulfurisé. Parsemez d'amandes effilées.
7] Faites cuire pendant 4 ou 5 minutes, sortez les plaques du four et détachez-en les rondelles de pâte avec une spatule.
8] Faites fondre le reste du beurre (30 g) et mélangez-le avec le praliné. Garnissez avec une petite cuillère un côté d'une duchesse et posez-en une autre tout de suite dessus. Réunissez les duchesses 2 par 2 et mettez-les au frais, mais pas au réfrigérateur, jusqu'au moment de servir.

Framboisines

PRÉPARATION 40 min
CUISSON 15 min
POUR 40 framboisines

100 g de blancs d'œufs
1 pincée de sel
15 g de farine
100 g de poudre d'amande
100 g de sucre glace
1 cuill. à café de vanille liquide
100 g d'amandes effilées
300 g de confiture de framboise
150 g de chocolat mi-amer

1] Fouettez les blancs en neige avec le sel.
2] Tamisez la farine, la poudre d'amande et le sucre glace, ajoutez la vanille.
3] Incorporez les blancs sur ce mélange, en soulevant la préparation. Mettez-la dans une poche à douille munie d'une douille n° 8.
4] Préchauffez le four à 180 °C.
5] Prenez 2 plaques à pâtisserie, posez d'abord une feuille de carton ondulé sur chacune d'elle, puis une feuille de papier sulfurisé. Déposez des boules de pâte de 1,5 cm de diamètre espacées les unes des autres de 2 cm.
6] Poudrez-les d'amandes effilées. Faites cuire les framboisines pendant 15 minutes, avec la porte du four entrouverte.
7] Retirez-les des plaques et mettez-les sur une grille. Faites un creux avec votre index sur leur côté plat. Remplissez avec une cuillère une coque sur deux d'un dôme de confiture de framboise et recouvrez-la d'une coque vide.
8] Faites fondre le chocolat au bain-marie ou au four à micro-ondes et trempez à moitié chaque framboisine dedans.
9] Laissez refroidir les framboisines sur une plaque recouverte de papier sulfurisé.

Gulab jamun indien

PREPARATION 2 h 25 min
REPOS 3 h + 30 min
CUISSON 30 min
POUR 6 personnes

185 g de lait entier en poudre
2 cuill. à soupe de ghee
ou 100 g de beurre frais
125 g de farine
1 cuill. à café de levure chimique
huile pour la friture

Pour le sirop

310 g de sucre
45 cl d'eau
1,5 cuill. à café d'eau de rose

1] Mettez le lait en poudre dans un saladier et ajoutez le ghee (ou le beurre frais) coupé en petits morceaux. Mélangez le tout du bout des doigts.
2] Ajoutez ensuite la farine et la levure ; mouillez avec un peu d'eau. Pétrissez la pâte jusqu'à ce qu'elle soit ferme. Mettez-la en boule, enveloppez-la dans un torchon humide et laissez-la reposer pendant 3 heures à température ambiante.
3] Faites chauffer l'huile de friture à 180 °C.
4] Frappez la pâte énergiquement pour la casser. Farinez bien le plan de travail, puis travaillez la pâte en y ajoutant un peu d'eau si nécessaire et façonnez-la en petites boulettes ovales.
5] Préparez le sirop : mélangez l'eau et le sucre dans une casserole. Portez à ébullition, baissez le feu et laissez cuire encore à feu doux pendant 10 minutes. Versez le sirop dans un plat creux.
6] Plongez les boulettes dans l'huile bien chaude. Sortez-les quand elles sont dorées de tous les côtés. Égouttez-les sur du papier absorbant.
7] Trempez-les dans le sirop, arrosez-les de quelques gouttes d'eau de rose et laissez-les s'imbiber 30 minutes avant de servir.

Tour de main

Le ghee indien est l'équivalent du beurre clarifié. Pour le préparer : faites fondre 1 kg de beurre dans une casserole, à feu doux, à couvert et sans remuer. Retirez avec une écumoire tout ce qui monte à la surface. Le ghee est prêt lorsqu'il est ambré et limpide. Mettez-le dans un bocal et laissez-le alors se solidifier au réfrigérateur. Vous pouvez l'utiliser pour toutes sortes de préparations culinaires.

Oreilles d'Aman israéliennes

PREPARATION 1 h
REPOS 1 h
CUISSON 15 min
POUR 40 oreilles

Pour la pâte

1 orange non traitée
200 g de beurre
300 g de farine
2 cuill. à café de levure chimique
100 g de sucre en poudre
2 jaunes d'œufs
sucre glace

Pour la garniture

100 g de graines de pavot
12 cl de lait
1/2 orange non traitée
50 g de beurre
100 g de sucre
2 cuill. à soupe de miel
2 cl d'eau-de-vie de vin
4 cuill. à soupe de chapelure
30 g de raisins secs
30 g de noix pilées
cannelle en poudre
clou de girofle

1] Préparez d'abord la garniture au pavot : hachez les graines de pavot ; faites chauffer le lait dans une casserole et ajoutez les graines. Laissez mijoter quelques minutes en remuant de temps en temps, puis retirez du feu. Faites ramollir le beurre, râpez le zeste de la demi-orange. Ajoutez le beurre, le zeste, le sucre, le miel, l'eau-de-vie, la chapelure, les fruits sec, une cuillerée à café de cannelle et une pincée de clou de girofle dans le lait tiède. Mélangez soigneusement.
2] Préparez la pâte : râpez le zeste et pressez le jus de l'orange. Coupez le beurre en tout petits morceaux.
3] Mélangez la farine avec la levure et le sucre, ajoutez le beurre et travaillez le tout avec une cuillère en bois jusqu'à ce que la pâte s'émiette. Ajoutez les jaunes d'œufs, le zeste et le jus de l'orange. Mélangez bien jusqu'à ce que la pâte soit homogène et formez une boule, sans trop la pétrir. Laissez-la reposer 1 heure au réfrigérateur.
4] Préchauffez le four à 190 °C.
5] Partagez la pâte en deux et étalez-la sur 2 ou 3 mm d'épaisseur. Détaillez des cercles de 7 ou 8 cm de diamètre à l'emporte-pièce. Déposez au centre de chacun d'eux un peu de garniture au pavot. Repliez les disques en quatre pour obtenir des formes triangulaires et aplatissez les bords.
6] Mettez les oreilles sur la plaque recouverte de papier sulfurisé et faites cuire pendant 15 minutes, jusqu'à ce qu'elles soient dorées.
7] Poudrez-les de sucre glace quand elles sont froides.

Variante

Vous pouvez aussi garnir les oreilles d'Aman avec de la confiture de noix et de cacahouètes, ou de la confiture de prune, ou encore avec de la purée de datte aux amandes.

Petits-fours à la pâte de coing

PRÉPARATION 1 h
CUISSON 20 minutes
POUR 8 pièces

300 g de farine
100 g de beurre
8 cl d'eau
1 cuill. à café de sel.
150 g de pâte de coing *(voir p. 346)*
huile de tournesol pour la friture

Pour le sirop

200 g de sucre

1] Mélangez la farine, 75 g de beurre, l'eau et le sel pour obtenir une pâte homogène. Laissez-la reposer 5 minutes, puis étendez-la sur 5 mm d'épaisseur.

2] Badigeonnez cette abaisse à l'aide d'un pinceau avec un peu de beurre ramolli et saupoudrez légèrement avec de la farine. Pliez-la en deux. Badigeonnez avec le reste du beurre et pliez en quatre. Laissez reposer ce morceau de pâte environ 20 minutes.

3] Abaissez-le sur 3 mm d'épaisseur et coupez-le en carrés d'environ 6 cm de côté.

4] Coupez la pâte de coing en petits dés et placez-les sur la moitié des carrés.

5] Humidifiez les bords et couvrez-les avec les carrés sans pâte de coing, en les disposant en diagonale. Pincez les bords pour former les petits gâteaux.

6] Faites frire ces gâteaux dans de l'huile d'abord tiède, puis chaude, en les immergeant fréquemment à l'aide d'une cuillère en bois.

7] Préparez le sirop en recouvrant le sucre d'eau et en le faisant cuire jusqu'au petit filé *(voir page 69)*. Trempez les petits gâteaux dans ce sirop et servez-les tièdes.

Petits-fours Souvarov

PRÉPARATION 15 + 15 min
REPOS 1 h
CUISSON 15 min
POUR 25 à 30 petits-fours

500 g de pâte sablée *(voir p. 18)*
150 g de marmelade d'abricot
sucre glace

1] Préparez la pâte sablée et laissez-la reposer 1 heure au frais.

2] Préchauffez le four à 200 °C. Abaissez la pâte sur 4 mm d'épaisseur et détaillez-la à l'emporte-pièce rond ou ovale et cannelé. Disposez ces galettes sur une plaque recouverte de papier sulfurisé et faites-les cuire pendant 15 minutes.

3] Laissez refroidir les sablés, puis tartinez-les de marmelade d'abricot avec une petite cuillère et réunissez-les deux par deux.

4] Poudrez ensuite le dessus de chaque petit-four de sucre glace.

Plaisirs au café

PRÉPARATION 1 h 30
CUISSON 10 min
RÉFRIGÉRATION 2 h
POUR 20 plaisirs

20 petits macarons au café *(voir p. 230)*
100 g de crème au beurre parfumée au café *(voir p. 49)*

Pour le miroir au café

100 g de chocolat blanc
2 cuill. à café de café lyophilisé
10 cl de crème fraîche
20 demi-cerneaux de noix

1] Préparez 20 petits macarons au café, ou achetez-les chez votre pâtissier.

2] Préparez la crème au beurre au café.

3] Mettez les macarons sur les alvéoles de boîtes à œufs vides. Déposez une noix de crème au beurre au café sur chacun d'eux, avec une petite cuillère ou la poche à douille munie d'une douille n° 10.

4] Mettez ensuite les boîtes à œufs au congélateur pendant 1 heure ou au réfrigérateur pendant 2 bonnes heures.

5] Préparez le miroir au café : hachez finement le chocolat blanc avec un couteau. Mettez le café lyophilisé dans un grand bol. Faites bouillir la crème fraîche et versez-la sur le café, mélangez bien, puis ajoutez le chocolat en mélangeant toujours. Si le miroir n'est pas suffisamment liquide, ajoutez 1 cuillère à café d'eau chaude.

6] Piquez chaque plaisir sur la pointe d'un couteau, trempez-le dans le miroir au café et retournez-le sur son support. Posez un demi-cerneau de noix dessus.

7] Mettez les plaisirs au réfrigérateur jusqu'au moment de servir.

Tartelettes caraïbes

PRÉPARATION 45 min
REPOS 2 h
CUISSON 15 min
POUR 30 tartelettes

250 g de pâte sucrée *(voir p. 19)*
1/2 ananas
2 citrons verts

Pour le nappage

80 g de nappage abricot
1 citron
1 orange

1] Préparez la pâte sucrée et laissez-la reposer 2 heures au frais.
2] Préchauffez le four à 180 °C.
3] Étalez la pâte au rouleau sur 2 mm d'épaisseur et détaillez des disques de 55 mm à l'emporte-pièce.
4] Beurrez les moules à tartelette (45 mm de diamètre environ) et déposez-y les rondelles de pâte et les sachets de haricots *(voir les explications dans le Tour de main ci-contre)* et faites cuire pendant 15 minutes.
5] Préparez le nappage : versez dans une petite casserole le nappage abricot et 1 cuillerée à soupe de jus de citron (gardez le reste du citron) et une de jus d'orange. Mélangez. Faites bouillir, puis arrêtez le feu.
6] Préparez les fruits : retirez la peau de l'ananas avec un couteau-scie, coupez des tranches de 4 à 5 mm d'épaisseur, retirez le cœur et coupez de fines lamelles. Mettez celles-ci à égoutter sur du papier absorbant.
7] Démoulez les tartelettes. Dressez les lamelles d'ananas en dôme, décorez avec 2 lanières de zeste de citron et passez du nappage à l'aide d'un pinceau. Décorez éventuellement avec des grains de groseille.

Tour de main

Pour éviter que les tartelettes ne gonflent à la cuisson, découpez des carrés de papier sulfurisé, faites des petits sachets en y plaçant 10 à 12 haricots blancs secs. Froissez le papier pour les fermer, puis posez-les au centre des tartelettes avant de les mettre au four.

Tartelettes au fruit de la Passion

PRÉPARATION 1 h 30
REPOS 2 h
RÉFRIGÉRATION 2 h
CUISSON 5 mn
POUR 40 tartelettes

300 g de pâte sucrée *(voir p. 19)*
400 g de crème au fruit de la Passion *(voir p. 54)*
40 fraises des bois

Pour le nappage au fruit de la Passion

2 fruits de la Passion
100 g de nappage abricot

1] Préparez la pâte sucrée et laissez-la reposer 2 heures.
2] Préchauffez le four à 180 °C.
3] Étalez la pâte sur une épaisseur de 3 mm. Coupez-la à l'emporte-pièce en disques de 5 ou 6 cm de diamètre.
4] Beurrez des petits moules à tartelette et mettez-y les disques de pâte. Piquez le fond de chaque moule avec une fourchette et mettez-les au four pendant 5 minutes, puis laissez refroidir.
5] Préparez la crème au fruit de la Passion.
6] Garnissez-en des petits moules en demi-sphère. Si vous n'en avez pas, déposez sur une plaque recouverte de papier sulfurisé des boules de crème de 4 cm de diamètre environ et mettez-les au réfrigérateur pendant 2 heures au moins afin qu'elles durcissent bien.
7] Préparez le nappage au fruit de la Passion : détachez la chair des fruits avec une petite cuillère. Mélangez avec le nappage abricot et faites chauffer dans une casserole pour bien diluer le tout.
8] Mettez les demi-sphères de crème au fruit de la Passion sur une fourchette ou piquez-les sur la pointe d'un couteau, plongez-les dans le nappage tiède, puis déposez-les sur les fonds de pâte cuite.
9] Décorez les tartelettes en plaçant une fraise des bois au sommet des dômes de crème au fruit de la Passion.
10] Gardez les tartelettes au frais jusqu'au moment de les servir.

Macarons pêche-abricot-safran

Une belle symphonie entre la douceur des pêches, la pointe subtilement amère du safran et le fruité légèrement acidulé de l'abricot.

Voir recette page 446

Tartelettes à l'orange et à la menthe fraîche

PRÉPARATION 15 + 15 min
REPOS 1 nuit + 2 h
CUISSON 15 min
POUR 30 tartelettes

250 g de pâte sucrée *(voir p. 19)*
2 oranges non traitées
30 cl d'eau
150 g de sucre
1 botte de menthe fraîche
80 g de marmelade d'orange

1] La veille : coupez les oranges le plus finement possible en gardant la peau et disposez-les sur un plat. Faites bouillir l'eau et le sucre et versez ce sirop sur les tranches d'orange. Couvrez et laissez macérer toute une nuit au frais.
2] Préparez la pâte sucrée et laissez-la reposer 2 heures au frais.
3] Préchauffez le four à 180 °C.
4] Beurrez les petits moules à tartelettes (45 mm de diamètre).
5] Étalez la pâte sucrée au rouleau sur 2 mm d'épaisseur environ, découpez à l'emporte-pièce des disques de 55 mm et garnissez-en les petits moules.
6] Mettez dessus les petits sachets de haricots blancs secs *(voir les explications dans le Tour de main page 241)* et enfournez pendant 15 minutes.
7] Ciselez finement une dizaine de feuilles de menthe fraîche avec une paire de ciseaux (gardez une trentaine de feuilles pour la décoration).
8] Égouttez les tranches d'orange macérées et déposez-les sur une couche de papier absorbant pour enlever le plus de jus possible, puis hachez-les grossièrement et mettez-les dans une terrine.
9] Ajoutez la marmelade d'orange et la menthe ciselée dans la terrine. Mélangez jusqu'à ce que tous ces ingrédients soient bien incorporés.
10] Démoulez les tartelettes. Déposez avec une cuillère un petit dôme de cette préparation à l'orange dans chacune d'elles. Décorez d'une feuille de menthe fraîche. Servez bien frais.

Tartelettes passionnément chocolat

PRÉPARATION 15 + 30 min
REPOS 3 ou 4 h + 2 h
CUISSON 15 min
POUR 30 tartelettes

250 g de pâte sucrée *(voir p. 19)*
7 ou 8 abricots secs
1 ou 2 citrons
10 cl d'eau
poivre noir du moulin
1 cuill. à café de miel d'acacia
150 g de ganache au fruit de la Passion *(voir p. 83)*

1] Préparez les abricots secs pour les rendre moelleux : pressez le citron, coupez les abricots secs en gros cubes et mettez-les dans une casserole avec l'eau, 2 cuillerées à soupe de jus de citron, 1 tour de moulin à poivre et le miel. Portez à ébullition, puis baissez le feu et continuez la cuisson pendant 8 minutes à feu doux. Versez le mélange dans un saladier et laissez macérer 3 ou 4 heures au frais.
2] Faites la pâte sucrée et laissez-la reposer pendant 2 heures.
3] Préparez la ganache au fruit de la Passion et laissez-la au réfrigérateur pendant 20 minutes.
4] Préchauffez le four à 180 °C.
5] Étalez la pâte sucrée au rouleau sur 2 mm d'épaisseur et détaillez à l'emporte-pièce des disques de 55 mm.
6] Beurrez les moules à tartelettes (45 mm de diamètre), déposez-y les rondelles de pâte sucrée et les petits sachets de haricots blancs secs *(voir les explications dans le Tour de main page 241)* et mettez au four pendant 15 minutes.
7] Démoulez les tartelettes.
8] Égouttez les cubes d'abricot et déposez-les sur une couche de papier absorbant.
9] Mettez la ganache au fruit de la Passion dans une poche à douille munie d'une douille cannelée et déposez une rosace dans chaque tartelette. Décorez avec un cube d'abricot. Servez à température ambiante.

Tartelettes aux physalis

PRÉPARATION 15 + 40 min
REPOS 2 h
CUISSON 15 min
POUR 30 tartelettes

250 g de pâte sucrée *(voir p. 19)*
150 g de crème à l'amande *(voir p. 54)*
25 g de beurre
120 g de pâte d'amande à la pistache
100 g de gelée de coing
30 physalis

1] Préparez la pâte sucrée et gardez-la au frais pendant 2 heures.
2] Préparez la crème à l'amande.
3] Préchauffez le four à 180 °C.
4] Étalez la pâte sur 2 mm d'épaisseur et détaillez des disques de 55 mm avec un emporte-pièce. Beurrez les moules à tartelette (45 mm), déposez-y les rondelles de pâte, appuyez bien et piquez les fonds avec une fourchette. Garnissez les tartelettes de crème à l'amande avec une petite cuillère, et mettez-les dans le four pendant 15 minutes. Elles doivent être dorées.
5] Démoulez-les sur une grille et laissez-les refroidir. Étalez finement la pâte d'amande à la pistache sur le plan de travail et découpez-y 30 petits disques en utilisant un moule comme emporte-pièce. Déposez un disque de pâte d'amande sur chaque tartelette.
6] Faites fondre la gelée de coing à feu doux sans la faire chauffer. Écartez les feuilles de physalis pour dégager le fruit, façonnez-les en torsade et trempez chaque physalis dans ce nappage au coing avant de le poser sur chaque tartelette. Servez frais.

Variante

Tartelettes aux autres fruits

Vous pouvez, sur le même principe, faire des tartelettes avec toutes sortes de fruits : cerises noires, fraises et fraises des bois, framboises, griottes au naturel, groseilles, melon détaillé en petites billes, mûres, myrtilles, raisin muscat. Pour les fruits rouges, remplacez la gelée de coing pour le nappage par la gelée du même fruit. Passez toujours le nappage au pinceau, très délicatement.

Tartelettes tièdes au chocolat et aux framboises

PRÉPARATION 15 + 30 min
REPOS 2 h
CUISSON 15 + 3 min
POUR 30 tartelettes

250 g de pâte sucrée *(voir p. 19)*
1 barquette de framboises

Pour la ganache

135 g de chocolat noir
120 g de beurre fondu
1 œuf
3 jaunes d'œufs
sucre glace

1] Préparez la pâte sucrée et gardez-la au frais pendant 2 heures.
2] Préchauffez le four à 180 °C.
3] Étalez la pâte sur 2 mm d'épaisseur et détaillez des disques de 55 mm avec un emporte-pièce.
4] Beurrez les moules à tartelette (45 mm) et déposez-y les rondelles de pâte et les petits sachets de haricots blancs secs *(voir les explications dans le Tour de main page 241)*. Faites cuire 15 minutes.
5] Préparez la ganache : faites fondre séparément le chocolat et le beurre au bain-marie ou au four à micro-ondes. Mélangez dans une grande jatte l'œuf et les jaunes avec un fouet. Ajoutez ensuite le chocolat fondu et le beurre fondu tiède.
6] Démoulez les tartelettes sur une plaque et déposez deux framboises dans chacune d'elles. Mettez la ganache dans une poche à douille n° 8 et recouvrez-en les framboises.
7] Mettez la plaque dans le four pendant 3 minutes. Poudrez les tartelettes de sucre glace et servez-les tièdes.

Les cakes et gâteaux de voyage

Les cakes sont préparés à partir d'une pâte à génoise additionnée de levure chimique, garnie de fruits confits, de raisins secs, etc. La réussite d'un cake exige le respect scrupuleux des proportions de sucre et de farine pour que les fruits restent uniformément répartis dans la pâte.

Amandin

PRÉPARATION 20 min
CUISSON 50 min
POUR 6 à 8 personnes

4 œufs
1 pincée de sel
250 g de sucre en poudre
200 g de poudre d'amande
20 cl de jus d'orange
1 orange non traitée
25 g de beurre
50 g d'amandes
2 cuill. à soupe de marmelade d'orange

1] Hachez le zeste de l'orange.
2] Cassez les œufs et séparez les blancs des jaunes. Fouettez les blancs en neige ferme avec le sel.
3] Préchauffez le four à 200 °C.
4] Mélangez les jaunes d'œufs et le sucre en poudre dans un saladier et battez avec un fouet jusqu'à ce que le mélange blanchisse, puis ajoutez la poudre d'amande, le jus et le zeste d'orange haché. Incorporez les blancs en neige avec une spatule en bois, en tournant toujours dans le même sens pour ne pas les casser.
5] Découpez un rond de papier sulfurisé en vous servant d'un moule de 24 cm de diamètre. Beurrez-le et placez-le au fond du moule.
6] Versez la pâte et faites cuire d'abord pendant 30 minutes à 200 °C ; baissez la température du four à 180 °C et laissez cuire encore 20 minutes.
7] Concassez les amandes. Laissez tiédir l'amandin, démoulez-le, badigeonnez-le de marmelade d'orange sur le dessus et disposez les amandes tout autour.

Commentaire gourmand

Ces amandins peuvent se servir à l'heure du thé avec une mousse au chocolat (voir page 60), une crème anglaise (voir page 45), une crème bavaroise au lait d'amande (voir page 47) ou une crème bavaroise à la vanille (voir page 48).

Boterkoek hollandais

PRÉPARATION 15 min
CUISSON 30 à 40 min
POUR 6 à 8 personnes

- 200 g de beurre
- 200 g de farine
- 10 g de levure chimique
- 1 pincée de sel
- 200 g de sucre en poudre
- 100 g de poudre d'amande
- 2 œufs
- 10 cl de lait

1] Préchauffez le four à 180 °C.
2] Coupez le beurre en petits morceaux et laissez-le ramollir à température ambiante.
3] Tamisez ensemble la farine et la levure chimique sur le plan de travail, et creusez une fontaine. Versez au centre le sel, le sucre et la poudre d'amande. Mélangez bien le tout et faites de nouveau un puits.
4] Mettez-y les morceaux de beurre puis les œufs et travaillez du bout des doigts jusqu'à ce qu'ils soient bien absorbés. Ajoutez le lait et pétrissez jusqu'à ce que la pâte soit lisse.
5] Beurrez un moule à manqué de 22 cm. Étalez la pâte, disposez-la dans le moule et mettez au four pendant 30 à 40 minutes, en surveillant la cuisson. Piquez une lame de couteau : elle doit ressortir sèche.
6] Sortez le gâteau du four et laissez-le refroidir. Démoulez-le sur un plat et servez.

Commentaire gourmand

Vous pouvez servir ce gâteau avec une crème anglaise (voir page 45), ou une crème au chocolat (voir page 53), ou encore une mousse au chocolat (voir page 60).

Cake aux fruits confits

PRÉPARATION 1 h
CUISSON 1 h 10
POUR 1 cake de 28 cm

- 100 g de raisins de Smyrne
- 75 g de raisins de Corinthe
- 25 cl de rhum agricole
- 210 g de beurre
- 65 g d'abricots confits
- 65 g de prunes confites
- 125 g de melon confit
- 300 g de farine
- 1/2 sachet de levure chimique
- 150 g de sucre en poudre
- 4 œufs
- 2 cuill. à soupe de nappage à l'abricot
- 100 g de cerises confites

1] La veille : lavez et égouttez les raisins de Smyrne et de Corinthe et mettez-les à macérer dans 15 cl de rhum.
2] Faites ramollir le beurre. Coupez les abricots, les prunes et le melon confits en cubes de 1 cm. Tamisez ensemble la farine et la levure.
3] Préchauffez le four à 250 °C.
4] Dans un saladier, battez ensemble 200 g de beurre et le sucre jusqu'à ce qu'ils soient bien mélangés, puis ajoutez les œufs un à un, et ensuite la farine. Lorsque le mélange est homogène, ajoutez alors, en soulevant la pâte avec une corne ou une large cuillère en bois, les raisins et le rhum de macération, puis, un à un, les fruits confits.
5] Beurrez un moule de 28 cm. Versez-y la pâte. Mettez au four et baissez tout de suite la température à 180 °C.
6] Faites fondre les 10 g de beurre restants. Lorsqu'une croûte se forme à la surface du cake, au bout de 8 à 10 minutes, fendez-la tout du long avec une corne passée dans ce beurre fondu, ce qui permettra au cake de se développer uniformément. Cuisez le cake pendant encore 1 heure en vérifiant la cuisson avec la lame d'un couteau : elle doit ressortir sèche.
7] Laissez le cake tiédir 10 minutes, puis démoulez-le et aspergez-le avec les 10 cl de rhum restants. Faites fondre le nappage à l'abricot. Attendez encore 10 minutes puis badigeonnez-en le cake et collez alors les cerises confites dessus. Quand le cake est froid, enveloppez-le d'un film alimentaire.

Tour de main

Il est bon de préparer ce cake 4 jours avant de le déguster. Ensuite, conservez-le au réfrigérateur, il sera encore délicieux pendant une à deux semaines.

Variante

Sur le même principe, vous pouvez faire un cake au miel et aux cerises confites avec 100 g de sucre et 2 cuillerées à soupe de miel liquide (à la place de 150 g de sucre), et 125 g de cerises confites à la place des différents fruits confits. Décorez-le alors avec des bâtonnets d'angélique.

Voir photographie page 249

Cake aux fruits secs

PRÉPARATION 30 min
CUISSON 1 h à 1 h 10
POUR 1 cake de 28 cm

60 g de noisettes
55 g d'amandes
180 g de farine
1 cuill. à café rase de levure chimique
40 g de cacao
70 g de chocolat noir
140 g de pâte d'amande
165 g de sucre en poudre
4 œufs
15 cl de lait
180 g de beurre
55 g de pistaches

1] Préchauffez le four à 170 °C.
2] Mettez les noisettes et les amandes sur une plaque et faites-les griller au four pendant 12 à 15 minutes en les remuant de temps en temps, puis hachez-les grossièrement avec un couteau bien aiguisé.
3] Tamisez ensemble la farine, la levure et le cacao.
4] Coupez le chocolat en petits cubes de 0,5 cm environ.
5] Mettez la pâte d'amande et le sucre dans un saladier ou dans la cuve du robot équipé de la feuille. Mélangez pour obtenir une sorte de sable. Ajoutez les œufs un à un. Si vous travaillez au robot, mettez le fouet-boule. Fouettez pendant 8 à 10 minutes jusqu'à ce que le mélange soit bien homogène.
6] Ajoutez ensuite le lait et le mélange farine-levure-cacao, et continuez de travailler jusqu'à ce que la pâte soit tout à fait lisse.
7] Faites fondre le beurre doucement, au bain-marie ou au four à micro-ondes.
8] Ajoutez à la pâte, en soulevant celle-ci avec une spatule, les noisettes et les amandes puis les pistaches entières, les morceaux de chocolat et le beurre fondu.
9] Montez la température du four à 180 °C.
10] Beurrez un moule à cake de 28 cm, versez-y la pâte et mettez au four pendant 1 heure 10 minutes. Quand une croûte se forme au cours de la cuisson, fendez-la avec un large couteau, trempé dans du beurre fondu. Laissez tiédir le cake 10 minutes lorsqu'il est cuit, avant de le démouler sur une grille.

Commentaire gourmand

Servez ce cake aux fruits secs avec un thé. Il peut être conservé plusieurs jours au réfrigérateur avant d'être consommé.

Cake à la noix de coco et à la coriandre

PRÉPARATION 30 min
CUISSON 35 à 40 min
POUR 1 cake de 1 kg 900 environ

400 g de farine
250 g de beurre
200 g de sucre glace
100 g de sucre en poudre
6 œufs
320 g de noix de coco en poudre
15 g de coriandre en poudre
35 cl de lait frais
10 g de levure chimique

1] Tamisez la farine dans un saladier.
2] Mettez le beurre dans une terrine, laissez-le ramollir un moment, ajoutez le sucre glace puis le sucre en poudre et, avec un fouet, battez le mélange jusqu'à ce qu'il devienne blanc et homogène.
3] Tout en continuant à battre, ajoutez les œufs un à un, puis 300 g de noix de coco en poudre (gardez 20 g pour le moule), la coriandre en poudre et enfin le lait. Mélangez jusqu'à ce que cela soit homogène.
4] Préchauffez le four à 180 °C.
5] Ajoutez la farine tamisée et la levure au mélange précédent, remuez bien avec une cuillère en bois.
6] Beurrez un moule de 22 x 8 cm, poudrez-le de noix de coco râpée et versez-y la pâte. Mettez au four pendant 35 à 40 minutes.
7] Démoulez le cake à la sortie du four en le retournant sur une plaque. Laissez-le refroidir ainsi retourné, puis enveloppez-le d'un film alimentaire jusqu'au moment de le servir.

Tours de main

Un moule à revêtement antiadhésif facilitera le démoulage.
Ce cake peut être conservé quelques jours avant d'être consommé.
N'achetez jamais la noix de coco en trop grande quantité car elle rancit très vite.

Cake aux fruits confits ▶
Ce cake, l'un des plus classiques, est délicieux servi en tranches à l'heure du thé.

Cakes du Yorkshire

PRÉPARATION 40 min
REPOS DU LEVAIN 20 min
REPOS DE LA PÂTE 2 h
CUISSON 30 à 35 min
POUR 8 petits cakes

Pour le levain
30 cl de lait tiède
15 g de levure de boulanger
125 g de farine

Pour la pâte
100 g de beurre
125 g de fruits confits
1 morceau de gingembre confit
75 g de sucre en poudre
125 g de farine
2 œufs

Pour la finition
1 œuf
lait

1] Préparez le levain : faites tiédir le lait et délayez-y la levure. Tamisez la farine. Mettez-la avec la levure délayée dans une terrine et travaillez le mélange pour obtenir une pâte molle. Roulez celle-ci en boule et laissez reposer ce levain dans la terrine couverte d'un torchon humide, pendant 20 minutes environ, dans un endroit tiède, jusqu'à ce qu'il ait doublé de volume.

2] Faites ramollir le beurre, coupez les fruits confits et le gingembre en dés.

3] Préparez la pâte : mélangez le beurre avec le sucre en poudre jusqu'à ce que le mélange blanchisse. Ajoutez la farine tamisée et les œufs, un par un, puis les fruits et le gingembre confits. Incorporez le levain et pétrissez en rompant la pâte plusieurs fois.

4] Divisez la pâte en 8 portions et façonnez celles-ci en cylindres. Dorez ces cakes à l'œuf battu dans un peu de lait, disposez-les, bien espacés, sur la tôle recouverte de papier sulfurisé et laissez lever encore 2 heures.

5] Préchauffez le four à 180 °C.

6] Faites cuire pendant 30 à 35 minutes : les gâteaux doivent être blonds quand ils sont cuits.

Cake Jack Robinson

PRÉPARATION 25 min
CUISSON 35 min
POUR 4 à 6 personnes

Pour la pâte
200 g de farine
50 g de beurre
150 g de sucre en poudre
2 jaunes d'œufs
1 sachet de levure chimique
1 pincée de sel
1 sachet de sucre vanillé
10 cl de lait

Pour la garniture
100 g de noix de pecan
2 blancs d'œufs
100 g de sucre brun

1] Tamisez la farine. Faites ramollir le beurre, puis mélangez-le avec le sucre dans un saladier et fouettez, au fouet électrique ou à main, jusqu'à ce que le mélange blanchisse.

2] Cassez les œufs en séparant les blancs des jaunes. Battez ces derniers en omelette et ajoutez-les au mélange beurre-sucre en remuant bien avec une cuillère en bois.

3] Versez alors petit à petit la farine en pluie, puis la levure, le sel et le sucre vanillé sans cesser de mélanger ; ajoutez enfin le lait.

4] Beurrez un moule de 20 cm de diamètre, versez-y la pâte.

5] Préchauffez le four à 200 °C.

6] Préparez la garniture : hachez au couteau les noix de pecan. Montez les blancs en neige tout en ajoutant peu à peu le sucre brun. Répartissez cette garniture sur le dessus de la pâte, avec une spatule et lissez le dessus. Poudrez avec les noix de pecan hachées.

7] Mettez au four pendant 35 minutes. Démoulez le cake quand il est froid.

Commentaire gourmand

Vous pouvez servir ce cake avec une compote de mangue ou de pomme.

Gâteau manqué

PRÉPARATION 15 min
CUISSON 40 à 45 min
POUR 6 à 8 personnes

700 g de pâte à manqué
(voir p. 40)
2 cl de rhum

1] Préparez la pâte à manqué en y ajoutant le rhum.

2] Préchauffez le four à 200 °C.

3] Beurrez un moule à manqué de 24 cm de diamètre.

4] Versez la pâte dans le moule et faites cuire pendant 15 minutes à 200 °C, puis baissez la température du four à 180 °C et continuez la cuisson pendant 25 à 30 minutes. Vérifiez que le gâteau est cuit à l'aide d'une lame de couteau : piquez-la dans le moule, elle doit ressortir sèche.

5] Laissez tiédir le gâteau manqué dans le moule, puis démoulez-le et faites-le refroidir sur une grille.

Gâteau manqué au citron

PRÉPARATION **30 min**
CUISSON **40 à 45 min**
POUR **6 à 8 personnes**

Pour le manqué

600 g de pâte à manqué *(voir p. 40)*
1 citron non traité
100 g de cédrat confit ou d'écorces de citron confites

Pour la finition

70 g de glace royale *(voir p. 74)*
50 g de cédrat confit

1] Préparez le zeste du citron : plongez-le 2 minutes dans de l'eau bouillante, passez-le sous l'eau froide, épongez-le et taillez-le en fines lamelles. Coupez le cédrat ou les écorces de citron en dés.
2] Préparez la pâte à manqué en ajoutant, juste avant les blancs en neige, le cédrat (ou le citron) confit et le zeste. Préchauffez le four à 200 °C.
3] Versez la pâte dans un moule de 22 cm de diamètre et laissez cuire d'abord à 200 °C pendant 15 minutes puis à 180 °C pendant 25 à 30 minutes, en vérifiant la cuisson avec un couteau. Attendez que le gâteau soit tiède pour le démouler, puis laissez-le refroidir complètement.
4] Préparez la glace royale.
5] Quand le gâteau est froid, recouvrez-le avec cette préparation à l'aide d'une spatule et décorez-le avec le cédrat confit.

Gâteau marbré

PRÉPARATION **15 min**
CUISSON **50 min**
POUR **6 à 8 personnes**

3 œufs
175 g de beurre
1 pincée de sel
175 g de farine
1/2 paquet de levure chimique
200 g de sucre
50 g de cacao en poudre non sucré

1] Cassez les œufs en séparant les jaunes des blancs. Faites fondre le beurre. Montez les blancs en neige très ferme avec le sel.
2] Tamisez la farine avec la levure chimique.
3] Mélangez au fouet le beurre fondu avec le sucre, puis ajoutez les jaunes d'œufs, mélangez bien puis versez la farine en pluie et mélangez de nouveau. Ajoutez enfin les blancs montés, en tournant doucement toujours dans le même sens.
4] Préchauffez le four à 200 °C.
5] Coupez la pâte en deux parts égales et incorporez le cacao à l'une d'elles.
6] Beurrez un moule à cake de 22 cm de diamètre. Versez-y une première couche de pâte au cacao, puis une de pâte sans cacao ; alternez les couches jusqu'à ce que le moule soit plein.
7] Faites cuire pendant 50 minutes. Vérifiez la cuisson au couteau.

Kouign-amann

PRÉPARATION **20 min**
REPOS **3 h 30 en 5 fois**
CUISSON **45 min**
POUR **6 personnes**

275 g de farine
6 g de sel
5 g de levure chimique
10 g de beurre fondu
18 cl d'eau
225 g de beurre
225 g de sucre en poudre

1] Dans un saladier, mélangez la farine tamisée, le sel et la levure et ajoutez le beurre fondu, puis l'eau. Mélangez bien jusqu'à ce que la pâte soit homogène. Laissez-la lever pendant 30 minutes à température ambiante.
2] Modelez grossièrement les 225 g de beurre en carré.
3] Étalez la pâte, posez le carré de beurre au centre et rabattez les bords de la pâte dessus. Mettez-la 20 minutes au réfrigérateur.
4] Étalez-la en longueur et pliez-la en 3 comme pour une pâte feuilletée *(voir page 20)*, enveloppez-la dans un film alimentaire et stockez-la de nouveau au frais pendant 1 heure.
5] Étalez et renouvelez l'opération de pliage et, cette fois, poudrez de sucre toute la pâte, donnez un tour simple et laissez encore au frais 30 minutes.
6] Abaissez encore la pâte sur 4 mm d'épaisseur, et découpez des carrés de 10 à 11 cm de côté. Rabattez les 4 coins de chaque carré vers le centre.
7] Beurrez et poudrez de sucre des cercles de 10 cm de diamètre et une plaque à revêtement antiadhésif. Pressez chaque carré plié avec la paume de la main, moulez-les dans ces cercles et posez-les sur la plaque. Laissez alors gonfler la pâte à température ambiante pendant 1 heure à 1 heure 30.
8] Préchauffez le four à 180 °C.
9] Faites cuire pendant 45 minutes. Démoulez les kouign-amann à la sortie du four.

Cake au chocolat et à l'orange

Du cacao en poudre est ajouté à la pâte ainsi que des raisins secs de Smyrne et des cubes d'écorces d'orange confites. Après cuisson, ce cake est aspergé d'un sirop au Grand Marnier et des tranches d'orange confites sont appliquées sur le dessus avec du nappage abricot.

Voir recette page 441

Pain de Gênes

PRÉPARATION 20 min
CUISSON 40 min
POUR 4 à 6 personnes

125 g de beurre
150 g de sucre en poudre
100 g de poudre d'amande
3 œufs
40 g de fécule de maïs
1 pincée de sel
5 cl de Grand Marnier

1] Faites ramollir le beurre.
2] Préchauffez le four à 180 °C.
3] Dans une jatte, travaillez au fouet le beurre et le sucre en poudre ensemble jusqu'à ce que le mélange soit bien homogène et blanc, puis ajoutez d'abord la poudre d'amande, ensuite les œufs un par un, sans cesser de fouetter pour bien alléger la pâte.
4] Incorporez alors doucement la fécule de maïs pour ne pas faire retomber la pâte, et enfin le sel et la liqueur. Travaillez la préparation jusqu'à ce qu'elle soit homogène.
5] Beurrez un moule à pain de Gênes, ou un moule à génoise de 22 cm de diamètre, garnissez le fond d'un disque de papier sulfurisé beurré et versez-y la pâte.
6] Faites cuire pendant 40 minutes au four. Démoulez le pain de Gênes quand il est tiède et retirez le papier.

Pan di Spagna

PRÉPARATION 10 min
CUISSON 20 à 25 min
POUR 4 à 6 personnes

125 g de farine
1 citron non traité
4 œufs
1 pincée de sel
125 g de sucre en poudre

1] Faites chauffer une grande casserole d'eau.
2] Tamisez la farine.
3] Râpez le zeste du citron.
4] Cassez les œufs dans un saladier et mélangez-les avec le sel et le sucre.
5] Préchauffez le four à 180 °C.
6] Mettez le saladier sur la casserole d'eau frémissante et fouettez les œufs et le sucre jusqu'à ce que le mélange double de volume en épaississant un peu. Retirez le saladier de la source de chaleur et continuez de fouetter vigoureusement jusqu'à ce que le mélange soit froid.
7] Versez-y alors peu à peu la farine en l'incorporant délicatement avec une cuillère en bois, puis ajoutez le zeste râpé. Tournez bien, en soulevant la pâte jusqu'à ce qu'elle soit homogène.
8] Beurrez un moule à manqué de 18 cm de diamètre, versez-y la pâte et mettez au four pendant 20 à 25 minutes. Vérifiez la cuisson avec la lame d'un couteau qui doit ressortir sèche.

Plum-cake

PRÉPARATION 30 min
CUISSON 45 min à 1 h
POUR 6 à 8 personnes

160 g de beurre
1/2 citron
80 g d'écorces confites d'orange, de cédrat ou de citron
160 g de farine
2 g de levure chimique
160 g de sucre
3 œufs
70 g de raisins de Málaga
50 g de raisins de Smyrne
50 g de raisins de Corinthe
1 cuill. à café de rhum

1] Mettez le beurre à ramollir dans un saladier.
2] Râpez le zeste du demi-citron.
3] Hachez les écorces confites.
4] Tamisez ensemble la farine et la levure.
5] Préchauffez le four à 190 °C.
6] Travaillez le beurre à la fourchette pour le mettre en pommade, puis fouettez-le bien pour le rendre blanc et crémeux.
7] Versez le sucre, fouettez à nouveau quelques minutes, puis incorporez les œufs, un par un, toujours en fouettant. Mettez les écorces confites hachées, les raisins de Málaga, de Smyrne et de Corinthe.
8] Ajoutez enfin le mélange farine-levure, puis le zeste de citron et le rhum.
9] Chemisez un moule à cake de 22 cm d'une bande de papier sulfurisé, en la laissant dépasser de 4 cm. Versez la pâte en ne remplissant le moule qu'aux deux tiers.
10] Faites cuire pendant 45 minutes à 1 heure. Vérifiez la cuisson du cake avec la lame d'un couteau qui doit ressortir sèche.
11] Démoulez le cake et laissez-le refroidir sur une grille.

Quatre-quarts

PRÉPARATION 15 min
CUISSON 40 min
POUR 6 à 8 personnes

3 œufs
prendre le même poids que celui des 3 œufs pour le sucre en poudre, le beurre et la farine
2 pincées de sel
5 cl de rhum ou de cognac

1] Pesez les œufs, puis prenez le même poids de sucre en poudre, de beurre et de farine.
2] Tamisez la farine. Faites fondre le beurre.
3] Cassez les œufs en séparant les blancs des jaunes. Fouettez les blancs en neige très ferme avec 1 pincée de sel.
4] Préchauffez le four à 200 °C.
5] Dans une grande jatte, mélangez les jaunes, le sucre en poudre et 1 pincée de sel et battez-les jusqu'à ce que le mélange blanchisse.
6] Ajoutez, en mélangeant bien chaque nouvel ingrédient, le beurre fondu, puis la farine et enfin le rhum (ou le cognac).
7] Incorporez alors les blancs montés, délicatement, en tournant toujours dans le même sens, avec une cuillère en bois, pour ne pas les casser.
8] Beurrez et farinez un moule de 22 cm de diamètre. Versez-y la pâte et faites cuire à 200 °C pendant 15 minutes ; baissez la température du four à 180 °C et poursuivez la cuisson pendant 25 minutes.
9] Attendez que le quatre-quarts soit tiède pour le démouler.

Tourteau fromagé

PRÉPARATION 15 + 15 min
REPOS 2 h
CUISSON 10 + 50 min
POUR 4 à 6 personnes

400 g de pâte brisée *(voir p. 17)*
5 œufs
2 pincées de sel
250 g de fromage de chèvre frais
125 g de sucre en poudre
30 g de fécule de maïs
1 cuill. à café de cognac ou 1 cuill. à soupe d'eau de fleur d'oranger

1] Préparez la pâte brisée et laissez-la reposer 2 heures au réfrigérateur.
2] Préchauffez le four à 200 °C.
3] Beurrez une tourtière de 20 cm de diamètre. Étalez la pâte sur 3 mm d'épaisseur et mettez-la dans le moule.
4] Découpez un disque de papier sulfurisé et tapissez-en le fond de la tourtière ; recouvrez-le de haricots secs ou de noyaux et mettez au four pendant 10 minutes.
5] Retirez ensuite le papier et les haricots secs (ou les noyaux).
6] Cassez les œufs et séparez les blancs des jaunes. Battez les blancs en neige très ferme avec 1 pincée de sel.
7] Mélangez le fromage de chèvre frais avec le sucre en poudre, 1 bonne pincée de sel, les jaunes d'œufs et la fécule de maïs. Remuez, ajoutez le cognac ou l'eau de fleur d'oranger, puis incorporez délicatement les blancs montés, en tournant toujours dans le même sens pour ne pas les casser.
8] Versez le tout sur la pâte cuite et remettez au four à 180 °C pendant 50 minutes. Le dessus du tourteau doit devenir très brun. Servez tiède ou froid.

Les recettes de desserts

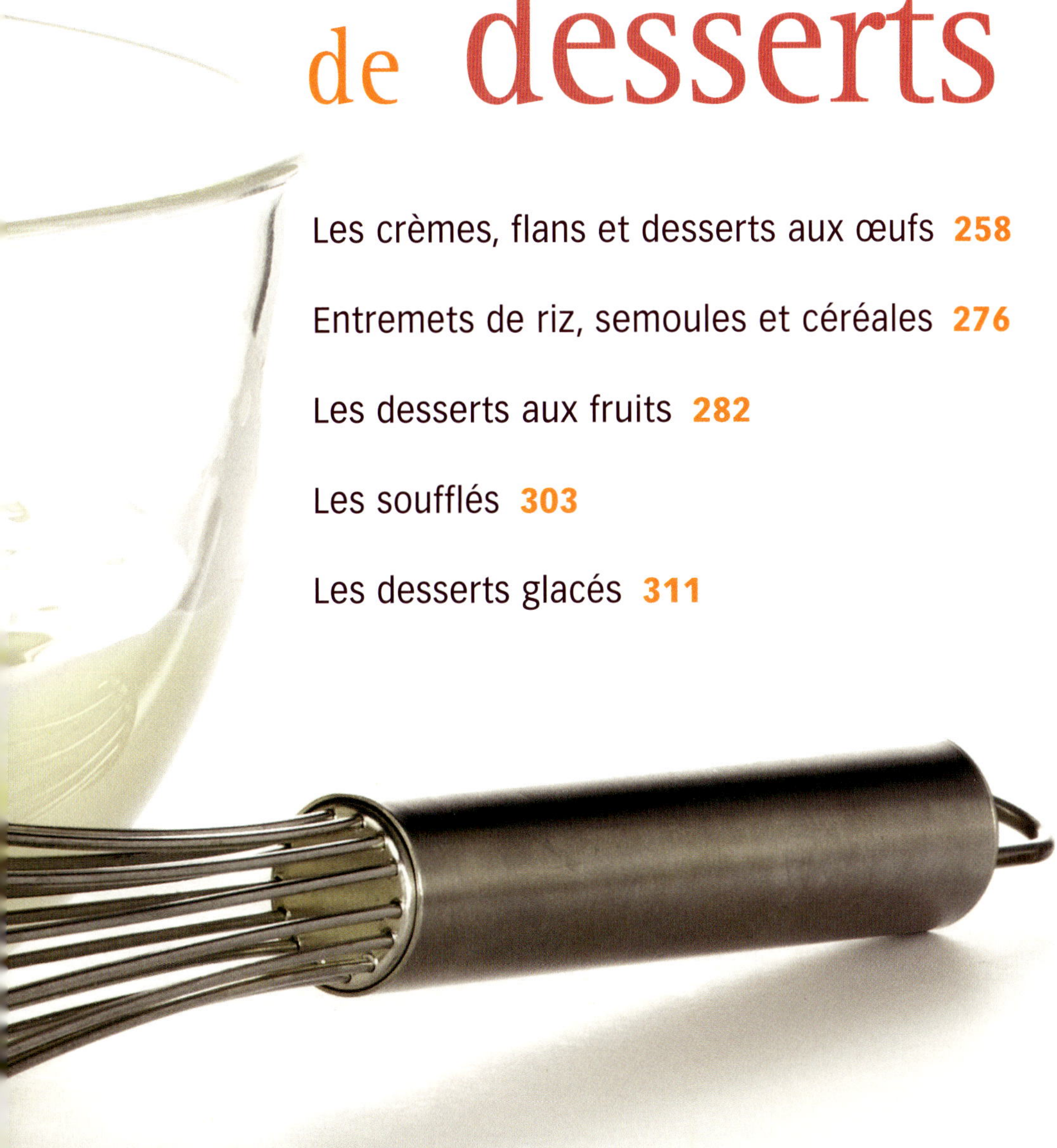

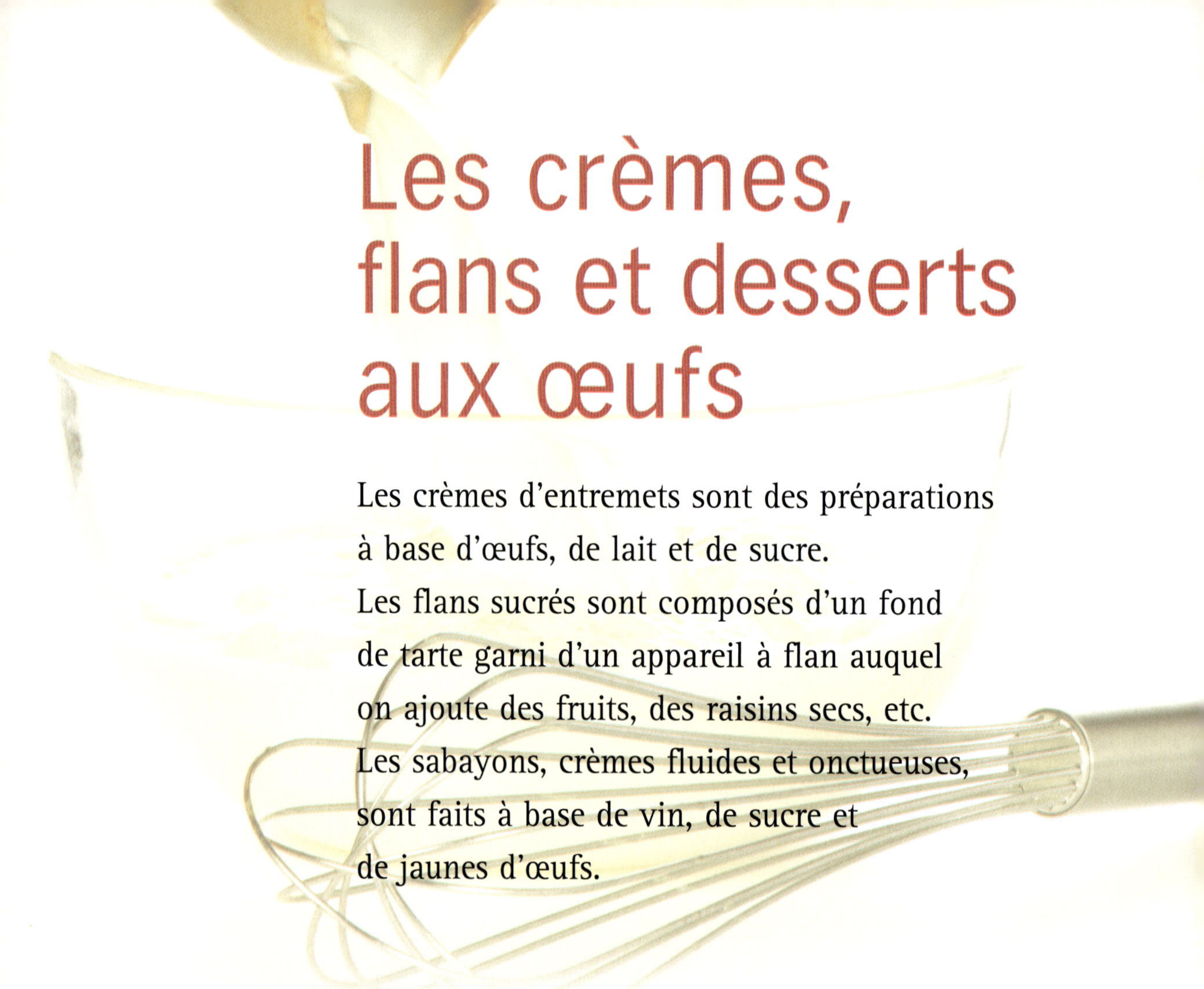

Les crèmes, flans et desserts aux œufs

Les crèmes d'entremets sont des préparations à base d'œufs, de lait et de sucre.
Les flans sucrés sont composés d'un fond de tarte garni d'un appareil à flan auquel on ajoute des fruits, des raisins secs, etc.
Les sabayons, crèmes fluides et onctueuses, sont faits à base de vin, de sucre et de jaunes d'œufs.

Les crèmes

Blanc-manger

PRÉPARATION 40 min
RÉFRIGÉRATION 4 ou 5 h
POUR 4 à 6 personnes

- 400 g de lait d'amande (voir p. 57)
- 8 feuilles de gélatine
- 150 g de sucre
- 60 cl de crème fraîche liquide

1| La veille, préparez le lait d'amande.
2| Faites ramollir les feuilles de gélatine dans un récipient d'eau froide pendant 10 à 15 minutes, puis essorez-les.
3| Dans une petite casserole, versez le quart du lait d'amande et faites-le chauffer. Ajoutez-y les feuilles de gélatine, remuez bien pour les faire fondre complètement, puis reversez le contenu de la casserole dans le reste du lait d'amande et mélangez le tout. Ajoutez alors le sucre, mélangez de nouveau pour le dissoudre.
4| Fouettez la crème fraîche. Quand elle est montée, ajoutez-la très délicatement au mélange précédent, à l'aide d'une maryse ou d'une cuillère en bois.
5| Versez cette préparation dans un moule à charlotte de 18 cm de diamètre et mettez au réfrigérateur pendant 4 ou 5 heures.
6| Trempez rapidement le moule dans de l'eau chaude et démoulez le blanc-manger sur le plat de service. Décorez-le avec des fruits rouges.

Blanc-manger
Servez-le, comme ici, avec un coulis à la framboise et garni de framboises et de fraises, avec un coulis à la pêche ou encore avec un jus à l'abricot et au basilic.

Blanc-manger à l'ananas et aux fraises

PRÉPARATION 30 min
RÉFRIGÉRATION 2 ou 3 h
POUR 6 à 8 personnes

5 feuilles de gélatine
50 cl de lait d'amande *(voir p. 57)*
50 g d'ananas
50 g de fraises
5 belles feuilles de menthe
50 cl de crème fraîche liquide

Pour les amandes glacées
65 g de sucre
5 cl d'eau
50 g d'amandes effilées

Pour la finition
150 g de coulis d'abricot
150 g de coulis à la framboise

Pour la décoration
feuilles de menthe
6 à 8 fraises
6 à 8 lamelles d'ananas

1] La veille, préparez le lait d'amande.
2] Préchauffez le four à 200 °C.
3] Préparez les amandes glacées : faites d'abord bouillir l'eau et le sucre pendant 30 secondes. Plongez les amandes effilées dans ce sirop, puis égouttez-les sur la plaque du four recouverte de papier sulfurisé. Mettez la plaque au four pour faire caraméliser les amandes.
4] Faites ramollir les feuilles de gélatine dans un grand récipient d'eau froide, puis essorez-les bien.
5] Chauffez le lait d'amande sans le faire bouillir et ajoutez-y les feuilles de gélatine en mélangeant bien. Laissez refroidir.
6] Taillez l'ananas et les fraises en petits dés, hachez les feuilles de menthe et ajoutez-les dans le lait d'amande.
7] Fouettez la crème liquide, puis ajoutez-la au mélange précédent.
8] Versez la préparation dans 6 ou 8 petits moules à savarin individuels et mettez ceux-ci au réfrigérateur pendant 2 ou 3 heures environ.
9] Démoulez les blancs-mangers sur les assiettes. Avec une petite cuillère, mettez du coulis d'abricot au centre de chacun d'eux et du coulis à la framboise autour.
10] Décorez avec les feuilles de menthe, les petits dés de fraise et d'ananas et les amandes glacées.

Jean-Pierre Vigato, restaurant Apicius

Commentaire gourmand

Vous pouvez également servir ce blanc-manger avec un jus à la coriandre (voir page 107), un jus épicé (voir page 108) ou encore un jus à la menthe fraîche (voir page 109).

Crème aux biscuits à la cuillère

PRÉPARATION 1 h
CUISSON 35 à 40 min
POUR 6 à 8 personnes

200 g de biscuits à la cuillère
5 cl de kirsch
5 cl de marasquin
1 l de lait
250 g de sucre
6 œufs
10 jaunes d'œufs
50 g de beurre
1 gousse de vanille
16 moitiés d'abricot
50 g de cerises confites

1] Mélangez le kirsch et le marasquin et imbibez-en légèrement les biscuits à la cuillère. Mettez-les dans un saladier.
2] Faites bouillir le lait avec 100 g de sucre, versez-le sur les biscuits.
3] Passez ce mélange au mixeur pendant 1 minute ou fouettez-le bien jusqu'à ce qu'il devienne très homogène et filtrez-le ensuite dans une passoire.
4] Préchauffez le four à 190 °C.
5] Dans un grand saladier, mettez les œufs entiers, les jaunes, 100 g de sucre en poudre, battez tout cela ensemble avec un fouet et versez ces ingrédients dans le mélange lait-biscuits tout en continuant de fouetter.
6] Beurrez un moule à charlotte de 20 cm de diamètre et versez-y cette préparation.
7] Mettez le moule dans un grand bain-marie et faites cuire au four 35 à 40 minutes.
8] Laissez tiédir la crème avant de démouler sur le plat de service.
9] Au moment de servir cette crème, mettez à fondre le beurre dans une poêle avec la gousse de vanille fendue. Dès qu'il frémit, ajoutez les demi-abricots et faites-les cuire 1 minute de chaque côté. Ajoutez le reste du sucre (50 g), cuisez encore pendant 1 minute.
10] Disposez les abricots et les cerises confites en couronne tout autour de la crème et servez.

Tour de main

Vous pouvez réaliser cette crème en hiver avec des abricots au sirop. Faites-les égoutter avant de les couper en quartiers.

Crème brûlée

PRÉPARATION 25 min
REPOS 30 à 40 min
CUISSON 45 min
RÉFRIGÉRATION 3 h
POUR 8 personnes

50 cl de lait
50 cl de crème fraîche liquide
5 gousses de vanille
9 jaunes d'œufs
180 g de sucre en poudre
100 g de cassonade brune

1] Fendez les gousses de vanille, grattez-en l'intérieur et mettez-les dans une casserole avec le lait et la crème. Portez à ébullition, puis éteignez le feu et laissez infuser 30 à 40 minutes. Filtrez le mélange dans une passoire très fine ou dans un chinois.
2] Préchauffez le four à 100 °C.
3] Dans un saladier, mélangez les jaunes et le sucre avec une cuillère en bois. Puis versez le mélange lait-crème peu à peu en délayant bien avec la cuillère.
4] Filtrez de nouveau la crème, puis répartissez-la dans 8 plats à œufs en porcelaine à feu et mettez-les au four environ 45 minutes. Vérifiez leur cuisson en remuant les plats : les crèmes ne doivent plus être « tremblantes » au centre.
5] Laissez-les refroidir à température ambiante, puis mettez-les au réfrigérateur pendant 3 heures au moins.
6] Au moment de les servir, épongez délicatement le dessus des crèmes avec un papier absorbant, puis poudrez-les de cassonade brune.
7] Caramélisez-les très légèrement en les passant rapidement sous le gril du four : il ne faut pas que les crèmes soient chauffées. Servez-les aussitôt.

Commentaire gourmand

Cette crème brûlée sera réussie si l'intérieur est encore très froid et la surface caramélisée tiède.

Variante

Crème brûlée à la pistache

Ajoutez à la crème 80 g de pâte de pistache. Remplacez la cassonade brune par une fine couche de crème au chocolat *(voir page 53)* d'environ 60 g.

Crème caramel

PREPARATION 25 min
REPOS 1 nuit
CUISSON 2 h
POUR 4 personnes

1 l de lait entier
4 œufs
3 jaunes d'œufs
3 gousses de vanille Bourbon fendues et grattées
350 g de sucre semoule
60 g d'eau

1] La veille, mettez les grains des gousses de vanille ainsi que les gousses dans le lait et portez à ébullition. Laissez infuser toute une nuit au frais.
2] Le lendemain, retirez les gousses et faites bouillir le lait à nouveau. Dans une jatte en verre, fouettez les œufs avec 200 g de sucre pendant 30 secondes et ajoutez le lait bouillant sans cesser de remuer. Filtrez au chinois, laissez reposer 15 minutes, écumez et réservez.
3] Faites cuire le sucre restant et l'eau jusqu'à obtention d'un caramel d'une belle teinte auburn et arrêtez immédiatement la cuisson en plongeant le cul de la casserole dans un bain-marie d'eau glacée. Nappez finement et rapidement le moule du caramel encore liquide. Versez le lait vanillé dans le moule.
4] Cuisez au four à 150 °C pendant 2 heures, sur une grille, au bain-marie.
5] Laissez refroidir à température ambiante sur la grille. Quand la crème est parfaitement refroidie, gardez-la une nuit au réfrigérateur à couvert.
6] Démoulez délicatement en décollant les parois à l'aide d'un couteau d'office. Tapotez très légèrement sur le dessus du moule pour ne pas fissurer la crème caramel très fragile. Renversez la crème sur un plat de service et découpez des portions avec une pelle à tarte, comme un gâteau. Servez très frais.

Crème brûlée à la pistache et riz caramélisé

Le riz au lait et aux raisins secs est nappé d'une crème à base de pâte de pistache, puis passé au four. Juste avant de le servir, on poudre la surface de cassonade et l'on met le moule sous le gril pour caraméliser légèrement ; enfin on arrose l'entremets d'un trait de sirop de citron.

Voir recette page 443

Crème au citron et aux fruits rouges

PRÉPARATION 1 h
REPOS 2 h
CUISSON 20 min
RÉFRIGÉRATION 6 + 3 h
POUR 6 personnes

150 g de pâte sablée *(voir p. 18)*

Pour le sirop

1 gousse de vanille
1 l d'eau
10 cl de jus d'orange
400 g de sucre en poudre
12 feuilles de menthe

Pour le mélange de fruits rouges

350 g de fraises
50 g de groseilles
50 g de cassis (facultatif)
200 g de framboises
50 g de mûres
50 g de myrtilles

Pour la crème onctueuse au citron

150 g de crème au citron *(voir p. 53)*
1 1/2 feuille de gélatine
15 cl de crème liquide
150 g de fromage blanc à 40 % de matière grasse

1| Préparez la pâte sablée et laissez-la reposer 2 heures au frais.
2| Préparez la crème au citron.
3| Préparez le sirop : fendez et grattez la gousse de vanille, mettez-la dans une casserole avec l'eau, le jus d'orange et le sucre et faites bouillir. Éteignez le feu, ajoutez les feuilles de menthe et laissez infuser pendant 1 heure environ, puis filtrez ce sirop.
4| Lavez et équeutez les fraises, égrappez les groseilles et les cassis, triez les autres fruits. Remettez le sirop à bouillir dans une grande casserole et plongez-y les trois quarts de chaque quantité de fruits (gardez le reste pour la décoration de la crème) pendant seulement 1 minute. Retirez-les avec une écumoire et mettez-les à égoutter dans une passoire au-dessus d'un saladier. Disposez un cercle à gâteau de 20 cm sur une assiette plate, versez-y les fruits, puis mettez cette assiette au réfrigérateur pendant 6 heures.
5| Préparez la crème onctueuse au citron : plongez la gélatine dans un récipient d'eau froide. Fouettez la crème liquide. Égouttez la gélatine et mettez-la dans un saladier posé sur un bain-marie pour la faire fondre. Quand elle est fondue, ajoutez un tiers de la crème au citron et mélangez le tout.
6| Retirez le saladier du bain-marie et incorporez alors le reste de crème au citron, puis le fromage blanc et enfin la crème fouettée. Mélangez bien et versez cette crème dans le cercle à gâteau, sur les fruits rouges. Remettez au réfrigérateur pendant 3 heures.
7| Préchauffez le four à 180 °C.
8| Étalez la pâte sablée au rouleau, garnissez-en un cercle de 24 cm, faites cuire pendant 20 minutes.
9| Évacuez le jus rejeté par les fruits rouges. Faites glisser la crème encore cerclée sur le disque de pâte, puis retirez le cercle. Décorez le dessus avec les fruits rouges réservés et servez aussitôt.

Tour de main

La veille, faites le sirop et pochez les fruits rouges, préparez la crème au citron et la pâte sablée. Faites la crème au citron 3 heures avant, pendant que les fruits rouges sont au réfrigérateur. Faites cuire le disque de pâte au dernier moment.

Crème au chocolat

PRÉPARATION 30 min
RÉFRIGÉRATION 3 h + 1 h 30 + 4 h
POUR 6 personnes

Pour la crème onctueuse au chocolat

170 g de chocolat noir
25 cl de lait
25 cl de crème liquide
6 jaunes d'œufs
125 g de sucre en poudre

Pour le granité au café et au whisky

50 cl de café expresso
50 g de sucre en poudre
7 cl de whisky
1/4 d'orange non traitée
250 g de crème fouettée *(voir p. 53)*
riz soufflé

1| Hachez le chocolat noir avec un couteau et mettez-le dans un saladier.
2| Préparez la crème onctueuse au chocolat. Faites bouillir le lait et la crème ensemble dans une casserole.
3| Fouettez les jaunes d'œufs et le sucre dans une terrine.
4| Versez le quart du mélange lait-crème dans la terrine en fouettant en même temps, puis reversez ce nouveau mélange dans la casserole de lait, fouettez et cuisez alors comme une crème anglaise *(voir page. 45)*.
5| Versez la moitié de cette crème sur le chocolat noir haché, mélangez bien, puis ajoutez le restant de la crème, mélangez de nouveau et mettez au réfrigérateur pendant 3 heures.
6| Préparez le granité : faites le café, ajoutez-y le sucre, le whisky et le zeste râpé de l'orange. Versez dans un bac et mettez au congélateur pour 1 heure 30.
7| Sortez le bac et fouettez la préparation puis remettez-la au congélateur pour 3 ou 4 heures.
8| Préparez la crème fouettée. Disposez une quenelle de crème onctueuse au chocolat dans un verre à cocktail en la façonnant avec 2 cuillères. Recouvrez de granité en raclant la surface du bac avec une cuillère. Nappez de crème fouettée et saupoudrez de riz soufflé.

Crème de raisin

PRÉPARATION 15 min
CUISSON 25 min
RÉFRIGÉRATION 2 ou 3 h
POUR 4 à 6 personnes

- l de jus de raisin rouge ou blanc
- 100 g de cerneaux de noix
- 50 g de fécule de maïs
- 10 cl d'eau froide
- 1 cuill. à café de caramel liquide
- 1 cuill. à café de cannelle en poudre

RECETTE LÉGÈRE

1] Versez le jus de raisin dans une casserole et chauffez-le jusqu'à l'ébullition, puis baissez le feu et laissez réduire, à feu très doux, jusqu'à ce qu'il ne reste plus que 75 cl du liquide.

2] Hachez grossièrement les noix. Délayez la fécule de maïs dans l'eau froide et versez-la dans le jus bouillant, en battant rapidement avec un fouet ou une cuillère en bois. Puis, toujours sur le feu, ajoutez le caramel, la cannelle et la moitié des noix.

3] Retirez du feu, laissez tiédir et versez dans des verres à pied ou dans des coupes. Saupoudrez avec le reste des noix et mettez 2 ou 3 heures au réfrigérateur avant de servir.

Valeur nutritionnelle pour 100 g

120 kcal ; protéines : 1 g ; glucides : 19 g ; lipides : 4 g

Mont-blanc

PRÉPARATION 1 h
CUISSON 2 h 45
POUR 4 à 6 personnes

- 200 g de meringue *(voir p. 42)*
- 80 g de beurre
- 300 g de pâte de marron
- 400 g de crème de marron
- 5 cl de rhum
- 400 g de crème Chantilly *(voir p. 51)*
- débris de marrons glacés

1] Préchauffez le four à 120 °C.

2] Préparez la meringue et mettez-la dans une poche à douille de 1 cm de diamètre.

3] Recouvrez une plaque à pâtisserie d'une feuille de papier sulfurisé et formez une couronne de meringue de 24 cm de diamètre constituée de plusieurs anneaux concentriques (de 6 cm de largeur environ) pour faire un fond.

4] Mettez la plaque au four pendant 45 minutes à 120 °C, puis 2 heures à 100 °C.

5] Faites ramollir le beurre au bain-marie ou au four à micro-ondes pour le mettre en pommade. Ajoutez-lui alors la pâte de marron et malaxez bien. Quand ce mélange est homogène, ajoutez la crème de marron puis le rhum et mélangez de nouveau.

6] Mettez cette crème dans une poche munie d'une douille à petits trous et disposez des vermicelles de crème de marron sur le fond de meringue.

7] Préparez la crème Chantilly. Mettez-la dans une poche munie d'une douille cannelée et disposez des petites rosaces sur la surface de la crème de marron.

8] Parsemez chaque rosace de débris de marrons glacés.

Les flans

Clafoutis

PRÉPARATION 15 min
REPOS 30 min
CUISSON 35 à 40 min
POUR 6 à 8 personnes

- 500 g de cerises noires
- 100 g de sucre en poudre
- 125 g de farine
- 1 pincée de sel
- 3 œufs
- 30 cl de lait
- sucre glace

RECETTE LÉGÈRE

1] Lavez puis équeutez les cerises. Mettez-les dans un saladier, poudrez-les avec la moitié du sucre ; remuez pour répartir le sucre et laissez macérer ainsi 30 minutes au moins.

2] Préchauffez le four à 180 °C.

3] Beurrez une tourtière ou un moule en porcelaine à feu de 24 cm de diamètre.

4] Tamisez la farine dans une terrine, ajoutez-y 1 pincée de sel et le reste du sucre en poudre. Battez les œufs en omelette, ajoutez-les et mélangez bien. Ajoutez enfin le lait et mélangez bien à nouveau.

5] Disposez les cerises dans la tourtière, puis versez la préparation par-dessus. Enfournez 35 à 40 minutes. Laissez tiédir et poudrez de sucre glace. Servez froid dans le moule.

Valeur nutritionnelle pour 100 g

145 kcal ; protéines : 4 g ; glucides : 25 g ; lipides : 2 g

Variante

Vous pouvez faire de la même façon un flan aux mirabelles. Ajoutez dans la préparation 3 cl d'eau-de-vie de ces fruits.

Far breton

PRÉPARATION **15 min**
CUISSON **1 h**
POUR **6 à 8 personnes**

1 bol de thé léger tiède
125 g de raisins de Corinthe
400 g de pruneaux
4 œufs
250 g de farine
1 pincée de sel
20 g de sucre en poudre
40 cl de lait
sucre glace

1] Préparez du thé et mettez-y les raisins de Corinthe et les pruneaux à gonfler pendant 1 heure environ.
2] Égouttez les raisins et les pruneaux. Dénoyautez les pruneaux.
3] Préchauffez le four à 200 °C.
4] Battez les œufs en omelette.
5] Mettez la farine dans un grand saladier, ajoutez le sel et le sucre en poudre. Remuez. Versez les œufs battus puis le lait en mélangeant bien.
6] Ajoutez enfin les raisins et les pruneaux et tournez jusqu'à ce que la pâte soit parfaitement homogène.
7] Beurrez un moule de 24 cm de diamètre et versez-y la pâte. Mettez au four pendant 1 heure : le dessus du far doit être brun. Poudrez de sucre glace.

Flamusse aux pommes

PRÉPARATION **15 min**
CUISSON **45 min**
POUR **4 à 6 personnes**

60 g de farine
75 g de sucre en poudre
1 pincée de sel
3 œufs
50 cl de lait
3 ou 4 pommes reinettes
sucre glace

RECETTE LÉGÈRE

1] Mettez la farine dans un saladier avec le sucre en poudre et le sel. Battez les œufs en omelette, ajoutez-les et mélangez bien à la spatule en bois pour obtenir une pâte aussi lisse que possible.
2] Versez peu à peu le lait dans le saladier et continuez de mélanger.
3] Préchauffez le four à 180 °C.
4] Beurrez une tourtière de 22 cm.
5] Pelez et coupez les pommes en tranches fines. Disposez-les en couronne dans la tourtière en les faisant se chevaucher. Versez la pâte par-dessus et mettez au four pendant 45 minutes.
6] Démoulez la flamusse quand elle est tiède et poudrez-la de sucre glace. Servez-la tiède ou froide.

Valeur nutritionnelle pour 100 g

110 kcal ; protéines : 3 g ; glucides : 16 g ; lipides : 3 g

Flan créole

PRÉPARATION **15 min**
CUISSON **1 h**
RÉFRIGÉRATION **1 h**
POUR **6 à 8 personnes**

75 cl de lait
120 g de confiture de lait
(voir p. 337)
6 œufs
100 g de sucre en poudre
Pour caraméliser le moule
100 g de sucre en poudre
3 cl d'eau
4 gouttes de citron

1] Préparez la caramélisation du moule : versez le sucre en poudre, l'eau et les gouttes de citron dans une petite casserole ; faites cuire jusqu'à ce que le sucre prenne une couleur foncée mais pas noire ; versez immédiatement dans le moule ; inclinez celui-ci pour couvrir les parois de caramel, puis laissez refroidir.
2] Préchauffez le four à 180 °C.
3] Dans une autre casserole, faites chauffer le lait sans aller jusqu'à l'ébullition. Mélangez-y la confiture de lait.
4] Battez les œufs dans une terrine avec les 100 g de sucre jusqu'à ce qu'ils soient mousseux. Incorporez-les dans la casserole au mélange précédent et remuez à l'aide d'une cuillère en bois.
5] Remplissez un moule avec cette préparation et cuisez au bain-marie dans le four pendant 1 heure environ, jusqu'à ce que le flan soit coagulé.
6] Laissez-le refroidir et placez-le dans le réfrigérateur au moins 4 heures, avant de le démouler.

Tour de main

Si vous n'avez pas le temps de préparer la confiture de lait à l'avance, utilisez une préparation du commerce.

Flan de cerises à la danoise

PRÉPARATION 15 + 15 min
REPOS 2 h
CUISSON 40 à 45 min
POUR 6 à 8 personnes

300 g de pâte brisée *(voir p. 16)*
250 g de bigarreaux
195 g de sucre
1 cuill. à café de cannelle en poudre
125 g de beurre
125 g de poudre d'amande
2 œufs
100 g de fondant *(voir p. 73)*
2 cl de rhum

1] Faites la pâte brisée et laissez-la reposer 2 heures au frais.
2] Lavez et dénoyautez les bigarreaux, mettez-les dans une grande jatte avec 70 g de sucre et la cannelle en poudre, mélangez bien et laissez-les macérer pendant 1 heure environ à température ambiante.
3] Préchauffez le four à 210 °C.
4] Beurrez une tourtière de 24 cm de diamètre.
5] Étalez la pâte brisée sur 2 mm d'épaisseur, garnissez-en la tourtière.
6] Égouttez les cerises en gardant le jus. Faites ramollir le beurre.
7] Mettez la poudre d'amande dans un grand saladier avec 125 g de sucre, battez les œufs en omelette et ajoutez-les. Quand ils sont bien incorporés, ajoutez le beurre ramolli puis le jus des cerises et travaillez jusqu'à ce que cela soit parfaitement homogène.
8] Déposez les cerises au fond de la tourtière et recouvrez-les entièrement avec cette préparation à l'amande.
9] Mettez la tourtière au four et faites cuire pendant 10 minutes à 210 °C, puis baissez la température du four à 190 °C et laissez cuire encore 30 à 35 minutes.
10] Faites ramollir le fondant et ajoutez-lui le rhum.
11] Sortez le flan du four et laissez-le refroidir avant de le napper du glaçage au fondant *(voir page 74)*.

Flan à la noix de coco et aux abricots

PRÉPARATION 30 min
REPOS 2 h + 2 h
CUISSON 15 min + 1 h
RÉFRIGÉRATION 3 h
POUR 6 à 8 personnes

300 g de pâte brisée *(voir p. 16)*
350 g d'abricots frais
60 cl d'eau de source
40 cl de lait
4 œufs
100 g de noix de coco râpée
1 pincée de coriandre en poudre
70 g de fécule de maïs
200 g de sucre en poudre

Pour la décoration
100 g d'abricots ou d'ananas frais

1] Préparez la pâte brisée et laissez-la reposer au frais pendant 2 heures.
2] Étalez-la au rouleau sur 2 mm d'épaisseur et détaillez un disque de 30 cm de diamètre. Mettez-le sur une plaque à pâtisserie puis au réfrigérateur pendant 30 minutes environ.
3] Beurrez un moule à tarte de 22 cm de diamètre et 3 cm de hauteur, posez le disque de pâte sur le cercle et foncez le moule.
4] Ébarbez la pâte qui dépasse du cercle et mettez encore au réfrigérateur pendant 2 heures.
5] Dénoyautez les abricots et coupez-les en quartiers.
6] Préchauffez le four à 180 °C.
7] Préparez le flan : faites bouillir l'eau de source et le lait dans une casserole. Battez les œufs en omelette. Mélangez la noix de coco râpée, la coriandre en poudre, les œufs battus, la fécule de maïs et le sucre dans un saladier. En fouettant, versez un peu du mélange lait bouillant-eau dans le saladier. Puis reversez l'ensemble dans la casserole. Portez alors à ébullition en fouettant sans arrêt pour éviter que la préparation n'attache au fond de la casserole.
8] Répartissez les quartiers d'abricot sur le fond de pâte crue et versez tout de suite le flan encore bouillant. Enfournez pendant 1 heure.
9] Laissez ensuite refroidir et mettez au réfrigérateur pendant 3 heures.
10] Décorez juste avant de servir avec des tranches d'ananas ou des abricots frais dénoyautés et coupés en deux. Servez à température ambiante ou frais.

Tour de main

Vous pouvez réaliser ce flan en hiver avec des abricots au sirop. Faites-les égoutter avant de les couper en quartiers.

Flan meringué au citron

PRÉPARATION 15 + 30 min
REPOS 1 h
CUISSON 10 min
POUR 4 à 6 personnes

300 g de pâte sablée
(voir p. 18)
2 citrons non traités
3 œufs
25 cl de lait
40 g de farine
175 g de sucre
40 g de beurre fondu
1 pincée de sel

1] Préparez la pâte sablée et laissez-la reposer 1 heure au frais.
2] Préchauffez le four à 190 °C.
3] Étalez la pâte, garnissez-en un moule à tarte beurré de 24 cm de diamètre et enfournez pendant 3 ou 4 minutes.
4] Levez les zestes des citrons et pressez l'un de ces fruits. Ébouillantez les zestes pendant 2 minutes, égouttez-les, coupez-les en fines lamelles.
5] Séparez le blanc et le jaune des œufs. Faites chauffer 20 cl de lait.
6] Mélangez la farine et 100 g de sucre et délayez d'abord avec le lait froid, puis ajoutez le lait bouillant, le beurre fondu, les jaunes d'œufs un à un et le zeste. Faites épaissir 15 minutes sur feu doux, en remuant sans arrêt.
7] Hors du feu, ajoutez le jus de citron, mélangez et laissez tiédir. Garnissez le fond de pâte de cette préparation. Montez la chaleur du four à 240 °C.
8] Battez les blancs en neige avec le reste du sucre et 1 pincée de sel, versez-les sur la crème et lissez avec une spatule. Mettez au four pendant 3 ou 4 minutes pour faire dorer. Laissez refroidir complètement avant de servir.

Flan parisien

PRÉPARATION 30 min
REPOS 4 h 30
CUISSON 15 min + 1 h
RÉFRIGÉRATION 3 h
POUR 6 à 8 personnes

250 g de pâte brisée
(voir p. 16)
40 cl de lait
37 cl d'eau de source
4 œufs
210 g de sucre en poudre
60 g de poudre à flan

1] Préparez la pâte brisée et laissez-la reposer pendant 2 heures au frais.
2] Étalez-la au rouleau sur 2 mm d'épaisseur et détaillez un disque de 30 cm de diamètre. Mettez-le sur une plaque puis au réfrigérateur pendant 30 minutes.
3] Beurrez un moule à tarte de 22 cm de diamètre et 3 cm de hauteur, posez le disque de pâte sur le cercle et foncez le moule. Ébarbez la pâte qui dépasse et mettez au réfrigérateur encore pendant 2 heures.
4] Préparez le flan : faites chauffer le lait et l'eau dans une casserole. Dans une autre casserole, fouettez les œufs, le sucre et la poudre à flan et versez-en un mince filet dans l'eau et le lait bouillant, sans cesser de tourner avec un fouet. Attendez la reprise de l'ébullition et retirez alors la casserole du feu.
5] Préchauffez le four à 190 °C.
6] Garnissez le fond de tarte cru avec la préparation et mettez au four pendant 1 heure. Laissez ensuite refroidir complètement avant de mettre le flan au réfrigérateur pendant 3 heures : il est bien meilleur quand il est servi très frais.

Flaugnarde

PRÉPARATION 20 min
MACÉRATION 3 à 12 h
CUISSON 30 min
POUR 6 à 8 personnes

8 pruneaux
100 g de raisins secs
4 abricots secs
10 cl de rhum
4 œufs
100 g de sucre en poudre
100 g de farine
1 l de lait
1 pincée de sel
40 g de beurre

1] La veille : dénoyautez les pruneaux. Mettez-les dans une jatte avec les raisins et les abricots coupés en petits morceaux. Arrosez avec le rhum. Laissez macérer pendant 3 heures au minimum et si possible 12 heures.
2] Préchauffez le four à 220 °C.
3] Battez les œufs entiers et le sucre dans une terrine jusqu'à ce que le mélange soit bien mousseux. Incorporez peu à peu la farine avec une pincée de sel, en mélangeant bien. Délayez avec le lait, toujours en remuant à l'aide d'une cuillère en bois.
4] Ajoutez les fruits macérés et le rhum dans la terrine.
5] Beurrez généreusement un grand plat à gratin de 24 cm. Versez-y la pâte et parsemez le dessus de quelques noisettes de beurre. Enfournez pendant 30 minutes. Servez tiède dans le plat de cuisson.

Flan parisien ►
Ce gâteau, simple à réaliser, est meilleur lorsqu'il est dégusté bien froid. Il est préférable de le cuire la veille.

Les desserts aux œufs

Œufs à la neige

PRÉPARATION 30 min
CUISSON 10 min
POUR 6 à 8 personnes

80 cl de lait
1 gousse de vanille
8 œufs
1 pincée de sel
290 g de sucre
100 g de caramel *(voir p. 71)*

RECETTE LÉGÈRE

1] Faites bouillir le lait avec la gousse de vanille.
2] Séparez le blanc et le jaune des œufs. Montez les blancs en neige ferme avec 1 pincée de sel en ajoutant peu à peu 40 g de sucre. Prélevez une cuillerée à soupe de blancs montés et faites-la tomber dans le lait bouillant. Laissez-la cuire pendant 2 minutes en la retournant avec une écumoire. Égouttez sur une serviette. Procédez cuillerée par cuillerée jusqu'à ce que tous les blancs soient cuits mais, si votre casserole est assez grande, vous pouvez faire cuire ainsi 5 à 7 cuillerées à la fois.
3] Préparez une crème anglaise *(voir page 45)* avec le lait vanillé, les jaunes d'œufs et le reste du sucre (250 g). Mettez-la au réfrigérateur pour qu'elle refroidisse bien.
4] Préparez le caramel. Posez les blancs cuits sur la crème et versez dessus le caramel chaud en mince filet. Mettez au frais.

Valeur nutritionnelle pour 100 g
170 kcal ; protéines : 5 g ; glucides : 26 g ; lipides : 5 g

Variante

Île flottante

Versez les blancs montés dans un moule à savarin de 22 cm de diamètre. Placez celui-ci dans un bain-marie, mettez au four à 180 °C et laissez cuire 30 minutes, jusqu'à ce que le dessus commence à blondir. Laissez refroidir complètement la couronne d'œufs, puis démoulez-la sur la crème et coulez dessus le caramel blond bouillant.

« Œufs » de sainte Thérèse

PREPARATION 1 h
CUISSON 10 min
POUR 40 pièces

10 jaunes d'œufs
250 g de sucre glace
1 citron non traité
saindoux pour badigeonner la plaque

1] Râpez le zeste de citron et pressez le citron. Enduisez une plaque du four avec le saindoux. Battez les jaunes d'œufs dans un bol. Ajoutez le sucre glace, le zeste de citron râpé et le jus du citron et mélangez bien jusqu'à obtenir une pâte molle.
2] Formez des boulettes de la taille d'une noix et laissez-les sécher 20 minutes.
3] Préchauffez le four à 160 °C.
4] Enfournez pendant 10 minutes et servez les « œufs » froids dans de petites caissettes en papier.

Sabayon

PRÉPARATION 15 min
CUISSON 2 ou 3 min
POUR 4 à 6 personnes

6 jaunes d'œufs
150 g de sucre
25 cl de vin blanc ou de champagne
1 zeste de citron non traité

1] Faites chauffer une casserole d'eau.
2] Mélangez ensemble les jaunes, le sucre et le vin ou le champagne et le zeste dans une autre casserole. Posez celle-ci sur la casserole d'eau frémissante et battez vivement le mélange jaunes-sucre-vin jusqu'à ce qu'il mousse et double de volume.
3] Fouettez encore 30 secondes, retirez le zeste de citron et servez tout de suite dans des coupes, avec des gâteaux secs ou des fruits frais.

Œufs à la neige ►
Les œufs à la neige et la crème anglaise sont placés quelque temps au réfrigérateur avant d'être arrosés de caramel chaud en mince filet.

PRÉPARATION 30 min
CUISSON 15 min
POUR 6 personnes

Pour les pommes poêlées
800 g de pommes (granny smith, cox orange ou calville blanc)
3 citrons
60 g de sucre en poudre
2 pincées de vanille en poudre
60 g de beurre
20 g d'amandes effilées
20 g de pignons de pin

Pour le sabayon à la pomme
1/2 orange non traitée
3 citrons
65 g de sucre en poudre
5 jaunes d'œufs
150 g de jus de pomme
poivre du moulin
1 pincée de cardamome
1/2 bâton de cannelle
1/2 cuill. à café de gingembre râpé

Sabayon à la pomme et aux 1001 saveurs

1] Préchauffez le four à 180 °C.
2] Mettez les amandes sur la plaque du four et enfournez pendant 5 minutes pour les faire griller.
3] Préparez les pommes poêlées. Épluchez les pommes, coupez-les en 2, retirez les pépins puis recoupez les moitiés en 3 ou 4 selon leur grosseur.
4] Pressez les citrons pour obtenir 3 cuillerées à soupe de jus. Mettez les quartiers de pommes dans un saladier avec le sucre, la vanille et le jus de citron.
5] Faites fondre le beurre dans une poêle, versez les pommes et mettez-les à cuire à feu très vif pour les dorer, sans les réduire en compote. En fin de cuisson, ajoutez les amandes et les pignons de pin. Gardez les pommes au chaud.
6] Préparez le sabayon. Râpez le zeste de l'orange, pressez les citrons pour avoir 3 cuillerées à soupe de jus. Fouettez sucre et jaunes dans un saladier jusqu'à ce que le mélange blanchisse.
7] Faites bouillir le jus de pomme dans une casserole, ajoutez le zeste d'orange, le jus de citron, 3 tours de moulin à poivre, la cardamome, la cannelle, le gingembre râpé.
8] Filtrez le liquide et versez-en le quart sur le mélange jaunes-sucre et reversez le tout dans la casserole en fouettant bien. Continuez de cuire à feu moyen en fouettant sans arrêt la totalité du mélange jusqu'à ce qu'il épaississe et soit bien onctueux et mousseux. Retirez du feu.
9] Disposez le mélange pommes-amandes-pignons sur les assiettes et servez le sabayon en saucière, à part.

Tour de main

Vous pouvez aussi refroidir le sabayon en le fouettant au mixeur puis en recouvrir les pommes. Passez alors chaque assiette rapidement sous le gril pour faire gratiner légèrement.
Pour servir le sabayon en saucière, vous pouvez lui ajouter 12 cl de crème fraîche liquide battue.

PRÉPARATION 20 min
RÉFRIGÉRATION 1 h
POUR 4 à 6 personnes

2 œufs
1/2 citron non traité
100 g de sucre en poudre
10 cl de lait
50 cl de crème fraîche liquide
15 cl de xérès
noix muscade
40 g d'amandes mondées

Syllabub anglais

1] Cassez les œufs en séparant les blancs et les jaunes. Râpez le zeste du citron.
2] Mélangez les jaunes et le sucre et fouettez jusqu'à ce que le mélange blanchisse et devienne mousseux. Versez peu à peu le lait, la crème et le xérès et continuez de fouetter jusqu'à ce que la pâte soit bien lisse. Ajoutez le zeste et râpez la valeur d'une pincée de noix muscade sur la pâte, mélangez bien.
3] Battez les blancs d'œufs en neige ferme. Incorporez-les à la pâte à l'aide d'une spatule en bois, sans les casser.
4] Grillez rapidement les amandes dans une poêle sans matière grasse et concassez-les. Laissez-les refroidir.
5] Versez le syllabub dans des coupes individuelles ou dans une grande coupe, parsemez d'amandes grillées le dessus et mettez au réfrigérateur pendant 1 heure avant de servir.

Variante

Vous pouvez confectionner un autre syllabub en ajoutant 100 g de goyaves en conserve au naturel et 100 g de mandarines, ainsi qu'un peu de cognac.

Tortada espagnole

PRÉPARATION 30 min
CUISSON 45 + 30 min
POUR 6 à 8 personnes

6 œufs
500 g de sucre en poudre
250 g de poudre d'amande
150 g de meringue *(voir p. 42)*
1 cuill. à soupe de rhum
1 cuill. à soupe de miel
quelques gouttes d'anis (facultatif)
50 g de cerises confites

1] Cassez les œufs en séparant les blancs et les jaunes.
2] Préchauffez le four à 180 °C.
3] Montez les blancs en neige ferme.
4] Battez les jaunes avec 250 g de sucre jusqu'à ce que le mélange blanchisse. Ajoutez la poudre d'amande et mélangez bien. Puis incorporez les blancs délicatement pour ne pas les casser.
5] Versez la préparation dans un moule de 24 cm de diamètre et enfournez pour 45 minutes environ.
6] Préparez la meringue.
7] Délayez le reste du sucre dans 40 cl d'eau et faites chauffer dans une grande casserole. Ajoutez le rhum, le miel et, éventuellement, l'anis. Laissez cuire à légers frémissements jusqu'à ce que le mélange nappe la cuillère.
8] Sortez le gâteau du four et imbibez-le progressivement de sirop avec un pinceau.
9] Mettez la meringue dans une poche à douille et décorez le gâteau d'un cordon tout autour et de croisillons sur le dessus.
10] Abaissez la température du four à 120 °C et faites cuire pendant 30 minutes.
11] Décorez avec les cerises confites en les disposant entre les croisillons de meringue. Servez frais.

Vattalappam ceylanais

PRÉPARATION 15 min
CUISSON 1 h 15
POUR 6 à 8 personnes

10 œufs
500 g de jaggery ou de vergeoise brune
75 cl de lait de coco
1 pincée de cannelle moulue
1 pincée de cardamome moulue
1 pincée de sel
noix muscade

1] Cassez les œufs en séparant les blancs et les jaunes.
2] Préchauffez le four à 180 °C.
3] Si vous employez du jaggery, cassez le bloc en morceaux et faites dissoudre ceux-ci dans un peu d'eau tiède.
4] Battez les blancs en neige avec le sel puis ajoutez les jaunes, le lait de coco, le jaggery ou la vergeoise, la cannelle, la cardamome, un peu de muscade râpée.
5] Huilez un moule à cake de 22 cm et versez-y la préparation. Recouvrez d'un papier sulfurisé, mettez le moule dans un bain-marie et enfournez pendant 1heure 15. Servez chaud ou froid.

Commentaire gourmand

Le jaggery, connu sous les noms de « gula jawa » en Indonésie et de « gula melaka » en Malaisie, est un sucre de palme brun pressé, vendu sous forme de blocs dans les magasins de produits exotiques.

Variante

Vous pouvez incorporer de la noix de coco râpée à la pâte et l'allonger de lait. Au moment de servir, parsemez le dessert de flocons de noix de coco grillés.

Zabaglione italien

PRÉPARATION 15 min
CUISSON 10 min
POUR 4 à 6 personnes

4 jaunes d'œufs 1 œuf entier
100 g de sucre en poudre
1 cuill. à soupe d'eau tiède
1/2 verre de marsala
1 pincée de cannelle (facultatif)

1] Dans une jatte placée sur un bain-marie, battez ensemble les jaunes d'œufs, l'œuf entier, le sucre, l'eau et le marsala. Fouettez jusqu'à ce que le mélange devienne bien onctueux. Ajoutez éventuellement la cannelle.
2] Retirez du feu et versez le zabaglione dans des coupes individuelles.
3] Servez avec des gâteaux secs ou un pan di Spagna *(voir p. 256)*.

Commentaire gourmand

Vous pouvez remplacer le marsala par un mélange de vin blanc sec et de rhum.

Crème brûlée aux fruits de la Passion, gelée de marrons, crème au thé vert

Superposition de somptueuses saveurs et textures : la fraîcheur acidulée de la crème aux fruits de la Passion, le velours de la gelée aux marrons et la douce amertume du thé vert matcha.

Voir recette page 443

Entremets de riz, semoules et céréales

Le riz à grains ronds entre dans la composition de nombreux entremets sucrés : gâteaux de riz, couronnes garnies de fruits, riz au lait, etc. Les semoules servent aussi à préparer des entremets sucrés : halva, subrics et gâteaux de semoule. On utilise de préférence des semoules moyennes.

Abricots Bourdaloue

PRÉPARATION 40 min
CUISSON 10 min
POUR 6 à 8 personnes

600 g de semoule au lait (*voir p. 281*)

Pour la sauce à l'abricot

350 g d'abricots frais
50 g de sucre
20 cl d'eau
5 cl de kirsch

Pour le sirop léger à la vanille

1 gousse de vanille
650 g de sucre
50 cl d'eau
8 gros abricots
2 macarons
1 cuill. de sucre en poudre

1] Préparez la semoule au lait.

2] Quand elle est cuite, versez-en les deux tiers dans un plat de 24 cm pouvant aller au four.

3] Préparez la sauce à l'abricot : dénoyautez les abricots et passez-les au mixeur ou au moulin à légumes. Mélangez le sucre avec l'eau dans une casserole, faites chauffer pour dissoudre le sucre, puis ajoutez la purée d'abricot. Laissez bouillir 5 minutes en remuant avec une cuillère en bois. Passez enfin la purée au tamis (ou dans une passoire fine) et ajoutez le kirsch. Gardez cette sauce au chaud.

4] Préparez le sirop à la vanille : ouvrez et grattez la gousse de vanille, mettez-la dans une casserole avec l'eau et le sucre, faites bouillir puis baissez le feu.

5] Préchauffez le four à 230 °C.

6] Ouvrez les abricots en deux, retirez les noyaux et mettez-les à pocher dans ce sirop pendant 10 minutes. Égouttez-les, épongez-les.

7] Hachez les macarons au couteau.

8] Disposez les demi-abricots sur la surface de la semoule au lait. Recouvrez-les avec le reste de la semoule et parsemez de macarons écrasés et de sucre.

9] Mettez au four pendant 7 à 10 minutes. Servez la sauce à l'abricot séparément.

Commentaire gourmand

Ce dessert Bourdaloue peut également être réalisé avec des poires ou des pêches, ou encore des bananes. Si ce n'est pas la saison de ces fruits, vous pouvez utiliser des fruits au sirop.

Ananas Condé

PRÉPARATION 40 min
RÉFRIGÉRATION 3 ou 4 h
POUR 4 à 6 personnes

- 800 g de riz au lait (voir p. 280)
- 8 tranches d'ananas
- 5 cl de kirsch
- 30 g de sucre
- 150 g de sauce au caramel (voir p. 106)
- 20 g de cerises confites
- 25 g d'angélique confite

1] Préparez le riz au lait, puis versez-le dans un moule à savarin de 22 cm de diamètre et mettez-le au réfrigérateur pendant 3 ou 4 heures.

2] Épluchez l'ananas, coupez-le en tranches, enlevez le centre qui est trop dur pour être consommé et mettez à macérer pendant 30 minutes dans le kirsch avec le sucre.

3] Préparez la sauce au caramel.

4] Démoulez le riz en trempant le moule pendant 5 secondes dans un plat rempli d'eau bouillante et retournez-le sur le plat de service. Disposez les tranches d'ananas au centre.

5] Décorez avec les cerises confites et l'angélique taillée en losanges. Servez la sauce au caramel à part, en saucière.

Couronne de riz aux abricots

PRÉPARATION 30 min
CUISSON 1 h
POUR 6 à 8 personnes

- 200 g de riz à grains ronds
- 1 gousse de vanille
- 1 l de lait
- 1 pincée de sel
- 2 œufs
- 30 g de crème fraîche
- 100 g de sucre en poudre
- 1 kg d'abricots au sirop
- 1 cuill. à soupe de rhum
- 20 cerises confites
- 50 g d'angélique confite
- 20 g d'amandes effilées

1] Faites bouillir une casserole d'eau. Passez le riz sous l'eau froide, dans une passoire, et versez-le dans l'eau bouillante. Au bout de 2 minutes, retirez-le et égouttez-le.

2] Fendez et grattez la gousse de vanille.

3] Videz la casserole et versez-y le lait, le riz, le sel et la gousse de vanille. Cuisez à feu très doux pendant 45 minutes environ, jusqu'à ce que le riz ait absorbé tout le lait. Retirez la gousse de vanille.

4] Battez les œufs dans un bol avec la crème et le sucre. Versez dans le riz et mélangez.

5] Beurrez un moule à savarin de 20 cm, versez-y le riz, placez le moule dans un bain-marie et mettez à cuire pendant 15 minutes.

6] Égouttez les abricots au sirop. Triez les 12 plus beaux oreillons. Passez les autres au mixeur ou au moulin à légumes. Faites chauffer la purée obtenue doucement et ajoutez le rhum.

7] Démoulez le riz sur un plat rond. Nappez-le du coulis d'abricot chaud et disposez au centre les 12 oreillons d'abricots. Décorez avec les cerises, l'angélique coupée en losanges et les amandes piquées sur le riz.

Fruits meringués au riz

PRÉPARATION 45 min
CUISSON 15 min
POUR 6 à 8 personnes

- 500 g de riz au lait (voir p. 280)
- 650 g de sucre
- 50 cl d'eau
- 1 gousse de vanille
- 24 abricots
- 300 g de meringue (voir p. 42)
- 70 g de confiture d'abricot
- 70 g de gelée de groseille

1] Préparez d'abord le riz au lait.

2] Confectionnez le sirop vanillé en faisant bouillir l'eau avec le sucre et la gousse de vanille fendue et grattée. Dénoyautez les abricots et plongez-les dans le sirop bouillant pendant 5 minutes, puis égouttez-les.

3] Préparez la meringue.

4] Étalez le riz au lait dans un plat rond de 24 cm de diamètre, à bord assez haut et pouvant aller au four. Recouvrez-le avec les oreillons d'abricots posés les uns à côté des autres.

5] Préchauffez le four à 160 °C.

6] Mettez la meringue dans une poche à douille, recouvrez les abricots d'une couche de cette meringue et lissez celle-ci à l'aide une spatule. Ensuite, avec une douille de 5 mm, déposez sur l'entremets de petites couronnes de meringue espacées les unes des autres.

7] Passez au four à 160 °C pendant 10 minutes, puis augmentez la température à 220 °C pendant 5 minutes, juste pour colorer la meringue.

8] Sortez le plat du four, garnissez les espaces entre les couronnes de meringue avec de la confiture d'abricot et de la gelée de groseille, en alternant les couleurs. Servez chaud ou froid.

PRÉPARATION 30 min
CUISSON 45 min
POUR 4 à 6 personnes

Pour l'entremets
400 g de riz au lait
(voir p. 280)
3 œufs
175 g de sucre en poudre
1 pincée de sel

Pour le caramel
100 g de sucre
le jus de 1/2 citron

Gâteau de riz au caramel

1] Préparez d'abord le riz au lait.
2] Cassez les œufs en séparant les blancs et les jaunes.
3] Retirez la gousse de vanille du riz au lait et ajoutez-y le sucre et les jaunes d'œufs en mélangeant bien.
4] Montez les blancs d'œufs en neige très ferme avec le sel, puis incorporez-les peu à peu au riz.
5] Préchauffez le four à 200 °C.
6] Mélangez le sucre, le jus de citron et une cuillerée à soupe d'eau dans une grande casserole. Mettez à chauffer pour obtenir un caramel, versez-en aussitôt la moitié dans un moule à charlotte de 20 cm de diamètre, en faisant pivoter le récipient pour répartir le caramel uniformément sur les parois. Réservez l'autre moitié.
7] Versez le riz dans le moule en le tassant bien et placez celui-ci au bain-marie. Démarrez l'ébullition sur le feu, puis continuez la cuisson pendant 45 minutes au four.
8] Laissez refroidir et démoulez sur un plat de service. Diluez le caramel que vous avez gardé avec un peu d'eau chaude et nappez-en le gâteau de riz.

PRÉPARATION 40 min
CUISSON 25 min
RÉFRIGÉRATION 3 h
POUR 4 à 6 personnes

150 g de chocolat amer
800 g de riz au lait
(voir p. 280)
4 blancs d'œufs
1 pincée de sel
20 cl de sauce au chocolat
(voir p. 106)
120 g de crème fouettée
(voir p. 53)

Gâteau de riz au chocolat

1] Faites fondre le chocolat au bain-marie ou au four à micro-ondes.
2] Préparez le riz au lait en lui ajoutant le chocolat fondu en fin de cuisson.
3] Battez les blancs en neige avec le sel. Versez le riz au chocolat dans un saladier et incorporez les blancs montés, peu à peu et en tournant toujours dans le même sens.
4] Préchauffez le four à 180 °C.
5] Beurrez un moule de 20 cm de diamètre et versez-y la préparation au riz. Enfournez pendant 25 minutes.
6] Laissez refroidir et mettez au réfrigérateur pendant 3 heures.
7] Préparez la sauce au chocolat.
8] Faites la crème fouettée et mélangez-la à la sauce au chocolat, puis mettez cette préparation au frais.
9] Démoulez le gâteau froid sur le plat de service. Nappez-le de sauce chocolat à la crème fouettée et servez le reste en saucière. Vous pouvez aussi le découper en tranches que vous disposerez sur les assiettes, nappées de sauce au chocolat.

PRÉPARATION 30 min
CUISSON 20 min
RÉFRIGÉRATION 3 h
POUR 6 personnes

800 g de riz au lait
(voir p. 280)
4 blancs d'œufs
1 pincée de sel
120 g de compote de rhubarbe
(voir p. 300)
20 cl de jus de fraise
(voir p. 108)
200 g de fraises

Gâteau de riz à la rhubarbe et au jus de fraise

1] Préparez d'abord le riz au lait.
2] Préchauffez le four à 180 °C.
3] Battez les blancs en neige bien ferme avec le sel. Mettez le riz au lait dans une jatte et, en tournant doucement avec une cuillère en bois, ajoutez-lui peu à peu les blancs montés. Soulevez bien la préparation au fur et à mesure du mélange.
4] Beurrez et farinez 6 moules individuels, versez le riz dedans et enfournez-les pendant 20 minutes.
5] Laissez-les refroidir complètement et mettez-les 3 heures au réfrigérateur.
6] Préparez la compote de rhubarbe et le jus de fraise et réservez-les au frais.
7] Rincez rapidement les fraises sous l'eau froide et équeutez-les.
8] Démoulez les gâteaux sur les assiettes. Décorez le dessus de chacun d'eux avec la compote de rhubarbe et nappez de jus de fraise. Parsemez de fraises fraîches le dessus du gâteau.

Gâteau de semoule à la framboise

PRÉPARATION 15 min
CUISSON 15 min
RÉFRIGÉRATION 3 h
POUR 4 à 6 personnes

- 800 g de semoule au lait *(voir p. 281)*
- 1 citron non traité
- 4 jaunes d'œufs
- 10 cl de crème liquide
- 200 g de framboises
- 30 g de sucre
- 1 cuill. à soupe de marasquin

1] Râpez le zeste du citron. Préparez la semoule au lait en lui ajoutant le zeste de citron en fin de cuisson.

2] Quand elle est cuite, retirez-la du feu, ajoutez les jaunes d'œufs un par un, en mélangeant avec une cuillère en bois pour bien les incorporer.

3] Ajoutez la crème et mélangez-la jusqu'à ce que la préparation soit bien homogène.

4] Versez la semoule au lait dans un moule à baba et mettez celui-ci au réfrigérateur pendant 3 heures.

5] Triez les framboises, écrasez-les à la fourchette et mélangez-les avec le sucre et le marasquin.

6] Démoulez le gâteau de semoule en plongeant le moule quelques secondes dans de l'eau chaude et en le retournant sur un plat de service.

7] Coupez le gâteau en tranches, disposez celles-ci sur les assiettes avec des framboises écrasées sur chacune d'elles.

Gâteau de taro créole

PRÉPARATION 20 min
CUISSON 25 + 25 min
POUR 4 à 6 personnes

- 500 g de taro
- 1 grosse orange non traitée
- 100 g de beurre
- 4 œufs
- 1 pincée de sel
- 20 g de sucre en poudre
- 1 cuill. à café de cannelle en poudre

1] Pelez le taro et coupez-le en morceaux. Mettez-le dans une casserole d'eau froide et faites-le cuire pendant 25 minutes. Vérifiez la cuisson avec la lame d'un couteau. Égouttez et passez au moulin à légumes.

2] Râpez le zeste et pressez le jus de l'orange. Faites fondre le beurre.

3] Cassez les œufs en séparant les blancs et les jaunes. Montez les blancs en neige bien ferme avec le sel.

4] Préchauffez le four à 180 °C.

5] Mélangez la purée de taro avec le sucre et le beurre dans une terrine, puis ajoutez les jaunes un par un, le zeste et le jus d'orange et, enfin, incorporez délicatement les blancs montés.

6] Beurrez un moule à soufflé de 22 cm de diamètre, poudrez-le de sucre et versez-y la pâte. Enfournez pendant 25 minutes environ. Servez ce gâteau tiède de préférence.

Commentaire gourmand

Le taro est un tubercule qui vient d'Afrique, d'Asie et des Antilles. Il ressemble à la patate douce. Vous pouvez en trouver facilement dans les magasins de produits exotiques.

Pêches à l'impératrice

PRÉPARATION 40 min
CUISSON 15 + 5 min
POUR 4 à 6 personnes

- 75 cl d'eau
- 375 g de sucre
- 1 gousse de vanille
- 6 pêches
- 800 g de riz au lait *(voir p. 280)*
- 3 cl de kirsch
- 2 cl de marasquin
- 150 g d'abricots
- 100 g de macarons

1] Préparez les pêches pochées : faites bouillir l'eau, le sucre et la gousse de vanille fendue et grattée. Plongez-y les pêches pendant 10 à 15 minutes. Sortez-les du sirop, épluchez-les et coupez-les en deux. Mettez-les de côté.

2] Préparez le riz au lait en y ajoutant le kirsch et le marasquin.

3] Préparez la purée d'abricot : coupez les abricots en morceaux et passez-les au mixeur ou au moulin à légumes.

4] Hachez les macarons au couteau.

5] Préchauffez le four à 180 °C.

6] Mettez au fond d'un moule de 24 cm de diamètre une couche de riz au lait. Recouvrez avec les demi-pêches pochées, puis déposez une autre couche de riz, plus fine, par-dessus. Nappez avec la purée d'abricot. Parsemez de macarons écrasés. Mettez le moule 5 minutes au four en veillant à ne pas laisser gratiner la surface.

Tour de main

Vous pouvez également faire ce dessert en hiver, en utilisant des pêches et des abricots au sirop.

Riz à l'impératrice

PRÉPARATION 1 h
CUISSON 25 min
RÉFRIGÉRATION 3 ou 4 h
POUR 4 à 6 personnes

- 125 g de fruits confits en dés
- 5 cl de rhum
- 1 l de lait
- 1 gousse de vanille
- 1 pincée de sel
- 250 g de riz rond
- 25 g de beurre
- 150 g de sucre en poudre
- 500 g de crème anglaise *(voir p. 45)*
- 1 feuille de gélatine
- 1 cuill. à soupe de rhum
- 250 g de chantilly *(voir p. 51)*
- 1 sachet de sucre vanillé
- 3 cerises confites

1] Mettez les fruits confits coupés en dés à macérer dans le rhum.
2] Chauffez le lait avec la gousse de vanille, le sel et le beurre.
3] Faites bouillir 1 litre d'eau. Versez le riz en pluie dans l'eau bouillante, laissez-le cuire 2 minutes, puis égouttez-le et reversez-le dans le lait bouillant. Baissez le feu et cuisez pendant 20 minutes environ, doucement, jusqu'à ce que le riz s'écrase.
4] Mettez alors le sucre et faites cuire encore 5 minutes. Ajoutez et mélangez bien les fruits confits et le rhum de macération en retirant le riz du feu. Puis laissez celui-ci refroidir.
5] Mettez la gélatine à tremper dans un peu d'eau froide. Préparez la crème anglaise et, en fin de cuisson, ajoutez la gélatine essorée et le rhum. Passez la crème au tamis fin et laissez-la refroidir.
6] Préparez la chantilly avec le sucre vanillé.
7] Quand le riz et la crème anglaise sont froids, mélangez-les bien. Puis ajoutez la chantilly en tournant doucement. Versez le tout dans un moule à savarin de 22 cm de diamètre et mettez au réfrigérateur pendant 3 ou 4 heures.
8] Pour démouler, trempez le moule quelques secondes dans un plat rempli d'eau bouillante et retournez-le sur le plat de service. Décorez avec les cerises confites coupées en deux.

Riz au lait

PRÉPARATION 15 min
CUISSON 30 à 40 min
POUR 4 à 6 personnes

- 90 cl de lait
- 70 g de sucre
- 1 pincée de sel
- 1 gousse de vanille ou 1 pincée de cannelle en poudre
- 200 g de riz rond
- 50 g de beurre
- 2 à 3 jaunes d'œufs

1] Dans une grande casserole, mettez le lait à chauffer avec la gousse de vanille, ou la cannelle, et le sucre.
2] Faites bouillir 1 litre d'eau. Lavez le riz et versez-le dans l'eau bouillante. Au bout de 2 minutes, égouttez-le et plongez-le dans le lait bouillant.
3] Baissez le feu et laissez cuire le riz à couvert, très doucement, pendant 30 à 40 minutes.
4] Quand il est cuit, ajoutez le beurre et les jaunes d'œufs un à un et mélangez bien. Servez tiède ou froid avec une crème anglaise *(voir page 45)*, un coulis à la framboise *(voir page 102)* ou une compote de pomme *(voir page 294)*.

Riz au lait d'amande et à la gelée d'agrumes

PRÉPARATION 30 min
CUISSON 15 + 15 min
POUR 4 personnes

- 10 cl de lait d'amande *(voir p. 57)*
- 80 g de riz rond
- 25 cl de lait
- 25 g de sucre
- 200 g de crème fraîche
- 1 œuf entier
- 1 jaune d'œuf
- 4 oranges
- 3 pamplemousses roses
- 2 feuilles de gélatine

1] La veille, préparez le lait d'amande.
2] Lavez le riz et cuisez-le pendant 2 minutes dans de l'eau bouillante. Faites bouillir le lait avec le sucre et plongez-y le riz. Baissez le feu et cuisez jusqu'à ce que tout le lait soit absorbé.
3] Préchauffez le four à 120 °C.
4] Mélangez bien le riz cuit avec la crème fraîche, l'œuf entier, le jaune d'œuf et le lait d'amande, puis répartissez dans 4 assiettes pouvant aller au four et enfournez-les pendant 15 minutes. Laissez les assiettes refroidir et mettez-les au réfrigérateur.
4] Pelez à vif les quartiers d'agrumes au-dessus d'un saladier pour récupérer le jus. Déposez les feuilles de gélatine dans un peu d'eau froide.
5] Faites tiédir dans une petite casserole le jus des agrumes et ajoutez-lui les feuilles de gélatine essorées.
6] Intercalez les quartiers d'orange et de pamplemousse dans le riz, nappez avec la gelée d'agrumes. Mettez au frais.

Semoule au lait

PRÉPARATION 10 min
CUISSON 30 min
POUR 4 à 6 personnes

1 l de lait
150 g de sucre
1 pincée de sel
1 gousse de vanille
250 g de semoule
75 à 100 g de beurre

1| Préchauffez le four à 180 °C.
2| Fendez et grattez la gousse de vanille. Faites chauffer le lait avec le sucre, le sel et la gousse de vanille.
3| À ébullition, versez la semoule en pluie, tournez, puis ajoutez le beurre et mélangez bien encore.
4| Versez le mélange dans un plat pouvant aller au four, recouvrez-le d'un papier d'aluminium ou d'une feuille de papier sulfurisé beurrée et faites cuire pendant 30 minutes.

Tour de main

Vous pouvez, au gré de votre fantaisie, ajouter des raisins secs, des fruits confits coupés en dés, des abricots ou des pruneaux secs ; faites-les macérer auparavant dans un bol de thé.

Subrics d'entremets de riz

PRÉPARATION 30 min
CUISSON 10 min
POUR 4 à 6 personnes

500 g de riz au lait *(voir p. 280)*
100 g de fruits confits coupés en dés
5 cl de Grand Marnier
100 g de beurre
gelée de groseille ou de framboise, ou marmelade d'abricot

1| Mettez à macérer les fruits confits dans le Grand Marnier.
2| Préparez le riz au lait. Puis mélangez-le soigneusement avec les fruits confits.
3| Faites fondre 50 g de beurre. Mettez une feuille de papier sulfurisé sur le plan de travail. Étalez-y, avec une spatule, le riz aux fruits confits sur une épaisseur de 4 à 6 mm. Badigeonnez-en la surface de beurre à l'aide d'un pinceau. Mettez le riz au réfrigérateur 30 minutes afin qu'il se solidifie.
4| Détaillez le riz aux fruits confits en disques ou en carrés, avec un emporte-pièce ou un couteau.
5| Faites chauffer le reste du beurre dans une poêle à revêtement antiadhésif et mettez à dorer ces subrics de riz des deux côtés.
6| Au fur et à mesure, dressez-les dans le plat de service et garnissez-les d'une cuillerée de gelée ou de marmelade.

Variante

Vous pouvez, en suivant la même recette, préparer des subrics de semoule, en remplaçant le riz par de la semoule, avec ou sans fruits confits.

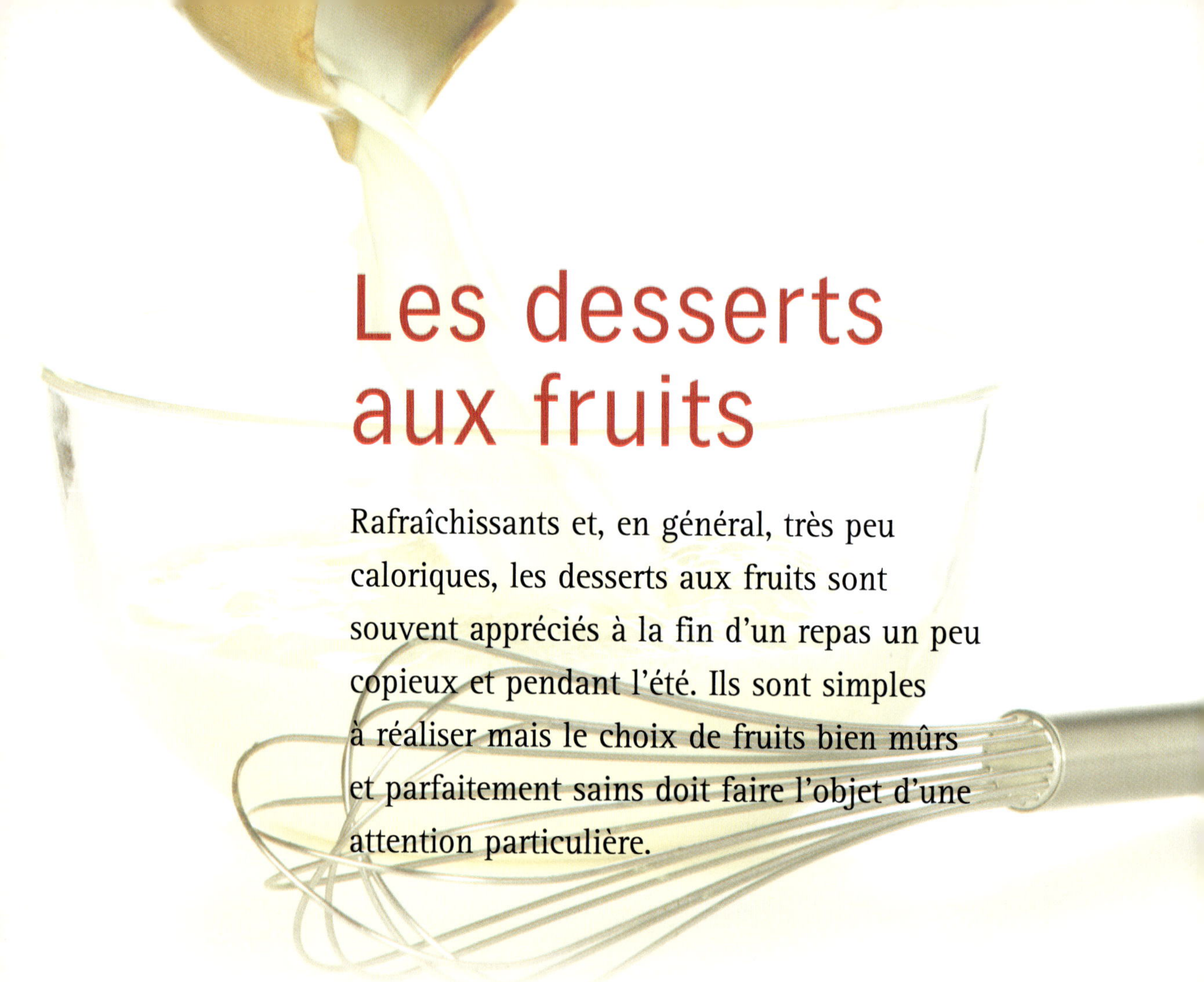

Les desserts aux fruits

Rafraîchissants et, en général, très peu caloriques, les desserts aux fruits sont souvent appréciés à la fin d'un repas un peu copieux et pendant l'été. Ils sont simples à réaliser mais le choix de fruits bien mûrs et parfaitement sains doit faire l'objet d'une attention particulière.

PRÉPARATION 30 min
CUISSON 1 h
POUR 6 personnes

1 ananas de 1,5 kg
5 gousses de vanille

Pour le sirop

2 gousses de vanille
125 g de sucre en poudre
1/2 banane
6 lamelles de gingembre frais
3 grains de piment de la Jamaïque
22 cl d'eau
1 cuill. à soupe de rhum agricole

Ananas rôti à la vanille caramélisée

1] Épluchez la banane et écrasez-en la moitié dans une terrine pour obtenir 30 g de purée.

2] Préparez le sirop : fendez les gousses de vanille, puis coupez-les en deux. Mettez le sucre dans une casserole et laissez-le caraméliser à feu doux sans y ajouter d'eau. Il doit devenir de couleur ambre foncé. Ajoutez dans le caramel les gousses de vanille, les lamelles de gingembre et les grains de piment. Puis versez tout de suite l'eau, mélangez avec une cuillère en bois et faites bouillir ce sirop. Versez-en 3 cuillerées à soupe dans la purée de banane, mélangez puis reversez la purée dans la casserole de sirop ainsi que le rhum. Mélangez de nouveau et réservez.

3] Préchauffez le four à 230 °C.

4] Épluchez l'ananas avec un couteau bien aiguisé en le laissant entier. Coupez en deux les 5 gousses de vanille (sans les fendre) et piquez-les un peu partout dans le fruit. Mettez l'ananas dans un plat à rôtir. Filtrez le sirop et versez-le sur le fruit.

5] Faites cuire celui-ci pendant 1 heure en l'arrosant et en le retournant souvent.

6] Laissez l'ananas refroidir. Coupez-le en tranches, mettez-les sur les assiettes et nappez de jus chaud ou froid.

Ananas rôti
Servez sur un plat l'ananas rôti entier, puis découpez-le en tranches fines.

Ananas en surprise

PRÉPARATION 40 min
MACÉRATION 2 h
RÉFRIGÉRATION 2 h
POUR 4 à 6 personnes

1 ananas
100 g de sucre en poudre
5 cl de rhum
950 g de crème pâtissière *(voir p. 58)*
10 cl de crème fraîche
6 à 8 fraises

1] Coupez l'ananas en deux dans le sens de la hauteur. Évidez-le délicatement, en veillant à ne pas crever l'écorce. Gardez quelques lamelles pour la décoration.
2] Détaillez la pulpe en petits dés et faites-la macérer avec 100 g de sucre et le rhum pendant 2 heures environ.
3] Préparez la crème pâtissière en mettant 3 blancs d'œufs de côté.
4] Égouttez les dés d'ananas et ajoutez le jus de macération à la crème. Mélangez bien et mettez au réfrigérateur pendant 2 heures.
5] Lavez rapidement les fraises.
6] Battez les blancs d'œufs en neige très ferme. Incorporez-les peu à peu et délicatement à la crème, puis ajoutez les dés d'ananas et la crème fraîche.
7] Remplissez largement chaque moitié d'ananas de cette préparation. Décorez avec les lamelles d'ananas réservées et les fraises et mettez dans le réfrigérateur jusqu'au moment de servir.

Bananes antillaises

PRÉPARATION 10 min
CUISSON 15 min
POUR 6 personnes

6 bananes
2 oranges
50 g de raisins secs
50 g de beurre
50 g de sucre en poudre
1 sachet de sucre vanillé
10 cl de rhum

1] Épluchez les bananes. Pressez les oranges. Rincez rapidement les raisins secs sans les faire tremper.
2] Mettez le plat de service à chauffer au four ou au four à micro-ondes.
3] Faites fondre le beurre dans une poêle à revêtement antiadhésif et déposez-y les bananes coupées en deux dans le sens de la longueur. Laissez-les dorer. Puis ajoutez le sucre, le jus d'orange et les raisins secs. Lorsque l'ébullition se produit, versez la moitié du rhum. Laissez mijoter pendant 2 ou 3 minutes.
4] Mettez les bananes cuites et leur sauce dans le plat de service bien chaud et présentez celui-ci à table.
5] Faites rapidement chauffer le reste de rhum dans une petite casserole, arrosez-en immédiatement les bananes et faites flamber le rhum.

Variante

Bananes flambées

Vous pouvez plus simplement réaliser des bananes flambées en suivant cette même recette mais sans utiliser de sauce à l'orange. Faites cuire les bananes à la poêle, arrosez-les de rhum et flambez. Servez-les éventuellement avec un peu de crème fraîche.

Bananes Beauharnais

PRÉPARATION 15 min
CUISSON 10 à 12 min
POUR 6 personnes

6 bananes
30 g de sucre en poudre
4 cuill. à soupe de rhum blanc
100 g de macarons
150 g de crème fraîche épaisse

1] Préchauffez le four à 220 °C.
2] Épluchez les bananes.
3] Beurrez légèrement un grand plat pouvant aller au four. Disposez-y soigneusement les bananes. Poudrez-les de sucre en poudre et arrosez-les avec le rhum. Mettez le plat au four pendant 6 à 8 minutes.
4] Hachez les macarons au couteau.
5] Sortez le plat du four, arrosez les bananes de crème fraîche, parsemez de macarons écrasés et remettez au four pendant 3 ou 4 minutes pour glacer le dessus. Servez immédiatement.

Cerises flambées à la bourguignonne

PRÉPARATION 30 min
CUISSON 15 min
POUR 4 à 6 personnes

600 g de cerises
20 cl d'eau
260 g de sucre en poudre
2 ou 3 cuill. à soupe de gelée de groseille
5 cl de marc de Bourgogne

1] Équeutez et dénoyautez les cerises.
2] Mettez l'eau et le sucre dans une petite casserole et faites chauffer jusqu'à l'ébullition.
3] Plongez les cerises dans ce sirop, baissez le feu et faites-les cuire pendant 10 minutes environ.
4] Ajoutez 2 ou 3 cuillerées de gelée de groseille et laissez réduire encore 5 ou 6 minutes à feu doux.
5] Versez les cerises dans le plat de service. Faites chauffer le marc de Bourgogne dans une petite casserole, arrosez les cerises, flambez et servez immédiatement.

Chaud-froid de pêches au miel et au nougat

PRÉPARATION 40 min
RÉFRIGÉRATION 1 h
POUR 6 personnes

Pour la glace au miel de lavande
10 cl de crème liquide
40 cl de lait frais
150 g de miel de lavande
6 jaunes d'œufs
50 g de nougat tendre

Pour les pêches poêlées au miel de lavande
1 kg de pêches
50 g de beurre
70 g de miel de lavande
poivre du moulin
1 pincée de sel
1 citron
60 g de nougat

1] Préparez la glace au miel de lavande : remplissez un grand saladier d'eau et de glaçons. Faites bouillir ensemble le lait et la crème avec la moitié du miel dans une casserole. Fouettez les jaunes avec le reste du miel, dans une terrine. Versez dessus le tiers du liquide bouillant en remuant énergiquement. Reversez le tout dans la casserole et faites cuire à feu doux, comme une crème anglaise *(voir p. 45)*, mélangez doucement au fouet.
2] Dès que la crème est cuite, versez-la tout de suite dans un saladier et posez ce saladier sur celui qui est rempli de glaçons.Laissez refroidir la préparation, puis mettez-la au réfrigérateur.
3] Coupez le nougat en morceaux.
4] Mettez la crème pendant 1 heure dans la sorbetière. Ajoutez le nougat juste 2 minutes avant d'arrêter la machine.
5] Préparez les pêches : épluchez-les, dénoyautez-les et coupez-les en 8. Mettez à fondre le beurre dans une poêle, à feu moyen, et ajoutez le miel. Puis augmentez le feu au maximum, versez les pêches et faites-les sauter en remuant la poêle de temps en temps : elles doivent être colorées uniformément et un peu caramélisées. Pressez le jus du citron et ajoutez-le ainsi que la pincée de sel, donnez 3 tours de moulin à poivre, remuez et retirez du feu.
6] Répartissez les pêches dans les assiettes, émiettez le nougat, posez sur les fruits une grosse quenelle de glace au miel de lavande et servez aussitôt.

Tour de main

Vous pouvez préparer la glace la veille et ne la passer en sorbetière qu'une heure avant de servir ce dessert.

Coings au four

PRÉPARATION 15 min
CUISSON 30 à 35 min
POUR 4 personnes

4 coings bien mûrs
10 cl de crème fraîche
195 g de sucre en poudre
10 cl de nectar d'abricot

1] Préchauffez le four à 220 °C.
2] Beurrez un plat pouvant aller au four.
3] Pelez les coings et évidez-les au vide-pomme, sans les transpercer.
4] Mélangez la crème fraîche avec 65 g de sucre en poudre et, avec une petite cuillère, remplissez-en les coings.
5] Poudrez les fruits avec le restant de sucre, disposez-les dans le plat, mettez au four et faites cuire pendant 30 minutes environ en arrosant régulièrement les coings avec le nectar d'abricot et le jus qui s'écoule des coings.
6] Servez chaud.

Compote d'abricot

PRÉPARATION 10 min
CUISSON 2 min
POUR 4 à 6 personnes

700 g d'abricots
75 g de sucre en poudre
3 feuilles de gélatine
2 cl d'eau-de-vie d'abricot

RECETTE LÉGÈRE

1] Dénoyautez les abricots et passez-les au mixeur ou au moulin à légumes pour les réduire en purée. Ajoutez le sucre à cette purée et mélangez.
2] Faites tremper la gélatine pour la ramollir, puis égouttez-la. Mettez le quart de la purée d'abricot dans une casserole, ajoutez l'eau-de-vie d'abricot et la gélatine et faites chauffer un peu, de façon que la gélatine fonde. Versez ce mélange dans le restant de purée d'abricot en fouettant vigoureusement. Mettez au frais.

Valeur nutritionnelle pour 100 g

85 kcal ; protéines : 1 g ; glucides : 18 g

Commentaire gourmand

Vous pouvez remplacer l'eau-de-vie d'abricot par de l'eau-de-vie de poire ou de mirabelle. Cette compote-gelée acompagnera très bien un cake (voir pages 248 et 249).

Compote d'abricots rôtis

PRÉPARATION 10 min
CUISSON 20 min
POUR 4 à 6 personnes

600 g d'abricots
80 g de sucre

1] Préchauffez le four à 180 °C.
2] Lavez, dénoyautez et coupez en deux les abricots.
3] Rangez-les dans un plat à rôtir. Poudrez-les de sucre et faites-les cuire pendant 20 minutes au four.
4] Dressez-les dans un compotier et laissez refroidir. Servez cette compote d'abricot tiède ou froide.

Commentaire gourmand

Vous pouvez servir cette compote soit avec une crème anglaise (voir page 45), soit avec une glace à la vanille (voir page 92) et de la gelée de groseille. Accompagnez-la de petits sablés ou de galettes bretonnes (voir page 229).

Compote d'airelle

PRÉPARATION 15 min
CUISSON 15 min
RÉFRIGÉRATION 1 h
POUR 8 à 10 personnes

1 kg d'airelles
1/2 citron
500 g de sucre en poudre
20 cl d'eau

1] Égrappez et lavez les airelles.
2] Râpez le zeste de citron.
3] Mélangez le sucre en poudre, le zeste de citron et l'eau et faites bouillir pendant 5 minutes. Versez les airelles et laissez-les cuire pendant 10 minutes à feu vif.
4] Sortez les fruits avec une écumoire et mettez-les dans un compotier.
5] Faites réduire le sirop d'un tiers environ. Puis versez le sirop sur les fruits et mettez pendant 1 heure au moins au réfrigérateur.

Tour de main

Si vous préparez cette compote à l'avance, la veille ou l'avant-veille, faites alors réduire davantage le sirop (de moitié environ), car les fruits vont libérer du jus.

Variante

Vous pouvez préparer de la même façon une compote de myrtille ou de cassis, en utilisant des fruits frais ou surgelés.

Compote de cassis

PRÉPARATION 15 min
RÉFRIGÉRATION 3 h
POUR 6 à 8 personnes

150 g de cassis en boîte
100 g de groseilles
150 g de sucre en poudre
5 feuilles de gélatine
1 kg de cassis

1] Mettez le cassis en boîte dans une passoire en plastique et laissez-le égoutter pendant plusieurs heures.
2] Mixez séparément ou passez au moulin à légumes, avec la grille fine, les cassis et les groseilles. Mélangez les deux purées de fruits et le sucre dans un grand saladier.
3] Faites trempez la gélatine dans un bol d'eau froide pendant 15 minutes. Essorez-la et mettez le bol au bain-marie pour la faire fondre. Ajoutez deux cuillerées de purée de fruits, mélangez bien puis reversez le contenu du bol dans le saladier. Mélangez de nouveau et ajoutez les grains de cassis.
4] Laissez refroidir puis versez la compote dans des coupes individuelles ou dans une jatte. Mettez au réfrigérateur pendant 3 heures. Servez glacé.

Variante

Faites ainsi une compote de framboise, avec 500 g de purée de framboise surgelée, 70 g de sucre en poudre, le jus d'un 1/2 citron et 6 feuilles de gélatine.

Compote de cerise

PRÉPARATION 30 min
CUISSON 8 min
POUR 6 à 8 personnes

1 kg de cerises
300 g de sucre en poudre
10 cl d'eau
1 verre à liqueur de kirsch

1] Rincez rapidement, équeutez et dénoyautez les cerises.
2] Mettez le sucre en poudre dans une casserole à fond épais, versez l'eau et faites cuire jusqu'au grand boulé *(voir p. 69)*. Versez les cerises dans ce sirop et laissez cuire très doucement pendant 8 minutes.
3] Égouttez les fruits et versez-les dans un compotier.
4] Ajoutez le kirsch dans le sirop et mélangez. Versez sur les cerises et laissez refroidir. Servez frais.

Variantes

Compote de mirabelle

Procédez de la même façon avec 200 g de sucre et 8 cl d'eau pour 1 kg de mirabelles. Servez cette compote avec de la crème fraîche dans une saucière.

Compote de pêche

Mettez une gousse de vanille dans le sirop (200 g de sucre et 8 cl d'eau). Pochez rapidement les pêches pour pouvoir les éplucher facilement. Puis procédez de la même façon pour faire cuire les fruits.

Compote de figue séchée

PRÉPARATION 10 min
MACÉRATION 3 ou 4 h
CUISSON 20 à 30 min
POUR 4 à 6 personnes

300 g de figues séchées
1 citron non traité
300 g de sucre
30 cl de vin rouge

1] Faites tremper les figues séchées dans un récipient d'eau froide, pendant 3 ou 4 heures, jusqu'à ce qu'elles soient bien réhydratées.
2] Râpez le zeste du citron. Mettez le sucre dans une casserole, ajoutez le vin et le zeste et faites bouillir.
3] Égouttez les figues, plongez-les dans ce liquide bouillant et laissez-les cuire doucement pendant 20 à 30 minutes. Servez cette compote tiède.

Commentaire gourmand

Vous pouvez accompagner cette compote de biscuits de votre choix et d'une glace à la vanille (voir page 92).

Fraises gariguettes aux agrumes et au jus de betterave rouge

Les fraises, les quartiers d'orange et les cubes de betterave rouge sont arrosés d'un jus de fraise et de betterave légèrement poivré. Les fruits sont accompagnés de crème fouettée façonnée à la poche à douille cannelée. Une fine lamelle de betterave séchée termine le décor.

Voir recette page 444

Compote de fraise

PRÉPARATION 15 min
POUR 4 à 6 personnes

700 g de fraises
140 g de sucre
10 cl d'eau
1 gousse de vanille

RECETTE LÉGÈRE

1] Mettez les fraises dans une passoire, lavez-les rapidement et équeutez-les. Préparez le sirop : ouvrez et grattez la gousse de vanille, mettez-la dans une casserole avec le sucre et l'eau et faites bouillir 5 minutes.

2] Dressez les fraises, sans les cuire, dans un compotier et arrosez-les du sirop bouillant.

Valeur nutritionnelle pour 100 g

100 kcal ; protéines : 0 g ; glucides : 25 g

Compote de mangue

PRÉPARATION 15 min
CUISSON 30 min
RÉFRIGÉRATION 1 h
POUR 4 personnes

2 kg de mangues
2 citrons non traités
50 g de sucre en poudre
2 pincées de cannelle

1] Râpez le zeste d'un citron et pressez le jus des deux fruits.

2] Coupez les mangues en deux, ôtez-en le noyau, prélevez la chair avec une petite cuillère et mettez-la dans une casserole. Ajoutez le jus des citrons, le zeste, le sucre et 2 pincées de cannelle. Recouvrez d'eau. Portez à ébullition, écumez, baissez le feu et faites cuire 30 minutes environ.

3] Versez la compote dans une coupe, laissez-la refroidir et mettez-la pendant 1 heure au moins au réfrigérateur.

Compote de marron

PRÉPARATION 45 min
CUISSON 45 min
POUR 4 à 6 personnes

700 g de marrons
2 gousses de vanille
700 g de sucre
70 cl d'eau

1] Fendez les gousses de vanille, grattez-les et mettez-les dans une casserole avec l'eau et le sucre. Faites bouillir.

2] Mettez à chauffer une casserole d'eau. Fendez les marrons sur tout le tour avec un petit couteau bien aiguisé, assez profondément pour entamer les deux enveloppes. Plongez-les 5 minutes dans de l'eau bouillante, retirez-les et épluchez-les encore chauds.

3] Mettez les marrons dans le sirop à la vanille et laissez-les cuire doucement pendant 45 minutes environ.

4] Versez marrons et sirop dans un compotier, laissez refroidir et mettez au réfrigérateur pendant 1 heure avant de servir.

Tour de main

Pour aller plus vite, vous pouvez faire cette compote avec des marrons au naturel, en boîte. Ils auront besoin de cuire moins longtemps : 30 minutes environ.

Compote de poire à la bière

PRÉPARATION 10 min
CUISSON 20 min
POUR 4 à 6 personnes

500 g de poires
50 cl de bière
50 g d'orange confite
50 g de citron confit
100 g de sucre
100 g de raisins de Corinthe
1 cuill. à soupe de cannelle en poudre

1] Pelez les poires, coupez-les en morceaux d'environ 2 cm de côté. Mettez-les au fur et à mesure dans la casserole et recouvrez-les avec la bière.

2] Coupez l'orange et le citron confits en tout petits morceaux. Ajoutez-les dans la casserole de fruits ainsi que le sucre, les raisins secs et la cannelle.

3] Faites cuire 20 minutes sur feu très doux, en remuant régulièrement.

4] Laissez refroidir à température ambiante, puis versez cette compote dans des coupes individuelles ou dans une jatte. Servez avec un cake ou des biscuits secs.

Compote de pomme ou de poire

PRÉPARATION 15 min
CUISSON 15 à 20 min
POUR 4 à 6 personnes

800 g de pommes
ou 800 g de poires
10 cl d'eau
150 g de sucre
2 gousses de vanille ou
3 bâtons de cannelle
1 citron

RECETTE LÉGÈRE

1] Préparez le sirop en mélangeant l'eau, le sucre et les gousses de vanille (fendues et grattées) ou les bâtons de cannelle. Faites bouillir.
2] Pressez le citron et mettez le jus dans un saladier.
3] Pelez les pommes (ou les poires), coupez-les en quartiers, épépinez-les et, au fur et à mesure, déposez-les dans le saladier. Remuez pour bien citronner toutes les pommes (ou les poires).
4] Plongez-les dans le sirop bouillant et laissez-les dedans jusqu'à ce que les morceaux de fruits soient cuits mais pas écrasés. Servez tiède ou froid.

Valeur nutritionnelle pour 100 g

65 kcal ; glucides : 16 g

Variante

Mettez directement les quartiers de pommes (ou de poires) dans une casserole. Ajoutez un demi-verre d'eau, saupoudrez de sucre et de cannelle en poudre. Faites cuire à couvert, à feu doux, en remuant de temps en temps pour que les fruits n'attachent pas.

Compote de pruneau

PRÉPARATION 10 min
CUISSON 40 min
POUR 4 à 6 personnes

500 g de pruneaux frais
ou secs
30 cl de thé léger tiède
10 cl de vin blanc ou rouge
80 g de sucre cristallisé
1 citron
1 sachet de sucre vanillé

1] Si vous employez des pruneaux secs, faites-les tremper dans du thé léger tiède pour les réhydrater.
2] Quand ils sont bien gonflés, égouttez-les, dénoyautez-les et mettez-les dans une casserole. Pressez le jus du citron. Recouvrez les pruneaux de vin et ajoutez le sucre cristallisé, le jus de citron et le sucre vanillé.
3] Portez à ébullition et faites cuire 40 minutes environ. Servez cette compote tiède ou froide.

Commentaire gourmand

On peut ne pas dénoyauter les pruneaux, augmenter la quantité d'eau ou de vin et servir les pruneaux avec tout leur jus.

Compote de ramboutan à la menthe

PRÉPARATION 20 min
MACÉRATION 12 h
RÉFRIGÉRATION 1 h
POUR 4 personnes

500 g de ramboutans
2 pêches
50 g de sucre en poudre
2 verres de muscat
8 feuilles de menthe fraîche
8 belles fraises

1] La veille, préparez les fruits pour les faire macérer : faites chauffer une casserole d'eau. Piquez les pêches sur une fourchette, plongez-les une par une dans de l'eau bouillante puis immédiatement dans un bol d'eau froide et pelez-les. Coupez-les en quartiers, retirez les noyaux, mettez les fruits dans une grande jatte.
2] Épluchez les ramboutans, ouvrez-les en deux, dénoyautez-les et ajoutez-les dans la jatte. Saupoudrez avec le sucre et arrosez du muscat. Mélangez et laissez macérer toute la nuit.
3] Mettez les fruits et le muscat dans une casserole au moins 1 heure 30 avant de servir. Portez doucement à ébullition, retirez du feu et laissez refroidir. Puis réservez au réfrigérateur pendant 1 heure au moins.
4] Ciselez les feuilles de menthe. Lavez rapidement les fraises, équeutez-les et coupez-les en lamelles.
5] Répartissez la compote dans des coupes individuelles, et décorez avec les fraises et la menthe. Servez cette compote très froide.

Compote du vieux vigneron

PRÉPARATION 40 min
CUISSON 15 min
POUR 6 à 8 personnes

350 g de pommes un peu acidulées
250 g de sucre
25 cl de vin rouge
1 clou de girofle
1 pincée de cannelle en poudre
250 g de poires
250 g de pêches
20 g de beurre
90 g de grains de raisin frais

1] Pelez les pommes, coupez-les en quartiers, épépinez-les, mettez-les dans une casserole à fond épais avec 100 g de sucre. Couvrez et faites cuire à petit feu jusqu'à ce que les fruits se défassent.
2] Préparez le sirop : faites bouillir le reste du sucre (150 g) avec le vin rouge, le clou de girofle et la cannelle.
3] Pelez les poires et les pêches, coupez les poires en 4 et épépinez-les, coupez les pêches en 2 et dénoyautez-les. Récupérez le jus et mettez-le avec les fruits coupés dans le sirop bouillant. Faites cuire pendant 15 minutes.
4] Ajoutez le beurre dans la compote de pomme encore chaude et mettez celle-ci dans un compotier. Quand les pêches et les poires sont cuites, égouttez-les avec une écumoire et disposez-les sur la marmelade de pomme.
5] Jetez les grains de raisin dans le sirop bouillant, laissez-les pocher 3 minutes, puis égouttez-les et ajoutez-les aux autres fruits.
6] Retirez le clou de girofle du sirop et faites réduire celui-ci jusqu'à ce qu'il épaississe.
7] Nappez la compote de sirop. Laissez refroidir complètement à température ambiante.

Croustillant choco-banane

PRÉPARATION 30 min
CUISSON 8 min
POUR 8 personnes

75 cl de glace à la vanille *(voir p. 92)*
200 g de beurre
60 g de cacao en poudre
40 g de sucre glace
8 feuilles de brick
4 bananes
1 citron
poudre de cacao

1] Préparez d'abord la glace à la vanille si vous n'employez pas une glace du commerce.
2] Préchauffez le four à 200 °C.
3] Dans une casserole, faites fondre doucement le beurre, ajoutez le cacao en poudre et le sucre glace.
4] Coupez chaque feuille de brick en 4. Badigeonnez-les de ce mélange, mettez-les sur une plaque recouverte de papier sulfurisé et faites-les cuire pendant 8 minutes au four.
5] Pelez et citronnez les bananes, puis écrasez-les à la fourchette.
6] Superposez ensuite un quart de feuille de brick, une couche de banane écrasée, une feuille de brick et une couche de glace à la vanille. Terminez par une feuille de brick et poudrez-la de poudre de cacao.

Jean-Pierre Vigato, restaurant Apicius

Fraises Ginette

PRÉPARATION 20 min
MACÉRATION 30 min
POUR 4 personnes

75 cl de sorbet au citron *(voir p. 94)*
500 g de fraises
100 g de sucre en poudre
10 cl de curaçao
1 verre de champagne
80 g de violettes en sucre candi
100 g d'écorce d'orange confite
20 cl de crème fleurette
1 paquet de sucre vanillé

1] Préparez le sorbet au citron ou si vous employez une glace du commerce, sortez-la du congélateur.
2] Placez quatre coupes vides au congélateur.
3] Lavez les fraises dans une passoire, équeutez-les. Mettez-les dans un saladier, coupez en deux les plus grosses, poudrez de 40 g de sucre, versez le curaçao et le champagne et remuez bien, puis laissez macérer le tout pendant 30 minutes.
4] Pilez grossièrement, avec le rouleau à pâtisserie, 60 g de violettes en sucre candi.
5] Taillez en petits dés ou en lamelles fines l'écorce d'orange confite.
6] Fouettez la crème avec le reste du sucre (60 g) et le sucre vanillé.
7] Égouttez les fraises. Filtrez leur sirop dans une passoire avec une mousseline.
8] Étalez le sorbet au citron au fond des coupes froides.
9] Ajoutez les fraises par-dessus, puis les morceaux d'écorce d'orange et les violettes concassées. Arrosez avec le sirop, déposez des noisettes de crème fouettée. Décorez avec le reste des violettes (20 g).

Fraises à la maltaise

PRÉPARATION 15 min
POUR 6 personnes

3 oranges maltaises
600 g de fraises gariguettes
70 g de sucre
3 cl de Cointreau
glace pilée

RECETTE LÉGÈRE

1] Coupez les oranges en deux et, avec un petit couteau-scie ou une cuillère à pamplemousse, évidez-les et mettez la pulpe dans un saladier.
2] Découpez un petit morceau d'écorce du fond des demi-oranges pour leur donner une assise stable, puis mettez-les sur un plat dans le réfrigérateur.
3] Écrasez la pulpe et passez le jus.
4] Mettez les fraises dans une passoire, passez-les rapidement sous l'eau, puis équeutez-les.
5] Ajoutez le sucre et le Cointreau au jus d'orange. Arrosez-en les fraises et mettez-les au réfrigérateur.
6] Au moment de servir, remplissez les demi-oranges de fraises. Répartissez de la glace pilée dans les coupes et calez les fruits dessus. Servez aussitôt.

Valeur nutritionnelle pour 100 g

65 kcal ; glucides : 14 g

Gratin de pommes aux fruits secs

PRÉPARATION 15 min
MACÉRATION 1 h
CUISSON 10 min
POUR 4 personnes

4 figues sèches
30 g de pistaches
50 g de raisins secs
7 cl de rhum
3 pommes
1 citron
40 g de chapelure
1/2 cuill. à café de cannelle en poudre
40 g de poudre d'amande

RECETTE LÉGÈRE

1] Hachez grossièrement les figues et les pistaches, mettez-les dans une jatte avec les raisins, versez le rhum et laissez-les macérer pendant 1 heure.
2] Pressez le jus du citron et versez-le dans une autre jatte. Pelez les pommes et râpez-les dans cette jatte, mélangez avec le jus de citron pour les empêcher de noircir.
3] Préchauffez le four à 200 °C.
4] Réunissez le contenu des deux jattes, ajoutez la chapelure et mélangez.
5] Beurrez 4 plats à œufs en porcelaine, répartissez-y les fruits, poudrez-les avec la cannelle et la poudre d'amande. Enfournez pour faire gratiner pendant 10 minutes. Servez tiède ou froid.

Valeur nutritionnelle pour 100 g

180 kcal ; protéines : 3 g ; glucides : 20 g ; lipides : 6 g

Meringue aux fruits exotiques

PRÉPARATION 45 min
CUISSON 8 à 10 min
POUR 8 personnes

200 g de crème pâtissière *(voir p. 58)*
250 g de crème Chantilly *(voir p. 51)*
1 mangue bien mûre
1 kiwi
1 petit ananas
8 fruits de la Passion
1 gousse de vanille
1/4 de grenade
90 g de meringue *(voir p. 42)*

1] Préparez d'abord la crème pâtissière et la crème Chantilly et mettez-les au réfrigérateur.
2] Épluchez la mangue, le kiwi et l'ananas, découpez-les en morceaux dans un saladier. Coupez et videz les fruits de la Passion et ajoutez leur chair.
3] Fendez et grattez la gousse de vanille, détachez la chair de la grenade et ajoutez-les. Mélangez puis versez la crème pâtissière et mélangez bien à nouveau. Incorporez enfin délicatement la crème Chantilly.
4] Préparez la meringue et mettez-la dans une poche à douille unie.
5] Préchauffez le four à 250 °C.
6] Répartissez la crème aux fruits exotiques dans des coupelles individuelles pouvant aller au four. Déposez sur toute la surface de la crème aux fruits des rosaces de meringue bien serrées les unes à côté des autres.
7] Mettez les coupes 8 à 10 minutes au four pour dorer la meringue et servez aussitôt.

Sensation satine

La superposition de trois sensations :
l'acidulé de la gelée Passion,
la douce âcreté juteuse de l'orange,
le voluptueux velouté du yaourt.

Voir recette page 448

PRÉPARATION **45 min**
CUISSON **30 min**
POUR **6 personnes**

6 grosses oranges non traitées
3 œufs
60 g de sucre en poudre
2 cuill. à soupe rases de fécule de maïs
5 cl de Grand Marnier

Oranges soufflées

1| Découpez une calotte dans chaque orange, enlevez également un petit morceau en dessous pour que les fruits aient une bonne assise.
2| Évidez l'intérieur des oranges avec une cuillère à pamplemousse, en veillant à ne pas abîmer l'écorce. Pressez la chair dans une petite passoire et filtrez le jus recueilli.
3| Cassez les œufs en séparant les jaunes et les blancs. Dans une jatte, fouettez les jaunes avec le sucre et la fécule de maïs, puis délayez avec le jus d'orange.
4| Versez cette préparation dans une casserole et faites chauffer à feu doux en tournant sans arrêt avec une cuillère en bois.
5| Retirez du feu dès que le mélange a suffisamment épaissi. Ajoutez le Grand Marnier et laissez refroidir.
6| Préchauffez le four à 220 °C.
7| Battez les blancs en neige ferme et ajoutez-les délicatement à la crème d'orange. Répartissez cette mousse dans les écorces.
8| Rangez celles-ci dans un plat allant au four et faites cuire 30 minutes. Servez chaud.

PRÉPARATION **30 min**
MACÉRATION **1 h**
CUISSON **10 à 12 min**
POUR **4 personnes**

4 pêches
70 g de sucre
30 cl de vin de Bordeaux
8 morceaux de sucre
1 bâton de cannelle

Pêches à la bordelaise

1| Faites bouillir une grande casserole d'eau, plongez-y les pêches pendant 30 secondes, puis passez-les dans de l'eau froide, pelez-les, ouvrez-les en deux et dénoyautez-les. Mettez-les dans un saladier, poudrez-les de sucre et laissez-les macérer 1 heure.
2| Versez le vin dans une autre casserole avec les morceaux de sucre et le bâton de cannelle et faites-le bouillir.
3| Faites cuire les pêches 10 à 12 minutes dans ce sirop, à feu doux.
4| Égouttez-les et dressez-les dans une coupe en verre. Faites réduire le sirop de cuisson jusqu'à ce qu'il nappe bien la cuillère et versez-le sur les pêches. Laissez refroidir.

PRÉPARATION **10 min**
POUR **4 personnes**

4 belles pêches
0,5 g de fleurs de lavande séchées
1 citron
30 g de beurre
30 g de sucre en poudre

Pêches poêlées à la lavande

1| Hachez les fleurs de lavande séchées avec un petit couteau.
2| Épluchez les pêches et coupez-les en deux, enlevez le noyau, puis recoupez les demi-pêches en deux.
3| Faites fondre le beurre dans une poêle à revêtement antiadhésif, ajoutez les fruits, saupoudrez avec le sucre et faites-les rôtir rapidement à feu vif.
4| Ajoutez la lavande hachée au dernier moment en la répartissant sur chaque demi-pêche. Puis disposez les fruits sur le plat de service et laissez-les refroidir. Servez frais.

Commentaire gourmand

Ces pêches poêlées seront délicieuses avec des tranches de brioche (voir page 214).

Pêches à la bordelaise ►
Un sirop à base de vin et de sucre est versé chaud sur les pêches.

PRÉPARATION **25 min**
CUISSON **10 min**
POUR **6 personnes**

Pour les pommes poêlées
1,2 kg de pommes (granny smith ou calville blanc)
4 citrons
1/2 orange non traitée
80 g de beurre
100 g de sucre en poudre
80 g de pignons de pin

Pour le pain d'épice
250 g de pain d'épice
40 g de beurre
100 g de cassis au sirop

Poêlée de pommes au pain d'épice

1] Préparez les pommes : épluchez-les, coupez-les en deux, enlevez les pépins. Puis recoupez les demi-pommes en 3 ou 4 selon leur taille.
2] Pressez les citrons. Râpez le zeste de la demi-orange.
3] Dans un saladier, mettez les quartiers de pommes, 4 cuillerées à soupe de jus de citron, le zeste d'orange et le sucre en poudre et mélangez.
4] Faites fondre le beurre dans une poêle, à feu assez vif. Ajoutez les pommes et faites-les cuire en les remuant de temps en temps avec une cuillère en bois. Elles doivent rester croquantes à cœur. Ajoutez les pignons de pin en fin de cuisson. Gardez le tout au chaud.
5] Préparez le pain d'épice : coupez-le en petits cubes. Faites fondre le beurre dans une autre poêle, à feu moyen. Ajoutez le pain d'épice, laissez-le dorer quelques minutes jusqu'à ce qu'il soit bien croustillant. Retirez-le du feu en égouttant bien le beurre. Déposez-le sur un papier absorbant.
6] Égouttez les cassis. Rangez les pommes tièdes, en corolle sur les assiettes, parsemez-les de baies de cassis et de croûtons de pain d'épice et servez aussitôt.

PRÉPARATION **40 min**
RÉFRIGÉRATION **2 h**
CUISSON **20 min**
POUR **6 personnes**

700 g de crème pâtissière *(voir p. 58)*
1/2 l de chantilly *(voir p. 51)*
6 poires
sucre cristallisé

Pour le sirop vanillé
750 g de sucre en poudre
75 cl d'eau
1 gousse de vanille

Poires Charpini

1] Préparez la crème pâtissière et mettez-la au réfrigérateur pendant 2 heures.
2] Préparez la crème Chantilly, mélangez-la délicatement avec la crème pâtissière et gardez-la au frais.
3] Préparez le sirop : faites bouillir l'eau, le sucre et les gousses de vanille fendues et grattées dans une casserole.
4] Épluchez les poires, coupez-les en deux, enlevez les pépins et faites cuire les fruits dans le sirop pendant 15 à 20 minutes.
5] Tapissez un plat profond avec la moitié de la crème, rangez dessus les demi-poires fondantes. Recouvrez avec le reste de l'appareil.
6] Poudrez de sucre cristallisé et caramélisez en mettant le plat sous le gril du four pendant 1 minute. Servez froid.

La Tour d'Argent

PRÉPARATION **1 h**
CUISSON **20 min**
POUR **8 personnes**

8 poires doyennés du Comice
200 g de beurre
300 g de sucre en poudre
1 bouteille de sauternes

Pour la glace à la noix
1 l de lait
150 g de sucre en poudre
6 jaunes d'œufs
150 g de purée de noix

Poires rôties au sauternes

1] Préparez la glace à la noix : faites chauffer le lait avec la moitié du sucre. Fouettez les jaunes avec l'autre moitié et versez sur ce mélange le lait bouillant, peu à peu, sans cesser de fouetter. Faites cuire ensuite à feu doux jusqu'à ce que la crème nappe la cuillère. Ajoutez alors la purée de noix. Laissez refroidir, puis mettez à glacer.
2] Préparez les poires rôties. Épluchez, épépinez et coupez les fruits en 2. Mettez le beurre et le sucre dans une poêle. Dès que le caramel se forme, ajoutez les poires, puis le sauternes, et faites cuire jusqu'à ce que les fruits soient tendres.
3] Dressez une poire dans chaque assiette, nappez d'un peu de jus de cuisson et ajoutez une quenelle de glace à la noix.

Michel Rostang

Poires au vin

PRÉPARATION 20 min
CUISSON 10 + 20 min
RÉFRIGÉRATION 24 h
POUR 8 personnes

8 belles poires williams ou passe-crassane
1 citron non traité
1 l de vin rouge tannique (côtes-du-rhône ou madiran)
100 g de miel
150 g de cassonade
poivre blanc
grains de coriandre
muscade en poudre
3 gousses de vanille

RECETTE LÉGÈRE

1| Prélevez le zeste du citron avec un couteau économe et plongez-le pendant 2 minutes dans de l'eau bouillante.
2| Épluchez et citronnez les poires, en leur conservant la queue. Mettez les épluchures dans une casserole. Versez dessus le vin rouge, le miel, la cassonade, le zeste de citron blanchi, un peu de poivre blanc, quelques grains de coriandre, 1 pointe de muscade et les gousses de vanille fendues en deux. Portez à ébullition et baissez le feu. Au bout de 10 minutes de cuisson, ajoutez les poires, queue en l'air. Couvrez et laissez cuire doucement pendant 20 minutes.
3| Sortez les poires et mettez-les dans un compotier. Passez le jus de cuisson et versez-le sur les poires.
4| Laissez refroidir et mettez 24 heures au réfrigérateur : le jus sera alors gélifié au moment de servir.

Hervé Rumen

Valeur nutritionnelle pour 100 g
60 kcal ; glucides : 15 g

Pommes bonne femme

PRÉPARATION 10 min
CUISSON 35 à 40 min
POUR 4 personnes

4 pommes à pulpe ferme
40 g de beurre
40 g de sucre en poudre

RECETTE LÉGÈRE

1| Préchauffez le four à 220 °C.
2| Incisez les pommes circulairement, à mi-hauteur. Évidez-les, puis mettez-les dans un grand plat à gratin beurré.
3| Garnissez le creux de chaque pomme de beurre additionné de sucre en poudre. Versez quelques cuillerées d'eau dans le plat.
4| Faites cuire dans le four 35 à 40 minutes. Servez les pommes dans le plat de cuisson.

Valeur nutritionnelle pour 100 g
125 kcal ; glucides : 17 g ; lipides : 6 g

Variante

Pommes flambées au calvados
Faites chauffer 8 cl de calvados dans une petite casserole, versez-le sur les pommes au moment de servir et flambez.

Pommes crues à la liqueur de champagne

PRÉPARATION 10 min
POUR 4 à 6 personnes

4 belles pommes
2 citrons
750 g de raisins secs blonds
6 cl de liqueur de champagne
300 g de fromage blanc à 40 % de matière grasse

1| Pressez les citrons et mettez le jus dans un saladier.
2| Épluchez les pommes, enlevez soigneusement les pépins et coupez les fruits en petits cubes. Mettez-les au fur et à mesure dans le saladier, en mélangeant tout de suite afin que le citron les empêche de noircir.
3| Rincez rapidement les raisins secs dans une passoire.
4| Égouttez les pommes et mettez-les dans un compotier; ajoutez les raisins, puis versez la liqueur de champagne et mélangez bien. Gardez au frais jusqu'au moment de servir.
5| Disposez une cuillerée de fromage blanc dans chaque assiette, répartissez les cubes de pomme par-dessus.

Commentaire gourmand
Un pan di Spagna (voir page 254) ou un quatre-quarts (voir page 255) accompagnera bien ce dessert rapide à préparer.

Pommes au miel et au beurre salé

PRÉPARATION 15 min
CUISSON 10 min
POUR 6 à 8 personnes

8 pommes reinettes
250 g de miel d'acacia liquide
70 g de beurre salé

1] Préchauffez le four à 220 °C.
2] Pelez les pommes, coupez-les en deux, ôtez le cœur.
3] Versez le miel sur un plaque à four en le répartissant uniformément. Posez cette plaque sur un feu vif jusqu'à ce que le miel soit doré et devenu caramel, comme pour une crème caramel.
4] Retirez du feu, disposez les demi-pommes sur la plaque (ou dans le plat), côté bombé dessous, et mettez dans chacune une petite noix de beurre salé.
5] Enfournez et faites cuire pendant 10 minutes. Servez chaud ou tiède, après avoir arrosé les pommes de jus caramélisé.

Christiane Massia

Pruneaux au rasteau et à la crème

PRÉPARATION 15 min
CUISSON 15 min
MACÉRATION 3 jours
POUR 6 personnes

36 pruneaux secs
50 cl de bordeaux rouge léger
50 cl de rasteau (vin doux de la vallée du Rhône)
1 citron
1 orange
180 g de crème double

1] La veille : faites tremper les pruneaux secs dans le mélange des deux vins.
2] Le lendemain : coupez l'orange et le citron en tranches épaisses. Mettez-les dans une casserole avec les pruneaux et leur macération, et faites-les cuire doucement pendant 15 minutes, au frémissement.
3] Conservez cette préparation dans un compotier pendant 3 jours au réfrigérateur avec le jus de cuisson.
4] Retirez les tranches d'agrumes et servez les pruneaux dans des assiettes creuses, avec un peu de leur jus de cuisson et nappés de crème double.

Jean et Pierre Troisgros

Rhubarbe aux fraises

PRÉPARATION 30 min
MACÉRATION 3 h
CUISSON 20 à 30 min
POUR 6 à 8 personnes

1 kg de rhubarbe
250 g sucre
300 g de fraises bien mûres
75 cl de glace à la vanille (voir p. 92)

1] Épluchez la rhubarbe en enlevant bien tous les filaments et coupez-la en tronçons réguliers de 4 ou 5 cm. Mettez-les dans un saladier, poudrez-les largement de sucre et mélangez bien avec une cuillère en bois. Faites-les macérer pendant 3 heures en les remuant de temps en temps avec une spatule en bois.
2] Versez le contenu du saladier dans une casserole et faites cuire pendant 20 à 30 minutes à feu doux.
3] Lavez, équeutez et coupez les fraises en deux. Ajoutez-les dans la casserole et faites cuire pas plus de 5 minutes.
4] Versez l'ensemble dans un compotier et laissez refroidir.
5] Servez ce dessert nature dans des coupelles, ou avec une boule de glace à la vanille.

Variante

Vous pouvez également faire cette compote de rhubarbe sans les fraises et la servir tiède. Arrosez-la avec de la crème de fraise.

Rhubarbe aux fraises ▶
Ce mélange de rhubarbe et de fraises à peine cuites doit être servi très frais.

Rødgrød danois

PRÉPARATION 30 min
CUISSON 25 min
RÉFRIGÉRATION 2 h
POUR 6 personnes

300 g de fraises
300 g de framboises
150 g de sucre en poudre
2 citrons
50 cl de crème fouettée *(voir p. 53)*
50 g de zestes d'orange ou de citron confits

1] Lavez rapidement les fraises et équeutez-les. Triez les framboises. Mettez-les dans une casserole et faites-les cuire 10 minutes à feu doux. Versez-en la moitié dans un saladier et mettez-le de côté.

2] Passez le reste au moulin à légumes à grille fine ou au mixeur, remettez cette purée dans la casserole et portez à ébullition. Ajoutez alors le sucre et le jus des citrons et mélangez. Laissez mijoter 10 minutes environ, toujours à feu doux.

3] Versez ce coulis de fruits dans une terrine et mettez 2 heures au réfrigérateur.

4] Montez la crème fouettée.

5] Versez les fruits réservés dans le coulis et mélangez doucement pour ne pas les écraser. Répartissez les fruits dans 6 coupes individuelles. Décorez avec un peu de crème fouettée. Hachez finement les zestes d'orange ou de citron confits et parsemez-en le dessus des coupes.

6] Servez le reste de la crème à part, dans une saucière.

Salade d'orange à la verveine citronnelle

PRÉPARATION 25 min
REPOS 20 min
POUR 6 personnes

1,5 kg d'oranges
1/2 citron non traité
1 cuill. à café de gingembre frais
50 cl d'eau minérale
1 botte de verveine citronnelle
250 g de sucre en poudre
5 à 6 grains de poivre noir

1] Préparez le jus : râpez le zeste du demi-citron et le gingembre. Effeuillez la verveine citronnelle. Dans une casserole, versez l'eau et ajoutez le sucre, le zeste râpé, le poivre et le gingembre. Faites bouillir. Hachez grossièrement la moitié de la verveine. Retirez la casserole du feu et ajoutez la verveine hachée. Couvrez et laissez infuser pendant 20 minutes. Filtrez l'infusion obtenue et gardez-la au réfrigérateur.

2] Préparez les oranges : avec un couteau bien affûté, retirez les extrémités puis pelez les fruits à vif, c'est-à-dire en retirant bien toute la peau, y compris la blanche. Découpez-les en tranches, mettez-les dans un saladier et gardez-les au frais.

3] Versez le jus au gingembre et à la verveine sur les fruits. Coupez finement le reste de feuilles de verveine, gardez-en deux entières. Parsemez les tranches d'orange de verveine ciselée, décorez avec les deux feuilles. Servez bien froid.

Salade de fruits

PRÉPARATION 30 min
POUR 8 personnes

3 oranges non traitées
2 citrons non traités
100 g de sucre
1 gousse de vanille
14 feuilles de menthe
3 mangues
3 papayes
6 abricots
6 pêches
1 ananas
1 pamplemousse
300 g de fruits rouges et noirs (cassis, fraises et fraises des bois, framboises, groseilles, mûres)

1] Préparez le sirop : prélevez 3 rubans de zeste d'orange de 6 cm et 2 rubans de zeste de citron de même taille et mettez-les dans une casserole avec le sucre, 50 cl d'eau et la gousse de vanille fendue en deux et grattée. Portez à ébullition, puis retirez du feu. Ajoutez alors 10 feuilles de menthe et laissez infuser pendant un quart d'heure. Filtrez le sirop et laissez-le refroidir, puis mettez-le au réfrigérateur.

2] Pelez à vif les oranges et le pamplemousse, en enlevant bien la peau blanche. Détaillez-les en quartiers.

3] Épluchez l'ananas et coupez-le en deux, verticalement. Pelez les mangues et les papayes, enlevez les graines de celles-ci. Lavez les pêches et les abricots, coupez-les en deux et retirez leurs noyaux.

4] Coupez l'ananas en fines tranches avec un couteau bien aiguisé de façon à avoir des demi-cercles.

5] Coupez tous les autres fruits le plus finement possible dans le sens de la longueur.

6] Lavez rapidement les fraises, équeutez-les et faites-les égoutter dans une passoire. Triez les autres fruits rouges.

7] Répartissez les fruits dans des assiettes creuses, parsemez de baies rouges et noires et nappez de sirop. Ciselez les 4 feuilles de menthe restantes et éparpillez-les sur la salade de fruits. Servez aussitôt.

Les soufflés

Les soufflés sont composés soit d'un appareil au lait, soit d'une purée de fruits et de sucre cuit. Pour les premiers, on prépare une crème pâtissière parfumée. Pour les seconds, on utilise un sucre cuit auquel on ajoute la purée de fruits. Un peu d'alcool ou une liqueur renforcera le parfum des fruits.

Bananes soufflées

PRÉPARATION 45 min
CUISSON 5 + 8 min
POUR 4 à 6 personnes

- 1 citron
- 6 bananes mûres mais fermes
- 20 cl de lait
- 5 cl de crème liquide
- 60 g de sucre en poudre
- 6 œufs
- 10 g de farine
- 10 g de fécule de maïs

RECETTE LÉGÈRE

1] Pressez le jus du citron, mettez-le dans un saladier.
2] Retirez seulement une languette de peau de chaque banane avec un petit couteau bien aiguisé et extrayez la chair du fruit. Mettez-la dans le saladier, le jus de citron l'empêchera de noircir.
3] Préparez l'appareil à soufflé : faites bouillir ensemble dans une casserole le lait, la crème et 20 g de sucre. Cassez les œufs en séparant les blancs et les jaunes. Fouettez les jaunes dans une grande terrine avec 20 g de sucre, jusqu'à ce que le mélange blanchisse. Tamisez ensemble la farine et la fécule de maïs et ajoutez-les peu à peu, en continuant de fouetter. Versez le lait bouillant sur ce mélange sans cesser de remuer. Remettez le tout dans la casserole, puis faites cuire 30 secondes après l'ébullition. Retirez la casserole du feu. Montez les blancs en neige en ajoutant peu à peu les 20 g de sucre qui restent et incorporez ces blancs à la crème.
4] Préchauffez le four à 200 °C.
5] Retirez les bananes du saladier et écrasez-les à la fourchette. Ajoutez cette purée dans l'appareil à soufflé.
6] Répartissez cette préparation dans les peaux de banane. Lissez la surface.
7] Mettez le tout dans un plat pouvant aller au four et faites cuire 5 minutes à 200 °C, puis 8 minutes à 180 °C.

Valeur nutritionnelle pour 100 g
115 kcal ; protéines : 1 g ; glucides : 21 g ; lipides : 2 g

PRÉPARATION 40 min
CUISSON 20 à 30 min + 35 min
POUR 4 à 6 personnes

650 g de pommes
5 œufs
100 g de sucre en poudre
70 g de chapelure blonde
sucre cristallisé

RECETTE LÉGÈRE

Délicieux aux pommes

1] Faites chauffer le four à 190 °C.
2] Épluchez les pommes et ôtez le cœur. Faites-les cuire dans un plat pouvant aller au four pendant 20 à 30 minutes. Écrasez-les avec une fourchette pour réduire la pulpe en compote et laissez celle-ci refroidir.
3] Cassez les œufs, séparez les blancs et les jaunes. Battez les blancs en neige très ferme. Mélangez les jaunes avec le sucre en poudre dans un saladier et fouettez jusqu'à ce qu'ils blanchissent. Puis incorporez-leur tour à tour un peu de compote de pomme, un peu de chapelure blonde et un peu de blancs montés, jusqu'à utilisation complète de tous ces ingrédients.
4] Augmentez la température du four à 200 °C.
5] Beurrez et farinez un moule à soufflé de 20 cm de diamètre. Versez-y la préparation. Enfournez et faites cuire à 200 °C pendant 5 minutes, puis à 180 °C pendant 30 minutes.
6] Poudrez le soufflé de sucre cristallisé et servez très chaud.

Valeur nutritionnelle pour 100 g
132 kcal ; protéines : 1 g ; glucides : 21 g ; lipides : 3 g

PRÉPARATION 40 min
CUISSON 30 min
POUR 6 à 8 personnes

80 g d'amandes effilées
3 cl de rhum
8 macarons
800 g de crème pâtissière
(voir p. 58)
1 cuill. à café de vanille liquide
12 blancs d'œufs

Soufflé ambassadrice

1] Mettez les amandes à macérer dans le rhum pendant 15 minutes.
2] Hachez les macarons au couteau.
3] Préparez la crème pâtissière en lui ajoutant 1 cuillerée à café de vanille liquide, les macarons écrasés et les amandes avec le rhum de macération.
4] Préchauffez le four à 200 °C.
5] Battez les blancs d'œufs en neige très ferme et incorporez-les délicatement au mélange précédent.
6] Faites cuire pendant 5 minutes à 200 °C, puis 25 minutes à 180 °C.

PRÉPARATION 40 min
CUISSON 30 min
POUR 6 à 8 personnes

1 gousse de vanille
20 cl de lait
70 g de sucre en poudre
40 g de beurre
1 citron
8 bananes bien mûres
20 g de farine tamisée
4 jaunes d'œufs
5 cl de kirsch ou de rhum (facultatif)
6 blancs d'œufs
1 pincée de sel

RECETTE LÉGÈRE

Soufflé aux bananes

1] Fendez et grattez la gousse de vanille et mettez-la dans le lait avec le sucre en poudre. Faites chauffer jusqu'à l'ébullition, puis laissez infuser jusqu'à complet refroidissement.
2] Faites ramollir le beurre.
3] Pressez le jus du citron. Épluchez les bananes, mettez-les dans le jus de citron pour les empêcher de noircir. Puis réduisez-les en fine purée soit au tamis, soit au mixeur, ou au moulin à légumes avec la grille la plus fine.
4] Mettez la farine dans une casserole et versez peu à peu le lait vanillé bouilli en mélangeant bien. Faites cuire pendant 2 minutes en fouettant, retirez du feu, puis ajoutez la purée de banane, les jaunes d'œufs et le beurre mou. Parfumez éventuellement au kirsch ou au rhum.
5] Préchauffez le four à 200 °C.
6] Battez les blancs d'œufs en neige très ferme avec une pincée de sel. Ajoutez-les à la préparation précédente en tournant toujours dans le même sens pour ne pas les casser.
7] Beurrez et poudrez de sucre un moule à soufflé de 20 cm de diamètre et versez la préparation. Faites cuire au four pendant 30 minutes.

Valeur nutritionnelle pour 100 g
195 kcal ; protéines : 6 g ; glucides : 17 g ; lipides : 11 g

Soufflé à la Chartreuse

PRÉPARATION 15 min
CUISSON 30 min
POUR 6 personnes

- 25 cl de lait
- 20 g de sucre en poudre
- 3 œufs
- 2 biscuits à la cuillère
- 6 cl de Chartreuse
- 30 g de beurre
- 15 g de fécule
- 40 g de farine
- 1 sachet de sucre vanillé

1] Mettez le lait à chauffer avec le sucre dans une casserole.
2] Cassez les œufs en séparant les blancs et les jaunes.
3] Imbibez de Chartreuse les biscuits à la cuillère à l'aide d'un pinceau.
4] Faites fondre le beurre dans une autre casserole. Dès qu'il commence à mousser, retirez-le du feu et versez la fécule et la farine dans la casserole. Mélangez bien, puis ajoutez le sucre vanillé. Remettez sur le feu.
5] Versez le lait bouillant et portez à ébullition en remuant sans arrêt. Puis, hors du feu, incorporez les jaunes d'œufs en mélangeant bien. Ajoutez le reste de la Chartreuse.
6] Battez les blancs en neige ferme et incorporez-les à la pâte, sans trop la travailler pour ne pas les casser.
7] Préchauffez le four à 200 °C.
8] Beurrez et poudrez de sucre un moule à soufflé de 16 à 18 cm de diamètre.
9] Remplissez-le à demi de pâte, ajoutez les biscuits imbibés et fractionnés, puis finissez de remplir le moule avec la pâte.
10] Mettez au four pendant 5 minutes à 200 °C, puis baissez la température à 180 °C et poursuivez la cuisson pendant 25 minutes sans ouvrir la porte. Servez aussitôt.

Commentaire gourmand

Vous pouvez préparer suivant la même recette un soufflé au Grand Marnier en remplaçant les 6 cl de Chartreuse par 6 cl de Grand Marnier.

Soufflé au chocolat

PRÉPARATION 30 min
CUISSON 12 min
POUR 6 personnes

- 50 g de beurre
- 180 g de chocolat amer
- 70 g de sucre en poudre
- 6 cl de lait
- 50 g de cacao non sucré
- 5 œufs
- sucre glace

1] Faites ramollir le beurre en pommade en le malaxant dans une terrine.
2] Beurrez 6 petits moules en porcelaine de 8 à 10 cm de diamètre. Poudrez l'intérieur d'un peu de sucre en poudre et mettez-les dans le réfrigérateur.
3] Préchauffez le four à 200 °C.
4] Faites fondre le chocolat et 60 g de sucre en poudre dans une terrine, au bain-marie ou au four à micro-ondes ; puis ajoutez le lait et le cacao.
5] Séparez les blancs et les jaunes d'œufs. Ajoutez les jaunes un à un au mélange chocolaté en travaillant avec une spatule en bois.
6] Montez les blancs en neige bien ferme, ajoutez 10 g de sucre au dernier moment, puis versez peu à peu ces blancs sur la préparation chocolatée en mélangeant délicatement et en tournant toujours dans le même sens pour ne pas les casser.
7] Remplissez les petits moules réfrigérés avec cette préparation. Lissez le dessus avec une spatule en bois, puis faites cuire pendant 12 minutes au four.
8] Poudrez de sucre glace et servez aussitôt.

Restaurant Les Templiers, les Bézards

Tour de main

Le chocolat est un ingrédient fragile et délicat. Il est facile à manipuler si l'on observe quelques règles. Ainsi, lorsqu'il faut le faire fondre avant de l'utiliser, sachez qu'il suffit de l'amener à une température de 30 °C. Ne le portez donc jamais directement sur une flamme ou une source de chaleur ; faites-le fondre doucement au bain-marie ou encore au micro-ondes, en dessous de 600 watts.

Soufflé à la cannelle, aux pommes, aux raisins et au curry

On place au fond d'un moule le streusel puis l'appareil à soufflé composé de crème pâtissière, de citron et de cannelle. Dès la sortie du four, on verse sur le soufflé une sauce préparée à base de pommes acides, de raisins secs, de miel, de gingembre, de poivre et de curry.

Voir recette page 448

Soufflé au citron

PRÉPARATION 40 min
CUISSON 40 min
POUR 6 personnes

- 6 citrons non traités
- 30 cl de lait
- 100 g de beurre
- 100 g de sucre en poudre
- 40 g de farine
- 5 jaunes d'œufs
- 6 blancs d'œufs

1] Prélevez le zeste de 4 citrons et hachez-le très finement : vous devez avoir l'équivalent de 2 cuillères à soupe.
2] Pressez le jus des 2 autres citrons.
3] Mettez le lait à chauffer. Tamisez la farine.
4] Dans une autre casserole, travaillez le beurre en pommade. Ajoutez 60 g de sucre en poudre et la farine tamisée, puis versez le lait bouillant en mélangeant vigoureusement. Portez à ébullition pendant 1 minute en continuant de remuer et faites dessécher le mélange comme une pâte à choux.
5] Préchauffez le four à 200 °C.
6] Montez les blancs en neige ferme en y ajoutant au fur et à mesure 40 g de sucre en poudre.
7] Hors du feu, ajoutez à la pâte : le jus des citrons, les 5 jaunes d'œufs puis les blancs montés en neige et le zeste de citron haché en mélangeant bien entre chaque ingrédient ajouté pour qu'il soit parfaitement incorporé.
8] Beurrez et sucrez 6 petits moules à soufflé et faites cuire pendant 40 minutes au bain-marie dans le four.

Soufflé à la confiture de lait

PREPARATION 30 min
CUISSON 40 à 50 min
POUR 4 à 6 personnes

- 50 cl de lait
- 120 g de sucre
- 80 g de fécule de maïs
- 4 cuill. à soupe de confiture de lait *(voir p. 337)*
- 6 œufs
- 10 g de beurre pour enduire le moule
- 1 pincée de sel

1] Faites bouillir le lait. Mettez dans une casserole 100 g de sucre, la confiture de lait, les jaunes d'œufs puis la fécule de maïs. Ajoutez progressivement le lait et cuisez à feu doux, sans arrêter de remuer avec un fouet, jusqu'à obtenir une crème lisse et épaisse. Laissez refroidir environ 15 minutes.
2] Pendant ce temps, montez les blancs d'œufs en neige avec le sel.
3] Beurrez un moule à soufflé et sucrez-le avec le reste du sucre (20 g).
4] Préchauffez le four à 170 °C
5] À l'aide d'un fouet, mélangez d'abord un peu de blanc d'œufs en neige avec la préparation au lait ; puis ajoutez le reste des blancs en tournant délicatement pour ne pas les casser et versez dans le moule.
6] Enfournez pendant environ 40 à 50 minutes, jusqu'à ce que la surface soit dorée. Servez tout de suite.

Tour de main

Vous pouvez utiliser de la confiture de lait du commerce.

Soufflé aux fraises ou aux framboises

PRÉPARATION 30 min
CUISSON 25 min
POUR 6 à 8 personnes

- 350 g de crème pâtissière *(voir p. 58)*
- 300 g de fraises
- 12 blancs d'œufs
- 2 pincées de sel

1] Préparez d'abord la crème pâtissière.
2] Lavez rapidement, équeutez les fraises et passez-les au mixeur ou au presse-purée.
3] Ajoutez cette purée de fraise à la crème pâtissière, mélangez bien.
4] Battez les blancs d'œufs en neige très ferme avec le sel. Puis, peu à peu et en tournant très délicatement et toujours dans le même sens pour ne pas les casser, ajoutez-les à la crème pâtissière aux fraises.
5] Préchauffez le four à 200 °C.
6] Beurrez et poudrez de sucre un moule à soufflé de 18 cm de diamètre. Mettez au four pendant 5 minutes à 200 °C, puis 20 minutes à 180 °C. Servez aussitôt.

Soufflé aux fruits

PRÉPARATION 20 min
CUISSON 15 + 20 min
POUR sonnes

- 1 citron
- 600 g de poires
- 150 g de framboises
- 1 cuill. à soupe d'édulcorant en poudre
- 4 blancs d'œufs
- 1 pincée de sel
- 10 g de beurre

Recette légère

1] Pressez le citron. Pelez et évidez les poires, coupez-les en petits morceaux, arrosez-les de jus de citron et mettez-les à cuire avec 10 cl d'eau pendant 15 minutes. Puis passez-les au mixeur ou au moulin à légumes avec la grille fine et laissez refroidir la purée obtenue.

2] Faites tiédir les framboises avec 1 cuillerée à café d'eau et l'édulcorant en poudre, dans une casserole ou au four à micro-ondes.

3] Écrasez-les à la fourchette puis mélangez-les avec la purée de poire.

4] Préchauffez le four à 190 °C.

5] Fouettez les blancs en neige bien ferme avec le sel, puis incorporez-les peu à peu à la purée de fruits, en tournant toujours dans le même sens pour ne pas les casser.

6] Faites fondre le beurre et badigeonnez avec un pinceau un moule à soufflé de 16 cm de diamètre.

7] Versez-y la préparation et faites cuire 5 minutes à 190 °C, puis poursuivez la cuisson à 180 °C pendant 15 minutes.

Valeur nutritionnelle pour 100 g

60 kcal ; protéines : 2 g ; glucides : 9 g ; lipides : 1 g

Soufflé Lapérouse

PRÉPARATION 30 min
CUISSON 20 min
POUR 4 personnes

- 50 g de fruits confits coupés en dés
- 10 cl de rhum
- 300 g de crème pâtissière *(voir p. 58)*
- 70 g de pralin en poudre
- 5 blancs d'œufs
- 1 pincée de sel
- sucre glace

1] Faites macérer les fruits confits dans le rhum pendant 15 minutes.

2] Préparez la crème pâtissière. Ajoutez-lui le pralin, les fruits confits avec le rhum.

3] Préchauffez le four à 200 °C.

4] Fouettez les blancs d'œufs en neige ferme avec le sel et ajoutez-les délicatement à la crème pâtissière, en tournant toujours dans le même sens pour ne pas les casser.

5] Beurrez un moule à soufflé de 16 cm de diamètre, puis poudrez-le de sucre.

6] Versez-y l'appareil dans le moule et faites cuire au four pendant 5 minutes à 200 °C, puis abaissez la température du four à 180 °C et poursuivez la cuisson pendant 10 minutes.

7] Poudrez de sucre glace et laissez cuire encore pendant 5 minutes pour faire caraméliser le dessus du soufflé.

Restaurant Lapérouse, Paris

Soufflé aux marrons

PRÉPARATION 30 min
CUISSON 25 min
POUR 4 à 6 personnes

- 300 g de crème pâtissière *(voir p. 58)*
- 4 cuill. à soupe de purée de marron sucrée et vanillée
- 70 g de marrons glacés
- 5 blancs d'œufs
- 1 pincée de sel

1] Préparez d'abord la crème pâtissière.

2] Incorporez la purée de marron à cette crème en mélangeant bien.

3] Battez en neige les blancs d'œufs avec le sel. Incorporez-en le quart au mélange crème pâtissière-purée de marron. Émiettez la moitié des marrons glacés et ajoutez-les. Incorporez enfin, délicatement, le reste des blancs à l'aide d'une spatule en bois.

4] Préchauffez le four à 190 °C.

5] Beurrez et farinez un moule à soufflé de 18 cm de diamètre.

6] Versez la préparation aux marrons dans le moule, lissez la surface ; émiettez enfin le reste des marrons glacés et parsemez-en le dessus du soufflé.

7] Mettez le moule au four, réduisez la température à 170 °C et laissez cuire de 20 à 25 minutes au four.

Soufflé à la noix de coco

PRÉPARATION 20 min
CUISSON 10 + 20 min
POUR 4 personnes
100 g de noix de coco râpée
70 cl de lait
125 g de riz
100 g de sucre
50 g de beurre
4 œufs
2 pincées de sel
noix muscade

RECETTE LÉGÈRE

1] Mettez la noix de coco râpée et le lait dans une casserole. Portez à ébullition en mélangeant et laissez cuire 10 minutes.
2] Tapissez une passoire avec une mousseline, filtrez le mélange au-dessus d'une casserole et pressez fortement le tissu pour recueillir le maximum du liquide.
3] Mettez cette casserole sur le feu, portez de nouveau à ébullition, ajoutez le riz et le sucre, baissez le feu et laissez cuire 20 minutes à petits bouillons, jusqu'à ce que le liquide soit évaporé. Ajoutez le beurre et mélangez.
4] Préchauffez le four à 200 °C.
5] Cassez les œufs en séparant les blancs et les jaunes ; ajoutez les jaunes, un à un, au mélange précédent en remuant bien. Salez et assaisonnez d'une pointe de noix muscade râpée.
6] Montez les blancs en neige ferme avec le sel. Incorporez-les délicatement.
7] Beurrez un moule à soufflé de 16 cm de diamètre et versez-y la pâte. Faites cuire au four 5 minutes à 200 °C puis 15 minutes à 180 °C sans ouvrir la porte. Servez aussitôt.

Valeur nutritionnelle pour 100 g

276 kcal ; protéines : 7 g ; glucides : 20 g ; lipides : 18 g

Soufflé Rothschild

PRÉPARATION 30 min
MACÉRATION 30 min
CUISSON 30 min
POUR 8 à 10 personnes
150 g de fruits confits coupés en dés
10 cl d'eau-de-vie de Dantzig
1 100 g de crème pâtissière *(voir p. 58)*
2 jaunes d'œufs
sel
sucre glace

1] Faites macérer les fruits confits pendant 30 minutes dans l'eau-de-vie de Dantzig.
2] Préparez ensuite la crème pâtissière et ajoutez-lui les 2 jaunes d'œufs crus, les fruits confits et la liqueur de macération. Réservez ce mélange au frais.
3] Préchauffez le four à 200 °C.
4] Beurrez 2 moules à soufflé de 18 cm de diamètre et poudrez-les de sucre.
5] Fouettez les 6 blancs d'œufs (non utilisés dans la crème pâtissière) en neige très ferme, avec 1 pincée de sel, et incorporez-les délicatement à la crème.
6] Répartissez cet appareil entre les 2 moules à souflé beurrés.
7] Mettez à cuire pendant 5 minutes à 200 °C, puis baissez à 180 °C et poursuivez la cuisson pendant 20 minutes. Poudrez alors très rapidement le dessus des soufflés de sucre glace et laissez cuire encore pendant 5 minutes, toujours à 180 °C.

Soufflé aux violettes

PRÉPARATION 40 min
CUISSON 30 min
POUR 4 à 6 personnes
700 g de crème pâtissière *(voir p. 58)*
5 ou 6 gouttes d'essence de violette
30 g de violettes candies

1] Préparez d'abord la crème pâtissière (réservez pour la suite les blancs d'œufs qui ne sont pas utilisés) et ajoutez-lui les gouttes d'essence de violette.
2] Battez en neige ferme les blancs réservés, puis incorporez-les très délicatement à la crème pâtissière. Ajoutez ensuite les violettes candies et mélangez l'ensemble doucement.
3] Préchauffez le four à 200 °C.
4] Beurrez et poudrez de sucre un moule à soufflé de 18 cm de diamètre.
5] Versez-y la préparation. Faites cuire au four 5 minutes à 200 °C, puis continuez la cuisson à 180 °C pendant 25 minutes.

Les desserts glacés

La réalisation des desserts glacés joue sur l'association subtile des saveurs et des consistances : glaces ou sorbets, fruits frais ou cuits, coulis, liqueur, eau-de-vie, etc. L'utilisation de l'écorce de certains fruits permet des présentations originales ; la décoration des coupes glacées mérite un soin particulier.

PRÉPARATION 45 min
RÉFRIGÉRATION 2 h
POUR 6 personnes

500 g de crème bavaroise *(voir p. 46)*
1 gros ananas
10 cl de rhum blanc
70 g de noix de coco râpée

Ananas glacé à la bavaroise

1] Faites d'abord la crème bavaroise et conservez-la au frais pendant que vous préparez la suite de la recette.
2] Arasez l'ananas à 1,5 cm au-dessous de la couronne et conservez celle-ci. Retirez la pulpe en en laissant une épaisseur de 1 cm environ autour. Coupez-en 200 g en petits dés et mettez-les à macérer pendant 1 heure dans 5 cl de rhum. Passez le reste de la pulpe (150 g environ) au moulin à légumes ou au robot et mettez-la également à macérer dans le reste du rhum.
3] Mélangez la pulpe et les dés d'ananas avec la crème bavaroise.
4] Ajoutez ensuite la noix de coco râpée.
5] Versez le mélange dans l'écorce de l'ananas. Mettez à glacer le tout au réfrigérateur pendant 2 heures environ.
6] Recouvrez avec le chapeau de l'ananas au moment de le servir.

Tour de main

Pour obtenir une belle présentation, choisissez si possible un ananas ayant une forme bien régulière avec un panache de feuilles très frais.

Commentaire gourmand

Vous pouvez utiliser une crème bavaroise parfumée à la cannelle (voir page 46) ou à la vanille (voir page 48).

Ananas glacé à la créole

PRÉPARATION 35 min
POUR 6 personnes

1 ananas
200 g de fruits confits coupés en dés
5 cl de rhum
1 l de sorbet à l'ananas *(voir p. 93)*
glace pilée

1] Arasez le haut de l'ananas et conservez la partie supérieure au frais, bien emballée pour que les feuilles ne se fanent pas. Mettez les fruits confits à macérer dans le rhum.
2] Évidez soigneusement l'ananas ; mettez l'écorce dans le congélateur.
3] Préparez le sorbet à l'ananas si vous n'employez pas une préparation du commerce.
4] Égouttez les fruits confits. Mettez une couche de sorbet au fond de l'ananas. Ajoutez ensuite un peu de fruits confits, remettez une couche de glace, puis des fruits confits et ainsi de suite jusqu'en haut de l'ananas. Remettez le chapeau. Placez l'ananas au congélateur.
5] Sortez-le 1 heure avant de le servir et dressez-le alors dans une coupe sur de la glace pilée.

Banana split

PRÉPARATION 20 min
POUR 4 personnes

4 bananes
1 citron
1/2 l de glace à la vanille *(voir p. 92)*
300 g de crème Chantilly *(voir p. 51)*
50 g d'amandes effilées
25 cl de sauce au chocolat noir *(voir p. 106)*

1] Pressez le citron. Pelez les bananes et coupez-les en 2 dans le sens de la longueur. Passez-les dans le jus de citron pour les empêcher de noircir.
2] Préparez la crème Chantilly. Mettez-la dans une poche munie d'une douille à bout cannelé.
3] Dans une poêle à revêtement antiadhésif, faites griller les amandes effilées.
4] Placez 2 demi-bananes dans chaque coupe et mettez 2 boules de glace à la vanille au milieu. Nappez de sauce au chocolat froide et parsemez d'amandes effilées. Décorez chaque coupe avec la crème Chantilly.

Biscuit glacé au marasquin

PRÉPARATION 40 min
à préparer 24 h à l'avance
POUR 6 personnes

400 g de pâte à génoise *(voir p. 39)*
250 g de beurre
1 orange non traitée
1 citron non traité
3 œufs
250 g de sucre en poudre
5 cl de marasquin

1] Préparez d'abord la pâte à génoise.
2] Préchauffez le four à 200 °C.
3] Versez la pâte sur une plaque recouverte de papier sulfurisé, et mettez au four pendant 5 ou 6 minutes. Sortez du four et laissez refroidir.
4] Faites ramollir le beurre. Râpez le zeste de l'orange et du citron et pressez les jus.
5] Cassez les œufs en séparant les blancs et les jaunes.
6] Travaillez ensemble le beurre et le sucre dans une terrine, jusqu'à ce que le mélange devienne crémeux. Ajoutez les jaunes un par un en mélangeant bien, puis les zestes râpés et les trois quarts du jus.
7] Fouettez les blancs en neige ferme et ajoutez-les peu à peu à la crème.
8] Découpez la génoise en portions régulières de 8 x 4 cm environ et imbibez celles-ci de marasquin.
9] Tapissez le fond d'un moule à cake de 24 cm de long avec les morceaux de génoise, recouvrez-les d'une couche de crème, remettez des rectangles de génoise, puis de la crème et ainsi de suite jusqu'à ce que le moule soit plein.
10] Mettez au réfrigérateur pour 12 heures au moins.
11] Démoulez en passant rapidement le moule sous le robinet d'eau chaude avant de le retourner sur le plat de service.

Banana split
Ce dessert doit être dressé à la dernière minute afin que les bananes, même citronnées, ne s'oxydent pas à l'air ambiant.

Bombe Alhambra

PRÉPARATION 45 min
CONGÉLATION 5 ou 6 h
POUR 6 à 8 personnes

1 l de glace à la vanille *(voir p. 92)*
400 g d'appareil à bombe *(voir p. 86)*
200 g de fraises

Pour la décoration
8 belles fraises
5 cl de kirsch

1] Préparez la glace à la vanille si vous n'employez pas une préparation du commerce. Mettez-la pendant 1 heure au réfrigérateur afin qu'elle se travaille ensuite facilement.
2] Lavez rapidement et équeutez les fraises. Passez-les au mixeur ou au moulin à légumes avec la grille fine.
3] Préparez l'appareil à bombe et ajoutez-lui la purée de fraise.
4] Chemisez un moule de 20 cm de diamètre *(voir p. 87)* avec la glace à la vanille. Versez ensuite l'appareil à bombe et mettez au congélateur pendant 5 ou 6 heures.
5] Lavez, équeutez les fraises pour la décoration et mettez-les à macérer dans le kirsch. Démoulez la bombe : passez le moule quelques secondes sous le robinet d'eau chaude, puis retournez-le sur le plat de service. Décorez avec les fraises macérées.

Variante

Bombe diplomate

Procédez de la même façon en chemisant le moule avec de la glace à la vanille. Faites macérer 150 g de fruits confits coupés en dés dans 5 cl de marasquin. Préparez l'appareil à bombe en lui ajoutant 7 cl de marasquin et ajoutez-y les fruits confits macérés. Décorez avec de la crème Chantilly et des framboises.

Bombe Archiduc

PRÉPARATION 1 h
CONGÉLATION 5 ou 6 h
POUR 6 à 8 personnes

1 l de glace à la fraise *(voir p. 89)*
350 g d'appareil à bombe *(voir p. 86)*
70 g de praliné

1] Préparez la glace à la fraise si vous n'employez pas une préparation du commerce. Mettez-la pendant 1 heure au réfrigérateur afin qu'elle se travaille ensuite facilement.
2] Préparez l'appareil à bombe et ajoutez-lui le praliné.
3] Chemisez un moule de 20 cm de diamètre *(voir page 87)* avec la glace à la fraise. Versez ensuite l'appareil à bombe et mettez au congélateur pendant 5 ou 6 heures.
4] Démoulez la bombe en passant rapidement le moule sous le robinet d'eau chaude avant de le retourner sur le plat de service.

Commentaire gourmand

Décorez cette bombe avec de la crème Chantilly ou des noisettes pilées et grillées.

Bombe Doria

PRÉPARATION 1 h
CONGÉLATION 5 ou 6 h
POUR 6 à 8 personnes

1 l de glace à la pistache *(voir p. 91)*
150 g de débris de marrons glacés
5 cl de rhum
400 g d'appareil à bombe *(voir p. 86)*
20 cl de crème liquide
50 g de praliné
4 demi-marrons glacés

1] Préparez la glace à la pistache si vous n'employez pas une préparation du commerce. Mettez-la pendant 1 heure au réfrigérateur afin qu'elle se travaille ensuite facilement.
2] Mettez à tremper les débris de marrons glacés dans le rhum.
3] Préparez l'appareil à bombe en mettant la gousse de vanille ouverte et grattée dans le sirop. Ajoutez les débris de marrons glacés et le rhum.
4] Chemisez un moule de 20 cm de diamètre *(voir page 87)* avec la glace à la pistache.
5] Versez ensuite l'appareil à bombe dans le moule et mettez-le au congélateur pendant 5 ou 6 heures.
6] Fouettez la crème et ajoutez-lui le praliné. Mettez cette crème fouettée dans une poche à douille.
7] Démoulez la bombe en passant rapidement le moule sous le robinet d'eau chaude avant de le retourner sur le plat de service. Décorez avec les demi-marrons glacés et la crème fouettée.

Bombe Duchesse

PRÉPARATION 1 h
CONGÉLATION 5 ou 6 h
POUR 6 à 8 personnes

1 l de sorbet à l'ananas *(voir p. 93)*
2 ou 3 poires fraîches
400 g de sucre en poudre
50 cl d'eau
100 g de miel
400 g d'appareil à bombe *(voir p. 86)*
3 cl d'alcool de poire

Pour la décoration
200 g de crème Chantilly *(voir p. 51)*
2 cl d'alcool de poire

1] Préparez le sorbet à l'ananas si vous n'employez pas une préparation du commerce. Mettez-la pendant 1 heure au réfrigérateur afin qu'elle se travaille ensuite facilement.
2] Épluchez et coupez les poires en petits dés. Mettez le sucre, l'eau et le miel dans une casserole et faites cuire les morceaux de poire dans ce sirop.
3] Préparez l'appareil à bombe. Ajoutez-lui l'alcool de poire puis les morceaux de poires cuites.
4] Chemisez un moule de 20 cm de diamètre *(voir page 87)* avec le sorbet à l'ananas.
5] Versez ensuite l'appareil à bombe et mettez au congélateur pendant 5 ou 6 heures.
6] Montez la crème Chantilly et ajoutez l'alcool de poire.
7] Démoulez la bombe en passant rapidement le moule sous le robinet d'eau chaude avant de le retourner sur le plat de service.
8] Mettez la crème Chantilly dans une poche à douille cannelée et décorez la bombe juste avant de servir.

Bombe Montmorency

PRÉPARATION 45 min
CONGÉLATION 5 ou 6 h
POUR 6 à 8 personnes

15 cl de lait
50 cl de crème fraîche liquide
7 jaunes d'œufs
150 g de sucre
7 cl de kirsch
400 g d'appareil à bombe *(voir p. 86)*
4 cl de cherry brandy

1] Préparez la glace au kirsch : procédez comme pour une crème anglaise *(voir p. 45)*, laissez la préparation refroidir complètement en la remuant de temps en temps.
2] Ajoutez le kirsch et mettez à glacer.
3] Préparez l'appareil à bombe et ajoutez le cherry brandy.
4] Chemisez un moule de 20 cm de diamètre *(voir page 87)* avec la glace au kirsch.
5] Ajoutez l'appareil à bombe et mettez au congélateur pendant 5 ou 6 heures.
6] Démoulez la bombe en passant rapidement le moule sous le robinet d'eau chaude avant de le retourner sur le plat de service.

Commentaire gourmand

Vous pouvez servir cette bombe avec un coulis aux fruits rouges (voir page 103).

Bombe tutti frutti

PRÉPARATION 30 min
à préparer 24 h à l'avance
CONGÉLATION 5 ou 6 h
POUR 6 à 8 personnes

1/2 l de glace à la vanille *(voir p. 92)*
1/2 l de glace à la fraise *(voir p. 89)*
150 g de fruits confits coupés en dés
1 cuill. à soupe de crème de fraise
100 g de fraises, de framboises ou de groseilles

1] Préparez la glace à la vanille et la glace à la fraise si vous ne prenez pas celles du commerce. Gardez-les au congélateur pendant que vous continuez la préparation.
2] Mettez les fruits confits coupés en dés à macérer dans la crème de fraise pendant 1 heure environ.
3] Chemisez un moule à charlotte *(voir page 87)* avec la glace à la vanille. Faites durcir au congélateur pendant 10 minutes.
4] Mélangez les fruits confits macérés avec la glace à la fraise et versez dans la cavité restante. Tassez bien et mettez le moule au congélateur pendant 6 heures.
5] Sortez la bombe du congélateur 30 minutes avant de servir. Démoulez-la en passant rapidement le moule sous le robinet d'eau chaude. Garnissez-la avec des fraises, des framboises ou des groseilles.

Commentaire gourmand

Vous pouvez remplacer la crème de fraise par de la crème de cassis.

Café liégeois

PRÉPARATION 30 min
POUR 4 personnes

4 boules de glace au café *(voir p. 88)*
2 tasses de café froid très fort
200 g de crème Chantilly *(voir p. 51)*
24 grains de café au chocolat

1] Préparez la glace au café si vous ne prenez pas une glace du commerce.
2] Préparez la chantilly et mettez-la dans une poche à douille avec une douille cannelée.
3] Mettez les boules de glace au café et les tasses de café froid dans le bol du mixeur ou dans un saladier si vous vous servez d'un fouet électrique ou d'un fouet à main. Mixez quelques secondes ou fouettez jusqu'à ce que glace et café forment une crème homogène.
4] Versez cette crème dans de grands verres. Couronnez de crème Chantilly, joliment disposée à l'aide de la poche à douille. Décorez avec les grains de café.

Tour de main

Si vous n'avez pas de grains de café, utilisez des vermicelles de chocolat pour la décoration.

Cassate à la fraise

PRÉPARATION 40 min
CONGÉLATION 1 + 5 h
POUR 4 personnes

1/2 l de glace à la fraise *(voir p. 89)*
1/2 l de glace à la vanille *(voir p. 92)*
150 g de fruits confits coupés en dés
5 cl de Cointreau
35 cl de crème fraîche
30 g de miel

1] Préparez les glaces à la fraise et à la vanille si vous ne prenez pas des préparations du commerce.
2] Mettez les fruits confits à macérer dans 3 cl de Cointreau pendant 1 heure.
3] Montez la crème fraîche bien ferme, ajoutez le miel et le reste du Cointreau en les mélangeant très délicatement, ajoutez ensuite tout doucement les fruits confits macérés.
4] Étalez la glace à la vanille dans un moule demi-sphérique (ou dans un saladier), nappez avec la crème et mettez au congélateur pendant 1 heure pour faire prendre la crème.
5] Recouvrez avec la glace à la fraise, tassez bien, lissez et remettez le tout au congélateur pendant 5 heures.
6] Passez le moule rapidement sous le robinet d'eau chaude pour le démouler et retournez-le sur le plat de service.

Commentaire gourmand

Vous pouvez décorer cette cassate avec des fraises fraîches ou des fraises des bois ; elle peut également être servie avec un coulis de fraise.

Cassate italienne

PRÉPARATION 30 min
CUISSON 15 min
CONGÉLATION 4 h
POUR 8 personnes

1 l de glace à la vanille *(voir p. 92)*
60 g d'amandes effilées
60 g de fruits confits coupés en dés
1 verre à liqueur de kirsch
400 g d'appareil à bombe *(voir p. 86)*

1] Préparez la glace à la vanille. Si vous employez une glace du commerce, sortez-la 1 heure avant du congélateur.
2] Faites griller les amandes rapidement et à sec dans une poêle : elles doivent être juste blondes.
3] Mettez les fruits confits à macérer dans le kirsch. Égouttez-les.
4] Préparez l'appareil à bombe et ajoutez les amandes et les fruits confits.
5] Chemisez un moule à charlotte de 18 cm de diamètre *(voir p. 87)* avec la glace à la vanille. Versez l'appareil à bombe au centre et mettez pendant 4 heures au congélateur.
6] Pour servir la cassate, passez le moule quelques secondes sous le robinet d'eau chaude et retournez-le sur un plat de service.

Commentaire gourmand

Vous pouvez faire d'autres cassates en employant deux glaces de parfums différents, ou garnir l'appareil à bombe avec d'autres fruits confits (cerise, angélique, melon, par exemple) ou encore avec des fraises, des noisettes, des pistaches, des raisins secs.

Coupes à l'ananas et aux fruits rouges

PRÉPARATION 40 min
CONGÉLATION 30 min
RÉFRIGÉRATION 1 h
POUR 6 personnes

- 3/4 de l de sorbet à l'ananas *(voir p. 93)*
- 300 g de crème Chantilly *(voir p. 51)*
- 100 g de coulis à la framboise *(voir p. 102)*
- 300 g de fraises des bois
- 7 cl de kirsch

1] Préparez le sorbet à l'ananas si vous ne prenez pas un sorbet du commerce. Gardez-le au congélateur pendant que vous continuez la préparation.
2] Mettez les coupes à glace au congélateur pendant 30 minutes.
3] Préparez la crème Chantilly en veillant à ce qu'elle soit bien ferme.
4] Faites le coulis à la framboise.
5] Mélangez-le à la crème Chantilly en remuant délicatement.
6] Mettez le tout au réfrigérateur pendant 1 heure.
7] Triez les fraises des bois.
8] Mettez le mélange chantilly-coulis à la framboise dans une poche à douille cannelée.
9] Répartissez le sorbet à l'ananas dans les coupes à glace, disposez les fraises des bois autour de la boule de sorbet, arrosez-les de kirsch, puis décorez le centre de chaque coupe avec la crème Chantilly parfumée à la framboise.

Commentaire gourmand

Vous pouvez remplacer le coulis à la framboise par un coulis aux fruits rouges (voir page 103).

Coupes glacées aux cerises à l'alcool

PRÉPARATION 20 min
CONGÉLATION 30 min
POUR 6 personnes

- 1 l de glace à la vanille *(voir p. 92)*
- 200 g de crème Chantilly *(voir p. 51)*
- 36 cerises à l'eau-de-vie
- 100 g de sucre en poudre

1] Préparez la glace à la vanille si vous ne prenez pas une glace du commerce. Gardez-la au congélateur pendant que vous continuez la préparation.
2] Mettez les coupes à glace au congélateur pendant 30 minutes.
3] Pendant ce temps, préparez la crème Chantilly, puis mettez-la dans une poche à douille avec une douille cannelée.
4] Égouttez les cerises à l'eau-de-vie. Versez le sucre en poudre dans une grande assiette et roulez les cerises dedans jusqu'à ce qu'elles soient bien enrobées.
5] Répartissez la glace à la vanille dans les coupes à glace. Mettez par-dessus 6 cerises enrobées de sucre, puis disposez une belle rosace de crème Chantilly sur le sommet de chaque coupe.

Coupes glacées aux griottes

PRÉPARATION 30 min
MACÉRATION 1 h
RÉFRIGÉRATION 1 h
POUR 6 personnes

- 24 griottes à l'eau-de-vie
- 5 cl de kirsch
- 1/2 l de sorbet à la griotte *(voir p. 96)*
- 1/2 l de glace plombières *(voir p. 91)*
- 300 g de chantilly *(voir p. 51)*
- 80 g de marmelade d'abricot
- vermicelles de chocolat

1] Faites macérer les cerises griottes dénoyautées dans le kirsch pendant 1 heure.
2] Placez 6 coupes à glace au réfrigérateur pendant le même temps ou au congélateur pendant 10 minutes.
3] Préparez le sorbet à la griotte si vous n'employez pas un sorbet à la cerise du commerce.
4] Faites la glace plombières si vous n'utilisez pas une préparation du commerce.
5] Préparez la crème Chantilly.
6] Répartissez la marmelade d'abricot dans le fond des coupes. Ajoutez par-dessus 2 boules de sorbet à la griotte ou à la cerise et 1 boule ou une quenelle de glace plombières.
7] Répartissez les griottes entre les coupes. Décorez selon votre fantaisie avec la chantilly et parsemez de vermicelles de chocolat.

Macarons glacés, sorbet au chocolat et fleurs de lavande

Des fleurs de lavande fraîches parfument le sorbet au chocolat qui garnit ce petit macaron. L'association du chocolat et de la lavande apporte une saveur très subtile et originale. Deux pincées de fleurs fraîches suffisent à parfumer ce dessert.

Voir recette page 446

PRÉPARATION 30 min
CONGÉLATION 30 min
POUR 6 personnes

3/4 de l de glace à la vanille
(voir p. 92)
6 demi-pêches au sirop
200 g de groseilles
200 g de crème Chantilly
(voir p. 51)
18 petits macarons
5 cl de kirsch

Coupes aux macarons et aux pêches

1] Préparez la glace à la vanille si vous ne prenez pas une glace du commerce.
2] Mettez les coupes au congélateur pendant 30 minutes. Égouttez les pêches au sirop. Triez les groseilles.
3] Préparez la chantilly et mettez-la dans une poche à douille cannelée.
4] Répartissez la glace à la vanille dans les coupes en la façonnant soit en boule, soit en quenelle.
5] Versez le kirsch dans une petite assiette et imbibez-en les macarons.
6] Déposez 3 macarons sur la glace à la vanille, dans chaque coupe, puis placez une demi-pêche, cavité en haut. Remplissez cette cavité avec les groseilles.
7] Entourez la base des macarons d'un cordon de crème Chantilly et mettez un petit point de crème sur les groseilles.

PRÉPARATION 30 min
CONGÉLATION 30 min
POUR 6 personnes

3/4 de l de glace à la vanille
(voir p. 92)
150 g de brisures de marrons glacés
400 g de crème Chantilly
(voir p. 51)
vermicelles de chocolat

Coupes glacées aux marrons glacés

1] Préparez la glace à la vanille, mais maintenez-la assez souple. Au besoin, sortez-la du congélateur 30 minutes avant la préparation des coupes, si vous la faites à l'avance (ou si vous utilisez de la glace du commerce).
2] Mettez les coupes à glace pendant 30 minutes au congélateur.
3] Préparez la crème Chantilly.
4] Mélangez les brisures de marrons glacés avec la glace à la vanille en prenant soin de ne pas trop les écraser, puis répartissez cette glace en boule ou en quenelle dans chaque coupe.
5] Recouvrez de crème Chantilly soit avec la poche à douille cannelée, soit avec une cuillère en formant un petit dôme. Parsemez de vermicelles de chocolat.

Variante

À la place des brisures de marrons glacés, vous pouvez utiliser de la glace aux marrons du commerce. Mélangez alors 1 litre de cette glace avec la même proportion de glace à la vanille.

PRÉPARATION 45 min
CONGÉLATION 30 min
MACÉRATION 15 min
POUR 6 personnes

1/2 l de sorbet au citron
(voir p. 94)
1/2 l de sorbet à la fraise
(voir p. 95)
75 cl d'eau
375 g de sucre
4 abricots
2 poires
2 tranches d'ananas
2 kiwis
100 g de fraises
7 cl de kirsch

Coupes de sorbets et de fruits

1] Préparez les sorbets au citron et à la fraise si vous ne prenez pas des sorbets du commerce. Mettez les coupes au congélateur pendant 30 minutes.
2] Préparez un sirop en faisant bouillir l'eau et le sucre dans une casserole.
3] Dénoyautez les abricots, épluchez les poires, coupez les tranches d'ananas, puis recoupez tous ces fruits en petits dés et plongez-les dans le sirop pendant 1 minute. Laissez-les refroidir dans le sirop.
4] Épluchez les kiwis, lavez rapidement et équeutez les fraises; coupez-les également en dés.
5] Égouttez les fruits au sirop quand ils sont froids, ajoutez les dés de kiwis et de fraises puis le kirsch, mélangez et laissez macérer pendant 15 minutes.
6] Disposez dans chaque coupe une boule ou une belle quenelle de sorbet au citron et tassez-la sur un côté de la coupe de manière à la remplir verticalement et à moitié. De l'autre côté, faites la même chose avec du sorbet à la fraise.Mettez de la macédoine de fruits au milieu.

PRÉPARATION 1 h
CONGÉLATION 2 h
POUR 6 personnes

50 cl de lait
200 g de sucre
12 jaunes d'œufs
10 cl de curaçao
50 cl de crème fraîche liquide
1/2 l de sorbet à l'ananas *(voir p. 93)*
200 g de belles fraises

Fraises Sarah Bernhardt

1] Préparez la mousse glacée au curaçao : faites bouillir le lait avec 100 g de sucre. Mettez les jaunes et le sucre dans un saladier et battez-les jusqu'à ce que le mélange blanchisse. Versez le lait bouillant, peu à peu, sur le mélange jaunes-sucre en battant sans arrêt. Remettez dans la casserole et faites cuire comme une crème anglaise *(voir p. 45)*, à feu doux, en tournant sans arrêt avec une cuillère en bois, pendant une trentaine de secondes environ, jusqu'à ce que la crème nappe la cuillère. Versez la crème dans un saladier et mettez-la au réfrigérateur.

2] Quand la crème est froide, ajoutez 7 cl de curaçao et la crème fraîche et fouettez énergiquement pour la faire mousser. Répartissez-la dans 6 petits ramequins et mettez-les au congélateur pendant 2 heures.

3] Préparez le sorbet à l'ananas si vous ne prenez pas un sorbet du commerce.

4] Lavez rapidement et équeutez les fraises. Coupez-les en quatre, mettez-les dans un saladier. Poudrez-les de sucre, versez le reste du curaçao (3 cl) et mélangez bien.

5] Mettez une quenelle de sorbet à l'ananas dans chaque coupe. Ajoutez des fraises par-dessus.

6] Démoulez les mousses glacées au curaçao en passant rapidement les 6 ramequins sous l'eau chaude.

7] Disposez une mousse dans chaque coupe, par-dessus les fraises. Servez aussitôt.

PRÉPARATION 40 min
POUR 6 personnes

100 g de pâte à crumble *(voir p. 29)*
80 cl de glace à la pistache *(voir p. 91)*
500 g de griottes
20 g de beurre
20 g d'huile d'olive
50 g de sucre en poudre
1,5 cl de vinaigre blanc
poivre du moulin

Glace à la pistache et aux griottes

1] Préchauffez le four à 170 °C.

2] Préparez le crumble, et faites-le cuire pendant 20 minutes.

3] Préparez la glace à la pistache et réservez-la au congélateur.

4] Dénoyautez les griottes.

5] Faites fondre le beurre avec l'huile dans une poêle à feu doux, ajoutez les fruits et le sucre et laissez cuire à feu vif pendant 3 ou 4 minutes. Aspergez avec le vinaigre blanc, donnez 2 tours de moulin à poivre et retirez du feu.

6] Disposez le crumble au centre des assiettes, avec 2 quenelles ou 3 boules de glace à la pistache et les cerises chaudes par-dessus. Servez aussitôt.

PRÉPARATION 15 min
CONGÉLATION 4 h 30
POUR 4 personnes

50 cl d'eau minérale
100 g de sucre en poudre
7 cl de whisky
800 g de fraises
1/2 citron
poivre du moulin

Granité au whisky et aux fraises

1] Préparez le granité au whisky : mélangez l'eau, 50 g de sucre et le whisky, versez dans un bac et glissez au congélateur pendant 1heure et demie. Sortez le granité, fouettez-le et remettez-le au congélateur pendant 3 heures.

2] Lavez rapidement et équeutez les fraises, coupez-les en deux.

3] Disposez-les en corolles sur chaque assiette. Pressez le citron et versez le jus sur les fraises, poudrez avec une cuillerée à soupe de sucre, donnez un tour de moulin à poivre.

4] Recouvrez les fraises de granité : raclez la surface du bac avec une cuillerée à soupe et déposez son contenu sur les fraises. Servez immédiatement.

Mandarines givrées

PRÉPARATION 30 min
POUR 8 personnes

8 mandarines
1 l de sorbet à la mandarine *(voir p. 97)*

1] Décalottez les mandarines en les coupant avec un couteau-scie, puis, évidez-les complètement avec une cuillère à bord tranchant, sans percer les écorces. Mettez les écorces et les chapeaux au congélateur.
2] Pressez complètement la pulpe retirée dans une passoire, en appuyant dessus avec une spatule. Passez le jus recueilli et préparez un sorbet à la mandarine.
3] Mettez le sorbet dans une poche à douille cannelée et garnissez les écorces en débordant en hauteur. Couvrez chacune des mandarines avec son chapeau, puis remettez-les au congélateur jusqu'au moment de servir.

Variante

Citrons, oranges et pamplemousses givrés

Vous pouvez, de la même façon, faire des citrons, des oranges ou des pamplemousses givrés en utilisant leur jus pour préparer le sorbet. Décorez-les avec un petit morceau d'angélique confite taillé par exemple en losange ou de la pâte d'amande verte façonnée en forme de feuille.

Melon frappé

PRÉPARATION 10 min
RÉFRIGÉRATION 2 h
POUR 6 personnes

1 l de sorbet au melon *(voir p. 97)*
6 melons
20 cl de porto
glace pilée

1] Préparez le sorbet au melon si vous ne prenez pas un sorbet du commerce.
2] Décalottez largement les melons du côté du pédoncule. Retirez d'abord les graines avec une petite cuillère et jetez-les, puis extrayez délicatement la pulpe avec une cuillère parisienne en faisant des petites billes et mettez-les dans une grande jatte.
3] Ajoutez le porto et laissez macérer pendant 2 heures au réfrigérateur. Mettez également les écorces et les chapeaux des melons au congélateur pour le même temps.
4] Remplissez les écorces vides de couches alternées de sorbet et de billes de melon. Arrosez avec le porto de la macération. Remettez les calottes en place. Présentez les melons dans des coupes individuelles garnies de glace pilée et servez tout de suite.

Meringues glacées

PRÉPARATION 30 min
CUISSON 45 min + 4 ou 5 h
POUR 6 personnes

300 g de meringue française *(voir p. 42)*
1/2 l de glace à la vanille *(voir p. 92)*
1/2 l de sorbet à la fraise ou à la framboise *(voir p. 95)*
200 g de crème Chantilly *(voir p. 51)*

1] Préparez la meringue et mettez-la dans une poche à douille cannelée.
2] Préchauffez le four à 120 °C.
3] Tapissez une plaque à pâtisserie de papier sulfurisé. Déposez 12 torsades de meringue, chacune faisant environ 8 cm de long sur 4 cm de large. Mettez la plaque au four pendant 45 minutes à 120 °C, puis 4 ou 5 heures à 100 °C.
4] Préparez la glace à la vanille et le sorbet à la fraise ou à la framboise si vous n'utilisez pas des produits du commerce.
5] Mettez 6 assiettes au congélateur pendant 30 minutes.
6] Préparez la crème Chantilly et mettez-la dans une poche à douille cannelée.
7] Disposez une boule de glace à la vanille et une autre de sorbet à la fraise ou à la framboise sur chaque assiette. Collez une meringue de chaque côté, appuyez un peu pour les faire tenir en faisant attention de ne pas les briser. Mettez une torsade de crème Chantilly sur le dessus et servez aussitôt.

Nougat glacé au miel

PRÉPARATION 20 min
CONGÉLATION 5 ou 6 h
POUR 8 à 10 personnes

25 g d'angélique
50 g de bigarreaux rouges et verts
25 g d'écorce d'orange confite
75 g de raisins de Corinthe
5 cl de Grand Marnier
700 g de crème fouettée (voir p. 53)
400 g de coulis à la framboise (voir p. 102)

Pour la nougatine
75 g de sucre en poudre
100 g d'amandes mondées

Pour les blancs meringués
120 g de sucre en poudre
3 cl d'eau
6 blancs d'œufs
250 g de miel liquide

1] Hachez tous les fruits confits et mettez-les à macérer avec les raisins secs dans le Grand Marnier pendant 15 à 20 minutes.
2] Préparez la nougatine : mélangez dans une poêle le sucre et les amandes mondées et faites cuire à feu vif jusqu'à ce que la préparation prenne une couleur de caramel.
3] Versez le mélange dans un plat huilé et laissez refroidir. Puis concassez cette nougatine avec un grand couteau.
4] Faites les blancs meringués. Mélangez le sucre et l'eau dans une casserole et laissez cuire jusqu'au au petit boulé *(voir page 69)*. Pendant ce temps, battez les blancs d'œufs en neige et, lorsque le sucre est à 121 °C, versez-le en filet sur les blancs d'œufs et fouettez jusqu'à ce que la préparation soit complètement froide. Ajoutez alors le miel et mélangez.
5] Préparez la crème fouettée.
6] Préparez le coulis à la framboise.
7] Mélangez la nougatine, les fruits confits, les blancs meringués et la crème fouettée.
8] Versez dans un moule à manqué de 1,5 litre. Faites prendre au congélateur pendant 5 ou 6 heures.
9] Coupez le nougat glacé en tranches et servez-le dans des assiettes, nappé de coulis à la framboise.

Restaurant Pierre

Commentaire gourmand

Vous pouvez faire un nougat glacé avec d'autres fruits confits (melon, cédrat ou assortiment d'agrumes confits).
Un coulis d'abricot ou d'un autre fruit peut parfaitement remplacer le coulis à la framboise.

Omelette norvégienne

PRÉPARATION 1 h 30
CUISSON DU BISCUIT 15 à 20 min
POUR 6 personnes

1 l de glace à la vanille (voir p. 92)
500 g de pâte à génoise (voir p. 39)
300 g de meringue française (voir p. 42)
20 cl d'eau
260 g de sucre
20 cl de Grand Marnier
sucre glace

1] Faites la glace à la vanille si vous n'employez pas une préparation du commerce. Gardez-la au congélateur pendant que vous préparez la suite de la recette.
2] Préchauffez le four à 200 °C.
3] Préparez la pâte à génoise.
4] Mettez-la dans une poche à douille avec une douille unie de 1 cm de diamètre. Sur la plaque à pâtisserie recouverte de papier sulfurisé, déposez-la en forme d'ovale (la forme d'une omelette) et mettez au four pendant 15 minutes. Vérifiez la cuisson avec la pointe du couteau, puis laissez refroidir.
5] Augmentez la température du four à 250 °C.
6] Préparez la meringue française et mettez-la dans une grande poche à douille cannelée de 1 cm.
7] Préparez un sirop en faisant bouillir le sucre et l'eau. Laissez-le refroidir et ajoutez alors 10 cl de Grand Marnier. Mettez le biscuit sur un plat ovale pouvant aller au four. Imbibez-le de sirop au Grand Marnier à l'aide d'un pinceau.
8] Démoulez la glace à la vanille et répartissez-la sur le fond de biscuit. Recouvrez entièrement la glace et le biscuit avec la moitié de la meringue et lissez bien le dessus avec une spatule métallique.
9] Tracez des entrelacs sur le dessus de l'omelette avec le reste de la meringue. Poudrez de sucre glace.
10] Mettez le plat dans le four chaud pour dorer la meringue.
11] Au dernier moment, faites chauffer le reste du Grand Marnier (10 cl) dans une petite casserole. Enflammez-le, versez-le sur l'omelette, laissez-le flamber devant les convives et servez aussitôt.

Parfait glacé à la pistache

PRÉPARATION 30 min
CONGÉLATION 6 h
POUR 6 personnes

- 40 g de pistaches entières
- 200 g de sucre en poudre
- 8 cl d'eau
- 8 jaunes d'œufs
- 80 g de pâte de pistache
- 30 cl de crème fouettée *(voir p. 53)*

1] Faites griller légèrement les pistaches et concassez-les.
2] Mélangez l'eau et le sucre en poudre et faites cuire jusqu'au petit boulé, c'est-à-dire à 118 °C *(voir p. 69)*.
3] Mettez les jaunes d'œufs dans un saladier, ajoutez la pâte de pistache et mélangez.
3] Versez dessus le sucre bouillant, petit à petit, en fouettant. Continuez à fouetter jusqu'à ce que le mélange ait refroidi.
4] Préparez la crème fouettée et ajoutez-la à la préparation à la pistache en mélangeant bien mais doucement. Enfin, incorporez les pistaches concassées.
5] Versez dans un moule à parfait (ou dans un moule à charlotte ou à soufflé de 16 cm de diamètre) et mettez pendant 6 heures dans le congélateur.
6] Démoulez en passant rapidement le moule sous l'eau chaude avant de le retourner sur le plat de service.

Variantes

Vous pouvez faire un parfait au chocolat en ajoutant aux jaunes d'œufs 200 g de chocolat à croquer fondu au bain-marie ou au four à micro-ondes, ou bien un parfait praliné avec 150 g de pralin en poudre, ou encore un parfait au café en ajoutant aux jaunes 5 g de café lyophilisé, dilués dans une cuillère à soupe d'eau chaude, puis 5 cl d'extrait de café.

Pêches dame blanche

PRÉPARATION 45 min
MACÉRATION 1 h
POUR 4 personnes

- 1/2 l de glace à la vanille *(voir p. 92)*
- 4 tranches d'ananas
- 1 cuill. à soupe de kirsch
- 1 cuill. à soupe de marasquin
- 2 grosses pêches
- 250 g de sucre en poudre
- 250 cl d'eau
- 1/2 gousse de vanille
- 200 g de crème Chantilly *(voir p. 51)*

1] Préparez la glace à la vanille si vous n'employez pas celle du commerce. Gardez-la au congélateur pendant que vous faites la suite de la préparation.
2] Mettez les tranches d'ananas à macérer dans un plat creux avec le kirsch et le marasquin pendant 1 heure.
3] Faites bouillir de l'eau dans une grande casserole, plongez-y les pêches pendant 30 secondes environ, puis passez-les immédiatement sous l'eau froide et épluchez-les sans les couper.
4] Préparez un sirop en faisant bouillir l'eau avec le sucre et la demi-gousse de vanille fendue en deux.
5] Plongez les pêches entières pendant 10 minutes environ dans le sirop à petite ébullition, en les retournant de temps en temps, puis retirez le sirop du feu. Égouttez les pêches, coupez-les en deux et dénoyautez-les.
6] Préparez la crème Chantilly et mettez-la dans une poche à douille avec une douille cannelée de 1 cm de diamètre.
7] Garnissez le fond de 4 coupes avec de la glace à la vanille, recouvrez d'une tranche d'ananas, puis d'une demi-pêche.
8] Couronnez chaque pêche de chantilly et entourez les tranches d'ananas d'un turban de crème.

Commentaire gourmand

Employez de préférence de l'ananas frais pour ce dessert. Si vous vous servez d'ananas en boîte, égouttez alors soigneusement les tranches avant de les mettre à macérer dans l'alcool. Vous pouvez également faire ce dessert en hiver avec des pêches au sirop. Un jus à la vanille (voir page 109) accompagnera très bien ce dessert aux pêches.

Pêches dame blanche ▶
Une alliance subtile entre l'ananas, la pêche et la vanille.

Pêche Melba

PRÉPARATION 30 min
CUISSON 12 ou 13 min
POUR 4 personnes

1/2 l de glace à la vanille *(voir p. 92)*
500 g de framboises
4 pêches (de préférence blanches)

Pour le sirop

500 g de sucre
1 l d'eau
1 gousse de vanille

1| Préparez la glace à la vanille si vous n'employez pas celle du commerce.
2| Préparez la purée de framboise en écrasant les framboises au mixeur ou au moulin à légumes.
3| Plongez les pêches dans de l'eau bouillante pendant 30 secondes, puis passez-les immédiatement sous l'eau froide et épluchez-les.
4| Préparez le sirop : faites bouillir pendant 5 minutes l'eau avec le sucre et la gousse de vanille ouverte et grattée. Plongez-y les pêches pendant 7 ou 8 minutes en les retournant.
5| Égouttez-les et laissez-les refroidir complètement. Puis coupez-les en 2 et dénoyautez-les.
6| Mettez la glace au fond d'une grande coupe ou dans chaque coupe individuelle. Disposez les pêches dessus et nappez-les de purée de framboise.

Commentaire gourmand

Vous pouvez réaliser de la même façon des poires Melba en pochant des poires dans le sirop vanillé.

Pêche Pénélope

PRÉPARATION 45 min
POUR 8 personnes

500 g de fraises
400 g de sucre
1/2 citron
1/2 paquet de sucre vanillé
100 g de meringue italienne *(voir p. 43)*
400 g de crème fouettée *(voir p. 53)*
50 cl d'eau
4 pêches
200 g de framboises
sucre filé *(voir p. 76)*
200 g de sabayon *(voir p. 270)*

1| Lavez et équeutez les fraises et réduisez-les en purée en les passant au mixeur ou au moulin à légumes. Ajoutez 150 g de sucre, le jus de citron et le sucre vanillé et mélangez.
2| Préparez la meringue italienne, puis la crème fouettée.
3| Ajoutez à la purée de fraise la meringue italienne puis, très délicatement, la crème fouettée.
4| Garnissez de cette mousse à la fraise 8 moules à soufflé individuels de 10 cm de diamètre et mettez-les dans le congélateur.
5| Préparez le sirop en faisant bouillir l'eau et 250 g de sucre.
6| Plongez les pêches dans de l'eau bouillante pendant 30 secondes, puis passez-les immédiatement sous l'eau froide et épluchez-les. Coupez-les en deux et dénoyautez-les. Pochez ces demi-pêches dans le sirop pendant 6 ou 7 minutes. Égouttez-les, laissez-les refroidir et mettez-les au réfrigérateur.
7| Préparez le sabayon de votre choix.
8| Démoulez les mousses dans des coupes, placez une demi-pêche sur chacune d'elles et garnissez le tour de framboises.
9| Couvrez d'un voile de sucre filé et servez avec le sabayon.

Poire Hélène

PRÉPARATION 45 min
CUISSON 20 à 30 min
POUR 6 personnes

1 l de glace à la vanille *(voir p. 92)*
250 g de sucre en poudre
50 cl d'eau
6 poires williams
6 cl d'eau
125 g de chocolat noir
60 g de crème double

1| Préparez la glace à la vanille si vous n'employez pas celle du commerce.
2| Préparez le sirop en faisant bouillir le sucre et l'eau.
3| Pelez les poires en les laissant entières et en gardant leurs queues. Faites les cuire dans ce sirop 20 à 30 minutes.
4| Lorsqu'elles sont bien tendres, égouttez-les, mettez-les au réfrigérateur.
5| Faites bouillir les 6 cl d'eau. Cassez le chocolat en morceaux, hachez-le et mettez-le dans une casserole. Versez l'eau bouillante dessus en mélangeant bien pour le faire fondre et ajoutez la crème double.
6| Mettez de la glace à la vanille au fond de chaque coupe, ajoutez une poire par-dessus et nappez de sauce au chocolat bien chaude.

Pudding Nesselrode

PRÉPARATION 45 min
CONGÉLATION 1 h
POUR 6 à 8 personnes

- 70 g d'écorces d'orange et de cerises confites
- 5 cl de malaga
- 60 g de raisins de Corinthe et de Smyrne
- 1/2 l de crème anglaise *(voir p. 45)*
- 125 g de purée de marron
- 00 g de crème fouettée *(voir p. 53)*
- 7 cl de marasquin
- 12 marrons glacés

1] Coupez les écorces d'orange et les cerises confites en petits dés, et mettez-les à macérer dans le malaga pendant 1 heure.
2] Mettez les raisins de Corinthe et de Smyrne à tremper dans de l'eau tiède pour les faire gonfler.
3] Préparez la crème anglaise, puis mélangez-la avec la purée de marron.
4] Préparez la crème fouettée et ajoutez-lui le marasquin.
5] Mélangez la crème au marron, les fruits confits, les raisins et la crème fouettée.
4] Versez cette composition dans un moule à charlotte de 18 cm de diamètre. Recouvrez avec un film alimentaire et mettez le moule pendant 1 heure dans le congélateur.
6] Démoulez sur le plat de service après avoir passé le moule rapidement sous l'eau chaude et décorez d'une couronne de marrons glacés.

Rouleau glacé à la vanille

PRÉPARATION 40 min
RÉFRIGÉRATION 1 h
CUISSON 10 min
POUR 4 à 6 personnes

- 230 g de chocolat
- 4 œufs
- 100 g de sucre
- 100 g de farine
- 1/2l de glace à la vanille *(voir p. 92)*
- 1 cuill. à soupe de cognac

1] Faites fondre au bain-marie 50 g de chocolat avec une cuillerée à soupe d'eau et le cognac.
2] Battez les œufs avec le sucre jusqu'à obtenir une crème épaisse et mousseuse.
3] Ajoutez le chocolat fondu et mélangez bien. Incorporez la farine en la versant au travers d'un tamis et remuez très doucement, avec des mouvements tournants pour que le mélange ne tombe pas.
4] Préchauffez le four à 200 °C.
5] Étendez la pâte sur une plaque de four recouverte avec du papier sulfurisé et enfournez pendant 7 minutes.
6] Démoulez sur un torchon préalablement saupoudré de sucre. Enroulez tout de suite et laissez refroidir.
7] Déroulez et farcissez avec la glace à la vanille. Enroulez à nouveau et gardez au congélateur.
8] Au dernier moment, faites fondre au bain-marie le chocolat restant avec 3 cuillerées à soupe d'eau.
9] Servez le dessert coupé en tranches accompagné de chocolat fondu.

Rhubarbe à la glace au whisky

PRÉPARATION 40 min
CUISSON 30 min
RÉFRIGÉRATION 2 h
POUR 6 personnes

- 50 cl de jus de fraise *(voir p. 108)*
- 6 tiges de rhubarbe
- 100 g de crème fraîche épaisse

Pour la glace au whisky

- 50 cl de lait
- 6 à 7 grains de poivre
- 10 cl de crème liquide
- 6 jaunes d'œufs
- 125 g de sucre en poudre
- 5 cl de whisky

1] Préparez le jus de fraise.
2] Épluchez soigneusement les tiges de rhubarbe, coupez-les en tronçons de 15 cm environ, mettez-les dans une casserole avec le jus de fraise. Faites cuire à feu doux sans laisser bouillir pendant 30 minutes, jusqu'à ce que la rhubarbe soit souple et n'oppose pas de résistance lorsqu'on y pique un couteau. Mettez au réfrigérateur 2 heures.
3] Préparez la glace au whisky : faites infuser les grains de poivre dans le lait et procédez comme pour une crème anglaise *(voir p. 45)*. Dès que la cuisson est terminée, versez-la dans un saladier et plongez celui-ci dans un bain-marie de glaçons pour le refroidir très vite. Ajoutez alors le whisky, mélangez. Versez dans la sorbetière et mettez à glacer.
4] Lavez, équeutez les fraises et répartissez-les dans les assiettes. Coupez les rhubarbes cuites en biais et en morceaux de 2 cm de long et mettez-les autour des fraises. Couvrez avec le jus de fraise bien froid. Ajoutez une quenelle de glace au whisky et une petite quenelle de crème fraîche épaisse.

Vacherin glacé

PRÉPARATION 1 h
CONGÉLATION 2 h 30
CUISSON 1 +3 h
POUR 6 à 8 personnes

1 l de glace à la vanille (*voir p. 92*)
300 g de meringue française (*voir p. 42*)
200 g de crème Chantilly (*voir p. 51*)

Pour la décoration

250 g de fraises
300 g de framboises

1| Préparez la glace à la vanille si vous n'employez pas une préparation du commerce.
2| Préchauffez le four à 120 °C.
3| Préparez les disques et les coques de meringue : faites la meringue et mettez-la dans une poche à douille avec une douille de 1 cm. Sur une (ou deux) plaque recouverte de papier sulfurisé, dressez en spirale 2 coques de 20 cm de diamètre et 16 coques de 8 cm de long et 3 cm de largeur.
4| Mettez au four pendant 1 heure à 120 °C, puis faites cuire encore pendant 3 heures à 100 °C. Laissez refroidir complètement.
5| Posez le premier disque de meringue dans un cercle de 22 cm de diamètre et de 6 cm de hauteur. Recouvrez-le avec toute la glace à la vanille. Posez par-dessus le second disque de meringue et mettez au congélateur pendant 2 heures.
6| Préparez la crème Chantilly, puis mettez-la dans une poche à douille avec une douille cannelée.
7| Sortez le vacherin et attendez 3 à 5 minutes. Retirez alors le cercle.
8| Déposez une couronne de crème Chantilly tout autour sur les côtés du vacherin et collez-y les coques de meringue. Tracez une couronne de rosaces de chantilly sur le dessus, et remettez au congélateur pendant 30 minutes.
9| Lavez rapidement les fraises et égouttez-les ; triez les framboises. Garnissez le centre du vacherin avec ces fruits juste au moment de servir.

Commentaire gourmand

Vous pouvez faire ce vacherin avec une autre glace ou un autre sorbet du parfum de votre choix et le décorer avec des copeaux de chocolat ou des fruits confits.

Vacherin au marron

PRÉPARATION 20 min
CUISSON 1 h 30
à préparer 24 h à l'avance
POUR 6 à 8 personnes

1 l de glace à la vanille (*voir p. 92*)
150 g de pâte de marron
150 g de purée de marron
700 g de pâte à succès (*voir p. 41*)
sucre glace
4 beaux marrons glacés

1| Faites d'abord la glace aux marrons : préparez 1 litre de glace à la vanille et, avant de la mettre à glacer et quand elle en est au stade de crème anglaise cuite, ajoutez la pâte et la purée de marrons. Laissez-la refroidir et mettez à glacer.
2| Préparez la pâte à succès et mettez-la dans une poche à douille avec une douille de 1,5 cm de diamètre.
3| Préchauffez le four à 160 °C.
4| Déposez 2 disques de pâte de 22 cm de diamètre sur une plaque recouverte d'une feuille de papier sulfurisé, en commençant par le centre et en traçant une spirale.
5| Mettez la plaque au four pendant 30 minutes à 160 °C, puis baissez la température à 140 °C et faites cuire encore 1 heure. Si votre four n'est pas assez grand, faites cuire les 2 disques séparément.
6| Laissez refroidir les disques complètement et décollez-les du papier en posant celui-ci sur un torchon mouillé étalé sur le plan de travail.
7| Le lendemain, sortez la glace du congélateur 1 heure avant de servir afin qu'elle soit assez souple. Avec une spatule, disposez-la sur le premier cercle en une couche épaisse. Déposez par-dessus le second disque. Poudrez de sucre glace et décorez avec les marrons glacés.

◂ *Vacherin glacé*
Ce grand classique parmi les desserts glacés est composé de disques de meringue, garnis de glace à la vanille et couverts de chantilly.

Coupe glacée Ispahan

De délicieuses sensations glacées entre la douceur des litchis pulpeux, l'enivrante flaveur de rose et la subtile acidité du sorbet à la framboise.

Voir recette page 442

Confiseries, sirops de fruits et chocolat

Confitures, marmelades et pâtes de fruits

Toutes ces préparations sont à base de fruits (entiers, en jus, en purée ou en pulpe) et de sucre cuit. La quantité de sucre à ajouter varie selon la nature du fruit. Dans une confiture, les fruits sont encore identifiables, dans une marmelade, ils sont complètement défaits.

Les confitures et les gelées

Pour la cuisson des confitures et des gelées, choisissez toujours des ustensiles en cuivre ou en acier inoxydable. Les autres matériaux risqueraient de donner un mauvais goût à vos fruits.

Une spatule (ou une cuillère) en bois à manche long est indispensable pour mélanger les préparations, ainsi qu'une passoire fine pour filtrer les jus.

Il est préférable d'utiliser des pots en verre trempé (car ils doivent supporter une chaleur de 105 °C) munis d'un couvercle indépendant à vis ou des bocaux avec des joints de caoutchouc neufs. Ces derniers assurent une meilleure étanchéité et permettent de mieux conserver au réfrigérateur un pot entamé. L'emploi de paraffine, de rondelles de papier ou de Cellophane n'offre pas les mêmes garanties de conservation.

Les pots doivent toujours être stérilisés juste avant la cuisson des confitures ; plongez-les, avec leur couvercle et, éventuellement, les joints de caoutchouc dans de l'eau bouillante pendant 3 minutes. Sortez-les un à un avec une écumoire, votre main protégée par un gant. Retournez-les sur un torchon propre ou un papier absorbant.

Pour la mise en pot, protégez vos mains avec des gants ; dès que la confiture est cuite, tenez un pot au-dessus de la bassine, remplissez-le à ras bord avec une petite louche. Posez-le sur le torchon et fermez-le à fond immédiatement. Puis retournez-le : l'air passe ainsi à travers toute la masse et est donc automatiquement stérilisé. Remuez bien la confiture avant de remplir le pot suivant.

Laissez refroidir les pots dans cette position pendant au moins 24 heures.

Rangez-les dans un placard éloigné de toute source de chaleur. Gardez les pots entamés au réfrigérateur. Les confitures se gardent environ 12 mois ; les confitures allégées en sucre se conservent moins bien.

Pour réussir une confiture, il convient de respecter quelques principes de base.

– Pour les fruits pauvres en pectine, il est recommandé d'utiliser du sucre pour confitures. Il n'est donc pas indispensable pour le citron, le coing, les groseilles, la mûre, l'orange et la pomme.

– Faites macérer les fruits (pelés, dénoyautés ou coupés suivant le type de fruit) avec le sucre (comptez 1,2 kg de sucre pour 1,5 kg de pulpe de fruits) et le jus de citron pendant 24 heures dans un saladier. Pendant ce temps, les fruits s'imprègnent de sucre et un sirop se forme.

– Égouttez-les dans une passoire placée au-dessus de la bassine ou de la casserole pendant 15 à 20 minutes. Faites cuire le sirop en le remuant 2 fois avant d'arriver à l'ébullition, puis comptez ensuite 5 minutes environ de cuisson pour arriver au grand filé à 109 °C. Si les fruits ne sont pas très mûrs ou trop gorgés d'eau, il devient nécessaire de prolonger la cuisson du sirop jusqu'au petit boulé, c'est-à-dire à 118 °C.

– Plongez immédiatement les fruits dans ce sirop. Portez de nouveau à ébullition. Comptez 5 à 15 minutes de cuisson pour atteindre 106-107 °C selon la qualité du fruit. Remuez de temps à autre, car le mélange peut attacher à la casserole. Enlevez l'écume en fin de cuisson car elle contient des impuretés.

Dans toutes les recettes, les températures de cuisson sont précisées. Pour plus de détail, on peut se reporter à la rubrique Cuisson du sucre *(voir page 69)*.

– Dès la fin de la cuisson, remplissez les pots, bouchez-les et stockez-les à l'envers (couvercles en bas) pendant 24 heures au moins.

– Après la mise en pot, la confiture épaissit encore pendant quelques jours. S'il vous arrive de faire une confiture trop liquide, vous pouvez la faire cuire une seconde fois. Pour cela, versez le contenu des pots dans une passoire placée au-dessus de la bassine pour récupérer le sirop. Recuisez-le à 109 °C (la cuisson sera plus longue que la première fois car il y a davantage de sirop), ajoutez les fruits et finissez la cuisson comme la première fois.

Confiture d'abricot

PRÉPARATION 1 h
MACÉRATION 24 h
CUISSON 18 min environ
POUR 1 kg de confiture

500 g d'abricots dénoyautés
450 g de sucre en poudre
1 citron
1 gousse de vanille
6 amandes d'abricot décortiquées

1] Pressez le citron : vous devez avoir 1 cuillerée à soupe 1/2 de jus.

2] Ouvrez les abricots, retirez les noyaux ; coupez les moitiés en deux, mettez-les dans une terrine. Poudrez-les de sucre, ajoutez le jus de citron et mélangez bien. Laissez-les macérer pendant 24 heures.

3] Versez les abricots dans une passoire placée au-dessus d'une grande casserole ou d'une bassine en cuivre.

4] Fendez la gousse de vanille, grattez l'intérieur avec un petit couteau, ajoutez la gousse et les graines puis les amandes d'abricot dans le sirop de macération. Faites cuire ce sirop à feu doux jusqu'à 118 °C.

5] Plongez alors les quartiers d'abricot dans ce sirop. Baissez un peu le feu et faites cuire à 106 °C, au lissé pendant 18 minutes environ.

6] Laissez la confiture refroidir complètement si vous voulez l'utiliser tout de suite. Sinon, mettez-la dans les pots ; fermez-les immédiatement et retournez-les pendant 24 heures.

Commentaire gourmand

Vous pouvez réaliser de la même manière une confiture de pêche, en faisant macérer les fruits dans deux fois plus de citron, c'est-à-dire 3 cuillerées à soupe.

Confiture de citron, pastèque et orange

PRÉPARATION 1 h
CUISSON 1 h 20
POUR 2,5 kg de confiture

3 citrons non traités
5 oranges non traitées
2 kg de pastèque
15 cl d'eau
sucre en poudre

1] Faites bouillir une casserole d'eau. Prélevez 3 zestes de citron et 3 zestes d'orange avec un couteau économe, plongez-les dans l'eau bouillante pour les blanchir. Puis coupez-les en fines lanières. Pressez les agrumes pour en récupérer le jus et la pulpe.
2] Pelez la pastèque. Coupez-la en gros cubes, mettez ceux-ci dans la bassine à confiture et faites-les cuire dans l'eau pendant 20 minutes environ.
3] Ajoutez le jus, la pulpe récupérée et les zestes des agrumes et poursuivez la cuisson pendant encore 5 minutes.
4] Pesez le tout et ajoutez 750 g de sucre par kilo. Remettez à cuire pendant environ 1 heure à feu moyen pour que l'eau s'évapore lentement et que la confiture épaississe : les morceaux de pastèque doivent devenir translucides.
5] Mettez en pots ; bouchez-les aussitôt. Retournez-les pendant 24 heures.

Confiture de fraise

PRÉPARATION 20 min
MACÉRATION 24 h
CUISSON 15 min
POUR 1,5 kg de confiture

1 kg de fraises bien mûres
1 kg de sucre pour confiture
1 citron

1] La veille : lavez rapidement les fraises, dans une passoire, sous le robinet. Équeutez-les et mettez-les dans une terrine. Poudrez-les de sucre et mélangez bien. Laissez-les macérer toute une nuit.
2] Pressez le citron. Versez les fraises dans la bassine à confiture, ajoutez le jus de citron et mélangez avec une cuillère en bois. Portez à ébullition et maintenez celle-ci pendant 5 minutes. Retirez les fraises avec une écumoire et déposez-les dans un saladier.
3] Faites bouillir le sirop pendant 5 minutes pour le réduire. Remettez les fraises dedans pendant 5 minutes. Recommencez cette opération 2 fois et enlevez l'écume en fin de cuisson. Les fraises subissent ainsi 3 phases de cuisson de 5 minutes chacune.
4] Retirez du feu, remplissez les pots. Retournez-les pendant 24 heures.

Confiture de « framboises-pépins »

PRÉPARATION 20 min
CUISSON 10 min
POUR 1,5 kg de confiture

1 kg de framboises bien mûres
650 g de sucre en poudre
3 citrons

RECETTE LÉGÈRE

1] Mettez les framboises dans le bol du robot équipé de la lame en Inox. Faites tourner l'appareil à grande vitesse pendant 5 minutes pour que les pépins soient broyés. Ajoutez le sucre et continuez de mixer pendant 30 secondes.
2] Versez la purée de framboise dans la bassine ou dans une casserole en acier inoxydable. Portez à ébullition puis laissez bouillir pendant 3 minutes.
3] Pressez les citrons pour obtenir 3 cuillerées à soupe de jus.
4] Retirez la bassine du feu et ajoutez le jus de citron. Mélangez. Remplissez immédiatement les pots. Retournez-les pendant 24 heures. Gardez-les au réfrigérateur où cette confiture peu sucrée se conservera deux mois.

Valeur nutritionnelle pour 100 g
190 kcal ; glucides : 46 g

PRÉPARATION **20 min**
CUISSON **40 min**
POUR **10 à 12 pots de 500 g**

500 g de cerises acides
500 g de fraises
500 g de groseilles
500 g de framboises
50 cl d'eau
1,7 kg de sucre cristallisé

Confiture aux fruits rouges

1] Lavez et équeutez tous les fruits. Dénoyautez les cerises acides et égrenez soigneusement les groseilles.
2] Dans la bassine à confiture, portez à ébullition l'eau avec le sucre cristallisé. Faites cuire le sucre jusqu'au petit boulé, à 116 °C.
3] Plongez alors les cerises dans ce sirop et faites-les cuire pendant 20 minutes sur feu vif. Écumez régulièrement pour enlever toutes les impuretés.
4] Ajoutez ensuite les fraises et faites cuire, toujours en écumant, pendant 15 minutes. Terminez en ajoutant les groseilles et les framboises, cuisez encore pendant 5 minutes en écumant toujours régulièrement.
5] Mettez en pots, fermez ceux-ci aussitôt et retournez-les pendant 24 heures.

PRÉPARATION **5 min**
CUISSON **2 h 30 min**
POUR **1 kg de confiture**

1 l de lait frais entier
500 g de sucre en poudre
1 gousse de vanille

Confiture de lait

1] Versez le lait dans une casserole. Fendez et grattez la gousse de vanille et ajoutez-la. Versez le sucre et mélangez bien le tout.
2] Faites cuire à feu doux en remuant doucement avec une cuillère en bois. Quand le mélange commence à bouillir, baissez le feu afin de maintenir un léger frémissement. Prolongez la cuisson pendant 2 heures environ, en remuant de temps en temps.
3] Lorsque le mélange épaissit, remuez de plus en plus souvent. Retirez la gousse de vanille. Quand la confiture commence à prendre la consistance d'une sauce, remuez sans arrêt.
4] La confiture est cuite lorsqu'elle ressemble à une sauce Béchamel et qu'elle est de couleur caramel blond. Versez-la aussitôt dans les pots mais attendez 8 jours avant de la consommer.

PRÉPARATION **25 min**
REFROIDISSEMENT **15 min**
CUISSON **1 h**
POUR **2,5 kg de confiture**

1,5 kg d'oranges non traitées
2 citrons non traités
3 g de gingembre frais
1,2 kg de sucre cristallisé
30 cl d'eau
1 pincée de cardamome en poudre

Confiture d'orange et de citron

1] Lavez les fruits. Mettez-les entiers dans une marmite, recouvrez-les d'eau et faites-les cuire pendant 30 minutes à partir de l'ébullition en maintenant cette ébullition.
2] Égouttez-les, remettez-les dans la marmite ou dans un grand saladier, placez celle-ci sous le robinet et laissez-les refroidir sous l'eau courante froide 15 minutes environ.
3] Coupez-les en rondelles épaisses dans un plat, jetez les entames et les pépins et versez le jus dans un saladier.
4] Mettez de côté le quart des rondelles et coupez-les en deux.
5] Coupez les autres rondelles en petits morceaux. Égouttez ceux-ci au-dessus du saladier contenant le jus.
6] Hachez le gingembre.
7] Mettez l'eau et le sucre dans une casserole, portez à ébullition. Cuisez pendant 5 minutes pour amener le sirop à 115 °C. Versez alors le jus, faites bouillir à nouveau le sirop et laissez cuire pendant 5 minutes encore pour l'amener à 112 °C (petit perlé).
8] Ajoutez alors la macédoine d'orange, la cardamome et le gingembre et faites cuire pour arriver à 106 °C (grand filé).
9] Mettez en pots, fermez ceux-ci aussitôt et retournez-les pendant 24 heures.

PRÉPARATION 30 min
CUISSON 25 à 35 min
POUR 2,5 kg de confiture

2 kg de pommes acidulées
1/2 jus de citron
30 cl d'eau
700 g de sucre cristallisé
50 g de beurre demi-sel
1 gousse de vanille

Confiture de « pomme-tatin »

1] Lavez, pelez les pommes, ôtez les pépins mais gardez-les ainsi que les épluchures. Vous devez avoir environ 1,5 kg de chair.
2] Coupez les pommes en quartiers, mettez-les dans une grande casserole, ajoutez le jus de citron, mélangez. Ouvrez et grattez la gousse de vanille et ajoutez-la.
3] Mettez dans une autre casserole l'eau, les épluchures et les pépins et faites cuire pendant 5 minutes. Puis filtrez à travers une passoire placée sur une casserole, en appuyant avec une spatule sur les peaux et les pépins afin d'en exprimer le maximum de jus de cuisson.
4] Ajoutez le sucre dans ce jus. Portez à ébullition puis faites cuire à feu vif jusqu'au caramel foncé. Ajoutez le beurre et mélangez. Transvasez ce caramel dans la casserole où se trouvent les pommes, mélangez et remettez à cuire à feu vif.
5] Baissez le feu au bout de 5 minutes et laissez cuire à feu moyen pendant 15 à 25 minutes selon la qualité des pommes : moins si elles se défont vite, plus si elles rendent beaucoup d'eau. Remuez doucement pour ne pas briser les quartiers.
6] Remplissez les pots, bouchez-les et retournez-les pendant 24 heures.

PRÉPARATION 40 min
CUISSON 40 min
POUR 2 kg de confiture

1,2 kg de quetsches
1 kg de sucre en poudre
1 bâton de cannelle
20 cl d'eau

Confiture de quetsche

1] Lavez les prunes. Dénoyautez-les.
2] Mettez l'eau, le sucre et le bâton de cannelle dans la bassine. Chauffez sur feu moyen. Quand le sirop devient clair et transparent, augmentez un peu le feu puis faites cuire jusqu'à 116 °C.
3] Ajoutez les quetsches. Portez de nouveau à ébullition sur feu moyen. Enlevez régulièrement l'écume qui se forme à la surface. Poursuivez la cuisson pendant 20 minutes après la reprise de l'ébullition.
4] Retirez le bâton de cannelle. Prélevez quelques gouttes de la préparation et versez-les sur une assiette froide : si elles figent immédiatement, la confiture est cuite.
5] Versez-la aussitôt dans les pots, fermez-les et retournez-les pendant 24 heures.

PRÉPARATION 40 min
MACÉRATION 8 h
CUISSON 15 min
POUR 1,5 kg de confiture

800 g de rhubarbe
1 grosse orange non traitée
600 g de pommes granny smith
2 citrons
1 gousse de vanille
1 pincée de clou de girofle en poudre
800 g de sucre en poudre

Confiture de rhubarbe

1] Faites un sirop avec 200 g de sucre et 10 cl d'eau.
2] Prélevez les entames de l'orange, coupez le fruit en tranches et plongez celles-ci dans le sirop. Laissez confire à feu doux, jusqu'à ce qu'elles soient translucides. Laissez ce sirop s'imprégner pendant 8 heures.
3] Coupez les extrémités des tiges de rhubarbe, tranchez celles-ci en gros dés.
4] Pelez les pommes et coupez-les de même. Pressez les citrons.
5] Dans la bassine à confiture, versez les tranches d'orange avec leur jus de cuisson, les pommes, la rhubarbe, la vanille, la poudre de clou de girofle, le jus des citrons et le restant du sucre en poudre. Portez le tout à ébullition et laissez cuire 10 minutes en mélangeant doucement.
6] Écumez la surface avec une écumoire. Prolongez la cuisson pendant 4 minutes supplémentaires.
7] Mettez en pots et bouchez ceux-ci aussitôt. Retournez-les pour 24 heures.

Christine Ferber,
pâtissière à Niedermorschwihr

Confiture de « pomme-tatin » et gelée de fraise ►
On distingue encore de beaux morceaux de pomme caramélisés dans cette confiture qui utilise aussi la pelure des fruits. Plus classique, cette gelée de fraise est aussi plus facile à préparer.

PRÉPARATION 20 min
REPOS 12 h
CUISSON 1 h environ
POUR 1 kg de gelée

1,5 kg de coings bien mûrs
5 grains de poivre
sucre en poudre
jus de citron
50 cl d'eau

Gelée de coing

1] La veille : pelez les coings, coupez-les en tranches et mettez-les dans une casserole avec 50 cl d'eau et les grains de poivre. Portez à ébullition et laissez mijoter pendant 45 minutes jusqu'à ce que les fruits soient très tendres.
2] Faites chauffer une casserole d'eau, plongez-y un torchon pour l'ébouillanter, égouttez-le et essorez-le. Mettez-le dans le fond d'une passoire placée sur un saladier, versez-y la pulpe de coings et laissez-la ainsi s'égoutter pendant 12 heures au moins.
3] Jetez la pulpe. Déterminez la quantité de jus de coing qui s'est écoulé et versez-le dans la bassine à confiture en ajoutant 350 g de sucre et 1 cuillerée à soupe de jus de citron par 1/2 litre.
4] Mélangez et chauffez sur feu doux jusqu'à ce que le sirop soit homogène. Portez à ébullition et maintenez celle-ci 10 minutes, sans remuer. Écumez plusieurs fois : il ne doit rester aucune impureté.
5] Remplissez les pots, fermez-les et retournez-les pendant 24 heures.

PRÉPARATION 30 min
CUISSON 5 min
POUR 600 g de gelée

500 g de fraises
400 g de sucre en poudre
20 g de gélifiant en sachet
1 citron

Gelée de fraise

1] Lavez rapidement et équeutez les fraises. Réduisez-les en purée dans un robot ou au moulin à légumes. Filtrez cette purée dans une passoire en appuyant avec une spatule pour faire passer la purée.
2] Versez cette purée dans une casserole et faites-la chauffer. Ajoutez le sucre en poudre et le gélifiant, mélangez bien et portez à ébullition. Laissez bouillir 3 ou 4 minutes en écumant soigneusement.
3] Retirez la casserole du feu, ajoutez le jus de citron. Mettez tout de suite en pots, fermez ceux-ci et retournez-les pendant 24 heures.

PRÉPARATION 30 min
REPOS 5 ou 6 h
CUISSON 25 min
POUR 2,5 kg de gelée

2 kg de goyaves
1 gousse de vanille
sucre en poudre

Gelée de goyave

1] Lavez, épluchez les goyaves et coupez-les en morceaux. Fendez la gousse de vanille en deux dans le sens de la longueur et grattez-la. Mettez le tout dans une marmite, couvrez d'eau jusqu'aux trois quarts et faites cuire à petits bouillons, pendant 10 à 15 minutes, jusqu'à ce que les fruits changent de couleur.
2] Retirez du feu et laissez reposer pendant 10 minutes environ.
3] Tapissez de mousseline une grande passoire. Posez-la sur une casserole ou la bassine à confiture et versez les goyaves ; laissez-les pendant 5 ou 6 heures de façon que tout le jus s'en écoule.
4] Jetez la pulpe et les graines. Pesez le jus et ajoutez-lui 2 fois son poids de sucre. Mélangez et portez à ébullition en écumant régulièrement. Faites cuire 5 minutes.
5] Mettez en pots immédiatement, fermez-les et retournez-les pendant 24 heures.

Les marmelades

Marmelade d'abricot

PRÉPARATION 30 min
MACÉRATION 24 h
CUISSON 15 à 30 min
POUR 500 g de marmelade

500 g d'abricots
1 gousse de vanille
150 g de sucre en poudre
5 ou 6 citrons
50 g de beurre

1] Coupez les abricots en deux et dénoyautez-les.
2] Fendez la gousse de vanille et grattez-la. Pressez le jus des citrons : vous devez en avoir 50 g.
3] Mettez les moitiés d'abricot, le sucre, la vanille et le jus de citron dans un saladier, mélangez et laissez macérer pendant 24 heures environ.
4] Faites fondre le beurre dans la bassine ou dans une casserole. Versez le contenu du saladier et laissez cuire à feu doux pendant 15 à 20 minutes, jusqu'à ce que les fruits soient complètement délités.
5] Versez la préparation dans un grand compotier, laissez refroidir et conservez au réfrigérateur.

Marmelade de fraise à la menthe

PRÉPARATION 30 min
MACÉRATION 24 h
CUISSON 20 min
POUR 800 g de marmelade

600 g de fraises (gariguette ou mara des bois)
150 g de sucre en poudre
5 ou 6 citrons
poivre noir du moulin
1/4 de bouquet de menthe fraîche

1] Lavez rapidement les fraises, équeutez-les et coupez-les en deux. Pressez les citrons pour obtenir 50 g de jus.
2] Mettez les fruits, le sucre, le jus de citron et 4 tours de moulin à poivre dans un saladier, mélangez et laissez macérer pendant 24 heures.
3] Faites cuire le tout à feu moyen dans une casserole pendant 20 minutes, jusqu'à ce que les fruits soient complètement délités.
4] Ciselez les feuilles de menthe fraîche. Retirez la casserole du feu et ajoutez-la.
5] Versez dans un compotier, laissez refroidir. Vous pouvez conserver cette marmelade au réfrigérateur pendant quelques jours.

Marmelade d'orange

PRÉPARATION 30 min
MACÉRATION 24 h
CUISSON 15 à 30 min
POUR 1,5 kg de marmelade

8 grosses oranges non traitées
1 citron non traité
sucre cristallisé

1] La veille : épluchez les oranges et le citron, séparez les quartiers en ôtant soigneusement les filaments blancs. Retirez complètement la partie blanche et coupez la moitié des écorces en lamelles très fines.
2] Pesez les fruits et les écorces taillées, puis versez-les dans une terrine et ajoutez un poids d'eau égal à celui des agrumes. Laissez tremper 24 heures.
3] Égouttez les fruits et pesez-les. Remettez les fruits dans la bassine à confiture avec un poids égal de sucre, portez à ébullition et faites cuire pendant 15 à 30 minutes, jusqu'à ce qu'ils s'écrasent facilement.
4] Mettez aussitôt en pots et fermez ceux-ci hermétiquement.

PRÉPARATION **30 min**
CUISSON **10 min**
POUR **1,2 kg de marmelade**

- 2 poires bien mûres
- 80 g d'abricots secs
- 30 g de noix
- 340 g d'airelles
- 160 g de raisins de Corinthe
- 120 g de jus d'orange
- 165 g de sucre en poudre
- 1 cuill. à café de cannelle en poudre
- 1 cuill. à soupe de Grand Marnier

Marmelade de poire et d'airelle

1] Pelez, épépinez et coupez les poires en cubes. Coupez également les abricots en cubes.
2] Hachez les noix.
3] Triez soigneusement les airelles.
4] Mettez tous les ingrédients sauf les noix et le Grand Marnier dans une casserole. Portez à ébullition et laissez cuire pendant 6 minutes à feu moyen, sans oublier de remuer de temps en temps avec une cuillère en bois.
5] Ajoutez les noix hachées et la liqueur et prolongez la cuisson de 3 ou 4 minutes supplémentaires.
6] Retirez du feu et versez dans un saladier. Laissez refroidir.

Tour de main

Cette marmelade, mise en bocaux comme une confiture (voir page 334), se conserve très bien durant 1 mois au réfrigérateur.

PRÉPARATION **30 min**
CUISSON **1 h**
POUR **2 kg de marmelade**

- 2 kg de pommes reinettes
- 1 kg de sucre en poudre
- 2 citrons
- 1 gousse de vanille

Marmelade de pomme

1] Lavez les pommes et retirez les queues, les cœurs et les pépins à l'aide d'un vide-pomme, mais ne les épluchez pas. Râpez-les dans la bassine à confiture ou dans une casserole en ajoutant petit à petit le sucre et le jus d'un citron.
2] Fendez et grattez la gousse de vanille. Ajoutez-la et faites cuire doucement pendant 1 heure environ en remuant de temps en temps à l'aide d'une cuillère en bois.
3] Ajoutez le jus du deuxième citron à la fin de la cuisson. Mélangez bien.
4] Mettez en pots, fermez ceux-ci, retournez-les et laissez-les refroidir 24 heures.

Commentaire gourmand

Vous pouvez faire la même marmelade avec des poires. Choisissez-les un peu vertes.

PRÉPARATION **30 min**
MACÉRATION **12 h**
CUISSON **20 à 25 min**
POUR **1 kg environ de marmelade**

- 500 g de pruneaux secs
- 80 g de raisins secs
- 2 petites oranges non traitées
- 1 citron non traité
- 50 g de sucre
- 1 l d'eau
- 1/4 de cuill. à café de clou de girofle en poudre
- 1/2 cuill. à café de cannelle en poudre
- 1/4 de cuill. à café de gingembre moulu
- 80 g de noix décortiquées

Marmelade de pruneau

1] Mettez les raisins et les pruneaux à tremper, dans deux récipients différents, pendant 12 heures.
2] Égouttez et dénoyautez les pruneaux.
3] Ôtez les entames des oranges et du citron, coupez les fruits en tranches fines, et hachez-les grossièrement après élimination des pépins.
4] Mettez les pruneaux, l'eau et le hachis d'orange et de citron dans une grande casserole ou dans une bassine à confiture. Mélangez et laissez cuire pendant 10 minutes à feu doux.
5] Ajoutez les raisins secs égouttés, le sucre, la poudre de clou de girofle et de cannelle ainsi que le gingembre, mélangez à l'aide d'une cuillère en bois et prolongez la cuisson pendant 10 à 15 minutes jusqu'à ce que la marmelade ait épaissi.
6] Hachez les noix et ajoutez-les. Mélangez bien. Mettez en pots immédiatement, bouchez ceux-ci aussitôt, retournez-les et laissez-les refroidir 24 heures ainsi.

Tour de main

Vous pouvez faire tremper les pruneaux et les raisins dans de l'eau tiède ou dans du thé léger.

Commentaire gourmand

Les hachis d'agrumes et de noix apportent une note très originale à cette marmelade.

Les pâtes de fruits

Les pâtes de fruits ne sont pas les confiseries les plus aisées à réaliser. Mais l'emploi d'un mélange gélifiant à base de pectine de pomme, que l'on trouve couramment dans le commerce, permet d'obtenir facilement une bonne gélification.

L'utilisation d'une longue spatule en bois et d'une grande casserole en Inox à fond épais est recommandée.

Le thermomètre à sucre permet de contrôler la température à tout moment. Enfin, pour le moulage, si vous ne possédez pas de cadre conçu pour cet usage, utilisez un cercle à tarte sans fond.

Pour réussir une pâte de fruits, il convient de respecter quelques principes de base.
– Pour obtenir 1 kg de pâte de fruits, réduisez 500 g de fruits en purée.
– Mélangez un sachet de gélifiant pour confiture avec 60 g de sucre en poudre.
– Mettez la pulpe de fruits dans une casserole. Portez à ébullition en fouettant. Ajoutez le mélange gélifiant-sucre et portez de nouveau à ébullition.
– Après 1 minute de cuisson, ajoutez 225 g de sucre en poudre. Reportez à ébullition, ajoutez le reste du sucre (c'est-à-dire 225 g). Tournez sans arrêt avec la spatule, en raclant bien contre le fond de la casserole.
– La cuisson finale se fait à feu vif provoquant de gros bouillons pendant 5 à 10 minutes selon le fruit choisi. Faites cuire au total pendant 15 minutes.
– Posez une feuille de papier sulfurisé sur le plan de travail. Posez un cercle à tarte sans fond si vous n'avez pas de cadre spécial pour le moulage. Versez-y la pâte, laissez-la prendre et refroidir pendant 3 heures au moins.
– Humectez la surface de la pâte avec un pinceau mouillé avant de la découper. Coupez-la en carrés de 2 x 2 cm ou en rectangles. Roulez ceux-ci au fur et à mesure dans 250 g de sucre cristallisé. Puis rangez-les sur un plat ou dans une boîte hermétique si vous voulez les conserver quelque temps.

Massepains

PRÉPARATION 15 min
CUISSON 5 ou 6 min
POUR 24 massepains

500 g de pâte d'amande *(voir p. 346)*
1 cuill. à café d'eau de fleur d'oranger
1 cuill. à café de vanille liquide
2 ou 3 gouttes d'extrait d'amande amère
sucre glace
250 g de glace royale *(voir p. 74)*

1] Mélangez la pâte d'amande avec l'eau de fleur d'oranger, la vanille et l'extrait d'amande amère.
2] Préchauffez le four à 120 °C.
3] Préparez la glace royale.
4] Saupoudrez le plan de travail de sucre glace et étalez la pâte d'amande sur 1 cm d'épaisseur. Recouvrez-la d'une pellicule de 1 mm environ de glace royale.
5] Découpez à l'emporte-pièce les motifs de votre choix dans la pâte : carrés, ronds, etc. Rangez les massepains sur une plaque à pâtisserie garnie d'une feuille de papier sulfurisé et laissez sécher au four pendant 5 ou 6 minutes.

Tour de main

Pour faire ces massepains plus rapidement, prenez de la pâte d'amande du commerce, de couleurs différentes.

Histoire gourmande

Le massepain aurait été créé par des religieuses, les ursulines d'Issoudun. Dispersées pendant la Révolution, celles-ci ouvrirent une pâtisserie dans la ville. Au milieu du XIXe siècle, la renommée des massepains d'Issoudun gagna la cour de Russie, les Tuileries et même le Vatican. On appelle également « massepains » des petits articles de confiserie à base de pâte d'amande, colorée et moulée en forme de fruits, de légumes, etc.

Pâte de fruits à la banane et aux noisettes

La pâte est à base de pulpe de banane et de pomme granny smith, mélangée à du jus de pomme et de citron, que l'on fait cuire avec du gélifiant. En fin de cuisson, on ajoute des noisettes préalablement grillées au four puis concassées et une pincée de noix muscade en poudre.

Voir recette page 447

Pâte d'amande

PRÉPARATION 25 min
CUISSON 15 min
POUR 500 g de pâte

- 250 g de poudre d'amande
- 500 g de sucre en poudre
- 50 g de glucose
- 5 gouttes de colorant
- sucre glace

1] Faites cuire le sucre et le glucose dans 15 cl d'eau, jusqu'au petit boulé *(voir page 69)*. Retirez la casserole du feu, versez-y la poudre d'amande et remuez énergiquement avec une cuillère en bois jusqu'à ce que la préparation soit granuleuse.

2] Ajoutez alors le colorant à raison de 1 goutte pour 100 g de pâte.

3] Laissez refroidir. Saupoudrez le plan de travail de sucre glace. Travaillez la pâte à la main par petites quantités, jusqu'à ce qu'elle soit souple.

4] Façonnez des formes différentes : commencez toujours par former un petit boudin de 3 ou 4 cm de diamètre et coupez-le en tronçons de même dimension. Faites-en une boule en le roulant entre vos paumes, puis donnez-lui par exemple une forme de cerise ou de fraise si vous avez utilisé un colorant rose ; de banane avec un colorant jaune, etc.

Pâte de coing

PRÉPARATION 40 min
CUISSON 15 min + 5 à 7 min
POUR 40 à 50 carrés de pâte

- 1 kg de coings
- 20 cl d'eau
- 600 à 700 g de sucre en poudre
- 2 citrons non traités
- sucre cristallisé

1] Lavez et épluchez les coings, coupez-les en morceaux de 2 ou 3 cm après en avoir retiré le cœur et les pépins.

2] Mettez-les dans une casserole ou dans la bassine à confiture, ajoutez l'eau et le zeste des citrons. Faites cuire à feu doux jusqu'à ce qu'ils soient en purée.

3] Pesez cette purée et ajoutez 600 g de sucre pour 500 g de purée. Mélangez bien avec une cuillère en bois et remettez à cuire pendant 5 ou 6 minutes en écumant de temps en temps. Vérifiez la cuisson : prélevez une petite cuillerée de pâte et versez-la sur une assiette froide. Si elle n'est pas suffisamment ferme, encore un peu coulante, prolongez la cuisson de 1 ou 2 minutes.

4] Versez la pâte sur une plaque à rebord ou sur un plat recouvert de papier sulfurisé sur une épaisseur de 1,5 à 2 cm et laissez-la durcir pendant 3 ou 4 heures dans un endroit frais (mais pas au réfrigérateur).

5] Découpez ensuite des carrés de pâte de 2 cm de côté environ et roulez-les dans le sucre cristallisé. Puis rangez-les dans une boîte hermétique où ils se conserveront pendant 5 à 8 jours.

Pâte de fraise

PRÉPARATION 20 min
CUISSON 12 min
POUR 24 carrés de pâte

- 1,2 kg de fraises
- 1 kg de sucre pour confiture
- 2 feuilles de gélatine
- sucre cristallisé

1] Lavez rapidement les fraises, équeutez-les et passez-les au moulin à légumes. Pesez la pulpe : il doit y en avoir 1 kg. Il faut 1 kg de sucre pour confiture pour 1 kg de pulpe. Rajoutez-en si vous avez plus de pulpe.

2] Versez cette pulpe dans une bassine à confiture ou dans une casserole et faites-la bouillir. Ajoutez la moitié du sucre et portez de nouveau à ébullition en tournant avec la spatule en bois. À la reprise de l'ébullition, mettez l'autre moitié de sucre en tournant toujours. Maintenez la cuisson à gros bouillons pendant 6 ou 7 minutes.

3] Trempez la gélatine dans un bol d'eau froide puis essorez-la. Délayez-la, dans un bol, avec un peu de pulpe chaude puis reversez le contenu du bol dans la bassine et mélangez bien.

4] Posez une feuille de papier sulfurisé sur le plan de travail et par-dessus un cercle sans fond. Coulez la pâte dedans, égalisez et laissez refroidir. Puis découpez-la en carrés et roulez ceux-ci dans le sucre cristallisé.

Sirops, fruits au sirop, confits et à l'alcool

Les fruits peuvent entrer dans de nombreuses préparations : additionnés de sirop, solution de sucre dans de l'eau, ils donnent des boissons désaltérantes et économiques. Ils peuvent aussi être cuits pour être confits ou macérés dans de l'eau-de-vie, qui prolonge leur conservation.

Les sirops

PRÉPARATION 20 min
ÉGOUTTAGE 3 ou 4 h
CUISSON 10 min
POUR 2 bouteilles de 75 cl

4 kg de cassis
sucre en poudre

Sirop de cassis

1] Égrappez les cassis, passez les grains au moulin à légumes pour les écraser.

2] Mettez un linge propre au fond d'une passoire, placez-la sur un saladier, versez les cassis écrasés et laissez le jus s'écouler naturellement pendant 3 ou 4 heures. Ne pressez pas : la pulpe, très riche en pectine, ferait prendre le sirop en gelée.

3] Pesez ce jus et comptez 750 g de sucre en poudre pour 500 g de jus. Versez le jus dans une bassine à confiture, ajoutez le sucre, mélangez et chauffez en remuant bien jusqu'à ce que le sucre soit complètement dissous.

4] Ébouillantez 2 bouteilles de 75 cl.

5] Quand la température a atteint 103 °C (*voir page 69*, sirop au petit filé), écumez puis versez le sirop dans les bouteilles. Bouchez-les tout de suite hermétiquement et conservez-les au frais, à l'abri de la lumière.

Tour de main

Vous pouvez ébouillanter les bouteilles en les faisant bouillir dans un grand faitout d'eau ou en les lavant puis en les passant au four à 110 °C pendant 5 minutes.

PRÉPARATION 20 min
FERMENTATION 24 h
CUISSON 5 min
POUR 2 bouteilles de 75 cl

2 kg de cerises douces
sucre en poudre

Sirop de cerise

1] Dénoyautez les cerises et réduisez-les en purée en les passant au mixeur ou au moulin à légumes. Passez la purée dans un tamis très fin ou une passoire très fine, puis laissez le jus fermenter 24 heures à température ambiante.
2] Ébouillantez 2 bouteilles de 75 cl.
3] Pesez le jus de cerise, mettez-le dans la bassine à confiture, ajoutez 1,5 kg de sucre par kilo de jus, mélangez et portez à ébullition à 103 °C (*voir page 69*, sirop au petit filé). Laissez cuire ainsi pendant 5 minutes.
4] Versez le sirop de cerise dans les bouteilles, bouchez tout de suite celles-ci hermétiquement et conservez-les au frais, à l'abri de la lumière.

PRÉPARATION 30 min
MACÉRATION 12 h
CUISSON 3 ou 4 min
POUR 2 bouteilles de 75 cl

300 g d'amandes
2 l d'eau
sucre en poudre
100 g de poudre d'amande
2 cl d'eau de fleur d'oranger
5 gouttes d'extrait d'amande amère

Sirop d'orgeat

1] La veille : hachez grossièrement les amandes au couteau.
2] Faites bouillir l'eau dans une casserole avec 400 g de sucre, les amandes et la poudre d'amande. Arrêtez le feu dès les premiers bouillons, mélangez bien et laissez macérer la préparation pendant 12 heures environ.
3] Le lendemain, mettez la casserole sur le feu et faites bouillir de nouveau pendant 1 minute. Posez un linge sur un saladier et vesez-y la préparation pour la filtrer.
4] Pesez cette préparation et ajoutez 700 g de sucre en poudre pour 500 g de jus. Mélangez bien et reversez le tout dans la casserole, remettez-la sur le feu, portez à ébullition et laissez bouillir pendant 3 ou 4 minutes.
5] Ébouillantez 2 bouteilles de 75 cl.
6] Laissez refroidir le sirop. Ajoutez l'eau de fleur d'oranger et l'extrait d'amande amère.
7] Versez le sirop dans les bouteilles. Fermez-les hermétiquement et conservez-les au frais.

Tour de main
Il faut ajouter l'eau de fleur d'oranger et l'extrait d'amande amère lorsque le sirop est froid, sinon la chaleur diminuerait leur parfum.

PRÉPARATION 30 min
MACÉRATION 2 ou 3 h
CUISSON 5 min
POUR 1 l de sirop

2 kg de grenades
sucre en poudre
2 cl d'eau de fleur d'oranger
2 gouttes d'extrait d'amande amère

Sirop de grenadine

1] Ouvrez les grenades et prélevez-en toutes les graines. Mettez les fruits dans un saladier avec 300 g de sucre et laissez macérer pendant 2 ou 3 heures.
2] Passez-les au mixeur ou au moulin à légumes.
3] Mettez un linge propre au fond d'une passoire, placez-la sur un saladier, versez les graines de grenade écrasées et laissez le jus s'écouler naturellement pendant 3 ou 4 heures.
4] Pesez le jus et ajoutez 500 g de sucre pour 500 g de jus. Faites-le chauffer et bouillir pendant 2 ou 3 minutes, en écumant plusieurs fois. Maintenez encore l'ébullition pendant 2 minutes.
5] Ébouillantez 1 bouteille d'un litre.
6] Laissez refroidir le sirop. Ajoutez l'eau de fleur d'oranger et l'extrait d'amande amère.
7] Versez le sirop dans la bouteille. Fermez-la hermétiquement et conservez-la au frais, à l'abri de la lumière.

Sirop de mandarine aux épices de Noël

PRÉPARATION 1 h
MACÉRATION 12 h
CUISSON 4 min
POUR 1,5 l de sirop

- 4 kg de mandarines non traitées
- sucre en poudre
- 30 cl d'eau
- 4 bâtons de cannelle
- 2 étoiles d'anis
- 6 graines de coriandre
- 1 clou de girofle
- 2 pincées de gingembre en poudre
- 1 pincée de noix muscade râpée
- 200 g de miel

1] La veille : coupez les mandarines en deux sans les éplucher puis recoupez chaque moitié en quatre. Mettez-les dans une bassine à confiture ou dans une grande casserole, ajoutez 600 g de sucre, l'eau, la cannelle en bâton, l'anis, les graines de coriandre concassées, le clou de girofle, le gingembre en poudre. Râpez la valeur d'une pincée de noix muscade et ajoutez-la également. Remuez avec une grande cuillère en bois pour que tous les ingrédients soient parfaitement incorporés. Puis laissez la préparation macérer pendant 12 heures.

2] Le lendemain : mettez la bassine sur le feu, faites chauffer jusqu'à ébullition. Arrêtez alors le feu, écrasez bien les fruits avec un pilon ou une grosse cuillère en bois.

3] Posez un linge fin sur un saladier, versez le contenu de la bassine, mettez des gants pour vous protéger de la chaleur de la préparation et tordez entre vos mains les extrémités du torchon, de plus en plus, pour bien exprimer tout le jus.

4] Pesez le jus recueilli, versez-le dans la casserole ou dans la bassine et ajoutez 650 g de sucre pour 500 g de jus.

5] Mélangez encore et faites bouillir le sirop pendant 3 ou 4 minutes, en écumant régulièrement pour enlever toutes les impuretés.

6] Ébouillantez 2 bouteilles de 75 cl.

7] Laissez refroidir le sirop. Versez-le dans les bouteilles. Fermez celles-ci aussitôt hermétiquement et conservez-les au frais.

Tour de main

Faites-vous aider pour préparer ce sirop. Il est en effet beaucoup plus facile de tordre le torchon à deux et on court moins le risque de se brûler. De toute façon, mettez des gants.

Sirop exotique

PRÉPARATION 1 h
MACÉRATION 2 ou 3 h
CUISSON 5 min
POUR 1 l de sirop

- 1 petit ananas
- 500 g d'oranges non traitées
- 2 citrons verts
- 500 g de kiwis
- 500 g de fruits de la Passion
- 1 l d'eau
- sucre en poudre
- 150 g de noix de coco râpée

1] Ébouillantez 1 bouteille d'un litre.

2] Épluchez l'ananas et coupez-le en dés de 2 cm de côté environ.

3] Coupez les oranges et les citrons en deux puis chaque moitié en six.

4] Épluchez les kiwis et coupez-les en dés de 2 cm environ.

5] Coupez les fruits de la Passion en deux et prélevez la pulpe avec une petite cuillère. Ajoutez-la dans un saladier avec tous les autres fruits coupés.

6] Faites bouillir l'eau dans une casserole avec 100 g de sucre et la noix de coco râpée pendant 1 minute.

7] Ajoutez tous les fruits et portez encore à ébullition pendant 1 minute environ. Éteignez le feu et laissez macérer ainsi pendant 2 ou 3 heures.

8] Passez ensuite tout le contenu de la casserole au moulin à légumes.

9] Posez un linge au fond d'une passoire, mettez-la sur un saladier et filtrez ainsi. Laissez s'écouler tout le sirop naturellement, pendant plusieurs heures.

10] Pesez le liquide recueilli et ajoutez le même poids de sucre en poudre. Faites ensuite bouillir le sirop en mélangeant bien pour dissoudre complètement le sucre, puis en écumant régulièrement pour retirer toutes les impuretés.

11] Versez le sirop dans la bouteille, bouchez-la hermétiquement et conservez-la au frais.

PRÉPARATION **15 min**
MACÉRATION **12 h**
CUISSON **10 min**
POUR **75 cl de sirop**

1 kg de fraises bien mûres (gariguette ou mara des bois)
500 g de sucre en poudre
1 citron
1/4 de botte de menthe

Sirop de fraise à la menthe fraîche

1] La veille : lavez, équeutez et passez les fraises au moulin à légumes ou au mixeur. Mettez la purée de fraise dans un saladier, recouvrez d'un film alimentaire et laissez-le au réfrigérateur toute la nuit.
2] Dans une passoire fine, versez la purée et laissez le jus s'en écouler.
3] Pressez le jus du citron. Mettez la purée de fraise dans une casserole avec le sucre et le jus de citron, portez à ébullition à feu vif et laissez cuire à feu doux pendant 10 minutes environ. Ôtez régulièrement, à l'aide d'une écumoire, l'écume qui se forme à la surface, jusqu'à ce qu'il n'y en ait plus.
4] Hachez la menthe.
5] Retirez la casserole du feu.
6] Ébouillantez 1 bouteille de 75 cl.
7] Ajoutez la menthe hachée à la préparation et laissez refroidir. Filtrez le jus dans une passoire et versez-le dans la bouteille. Conservez celle-ci au frais.

Commentaire gourmand
Vous pouvez également faire ce sirop de fraise sans menthe.

PRÉPARATION **25 min**
MACÉRATION **12 h**
CUISSON **15 min**
POUR **2 bouteilles de 75 cl**

3 kg de mûres
sucre en poudre

Sirop de mûre

1] La veille : triez et équeutez les mûres, pesez-les, mettez-les dans un récipient avec 1 verre d'eau par kilo de fruits nettoyés et laissez-les macérer ainsi 12 heures au moins.
2] Passez les fruits au moulin à légumes ou au mixeur et versez la purée obtenue dans un torchon. Tordez-le aux deux bouts de façon à faire une sorte de sac, placez celui-ci au-dessus d'un saladier et continuez de tordre de chaque côté en serrant de plus en plus fort : le jus va s'écouler à travers le torchon, la pulpe va rester à l'intérieur.
3] Pesez le jus recueilli. Versez-le dans une bassine à confiture et ajoutez 800 g de sucre pour 500 g de jus.
4] Faites chauffer et portez à ébullition. Laissez cuire pendant une dizaine de minutes. Versez le sirop dans des bouteilles ébouillantées, bouchez-les hermétiquement et conservez-les au frais, à l'abri de la lumière.

Commentaire gourmand
Vous pouvez faire de la même manière du sirop de groseille ou de framboise.

PRÉPARATION **40 min**
CUISSON **10 min**
POUR **2 bouteilles de 75 cl**

4 kg d'oranges non traitées
sucre en poudre

Sirop d'orange

1] Choisissez des oranges bien mûres. Enlevez finement le zeste de quelques-unes puis pelez-les toutes.
2] Écrasez la pulpe dans un moulin à légumes, passez au tamis très fin ou dans un linge mouillé.
3] Pesez le jus recueilli. Ajoutez 800 g de sucre pour 500 g de jus. Mettez le tout dans une bassine à confiture et faites cuire pendant 2 ou 3 minutes ; ôtez régulièrement l'écume qui se forme à la surface.
4] Tapissez d'une mousseline l'intérieur d'une passoire ; posez celle-ci sur un grand saladier. Mettez les zestes d'orange dans la passoire. Dès que le sirop bouillonne, versez-le sur les zestes afin que le sirop s'imprègne de leur parfum.
5] Ébouillantez 2 bouteilles de 75 cl.
6] Laissez refroidir le sirop, mettez-le dans les bouteilles, bouchez celles-ci hermétiquement et conservez-les au frais, à l'abri de la lumière.

Les fruits au sirop

Abricots au sirop

PRÉPARATION 30 min
MACÉRATION 3 h
CUISSON 15 à 20 min
POUR 2 kg d'abricots au sirop

1 kg d'abricots
500 g de sucre en poudre
1 l d'eau

1] Choisissez des abricots sains et juste mûrs. Dénoyautez-les, mettez-les dans un grand saladier.
2] Versez le sucre en poudre et l'eau dans une casserole. Faites chauffer jusqu'à ébullition. Recouvrez les abricots de ce sirop et laissez-les macérer pendant 3 heures.
3] Égouttez les abricots et rangez-les dans des bocaux à conserve.
4] Refaites bouillir le sirop pendant 1 ou 2 minutes puis versez-le sur les abricots. Bouchez aussitôt les bocaux.
5] Stérilisez-les en les plongeant dans une marmite d'eau bouillante pendant 10 minutes.

Mirabelles au thé

PRÉPARATION 30 min
CUISSON 10 min
STÉRILISATION 1 h 10
POUR 1 bocal de 2 l

1,3 kg de mirabelles
1,2 l d'eau de source
5 cuill. à café de thé earl grey
1 citron
1/2 orange
poivre du moulin

1] Ébouillantez le bocal à conserve.
2] Lavez et égouttez les mirabelles, dénoyautez-les et mettez-les dans le bocal.
3] Faites chauffer jusqu'au frémissement 60 cl d'eau, ajoutez le thé et couvrez. Laissez infuser 3 ou 4 minutes seulement.
4] Filtrez cette préparation et versez-la sur les mirabelles.
5] Pressez le citron et la demi-orange. Prélevez le zeste de 1/4 de citron. Faites bouillir le reste de l'eau (60 cl) avec le sucre, le zeste, le jus des agrumes et ajoutez 2 tours de moulin à poivre. Dès que cette préparation bout, versez-la sur les fruits. Fermez le bocal.
6] Stérilisez-le pendant 1 heure 30 en le plongeant dans une grande marmite d'eau bouillante.

Commentaire gourmand

Servez ces mirabelles bien froides avec un sorbet au citron (voir page 94) ou quelques cuillerées de crème épaisse légèrement battue et des petits sablés, ou des tuiles (voir page 234).

Poires williams au sirop vanillé

PRÉPARATION 30 min
CUISSON 5 à 10 min
POUR 4 à 6 personnes

1 kg de poires williams
2 citrons
1 l d'eau
500 g de sucre en poudre
1 gousse de vanille

1] Pressez le jus des citrons et versez-le dans le saladier. Pelez les poires et disposez-les dans le saladier : le citron les empêchera de noircir.
2] Mettez dans une casserole l'eau, le sucre, la gousse de vanille fendue et grattée, les poires et le jus de citron. Portez à ébullition. Laissez frémir pendant 5 à 10 minutes. Avant de retirer du feu, vérifiez la cuisson des poires en les transperçant avec un couteau : il doit y entrer sans résistance.
3] Versez le tout dans un saladier. Couvrez avec une petite assiette pour que les poires baignent bien dans le sirop et mettez-les au réfrigérateur.

Voir photographie page 352

Prunes au sirop

PRÉPARATION **15 min**
CUISSON **20 min**
POUR **3 kg de prunes**

3 kg de prunes moyennes
1 cuill. à soupe de graines de coriandre
2 clous de girofle
1 l de cidre doux
1 kg de sucre en poudre
3 bâtons de cannelle

1] Lavez les prunes, égouttez-les dans un grand saladier.
2] Réunissez dans un morceau de mousseline la coriandre et les clous de girofle. Nouez le tissu. Versez le cidre dans une grande casserole, ajoutez le sucre et remuez pour le dissoudre. Plongez-y le nouet et la cannelle.
3] Portez à ébullition et faites cuire ce sirop pendant 20 minutes. Retirez la casserole du feu et laissez refroidir. Enlevez la cannelle et le nouet.
4] Ébouillantez les bocaux. Répartissez-y les prunes. Versez le sirop par-dessus et fermez bien. Laissez macérer les prunes pendant 1 mois environ, au frais, avant de les utiliser de façon que le sucre « cuise » les fruits en les imprégnant peu à peu.

Les fruits confits

Cerises au sucre cuit à la cannelle

PRÉPARATION **30 min**
CUISSON **10 min**
REPOS **30 min**
POUR **40 cerises**

40 cerises à l'eau-de-vie *(voir p. 356)*
1 citron
10 cl d'eau
300 g de sucre
1 cuill. à café de cannelle en poudre
30 gouttes de colorant rouge carmin
1 cuill. à café de fécule de maïs

1] Égouttez les cerises sur du papier absorbant. Pressez le citron pour obtenir une cuillerée à soupe de jus.
2] Faites bouillir l'eau et le sucre. Au bout de 3 minutes, ajoutez le jus de citron, la cannelle et le colorant. Menez la cuisson jusqu'au grand cassé (155 °C) *[voir page 69]*.
3] Poudrez les cerises de fécule de maïs et roulez-les en soulevant de chaque côté le papier absorbant, pour bien les sécher. Prenez chaque cerise par la queue et trempez-la entièrement dans le sucre cuit. Puis posez les fruits sur une plaque recouverte de papier sulfurisé et laissez-les durcir 30 minutes.
4] Consommez les cerises très rapidement car elles ne se conservent que 5 heures, l'alcool dissolvant rapidement la pellicule de sucre cuit.

Écorces d'orange confites

PRÉPARATION **2 h**
CUISSON **1 h 30**
POUR **400 g d'écorces confites**

6 oranges non traitées à peau épaisse
1 l d'eau
500 g de sucre
10 cl de jus d'orange

1] Faites bouillir une casserole d'eau.
2] Coupez les deux extrémités des oranges. Incisez la peau en quatre endroits avec un petit couteau et prélevez-la en quatre quarts réguliers. Plongez-les dans l'eau bouillante, laissez-les bouillir 1 minute, égouttez-les dans une passoire et rincez-les à l'eau froide.
3] Faites bouillir une autre casserole d'eau et recommencez l'opération.
4] Mettez dans une grande casserole l'eau, le sucre et le jus d'orange, portez à ébullition. Ajoutez-y les écorces d'orange, mettez un couvercle sur la casserole et faites cuire à feu doux pendant 1 heure 30. Puis laissez refroidir les écorces dans le sirop.
5] Égouttez-les écorces dans une passoire puis sur un papier absorbant. Laissez-les sécher un moment avant de les ranger dans une boîte hermétique et dans un endroit frais.

◄ *Poires williams au sirop vanillé*
La recette peut aussi être réalisée avec des poires passe-crassane ou doyenné du Comice.

Zestes de pamplemousse confits enrobés au chocolat

PRÉPARATION 40 min
CUISSON 1 h 30
MACÉRATION 12 h
POUR 40 à 50 zestes

4 pamplemousses non traités (red ruby de préférence)
1 l d'eau
500 g de sucre en poudre
1 étoile de badiane
10 grains de poivre noir
1 gousse de vanille
1 1/2 citron

Pour l'enrobage

300 g de chocolat de couverture
200 g de cacao en poudre

1] La veille : coupez les deux extrémités des pamplemousses et réservez-les, puis découpez la peau, de haut en bas, en larges copeaux. Gardez 0,5 cm de pulpe avec la peau. Faites bouillir une casserole d'eau et plongez-y ces zestes pour les y faire bouillir 2 minutes puis rincez-les immédiatement sous l'eau froide. Répétez cette opération encore 2 fois puis égouttez-les.

2] Préparez le sirop : mettez dans une casserole l'eau, le sucre, la badiane, les grains de poivre écrasés, la gousse de vanille fendue et grattée. Portez ce mélange à ébullition.

3] Ajoutez les zestes et laissez-les cuire à feu doux et à couvert, pendant 1 heure 30 environ, pour préserver leur moelleux. Faites-les macérer ainsi pendant toute une nuit.

4] Le lendemain : égouttez-les dans une passoire ou sur un tamis pendant 1 heure. Puis mettez-les au réfrigérateur.

5] Faites fondre le chocolat au bain-marie ou au four à micro-ondes et tempérez-le *(voir page 79)*.

6] Trempez chaque zeste dans le chocolat tempéré (35 à 40 °C) puis roulez-le dans le cacao en poudre. Mettez ensuite les zestes à égoutter dans une passoire pour enlever l'excédent de cacao en poudre.

7] Dégustez-les le jour même car ces zestes sont délicieux très frais, mais vous pouvez garder le reste pendant 2 ou 3 jours dans une boîte hermétique, au réfrigérateur.

Tour de main

Vous pouvez tailler ces zestes confits en petits cubes et les utiliser pour parfumer un cake ou une compote de pomme, par exemple. Ils se conservent aussi plusieurs semaines dans leur sirop, en bocal, au réfrigérateur.

Variante

Vous pouvez aussi faire ces zestes de pamplemousse sans chocolat. Taillez-les alors en grosses lanières de 1 cm d'épaisseur. Procédez de la même façon pour les confire. Puis roulez-les dans du sucre cristallisé.

Les fruits à l'alcool

Abricots à la badiane

PRÉPARATION 15 min
REPOS 15 + 30 jours
POUR 1 bocal de 2 l

1 kg d'abricots frais
4 étoiles d'anis
75 cl d'eau-de-vie
200 g de sucre en poudre

1] Faites bouillir de l'eau et versez-la dans le bocal. Retournez celui-ci sur un linge propre.

2] Coupez tous les abricots en deux et enlevez les noyaux. Disposez-les en couches dans le bocal.

3] Ajoutez les étoiles de badiane dans le bocal, versez l'eau-de-vie et fermez le couvercle.

4] Deux semaines plus tard, ajoutez le sucre en poudre. Refermez bien le bocal, puis agitez-le, retournez-le pour que le sucre se mélange bien. Renouvelez l'opération dans les jours suivants.

5] Attendez au moins 30 jours avant de consommer les fruits. Ils peuvent se conserver ainsi plusieurs mois.

Zestes de pamplemousse confits enrobés au chocolat ▶
Le chocolat noir donne une note sublime à la légère amertume des zestes d'agrumes.

Cassis à la cannelle et aux écorces d'orange

PRÉPARATION 15 min
REPOS 15 à 20 jours
POUR 1 bocal de 2 l

1 kg de cassis
1 orange non traitée
15 cl d'eau
400 g de sucre en poudre
4 bâtons de cannelle
50 cl d'eau-de-vie

1] Faites bouillir de l'eau et versez-la dans le bocal. Retournez celui-ci sur un linge propre.
2] Prélevez avec un couteau économe le zeste de l'orange en larges bandes fines, sans peau blanche : elle donnerait de l'amertume.
3] Dans une petite casserole, mélangez l'eau et le sucre en poudre. Faites bouillir le mélange. Ajoutez-y les zestes d'orange et les bâtons de cannelle. Laissez infuser pendant 5 à 6 minutes. Mettez un linge sur un saladier. Passez le sirop à travers le linge pour le filtrer. Puis recommencez une deuxième fois et laissez refroidir.
4] Lavez rapidement les baies de cassis, sans les faire tremper. Déposez-les sur un torchon, triez-les soigneusement. Remettez-les sur un autre torchon sec pour les faire sécher.
5] Versez les cassis bien secs dans le bocal. Ajoutez le sirop froid puis l'eau-de-vie. Fermez bien le couvercle.
6] Retournez-le une ou deux fois pour mélanger cassis, sirop et alcool.
7] Laissez reposer 15 à 20 jours avant de goûter les cassis.

Cerises à l'eau-de-vie

PRÉPARATION 30 min
CUISSON 2 ou 3 min
POUR 1 bocal de 2,5 kg

2 kg de cerises bien acides
2 ou 3 clous de girofle
1/2 bâton de cannelle
2 l d'eau-de-vie à 45 % Vol
500 g de sucre en poudre
150 g d'eau

1] Triez soigneusement les fruits pour choisir les cerises qui sont bien saines mais pas trop mûres. Lavez-les rapidement, séchez-les, gardez la moitié de leur queue.
2] Faites bouillir de l'eau et versez-la dans le bocal. Retournez celui-ci sur un linge propre.
3] Quand le bocal est froid, mettez toutes les cerises dedans avec les clous de girofle et la cannelle.
4] Mettez l'eau et le sucre dans une casserole, faites bouillir jusqu'à ce que le sirop se colore très légèrement. Retirez du feu et versez-y l'alcool.
5] Versez le contenu de la casserole sur les cerises et fermez immédiatement le bocal.
6] Laissez reposer 30 jours avant de goûter les cerises.

Fraises et framboises à l'eau-de-vie

PRÉPARATION 30 min
REPOS 30 jours
POUR 1 bocal de 2 l

600 g de fraises
400 g de framboises
400 g de sucre
40 cl d'eau-de-vie de framboise

1] Faites bouillir de l'eau et versez-la dans le bocal. Retournez celui-ci sur un linge propre.
2] Lavez rapidement les fraises dans une passoire et équeutez-les. Mettez-les sur un torchon propre pour bien les faire sécher.
3] Triez les framboises.
4] Coupez toutes les fraises en quatre, dans le sens de la hauteur.
5] Au fond du bocal, disposez une couche de fraises, poudrez-la de sucre.
6] Mettez par-dessus une couche de framboises et poudrez de sucre. Continuez ainsi jusqu'à utilisation de tous les fruits en alternant fraises, sucre, framboises, sucre, etc. Puis versez l'eau-de-vie de framboise : elle doit recouvrir les fruits.
7] Fermez le bocal mais ne le retournez surtout pas pour ne pas mélanger les couches de fruits. Laissez reposer 30 jours avant de déguster ces fruits.

Commentaire gourmand

Dégustez ces fruits accompagnés d'une boule de glace à la vanille (voir page 92).

Fruits à l'eau-de-vie

PRÉPARATION 30 min
REPOS 40 jours
POUR 1 kg de fruits

1 kg de framboises, fraises, cerises, poires, pommes, prunes, pêches
500 g de sucre en poudre
50 cl d'eau-de-vie

1] Trier et équeutez les fraises et les framboises. Pour les cerises, vous pouvez laisser un petit morceau de queue.
2] Pelez, épépinez les poires et les pommes et coupez-les en petits cubes.
3] Lavez et séchez les prunes.
4] Plongez les pêches dans une casserole d'eau bouillante puis dans un saladier d'eau glacée, pelez-les et coupez-les en petits cubes.
5] Ébouillantez les bocaux en les faisant bouillir 5 minutes dans une grande casserole d'eau. Retournez-les sur un linge propre et laissez-les refroidir.
6] Répartissez-y les fruits et le sucre puis versez l'eau-de-vie. Fermez hermétiquement les bocaux.
7] Laissez macérer pendant 6 semaines avant de consommer ces fruits.

Tour de main

Ces fruits peuvent se faire dans un grand pot en grès. S'il n'est pas plein la première fois, ajoutez des fruits et du sucre dans les mêmes proportions, en remuant chaque fois avec beaucoup de précaution pour ne pas abîmer les framboises.

Mirabelles au sauternes et au miel

PRÉPARATION 30 min
STÉRILISATION 1 h 10
POUR 1 bocal de 2 l

1,2 kg de mirabelles
1/2 citron
1/2 gousse de vanille
50 cl d'eau de source
200 g de miel de fleur ou d'acacia
200 g de sucre en poudre
50 cl de sauternes

1] Stérilisez le bocal à l'eau bouillante.
2] Lavez et séchez les mirabelles et mettez-les dans ce bocal.
3] Pressez le jus du 1/2 citron. Ouvrez et grattez la gousse de vanille. Faites bouillir ensemble dans une casserole l'eau, le miel, la vanille, le sucre et le jus de citron. Versez ensuite ce mélange sur les mirabelles.
4] Ajoutez le sauternes.
5] Fermez bien le bocal. Faites-le stériliser pendant 1 heure 10 dans une grande casserole ou un faitout d'eau bouillante. Laissez-le refroidir.

Tour de main

Ces mirabelles se gardent plusieurs mois dans un endroit frais. Avant de les servir, mettez-les quelques heures au réfrigérateur. Accompagnez-les d'une glace à la vanille *(voir page 92)*.

Pruneaux et marrons à l'armagnac

PRÉPARATION 10 min
REPOS 30 jours
POUR 1 bocal de 2 l

600 g de pruneaux séchés
300 g de marrons glacés
50 cl d'armagnac

1] Faites chauffer une casserole d'eau et versez-la quand elle est bouillante pour stériliser le bocal. Retournez-le sur un linge propre.
2] Quand il est totalement froid, disposez une couche de pruneaux, puis une de marrons et ainsi de suite jusqu'à ce que tous les fruits y soient rangés. Faites en sorte de terminer par une couche de pruneaux.
3] Versez l'armagnac dans le bocal. Il doit recouvrir les pruneaux.
4] Fermez le bocal sans le remuer pour ne pas modifier la disposition des fruits. Gardez-le au frais pendant 30 jours avant de déguster.

Tour de main

Servez ces pruneaux et marrons avec une glace à la vanille *(voir page 92)* *ou au caramel ou encore au marron.*

Fruits séchés, déguisés, bonbons, caramels

Ce sont des confiseries à base de fruits frais séchés au four ou enrobés d'une couche de sucre, protectrice et brillante. Les bonbons sont en sucre cuit, les caramels, mous ou durs, composés de sucre, de glucose, de crème, de beurre, de parfums divers.

Les fruits séchés

Chips de fraise

PRÉPARATION 30 min
SÉCHAGE 1 h 30 au moins
POUR 150 g de chips de fraise

500 g de fraises bien mûres
30 g de sucre glace

1] Préchauffez le four à 100 °C.
2] Lavez rapidement les fraises, équeutez-les et égouttez-les. Coupez-les en fines lamelles avec un petit couteau très bien aiguisé.
3] Tapissez une plaque de papier sulfurisé. Disposez les lamelles de fraise une à une, les unes à côté des autres, sans les faire se chevaucher.
4] Poudrez-les de sucre glace et mettez-les au four pendant 1 heure.
5] Retournez les tranches et poudrez-les de sucre glace. Remettez-les au four pendant 30 minutes. Vérifiez qu'elles sont bien sèches : elles ne doivent plus du tout être molles mais au contraire assez friables.
6] Laissez-les refroidir puis rangez-les avec délicatesse, car elles sont très fragiles, dans une boîte hermétique.

Commentaire gourmand
Ces chips de fraise peuvent être utilisées pour décorer une coupe de glace à la fraise : piquez-les sur les boules de glace.

Chips de pomme

PRÉPARATION 15 min
MACÉRATION 12 h
SÉCHAGE 2 h au moins
POUR 180 g de chips de pomme

3 pommes vertes (granny smith)
1 citron
200 g de sucre en poudre
50 cl d'eau

1| La veille. Pressez le jus du citron et versez-le dans un saladier.
2| Coupez les pommes en très fines tranches avec un grand couteau bien aiguisé, mettez-les dans le saladier pour que le citron les empêche de noircir et remuez-les, mais avec précaution pour ne pas les briser.
3| Faites bouillir l'eau et le sucre en poudre dans une casserole et plongez les tranches de pomme dans ce sirop. Laissez-les macérer toute une nuit.
4| Le lendemain. Préchauffez le four à 100 °C.
5| Égouttez les tranches de pomme en les déposant sur du papier absorbant. Tapissez une plaque de papier sulfurisé et disposez les tranches les unes à côté des autres.
6| Recouvrez-les avec une autre feuille de papier puis posez dessus une autre plaque et mettez le tout au four pendant 1 heure.
7| Retirez du four la plaque et la feuille du dessus, remettez les pommes au four, toujours à 100 °C pour encore 1 heure au moins. Puis laissez-les refroidir et rangez-les délicatement dans une boîte hermétique.

Commentaire gourmand

Servez ces chips de pomme avec une glace ou à l'apéritif. Elles se croquent comme une friandise.

Tranches d'ananas séchées

PRÉPARATION 40 min
SÉCHAGE 50 min à 1 h
POUR 30 à 40 tranches d'ananas séchées

1 ananas
20 g de sucre glace

1| Pelez l'ananas puis coupez-le en tranches de 1 ou 2 mm d'épaisseur à l'aide d'un long couteau bien aiguisé. Évidez soigneusement le cœur. Laissez les tranches égoutter pendant 10 à 15 minutes dans un plat tapissé de papier absorbant.
2| Préchauffez le four à 100 °C.
3| Poudrez légèrement de sucre glace une ou plusieurs plaques à revêtement anti-adhésif, posez toutes les tranches d'ananas égouttées dessus, recouvrez d'une autre plaque et mettez au four pendant 30 minutes.
4| Retirez la seconde plaque et laissez encore sécher 20 à 30 minutes. Les tranches d'ananas ne doivent pas devenir brunes.
5| Conservez-les dans un récipient hermétique, à l'abri de l'humidité.

Tranches de pomme et de poire séchées

PRÉPARATION 5 min
SÉCHAGE 2 h au moins
POUR 80 tranches de pomme et de poire séchées

2 pommes
2 poires mûres
1 citron

1| Pressez le citron et versez-en le jus dans un saladier.
2| Préchauffez le four à 100 °C.
3| Coupez chacun des fruits en très fines lamelles avec un couteau bien aiguisé et enlevez les pépins. Mettez immédiatement les tranches dans le saladier, le jus de citron les empêchera de noircir ; remuez très délicatement pour ne pas les briser.
4| Tapissez une plaque de papier sulfurisé. Posez-y les tranches de pomme et de poire les unes à côté des autres : elles ne doivent pas se chevaucher. Mettez la plaque au four pendant 1 heure.
5| Sortez la plaque et retournez toutes les tranches. Remettez-la au four, toujours à la même température et poursuivez le séchage pendant encore 1 heure au moins. Il est achevé quand les tranches sont presque transparentes.
6| Rangez-les délicatement dans une boîte bien hermétique.

Les fruits déguisés

Fraises déguisées

PRÉPARATION 30 min
CUISSON 3 min
POUR 50 fraises déguisées

500 g de fraises
sucre glace
250 g de fondant *(voir p. 73)*
5 gouttes de colorant rouge
3 cl de kirsch

1] Lavez rapidement les fraises dans une passoire sous le robinet, puis épongez-les dans un torchon propre. Ne les équeutez pas.
2] Poudrez une feuille de papier sulfurisé de sucre glace.
3] Mettez le fondant dans une petite casserole et faites chauffer à feu moyen en remuant de temps en temps. Ajoutez le colorant et le kirsch, et mélangez bien. Éteignez le feu.
4] Trempez chaque fraise dans le fondant et déposez-les au fur et à mesure sur le sucre glace. Puis mettez les fraises dans une boîte hermétique, telles quelles ou, mieux encore, dans de petits godets en papier plissé.

Fruits déguisés au sucre candi

PRÉPARATION 15 min
MACÉRATION 15 h
SÉCHAGE 3 ou 4 h
POUR 1,2 kg de fruits déguisés

1 kg de sucre en poudre
40 cl d'eau
300 g de pruneaux ou autres fruits déguisés *(voir ci-dessus)*

1] Mélangez le sucre et l'eau dans une casserole et faites bouillir 2 minutes en passant un pinceau trempé dans de l'eau froide sur la paroi intérieure de la casserole pour empêcher le sucre de cristalliser. Laissez refroidir ce sirop.
2] Rangez les fruits déguisés dans un plat. Versez le sirop sur les fruits : ils doivent rester immergés dans le sirop. Couvrez le plat d'un papier sulfurisé pour éviter qu'une croûte ne se forme et que le sucre ne cristallise et laissez ainsi macérer pendant 15 heures.
3] Mettez les fruits sur une grille pour qu'ils s'égouttent et laissez-les ainsi sécher pendant 3 ou 4 heures. Vous pouvez alors les déguster immédiatement ou bien les garder pendant une quinzaine de jours.

Fruits déguisés au sucre cuit

PRÉPARATION 40 min
CUISSON 10 min
POUR 1,4 kg de fruits déguisés

1 kg de fruits (noix décortiquées, kumquats, physalis, grains de raisins blanc ou noir, tranches d'agrumes)

Pour le sucre cuit
500 g de sucre en poudre
150 g de glucose
15 cl d'eau

1] Préparez le sucre cuit : mettez le sucre, le glucose et l'eau dans une grande casserole et faites cuire à feu modéré jusqu'à 155 °C, au grand cassé *(voir page 69)*, en prenant soin, dès le début de l'ébullition, de badigeonner régulièrement la paroi intérieure de la casserole avec un pinceau trempé dans de l'eau froide (le moindre petit grain de sucre projeté pourrait faire cristalliser la masse).
2] Trempez immédiatement la casserole dans de l'eau froide pour arrêter à ce stade la cuisson du sucre. Posez-la sur un torchon plié en quatre.
3] Trempez un à un chaque fruit dans le sucre, très rapidement, en le piquant sur un bâtonnet ou en le tenant soit par la tige, soit par la feuille. Chaque fois que le sucre épaissit en refroidissant, réchauffez-le très légèrement sur un feu doux.
4] Au fur et à mesure, déposez les fruits trempés sur un plat couvert d'une feuille de papier sulfurisé. Consommez ces fruits déguisés de sucre dans les deux jours.

◄ *Assortiment de fruits déguisés*
Fraises, noix, mirabelles, raisins, kumquats, physalis, agrumes en quartiers, presque tous les fruits peuvent être déguisés.

Groseilles déguisées

PRÉPARATION 15 min
POUR 25 groseilles déguisées

250 g de groseilles
100 g de sirop de citron
150 g de sucre cristallisé

1] Versez le sirop de citron dans un bol et le sucre cristallisé dans un autre.
2] Triez soigneusement et lavez rapidement les groseilles. Laissez-les en grappes. Faites-les sécher sur un torchon.
3] Prenez chaque grappe de groseilles, trempez-la d'abord dans le sirop de citron, laissez un peu égoutter au-dessus du bol, puis roulez-la sur elle-même dans le bol de sucre cristallisé.
4] Déposez les grappes au fur et à mesure dans de petites caissettes en papier gaufré.

Variante

Groseilles déguisées à l'orange

Râpez le zeste d'une orange non traitée et mélangez-le avec 150 g de sucre cristallisé, lavez les groseilles et roulez-les dedans quand elles sont encore humides.

Marrons déguisés

PRÉPARATION 35 min
RÉFRIGÉRATION 45 min
CONGÉLATION 1 h 30
CUISSON 15 min
POUR 20 marrons déguisés

50 g de beurre
200 g de pâte de marron sucrée en boîte
60 g de brisures de marron glacé
15 g de fécule de maïs

Pour l'enrobage

250 g de sucre en poudre
10 cl d'eau
50 de chocolat à croquer
1/2 citron
5 g de beurre

1] Laissez ramollir le beurre dans une terrine, à température ambiante.
2] Assouplissez-le à l'aide d'une spatule pour le mettre en pommade, puis ajoutez la pâte de marron et les brisures de marron glacé. Mélangez bien et mettez au réfrigérateur pendant 45 minutes pour que la préparation durcisse.
3] Sur le plan de travail poudré de fécule de maïs (ou de sucre glace), déposez la pâte, coupez-la en deux et façonnez chaque morceau en forme de boudin.
4] Coupez 10 morceaux réguliers dans chaque boudin. Mettez chacun de ces morceaux en boule et pincez le haut de chaque boule entre le pouce et l'index pour lui donner une forme de marron.
5] Piquez chacun des 20 « marrons » sur une fourchette en l'enfonçant bien, en biais. Mettez les 20 fourchettes sur un grand plat et le tout au congélateur pendant 1 heure 30 ou pendant 3 heures au réfrigérateur.
6] Pressez le jus du demi-citron. Faites bouillir l'eau et le sucre.
7] Faites fondre le chocolat au bain-marie ou au four à micro-ondes.
8] Versez lentement le sirop sur le chocolat en fouettant vivement, remettez le tout dans la casserole, ajoutez le beurre et faites bouillir en remuant constamment.
9] Après 1 minute de cuisson, ajoutez le jus de citron. Le mélange bout alors à gros bouillons. Laissez cuire encore pendant 10 minutes ; il fume et épaissit. Continuez de remuer et de cuire jusqu'à 150 °C quand il nappe alors la cuillère.
10] Ôtez du feu et posez la casserole sur un torchon plié en quatre.
11] À l'aide d'une fourchette, trempez rapidement chaque « marron » aux quatre cinquièmes de sa hauteur dans le sucre au chocolat, en lui réservant une collerette à la base : l'enrobage ne doit pas toucher la fourchette. Un filament se forme à la pointe des marrons après le trempage. Posez la fourchette à cheval sur le bord du plat de façon que le marron soit à l'extérieur.
12] Laissez durcir quelques minutes avant de couper les filaments. Mettez les marrons dans des caissettes en papier gaufré. Gardez-les au réfrigérateur et dégustez-les dans les 24 heures.

Tour de main

Le sucre au chocolat durcissant vite, réchauffez si nécessaire la casserole au cours de l'enrobage.

Les bonbons

Bergamotes de Nancy

PRÉPARATION 30 min
CUISSON 5 min
REPOS 30 min
POUR 50 à 60 bergamotes

30 cl d'eau
1 kg de sucre
150 g de glucose
1 cl de jus de citron
5 gouttes d'huile essentielle de bergamote

1] Mettez l'eau, le sucre et le glucose dans une casserole, faites chauffer et menez la cuisson du sucre au grand cassé, à 155 °C *(voir page 69)*.
2] Préparez un bain-marie d'eau froide et de glaçons.
3] Tapissez une plaque de papier sulfurisé.
4] Retirez la casserole du feu, ajoutez le jus de citron dans le liquide sucré puis remettez celui-ci à bouillir pendant 30 secondes.
5] Ajoutez alors l'huile essentielle de bergamote, mélangez doucement et mettez la casserole dans le bain-marie glacé pendant 15 secondes.
6] Coulez le sucre sur la plaque sur une épaisseur de 8 à 10 mm. Laissez-le figer 1 ou 2 minutes. Trempez la lame d'un couteau dans de l'huile et tracez, sur le sucre, des rainures de 3 ou 4 mm de profondeur, en formant un quadrillage. Laissez durcir le sucre pendant 30 minutes.
7] Retirez le papier sulfurisé. Cassez les carrés de sucre entre vos doigts. Rangez les bergamotes dans une boîte hermétique. Elles se conserveront ainsi 5 à 10 jours dans un endroit sec.

Pommes d'amour

PRÉPARATION 30 min
CUISSON 10 min
REPOS 30 min
POUR 10 pommes d'amour

10 petites pommes (gala de préférence)
30 cl d'eau
1 kg de sucre
200 g de glucose
10 gouttes de colorant rouge
noix de coco râpée
10 piques en bois de 20 cm de long

1] Préparez un bain-marie de glaçons et d'eau froide.
2] Faites chauffer l'eau, le sucre et le glucose et cuisez jusqu'au grand cassé à 155 °C *(voir page 69)*.
3] Ajoutez le colorant rouge et mélangez bien à l'aide d'une cuillère en bois.
4] Posez la casserole dans le bain-marie glacé pour stopper la cuisson.
5] Versez la noix de coco râpée dans un petit plat. Mettez les pommes sur les piques et trempez chacune d'elles dans le sucre coloré ; laissez s'égoutter l'excédent de sucre puis roulez la pomme dans la noix de coco.
6] Disposez ensuite les pommes dans un plat et laissez-les durcir pendant 30 minutes.

Pralines de fruits secs

PRÉPARATION 30 min
POUR 600 g de pralines

50 g d'eau
200 g de sucre
300 g d'amandes ou de noix ou de noisettes ou de noix de pecan

1] Préparez une grande feuille de papier sulfurisé sur le plan de travail.
2] Faites chauffer l'eau et le sucre dans une grande casserole et laissez cuire jusqu'au grand boulé, à 135 °C *(voir page 69)*.
3] Versez d'un seul coup la totalité du ou des fruits secs que vous avez choisis. Mélangez-les immédiatement avec le sucre cuit. Ils vont d'abord s'amalgamer puis ils vont se séparer et le sucre qui les enrobe va prendre une apparence de sable.
4] Continuez de les brasser avec une cuillère en bois. Le sucre va se colorer peu à peu pour prendre une légère couleur caramel.
5] Versez alors les pralines sur la feuille de papier sulfurisé que vous avez préparée. Étalez-les bien et laissez-les refroidir.
6] Mettez-les dans une boîte en métal hermétique ; elles se conserveront pendant 15 à 20 jours.

Les caramels

Caramels mous au chocolat

PRÉPARATION 15 min
CUISSON 15 min
POUR 70 caramels

120 g de chocolat noir amer
44 cl de crème liquide
280 g de glucose
40 g de beurre demi-sel
280 g de sucre en poudre

1] Hachez le chocolat. Faites bouillir la crème dans une petite casserole.
2] Mettez à fondre le glucose à feu doux dans une autre casserole, ajoutez le sucre. Laissez-le caraméliser jusqu'à obtenir une couleur ambre foncé.
3] Ajoutez alors le beurre, mélangez, puis versez la crème bouillante, mélangez et incorporez enfin le chocolat haché.
4] Mélangez et faites cuire de nouveau jusqu'à 115-116 °C.
5] Versez le caramel dans un cadre rectangulaire ou dans un cercle à tarte de 22 cm posé sur un papier sulfurisé et laissez-le refroidir.
6] Coupez-le en rectangles, enveloppez-les dans de la Cellophane et rangez-les dans une boîte hermétique.

Caramels mous au citron

PRÉPARATION 30 min
CUISSON 10 min
SÉCHAGE 5 ou 6 h
POUR 65 caramels

3 citrons non traités
500 g de sucre en poudre
60 g de beurre
65 g de beurre demi-sel
250 g de chocolat blanc
100 g de chocolat au lait

1] Prélevez les zestes des citrons et hachez-les finement. Mettez-les avec le sucre sur un papier sulfurisé et frottez ce mélange entre vos mains pour que le sucre s'imprègne du parfum des zestes.
2] Pressez les citrons. Mettez dans une casserole le sucre avec les zestes, le jus des citrons, les deux sortes de beurre et faites cuire jusqu'à 118-119 °C.
3] Hachez très finement le chocolat et versez le sirop dessus en mélangeant bien avec une cuillère en bois.
4] Coulez la préparation sur 2 cm d'épaisseur dans un cadre de 15 x 18 cm ou dans un cercle à tarte sans fond.
5] Laissez ainsi refroidir et cristalliser pendant 5 ou 6 heures.
6] Détaillez le caramel en carrés de 2 cm de côté. Enveloppez-les dans de la Cellophane et conservez-les dans une boîte.

Caramels à la vanille et aux amandes

PRÉPARATION 30 min
CUISSON 10 min
POUR 80 caramels

50 g d'amandes hachées
2 gousses de vanille
50 cl de crème fraîche
350 g de glucose
380 g de sucre
30 g de beurre

1] Préchauffez le four à 170 °C.
2] Mettez les amandes sur une plaque recouverte de papier sulfurisé et faites-les griller pendant 15 à 18 minutes en les mélangeant de temps en temps.
3] Fendez les gousses de vanille, grattez-en l'intérieur au-dessus d'un bol pour récupérer les graines.
4] Faites bouillir la crème.
5] Mettez à fondre le glucose à feu doux dans une autre casserole, ajoutez le sucre et les graines de vanille et laissez caraméliser. Ajoutez alors le beurre, puis la crème bouillante sans cesser de remuer. Laissez cuire jusqu'à 116-117 °C puis ajoutez les amandes encore chaudes.
6] Versez la préparation dans un cadre rectangulaire ou un cercle à entremets posé sur un papier sulfurisé et laissez refroidir.
7] Coupez le caramel en carrés (ou en barres) et enveloppez ceux-ci dans de la Cellophane. Conservez-les dans une boîte hermétique.

◄ *Caramels mous au chocolat*
Il faut envelopper ces caramels dans de la Cellophane pour conserver leur moelleux.

Caramels à la framboise

Une gourmandise plaisir d'un caramel fondant mêlé à la délicieuse pointe d'acidité des framboises.

Voir recette page 441

Les truffes et les friandises au chocolat

Pour les amoureux du chocolat, carrés de nougat, amandes, fruits à l'eau-de-vie, ganache façonnée en boules sont enrobés de chocolat.Les truffes, à base de ganache, sont le plus souvent roulées dans des copeaux de chocolat ou du cacao en poudre.

Les truffes

PRÉPARATION 30 min
CUISSON ET INFUSION 20 min
RÉFRIGÉRATION 2H
POUR 45 truffes

50 g de beurre
330 g de chocolat noir amer
25 cl de crème liquide
Pour l'enrobage
100 de cacao

Truffes au chocolat

1] Coupez le beurre en petits morceaux et laissez-le ramollir à température ambiante.
2] Hachez le chocolat très finement.
3] Faites bouillir la crème, puis ajoutez le chocolat haché peu à peu en remuant doucement et sans arrêt.
4] Quand le chocolat est fondu, ajoutez les morceaux de beurre et remuez à l'aide d'une cuillère en bois jusqu'à ce que le mélange soit bien homogène.
5] Versez la ganache dans un plat tapissé de papier sulfurisé et mettez-le au réfrigérateur pendant 2 heures.
6] Répartissez le cacao dans un plat. Démoulez la ganache, coupez-la en rectangles de 10 x 30 cm et roulez ceux-ci dans la cacao.
7] Rangez les truffes dans une boîte que vous mettrez au réfrigérateur.

Truffes au chocolat et aux abricots secs ►
Des truffes fondantes et corsées adoucies par la suavité de l'abricot.

Truffes au chocolat et aux abricots secs

PRÉPARATION 45 min
CUISSON 15 min
RÉFRIGÉRATION 2 h
POUR 35 truffes

50 g d'abricots secs
1 cuill. à soupe d'eau
1,5 cl d'eau-de-vie d'abricot
30 g de beurre
240 g de chocolat noir
8 cl de crème liquide
120 g de purée d'abricot
150 g de cacao en poudre

1] Coupez les abricots secs en petits cubes de 3 mm. Mettez-les dans une casserole avec l'eau, l'eau-de-vie et faites cuire à feu très doux pendant 6 à 8 minutes, jusqu'à ce que les fruits soient bien réhydratés.
2] Coupez le beurre en petits morceaux, laissez-le ramollir.
3] Hachez très finement le chocolat.
4] Faites bouillir ensemble la crème et la purée d'abricot et ajoutez-y peu à peu le chocolat haché sans cesser de remuer, puis les dés d'abricot et enfin les morceaux de beurre. Mélangez bien.
5] Tapissez avec du papier sulfurisé un plat rectangulaire de 28 x 20 cm et versez-y le mélange crème-chocolat-abricots. Mettez-le au réfrigérateur pendant 2 heures.
6] Étalez la poudre de cacao sur un plat. Démoulez la ganache, coupez-la en rectangles de 10 x 30 mm et roulez ceux-ci dans le cacao en poudre.

Voir photographie page 369

Truffes au chocolat et au caramel

PRÉPARATION 30 min
RÉFRIGÉRATION 2 h + 30 min
POUR 80 truffes

300 g de chocolat noir
180 g de chocolat au lait
26 cl de crème liquide
190 g de sucre
40 g de beurre demi-sel
sucre glace
150 g de cacao en poudre

1] Hachez finement les deux chocolats.
2] Faites bouillir la crème.
3] Mettez à chauffer doucement le sucre dans une casserole jusqu'à ce qu'il devienne très coloré. Ajoutez le beurre, puis la crème en mélangeant bien. Ajoutez les chocolats et remuez jusqu'à ce qu'ils soient fondus.
4] Tapissez le fond d'un plat de papier sulfurisé. Coulez-y la ganache et mettez le plat au réfrigérateur pendant 2 heures.
5] Passez la lame d'un couteau tout autour du plat et démoulez en le retournant sur un papier sulfurisé. Détaillez des carrés de 3 cm de côté. Poudrez vos mains de sucre glace et formez une boule avec chaque carré en le façonnant dans le creux de vos mains.
6] Disposez toutes les boules sur un plat et mettez celui-ci de nouveau au réfrigérateur pendant 30 minutes.
7] Versez le cacao dans un grand plat ou sur une plaque. Déposez-y les truffes et roulez-les dans le cacao. Puis mettez-les dans une passoire et secouez celle-ci pour enlever l'excédent de cacao.

Truffes aux framboises

PRÉPARATION 30 min
RÉFRIGÉRATION 2 h
POUR 40 truffes

30 g de beurre
320 g de chocolat noir
160 g de framboises
15 g de sucre en poudre
9 cl de crème
1 cuill. à soupe de liqueur de framboise
1/2 cuill. à soupe d'eau-de-vie de framboise
100 g de cacao en poudre

1] Laissez ramollir le beurre à température ambiante.
2] Hachez le chocolat très finement.
3] Triez soigneusement les framboises puis passez-les au moulin à légumes ou au mixeur pour les transformer en purée (vous devez en avoir 120 g). Ajoutez le sucre en poudre et mélangez bien. Incorporez ensuite la purée à la crème et faites bouillir le tout, puis retirez la casserole du feu.
4] Versez peu à peu le chocolat haché en tournant sans arrêt. Ajoutez le beurre ramolli, la liqueur et l'eau-de-vie de framboise ; mélangez.
5] Coulez la ganache dans un plat de 28 x 20 cm tapissé de papier sulfurisé.
6] Mettez au réfrigérateur pendant 2 heures. Démoulez, coupez la ganache en rectangles de 10 x 30 mm. Étalez le cacao dans un plat et roulez-y les rectangles. Rangez-les dans une boîte hermétique au réfrigérateur.

Truffes à la pistache

PRÉPARATION 30 min
CUISSON 20 min
RÉFRIGÉRATION 3 h
POUR 40 truffes

150 g de pistaches
75 g de beurre
160 g de crème liquide
50 g de pâte de pistache
340 g de chocolat blanc

1] Préchauffez le four à 170 °C.
2] Mettez les pistaches sur une plaque et faites-les griller pendant 20 minutes en les remuant de temps en temps. Laissez-les refroidir.
3] Mettez le beurre coupé en morceaux dans un saladier, laissez-le ramollir.
4] Faites bouillir la crème et la pâte de pistache. Laissez infuser pendant 20 minutes. Hachez le chocolat.
5] Filtrez dans une passoire fine la crème à la pistache et remettez-la à chauffer en raclant bien le fond de la casserole pour qu'elle n'attache pas. Quand elle bout, ajoutez le chocolat peu à peu, en remuant toujours avec une cuillère en bois. Puis ajoutez le beurre. Versez la ganache dans un saladier et mettez au réfrigérateur pour la faire figer.
6] Mettez-la ensuite dans une poche à douille lisse. Déposez des boules de ganache sur un plat recouvert de papier sulfurisé, puis mettez-le au réfrigérateur pendant 2 heures.
7] Hachez très finement les pistaches grillées. Décollez les truffes du papier et roulez-les dedans. Rangez-les dans une boîte hermétique au réfrigérateur.

Les friandises au chocolat

Framboises à l'eau-de-vie et au chocolat

PRÉPARATION 40 min
CUISSON 15 min
RÉFRIGÉRATION 45 min + 2 h
POUR 45 framboises

45 à 50 framboises à l'eau-de-vie
400 g de chocolat noir amer
125 g de fondant *(voir p. 73)*
5 cl d'eau-de-vie de framboise

1] Égouttez les framboises à l'eau-de-vie sur du papier absorbant.
2] Coupez 300 g de chocolat en morceaux et faites-les fondre au bain-marie ou au four à micro-ondes. Laissez-le refroidir jusqu'à ce qu'il soit presque figé puis réchauffez-le un peu, jusqu'à 31 °C.
3] Chemisez généreusement de chocolat fondu une plaque de moules en forme de caissettes, à l'aide d'un pinceau. Vérifiez qu'il n'y ait pas de trou dans la pellicule de chocolat.
4] Si nécessaire, passez une seconde couche de chocolat après avoir mis les caissettes au réfrigérateur. Laissez-les ainsi au frais pendant 30 minutes pour que le chocolat durcisse bien.
5] Mettez une framboise dans chaque moule.
6] Faites chauffer doucement le fondant au bain-marie ou au four à micro-ondes, ajoutez l'eau-de-vie pour l'assouplir. Quand il est bien mou, mettez-le dans les caissettes avec une petite cuillère. Ne les remplissez pas entièrement. Remettez au frais pendant 15 minutes.
7] Faites fondre les 100 g de chocolat qui restent et, toujours avec une petite cuillère, répartissez-le dans les moules. Puis mettez au réfrigérateur pendant 2 heures.
8] Démoulez ensuite, rangez les framboises au chocolat dans une boîte au réfrigérateur.

PRÉPARATION **30 min**
RÉFRIGÉRATION **30 min**
POUR **550 g de gingembre confit**

250 g de gingembre confit
300 g de chocolat noir amer
40 g d'amandes effilées

Gingembre confit au chocolat

1| La veille : rincez le gingembre à l'eau chaude pour éliminer le sucre dont il est enrobé et laissez-le égoutter environ 24 heures pour que tout le sirop soit éliminé.
2| Coupez les rhizomes en morceaux de 4 mm d'épaisseur.
3| Préchauffez le four à 180 °C.
4| Mettez les amandes sur la plaque et enfournez. Remuez-les régulièrement jusqu'à ce qu'elles soient blondes.
5| Faites fondre doucement le chocolat puis tempérez-le *(voir page 79)* avant d'y tremper un par un chaque morceau de gingembre piqué sur une fourchette.
6| Décorez avec les amandes et laissez ces friandises sécher sur un papier sulfurisé. Mettez-les 30 minutes au réfrigérateur. Stockez-les dans une boîte hermétique au réfrigérateur.

Commentaire gourmand

Vous pouvez enrober de la même façon des écorces d'orange confites (voir page 353).

PRÉPARATION **30 min**
CUISSON **15 min**
RÉFRIGÉRATION **15 min**
POUR **400 g de mendiants**

50 g d'amandes entières mondées
50 g de noisettes entières mondées
50 g d'écorces d'orange confites *(voir p. 353)*
300 g de chocolat noir
50 g de pistaches

Mendiants provençaux

1| Préchauffez le four à 180 °C.
2| Mettez les amandes et les noisettes sur une plaque à pâtisserie et faites-les griller pendant 4 ou 5 minutes. Laissez-les refroidir.
3| Coupez les écorces d'orange confites en petits cubes de 5 ou 6 mm de côté.
4| Faites fondre doucement le chocolat, au bain-marie ou au four à micro-ondes ; tempérez-le *(voir page 79)* puis mettez-le dans une poche à douille lisse de 5 mm de diamètre.
5| Déposez des ronds de chocolat de 4 cm de diamètre sur une feuille de papier sulfurisé.
6| Parsemez-les immédiatement avec les amandes, les noisettes, les cubes d'orange confits et les pistaches. Mettez-les au frais pendant 15 minutes.
7| Quand ils sont bien figés, décollez-les du papier et rangez-les.

PRÉPARATION **40 min**
RÉFRIGÉRATION **15 min**
POUR **400 g de pâte d'amande**

200 g de pâte d'amande
2 cuill. à café de café lyophilisé
4 cl de cognac
sucre glace
200 g de chocolat noir
30 cerneaux de noix

Pâte d'amande au chocolat et au cognac

1| Faites dissoudre le café lyophilisé dans 2 cuillerées à café d'eau chaude.
2| Coupez la pâte d'amande en petits morceaux et malaxez bien ceux-ci avec le café et le cognac.
3| Poudrez de sucre glace le plan de travail et le rouleau à pâtisserie.
4| Étalez la pâte d'amande sur 8 mm d'épaisseur environ. Découpez-la en losanges de 4 cm de long. Retirez l'excédent de sucre glace avec un pinceau.
5| Faites fondre doucement le chocolat ; tempérez-le *(voir page 79)*.
6| Piquez chaque losange de pâte d'amande sur une fourchette, trempez-le dans le chocolat et égouttez-le. Déposez ces friandises sur une feuille de papier sulfurisé et posez un demi-cerneau de noix sur chacune d'elles.
7| Mettez les pâtes d'amande au réfrigérateur pendant 15 minutes.
8| Décollez-les du papier et disposez-les sur un plat ou dans une boîte.

PRÉPARATION 40 min
RÉFRIGÉRATION 10 min
POUR 400 g de pâte d'amande

200 g de pâte d'amande *(voir p. 346)*
100 g de griottines
sucre glace
200 g de chocolat noir
70 g de vermicelles de chocolat

Pâte d'amande aux griottines et au chocolat

1] Préparez de la pâte d'amande si vous ne prenez pas une préparation du commerce. Coupez-la en tout petits morceaux.
2] Égouttez les griottines et hachez-les grossièrement. Mettez-les dans un saladier avec les morceaux de pâte d'amande et mélangez en pétrissant le tout à la main.
3] Poudrez le plan de travail de sucre glace. Coupez la pâte d'amande aux griottines en deux morceaux et façonnez chacun d'eux en un boudin de 2 ou 3 cm de diamètre. Coupez chacun en petits cylindres de 2 cm.
4] Préparez une feuille de papier sulfurisé sur un plat.
5] Entre les paumes de vos mains, façonnez chaque boudin en une boule de la taille d'une cerise que vous déposerez sur le papier.
6] Faites fondre le chocolat au bain-marie ou au four à micro-ondes puis tempérez-le *(voir page 79)*.
7] Mettez les vermicelles de chocolat dans un bol.
8] Piquez chaque boule de pâte sur une fourchette et plongez-la dans le chocolat fondu. Éliminez l'excédent de chocolat en tapotant la fourchette sur le bord du saladier.
9] Déposez ensuite la boule trempée dans le bol de vermicelles de chocolat et, avec une autre fourchette, faites-la tourner pour qu'elle s'enrobe uniformément. Déposez cette boule sur un plat.
10] Quand toutes les boules sont enrobées, mettez le plat au réfrigérateur pendant une dizaine de minutes. Disposez ensuite les pâtes d'amande dans des petites caissettes en papier gaufré, puis sur un plat ou dans une boîte si vous voulez les conserver.

Commentaire gourmand

Les griottines sont des cerises à l'alcool plus sucrées et plus savoureuses que les cerises à l'alcool classiques.

PRÉPARATION 40 min
CUISSON 1 h 40
REPOS 1 h
POUR 400 g de rochers

300 g de pâte à succès à l'amande *(voir p. 41)*
50 g d'amandes effilées
300 g de chocolat noir

Rochers aux amandes et au chocolat

1] Préchauffez le four à 180 °C.
2] Préparez la pâte à succès à l'amande.
3] Mettez les amandes sur la plaque du four et faites-les griller pendant 4 ou 5 minutes en les remuant de temps en temps, jusqu'à ce qu'elles soient dorées.
4] Baissez la température du four à 120 °C.
5] Quand les amandes sont refroidies, ajoutez-les dans la pâte à succès et mélangez délicatement.
6] Recouvrez une plaque de papier sulfurisé. Déposez des petits tas de pâte sur la plaque avec une petite cuillère que vous tremperez régulièrement dans de l'eau froide.
7] Mettez la plaque au four pendant 10 minutes à 120 °C puis, baissez la température à 90 °C et laissez cuire pendant 1 heure 30. Sortez la plaque et laissez les rochers refroidir.
8] Faites fondre le chocolat au bain-marie ou au four à micro-ondes puis tempérez-le *(voir page 79)*.
9] Tapissez un plat de papier sulfurisé.
10] Piquez chaque rocher sur une fourchette et trempez-le dans le chocolat fondu. Tapotez sur le bord du saladier pour éliminer l'excédent de chocolat et déposez les rochers sur le plat.
11] Quand ils sont tous enrobés de chocolat, laissez-les figer pendant 1 heure au frais mais pas au réfrigérateur.
12] Décollez-les du papier et rangez-les sur un plat ou dans une boîte hermétique ; ils se garderont une quinzaine de jours.

Sugar
Suiker
SUC
PYR
500
40
30
20
10

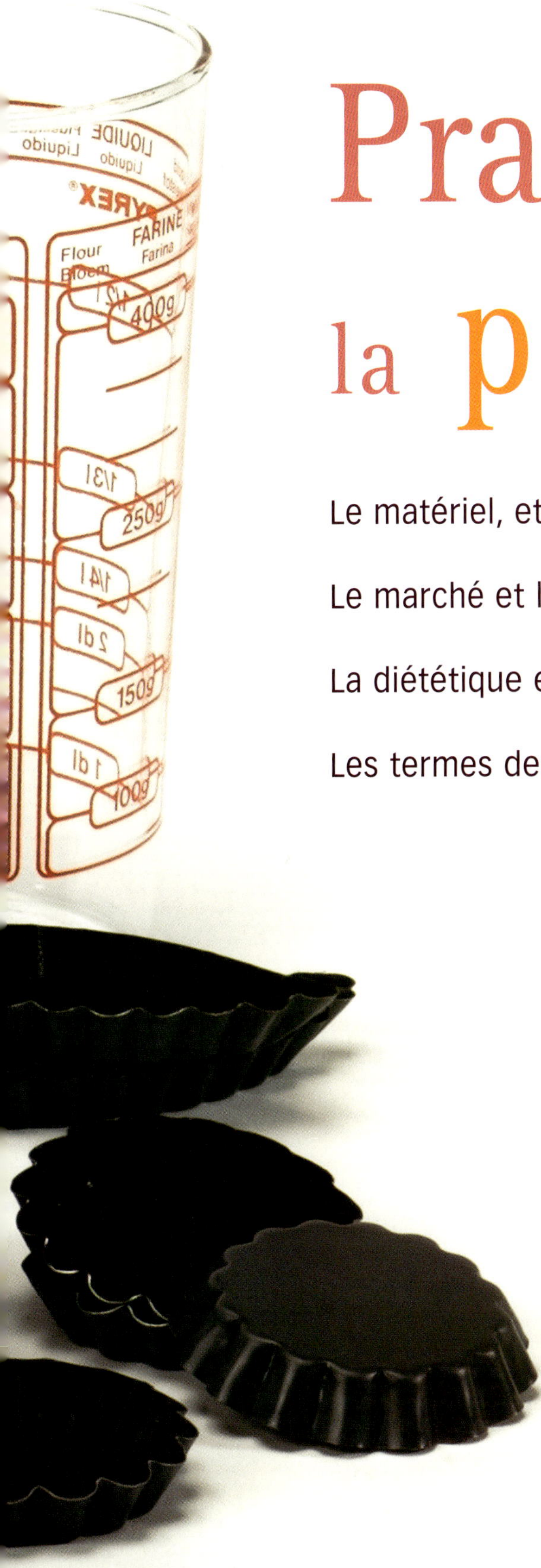

Pratique de la pâtisserie

CAPACITÉS ET CONTENANCES

Si vous n'avez pas à portée de main d'instruments de mesure précis, ce tableau vous permettra d'estimer la capacité et le poids des ingrédients dont vous avez besoin pour réaliser telle ou telle recette. Vous trouverez en bas un rappel des équivalences au Canada ainsi qu'un rappel des abréviations utilisées dans l'ouvrage.

	capacités	poids
1 c. à café	0,5 cl	5 g (café, sel, sucre, tapioca), 3 g (fécule)
1 c. à dessert	1 cl	
1 c. à soupe	1,5 cl	5 g (fromage râpé), 8 g (cacao, café, chapelure), 12 g (farine, riz, semoule, crème fraîche), 15 g (sucre en poudre, beurre)
1 tasse à moka	de 8 à 9 cl	
1 tasse à café	10 cl	
1 tasse à thé	de 12 à 15 cl	
1 tasse à déjeuner	de 20 à 25 cl	
1 bol	35 cl	225 g de farine, 320 g de sucre en poudre, 300g de riz, 260 g de raisins secs, 260 g de cacao
1 assiette à soupe	de 25 à 30 cl	
1 verre à liqueur	de 2,5 à 3 cl	
1 verre à madère	de 5 à 6 cl	
1 verre à bordeaux	de 10 à 15 cl	
1 grand verre	25 cl	150 g de farine, 220 g de sucre en poudre, 200 g de riz, 190 g de semoule, 170 g de cacao
1 verre à moutarde	15 cl	100 g de farine, 140 g de sucre en poudre, 125 g de riz, 110 g de semoule, 120 g de cacao, 120 g de raisins secs
1 bouteille de vin	75 cl	

TABLE DES ÉQUIVALENCES FRANCE-CANADA

poids

55 g	2 onces
100 g	3 onces
150 g	5 onces
200 g	7 onces
250 g	9 onces
300 g	10 onces
500 g	17 onces
750 g	26 onces
1 kg	35 onces

Ces équivalences permettent de calculer, à quelques grammes près, le poids (en réalité, 1 once = 28 g)

capacités

25 cl	1 tasse
50 cl	2 tasses
75 cl	3 tasses
1 l	4 tasses

Pour faciliter la mesure des capacités, une tasse équivaut ici à 25 cl (en réalité, 1 tasse = 8 onces = 23 cl)

ABRÉVIATIONS UTILISÉES

g	=	gramme
kg	=	kilogramme
cl	=	centilitre
min	=	minute
h	=	heure
kcal	=	kilocalorie
°C	=	degré Celsius

Le matériel et les ustensiles de base

La pâtisserie exige le respect des proportions, des températures et des temps de cuisson. Mais, avant de se lancer dans la réalisation d'un dessert, il est indispensable de posséder le bon matériel. Que vous soyez débutant ou expert, la réussite passe par l'utilisation des ustensiles et des appareils appropriés.

Les ustensiles, accessoires et instruments de mesure

En pâtisserie, on utilise les éléments de base d'une batterie de cuisine ainsi que des ustensiles et appareils à usage bien spécifique.
La pâtisserie nécessite aussi une grande précision dans le dosage des ingrédients. Certains instruments de mesure sont donc indispensables.

Les petits ustensiles de base

Bol mélangeur. Il doit être assez évasé et profond pour permettre de battre au fouet, de pétrir une pâte ou de la conserver pendant qu'elle lève.
Cul-de-poule. Ce bol, en principe en cuivre, est particulièrement adapté pour monter des blancs en neige. Le cuivre favorise l'opération, la consistance obtenue est ferme et le volume des blancs à son maximum.
Cuillère et spatule en bois. L'une pour tourner et mélanger, l'autre pour démouler et racler. Le bois n'étant pas conducteur de chaleur, on peut les utiliser sans se brûler les mains.
Spatule en caoutchouc (appelée « **maryse** »). Elle est utilisée pour lisser, mélanger ou racler les pâtes.
Palette métallique. Lame plate et souple utilisée pour le dorage ou le glaçage des préparations.
Fouets (plusieurs tailles). Pour monter les blancs en neige. Il existe des fouets à fils rigides pour les crèmes de consistance ferme.
Chinois. Passoire conique qui retient les impuretés des sauces, coulis, sirops.
Tamis. Pour passer la farine et en éliminer les grumeaux.

Papiers divers

Papier sulfurisé. Papier mince, revêtu des deux côtés d'un film imperméable. On l'utilise pour chemiser les moules, mais il doit être beurré avant de recevoir une préparation.
Papier siliconé. Très utilisé en pâtisserie pour recouvrir les plaques et empêcher ainsi la pâte d'attacher. Supporte des températures élevées.
Papier d'aluminium. Pour envelopper certains aliments au cours de la cuisson (le côté brillant doit être face au mets à cuire). Maintient au chaud les préparations.
Film plastique étirable. Ultrafin, surtout utilisé pour protéger les aliments. Il existe du film plus épais pour le four à micro-ondes.

Les articles pour pâtisserie

Emporte-pièce ou découpoirs. De formes et de tailles extrêmement variées (sapins, animaux, cœurs, etc.), ils permettent d'obtenir de nombreuses découpes différentes pour des biscuits.
Grille à pâtisserie. On y dépose les gâteaux pour qu'ils refroidissent sans se ramollir après le démoulage.
Marbre à pâtisserie. La plaque en marbre ou en granite, lisse et froide, est idéale pour le travail de la pâte.
Pinceau plat (de préférence en soies de porc). Il sert à beurrer les moules, à dorer les pâtes, à coller les bords des chaussons.
Plaque à pâtisserie. Elle est destinée à aller au four. Certaines plaques sont proposées avec un revêtement antiadhésif qui facilite l'entretien.
Poches et douilles. Elles sont indispensables pour fourrer les choux, décorer les gâteaux et dresser certaines pâtes sur la plaque à pâtisserie. Les douilles (en plastique ou en Inox) existent dans de nombreux calibres et de multiples formes permettant de varier les décors.
Rouleau à pâtisserie. Traditionnellement en bois, il sert à étaler les pâtes.
Pince à tarte. Elle donne une jolie finition au bord des pâtes.
Roulette cannelée. Elle permet de découper la pâte de façon bien régulière.

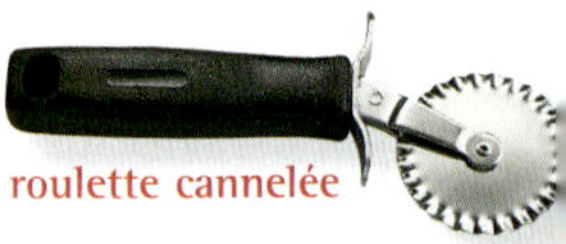
roulette cannelée

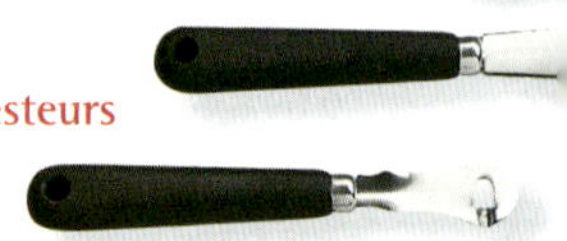
zesteurs

vide-pomme

fouets

Les outils de coupe

Dénoyauteur. Sorte de tenaille pour ôter le noyau des cerises, des prunes.
Vide-pomme. Cylindre court à bord tranchant qui permet de retirer le cœur des pommes en les laissant entières.
Zesteur. Instrument à lame pour prélever de fines lanières de zestes d'agrumes.

spatule en caoutchouc ou « maryse »

Les instruments de mesure

Balance. Il existe trois types de balances de cuisine : mécanique, automatique et électronique. Pour la pâtisserie, elles doivent pouvoir mesurer des quantités inférieures à 30 g et supérieures à 2 kg. La balance Roberval, à deux plateaux, est le modèle mécanique traditionnel. Dans la pratique, on utilise de préférence la balance automatique – le poids est indiqué par l'aiguille sur le cadran –, qui permet de peser aussi les liquides. La balance électronique à affichage digital représente un progrès certain : volume réduit, précision pouvant aller jusqu'au gramme.

Récipient gradué ou doseur. En plastique dur, en verre ou en Inox, parfois muni d'une anse et d'un bec verseur. D'une contenance de 0,10 à 2 litres, il sert à mesurer le volume des liquides ou bien à mesurer sans balance certains ingrédients fluides (farine, sucre en poudre, semoule, cacao), dont la correspondance entre le volume et le poids est indiquée sur la graduation. Mais il est parfois plus pratique d'avoir recours à un ustensile courant (verre à moutarde, cuillère à soupe, cuillère à café, etc. *Voir tableau p. 378*).

Thermomètre. En pâtisserie, on dispose de plusieurs thermomètres bien spécifiques. Le thermomètre de cuisson (corps en verre, liquide rouge) est gradué de 0 à 120 °C et sert à contrôler la température d'un bain-marie, pour des crèmes préparées à chaud, par exemple.
Le thermomètre à sucre ou de confiseur est gradué de 80 à 200 °C. Le thermomètre de four, à cadran rond, est gradué de 50 à 300 °C.
Il existe des thermomètres digitaux électroniques, munis d'une sonde, d'une grande précision.

Densimètre à sirop ou pèse-sirop. Sert à mesurer la concentration en sucre, notamment pour la fabrication des confitures et des confiseries. Il s'agit d'un flotteur à tige graduée, qui s'enfonce plus ou moins dans le liquide selon sa densité.

Sorbetomètre. Appareil optique de grande précision utilisé par les professionnels pour contrôler la consistance des glaces et des sorbets avant le turbinage.

Minuteur. Permet de programmer la durée de cuisson des préparations.

pèse-sirop

Les petits appareils électriques et robots

Batteur. Pratique pour travailler des petites quantités et opérer des mélanges sur le feu.

Mixeur. Le modèle le plus simple peut être plongé dans une casserole, les autres comportent un récipient en verre, profond, dont le fond est muni de lames coupantes pour broyer et homogénéiser. Recommandé pour soupes, compotes, coulis.

Robot multifonction. Généralement composé d'un socle sur lequel se fixe un bol. En plus des trois accessoires de base indispensables livrés avec l'appareil (fouet pour émulsionner, crochet pour pétrir, batteur pour mélanger), d'autres sont proposés en option (hachoir, tranchoir, passoire, etc.), selon les besoins. Il est d'un coût élevé, mais le choix d'un appareil robuste et facile d'emploi garantira un long usage. Certains modèles, utilisés par les professionnels, permettent des performances exceptionnelles.

Sorbetières. Les appareils à confectionner les glaces et les sorbets doivent malaxer le mélange tout en le réfrigérant à une température nettement inférieure à 0 °C. L'ancienne sorbetière manuelle à sanglage n'est pratiquement plus utilisée. Dans les sorbetières électriques, la cuve est équipée d'un malaxeur actionné par un moteur. Le froid est fourni par un produit réfrigérant contenu dans les parois de la cuve ou dans un disque (placés au préalable au congélateur pendant une quinzaine d'heures). D'un prix élevé, la sorbetière automatique, dite « turbine à glace », est la réplique, à capacité plus réduite, des turbines utilisées par les professionnels. Les mécanismes de brassage et de réfrigération sont entièrement automatiques.

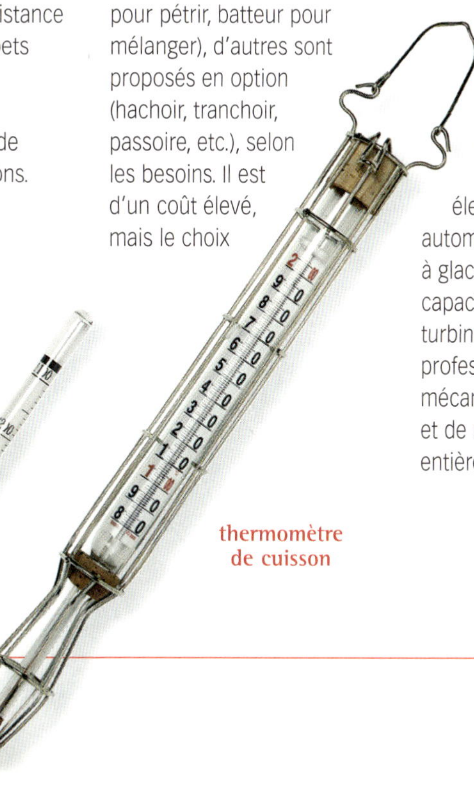
thermomètre de cuisson

Les moules

Le choix de formes, de matériaux et de qualité est immense. Moules à gâteaux, plats à feu, moules à chocolat ou à glace, moules « multiempreinte » ou individuels existent pour tous les usages.

Les moules classiques

Moule à brioche. En métal, éventuellement recouvert d'un antiadhésif, ses parois sont cannelées et évasées. Rond ou rectangulaire, il donne sa forme aux brioches mais aussi à certains entremets.

Moule à cake. Rectangulaire, il peut être droit ou légèrement évasé. Il existe en différentes tailles. Mieux vaut choisir un revêtement antiadhésif pour faciliter le démoulage.

Moule à charlotte. En forme de seau, légèrement évasé, il est muni d'oreilles pour être retourné facilement au moment du démoulage. On s'en sert aussi pour les flans et les puddings.

Moule à manqué. Il peut être cannelé ou uni, rond ou carré. Convient pour la pâte à génoise ou la pâte à biscuit.

Moule à savarin. Lisse ou cannelé, il est reconnaissable à son trou central, qui donne aux gâteaux la forme d'une couronne.

Moule à soufflé. Rond, il est le plus souvent en porcelaine à feu blanche avec des bords plissés, droits et hauts. On en trouve aussi en verre. Il en existe de différentes contenances.

Ramequin. C'est une sorte de petit moule à soufflé, pour la cuisson des crèmes renversées et crèmes caramel. Généralement en porcelaine à feu, il peut passer du four au réfrigérateur puis sur la table.

Tourtière. C'est l'appellation du moule à tarte. À bord uni ou cannelé, il est fabriqué dans divers matériaux. Les diamètres varient de 16 à 32 cm (22 cm : 4 convives ; 24 cm : 6 convives ; 28 cm : 8 convives ; etc.). La tourtière ronde à fond amovible est recommandée pour les tartes aux fruits, car elle facilite le démoulage.

Les moules individuels

Dariole. Petit moule rond pour gâteau de riz ou baba (portions individuelles).

Cornet. Cône métallique utilisé pour faire les cornets à la crème.

Moules à petits fours et à tartelettes. Petits moules de formes et de tailles très variées. Leur fond est parfois amovible. On s'en sert aussi pour les friandises.

Moule à chocolat (en plastique). À l'unité ou en plaques à motif répété (animaux, œufs, cloches, etc.).

Moule en plaque de 6 à 24 empreintes. C'est une plaque alvéolée à la forme d'un biscuit ou d'un petit gâteau, qui permet de cuire jusqu'à 24 pièces en même temps. La plus connue est la plaque à madeleines.

Les moules spécifiques

Moule à biscuit. Rectangulaire, utilisé pour la cuisson des pâtes à biscuit qui seront ensuite fourrées et roulées.
Moule à charnière. Il est métallique, ovale ou rectangulaire, avec fond démontable. La charnière permet de retirer les parois, ce qui est très pratique pour le démoulage.
Moule à glace. Les moules métalliques sont particulièrement appropriés. Ils sont munis d'un couvercle hermétique pour éviter la formation de cristaux. Des parois lisses facilitent le démoulage. Le fond est souvent à relief. On trouve aussi des petits moules à Esquimaux.
Moule à kouglof. Il est en forme de couronne, côtelé en biais. Traditionnellement, on le trouve en terre vernissée, mieux vaut pourtant le choisir avec un revêtement antiadhésif pour un meilleur démoulage.
Cercles et cadres. Ce sont des formes sans fond utilisées par les professionnels (la plaque à pâtisserie sert de fond). Le souci du démoulage est supprimé. On trouve des cercles à tarte et des cercles plus hauts pour entremets, vacherin. Le diamètre varie de 10 à 34 cm. Les cadres sont carrés ou rectangulaires.
Caisse à génoise. C'est un moule rectangulaire en métal à haut rebord, droit ou évasé, pour génoise, flan, gâteau de riz, etc.
Cône à croquembouche. Utilisé pour les pièces montées, il facilite le montage des choux.
Gouttière à bûche. Moule pour réaliser une bûche de Noël.
Gaufrier. Moule à deux plaques, articulé, le plus souvent en fonte, pour confectionner des gaufres et des gaufrettes. Il y en a de deux types, l'un à poser sur la plaque ou le brûleur de la cuisinière, l'autre électrique.

cône à croquembouche

moule à kouglof

ramequins

moules à petits-fours et à tartelettes

tourtière

plaque à madeleines

Les appareils de cuisson

Cuire un aliment, c'est le soumettre à l'action de la chaleur pour modifier sa texture physique, sa composition chimique et sa saveur, afin de faire ressortir ses qualités gustatives. Seule l'expérience permet de maîtriser l'art de la cuisson et d'acquérir un vrai savoir-faire. Électricité ou gaz ? Le choix de l'énergie est surtout affaire de préférences personnelles et d'habitudes culinaires, mais il peut être dicté par les contraintes du logement. L'avantage du gaz est bien connu – montée et baisse rapides en température – mais l'électricité, grâce aux perfectionnements des appareils, offre maintenant également une excellente qualité de cuisson.

Les tables de cuisson

Brûleurs à gaz. Les brûleurs de plusieurs puissances (et de diamètres différents) permettent l'utilisation simultanée de récipients de tailles variées. Le brûleur maxi-mijoteur et le brûleur séquentiel, qui s'allume et s'éteint par intermittence, permettent de laisser mijoter un plat sans surveillance.

Plaques électriques. Leur inertie thermique est relativement importante. Le thermostat à palpeur coupe le courant électrique dès que la chaleur désirée est atteinte, et le rétablit quand celle-ci baisse.

Table en vitrocéramique.
Les foyers électriques sont recouverts d'une surface lisse très résistante aux chocs.

Avantages : on fait glisser aisément les récipients sur la plaque et l'entretien est des plus faciles. La plupart des tables en vitrocéramique possèdent un ou deux foyers halogènes qui permettent une montée en température très rapide.

Table à induction.
Il s'agit d'une technologie de cuisson électrique relativement nouvelle. C'est un champ magnétique qui entraîne l'échauffement du métal du récipient. La montée en température est très rapide et le réglage très précis.

Attention : certains matériaux (cuivre, aluminium, verre) sont incompatibles avec la cuisson sur une table à induction.

Le four à micro-ondes

Dans un four à micro-ondes, un magnétron émet des ondes à très haute fréquence qui, directement ou par réflexion sur les parois de l'enceinte, pénètrent dans l'aliment, le réchauffent ou le cuisent par agitation de ses molécules.
Le four à micro-ondes a l'avantage de réduire considérablement le temps de cuisson, mais ne peut prétendre remplacer un four classique. Il est même déconseillé pour la pâtisserie. En effet, la pâte cuit mais ne lève pas, et surtout ne se colore pas.
Toutefois, à condition de prendre certaines précautions, cet appareil peut rendre de nombreux services.

Par exemple :
– décongeler rapidement des fruits, une pâte ;
– ramollir du beurre qui sort du réfrigérateur ;
– faire fondre du chocolat sans bain-marie ;
– tiédir le lait sans qu'il n'attache ou qu'il ne déborde.

Il est important de bien étudier la notice d'emploi de l'appareil fournie par le fabricant. La programmation électronique permet d'afficher avec précision les temps de décongélation, de réchauffage, de maintien au chaud ou de cuisson, qui varient sensiblement selon la puissance des appareils. Pour réchauffer ou cuire des aliments, il est indispensable d'utiliser des récipients « transparents », c'est-à-dire qui laissent passer les ondes sans les réfléchir ni les absorber. Le choix du matériel est assez large : verre, verre à feu, faïence ou porcelaine non décorée (décor doré, argenté ou platiné)…
On trouve toute une gamme de vaisselle en plastique spécialement conçue pour le four à micro-ondes.

Sont interdits : les récipients et couverts en métal, les barquettes ou le papier d'aluminium. À noter que l'on peut utiliser du papier sulfurisé. Le film étirable percé de quelques trous peut servir à couvrir les aliments afin d'éviter le dessèchement. Il existe du film spécial pour four à micro-ondes, plus épais et percé de trous.

Les fours

En pâtisserie, la cuisson au four est une des dernières étapes, c'est pourquoi une bonne connaissance de son appareil détermine en grande partie la réussite d'une préparation.
Un four est toujours muni d'un thermostat qui contrôle la température. En général, celle-ci varie de 50 ou 100 °C à 250 ou 300 °C. Le bouton de réglage est parfois gradué de 1 à 10.
Dans un four à gaz, la combustion entretient un flux d'air chaud qui se déplace de façon intense.
Dans un four électrique, le déplacement d'air chaud par convection naturelle est moins important. Il y a une différence de température entre la partie supérieure et la partie inférieure.
C'est pourquoi les fabricants proposent des appareils équipés de systèmes à convection forcée, dits « à chaleur tournante », « à chaleur pulsée » ou « à chaleur brassée ».
Grâce à un ventilateur ou une turbine, la circulation de l'air et les échanges thermiques sont accélérés. La température souhaitée est atteinte plus rapidement, mais, surtout, elle est homogène dans tous les points du four, ce qui permet de cuire plusieurs aliments simultanément.
Les professionnels de la pâtisserie et de la boulangerie ont à leur disposition une fonction supplémentaire dans leur four électrique : grâce à une petite chaudière à vapeur, l'air qui circule est fortement humidifié, ce qui favorise la cuisson et évite le dessèchement. Les fours disposent généralement d'une minuterie qui permet d'interrompre automatiquement la cuisson.
La plupart d'entre eux possèdent également un programmateur qui permet de déterminer l'heure de début et de fin de cuisson.
Beaucoup de recettes de pâtisserie exigent d'enfourner à four chaud. En général, on compte de 10 à 15 minutes pour arriver à la température désirée. Il faut éviter d'ouvrir la porte du four en cours de cuisson avant que le gâteau ait pris une belle couleur.

Nettoyage du four

En cuisant, les aliments peuvent déborder ou projeter des graisses. Le nettoyage du four est donc indispensable. Deux procédés, donnant des résultats différents, sont proposés selon les modèles.

- La catalyse réduit le nettoyage mais ne le supprime pas. Les parois du four sont recouvertes d'un émail poreux spécial qui détruit les graisses mais pas les autres salissures.
Attention : cet émail est fragile et ne supporte aucun produit abrasif ou décapant.
- La pyrolyse n'existe que sur les fours électriques. Très efficace, elle permet un nettoyage intégral. Elle s'effectue, le four vide, à une très haute température qui carbonise toutes les salissures et les réduit en cendres.
Le temps de nettoyage dépend du degré de saleté du four ainsi que de la fréquence d'utilisation de l'appareil.

TABLEAU INDICATIF DE CUISSON

Thermostat	Température	Chaleur
1	100 °C à 120 °C	à peine tiède
2	120 °C à 140 °C	tiède
3	140 °C à 160 °C	très douce
4	160 °C à 180 °C	douce
5	180 °C à 200 °C	modérée
6	200 °C à 220 °C	moyenne
7	220 °C à 240 °C	assez chaude
8	240 °C à 260 °C	chaude
9	260 °C à 280 °C	très chaude
10	280 °C à 300 °C	vive

Ces indications sont valables pour un four électrique traditionnel.
Pour les fours à gaz ou électriques à chaleur tournante, se reporter à la notice du fabricant.

Les matériaux

Pour faire de la pâtisserie et des desserts, on utilise des récipients à usage bien spécifique. Ils doivent être maniables, robustes et d'un entretien facile. Il est bon de connaître les caractéristiques des différents matériaux qui les composent, en particulier leur capacité à transmettre rapidement la chaleur ou à la conserver.

quelques types de matériaux utilisés en pâtisserie

Les matériaux

Acier. Il est très résistant mais s'oxyde facilement. On l'utilise surtout pour la fabrication des poêles à crêpes et à blinis.

Acier inoxydable. Également appelé « Inox », il est d'un coût un peu plus élevé, que compensent largement ses nombreuses qualités. Ce matériau est inaltérable, résiste bien aux chocs, n'absorbe pas les odeurs et est facile d'entretien. De nombreux matériels sont en Inox : moules, poêles, sauteuses, casseroles, bassines, découpoirs et divers appareils manuels.

Aluminium. Ce métal est également d'un prix raisonnable, mais sa qualité varie suivant son épaisseur. Trop mince, il se déforme facilement. Il est surtout utilisé pour les casseroles et les marmites.

Cuivre. Le cuivre est d'un prix élevé et d'un entretien difficile, puisqu'on doit le rétamer de temps en temps. Mais il conduit parfaitement et régulièrement la chaleur, c'est pourquoi les professionnels y sont fidèles. Il est utilisé pour les casseroles, sauteuses, bassines, poêles, poêlons à sucre (pour préparer un caramel et un sirop).

Fer-blanc. Il est très utilisé en pâtisserie (moules, plaques, découpoirs), et son prix est très avantageux, mais il faut prendre soin de bien essuyer les moules et ustensiles afin qu'ils ne rouillent pas ; ne jamais les laisser séjourner dans l'eau.

Fonte. De couleur noire, elle est très lourde, résistante, mais peut se fêler en tombant. Elle est idéale pour les cuissons lentes.

Fonte émaillée. Elle est également réservée aux cuissons lentes, et on en fait des cocottes, des poêlons, des plats à gratin. La fine couche d'émail qui recouvre le matériau facilite l'entretien.

Porcelaine à feu. Elle ne répartit pas bien la chaleur, mais, une fois chaude, elle la conserve longtemps. Les plats et coupelles en porcelaine à feu présentent l'avantage de passer directement du four à la table.

Plastique. Matériau synthétique qui recouvre différentes appellations (mélamine, polycarbonate, polypropylène, etc.). Bols, moules à chocolat, spatules en plastique sont d'un entretien extrêmement facile.

Verre à feu. Généralement assez épais et transparent, ce matériau possède une très bonne résistance aux chocs thermiques.

P.T.F.E. (polytétrafluoéthylène). C'est un revêtement antiadhésif. Quand il est sur une base en aluminium, il est plus connu sous le nom de Téflon. D'un entretien facile, il est utilisé pour les poêles et les sauteuses que l'on trouve sous différentes marques déposées. Il faut toutefois veiller à ne pas le rayer avec des ustensiles métalliques ou des produits abrasifs. Sous la marque déposée Exopan (revêtement antiadhésif P.T.F.E. sur une base en fer), il existe une gamme complète de moules appropriés pour cakes, brioches, tartelettes, savarins, génoises, manqués, etc.

Flexipan. Matériau composé de verre et de silicone (marque déposée) très apprécié des professionnels. Convient parfaitement pour les pâtes, les mousses, les crèmes ou les liquides. Ses avantages : aucun graissage nécessaire et une structure souple qui facilite le démoulage. Attention : ne jamais utiliser ce type de moule directement sur la flamme ou sur une plaque de cuisson. Ne jamais non plus couper une préparation dans le moule.

Le marché et les ingrédients

Pâtisseries et desserts, même les plus élaborés, n'exigent rien d'autre que les plus simples de nos denrées alimentaires : de la farine, des œufs, du beurre, du sucre, des fruits et des produits riches en arômes. Encore faut-il les choisir de bonne qualité et les utiliser à bon escient. Chocolat, café, vanille, cannelle font partie de ces parfums qu'il est facile d'avoir toujours sous la main.

Les céréales et les semoules

Fruits des graminées, les céréales constituent encore, dans certains pays, l'essentiel de la nourriture des hommes.

Un grain de céréale est constitué : d'une écorce, appelée son, riche en cellulose, en protéines, en vitamines B1 et B2 et en sels minéraux ; d'une amande, faite de granules d'amidon (glucides) pris dans un réseau de protéines ; d'un germe, riche en lipides et en vitamine E.

Les céréales sont dites complètes lorsqu'elles sont débarrassées simplement de la première de leurs enveloppes. En flocons, éclatées, soufflées, elles entrent dans la composition de produits pour le petit déjeuner. Concassées, broyées, moulues et raffinées, elles fournissent des semoules, des farines et des fécules *(voir page 389)*.

Avoine

Déjà cultivée par les Romains, l'avoine était consommée en bouillie par les Germains et les Gaulois, et elle est restée une des bases de l'alimentation des pays nordiques jusqu'au début du siècle.

Emplois

Traitée sous forme de farine *(voir page 389)* ou de flocons, cette céréale permet de préparer des biscuits, des galettes et de nombreuses spécialités anglo-saxonnes, dont le porridge.

100 g (en flocons) = 367 kcal
Protéines : 14 g
Glucides : 67 g
Lipides : 5 g

flocons d'avoine

blé soufflé

Blé

Le blé est principalement utilisé sous forme de farine ou de semoule, mais aussi en grains traités et modifiés.

Le blé tendre, appelé aussi **froment**, est transformé en farines panifiables, plus ou moins blanches ou complètes selon l'importance de leur raffinage.

Le blé dur, plus riche en gluten, sert à la fabrication des semoules, pour les pâtes alimentaires et certaines farines.

Le blé complet entre dans la composition de différentes céréales de petit déjeuner. Précuit, il devient le Pilpil (marque déposée), employé dans diverses préparations de cuisine et de pâtisserie végétariennes.

Le blé germé, séché et concassé, est utilisé dans certaines recettes de pâtisserie du Moyen-Orient.

Le blé noir est le **sarrasin**, ainsi appelé car ses graines sont foncées. Sa farine fut la base de l'alimentation bretonne et normande jusqu'à la fin du XIXe siècle, bien qu'elle ne soit pas panifiable.

Le blé soufflé est employé en confiserie.

100 g (en grains) = 334 kcal
Protéines : 11 g
Glucides : 67 g
Lipides : 2 g

Emplois

À partir du blé, on fabrique de la farine *(voir page 389)* et des semoules. Celles-ci sont obtenues par un broyage moins poussé que pour la farine. Leurs grains, plus ou moins fins, correspondent à l'amande même du grain de blé, mais ils peuvent contenir des fractions de l'enveloppe. C'est le cas des semoules courantes, dont la valeur nutritionnelle (minéraux et vitamines) est légèrement supérieure à celle des semoules supérieures, plus raffinées. Les semoules fines servent à la fabrication des pâtes alimentaires.

Les semoules « moyennes » et « grosses » permettent de préparer divers entremets sucrés : couronnes, crèmes, puddings, soufflés, subrics.

100 g = 355 kcal
Protéines : 12 g
Glucides : 73 g
Lipides : 1 g

blé noir sarrasin

blé concassé

blé concassé fin

Maïs

Originaire d'Amérique, le maïs fut introduit en Europe par Cortés. S'il est consommé en France, principalement dans le Sud-Ouest et en Bresse, il est prépondérant sur tout le continent américain.
Le maïs doux a des grains clairs fixés en un grand épi. Cueilli immature, il s'achète et se consomme frais, cuit à l'eau bouillante ou grillé. Il est également commercialisé en boîtes.

100 g (cuit) = 128 kcal
Protéines : 4 g
Glucides : 22 g
Lipides : 2 g

Le maïs pop-corn sert à faire le maïs soufflé ; chauffés, les grains gonflent et éclatent.

100 g = 534 kcal
Protéines : 8 g
Glucides : 57 g
Lipides : 30 g

Le maïs à grains, au petit épi jaune foncé et dur, est transformé en semoule (utilisée pour les gaudes et la polenta), en farine et en fécule *(voir page 389)*. Traité en flocons, il donne les corn-flakes.

100 g = 365 kcal
Protéines : 10 g
Glucides : 78 g
Lipides : 1 g

pop-corn

orge perlé

maïs

Orge

Pauvre en gluten, la farine d'orge est difficilement panifiable. L'orge germée, puis chauffée pour arrêter l'évolution de la germination et réduite en poudre, donne le malt, qui sert de matière première à la fabrication de la bière, du whisky et de certaines poudres instantanées de petits déjeuners. Ses grains, débarrassés de leur enveloppe, passés entre deux meules qui les transforment en petites perles rondes, donnent l'orge perlé utilisé, surtout en Allemagne, pour la fabrication de potages, de bouillies et d'entremets.

100 g = 356 kcal
Protéines : 8,5 g
Glucides : 78 g
Lipides : 1,1 g

Millet

Il existe plusieurs espèces de millet, appelées aussi « petits mils ». Très utilisé en Afrique et en Asie, le millet occupe peu de place dans la gastronomie européenne, qu'il s'agisse de mets salés ou sucrés. Il s'accommode comme le riz.

millet

Le gluten

Le gluten désigne les protéines des céréales qui forment un réseau en présence d'eau.
Le gluten du blé retient le gaz carbonique produit pendant la fermentation, ce qui fait gonfler la pâte et donne son aspect alvéolé au pain. Cette plasticité est moindre ou absente des glutens des autres céréales.
Le pain de seigle et les pains constitués de plusieurs céréales ont, de ce fait, une mie moins légère que celle du pain de blé.

Seigle

Céréale voisine du froment, le seigle est cultivé surtout dans les régions nordiques, en montagne et sur les terrains pauvres.

Emplois

Le seigle s'utilise en farine *(voir page 389)* et en flocons, qui sont un des composants du birchermuësli.

100 g (en flocons) = 338 kcal
Protéines : 11 g
Glucides : 69 g
Lipides : 2 g

Riz

Après le blé, le riz est la céréale la plus cultivée dans le monde et sur tous les continents. Il en existe 8 000 variétés regroupées en deux grandes classes : le riz à grains longs, qui se détachent bien, et celui à grains ronds, qui collent en cuisant.

On utilise également une terminologie différente selon les traitements qu'il a subis.

Le riz paddy est composé de grains récoltés après battage.

Le riz cargo (ou complet ou brun) est un riz aux grains débarrassés des glumes et glumelles, ses premières enveloppes.

Le riz blanc est sans germe et sans les couches dures de l'enveloppe de la graine (péricarpe).

Le riz poli est un riz blanc dont on a éliminé les farines qui adhèrent aux grains.

Le riz glacé est un riz poli enrobé d'un peu de talc.

Le riz étuvé ou **prétraité** est un riz paddy nettoyé, échaudé, décortiqué et blanchi.

Le riz précuit a été, après décorticage et blanchiment, bouilli puis desséché à 200 °C; c'est le plus courant en France.

Le riz camolino est un riz poli légèrement enrobé d'huile.

Le riz gonflé est traité par la chaleur à haute pression.

Les riceflakes ont été étuvés, décortiqués, aplatis pour devenir une céréale de petit déjeuner.

Le popped rice est du riz chauffé comme le pop-corn.

On fait aussi des distinctions selon la provenance du riz.

Le riz arborio est un riz italien, l'un des meilleurs.

Le riz basmati est une variété d'origine indienne, à très petits grains longs.

Le riz caroline fut une variété importée des États-Unis. Il ne correspond plus maintenant à une variété mais à une qualité supérieure.

Le riz gluant, à grains longs, particulièrement riches en amidon, est utilisé dans la cuisine et la pâtisserie chinoises.

Le riz parfumé a aussi des grains longs : on le cultive au Viêt Nam et en Thaïlande, où il est réservé aux plats de fête.

Le riz surinam provient de l'ancienne Guyane hollandaise : ses grains sont longs et fins.

Le riz sauvage est une graminée, la zizanie aquatique, originaire du nord des États-Unis : ses grains sont fins, noirs et petits.

Emplois

Le riz long s'emploie plutôt en cuisine, et le riz rond, en pâtisserie. Ce dernier a un grand pouvoir d'absorption et se cuit dans l'eau ou dans le lait. Il est la base de nombreuses recettes d'entremets et de gâteaux.

100 g (riz cuit) = 120 kcal
Protéines : 2 g
Glucides : 20 g
Lipides : 0

riz sauvage

riz complet

riz basmati

riz gluant

riz à grains longs

riz arborio

Les farines et les fécules

La farine est produite par la mouture des grains de céréales (blé, maïs, riz, sarrasin, seigle) ou de certains végétaux farineux comme les châtaignes *(voir page 420)*. Plus les farines sont raffinées, moins leur richesse en minéraux et en vitamines est importante. Les fécules sont des farines raffinées à l'extrême, où il ne reste plus que l'amidon, glucide des céréales.

Farine de blé

La farine de blé entre dans la fabrication de toutes les pâtes. Elle est qualifiée de *ronde* quand elle est granuleuse et sèche. On dit qu'elle est *plate*, *fleurante*, quand elle est plus onctueuse, laissant une fine poussière, la fleur, sur les mains.

Emplois

Il existe plusieurs sortes de farine, qui dépendent des degrés de raffinage mais aussi des blés dont elles sont issues.

La farine ordinaire est légèrement grisâtre. Moins riche en gluten, elle gonfle peu et entre dans des préparations simples (pâtes à pâtés, croûtes).

La farine pâtissière est plus riche en gluten. Elle gonfle davantage et convient pour les cakes, les génoises, les quatre-quarts.

La farine supérieure est très pure. Quand elle est *de gruau* ou *fine fleur*, son pouvoir levant est très élevé. Fluide ou tamisée, elle permet de lier les sauces et de faire les gaufres et les crêpes.

La farine *à gâteaux* renferme de la poudre levante.

La farine complète est de la farine blanche dans laquelle on a ajouté du son. Elle sert pour certains pains.

Les différents types de farine

Les farines supérieures sont caractérisées par leur taux de cendres, résidus minéraux. Le nombre de centigrammes de cendres contenus dans une farine détermine son type. Les farines les plus blutées, du type 45, contiennent 0,45 % de cendres ; les moins blanches, du type 110, en renferment 1,10 %. Au-delà du type 55, elles ont trop de goût pour être utilisées en pâtisserie.

Autres farines

La farine d'avoine entre, dans les pays scandinaves mais aussi en Bretagne, dans les préparations des bouillies salées ou sucrées, des biscuits et des galettes.

La farine de maïs est employée pour réaliser biscuits, crêpes, galettes et gâteaux.

La farine de riz s'obtient à partir du broyage de brisures très blanches. Elle est employée dans les pâtisseries japonaise et chinoise.

La farine de sarrasin (ou blé noir), mélangée à du lait, constituait la poêlée normande. Elle est toujours utilisée en Bretagne dans la préparation des crêpes appelées galettes, des bouillies et des fars.

La farine de seigle entre dans la composition de certaines recettes de pain d'épice, ainsi que dans celle des nieules des Flandres et du pain de Linz.

Fécules

Les fécules sont des poudres très riches en amidon (80 à 90 %), tirées de céréales (riz, maïs) ou des racines et tubercules d'aliments riches en amidon (pommes de terre, manioc). Elles sont utilisées pour lier des sauces, des crèmes, des farces, des potages, pour préparer des bouillies ou confectionner certains gâteaux. Elles doivent toujours être mélangées à froid ou après dilution dans un liquide froid.

Emplois

La fécule de maïs (Maïzena) sert de liant dans nombre de préparations culinaires et pâtissières.

La crème de riz, qui est l'amidon presque pur, a les mêmes utilisations.

L'arrow-root est extrait des rhizomes de plantes tropicales. Fin, brillant et digeste, il a la même utilisation que la fécule de maïs.

La fécule de pomme de terre est utilisée pour lier des bouillies et des crèmes.

Le tapioca est la fécule tirée des racines du manioc. Très digeste, il est utilisé pour préparer des entremets.

Les matières grasses

Les matières grasses sont les corps gras alimentaires, solides ou liquides : huiles et graisses d'origine végétale, crème, beurre, margarine, saindoux, graisse d'oie. Tous ces corps peuvent être employés en cuisine mais pas en pâtisserie, où ils doivent avoir une saveur fine ou neutre et être le support des arômes.

crème fraîche épaisse

Crème fraîche

C'est la matière grasse du lait recueillie par des écrémeuses centrifugeuses dans les laiteries. Il existe plusieurs sortes de crème, dont les goûts sont différents selon les traitements qu'on leur a fait subir. Sauf la crème double et la crème légère, toutes contiennent entre 30 et 40 % de matières grasses.

La crème crue, assez rare, n'a subi aucun traitement thermique. Sa saveur et son parfum sont intacts.

La crème fraîche épaisse a été pasteurisée (chauffée à 65 °C-85 °C) et maturée, c'est-à-dire ensemencée avec des ferments lactiques qui lui donnent son goût et sa consistance.

La crème d'Isigny est la seule à bénéficier d'une appellation d'origine contrôlée (A.O.C.) et à contenir 35 % au moins de lipides.

La crème double est maturée, non pasteurisée. Elle contient 40 % de matières grasses.

La crème fraîche liquide (fleurette) est simplement pasteurisée.

La crème légère peut être épaisse ou liquide. Elle ne contient que 12 à 15 % de matières grasses.

La crème liquide stérilisée a été chauffée à plus de 115 °C puis refroidie. Son taux de matières grasses est de 30 à 35 %.

La crème liquide U.H.T. (ultra-haute température) a été chauffée pendant 2 secondes à 150 °C puis rapidement refroidie.

La crème de lait (ou peau de lait) est celle qui se forme à la surface du lait cru bouilli. Elle n'existe pas dans le commerce, mais on peut en préparer chez soi.

Emplois

La crème liquide fraîche, ou U.H.T., battue au fouet, manuel ou électrique, gonfle et donne, grâce à cet apport d'air, de la crème fouettée ou, quand on y ajoute du sucre, de la crème Chantilly.
La crème fraîche épaisse tient bien à la cuisson; elle est employée dans différentes pâtisseries, parfois dans des pâtes.
Pour être montée en crème fouettée, il faut y ajouter 10 à 20 % de lait froid.
On l'utilise également pour faire les glaces à la crème.

100 g = 320 kcal
Protéines : 2 g
Glucides : 2 g
Lipides : 33 g

Toujours au frais

Toutes les crèmes portent une date limite de conservation (D.L.C.), qui va de 7 jours pour la crème crue à plusieurs mois pour les crèmes stérilisées. Elles doivent être gardées au réfrigérateur (4 °C) et, après l'ouverture du pot, leur conservation est en principe de 48 heures. Au-delà, elles commencent à rancir.

crème liquide

Huiles

Les huiles sont toutes d'origine végétale, extraites de graines ou de fruits. Elles sont fluides à 15 °C, mais ne supportent pas toutes la même température de cuisson. Les huiles qualifiées de « végétales » sont un mélange d'huiles d'origines différentes. Les autres huiles sont pures et leur provenance est précisée. Quels que soient leur origine et leur aspect, toutes les huiles contiennent 100 % de lipides.

Qualités

Sauf l'huile d'olive dite « vierge de première pression à froid », les huiles sont toujours raffinées. Graines ou fruits sont broyés et réduits en pâte, puis chauffés et pressés pour extraire leur matière grasse. Celle-ci subit ensuite plusieurs traitements (filtration ou centrifugation, neutralisation, dépigmentation) destinés à la stabiliser et à améliorer son parfum et son goût.

Emplois

C'est surtout en Orient et au Moyen-Orient qu'on utilise de l'huile dans la pâtisserie. Ailleurs, elle sert avant tout pour les fritures (beignets). Mais certaines recettes de pâtes en comportent également.

100 g = 900 kcal
Protéines : 0
Glucides : 0
Lipides : 100 g

Margarines

Ce sont des corps gras alimentaires d'aspect et d'emplois proches de ceux du beurre. Inventée au siècle dernier par un pharmacien français, la margarine fut longtemps fabriquée avec des graisses animales, de l'eau et du lait. Les graisses et les huiles végétales y sont maintenant prépondérantes. La composition des margarines est toujours indiquée sur l'emballage. Légalement, leur taux de matières grasses est le même que celui du beurre (soit 83 %), sauf pour les margarines allégées (41 %).

Qualités

Il existe plusieurs types de margarine : à tartiner, pour la cuisine et la pâtisserie. Les margarines à tartiner sont aromatisées avec du diacétyle pour leur donner un goût assez proche de celui du beurre.

Emplois

Les margarines à tartiner peuvent remplacer le beurre en pâtisserie, notamment pour la pâte feuilletée, mais celle-ci n'aura jamais le même bon goût.

100 g = 753 kcal
Protéines : 0
Glucides : 0
Lipides : 83 g

huile d'olive jaune

huile d'olive verte

huile d'arachide

Conservation des huiles

Les huiles craignent la chaleur et sont oxydées par la lumière. Elles doivent donc être conservées dans un placard fermé et loin de toute source de chaleur.

margarine

Les œufs

Le mot « œuf » sans autre mention désigne toujours l'œuf de poule. Protégé par une fine coquille, l'œuf se compose d'un blanc, masse translucide d'eau et de protéines (3 g), et d'un jaune (33 % du poids), qui concentre le reste des protéines (3,5 g) et la totalité des lipides (6 g) ainsi que la lécithine aux propriétés émulsifiantes. La coquille est doublée d'une membrane qui, au sommet le plus arrondi, laisse un espace appelé « chambre à air », et dont le volume augmente au fur et à mesure que l'œuf vieillit ; plus l'œuf flotte dans une casserole d'eau, moins il est frais.

Une protection naturelle

Un œuf ne doit jamais être lavé car sa coquille est recouverte d'un enduit naturel et protecteur. Il deviendrait alors perméable aux micro-organismes et aux odeurs. Il faut jeter un œuf dont la coquille est brisée ou fêlée et ne jamais acheter un œuf dont la coquille est sale : des germes insalubres risquent de s'y trouver, des salmonelles en particulier.

Blancs en neige et « blancs cassés »

Des blancs d'œufs, montés en neige et destinés à être consommés crus, en mousse, doivent être extra-frais. S'ils entrent dans une préparation destinée à être cuite, mieux vaut séparer les blancs des jaunes 2 ou 3 jours avant et les conserver au réfrigérateur dans un bocal bien fermé.
Les blancs ainsi « cassés » par le froid donneront une neige lisse, qui ne s'étalera pas à la cuisson. Une pincée de sel peut faciliter l'opération.

Qualités et catégories

Tous les œufs, qu'ils soient blancs ou roux, ayant un jaune pâle ou foncé, ont les mêmes qualités nutritionnelles.
Les œufs d'élevage sont dépourvus de germe, ce qui leur assure une meilleure conservation. Ceux de ferme, quand la poule a été bien nourrie, ont peut-être une saveur particulière.
Les œufs extra-frais sont signalés par un bandeau rouge et blanc sur la boîte. La date d'emballage – qui correspond environ à la date de ponte – ainsi que la date limite de consommation sont inscrites sur l'emballage.
On peut conserver les œufs extra-frais pendant trois semaines, dans un endroit frais (8 °C à 10 °C), la pointe en bas pour ne pas écraser la chambre à air. Plus l'œuf vieillit, plus son blanc devient liquide.
Pour les œufs frais, la boîte ne porte pas de bandeau, mais ces dates sont également indiquées, ainsi que la catégorie : A.
Les œufs de catégorie B ont été réfrigérés et conservés.

Poids et classement

Les œufs sont classés par calibre, qui correspond à leur poids : du n° 7 (moins de 45 g) au n° 1 (70 g et plus). Les calibres les plus employés sont les n° 4 (55-60 g) et les n° 3 (60-65 g). Pour ceux-ci, le jaune pèse environ 20 g, le blanc 34 g.

Emplois

La pâtisserie n'existerait pas sans les œufs. Ceux-ci sont la base de la plupart des crèmes (anglaise, pâtissière, etc.), des mousses et des sabayons. Ils apportent texture, richesse, parfum, onctuosité et goût aux pâtes. Ils permettent d'épaissir, de lier, d'émulsifier. Le jaune sert pour les dorages. Les blancs se montent en neige.

1 œuf de 55 g (n° 4) = 76 kcal
Protéines : 6,5 g
Glucides : 0,6 g
Lipides : 6 g

œuf roux

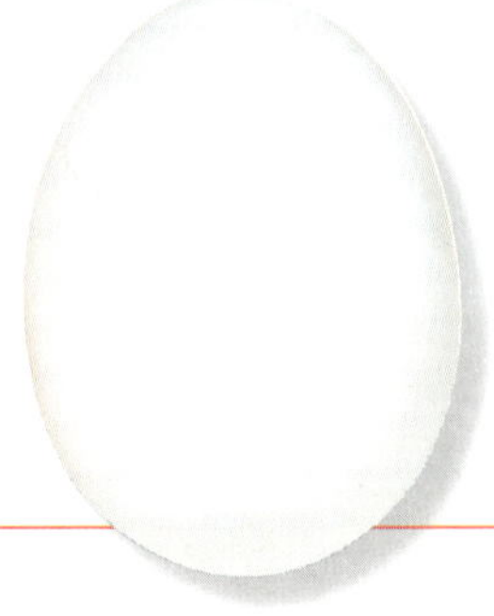

œuf blanc

Le miel

Le miel est un produit sucré fabriqué par les abeilles à partir du nectar des plantes, qui est recueilli, transformé et emmagasiné dans les rayons de la ruche. Le miel est extrait de ces derniers par centrifugation, puis filtré et épuré. Nourriture des dieux dans l'Antiquité, il a été le principal produit sucrant jusqu'à ce que le sucre le remplace. Fraîchement extrait, il est liquide mais cristallise facilement, car c'est une solution sursaturée de glucose, de fructose et de saccharose. Il redevient liquide et transparent lorsqu'on le chauffe.

Miel et santé

Parce que le miel est un produit naturel, on lui prête facilement de multiples vertus thérapeutiques, qui sont pourtant loin d'être vérifiées scientifiquement. Mais il a depuis longtemps prouvé son efficacité – due à la petite quantité d'acide formique qu'il contient – dans les affections de la gorge.

Les miels utilisés en pâtisserie

La qualité des plantes mellifères, différentes selon les espèces et les régions, donne au miel son parfum et sa couleur. Le miel est très utilisé en confiserie et en pâtisserie non seulement pour préparer le pain d'épice, mais aussi pour faire des biscuits, croquets, feuilletages orientaux, gâteaux, glaces, scones. Il peut presque partout remplacer le sucre.

Miel d'acacia : clair et fin, il provient de plusieurs régions françaises mais aussi de Hongrie, de Pologne et du Canada. Il convient comme miel de table et pour sucrer les boissons.

Miel de bruyère : roux et assez épais, il vient des Landes, de Sologne et d'Auvergne. Excellent pour les cakes, les biscuits et le pain d'épice.

Miel de luzerne : épais et jaune, produit partout en France, il convient pour toute la pâtisserie.

Miel d'oranger : clair, doré et très parfumé, il est récolté en Algérie et en Espagne, mais il est assez rare.

Miel de sapin : venant des Vosges et d'Alsace, de couleur très foncée, il a une saveur maltée et douce. Employé à table et dans la pâtisserie alsacienne.

Miel de sarrasin : roux foncé, au goût puissant, il est produit en Sologne, en Bretagne et au Canada. Excellent pour le pain d'épice.

Miel de tilleul : récolté partout en France, en Pologne, en Roumanie et en Extrême-Orient, il est jaune, épais, aux arômes très prononcés. Il convient pour la table et pour certaines recettes de cuisine.

Le miel toutes fleurs, mélange de différents miels, est le plus consommé et le moins cher. Il peut être de montagne ou de plaine.

100 g = 397 kcal
Protéines : 0
Glucides : 76 g
Lipides : 0

miel d'oranger

miel de bruyère

miel de tilleul

miel d'acacia

miel de sapin

Le sucre et les édulcorants

Le sucre existe depuis la plus haute Antiquité. Qu'il soit de canne ou de betterave, il a toujours la même valeur alimentaire et le même pouvoir sucrant. C'est un glucide pur, appelé saccharose. Les édulcorants sont des produits différents du sucre, mais doués d'un pouvoir sucrant plus ou moins important. Certains d'entre eux sont employés en pâtisserie.

sucre cristallisé

Pouvoir sucrant

Le sucre pur (saccharose) est l'étalon de mesure du pouvoir sucrant. Il est de 1. Celui du fructose est de 1,1 à 1,3, celui du glucose de 0,7, celui du miel de 1,2 à 1,35. Les polyols ont un pouvoir sucrant inférieur à 1. Les édulcorants de synthèse vont de 25 à 30 pour les cyclamates à 300 ou 400 pour la saccharine. C'est ce qui explique qu'ils soient présentés en minuscules pilules.

sucre glace

Sucres courants

Le sucre blanc est raffiné. Le sucre roux, qu'il soit de betterave ou de canne, ne l'est pas. Il conserve des impuretés qui lui donnent sa couleur et une saveur caractéristique. Il a la même valeur alimentaire que le sucre blanc.

100 g = 400 kcal
Protéines : 0
Glucides : 100 g
Lipides : 0

Le sucre en morceaux, essentiellement français, n'existe que depuis 1874. Moulé quand le sirop est encore chaud, il se présente sous forme de cube ou de parallélépipède. Il est utilisé pour sucrer les boissons chaudes, mais aussi pour faire le sirop de sucre ou le caramel.

Le sucre cristallisé, issu de la cristallisation du sirop, entre dans la préparation des confitures, des pâtes de fruits et des décors de pâtisserie. C'est le sucre le moins cher.

Le sucre en poudre, ou sucre semoule, est réduit en très fines particules et se dissout rapidement, même à froid. On s'en sert pour tout : pâtisserie, desserts, entremets, glaces.

Le sucre spécial confitures, ou **sucre gélifiant**, est un sucre semoule additionné de 0,4 % de pectine et de 0,6 à 0,7 % d'acide citrique. Il facilite la prise des confitures.

Le sucre glace est finement broyé et additionné de 3 % d'amidon. On l'utilise pour poudrer, décorer ou enrober les pâtisseries cuites et les confiseries.

Le sucre vanillé est un sucre en poudre additionné d'au moins 10 % d'extrait de vanille naturelle. Il existe en sachets de 7 g et permet d'aromatiser des entremets ou des pâtes.

Le sucre vanilliné est un sucre en poudre additionné de vanille de synthèse. Il a les mêmes emplois que le sucre vanillé.

sucre candi

sucre en grains

cassonade

Autres sucres

Le sucre candi, blanc ou brun, provient de la cristallisation du sirop de sucre sur des fils de lin ou de coton. Ses très gros cristaux fondent assez mal. Il n'est pas vraiment utilisé en pâtisserie.

Le sucre en grains possède des grains arrondis obtenus par le concassage de morceaux de sucre très pur, d'où leur transparence. Il est utilisé pour les décors de pâtisserie.

La cassonade est du sucre roux de canne cristallisé ayant un très léger goût de rhum. Il donne un parfum particulier aux tartes et aux gâteaux briochés.

La vergeoise est du sucre roux de betterave cristallisé. C'est le résidu solide d'un premier sirop d'épuisement (vergeoise brune) ou d'un second sirop (vergeoise blonde) du raffinage. Les vergeoises ressemblent à la cassonade et sont surtout employées dans certaines pâtisseries et desserts dans le nord de la France et en Belgique.

Le sucre liquide, ou **sirop de sucre**, est une solution de sucre incolore très employée dans l'industrie alimentaire. Commercialisé en bouteille, il entre dans la préparation des punchs et de certains desserts.

La mélasse est un sirop très épais et brun venant de la partie non cristallisable du sucre de canne. Longtemps utilisée au Québec à la place du sucre, elle est encore employée pour certaines pâtisseries.

Le fondant est un sirop de sucre additionné de glucose, cuit « au petit boulé » *(voir p. 69 et 73)* et travaillé jusqu'à devenir une pâte épaisse et opaque, souvent colorée et parfumée. Fondu au bain-marie, il permet d'enrober cerises à l'eau-de-vie, fruits frais ou secs et massepains, et de glacer choux, éclairs, génoises, mille-feuilles, etc.

Le sucre inverti est très utilisé par les pâtissiers mais introuvable dans le commerce ; il peut être remplacé par du glucose, que l'on se procure facilement en pharmacie.

Les édulcorants naturels

Le sirop d'érable provient de la sève de l'érable à sucre, qui est recueillie uniquement dans le nord-est du Canada (principalement au Québec), de janvier à avril, par incision des troncs. Il faut entre 30 et 40 litres de sève pour obtenir 1 litre de sirop, qui contient naturellement 65 % de glucides ; le sirop d'érable est, de ce fait, un produit cher. Il est utilisé en pâtisserie pour napper crêpes, glaces et scones, et pour parfumer soufflés, mousses et pies aux fruits secs.

Le glucose, glucide pur, est fabriqué à partir de l'amidon du maïs. Il peut remplacer le sucre inverti. Il a un pouvoir sucrant moins élevé que celui du sucre.

Le fructose est extrait des fruits. Il est vendu en poudre dans les magasins de diététique.

Les polyols, obtenus par traitement de l'amidon ou du saccharose, sont très employés en confiserie (bonbons, chewing-gums) car ils apportent moins de calories que le sucre et sont surtout non cariogènes.

Les édulcorants de synthèse

Les édulcorants de synthèse sont aussi appelés édulcorants intenses : aspartame (E 951), acésulfame K (E 950), saccharine (E 954) et cyclamates (E 952).

Ils possèdent un très fort pouvoir sucrant (jusqu'à 400 fois celui du sucre) et n'apportent pas de calories. En France, seuls les trois premiers ont l'autorisation d'être ajoutés aux aliments industriels. On les trouve ainsi dans les produits dits *light*. Sous forme de poudre ou de comprimés, les édulcorants de synthèse s'utilisent comme le sucre et peuvent être pratiques pour ceux qui veulent vraiment réduire leur consommation de sucre. L'aspartame en poudre peut être utilisé pour préparer des pâtes *(voir p. 30)*.

vergeoise brune

sirop d'érable

Le cacao et le chocolat

Le cacao provient des fruits du cacaoyer, les cabosses. Les fèves qui en sont extraites sont exposées au soleil, triées, lavées et séchées ; elles sont ensuite torréfiées. Il existe plusieurs variétés de cacaoyer : les criollos (10 % de la production venant du Mexique, du Nicaragua, du Guatemala, de Colombie et de Madagascar), fragiles, donnent des fèves très aromatiques ; les forasteros, plus robustes, assurent 70 % de la production (Brésil et Afrique occidentale) ; les trinitarios, au rendement important mais de qualité variable, fournissent le reste.

Le beurre de cacao

Ferme, d'un blanc jaunâtre, il est extrait de la pâte de cacao par pression. Il est réutilisé en partie pour la fabrication du chocolat. Son emploi en pâtisserie est très limité.

La pâte de cacao

Une fois torréfiées, les fèves sont concassées : coques, germes et amandes sont séparés. Les amandes, broyées dans un moulin chauffé à 70 °C, sont ainsi transformées en pâte de cacao onctueuse et amère, qui contient de 45 à 60 % de matières grasses. Pâtissiers et confiseurs utilisent cette pâte pour renforcer le goût d'un chocolat, mais on ne la trouve pas dans le commerce.

cabosses

La poudre de cacao

La poudre de cacao fut inventée en 1828 par le Hollandais Van Houten.
La pâte plus ou moins dégraissée est pulvérisée, donnant soit un cacao dégraissé (8 % de matières grasses), soit un cacao normal (20 % de matières grasses), amer. Délayé avec de l'eau, le cacao entre dans la préparation des sorbets au chocolat et de toutes sortes d'entremets et de desserts mais aussi dans celle du chocolat à boire.
On peut y ajouter une quantité de sucre variable selon le degré d'amertume que l'on veut conserver.

100 g = 325 kcal
Protéines : 20 g
Glucides : 43 g
Lipides : 20 g

Les utilisations du **cacao sucré en poudre**, ou **cacao sucré**, ou **chocolat en poudre**, et du **cacao maigre sucré**, mélanges de cacao et de sucre contenant au minimum 32 g de poudre de cacao pour 100 g, sont les mêmes que celles de la poudre de cacao.

100 g de chocolat en poudre = 376 kcal
Protéines : 6,4 g
Glucides : 80 g
Lipides : 7 g

Les poudres et **granulés de chocolat** sont un mélange de cacao en poudre (20 % au minimum), de lécithines (2 %) et de sucre, qui se présente sous forme de grains agglomérés. Ils sont utilisés pour préparer le chocolat à boire.

100 g = 385 kcal
Protéines : 4 g
Glucides : 88 g
Lipides : 7 g

Les petits déjeuners chocolatés ou **cacaotés** sont des mélanges en proportions variables de cacao, de sucre et de farines diverses que l'on délaie avec du lait.

100 g = environ 400 kcal
Protéines : 6 g
Glucides : 83 g
Lipides : 5 g

pâte de cacao

poudre de cacao

Le chocolat

Le chocolat est un mélange de pâte de cacao et de sucre en proportions déterminées par la réglementation. Il peut être additionné de beurre de cacao, de lait, de fruits ou d'aromates en quantités elles aussi réglementées. Pâte de cacao et sucre sont mélangés et broyés, puis conchés entre 24 et 72 heures. Le conchage se fait à 80 °C dans des appareils en forme de conques qui tournent sans arrêt. La pâte s'assèche et se désacidifie. La majeure partie du beurre de cacao est ajoutée en fin de conchage. La qualité du chocolat dépend non seulement de celle des fèves mais aussi de celle du conchage et de sa durée. Les chocolats se différencient par leur teneur en cacao, par leur qualité et par leur présentation.

Le chocolat de couverture contient obligatoirement au moins 16 % de cacao, mais les bonnes couvertures en renferment beaucoup plus, jusqu'à 70,5 %. Ce chocolat est plus riche en beurre de cacao, ce qui abaisse son point de fusion. Il en existe plusieurs variétés, plus ou moins sucrées, noires ou au lait. Vendu en bloc de 1 kg aux professionnels, il se trouve dans le commerce en tablettes de 100 ou 200 g. Les couvertures sont utilisées en pâtisserie et en confiserie.

Le chocolat dit « à croquer » contient au moins 35 % de cacao. Commercialisé en tablettes de 100, 200 ou 500 g, il peut servir à tout.

100 g = 550 kcal
Protéines : 5 g
Glucides : 65 g
Lipides : 30 g

Les chocolats amer, bitter, noir, pâtissier ou supérieur contiennent au moins 43 % de cacao. En fait, avec la mode du chocolat noir et fort, la plupart d'entre eux en comportent beaucoup plus, jusqu'à 75 %. Conditionnés en tablettes de 100, 200 ou 520 g, ils peuvent être utilisés pour préparer les gâteaux, desserts, mousses, crèmes, glaces, etc.

Le chocolat au lait contient au minimum 25 % de cacao, le chocolat au lait supérieur ou extrafin, 30 % au minimum. La pâte a été additionnée de lait en poudre ou concentré et souvent de vanille. Bon à croquer, ce chocolat peut servir aussi à réaliser des desserts.

100 g = 557 kcal
Protéines : 8 g
Glucides : 59 g
Lipides : 32 g

Le chocolat blanc est composé de beurre de cacao (20 % au minimum), de lait, de sucre, et parfumé à l'essence de vanille. Il ne contient pas de pâte de cacao. Bon à croquer, ce chocolat peut servir à faire des entremets ou pâtisseries « multi-chocolats », ainsi que des décors.

100 g = 532 kcal
Protéines : 6,2 g
Glucides : 62 g
Lipides : 28,5 g

Les vertus du chocolat

Le chocolat contribue à la sécrétion, dans le cerveau, des molécules appelées endorphines, ou molécules du plaisir, qui apportent une sensation de bien-être, et de la sérotonine, neuromédiateur qui régule, entre autres, l'équilibre psychologique. Il n'a pas pour autant de pouvoir aphrodisiaque particulier. Mais la théobromine, la caféine, la phényléthylamine (dont la structure chimique est proche de celle des amphétamines) contenues dans le cacao ont des effets toniques sur l'organisme.

chocolat blanc

chocolat de couverture

Le café et le thé

Café et thé contiennent tous deux de la caféine, dont les vertus stimulantes sont connues, et sont transformés en boissons agréables et largement consommées. L'un et l'autre aromatisent souvent desserts et pâtisseries.

Café

Le caféier est un arbuste originaire du Soudan et d'Éthiopie, dont les fruits sont de petites baies rouges. Ces graines sont nettoyées et traitées de façon à devenir le café vert, qui est ensuite torréfié à 200 °C-250 °C.
La torréfaction, chauffage lent accompagné d'un brassage, est une opération clef qui donne au café sa couleur, plus ou moins brune, sa saveur, son arôme et aussi sa teneur en caféine. Le grillage américain est léger, l'italien est poussé, le français est entre les deux.
L'arabica, dont l'arôme est fin, est peu riche en caféine : 60 mg en moyenne pour une tasse. Il en existe des qualités différentes, certains « crus » étant assez rares.
Le robusta, à la saveur plus puissante, est riche en caféine : 250 mg environ pour une tasse.
On trouve dans le commerce, en grains ou moulus, différents arabicas, du robusta ou des mélanges des deux.

Mais il existe aussi des cafés : **décaféinés**, qui contiennent au maximum 0,1 % de caféine ; **solubles, en poudre ou en granulés**. Ce sont des robustas ou des arabicas, ou des mélanges des deux.

Emplois

Tous ces cafés servent à fabriquer la boisson du même nom. Tous, sauf le décaféiné, sont largement utilisés comme arôme en confiserie et en pâtisserie. Il existe également de l'extrait de café liquide dont l'emploi est limité à la pâtisserie.

Thé et santé

Une tasse de thé contient en moyenne 75 mg de caféine, de la théobromine (qui le rend un peu diurétique) et du fluor.
Le thé est assez riche en acide oxalique et en tanins (ceux du thé vert auraient des propriétés amaigrissantes).

Thé

L'infusion de thé est préparée à partir des jeunes pousses d'une espèce de camélia, le théier, qui pousse en altitude et en climat chaud et humide. On cueille le bourgeon (*pekoe*) des jeunes pousses avec une feuille (cueillette impériale), deux feuilles (cueillette fine) ou trois feuilles (cueillette grossière). Il existe deux variétés : le chine, à petites feuilles, et l'assam, à grandes feuilles. Ces deux variétés sont classées en types et en grades qui traduisent la taille des feuilles et le nombre de *pekoes*.
Les thés noirs représentent 95% de la production mondiale. Ils subissent cinq opérations : flétrissage, roulage, fermentation, dessiccation et triage, qui les classent en grades.
Les thés noirs de Chine sont torréfiés, roulés à la main et parfois fumés.
Les thés verts ne sont pas fermentés, proviennent de Formose et du Japon. Ils n'ont pas de grade.
Les thés parfumés représentent une immense gamme, dont les parfums vont des fleurs (jasmin, rose) aux épices (vanille) en passant par les fruits (pomme, mûre, etc.).

Emplois

Les rites de l'infusion sont différents selon les pays. Celle-ci doit durer entre 3 et 5 minutes pour ne pas libérer l'amertume des tanins. Le thé, nature ou parfumé, aromatise crèmes, desserts glacés et mousses. On l'utilise aussi pour imbiber les fruits séchés.

assam : thé noir des Indes

darjeeling : thé noir des Indes

tarry souchong : thé noir de Chine fumé

earl grey : thé noir parfumé à la bergamote

thé au jasmin

Les fruits à noyau

Les fruits à noyau sont essentiellement des fruits d'été. Très riches en eau (90 % en moyenne), ils sont désaltérants quand on les consomme frais et sont la base des confitures et des desserts estivaux. Leur richesse en vitamines et leur saveur dépendent beaucoup de leur maturité.

Abricot

On trouve, dès la mi-mars, des abricots venant de Tunisie, d'Espagne, de Grèce, d'Italie; les français sont plus tardifs. L'abricot est un fruit fragile, qui se conserve peu de temps. Sa chair orangée est dense et devrait être sucrée et parfumée. Mais, trop souvent, la cueillette avant maturité et les séjours en chambre froide lui ôtent beaucoup de sa saveur, d'autant plus que, une fois cueilli, le fruit ne mûrit plus. L'abricot est riche en vitamine A.

Variétés françaises

Le bergeron, gros et allongé, se reconnaît aussi par une face rouge et l'autre orangée.
Le canino est assez gros et orange. Sa saveur est moyenne.
Le jumbocot, ou **goldrich**, très gros et très ferme, est un peu acide.
Le luizet, gros et assez ovale, a une chair molle et très parfumée.
Le polonais, ou **orangé de Provence**, a une peau panachée de rouge, une chair ferme et un peu acidulée.
Le rouget de Sernac est de taille moyenne.
Le rouge du Roussillon, orangé strié de rouge, a une chair ferme plus sucrée.

Saison

De juin à août.

Emplois

L'abricot se consomme tel quel ou dans des salades de fruits. On l'utilise pour différents entremets et gâteaux mais surtout pour les tartes. On le cuit pour faire compotes, marmelades et confitures. On peut aussi le surgeler. Mixé en purée ou en coulis, il s'intègre aux glaces et aux sorbets. Son amande parfume les alcools, les confitures et les marmelades. En conserve, au naturel ou au sirop, il est utilisé comme le fruit frais.

100 g (un abricot pèse environ 40 g) = 44 kcal
Protéines : 0
Glucides : 10 g
Lipides : 0

Cerise

Les cerisiers se rattachent à deux espèces d'Asie Mineure, le merisier, ou cerisier doux, et le griottier, ou cerisier acide. Petite et plus ou moins rouge, la cerise est assez riche en glucides.

Variétés

Les cerises douces, issues du merisier, regroupent les guignes et les bigarreaux. Les plus consommées sont la burlat, à la chair fondante, la reine hortense, très juteuse, et la reverchon, ferme et croquante.
Les cerises acides, provenant du griottier, comptent la montmorency, petite et très acidulée, et la griotte, rouge vif à noire et fondante.
Les cerises anglaises, issues de croisements, petites et rouge clair, ont un goût aigrelet. Malgré leur nom, elles poussent partout en France.

Saison

De la mi-mai à la mi-juillet.

Emplois

Bien lavées, toutes les cerises douces sont un merveilleux dessert. Elles servent aussi à préparer les compotes, les salades de fruits, les soufflés, les beignets, les tartes et surtout le clafoutis. Dénoyautées et réduites en purée, elles donnent un excellent sirop. Confites, elles aromatisent les cakes et les puddings et entrent dans la décoration de nombreux desserts.
Les cerises acides se conservent bien à l'eau-de-vie. Avec toutes les variétés, on peut faire gelées, confitures, sorbets et glaces. Les cerises se conservent aussi au naturel et sont à l'origine de plusieurs liqueurs dont le kirsch d'Alsace, le cherry anglais, le guignolet d'Anjou.

100 g (une cerise pèse environ 5 g) = 77 kcal
Protéines : 1 g
Glucides : 17 g
Lipides : 0

Nèfle

Le néflier est de la famille des rosacées. Les nèfles contiennent plusieurs noyaux et peu de chair, mais celle-ci est très juteuse. Assez rares sur les marchés, elles sont peu utilisées en pâtisserie mais font d'excellentes compotes.

100 g = 46 kcal
Protéines : 0
Glucides : 10 g
Lipides : 0

nèfles

Pêche, nectarine et brugnon

Tous ces fruits sont de la même famille, celle des rosacées. La pêche a une peau fine, veloutée ; la nectarine et le brugnon ont une peau lisse. La chair du brugnon adhère au noyau, à la différence de celle de la nectarine. Il existe de nombreuses variétés de ces fruits, dont la plupart ont été améliorées pour résister au transport, souvent au détriment de leur saveur.

Variétés et saisons

Les pêches à chair blanche (alexandra, aline, anita, daisy, dorothée, manon, primrose, redrobin, redwing, tendresse et white lady) sont assez fragiles mais très parfumées. Elles arrivent sur les marchés à partir de juin et y restent jusqu'à la mi-août.

Les pêches à chair jaune sont plus résistantes mais moins juteuses et souvent moins savoureuses car cueillies avant maturité. Elegant lady, flavor-crest, maycrest, melody, o'henry, redtop, royal moon, springcrest, springlady, summer rich, symphonie, toplady sont récoltées de juillet à septembre.

Les pêches sanguines, ou **pêches de vigne**, ont une chair lie-de-vin très parfumée. Les espèces authentiques sont quasiment introuvables et la nouvelle espèce est assez farineuse.

Nectarines et brugnons ont aussi une chair blanche (onze variétés, de mi-juillet à fin août) ou jaune (onze variétés également, de fin juin à mi-septembre).

Emplois

Pêches, brugnons et nectarines se consomment nature, pochés ou en compote. La pêche est utilisée pour réaliser de nombreux desserts, dont le plus célèbre est la pêche Melba, créée par Auguste Escoffier en 1894, des tartes et des entremets.
On peut la confire, la conserver dans de l'eau-de-vie ou la transformer en glace, en sorbet ou en confiture. Le jus sert à préparer liqueurs et eaux-de-vie.
Brugnons et nectarines ont les mêmes utilisations que la pêche.

100 g (un fruit) = 50 kcal
Protéines : 0
Glucides : 12 g
Lipides : 0

Problèmes de peau

Brugnons et nectarines doivent être lavés. Quant aux pêches, il est préférable de les éplucher, car elles sont toujours traitées et les produits employés peuvent donner des allergies.
Si le fruit n'est pas assez mûr, il s'épluche mal. Il faut alors le tremper une seconde dans de l'eau bouillante : la peau partira facilement.

pêche elegant lady à chair jaune

pêche tendresse à chair blanche

nectarine bel top à chair jaune

Prune

Il existe de nombreuses variétés de prune, de taille, de couleur et de goût différents. Elles ont cependant toutes une peau lisse et une chair juteuse, le plus souvent jaune, parfois verte. Les prunes violettes, une fois séchées, portent le nom de pruneaux *(voir page 418)*.

Variétés et saisons

Les reines-claudes, pour la plupart produites dans le Sud-Ouest, sont rondes, assez grosses (parfois autant qu'un abricot) et parfumées. La reine-claude de Bavay a une peau et une chair jaune verdâtre ; la variété verte se pare de reflets dorés ; et la friar, très grosse, se distingue par sa peau violacée et sa chair jaune. On trouve ces fruits de mi-juillet à mi-septembre.

Les américano-japonaises sont plus charnues et moins parfumées. La golden Japan, grosse et jaune, est la plus spectaculaire. Les variétés d'Afrique du Sud apparaissent sur les marchés à partir de fin juin et y sont encore en hiver.

Les mirabelles de Lorraine sont petites, toutes rondes, jaune-orangé et délicieusement sucrées. La récolte est brève : mi-août et septembre.

Les quetsches, oblongues, sont bleu-noir et violacé à l'extérieur. Leur chair jaune verdâtre est à la fois acidulée et sucrée. On les trouve à partir de début septembre.

Emplois

Toutes les prunes se consomment nature, après avoir été lavées. Elles sont utilisées pour faire des tartes, des clafoutis, des flans, et donnent d'excellentes compotes et confitures. Elles se conservent dans de l'eau-de-vie et sont également distillées (mirabelle et quetsche).

100 g (une prune pèse environ 30 g) = 52 kcal
Protéines : 0
Glucides : 12 g
Lipides : 0

Achat et conservation

Tous ces fruits ne se conservent que quelques jours. Lorsqu'il fait très chaud, on peut les garder au réfrigérateur, mais cela sera toujours au détriment de leur goût. Mieux vaut donc les acheter chaque jour, ou tous les deux jours, et si possible les choisir bien mûrs.

Richesse en fibres

Tous les fruits à noyau, surtout les cerises, sont riches en fibres. Celles-ci se trouvent essentiellement dans la peau. Quand on a beaucoup mangé de ces fruits (plus de 150 g), il vaut mieux s'abstenir de boire car leur pulpe gonfle sous l'effet du liquide, surtout quand celui-ci est gazeux, ce qui peut provoquer des ballonnements désagréables.

reine-claude friar

prune président

prune golden Japan

mirabelles de Lorraine

quetsches

reine-claude verte

reine-claude de Bavay

Les agrumes

Fruits du genre *Citrus*, les agrumes se caractérisent par leur saveur acidulée. Originaires d'Asie, ils se cultivent dans tous les pays méditerranéens, en Floride et en Californie, et sont toute l'année présents sur les marchés. Protégés par une peau épaisse, ils se conservent longtemps, sont riches en vitamine C et pauvres en glucides (6 à 12 %).

Bergamote

Les bergamotiers sont cultivés en Corse, en Chine et aux Caraïbes. Leurs fruits ressemblent à une petite orange jaune et sont très acides. L'écorce de la bergamote contient une huile essentielle utilisée en confiserie. Le zeste peut servir à parfumer certaines pâtisseries.

Bigarade

Les bigarades sont les oranges amères, à l'écorce rugueuse, verte ou jaune. Leur chair peu juteuse et amère est utilisée pour faire des marmelades et des confitures. Mais leur écorce, très parfumée, entre dans la composition de certaines liqueurs (Cointreau, Grand Marnier). Les fleurs du bigaradier servent à fabriquer l'eau de fleur d'oranger, souvent utilisée en pâtisserie.

cédrat

Cédrat

Le cédrat ressemble à un très gros citron. Il est récolté en hiver en Corse et sur la Côte d'Azur. Il sert à préparer des confitures et des marmelades. Confit, son zeste est utilisé dans des biscuits, des cakes et des puddings. En Corse, on en fait une liqueur nommée « cédratine », très parfumée.

citrons jaunes

Citron et citron vert

Ce sont les agrumes les plus acides et, pour cette raison, ils ne sont pas consommés comme fruits (sauf quand ils sont confits) mais sous forme de jus. Le citron vert, appelé « lime », plus rond et plus petit, est encore plus acide que le jaune.

Variétés et saisons

L'eureka, à la peau verdâtre, vient toute l'année des États-Unis.

L'interdonato a une pulpe fine et sans pépins. Ce citron de Sicile et d'Italie du Sud est récolté en septembre et en octobre.

Le primofiore a un mamelon caractéristique. Très juteux, il est produit en Italie et en Espagne d'octobre à décembre.

Le verdelli, verdâtre, peu juteux et peu parfumé, vient d'Italie et d'Espagne, de mai à septembre.

Le verna, d'un jaune intense, sans pépins et très juteux, vient aussi d'Italie et d'Espagne et se trouve de février à juillet.

Le citron vert, dont le jus abondant est nettement plus acide, est récolté aux Antilles et en Amérique du Sud. Le kumbava, citron vert particulièrement délicat, est importé de Thaïlande.

Emplois

Le fruit entier se sert givré ou glacé. En rondelles ou en quartiers, il permet de préparer chutneys, confitures, marmelades, tartes, etc.

Le jus est largement utilisé dans les glaces, les granités et les sorbets. Son acidité neutralise l'oxydation : c'est pourquoi on utilise ce jus pour empêcher pommes et poires pelées de noircir.

Le jus en bouteille n'a jamais la même saveur que le jus pressé frais. Le zeste, râpé ou en lamelles, aromatise crèmes, flans, mousses, soufflés ou tartes.

L'extrait sert d'arôme naturel en confiserie et en liquoristerie.

100 g = 32 kcal
Protéines : 1 g
Glucides : 8 g
Lipides : 0

citron vert des Antilles

citrons verts du Brésil

Kumquat

Originaire de Chine, cultivé en Extrême-Orient, en Australie et en Amérique, le kumquat est une minuscule orange à l'écorce jaune ou orange parfois amère, souvent tendre et sucrée. Sa pulpe est acidulée. On le trouve de décembre à mars.

Emplois

Il peut être consommé tel quel avec l'écorce, mais il est le plus souvent confit. Il sert aussi à préparer confitures, marmelades et certains gâteaux.

100 g = 40 kcal
Protéines : 0
Glucides : 10 g
Lipides : 0

kumquats

tangor ellendale d'Amérique du Sud

Mandarine et clémentine

Le mandarinier est originaire de Chine et pousse dans les pays chauds. En France, la clémentine a peu à peu détrôné la mandarine, que l'on trouve de moins en moins sur les marchés. Ce sont des fruits d'hiver. Leurs goûts sont très proches, mais la mandarine a de très nombreux pépins alors que la clémentine n'en a que très rarement.

Variétés et saisons

Il existe de nombreuses variétés de mandarines et d'hybrides de mandarines, qui se classent en trois catégories.

La mandarine est produite en Espagne, en Floride, en Italie, au Maroc, en Tunisie ainsi qu'en Amérique du Sud, de la mi-septembre à fin avril.

La tangelo, croisement de mandarine et de pomelo, vient d'Espagne, d'Israël, d'Afrique du Sud et des États-Unis, de mi-janvier à mi-mars.

La tangor, croisement de mandarine et d'orange, est cultivée en Amérique du Sud, en Espagne, au Maroc et en Israël ; elle est récoltée de la mi-février à la mi-juin.

En ce qui concerne la **clémentine**, on distingue celle de Corse, sans pépins, traditionnellement cueillie avec quelques feuilles, et les autres variétés (bekria, clémentine Montréal, ordinaire, fines, nules et oroval), qui viennent d'Espagne et du Maroc, de fin septembre à fin février.

Emplois

Clémentines et mandarines ont les mêmes emplois que l'orange. Elles se conservent aussi à l'eau-de-vie et peuvent être aussi confites.

100 g = 46 kcal
Protéines : 0
Glucides : 10 g
Lipides : 0

mandarine palazelli d'Italie

Traitement et conservation

La majorité des agrumes est traitée au dyphényl (l'étiquette le mentionne obligatoirement) pour éviter les moisissures. Quand on utilise le zeste, mieux vaut donc acheter des agrumes non traités ou alors les laver et les brosser très soigneusement. Tous les agrumes se conservent très bien pendant plusieurs jours à température ambiante et pendant plusieurs semaines dans le bas du réfrigérateur.

mandarine nova d'Espagne

mandarine fortuna d'Espagne

orange maltaise

orange navelina

orange navelate

Orange

L'orange est un des fruits les plus consommés dans le monde, et celui qui se conserve le mieux. Sa pulpe juteuse, divisée en quartiers, allant de l'orangé au rouge, est protégée par une écorce orange, parfois mouchetée.

Variétés et saisons

Les blondes fines : salustiana (Maroc et Espagne : de décembre à mars), à la peau fine ; shamouti (Israël : de janvier à mars), à la peau rugueuse, et valencialate (Israël : de mars à juin ; Espagne et Maroc : d'avril à juillet ; Uruguay, Argentine, Afrique du Sud : de juillet à octobre), à la peau lisse.

Les blondes navels : navelina (Espagne et Maroc : de novembre à janvier) ; navelate (Espagne et Maroc : de mars à juin ; Amérique du Sud et Afrique du Sud : de juillet à octobre) et washington navel (Espagne et Maroc : de décembre à avril ; Uruguay, Argentine et Afrique du Sud : de juin à septembre), moins juteuses, grosses et croquantes.

Les sanguines : double fine (Espagne, Maroc et Italie : de février à mai), maltaise (Tunisie : de décembre à avril), moro (Italie : de décembre à mai), toutes trois très juteuses ; et les tarocco (Italie : de décembre à mai).

Emplois

Le fruit entier se déguste tel quel mais aussi glacé ou givré. En quartiers ou en rondelles, il entre dans la composition de tartes et de salades de fruits.

Le jus se transforme en glace ou en sorbet. Il est utilisé pour parfumer beignets, biscuits, coulis, crèmes, entremets, soufflés et de nombreuses spécialités régionales telles que les célèbres gimblettes d'Albi.

Le zeste, râpé ou en lamelles, aromatise cakes, crèmes, entremets, soufflés, etc. L'écorce confite sert aussi d'arôme pour les biscuits. Enrobée de chocolat, elle devient une délicieuse friandise (les orangettes).

L'extrait d'orange parfume de nombreuses confiseries et entre dans la composition de liqueurs.

100 g de fruit = 39 kcal
Protéines : 0
Glucides : 8 g
Lipides : 0
100 g de jus frais ou en conserve = 49 kcal
Protéines : 0
Glucides : 10 g
Lipides : 0

Pamplemousse et pomelo

Le pamplemousse peut atteindre 17 cm de diamètre. Son écorce jaune ou verdâtre protège une pulpe jaune acidulée. Le pomelo, hybride de pamplemousse et d'orange de Chine, est un peu moins gros, avec une pulpe jaune rosâtre.

Variétés et saisons

Le marsh seedless, à pulpe blonde, sans pépins, est le plus amer. Il est récolté en Israël (novembre à septembre), en Afrique du Sud et en Argentine (mai à septembre).

Le thompson, à pulpe rose, vient de Floride (décembre à mai).

Le ruby red, à pulpe rose, vient de Floride et d'Israël (novembre à mai) et de l'hémisphère Sud (mai à septembre).

Le star ruby, à pulpe rouge, est récolté en Floride, au Texas et en Israël (décembre à mai).

Emplois

Le pamplemousse se déguste surtout au naturel mais il est aussi utilisé pour réaliser des gâteaux et divers entremets. Son écorce est confite.

Le jus parfume entremets et gâteaux et permet de réaliser glaces et sorbets.

100 g de fruit = 43 kcal
Protéines : 0
Glucides : 9 g
Lipides : 0

pamplemousse ruby red

Les baies et les fruits rouges

Cassis, fraise, framboise, mûre, myrtille ont des pépins dont la richesse en pectine favorise la prise des confitures. Le raisin est une fausse baie qui contient en fait des graines.
Tous ces fruits, sauf le raisin, apportent peu de calories, sont dépourvus de lipides et n'ont pratiquement pas de protéines. Mais ils sont assez riches en vitamine C.

Cassis

Fruit du cassissier, ou groseillier noir, arbre originaire d'Europe du Nord, le cassis est produit surtout en France (Orléanais et Bourgogne), en Allemagne, en Belgique et aux Pays-Bas. Ce petit fruit noir en grappes est juteux, aigrelet et particulièrement riche en vitamine C et en fibres. Il se congèle très bien.

Variétés

Le noir de Bourgogne a des petits grains très foncés et brillants, exceptionnellement parfumés et savoureux. **Le wellington** a des grains nettement plus gros, mais aussi plus aqueux.

Saison

Fin de l'été.

Emplois

Rapidement lavé et bien séché, il se consomme dans des salades de fruits rouges. Il décore un dessert à l'assiette. Il est utilisé pour préparer coulis, bavarois, charlottes, sorbets, soufflés et tartes. Il donne d'excellentes gelées et confitures. On produit aussi de la crème de cassis.

100 g = 41 kcal
Protéines : 1 g
Glucides : 9 g

Fraise

Le fraisier est une plante rampante de la famille des rosacées. Il en existe de plus en plus de variétés, résistantes au transport mais de piètre qualité. On trouve maintenant des fraises presque toute l'année, grâce aux importations d'Israël, alors que c'est un fruit d'été, fragile et qui ne se conserve pas longtemps.

Variétés

Il existe une vingtaine de variétés de fraise, groupées en quatre catégories : fraises coniques, cordiformes, rondes, triangulaires, auxquelles s'ajoutent les fraises des bois. Certaines d'entre elles sont « remontantes » et fournissent une autre récolte à l'automne. Malheureusement, la plupart de ces espèces sont peu parfumées, et ont une chair assez cotonneuse.

La gariguette, une des plus récentes, est juteuse et assez parfumée.

Saison

De mars (fraises d'Espagne) à novembre.

Emplois

Les fraises, sauf celles des bois, doivent être lavées, dans une passoire, avant d'être équeutées. Bien mûres, nature, avec du sucre ou de la crème fraîche, elles constituent un délicieux dessert. Elles sont utilisées en pâtisserie : tartes, bavarois, mousses, soufflés, ainsi qu'en confiserie. Enfin, on obtient une belle gelée et une très bonne confiture, surtout lorsqu'on laisse les fruits entiers.

100 g de fruits = 36 kcal
Glucides : 7 g

gariguettes : fraises cordiformes

fraises des bois

cassis

elsanta

pajaro

selva : fraises triangulaires

Framboise

La framboise est un des fruits les plus fragiles. La framboise sauvage est rare et particulièrement parfumée. On la cultive dans les régions tempérées : vallée du Rhône, Val de Loire.

Variétés

Les variétés remontantes (héritage et lloyd george) donnent une deuxième récolte en fin d'été. Les variétés non remontantes (meeker et mailing promise) ne produisent qu'une fois. Mais leur aspect et leur goût sont les mêmes.
La loganberry, hybride de mûre et de framboise, est grosse, rouge, ronde mais fade.

Saison

De mi-avril (serre) à octobre.

Emplois

Ce sont les mêmes que pour les fraises. Il ne faut surtout pas laver les framboises. Celles-ci peuvent être congelées, mais, une fois décongelées, elles sont ramollies et peu présentables ; elles seront alors utilisées pour d'autres préparations.

100 g = 41 kcal
Glucides : 8 g

framboises

Groseille

Originaire de Scandinavie, la groseille ne se plaît pas dans les régions chaudes. Rouge ou blanche, elle est cultivée dans la vallée du Rhône, en Côte-d'Or et dans le Val de Loire ; elle est aussi importée de Pologne et de Hongrie.

Variétés

Les groseilles rouges (red lake), aux fruits très gros, et la stanza, aux fruits petits et rouge foncé, sont assez acides.
Les groseilles blanches, dont la gloire des Sablons, sont nettement plus sucrées.

Saison

Juillet-août.

Emplois

Pour déguster la groseille nature, il faut la sucrer. Égrappée, elle entre dans la composition des salades de fruits, des entremets et, bien sûr, des tartes. Mixée, elle fournit un coulis délicieusement parfumé pour napper entremets et génoises. Mais ses principales utilisations sont la confiture et la gelée, très utilisées en pâtisserie.

100 g = 28 kcal
Protéines : 1 g
Glucides : 5 g

Groseille à maquereau

La groseille à maquereau est une grosse baie, ovoïde, soit violacée et duveteuse, soit ronde, verdâtre ou blanche et lisse, peu sucrée. Elle est assez rare sur les marchés français mais très cultivée en Belgique et aux Pays-Bas.

Variétés

Les principales variétés sont la whinham's industry, aux fruits rouge foncé, et la careless, aux fruits vert pâle.

Saison

Juillet.

Emplois

La groseille à maquereau est surtout utilisée en gelée ou en sirop pour des nappages, en tartes et dans certains entremets. Elle permet de faire de délicieux sorbets.

100 g = 39 kcal
Glucides : 9

groseilles

Mûre

Fruit charnu du mûrier, ou ronce sauvage, la mûre a des grains presque noirs, agglutinés les uns aux autres. Juteux, ceux-ci ont une saveur un peu âpre, très particulière.

Variétés

Les mûres se regroupent en deux grandes catégories : l'himalaya giant, assez acide, et l'oregon thornless, plus sucrée.

Saison

Septembre-octobre.

Emplois

La mûre entre dans la préparation de salades de fruits rouges, de compotes, mais surtout de confitures, de gelées et de sirops, tous excellents. Nombre de recettes d'entremets glacés, de pies et de tartes utilisent la mûre, qui donne aussi une pâte de fruits remarquable.

100 g = 57 kcal
Protéines : 1 g
Glucides : 12 g

mûres

muscat

chasselas

Raisin

La vigne existait déjà dans l'Antiquité. De tout temps, son fruit, le raisin, a fourni le vin et s'est trouvé, frais ou séché, sur les tables. Au fil des siècles, les variétés se sont multipliées, celles destinées au vin étant différentes de celles du raisin de table.

Variétés

Il existe treize variétés de raisin de table, regroupées en deux catégories.

Les raisins blancs, à grains jaunes ou dorés : les plus consommés sont le chasselas, aux grains moyens jaune doré, agréablement sucré, et l'italia, à très gros grains jaune vert, à la saveur légèrement musquée.

Les raisins à grains noirs ou violets : le cardinal, aux gros grains juteux, et le muscat de Hambourg, aux grains un peu allongés et à la saveur musquée, sont les plus courants.

Saison

De la mi-août à début novembre ; de février à mai pour les raisins en provenance du Chili.

Emplois

Le raisin est surtout un fruit de dessert. Il entre dans la composition des salades de fruits et s'apprête aussi en tartes et en entremets au riz. Il faut alors ôter sa peau et ses pépins.

100 g = 73 kcal
Glucides : 16 g

Choisir un bon raisin

À l'achat, le raisin de table doit être propre, bien mûr, avec des grains fermes, uniformément colorés, gardant encore la « pruine », matière cireuse qui les recouvre tant que le raisin est frais. La rafle (les tiges) ne doit pas être sèche – signe que la cueillette n'est pas récente – mais solide et cassante.

Myrtille

La myrtille est un fruit sauvage des régions montagneuses. Il existe maintenant des variétés cultivées, mais leurs baies ont une consistance un peu plus farineuse.

Variétés

Les myrtilles sauvages comprennent l'airelle rouge et le bleuet nain, une variété très appréciée des Canadiens. La myrtille des bois, très sombre, est particulièrement parfumée. Les myrtilles cultivées, dont les baies sont plus grosses, comptent la canneberge américaine et la myrtille arbustive, à la saveur très caractéristique.

Saison

De mi-juin à octobre.

Emplois

La myrtille est utilisée pour faire des entremets, des glaces, des sorbets et des tartes ; elle aromatise les puddings d'Amérique du Nord. On l'emploie aussi pour préparer compotes, confitures, gelées ou sirops.

100 g = 66 kcal
Glucides : 14 g

myrtilles

Les fruits à pépins

Les fruits à pépins n'ont en commun que le fait d'avoir des pépins. Ils proviennent d'origines diverses et leurs saisons et leurs saveurs sont différentes. Ils sont tous riches en eau et certains d'entre eux apportent vraiment peu de calories.

Figue

Les figues sont des fruits très sucrés, avec une multitude de minuscules pépins noyés dans la chair. Elles sont fragiles et ne doivent pas être conservées au réfrigérateur. On les trouve de fin juin à novembre.

Variétés

Les figues blanches, notamment la blanche d'Argenteuil, ont la peau la plus fine.

Les figues violettes, dont la violette de Solliès, ont une chair moins juteuse mais savoureuse. Elles peuvent être séchées *(voir page 418)*.

Emplois

Les figues se consomment nature, pochées ou rôties. Elles sont utilisées pour faire des tartes, et donnent aussi une très bonne compote et une remarquable confiture.

100 g = 54 kcal
Protéines : 1 g
Glucides : 12 g
Lipides : 0

figue violette

figue blanche

Coing

Fruit du cognassier, arbre de la famille des rosacées, le coing, dur et jaune, a une peau recouverte d'un fin duvet ; sa chair est très âpre, son parfum puissant. Le coing champion a la forme d'une pomme, celui du Portugal est plus allongé. On ne trouve ce fruit qu'en automne.

Emplois

Le coing ne peut se consommer que cuit et avec du sucre pour en adoucir le goût. Il permet alors de faire des compotes mais surtout de superbes gelées grâce à sa richesse en pectine, ainsi qu'une pâte délicieuse. Il entre dans la composition du ratafia.

100 g = 28 kcal
Protéines : 0
Glucides : 6 g
Lipides : 0

Melon

De la famille des cucurbitacées, le melon doit avoir une chair juteuse et parfumée. Il est souvent difficile de le choisir. Il doit être lourd et avoir un bon arôme. Il en existe différentes variétés : les brodés, les cantaloups et les melons d'hiver. Parmi les cantaloups, le charentais, lisse, bien rond, a les tranches bien marquées sur son écorce. Il vient de Guadeloupe (janvier à mai), du Maroc, d'Espagne, de Provence, du Poitou-Charentes (juin à octobre), et il représente 95 % de la production.

Emplois

Le melon se consomme le plus souvent tel quel, en entrée ou en dessert, ou dans une salade de fruits. Il se congèle très bien. On en fait aussi de délicieuses confitures.

100 g = 27 kcal
Protéines : 1 g
Glucides : 5 g
Lipides : 0

charentais Cavaillon à chair jaune

Pastèque

De la même famille que les melons, la pastèque est un gros fruit, vert, avec une chair très rose et une multitude de pépins. Très aqueux, il est rafraîchissant. Les tranches se consomment telles quelles ou dans une salade de fruits. On en fait aussi de la confiture.

100 g = 30 kcal
Protéines : 0
Glucides : 6 g
Lipides : 0

pastèque

passe-
crassane

williams

beurré
hardy

Poire

Ce fruit, normalement très juteux, mérite d'être choisi bien mûr. Fragile, il doit être traité avec précaution.

Variétés et saisons

Les poires d'été : williams et jules guyot, grosses et jaunes, avec une chair fine et parfois un peu acide. De la mi-juillet à octobre.

Les poires d'automne : beurré hardy et doyenné du Comice, à la saveur très fine, et la louise-bonne, un peu ventrue et moins juteuse. De septembre à décembre.

Les poires d'hiver : la passe-crassane, très fondante. D'octobre à avril.

Emplois

La poire est le fruit de table par excellence. Mais les poires au vin sont un dessert classique. En pâtisserie, la poire a presque autant d'emplois que la pomme : tartes, tourtes, gâteaux, beignets, charlottes, etc. Elle permet de faire de délicieuses compotes, une confiture raffinée, des glaces et des sorbets. L'eau-de-vie blanche (williamine) et la liqueur de poire sont très parfumées. La poire s'oxyde facilement et doit être citronnée tout de suite après son épluchage. Elle existe en conserve, au sirop.

100 g = 55 kcal
Protéines : 0
Glucides : 12 g
Lipides : 0

Pomme

La pomme est le fruit le plus cultivé dans le monde et le plus consommé en France, en Angleterre et aux États-Unis. On en trouve toute l'année.

Variétés

Il en a existé plus de deux cents variétés. Les dix-huit variétés actuelles se divisent en six catégories.

Les bicolores, dont la belle de Boskoop, la reine des reinettes, sont les plus courantes, avec la melrose.

Les blanches : la calville blanc, tendre, sucrée et juteuse.

Les grises : la reinette grise du Canada.

Les jaune doré : la golden, la plus courante, mais aussi les reinettes clochard et du Mans.

Les rouges : la red delicious, à la saveur un peu acidulée et douceâtre.

Les vertes : la granny smith, appréciée pour son acidité.

Emplois

Les pommes se consomment nature, ou cuites entières avec du beurre et du sucre, ou en compote. Beignets, chaussons, flans, puddings, tartes, on ne compte plus les préparations où elles figurent, les plus classiques étant l'apple-pie anglais et le strudel autrichien. Elles peuvent être flambées, meringuées, recouvertes de sirop, en croustade (Canada). On peut en faire de la gelée, des pâtes et du sucre (de pomme). Riche en pectine, le jus de pomme est utilisé dans les gelées d'autres fruits trop aqueux. Il donne le cidre et, à partir de celui-ci, une eau-de-vie, le calvados.

100 g = 50 kcal
Protéines : 0
Glucides : 11 g
Lipides : 0

red
delicious

granny smith

reinette grise
du Canada

reine
des reinettes

calville

belle
de Boskoop

Les fruits exotiques

Les moyens de transport modernes ont facilité l'exportation des fruits exotiques. L'augmentation de la demande a permis le développement de leur culture sur une plus grande échelle. Ces fruits viennent de toutes les régions chaudes du globe. Ils arrivent en hiver et au printemps quand pommes et poires sont blettes et qu'il est encore trop tôt pour avoir des fruits d'été.

Ananas

Les ananas proviennent principalement de Côte d'Ivoire, mais aussi d'Israël et des Antilles. La chair, jaune et très juteuse, est riche en fibres, en glucides et en vitamine C. La préparation d'un ananas nécessite un bon couteau pour le débarrasser de son écorce très épaisse, hérissée d'écailles et coiffée d'un plumet de feuilles vertes. Le fruit est à point quand sa texture est souple et uniforme, son plumet bien frais et quand il dégage un parfum agréable mais léger.

Variétés

Le cayenne, à la chair juteuse, acide et très sucrée, est le plus répandu.
Le queen est plus petit, moins juteux et moins sucré.
Le red spanish possède une écorce pourpre et une chair jaune pâle.

Saison

Mi-février à mi-mai.

Emplois

L'ananas se sert découpé en tranches ou en dés, nature ou arrosé de rhum ou de kirsch, accompagné de crème ou de glace. Il s'intègre dans les salades de fruits et entre dans la composition d'entremets, de glaces, de sorbets, de gâteaux et de tartes. Il existe aussi en conserve (au naturel et au sirop).

100 g = 52 kcal
Glucides : 11 g

ananas

Banane

La banane fruit est importée toute l'année des Antilles et d'Afrique. Cueillie verte et transportée dans des navires spécialement équipés, elle fait obligatoirement un séjour en mûrisserie. La banane est riche en glucides. Sa peau doit être entièrement jaune. Elle se couvre de taches brunes en mûrissant.

Variétés

La giant cavendish, longue et assez courbe, a une chair fondante et très parfumée.
La banane figue, très courte, est particulièrement sucrée.
La doyo, longue et plutôt droite, a une chair délicate.

Saison

Toute l'année.

Emplois

La banane se mange pelée et débarrassée des filaments qui adhèrent à sa chair ou coupée en rondelles dans une salade de fruits. Elle se prépare aussi pochée, poêlée ou gratinée, en soufflé mais surtout flambée avec du rhum ou du kirsch. On en fait également des beignets, des mousses, des glaces ainsi que des tartes.

100 g = 83 kcal
Protéines : 1 g
Glucides : 19 g

Jamais au froid

L'ananas supporte mal le réfrigérateur, tout comme la banane qui y noircit rapidement. Il est donc préférable de conserver ces fruits dans un endroit frais.

Avocat

Le gros noyau de l'avocat se détache facilement de sa chair vert pâle ; celle-ci a la consistance du beurre et un léger goût de noisette. Un avocat trop dur n'est pas assez mûr ; très mou, il l'est trop. La peau de l'avocat ne doit pas être tachée.

Variétés

L'Ettinger est assez gros, avec une peau lisse et brillante, à nuances violacées.

Le Hass, plus petit et plus allongé, a une peau grenue et vert foncé.

Saison

Toute l'année, toutes variétés confondues.

Emplois

Il s'utilise surtout en mousse et dans les sorbets et les glaces.

100 g = 220 kcal
Protéines : 1 g
Glucides : 3 g
Lipides : 22 g

avocat Ettinger

Datte

La datte, fruit du palmier-dattier, pousse en régimes. Les dattes sont commercialisées sur leurs tiges, en vrac ou en boîtes. C'est un fruit pauvre en eau et riche en glucides. Une bonne datte doit être moelleuse.

Variétés

La deglet-el-nour, riche en sucre, est la plus consommée.

La muscade de Tunisie se reconnaît à sa peau lisse et fine.

La halawi a une chair particulièrement sucrée.

La khaleseh, à la peau brun-orangé, est très parfumée.

Saison

Surtout en octobre, mais on en trouve toute l'année.

Emplois

La datte se savoure nature, comme une friandise. Elle se confit, se transforme en fruit déguisé, fourrée de pâte d'amande ou glacée au sucre. Elle se sert en beignets, et entre dans la composition de confitures et de nougats.

100 g = 300 kcal
Protéines : 2 g
Glucides : 73 g

dattes fraîches

Figue de Barbarie

Fruit d'une plante grasse originaire de l'Amérique tropicale mais très répandu dans le bassin méditerranéen, cette figue est ovale et protégée par une peau épaisse (verte, jaune, orange, rose ou rouge), hérissée d'infimes piquants qui nécessitent le port de gants pour les éliminer. Sa chair rose renferme d'innombrables pépins.

Saison

D'août à octobre.

Emplois

La figue de Barbarie exige d'être pelée avec un couteau et une fourchette. Elle se consomme nature ou arrosée de jus de citron, ou encore en salade. Épépinée et en purée, elle entre dans la préparation de sorbets, mais aussi dans celle d'une confiture.

100 g = 68 kcal
Glucides : 17 g

figue de Barbarie

Fruit de la Passion

Le fruit de la Passion pousse sur une liane originaire d'Amérique tropicale mais également répandue en Afrique, en Australie et en Malaisie. Il a la taille d'un œuf. Sa peau est épaisse, jaune ou brune ; sa pulpe jaune-orangé est acidulée et parsemée de petits grains noirs.

Saison

De début janvier à mi-février.

Emplois

Le fruit de la Passion peut se manger nature, arrosé de kirsch ou de rhum, ou incorporé à une salade de fruits. Mais il se consomme surtout en jus (les fruits épluchés sont mixés puis filtrés pour éliminer les nombreux pépins), qui entre dans la composition de gelées, de crèmes glacées et de sorbets.

100 g = 36 kcal
Protéines : 2 g
Glucides : 6 g

fruit de la Passion

Goyave

La goyave est un fruit assez gros, cultivé sous tous les climats tropicaux. Sa peau, mince et jaune, est piquetée de noir à maturité. Sa pulpe, orangée, est très parfumée et renferme de nombreuses graines très dures.

Variétés

La pirifera, appelée aussi « poire des Indes », est en forme de poire ;
la pomifera est ronde, en forme de pomme.
La goyave-fraise, cultivée en Chine, est grosse comme une noix.

Saison

De décembre à janvier (Brésil et Antilles) et de novembre à février (Côte d'Ivoire et Inde).

Emplois

La goyave se consomme telle quelle ou dans une salade de fruits. On peut lui ajouter du sucre ou du rhum si elle n'est pas assez mûre. On en fait aussi de la confiture. Son jus (que l'on trouve en boîtes) permet de préparer un délicieux sorbet.

100 g = 64 kcal
Glucides : 15 g

goyave

Grenade

De taille moyenne, la grenade a une enveloppe dure rouge-orangé, dont les compartiments sont remplis de gros pépins entourés de pulpe à la saveur douce et parfumée. Elle est cultivée dans tous les pays chauds et pousse aussi dans le midi de la France.

Saison

De novembre à janvier.

Emplois

La grenade n'est pas facile à manger telle quelle. Son jus est utilisé pour des crèmes ou des sorbets.

100 g = 64 kcal
Glucides : 15 g

grenade

kiwis

Kiwi

Le kiwi est le fruit d'une plante grimpante, l'actinidia, d'abord cultivée en Nouvelle-Zélande puis acclimatée dans le sud de la France et en Italie. On l'appelle aussi « groseille de Chine ». Il est de forme ovale, sa chair est verte et juteuse, protégée par une peau velue brun verdâtre.

Saison

Toute l'année.

Emplois

Le kiwi se mange nature, à la petite cuillère ou en salade. Coupé en rondelles, il décore desserts et gâteaux ou garnit des tartes. Mixé et filtré, son jus entre dans la composition de bavarois, de mousses et de sorbets.

100 g = 57 kcal
Protéines : 1 g
Glucides : 12 g

Kaki

Fruit du plaqueminier (kaki en japonais), originaire d'Orient, mais qui pousse dans le bassin méditerranéen, le kaki ressemble à une tomate orange. Sa chair, molle comme de la confiture, est aussi orange et contient de 6 à 8 grosses graines noires.

Saison

De décembre à janvier en provenance d'Italie, d'Espagne et du Moyen-Orient.

Emplois

Le kaki se déguste nature, à la petite cuillère. On en fait des compotes, de la confiture et des sorbets. Mixé en coulis, il peut napper bavarois, crèmes glacées, crêpes et gâteaux.

100 g = 70 kcal
Glucides : 19 g

kakis

Mangoustan

Gros comme une orange, le mangoustan vient de Malaisie. Sa peau épaisse, rougeâtre, contient une chair blanche dont la saveur est très délicate.

Saison
De mars à décembre.

Emplois
Il se mange nature ou arrosé d'un coulis de fruits rouges. Il s'utilise pour des gâteaux, des puddings et des sorbets.

100 g = 68 kcal
Protéines : 1 g
Glucides : 16 g

angoustan

Litchi

Le litchi (appelé aussi « cerise de Chine », « etchi » ou « ychi ») est gros comme une petite prune ; sa pulpe est translucide et juteuse.

Variétés
Les litchis d'Extrême-Orient ont un goût particulièrement délicat. Ceux des Antilles sont souvent plus sucrés.

Saison
De novembre à janvier.

Emplois
Il se consomme nature ou dans une salade de fruits. On en fait aussi des glaces et des sorbets.

100 g = 64 kcal
Glucides : 16 g

litchis

Physalis

Ces baies, originaires du Pérou, poussent dans les haies et les taillis des régions côtières chaudes de l'Atlantique et de la Méditerranée. Jaunes ou rouges, enveloppées dans un calice brun et membraneux, elles ont une saveur aigrelette.

Variétés
Suivant les régions, les différentes variétés portent le nom d'alkékenge, d'amour-en-cage, de cerise d'hiver ou de coqueret du Pérou.

Saison
Automne et hiver.

Emplois
Le physalis se croque nature ou s'ajoute à une salade de fruits. On en fait aussi de la confiture, des crèmes glacées, des sorbets et un sirop.

physalis

Mangue

La mangue a une peau verdâtre, marbrée de jaune, de rouge ou de violet ; sa chair orangée adhère à un très gros noyau aplati. Les saveurs sont variables, évoquant le citron ou la banane, ou encore la menthe.

Variétés
Les mangues du Brésil arrivent sur nos marchés en hiver. Les mangues du Burkina et de Côte d'Ivoire, printanières, sont particulièrement juteuses.

Saison
Toute l'année, toutes variétés confondues.

Emplois
La mangue se déguste nature mais aussi sous forme de compote, de confiture, de coulis, de gelée, de marmelade et de sorbet.

100 g = 65 kcal
Glucides : 15 g

mangue

Papaye

La papaye est un gros fruit ovale à la peau côtelée et jaunâtre, à la chair orangée juteuse et rafraîchissante et qui comporte au centre une cavité remplie de grains noirs.

Variétés
La solo, originaire d'Hawaii, est courante.
Les variétés d'Asie, d'Amérique du Sud et d'Afrique sont de plus en plus faciles à trouver.

Saison
Toute l'année.

Emplois
Bien mûre, la papaye s'utilise comme le melon avec un peu de sucre, de crème ou un trait de rhum ou de porto. Elle donne une belle confiture. Son jus, que l'on trouve en boîtes, parfume les salades de fruits et donne un délicieux sorbet.

100 g = 40 kcal
Glucides : 10 g

papaye

Les fruits à coque sèche

Les fruits à coque sèche sont tous pauvres en eau et riches en graisses. Ils sont protégés des agressions extérieures et du rancissement par une enveloppe dure, mais ils ne se gardent pas indéfiniment pour autant. La pâtisserie et la confiserie font largement appel à eux.

Amande

Le fruit de l'amandier est ovale, sa coque est verte. À l'intérieur se trouvent une ou deux amandes blanches, recouvertes d'une peau également blanche lorsque le fruit est frais. Ces amandes fraîches, à peine matures, ne se trouvent qu'en été. Lorsqu'elles sont décortiquées, séchées, leur peau est alors brune. Elles sont vendues telles, soit débarrassées de cette peau soit effilées ou encore en poudre.

Variétés

Il existe plusieurs variétés d'amande douce : l'aï, la ferraduel et la ferragnès, récoltées en Provence et en Corse, la marcona et la planeta, venues d'Espagne. L'amande amère s'utilise toujours en petites quantités en raison de son goût très prononcé.

Emplois

Entière, effilée, concassée ou pilée, l'amande entre dans la composition de très nombreux biscuits et gâteaux.

La poudre d'amande est la base de la pâte d'amande, très utilisée en confiserie, et de la crème d'amande, ou frangipane, dont on fourre, entre autres, la galette des Rois et le pithiviers. On la mélange aussi avec de la farine, en proportions variables, pour faire des pâtes brisées et sucrées.

Le lait d'amande, constitué d'amandes pilées délayées et de gélatine, est à la base de certains desserts d'autrefois comme le blanc-manger et les coupes glacées.

100 g d'amandes sèches = 620 kcal
Protéines : 20 g
Glucides : 17 g
Lipides : 55 g

amandes

Châtaigne et marron

Châtaigne et marron sont enfermés dans une bogue verte et piquante. Les châtaignes y sont serrées par trois, alors que le marron y est seul. Elles sont plus petites et plus aplaties, alors que les marrons sont bien ronds. Les unes et les autres se récoltent à l'automne, dans les Cévennes, le Sud-Ouest, en Corse, en Italie et en Espagne.

Emplois

Les châtaignes sont souvent grillées. En farine, elles entrent dans la composition de pâtes et de gâteaux régionaux. Elles servent à fabriquer la confiture et la crème de marron. Les marrons, confits au sucre, donnent les marrons glacés.

100 g de châtaignes (ou de marrons frais) = 200 kcal
Protéines : 4 g
Glucides : 40 g
Lipides : 2,4 g
100 g de crème de marron = 296 kcal
Protéines : 2 g
Glucides : 70 g
Lipides : 1,2 g
100 g de marron glacé = 305 kcal
Protéines : 2 g
Glucides : 72 g
Lipides : 1 g

châtaignes

noisettes rouges

noisettes vertes

Noisette

Les noisettes commercialisées viennent des vergers du sud-ouest de la France, de Turquie, d'Italie et d'Espagne. Elles arrivent fraîches, dans leur coque, sur les marchés de septembre. On en trouve toute l'année, décortiquées, en vrac ou en sachets.

Variétés

Il existe une dizaine de variétés de noisette. Certaines, comme l'aveline du Piémont, la daviana, la merveille de Bollwiller, sont assez grosses, rondes ou un peu ovales, d'autres, comme la segorbe, sont plus petites. Toutes sont parfumées.

Emplois

Elles s'utilisent rarement entières, sauf en confiserie. Concassées, elles sont un des ingrédients du nougat. Pilées, elles apportent du croquant dans un dessert. Réduites en poudre, elles entrent dans la composition de différents biscuits et gâteaux.

100 g de noisettes séchées = 655 kcal
Protéines : 14 g
Glucides : 15 g
Lipides : 60 g

Noix

La coque de la noix est protégée par une enveloppe verte : le brou. Une fois cassée, elle libère deux cerneaux. L'intérieur, très blanc, est recouvert d'une peau jaunâtre et amère qu'il faut absolument enlever quand on consomme une noix fraîche.

Variétés et saison

Les noix américaines (huit variétés) viennent de Californie. La chandler a la saveur la plus marquée. Parmi les huit variétés de noix françaises, la franquette et la lara sont cultivées dans toute la France. Corne, grandjean, grosvert et marbot viennent de Dordogne et de Corrèze ; mayette et parisienne, de l'Isère. On les trouve fraîches sur les marchés à partir de la mi-septembre et jusqu'à fin novembre. Les noix italiennes, feltrina et sorrento, arrivent au même moment.
On trouve toute l'année des cerneaux prêts à l'emploi, conditionnés en pochettes. Il faut veiller à leur fraîcheur, car la noix, riche en lipides, rancit vite.

Emplois

Les cerneaux entiers servent à décorer. Ils sont également utilisés en confiserie pour les fruits déguisés. Hachés ou moulus, ils entrent dans la composition de différents gâteaux, tartes, biscuits et brioches.
Le brou sert à faire le ratafia, des liqueurs et des vins aromatisés.

100 g de noix sèches = 660 kcal
Protéines : 15 g
Glucides : 15 g
Lipides : 60 g

noix

noix de pecan

Pistache

Les pistachiers sont cultivés en Iraq, en Iran et en Tunisie. La graine de pistache, vert pâle, est recouverte d'une pellicule rougeâtre et protégée par une coque.
On en trouve toute l'année en vrac, en sachets ou en boîtes.

Emplois

Hachée, elle est très employée dans les pâtisseries grecque, turque et arabe. On l'utilise beaucoup pour sa couleur verte (accentuée souvent artificiellement) dans différentes crèmes, entremets glacés et glaces. Elle est un des ingrédients du nougat.

100 g = 630 kcal
Protéines : 21 g
Glucides : 15 g
Lipides : 54 g

pistaches

Noix de coco

La noix de coco est un gros fruit tropical dont la coque brune très dure est tapissée d'une pulpe blanche et ferme, savoureuse et parfumée. Avant maturité, la noix de coco contient un liquide blanc et sucré, l'eau de coco.

Emplois

La pulpe fraîche se croque nature. Mais on la trouve essentiellement en sachets, hachée et séchée. Elle entre dans les recettes de biscuits, gâteaux et glaces et sert aussi de décor en pâtisserie.
Le lait de coco, mélange de pulpe broyée et d'eau, est conditionné en boîtes et s'utilise dans différentes recettes exotiques.

100 g de noix de coco sèche = 630 kcal
Protéines : 6 g
Glucides : 16 g
Lipides : 60 g

noix de coco

Noix de pecan

La noix de pecan est le fruit du pacanier (d'où son autre nom : pacane), abondant dans le nord-est des États-Unis. Elle contient, sous une coque lisse et mince, une amande à deux lobes, dont la saveur est proche de celle de la noix. On trouve des noix de pecan décortiquées vendues en sachet.

Emplois

Broyée ou concassée, la noix de pecan est un ingrédient de nombreuses recettes américaines de biscuits, tartes, gâteaux et crèmes glacées.

100 g de noix de pecan sèches = 580 kcal
Protéines : 8 g
Glucides : 18 g Lipides : 68 g

Les fruits séchés

Conservés par dessiccation, soit au soleil dans les pays chauds, soit par une exposition à une chaleur sèche dans des étuves ou des tunnels de dessiccation, certains fruits gardent ainsi leur saveur et se réhydratent au trempage. Leur valeur nutritive est trois à quatre fois plus élevée que celle des fruits frais, à l'exception de la vitamine C, qui est détruite par la chaleur.

Abricots secs

Dorés, les abricots secs sont légèrement acides. Ils sont tous importés, les meilleurs venant de Turquie, les autres, d'Iran, de Californie et d'Australie. On en trouve toute l'année, en vrac ou en boîtes.

Emplois

Les abricots secs se mangent tels quels. Réhydratés dans de l'eau tiède pendant deux heures au moins, ils garnissent des flans, des gâteaux et des tartes.

100 g = 272 kcal
Protéines : 4 g
Glucides : 63 g

Figues séchées

La plupart des figues séchées viennent de Turquie. Ce sont des figues blanches séchées au soleil, lavées à l'eau de mer puis passées à l'étuve. Elles arrivent sur les marchés à partir d'octobre. Elles sont alors bien gonflées et moelleuses puis se dessèchent et s'aplatissent progressivement dans l'hiver. Les italiennes sont moins fines, les grecques plus dures. Ouvertes et tassées, elles sont vendues en paquets ou en boîtes.

Emplois

Elles se mangent nature ou coupées en deux avec une amande ou une noix à l'intérieur. Cuites au vin, elles font d'excellentes compotes. Elles accompagnent bien un riz au lait ou une crème à la vanille.

100 g = 275 kcal
Protéines : 4 g
Glucides : 62 g

Pruneaux

Les pruneaux sont de grosses prunes violettes ovales, séchées dans un tunnel de dessiccation ou déshydratées par immersion dans une solution chaude sucrée. Ils sont alors plus gonflés que les fruits frais et peuvent se manger tels quels. Qu'ils soient secs ou demi-secs, il faut toujours les tremper dans de l'eau ou du thé tiède avant de les utiliser. Riches en fibres, les pruneaux régularisent le transit intestinal.

Emplois

Cuits dans de l'eau ou du vin rouge, les pruneaux se servent en compote, ou dans une salade de fruits, ou encore en purée. Ils figurent dans de nombreuses recettes de pâtisseries, entrent dans la composition de glaces. Fourrés, ils deviennent une confiserie et se conservent aussi dans l'armagnac.

100 g = 290 kcal
Protéines : 2 g
Glucides : 70 g

Raisins secs

Différentes variétés très sucrées de raisin de table sans pépins fournissent les raisins secs. Les raisins de caisse viennent du midi de la France ; ils sont petits et peu sucrés. Ceux de Corinthe, aux tout petits grains foncés, viennent de Grèce et ont une saveur particulière. Les raisins de Smyrne, dorés et transparents, sont moins sucrés. Quant à ceux de Málaga, ce sont des grains violet-roux assez gros, qui ont un goût un peu musqué. On en trouve toute l'année en vrac ou en sachets.

Emplois

Macérés dans de l'eau tiède, du vin ou du rhum, les raisins secs farcissent les pâtes levées (pain aux raisins), rehaussent les entremets au riz ou à la semoule, enrichissent les puddings et les cakes. Arrosés de jus de citron ou de rhum, ils parfument agréablement les salades de fruits.

100 g = 325 kcal
Protéines : 3 g
Glucides : 75 g

abricots secs

pruneaux

raisins de Smyrne

raisins de Corinthe

figues sèches

Les légumes

Les légumes sont essentiellement utilisés en cuisine, mais certains, soit en raison d'anciennes traditions, soit parce qu'ils sont naturellement sucrés, sont accommodés dans des recettes de pâtisseries et de desserts.

carottes grelot

rhubarbe

Carotte

La carotte est une racine riche en glucides, donc au goût sucré. Elle est plus savoureuse de fin mai à septembre.

Emplois

Plusieurs recettes de cakes et de gâteaux sont à base de carottes. Le jus, obtenu à la centrifugeuse, peut faire un sorbet original, mélangé à du jus d'orange.

100 g = 35 kcal
Protéines : 1 g
Glucides : 7 g

Bette

Selon les régions, la bette s'appelle « blette », « poirée » ou « ôte ». Elle a de grandes feuilles vertes assez fades. C'est un légume d'été.

Emplois

Les feuilles, débarrassées des côtes, s'accommodent en tourte sucrée, à la niçoise.

100 g = 20 kcal
Protéines : 2 g
Glucides : 3 g

bettes

Courges

« Courge » est un terme générique qui désigne de nombreux légumes de la famille des cucurbitacées, dont la chair est charnue et assez aqueuse. Il en existe plusieurs variétés, dont certaines sont utilisées dans des préparations sucrées.

Emplois

La citrouille, le giraumon vert et le potiron font d'excellentes confitures, surtout quand celles-ci sont relevées de gingembre. On les utilise aussi dans plusieurs recettes de tartes, gâteaux et puddings.

100 g de potiron = 20 kcal
Glucides : 4 g

patate douce

Patate douce

La patate douce est rougeâtre, violette ou grise et a une chair farineuse, nettement plus sucrée que celle des pommes de terre. On en trouve toute l'année dans les magasins spécialisés.

Emplois

Cuite et réduite en purée, elle entre dans la composition de gâteaux créoles.

100 g = 90 kcal
Protéines : 1 g
Glucides : 20 g

Tomate

La tomate est en fait un fruit, mais elle est le plus souvent utilisée comme légume. Il en existe de nombreuses variétés, rondes, ovales, en grappes, cerises. On en trouve toute l'année, mais elles sont plus savoureuses l'été.

Emplois

La tomate, rouge ou verte, donne une superbe confiture. Les tomates rondes, bien mûres et mixées, donnent un sorbet très rafraîchissant.

100 g = 12 kcal
Glucides : 3 g

Rhubarbe

Longtemps cantonnée dans les plantes médicinales, la rhubarbe est devenue plante potagère au XVIIIe siècle. Ses tiges sont rouges, parfois plus ou moins colorées de violet et elles ont un goût très acide. On la trouve sur les marchés de mi-avril à fin juin.

Emplois

Cuite et bien sucrée, pour compenser son acidité, la rhubarbe donne une compote très appréciée, surtout lorsqu'elle est relevée de gingembre, de noix muscade ou d'un zeste de citron. Elle permet de faire aussi une très bonne confiture. Dans de nombreuses recettes canadiennes, elle est mélangée à des pommes ou à des baies rouges dans des gâteaux, des muffins, des tartes, mais aussi des crèmes glacées et des sorbets.

100 g = 12 kcal
Glucides : 3 g

tomates

Les épices

Employées depuis l'Antiquité, les substances aromatiques végétales ont été introduites en Europe par les Byzantins. Longtemps utilisées comme moyen de conservation en raison de leurs propriétés antiseptiques, elles servent maintenant à donner une saveur particulière à certains mets. Toutes les épices doivent être conservées dans un flacon hermétiquement clos, à température ambiante. Le froid du réfrigérateur tue en effet leur parfum.

Les vertus des épices

Les épices, surtout celles dites « brûlantes » (poivre, piment, paprika, gingembre), ont la réputation d'être aphrodisiaques, ce qui n'a jamais été scientifiquement prouvé.
Elles améliorent aussi l'activité du tube digestif et entraînent une dilatation des vaisseaux sanguins du petit bassin.
Ces phénomènes physiologiques sont probablement à l'origine de leur réputation.

Cannelle

La cannelle est l'écorce de différents arbustes exotiques de la famille des lauracées, qui, en séchant, s'enroule sur elle-même. On la trouve telle quelle, en petits tuyaux fauve clair ou gris foncé mais aussi en poudre ou en extrait liquide. Son parfum est suave et pénétrant, sa saveur chaude et piquante.
La cannelle parfume le vin, et notamment le vin chaud, aromatise compotes et entremets. Elle est un élément indispensable des pâtisseries d'Europe de l'Est.

cannelle en bâtons

Clou de girofle

Le clou de girofle, à la saveur très piquante, entre dans la composition du **ras al-hanout** maghrébin et du **cinq-épices** chinois. Il accompagne la cannelle pour parfumer le vin chaud, donne un arôme plus soutenu aux fruits à l'eau-de-vie et est très employé dans les pâtisseries au miel et aux fruits secs.

clous de girofle

Gingembre

Le gingembre est un tubercule, originaire des Indes et de Malaisie, cultivé dans les pays chauds. Il s'utilise frais, confit dans le sucre ou en poudre. Sa saveur est très piquante.
Confit, il est une friandise appréciée dans les pays du Sud-Est asiatique. Gardé trop longtemps, il peut prendre un goût de savon. Sous toutes ses formes, le gingembre est largement utilisé pour parfumer biscuits et gâteaux, bonbons et confitures.

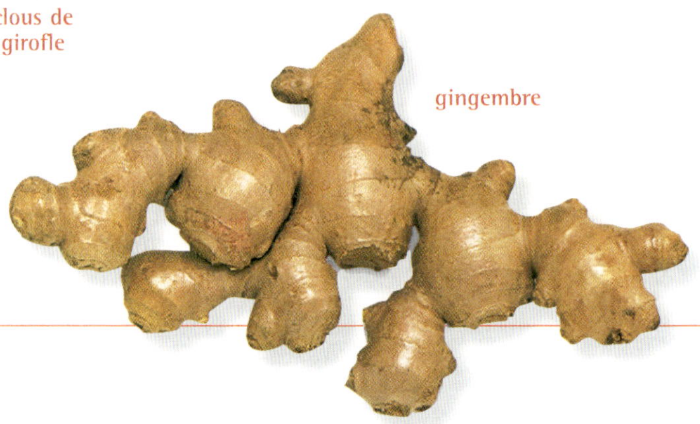

gingembre

Muscade

Fruit très aromatique du muscadier, la muscade est une petite noix ovale, dure, brune et ridée, dont la saveur est forte. La noix muscade s'utilise toujours râpée, mais elle existe aussi en poudre. Elle parfume les gâteaux au miel ou au citron, les compotes, les tartes aux fruits, le cake anglais, les leckerlis de Bâle (biscuits suisses) et certains entremets à la vanille. On l'utilise aussi en liquoristerie.

noix muscade

Paprika

Le paprika est une variété de piment doux. Séché et réduit en poudre, il est utilisé principalement en cuisine mais aussi dans certaines recettes de desserts. Saupoudré sur l'assiette, il ajoute une note décorative originale.

paprika

Quatre-épices

On appelle quatre-épices un mélange d'épices qui comprend généralement du poivre moulu, de la muscade râpée, du clou de girofle et de la cannelle en poudre. En Égypte, on le mélange à la farine pour parfumer le pain ou la pâtisserie. Il aromatise aussi certains pains d'épice et entremets.

quatre-épices

sel

Safran

Originaire d'Orient, le safran est une des rares épices qui sont aussi cultivée en France, dans le Gâtinais et dans l'Angoumois. Il se présente sous la forme de filaments brunâtres, qui sont les stigmates de la fleur, ou d'une poudre jaune-orangé. Son odeur est piquante, sa saveur amère. Il s'utilise dans certaines recettes d'entremets, de glaces et de sorbets.

safran

Sel

En pâtisserie, le sel s'emploie parcimonieusement, comme une épice, pour exalter parfois certains parfums, ou pour neutraliser trop de douceur. Toutes les pâtes en comportent une pincée.

Poivre

Épice la plus répandue et la plus populaire dans le monde, le poivre est essentiellement utilisé en cuisine. Ignoré jusqu'à ces dernières années par la pâtisserie, il entre maintenant dans la composition de glaces, de sorbets, de certains entremets et desserts. Ce sont plutôt des variétés assez rares, comme le poivre du Sichuan, qui sont alors employées.

poivre noir

poivre long

Vanille

La vanille est l'épice la plus employée en pâtisserie. Elle a une saveur douce et très parfumée, se présente en gousses fraîches, en poudre, en extrait (macération du fruit dans l'alcool puis infusion dans un sirop de sucre) ou sous forme de sucre vanillé *(voir page 396)*. La vanille du Mexique, ley ou leg, est la plus recherchée. La vanille Bourbon, qui vient de l'océan Indien, est plus courante. Il y a aussi des vanilles de la Guyane, de la Guadeloupe, de la Réunion et de Tahiti. La vanille aromatise crèmes, pâtes à biscuit, compotes, fruits pochés, entremets et glaces mais est aussi très utilisée en confiserie et en chocolaterie. C'est le parfum classique du punch, du chocolat et du vin chauds.

vanille

Les aromates

Les aromates sont issus de plantes odoriférantes dont on utilise l'élément (feuille, graine, fruit ou tige) où l'arôme est le plus concentré. Une fois séchées, la plupart de ces plantes aromatiques perdent une partie de leur parfum. Trop longtemps conservées, elles prennent facilement un goût de foin. Il faut les protéger de l'air en les rangeant dans des boîtes hermétiques différentes.

Angélique

L'angélique est une plante ombellifère qui ressemble un peu au céleri. Originaire des pays nordiques, elle dégage une odeur chaude et musquée.
Ses tiges vertes, confites dans le sucre, sont utilisées pour aromatiser ou décorer les cakes, pains d'épice, puddings et soufflés. C'est aussi une confiserie très appréciée, spécialité de la ville de Niort. Ajoutée dans une compote de fruits acides, elle en adoucit le goût.
Ses racines et ses tiges sont utilisées dans différentes liqueurs : eau de mélisse, Chartreuse, vespetro et gin.

angélique

Anis

Plante aromatique originaire d'Orient, l'anis était aussi, dans la Chine ancienne, une plante sacrée.
Les grains d'anis vert sont depuis longtemps utilisés en boulangerie, dans les bretzels, les fougasses et dans des biscuits, des gâteaux et certains pains d'épice.
Ils sont la base d'une confiserie particulière, les dragées de Flavigny. L'anis est aussi très utilisé en distillerie, pour fabriquer le pastis et l'anisette.

badiane (anis étoilé)

grains d'anis vert

Cardamome

Une fois séchées, les graines de cette plante aromatique, originaire de l'Inde, ont une saveur poivrée, différente selon que les graines viennent d'une cardamome verte, noire ou blanche.
Ces graines sont très utilisées en Europe du Nord où elles condimentent vins chauds, compotes, tartes et crèmes glacées. Elles parfument aussi l'aquavit.

cardamome noire

cardamome verte

Badiane ou anis étoilé

Le fruit de la badiane, arbuste de la famille des magnoliacées, en forme d'étoile à huit branches, est appelé « anis étoilé » et contient des graines dont le goût est proche de celui de l'anis. Son parfum est très fort.
La badiane est utilisée en infusion et parfume aussi nombre de crèmes, glaces, sorbets, gâteaux, surtout dans la pâtisserie et la biscuiterie du nord de l'Europe. Elle sert à la fabrication de l'anisette et parfume le thé.

carvi

Carvi

Le carvi est aussi appelé « cumin des prés » ou « des montagnes » ou encore « faux anis », en raison de similitudes de goût et d'aspect. Ses graines sont oblongues comme celles du cumin, mais sa saveur est moins musquée. Il est utilisé dans la pâtisserie hongroise et allemande et dans certains biscuits anglais. Il aromatise les dragées des Vosges et entre dans la fabrication de plusieurs liqueurs et alcools (kummel, vespetro, schnaps et aquavit).

Coriandre

Appelée couramment « persil arabe » ou encore « persil chinois », la coriandre était déjà utilisée par les Hébreux. Ses graines sont vendues séchées, entières ou en poudre. La coriandre a un parfum assez musqué et citronné et une saveur très particulière. Elle est très présente dans la pâtisserie des pays méditerranéens. Assez peu répandue en France, elle est surtout utilisée en liquoristerie dans la Chartreuse et l'Izarra.

coriandre fraîche

Citronnelle

Les tiges de cette graminée aromatique sont très utilisées dans la cuisine et la pâtisserie asiatiques.
La citronnelle intervient dans certaines recettes de desserts et crèmes.

citronnelle

Menthe

Cette plante est une des plus utilisées pour son parfum, sa saveur et ses vertus digestives. Il en existe plusieurs variétés : la menthe verte, ou menthe douce, est la plus répandue ; la menthe poivrée est la plus forte. Quant à la menthe citronnée, ou menthe bergamote, elle a un arôme fruité. Avec la menthe du Japon, on fabrique le menthol.
Les feuilles fraîches sont largement utilisées pour décorer desserts et entremets, et, entières ou ciselées, pour relever les salades de fruits ou les assiettes de fruits rouges. Séchée, la menthe verte parfume le thé et donne une délicieuse infusion.
La menthe poivrée est très employée en confiserie pour aromatiser des bonbons de toutes sortes et des chocolats. Nombreuses sont les boissons, alcoolisées ou non, à base de menthe, dont, bien sûr, le sirop.

Thym

Très employé en cuisine, le thym l'est assez peu en pâtisserie en raison de son odeur très forte. Il sert à préparer une infusion digestive et certaines liqueurs artisanales. Le thym citron, en très petite quantité, se marie assez bien dans des desserts aux fruits frais.

thym sauvage (farigoule)

thym-citron

Pavot

Il existe plusieurs variétés de pavot, plus ou moins opiacées. Les graines ont un goût de noisette et sont très employées dans la pâtisserie du Moyen-Orient et de l'Europe centrale.

graines de pavot

Verveine

Les feuilles de la verveine sont très parfumées et s'utilisent fraîches ou séchées, mais elles perdent alors assez vite leur parfum. La verveine fraîche aromatise les salades de fruits, les desserts à la pêche ou à la fraise. Infusée, elle parfume certaines crèmes vanillées ou le riz au lait. Séchée, elle donne une infusion aux vertus digestives.

Mélisse

La mélisse a une odeur citronnée qui la fait appeler aussi « citronnelle ».
Ses feuilles s'utilisent fraîches ou séchées.
Elle parfume gâteaux et entremets à base d'orange ou de citron, salades de fruits et compotes.
L'eau des Carmes, vieux remède tonique, est à base d'alcool de mélisse.

mélisse

menthe

menthe poivrée

verveine

Les fleurs

Certaines fleurs, débarrassées de leur pistil et de leurs étamines, sont employées depuis longtemps en pâtisserie et en confiserie. Fraîches ou traitées, elles sont très décoratives, mais elles ont aussi une saveur douce.

rose

fleur d'acacia

Acacia

Les fleurs d'acacia, blanches et odorantes, s'épanouissent en mai.
Dans certaines régions, on en fait des beignets. Macérées dans de l'eau-de-vie sucrée, elles donnent un excellent ratafia ou des liqueurs artisanales.

Jasmin

Les fleurs de jasmin ont un parfum très fort et une saveur douce. Avec le jasmin sambac, on parfume le thé, certains vins et liqueurs. Le jasmin chinois est utilisé dans des confitures, crèmes, gelées et sorbets.

jasmin

violettes

Violette

Les fleurs de violette, cristallisées et séchées, appelées violettes candies, s'emploient pour décorer ou aromatiser des crèmes et des entremets. Certains bonbons de sucre cuit sont parfumés à l'essence de violette, colorés et moulés en forme de fleur.

Bourrache

Les fleurs de bourrache, étoilées, sont gorgées de nectar.
Elles s'apprêtent aussi en beignets. Confites, elles sont des éléments de décoration en pâtisserie et en confiserie.

bourrache

Rose

La rose est une fleur souvent utilisée en confiserie pour ses pétales colorés, que l'on transforme en bonbons feuilletés, en pâte de rose, en pétales confits ou cristallisés. Macérés dans du sucre, ces pétales donnent une confiture délicieuse.
L'eau de rose et l'essence de rose aromatisent crèmes, glaces et pâtes ainsi que liqueurs et vins de fleurs.
L'essence de rose parfume également les loukoums.
Les boutons de rose, bouillis avec du miel, donnent le miel rosat. Séchés et réduits en poudre, ils sont également utilisés comme épice.

Capucine

Jaunes, orange ou rouges, les capucines ont une saveur très légèrement piquante.
Elles parfument crèmes, entremets et gelées, aromatisent les liqueurs, le vin ou le thé, décorent gâteaux et salades de fruits.

capucines

Lavande

Bleu-violet, les fleurs de lavande sont très odorantes.
Elles s'utilisent fraîches ou séchées.
Elles parfument confitures, crèmes, gelées et sorbets et aussi les liqueurs, le vin ou le thé.
Le miel de lavande, blond, est très aromatique.

lavande

Autres ingrédients utilisés en pâtisserie

Rien n'est plus désagréable que de vouloir réaliser un gâteau ou un dessert et de ne pas avoir les produits nécessaires sous la main. Pour faire le choix des ingrédients de base (farine, semoule, levure chimique, fécule, œufs, beurre, lait, crème, sucre, chocolat, fruits), reportez-vous aux pages 385 à 424, qui donnent toutes les informations concernant ces produits. Mais il existe aussi des ingrédients spécifiques qu'il est bon d'avoir à la maison si l'on fait souvent de la pâtisserie. Nombre d'entre eux se trouvent facilement dans les épiceries et les supermarchés.
D'autres ne peuvent s'acheter que dans les épiceries fines, les magasins de produits exotiques ou diététiques.

Abricot

Le nappage à l'abricot est fréquemment utilisé pour la finition des desserts. On le trouve facilement, conditionné en pot, mais vous pouvez aussi le préparer vous-même en faisant tiédir de la marmelade d'abricot diluée avec un peu d'eau.

Les noyaux d'abricots sont utilisés pour empêcher la pâte des tartes de boursoufler pendant la cuisson à blanc. Réservez l'équivalent d'un bocal pendant l'été.

Les abricots secs se trouvent facilement en paquets ou au détail. Avant de les utiliser, il faut le plus souvent les réhydrater en les faisant tremper pendant quelques heures dans de l'eau ou du thé tiède.

Alcools

Les principaux alcools utilisés en pâtisserie sont l'armagnac, le cognac, le calvados, les eaux-de-vie (framboise, kirsch, poire), le rhum, la vodka et le whisky. Si vous n'en consommez pas autrement que dans la pâtisserie, mieux vaut les acheter en petits flacons.

Amande

Les amandes sont employées sous plusieurs formes suivant les recettes : entières (mondées et brutes), effilées, concassées et en poudre. Quelle qu'en soit la présentation, il faut les utiliser rapidement car elles rancissent vite.

La pâte d'amande se trouve assez facilement, dans les supermarchés et dans les épiceries fines. Celle qui n'est pas colorée est très pratique puisqu'on peut lui donner la couleur de son choix. Mais vous pouvez aussi acheter un paquet de pâte d'amande de différentes couleurs.

L'essence d'amande amère est un arôme très souvent utilisé, facile à trouver ; son goût est marqué : un compte-gouttes est donc indispensable pour respecter les dosages.

Le lait d'amande, mélange de gélatine et d'amandes pilées, délayées dans du lait, se s'achète pas ; il faut le préparer soi-même *(voir page 57)*.

Biscuits à la cuillère

Ces biscuits riches en œufs et en sucre, très utilisés en pâtisserie, doivent être bien secs et friables. Si vous faites fréquemment des charlottes, ayez-en toujours une boîte en réserve. Vous pouvez aussi en acheter au détail chez votre pâtissier ; conservez-les dans une boîte hermétique.

Café

Lorsque l'on utilise du café en pâtisserie, c'est le plus souvent en toute petite quantité ; employer du café soluble est alors plus pratique ; choisissez de préférence de l'arabica.

L'extrait de café liquide est un arôme quelquefois utilisé en pâtisserie et en confiserie. En avoir toujours un petit flacon est très utile.

Colorants alimentaires

Vous trouverez dans les épiceries fines les assortiments nécessaires pour colorer le fondant, la pâte d'amande, certaines mousses et glaces (la glace à la pistache, par exemple, qui ne peut être verte sans colorant). Un compte-gouttes est indispensable pour respecter les dosages.

Confitures et gelées

Les confitures de framboise, de fraise, de cerise et les gelées de coing, de groseille et de framboise sont les plus fréquemment utilisées en pâtisserie, pour accompagner le riz au lait, les crêpes, les gaufres, etc. Gardez les pots entamés au réfrigérateur.

Décors

Sont indispensables un paquet de **grains de chocolat au café** et un sachet de **vermicelles de chocolat**, un paquet de **napperons de papier dentelle** (ronds ou rectangulaires), quelques ronds de carton doré (pour présenter les gâteaux) et quelques douzaines de petites caissettes en papier plissé pour les petits-fours. Tous ces accessoires se trouvent en supermarché et dans les magasins spécialisés dans les arts de la table.

Eau de fleur d'oranger

L'eau de fleur d'oranger, obtenue à partir des fleurs d'une variété d'oranger, aromatise les crèmes, les pâtes à crêpes, les beignets, etc. Ayez-en toujours un petit flacon dans votre placard.

Feuilles de brik

Le brik est une crêpe tunisienne de pâte très fine, faite de semoule bouillie à l'eau. Elle est ensuite cuite à l'huile d'olive selon une technique très délicate. Quelques recettes de pâtisserie utilisent des feuilles de brik ; vous en trouverez dans les magasins de produits exotiques.

Fondant

Le fondant est un sirop de sucre additionné de glucose, cuit à 121 °C, travaillé à la spatule jusqu'à ce qu'il devienne une pâte épaisse et opaque. Cette pâte molle est utilisée en pâtisserie, nature ou parfumée (au chocolat, au café, à la fraise, à la framboise, au citron ou à l'orange) pour glacer choux, éclairs, génoises, mille-feuille, etc.

En confiserie, il s'emploie fondu pour enrober des massepains, des fruits secs, des cerises l'eau-de-vie, etc. Vous pouvez le préparer vous-même *(voir page 73)* ou l'acheter tout prêt dans les épiceries fines.

Fruits au sirop

Les abricots, les pêches, les poires et l'ananas sont les principaux fruits au sirop utilisés pour les charlottes, les tartes, etc. Si vous aimez faire ces desserts en hiver ou si vous voulez préparer rapidement des purées de fruits, ayez-en quelques boîtes en réserve.

Fruits confits et écorces confites

Les fruits confits (cerise, angélique, cédrat, gingembre), coupés en petits dés, servent à garnir la pâte de certains gâteaux (brioches, cakes) et des glaces. Ils sont indispensables à la réalisation des puddings et à la décoration de nombreux desserts et entremets. Les écorces d'orange et de citron confites sont également très utilisées. Ce sont tous des produits que l'on trouve très facilement.

Gélatine

La gélatine est commercialisée en poudre ou en feuilles translucides. Les feuilles de gélatine sont très souvent utilisées, pour les mousses, les charlottes, les bavarois, les gelées, etc. Vous en trouverez très facilement en supermarché ; rangez-les dans une boîte hermétique afin qu'elles ne ramollissent pas.

Glucose

Le glucose est un sucre pur qui se présente sous forme sirupeuse et qui est conditionné en flacon. Il est employé pour graisser les sucres cuits. Son emploi est recommandé dans quelques recettes ; il est vendu en pharmacie.

Liqueurs

Les principales liqueurs utilisées en pâtisserie sont le Grand Marnier, le cherry, le Cointreau, la Chartreuse, le curaçao, le marasquin. Les flacons de petites contenances (10 à 25 cl) sont très pratiques pour cet usage.

Marron

Le marron est employé en pâtisserie sous différentes formes, suivant les recettes. **La crème de marron** (purée de châtaigne sucrée) est la plus utilisée, pour réaliser des desserts glacés (bavarois, glace, vacherin) et pour fourrer certaines pâtisseries et entremets (barquette, crêpe, gâteau roulé) ; elle peut aussi se servir nature, accompagnée de crème Chantilly.

Les marrons en conserve au naturel et la crème de marron sont vendus en supermarché. **La pâte de marron** ne se trouve qu'en épicerie fine. Vous pourrez acheter **les marrons glacés** et **les brisures de marrons glacés** dans les épiceries fines et dans les confiseries.

Pâte à filo (ou phyllo)

La pâte à filo est une pâte d'origine orientale. Quelques recettes de pâtisserie l'utilisent ; vous en trouverez dans les magasins de produits exotiques. Elle est vendue en feuilles qui ne se conservent que 2 ou 3 jours au réfrigérateur, enveloppées dans du papier d'aluminium.

Pistache

En pâtisserie, on utilise des pistaches entières mondées mais parfois aussi de **la pâte à pistache**, vendue en épicerie fine.

Poudre à flan

Très utile pour réaliser les flans sucrés, la poudre à flan est un produit banal que l'on trouve dans n'importe quel supermarché.

Pralin

Le pralin est une pâte à base d'amandes ou de noisettes (ou des deux) enrobées de sucre caramélisé puis broyées. Il sert à aromatiser crèmes et glaces, à fourrer bonbons et bouchées au chocolat. Il rancit très vite mais peut se garder quelques jours dans une boîte hermétique. On le trouve essentiellement dans les épiceries fines.

Touron ou Turrón

Le touron est une confiserie d'origine espagnole, composée d'amandes pilées avec des blancs d'œufs et du sucre. Il peut aussi comporter des pistaches, des amandes entières, des noix ou des fruits secs. Certaines recettes de pâtisserie l'utilisent ; on en trouve dans les épiceries fines et les confiseries.

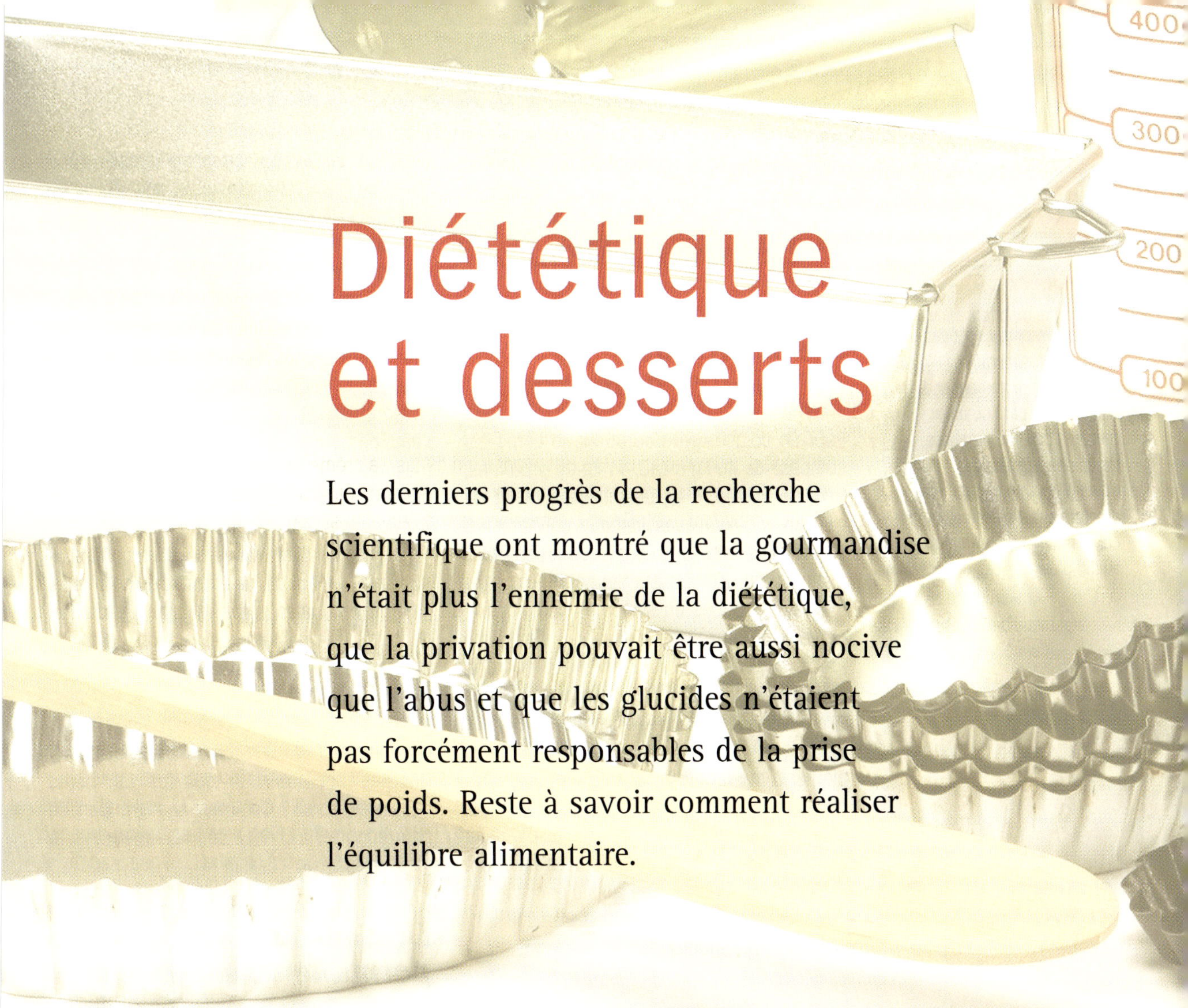

Diététique et desserts

Les derniers progrès de la recherche scientifique ont montré que la gourmandise n'était plus l'ennemie de la diététique, que la privation pouvait être aussi nocive que l'abus et que les glucides n'étaient pas forcément responsables de la prise de poids. Reste à savoir comment réaliser l'équilibre alimentaire.

Les autorités officielles en matière de nutrition ont établi des règles simples de l'équilibre alimentaire : 15 % des calories quotidiennes doivent être apportées par les protéines, 30 à 35 % par les lipides, 50 à 55 % par les glucides. En pratique, on mange de la viande, du poisson, du pain, des légumes, des pâtes et du riz, des fruits et des desserts, mais on ne peut vivre constamment avec une balance et une table de composition des aliments afin de calculer, pour chaque repas, leurs apports nutritionnels. La grande règle de l'équilibre est de manger de tout, en répartissant ce « tout » sur trois repas :

– un **petit déjeuner**, comportant une boisson (thé ou café) ; un laitage (lait ou yaourt ou fromage blanc pour les protéines et le calcium) ; des céréales et/ou du pain (pour les glucides) avec un peu de beurre et de confiture si l'on aime cela ; un fruit ou un jus de fruits (pour les glucides et les vitamines).

– un **déjeuner** et un **dîner**, avec une viande ou un poisson (pour les protéines et le fer), des légumes et des pommes de terre ou des pâtes ou du riz (glucides et vitamines), un fromage, frais de préférence (protéines et calcium), des fruits (glucides et vitamines) ou un dessert et du pain (glucides).

En ce qui concerne les quantités, elles sont variables selon chacun et selon les moments. C'est le corps qui les dicte. En effet, la faim, la vraie faim, ne se fait sentir que lorsque l'organisme a besoin de glucides, c'est-à-dire lorsque ceux du repas précédent ont été absorbés, métabolisés. Elle disparaît au fur et à mesure du repas, la satiété s'installe progressivement, les glucides assimilés envoyant des signaux au système nerveux qui déclenchent cette sensation. Les lipides n'ont pas ce pouvoir. Le corps est une machine extraordinairement sophistiquée, régie par des mécanismes biologiques et

besoin quotidien en protéines est de 1 g par kilo de poids corporel, ce qui correspond, en principe, aux 12 à 15 % des calories quotidiennes.

Les protéines alimentaires

Toutes les protéines alimentaires fournissent 4 kilocalories par gramme. L'équilibre alimentaire et la santé exigent qu'un tiers au minimum des protéines absorbées soient d'origine animale parce qu'elles contiennent toutes ces fameux acides aminés indispensables, alors que les protéines végétales en sont souvent dépourvues. Le régime végétarien qui exclut simplement les viandes et les poissons ne présente pas de danger, mais il n'en est pas de même pour le régime végétalien, qui bannit tous les aliments d'origine animale.

Cependant, cet équilibre théorique et conseillé (un tiers de protéines animales, deux tiers de protéines végétales) est rarement respecté par nos habitudes alimentaires actuelles qui négligent les céréales. En fait, cette proportion est même très souvent inversée (deux tiers de protéines animales, un tiers de protéines végétales), ce qui n'est pas sans conséquences pour la santé, car la richesse en graisses des aliments d'origine animale installe un fâcheux déséquilibre favorisant obésité et maladies cardio-vasculaires.

Les aliments riches en protéines

C'est dans les fromages fermentés que l'on trouve le plus de protéines (18 à 25 % au lieu de 8 à 10 % dans les fromages frais), suivis des viandes, poissons, coquillages et crustacés (15 à 25 % de protéines), des œufs (13 %) et des farines (10 %). Il y en a aussi dans les légumes secs (8 %) et dans le pain (7 %).

APPORT QUOTIDIEN CONSEILLÉ EN PROTÉINES	
Enfant de 1 à 10 ans	22 à 66 g
Garçon de 10 à 12 ans	78 g
Fille de 10 à 12 ans	71 g
Adolescent de 13 à 15 ans	87 g
Adolescente de 13 à 15 ans	75 g
Adolescent de 16 à 19 ans	92 g
Adolescente de 16 à 19 ans	69 g
Homme sédentaire	63 g
Femme sédentaire	54 g
Homme *ayant une activité moyenne*	81 g
Femme *ayant une activité moyenne*	60 g

Les besoins en protéines sont très importants pendant la croissance. L'activité musculaire de même que la grossesse et l'allaitement augmentent aussi ces besoins.

Les glucides, nutriments énergétiques par excellence

Tous les aliments qui contiennent des glucides ont une saveur plus ou moins sucrée et les « douceurs » dont il est question dans cet ouvrage sont ineffables. Les glucides s'appellent aussi « hydrates de carbone » à cause de leur composition chimique. On les nomme également « sucres », ce qui peut prêter à confusion, surtout quand on les classe en « sucres rapides » ou « sucres lents » ou encore en « simples » et « complexes » (les rapides étant les simples, les lents étant les complexes). Les glucides sont encore accusés de faire grossir alors qu'ils sont nécessaires à l'équilibre alimentaire et qu'ils doivent fournir la moitié des calories quotidiennes. Certes, leur excès peut être dangereux, mais s'en priver abusivement a de graves répercussions sur le comportement alimentaire et sur la santé.

Le glucose dans l'organisme

Le glucose est l'aliment essentiel de toutes les cellules du corps, celui qui lui apporte l'énergie dont celles-ci ont besoin pour fonctionner. On appelle « glucose » la molécule glucidique la plus simple, produit de tous les glucides alimentaires après qu'ils ont été dégradés dans le tube digestif. Parvenu dans le sang (qui en contient normalement 1 g par litre), le glucose est distribué en permanence dans les cellules. Une hormone préside à sa pénétration et à son utilisation dans la cellule : l'insuline, sécrétée par le pancréas. Si les cellules musculaires, lors d'un effort très prolongé, peuvent utiliser les acides gras des lipides, en revanche celles du cerveau ne peuvent être nourries que de glucose. Sans lui, elles se lèsent et meurent rapidement. Sans aller à de telles extrémités, une simple baisse de la glycémie (c'est-à-dire le taux du glucose dans le sang) a des effets immédiats sur l'organisme qui se traduisent par de la fatigue, une désagréable impression d'esprit vide et une sensation de faim.

Alors que dans le tissu adipeux (les graisses corporelles) le corps a une fantastique réserve d'énergie (qui n'est ni facilement ni rapidement mobilisable), son stock de glucides est assez minime. Celui-ci se trouve principalement dans le foie et dans les muscles, sous forme de glycogène, et s'élève aux alentours de 300 à 400 g au maximum, ce qui représente une réserve énergétique de 12 heures environ. C'est pourquoi il est absolument nécessaire de consommer des aliments glucidiques à chaque repas.

Les glucides alimentaires

Ils fournissent tous 4 kilocalories par gramme. On distingue les **glucides simples** des **glucides complexes** selon le nombre de leurs molécules. Les « vrais simples », composés d'une seule molécule, sont peu nombreux. Ils ont pour nom **glucose, galactose, fructose** et **mannose.** Ces trois derniers se transforment en glucose dans le foie ou dans les cellules.

Saccharose, lactose et **maltose** sont aussi appelés « simples ». En fait, ils sont doubles car composés de deux molécules mais se scindent rapidement dès le début de la digestion. Le saccharose, c'est le sucre, en morceaux ou en poudre, de betterave ou de canne, fait d'une molécule de glucose et d'une de fructose. Le lactose, glucide du lait, est composé d'une molécule de glucose et d'une de galactose. Quant au maltose, il provient de l'hydrolyse partielle de l'amidon ou du malt sous l'effet de la chaleur.

Les glucides simples ont tous les mêmes propriétés physiques dont la plus importante est la solubilité. C'est grâce à elle qu'ils sont, en principe, très vite absorbés. C'est pour cette raison qu'on les appelle « glucides rapides ».

Les glucides complexes sont les **amidons** que l'on trouve dans les céréales, les légumineuses, les tubercules, racines et bulbes. Ils sont faits de molécules de glucose reliées entre elles qui mettent, selon la nature de l'amidon, plus ou moins de temps à se débobiner, ce qui leur vaut le nom de « glucides lents ».

Les glucides, surtout les rapides (simples), ont autrefois été accusés de favoriser la prise de poids. Mais le dogme des glucides lents et rapides a été révisé : quelle que soit leur rapidité d'absorption, ils sont normalement tous brûlés par l'organisme. Si l'on en consomme trop, au-delà de ses besoins énergétiques, ils se transforment en graisse.

Les lipides : esthétique et énergie

Les graisses ont plusieurs fonctions dans l'organisme. Regroupées dans le tissu adipeux qui enrobe les muscles, elles donnent ses formes au corps.

Les lipides sont aussi le réservoir le plus important d'énergie. Étant donné qu'un gramme de lipides fournit 9 calories, que la réserve moyenne d'une personne de 65 kg est de 9 à 10 kg de lipides, c'est donc 81 000 à 90 000 calories qui sont stockées, ce qui permet de survivre au moins pendant quarante jours.

Enfin, les lipides participent également à la structure des membranes cellulaires et des cellules nerveuses.

Ils sont composés de glycérol et d'acides gras. C'est sous cette forme qu'ils sont stockés dans les cellules adipeuses. Lorsque l'organisme l'exige, quand il n'y a plus de glycogène en réserve, les acides gras fournissent alors l'énergie nécessaire aux cellules grâce à un circuit métabolique très sophistiqué.

Les lipides alimentaires

On distingue trois sortes d'**acides gras** : les saturés, les mono-insaturés et les polyinsaturés. Ces termes barbares définissent une structure chimique très complexe. Ces acides gras sont connus en raison du rôle nocif ou bénéfique qu'ils jouent sur le système cardiovasculaire.

Les acides gras saturés se trouvent essentiellement dans les graisses d'origine animale : beurre, crème, fromages, viandes, et se décèlent facilement : plus une graisse devient dure à température ambiante (18 à 22 °C), plus elle est riche en acides gras saturés.

Les huiles sont riches en acides gras mono-insaturés et polyinsaturés, les proportions de chacun étant différentes selon l'origine de l'huile. Mais toutes les huiles apportent 100 % de lipides et aucune n'est légère, même si son aspect, sa fluidité, sa transparence donnent cette impression.

Tous les lipides se stockent très facilement dans l'organisme lorsque leur proportion dans l'alimentation est trop importante (plus de 30 à 35 % des calories totales) et dépasse 80 g par jour environ. Le risque de prise de poids intervient alors surtout lorsque l'on y est génétiquement prédisposé.

Les habitudes alimentaires occidentales actuelles font qu'en fait 40 à 45 % des calories quotidiennes sont fournies par les lipides, au détriment des glucides (surtout de ceux apportés par les céréales).

Les aliments riches en glucides

Le sucre et les bonbons de sucre sont des glucides purs (100 %). Biscuits et fruits secs en contiennent de 65 à 88 %. Le pain en a 55 % ; c'est lui qui doit en être le principal fournisseur. Pâtes et riz, une fois cuits, en renferment 20 %, comme les pommes de terre. Les laitages en apportent 3 à 6 %, les légumes 7 % en moyenne, ce qui est peu. Quant aux fruits, ils en comportent entre 5 et 20 %.

Les aliments riches en lipides

Les huiles sont des lipides purs (100 %). On trouve aussi beaucoup de lipides dans les matières grasses (83 % dans le beurre et les margarines) et certaines charcuteries (60 %). Les viandes les plus grasses en apportent 30%, les fromages fermentés de 15 à 30 % ; la crème en a de 15 à 35 %.

Les sels minéraux et les oligoéléments

Tous les minéraux existent en plus ou moins grandes quantités dans le corps, et ils y jouent tous un rôle. Certains sont parfaitement connus, d'autres le sont moins. Sous le terme d'oligoéléments, on désigne les minéraux qui sont en très petites quantités autant dans l'organisme que dans l'alimentation.

Les sels minéraux

Les principaux sels minéraux sont le calcium, le chlore, le fer, le magnésium, le phosphore, le potassium et le sodium.

Calcium et **phosphore** sont, quantitativement, les plus importants dans l'organisme car ils entrent dans la structure des os, d'où la nécessité d'un apport alimentaire important (800 à 1 000 g par jour). L'un et l'autre jouent d'autres rôles, en particulier dans le système nerveux et l'excitabilité neuromusculaire.

Tous les aliments contiennent du phosphore. Il n'en est pas de même du calcium, essentiellement apporté par les produits laitiers. Le lait en contient 125 mg, un yaourt, 140 mg ; l'apport des fromages en calcium est variable (entre 50 mg pour 100 g dans les fromages à pâte molle et 950 mg pour ceux à pâte dure). Il est donc bon de boire du lait dans la journée, mais il faut absolument consommer un fromage ou un laitage, ou un dessert au lait à chaque repas.

Le fer est un des constituants des globules rouges du sang. Son rôle est très important dans tous les mécanismes de la respiration cellulaire ainsi que dans les défenses immunitaires. Les besoins (18 à 24 mg pour les femmes, 19 mg pour les hommes) ne sont pas toujours satisfaits. En effet, très mal absorbé par l'organisme, le fer est finalement assez rare dans l'alimentation. On en manque souvent faute d'une consommation suffisante de viande rouge. Beaucoup de légumes en contiennent, mais sous une forme qui est mal utilisée par l'organisme. Il existe des produits enrichis en fer, qui sont ainsi très utiles pour éviter toute carence.

Le magnésium intervient dans les cellules nerveuses et l'excitabilité neuromusculaire. Les besoins sont assez importants (300 à 500 mg par jour) et souvent insatisfaits car, en dehors du chocolat (290 mg pour 100 g), des fruits secs (50 à 250 mg) et des légumes secs (60 à 80 mg) et des céréales complètes, l'alimentation en est assez pauvre. Le manque de magnésium est relativement fréquent et se traduit par de la fatigue, des troubles musculaires, parfois même de la spasmophilie. Il est alors souvent nécessaire d'en absorber sous forme de médicament.

Le sodium joue un rôle déterminant car il gouverne tout l'équilibre hydrique de l'organisme. On n'en manque jamais, bien au contraire. Il est largement apporté, et même souvent trop, par le sel (chlorure de sodium). Il y en a également dans presque tous les aliments. Son excès peut favoriser l'hypertension chez certaines personnes qui y sont génétiquement prédisposées.

Le potassium, présent dans toutes les cellules, a un rôle métabolique capital. Tous les aliments en contiennent, surtout les fruits et les légumes. Le risque de carence n'existe pas.

Les oligoéléments

Les oligoéléments sont le cuivre, le chrome, le fluor, l'iode, le manganèse, le molybdène, le sélénium et le zinc. Pour certains – cuivre, chrome, manganèse, molybdène et sélénium –, les besoins sont encore mal connus.

L'iode est indispensable à la synthèse des hormones thyroïdiennes. Sa carence existe encore dans les régions où l'eau de boisson en est pauvre et où la consommation de poisson est insuffisante, mais l'enrichissement du sel de table en iode l'a quasiment fait disparaître en France.

Le fluor est nécessaire à la croissance, mais il entre aussi dans la composition de l'émail dentaire. Les eaux de boisson en contiennent suffisamment pour couvrir les besoins d'un adulte.

Quant au **zinc**, il entre dans la constitution de nombreux enzymes et il est nécessaire aussi à la synthèse des protéines. On en trouve dans les poissons, les coquillages, les fruits de mer et les viandes. Son manque ou sa mauvaise absorption peuvent être à l'origine de retards de croissance et d'un mauvais état de la peau.

Le cholestérol

L'organisme en sécrète naturellement. Le cholestérol est indispensable car il est le précurseur de plusieurs hormones. Il entre dans la constitution des lipoprotéines sériques (HDL et LDL) qui transportent les lipides dans l'organisme et qui, selon les prédispositions génétiques, sont plus ou moins bien éliminées. Dans le langage courant, les HDL sont le « bon cholestérol », et les LDL, le « mauvais », celui qui se colle sur les parois artérielles et contribue à la maladie cardio-vasculaire. Les acides gras polyinsaturés et mono-insaturés jouent un rôle positif et protecteur dans cette maladie très complexe. Les graisses animales contiennent du cholestérol alors que les graisses végétales n'en ont pas.

Les vitamines : essentielles à la vie

Les vitamines sont indispensables à la croissance, à la reproduction et au bon fonctionnement de tous les organes. Or, l'organisme est incapable de les fabriquer. Seule l'alimentation les lui fournit, sauf une, la vitamine D, qui est essentiellement apportée par l'action des rayons ultraviolets du soleil.

Les douze vitamines portent les lettres de l'alphabet A, B, C D, E, K, celles du groupe B étant les plus nombreuses. Certaines sont solubles dans l'eau (les différentes B et la C), les autres dans les lipides (A, D, E et K), d'où la distinction faite entre vitamines hydrosolubles et liposolubles. On ne connaît pas encore tout des actions de certaines d'entre elles. Ainsi, les carotènes, précurseurs de la vitamine A, et les vitamines C et E ont un rôle antioxydant important qui protège peut-être de certains cancers et des maladies cardio-vasculaires.

Les vitamines hydrosolubles, en particulier la vitamine C, sont fragiles, sensibles à la chaleur, à l'air, à la lumière. Elles ne sont pas stockées dans l'organisme, l'alimentation doit donc les apporter tous les jours. En revanche, les autres, les liposolubles, s'accumulent : le risque de carence est quasiment nul, ce qui n'est pas le cas des vitamines du groupe B et surtout de la vitamine C.

Tous les aliments, sauf le sucre pur, contiennent des vitamines, mais aucun ne les contient toutes, ce qui renforce la nécessité d'une alimentation variée.

Les carences en vitamines existent, surtout pour celles du groupe B et pour la vitamine C dès que l'alimentation est déséquilibrée, trop riche en sucre et en graisses, trop pauvre en céréales, en fruits, en légumes. Elles ne sont jamais totales, mais une simple insuffisance suffit à créer des troubles qui se traduisent d'abord par de la fatigue. Ces mini-carences frappent surtout les enfants que l'on laisse grignoter n'importe quoi dans la journée, ceux et celles qui restreignent trop leur alimentation soit pour ne pas grossir, soit parce qu'ils sont âgés ou vivent seuls. Les fumeurs manquent souvent de vitamine C, car la nicotine en augmente sensiblement les besoins (120 à 150 mg par jour).

L'eau : une nécessité absolue

Principal constituant de l'organisme, l'eau se renouvelle sans cesse. Toutes les cellules du corps y baignent et en renferment, les nutriments s'y trouvant dissous. Tous les échanges métaboliques se font par son intermédiaire, toutes les réactions cellulaires en ont besoin pour s'effectuer. L'eau contribue aussi à la thermorégulation du corps, elle est le vecteur des déchets métaboliques. Deux à trois litres d'eau sont éliminés chaque jour, remplacés par celle des boissons ainsi que par celle contenue dans les aliments.

Si l'organisme peut supporter un jeûne de plusieurs semaines, il ne peut se passer d'eau au-delà de 24 heures. Un simple déficit de 5 à 10 % entraîne une grande fatigabilité, un déficit de 20 % est mortel. Boire au moins un litre d'eau par jour est une nécessité absolue.

L'alcool : nutriment et toxique

L'alcool apporte 7 kilocalories par gramme. En dehors du fait qu'une toute petite partie de cette énergie est utilisable par l'organisme, il n'a aucune utilité métabolique. On vit parfaitement sans jamais absorber une goutte d'alcool. Mais celui-ci a une influence immédiate sur le système nerveux. Il euphorise, il donne rapidement un coup de fouet, il excite les fonctions intellectuelles. Ce sont ces effets qui créent justement son besoin, ajoutés à sa fonction sociale, festive. Il devient alors un toxique lorsqu'il est absorbé en trop grandes quantités. L'alcoolisme aigu, l'ivresse, induit une perturbation momentanée du comportement psychomoteur. L'alcoolisme chronique, qui passe souvent inaperçu, détruit peu à peu les cellules du foie et les cellules nerveuses. L'organisme peut métaboliser l'alcool mais dans des quantités limitées : pas plus d'une bouteille de vin par jour pour les hommes et pas plus d'une demi-bouteille pour les femmes.

Équilibrer sans se priver de desserts

Il y a deux grandes raisons au déséquilibre alimentaire : les grignotages qui perturbent le rythme, apportent des calories superflues, empêchent le signal « faim » d'intervenir normalement, et l'excès de graisses. D'une part,

Où trouver ses vitamines ?

A : dans le beurre, la crème et tous les produits laitiers non écrémés. Les carotènes, précurseurs de cette vitamine, se trouvent dans les fruits et les légumes.
B : de B1 à B9, elles sont réparties dans tous les aliments en plus ou moins grandes quantités. La B12 ne se trouve que dans les produits d'origine animale.
C : uniquement dans les légumes et surtout les fruits. Les agrumes en sont les plus riches, ainsi que les fruits exotiques. Il est absolument nécessaire pour avoir son quota quotidien (80 mg par jour) de manger des fruits à chaque repas.
E : dans les huiles.

Les fibres : le lest indispensable

Ce ne sont pas des nutriments car elles ne sont pas absorbées et ne jouent aucun rôle métabolique. Néanmoins, les fibres sont indispensables au bon fonctionnement de l'intestin, les déchets étant ainsi mieux et plus vite éliminés. Elles se trouvent dans les légumes et les fruits. Il n'y en a pas dans les aliments d'origine animale.

celles-ci sont stockées alors que tous les glucides sont obligatoirement brûlés ; d'autre part, elles n'induisent pas la satiété. En fait, inconsciemment, on est obligé de manger tant que l'on n'a pas son quota de glucides, car le corps les réclame. Plus on mange gras, plus on mange pour obtenir sa ration de glucides quotidienne. Résultat : les quantités globales sont augmentées et dépassent les dépenses énergétiques, les lipides absorbés sont stockés et c'est ainsi que l'on grossit.

Une alimentation insuffisante en glucides, qui ne comporte pas assez de pain, de pommes de terre, de pâtes et de riz, de légumes frais et secs, de fruits, mais aussi de desserts, est l'essentielle raison du poids en trop. La privation d'aliments glucidiques, symbolisée dans notre inconscient par celle de dessert, n'est pas la meilleure chose que l'on puisse faire pour son équilibre alimentaire. De plus, ces aliments, et plus particulièrement pâtisseries et desserts, source de plaisir gustatif, contribuent à la sécrétion d'un neuromédiateur, la sérotonine, qui intervient dans l'équilibre psychologique, le sommeil et bien d'autres fonctions car il est sous la dépendance métabolique des glucides.

Ce qu'il est important d'avoir présent à l'esprit, c'est l'économie des graisses. Éviter le plus possible les aliments qui en apportent beaucoup, comme les charcuteries, les fromages et les huiles. Un repas qui se termine par un bon gâteau ne doit pas commencer par des rillettes ou même par une salade baignée de vinaigrette à l'huile.

La grande majorité des desserts et des pâtisseries sont riches en lipides : pour ne pas s'en priver, il suffit que le reste du repas ne le soit pas ou le moins possible pour compenser cette richesse. On peut aussi veiller à ce que le repas suivant soit maigre.

D'une façon générale, quand, pour toutes sortes de raisons, les repas d'une journée sont fastes en graisses, il est toujours possible de faire l'impasse sur celles-ci le lendemain, pour compenser. L'équilibre alimentaire réside dans la compensation et non dans la privation.

Les termes de pâtisserie

A

Abaisse : morceau de pâte que l'on étend à l'aide d'un rouleau à pâtisserie sur un plan de travail fariné afin de lui donner la forme et l'épaisseur désirées.

Abaisser : étendre et aplatir de la pâte au rouleau à pâtisserie.

Appareil : mélange d'éléments divers entrant dans la composition d'un dessert avant cuisson ou refroidissement.

Aromatiser : incorporer une substance aromatique (liqueur, café, chocolat, eau de rose, etc.) à une préparation.

B

Bain-marie : procédé culinaire destiné soit à maintenir au chaud un appareil, soit à faire fondre des éléments (chocolat, gélatine, beurre) sans risque de les brûler, ou à cuire très doucement des mets à la chaleur de l'eau bouillante. Son principe consiste à placer le récipient dans lequel se trouve la préparation dans un autre récipient plus grand contenant de l'eau en ébullition.

Battre : travailler énergiquement un élément ou une préparation pour en modifier la consistance, l'aspect ou la couleur. Pour donner du corps à une pâte levée, on la bat avec les mains sur un marbre à pâtisserie ; pour monter des œufs en neige, on les bat avec un fouet dans un bol.

Beurrer : incorporer du beurre à une préparation ou enduire de beurre fondu ou ramolli, à l'aide d'un pinceau, un moule, un cercle, une plaque à pâtisserie afin d'empêcher un mets d'attacher au fond et aux parois pendant la cuisson.

Blanchir : travailler vigoureusement au fouet un mélange de jaunes d'œufs et de sucre en poudre, jusqu'à ce qu'il devienne mousseux et clair. Plonger dans l'eau bouillante certains fruits (amandes, pêches...) pour enlever la peau ou pour les attendrir.

Brûler : une pâte est dite « brûlée » quand le malaxage de la farine et de la graisse donne un mélange huileux, parce qu'il est fait trop lentement. Lorsqu'on ajoute des jaunes d'œufs à du sucre en poudre sans les travailler, on voit apparaître des petites particules jaune vif qui s'incorporent mal aux crèmes et aux pâtes : on dit que les jaunes sont « brûlés ».

C

Candir : immerger dans une candissoire (récipient rectangulaire muni d'une grille de mêmes dimensions) des fruits fourrés de pâte d'amande, etc., dans un sirop de sucre à candir « froid » afin de les enrober d'une couche de fins cristaux de sucre.

Canneler : creuser des petits sillons en V, parallèles et peu profonds, à la surface d'un fruit (citron, orange) à l'aide d'un couteau à canneler. Les abaisses de pâte sont dites « cannelées » lorsqu'elles sont découpées avec une roulette conçue à cet effet. Une douille «cannelée » est une douille dentée.

Caraméliser : transformer du sucre en caramel en le chauffant à feu doux. Enduire un moule de caramel. Parfumer un riz au lait avec du caramel. Glacer de caramel des fruits déguisés, des choux. Caraméliser veut dire aussi faire colorer sous le gril le dessus d'une pâtisserie poudrée de sucre.

Cerner : pratiquer une incision peu profonde, à l'aide d'un couteau, dans la peau ou l'enveloppe d'un fruit. Faire une légère incision circulaire sur une pomme, avant de la cuire, pour éviter qu'elle n'éclate.

Chemiser : tapisser la paroi et/ou le fond d'un moule soit d'une couche épaisse d'une préparation permettant au mets de ne pas coller au récipient et de se démouler facilement, soit de divers ingrédients qui font partie intégrante du plat.

Chiqueter : pratiquer, avec la pointe d'un couteau, de légères entailles régulières et obliques sur les bords d'une abaisse feuilletée pour faciliter le gonflage à la cuisson et parfaire la présentation.

Clarifier : rendre clair et limpide un sirop, une gelée, par filtrage ou décantation. La clarification du beurre consiste à le faire fondre au bain-marie, sans remuer, afin d'en éliminer le petit-lait, qui forme un dépôt.

Coller : incorporer de la gélatine dans une préparation afin de lui donner de la tenue ou de favoriser sa prise en gelée.

Colorer : rehausser ou changer la couleur d'une préparation avec un colorant.

Corner : racler la paroi d'un récipient avec une corne pour récupérer tout ce qui reste d'une préparation.

Coucher : dresser de la pâte à choux sur une plaque à pâtisserie à l'aide d'une poche munie d'une douille.

Crever : éliminer une partie de l'amidon du riz en faisant rapidement bouillir les grains dans de l'eau salée. Cette opération favorise la cuisson du riz au lait.

D

Décanter : transvaser un liquide trouble après l'avoir laissé reposer le temps que les impuretés en suspens se déposent. Retirer d'une préparation les éléments aromatiques qui ne doivent pas être servis.

Décuire : abaisser le degré de cuisson d'un sirop de sucre, d'une confiture ou d'un caramel en lui ajoutant peu à peu, et en tournant, la quantité d'eau froide nécessaire pour lui rendre une consistance moelleuse.

Démouler : sortir une préparation d'un moule.

Densité : rapport entre la masse du volume donné d'un corps et celle du même volume d'eau à 4 °C. La mesure de la concentration en sucre (notamment pour la fabrication des confitures, des bonbons et des confiseries) se fait désormais en densité, et non plus en degrés Baumé. On utilise un pèse-sirop flotteur à tige graduée, qui s'enfonce plus ou moins dans le liquide.

Dénoyauter : enlever les noyaux de certains fruits à l'aide d'une pince (dénoyauteur).

Dessécher : éliminer l'excédent d'eau d'une préparation en la chauffant à feu doux. S'emploie plus spécialement pour la première cuisson de la pâte à choux : le mélange d'eau, de beurre, de farine, de sel et de sucre est travaillé vivement sur feu vif, avec une spatule en bois, jusqu'à ce que la masse se décolle des parois du récipient, ce qui permet à l'eau en excès de s'évaporer avant l'incorporation des œufs.

Détailler : découper dans une abaisse des morceaux de pâte de forme bien déterminée avec un emporte-pièce ou un couteau.

Détendre : assouplir une pâte ou un appareil en lui ajoutant un liquide ou une substance appropriée (lait, œufs battus).

Détrempe : mélange de farine et d'eau en proportions variables : c'est le premier état d'une pâte avant que l'on y incorpore les autres éléments (beurre, œufs, lait, etc.). Détremper une pâte consiste à faire absorber à la farine toute l'eau nécessaire, en la malaxant du bout des doigts.

Développer : on dit qu'une préparation (pâte, crème, gâteau) se développe lorsqu'elle augmente de volume soit au cours de la cuisson, soit lors de la fermentation.

Donner du corps : travailler une pâte en la pétrissant afin de lui donner une bonne qualité plastique.

Dorer : badigeonner une pâte au pinceau avec de l'œuf battu, éventuellement délayé avec un peu d'eau ou de lait : cette « dorure » permet d'obtenir, après cuisson, une croûte brillante et colorée.

Dresser : disposer harmonieusement sur un plat les éléments d'une préparation. Voir aussi « Coucher ».

E

Écumer : enlever l'écume qui se forme à la surface d'un liquide ou d'une préparation en train de cuire (sirop en ébullition, cuisson de sucre, confiture). Cette opération s'effectue avec une écumoire, une petite louche ou une cuillère.

Effiler : couper en fines lamelles dans le sens de la longueur les amandes, etc.

Égoutter : débarrasser une préparation (ou un ingrédient) de son excédent de liquide en la plaçant dans un égouttoir, une passoire, un chinois, ou sur une grille.

Émincer : couper des fruits en tranches, en lamelles ou en rondelles plus ou moins fines, mais si possible d'égale épaisseur.

Émonder : éliminer la peau de certains fruits (amandes, pistaches, etc.) après les avoir ébouillantés puis rafraîchis.

Émulsionner : provoquer la dispersion d'un liquide dans un autre liquide (ou dans une matière) avec lequel il n'est pas miscible. On provoque une émulsion en dispersant des œufs dans du beurre, par exemple.

Enrober : recouvrir entièrement un aliment d'une couche plus ou moins épaisse d'une préparation. Enrober de chocolat, de fondant ou de sucre cuit, petits-fours, sucreries, etc.

Évider : retirer délicatement la chair d'un fruit sans en abîmer l'enveloppe. Éliminer la partie intérieure des pommes (péricarpe, pépins) à l'aide d'un vide-pomme.

Exprimer : éliminer par pression le jus, l'eau de végétation ou le liquide en excès d'un aliment. Pour exprimer le jus des agrumes, on utilise un presse-agrume ou un presse-citron.

F

Façonner : donner à une pâte ou à une préparation une forme particulière.

Fariner : recouvrir un aliment de farine, ou poudrer de farine un moule ou un plan de travail. On farine également un marbre ou une planche à pâtisserie avant d'abaisser ou de travailler une pâte.

Festonner : façonner le bord de certains gâteaux en dents arrondies (pithiviers, par exemple).

Filtrer : passer un sirop, une crème anglaise, etc., au chinois pour les débarrasser de leurs impuretés.

Flamber : arroser un dessert chaud avec un alcool ou une liqueur et l'enflammer.

Fleurer : jeter quelques pincées de farine sur un plan de travail ou dans un moule pour éviter que la pâte n'y adhère.

Foisonner : fouetter des blancs d'œufs, de la crème ou une autre préparation de façon qu'ils prennent du volume grâce à l'incorporation de multiples petites bulles d'air.

Foncer : garnir le fond et les parois d'un moule avec une abaisse de pâte, en l'adaptant bien à sa forme et à sa taille, soit en la découpant avant à l'aide d'un emporte-pièce, soit en passant le rouleau à pâtisserie sur les bords du moule après garnissage pour faire tomber l'excédent.

Fond : fond de composition, de forme et de consistance diverses, servant à la réalisation d'un gâteau ou d'un entremets.

Fondre : liquéfier par la chaleur un produit tel que le chocolat, un corps gras solide, etc. Pour éviter que le produit ne brûle, on a souvent recours au bain-marie.

Fontaine : tas de farine disposé sur un marbre, ou sur une planche, au milieu duquel on a creusé un trou, ou « puits », pour y verser les différents ingrédients entrant dans la fabrication d'une pâte.

Fouetter : battre vivement une préparation à l'aide d'un fouet, manuel ou électrique, pour la rendre homogène : par exemple, des blancs pour les monter en neige, de la crème pour la rendre compacte et légère, etc. Voir aussi « Battre » et « Foisonner ».

Fourrer : garnir l'intérieur de certaines préparations de crème, de fondant, etc.

Fraiser : pousser et écraser une pâte à foncer sur le marbre avec la paume de la main. Le fraisage a pour but d'obtenir un mélange intime des éléments et de rendre la pâte homogène, mais non élastique.

Frapper : refroidir rapidement une crème, une liqueur, un appareil.

Frémir : quand il s'agit d'un liquide, être agité du frémissement qui précède l'ébullition.

Frire : cuire un aliment, ou terminer sa cuisson, par immersion dans un corps gras porté à haute température. L'aliment est souvent enrobé de farine, de pâte à beignets, de pâte à crêpes, de pâte à choux, etc., ce qui lui donne une belle croûte colorée.

G

Glacer : recouvrir les entremets, à chaud ou à froid, d'une fine couche de nappage de fruit ou de chocolat (appelée « miroir ») pour les rendre brillants et appétissants. Recouvrir le dessus d'un gâteau d'une couche de fondant, de sucre glace, de sirop, etc. Poudrer de sucre glace, en fin de cuisson, un gâteau, un entremets, un soufflé, etc., pour que le dessus caramélise et devienne brillant. Enfin, mettre à rafraîchir sur de la glace pilée une préparation devant être dégustée très froide.

Gommer : étendre, à l'aide d'un pinceau, de la gomme arabique fondue sur des petits-fours sortant du four, pour les rendre brillants. Recouvrir d'une très fine couche de gomme arabique fondue des pralines ou des dragées avant de les enrober.

Grainer : manquer de cohésion et former une multitude de petits grains ; le mot s'applique aux blancs d'œufs qui se défont. Ce problème est souvent dû à un mauvais dégraissage du matériel. Grainer se dit aussi du sucre cuit qui tend à se cristalliser et à devenir trouble, ou encore d'une pâte de fondant qui a été trop chauffée.

Graisser : enduire d'un corps gras une plaque à pâtisserie, l'intérieur d'un cercle ou d'un moule, pour éviter que les préparations n'attachent pendant la cuisson et pour faciliter leur démoulage. Ajouter du glucose à un sucre lors de la cuisson pour l'empêcher de grainer.

Griller : placer des amandes effilées, des noisettes, des pistaches, etc., sur une plaque, dans le four chaud, en les remuant souvent, afin de les colorer légèrement et uniformément.

H

Hacher : réduire un aliment (amandes, noisettes, pistaches, herbes aromatiques, zestes d'agrumes) en très menus fragments, à l'aide d'un couteau ou d'un hachoir.

Homogénéisation : technique consistant à faire éclater, sous forte pression, les globules de la matière grasse du lait en très fines particules ; celle-ci se trouve alors répartie de manière homogène et ne remonte pas à la surface.

Huiler : enduire d'une fine pellicule d'huile les parois d'un moule, une plaque pour empêcher d'adhérer. Se dit d'une pâte d'amande, d'un praliné qui ont un aspect huileux.

I

Imbiber : mouiller certains gâteaux avec un sirop, un alcool ou une liqueur pour les rendre moelleux et les aromatiser (baba, biscuit, etc.). On dit aussi « siroper ».

Inciser : pratiquer une entaille plus ou moins profonde à l'aide d'un couteau bien aiguisé. On incise une pâtisserie pour agrémenter sa présentation, un fruit pour en faciliter l'épluchage ou la coupe.

Incorporer : adjoindre un élément à une préparation, à un appareil, et les mélanger intimement (farine et beurre, par exemple).

Incruster : marquer plus ou moins profondément la surface d'une préparation ou d'une confiserie de motifs décoratifs à l'aide d'un couteau, d'un découpoir.

Infuser : verser un liquide bouillant sur une substance aromatique et attendre qu'il se charge des arômes de celle-ci. On fait infuser la vanille dans du lait, ou la cannelle dans le vin rouge.

L

Levain : pâte obtenue par un mélange de farine, de levure biologique et d'eau que l'on laisse doubler de volume avant de l'incorporer au restant de la pâte.

Lever : se dit d'une pâte qui augmente de volume sous l'effet de la fermentation.

Lier : donner une certaine consistance à un liquide, une crème par exemple, à l'aide de farine, de fécule, de jaunes d'œufs, de crème fraîche.

Lustrer : rendre une préparation brillante en l'enduisant d'un élément qui en améliore la présentation. Pour les mets chauds, le lustrage se réalise au pinceau, avec du beurre clarifié. Pour les mets froids, il se fait avec de la gelée prête à prendre. Pour certains entremets et pâtisseries, le brillant est obtenu avec de la gelée de fruit ou du nappage.

M

Macérer : faire tremper, plus ou moins longtemps, fruits frais, confits ou secs dans un liquide (alcool, liqueur, sirop, vin, thé), pour que celui-ci les imprègne de son parfum.

Malaxer : travailler à la main une substance (corps gras, pâte) pour la ramollir ou l'assouplir. Les ingrédients de certaines pâtes doivent être longuement malaxés pour que celles-ci deviennent homogènes.

Manier : travailler un ou plusieurs ingrédients dans un récipient à l'aide d'une spatule pour les rendre homogènes. *Exemple* : manier le beurre avec la farine pour réaliser le feuilletage inversé.

Marbrer : opération qui consiste à former sur la surface de certaines pâtisseries des veines colorées rappelant l'aspect du marbre. Elle s'effectue en rayant régulièrement avec la pointe d'un couteau un glaçage au fondant, à la gelée, sur lequel on a préalablement tiré des traits parallèles au cornet d'une couleur différente de celle du glaçage. *Exemple* : le mille-feuille.

Masquer : couvrir entièrement un entremets, un gâteau, en une couche lisse, d'une préparation assez consistante (crème, pâte d'amande, confiture).

Masse : préparation assez compacte qui sert à la confection de nombreuses pâtisseries, confiseries, entremets, glaces. Les principales pâtes qui constituent les masses sont : le praliné, le gianduja, la ganache, la pâte d'amande, le fondant.

Masser : se dit d'un sucre qui cristallise pendant la cuisson.

Meringuer : recouvrir une pâtisserie de meringue. C'est aussi ajouter du sucre pour monter des blancs d'œufs en neige.

Mix : mélange de toutes les substances entrant dans la préparation d'une glace. On dit également « appareil ».

Monder : retirer la peau d'un fruit (amande, pêche, pistache) que l'on a d'abord mis dans une passoire et plongé quelques secondes dans de l'eau en ébullition. Le mondage se fait avec la pointe d'un couteau, délicatement, sans entamer la pulpe.

Monter : battre au fouet manuel ou électrique des blancs d'œufs, de la crème fraîche ou un appareil sucré, pour que la masse de l'apprêt emmagasine une certaine quantité d'air, ce qui fait augmenter le volume en donnant une consistance et une couleur spécifiques.

Moucheter : projeter des petits points de chocolat ou de colorant sur certaines pièces ou motifs modelés en pâte d'amande.

Mouiller : ajouter un liquide dans une préparation, que ce soit pour la faire cuire ou pour confectionner le jus. Le liquide, appelé « mouillement », peut être de l'eau, du lait, du vin.

Mouler : mettre une substance fluide ou pâteuse dans un moule, dont elle prendra la forme en changeant de consistance par cuisson, refroidissement ou congélation.

Mousser : travailler un appareil pour le rendre plus léger et mousseux.

N

Nappage : gelée liquide à base de marmelade de fruit (abricot, fraise, framboise) tamisée, additionnée le plus souvent de gélifiant. Le nappage donne une finition brillante aux tartes aux fruits, ainsi qu'aux babas, aux savarins et à divers entremets.

Napper : verser sur un mets un coulis, une crème, etc., de manière à le recouvrir aussi complètement et uniformément que possible. Faire prendre consistance à une crème anglaise en la chauffant jusqu'à 83 °C, pour qu'elle « nappe » la cuillère.

P

Panacher : mélanger deux ou plusieurs ingrédients de couleur, de saveur ou de forme différentes.

Parer : égaliser les extrémités ou le pourtour d'une tarte, d'un entremets, d'un mille-feuille, etc.

Parfumer : donner à un aliment ou à une préparation un parfum supplémentaire, en accord avec son arôme naturel, par l'adjonction d'une épice, d'un aromate, d'un vin, d'un alcool, etc.

Passer : mettre dans un chinois pour les filtrer une crème fine, un sirop, une gelée, un coulis qui demandent à être très lisses.

Pâton : nom donné à la pâte feuilletée tourée.

Pétrir : malaxer avec les mains, ou à l'aide d'un robot (muni d'un pétrisseur), de la farine avec un ou plusieurs éléments pour mélanger intimement les ingrédients et obtenir une pâte lisse et homogène.

Piler : réduire en poudre, en pâte, certaines substances (amandes, noisettes).

Pincer : strier le bord d'une pâte, c'est-à-dire faire des petites cannelures à l'aide d'une pince à tarte, avant la cuisson, pour améliorer la présentation du dessert.

Piquer : pratiquer des petits trous réguliers à la surface d'une abaisse de pâte, à l'aide d'une fourchette, afin qu'elle ne boursoufle pas pendant la cuisson.

Pocher : cuire des fruits dans un mouillement plus ou moins abondant (eau, sirop), en maintenant un très léger frémissement.

Pointer : laisser fermenter une pâte levée dès la fin du pétrissage pour qu'elle double de volume, avant de la rompre.

Pommade : travailler du beurre en pommade, c'est malaxer du beurre ramolli pour lui donner la consistance d'une pommade.

Pousser : se dit d'une pâte qui augmente de volume sous l'action de la levure.

Praliner : ajouter du praliné à une crème, à un appareil. Enrober de sucre cuit des fruits secs, puis sabler l'ensemble (début de confection du praliné).

R

Raffermir : donner plus de consistance, de fermeté, de solidité, à une pâte, à un appareil, en l'entreposant plus ou moins longtemps dans un endroit réfrigéré.

Rafraîchir : mettre un gâteau, un entremets, une salade de fruits ou une crème dans le réfrigérateur pour les servir frais.

Râper : transformer un aliment solide, généralement à l'aide d'une râpe, en petites particules (un zeste d'agrume, par exemple).

Rayer : tracer, avec la pointe d'un couteau ou les dents d'une fourchette, un décor sur le dessus d'une pâtisserie enduite de « dorure » et prête à cuire. On raye la galette feuilletée en losanges, le pithiviers en rosaces, etc.

Réduire : diminuer le volume d'un liquide par évaporation, en maintenant celui-ci à ébullition, ce qui augmente sa saveur par concentration des sucs et lui donne davantage d'onctuosité ou de consistance.

Relâcher : se dit d'une pâte ou d'une crème qui ramollit après sa fabrication.

Repère : marque faite sur un gâteau pour faciliter sa décoration ou son montage. Le repère est aussi un mélange de farine et de blanc d'œuf, utilisé pour coller les détails d'un décor en pâte sur un apprêt ou sur le bord d'un plat.

Réserver : mettre de côté, au frais ou au chaud, des ingrédients, des mélanges ou des préparations destinés à être utilisés ultérieurement. Pour éviter qu'ils ne se dégradent, on les enveloppe souvent de papier sulfurisé, de papier d'aluminium ou d'un film alimentaire, ou encore d'un linge.

Rioler : disposer des bandelettes de pâte à bords droits ou dentelés, à intervalles réguliers, sur la surface d'un gâteau, pour former un quadrillage.

Rompre : arrêter momentanément la fermentation (ou « pousse ») d'une pâte levée en la repliant plusieurs fois sur elle-même. Cette opération se réalise deux fois pendant la préparation de la pâte et favorise son bon développement ultérieur.

Ruban : se dit d'un mélange de jaunes d'œufs et de sucre en poudre, travaillé à chaud ou à froid, dont la consistance est suffisamment lisse et homogène pour qu'il se déroule sans se casser quand on le laisse couler de la spatule ou du fouet (exemple : la pâte à génoise fait le ruban).

S

Sabler : amener à l'état friable le mélange des ingrédients destinés à une pâte brisée ou sablée. Faire masser du sucre cuit en tournant avec une spatule, jusqu'à obtention d'une masse granuleuse et sableuse.

Serrer : finir de fouetter des blancs d'œufs en neige par un mouvement circulaire et rapide du fouet, afin de les rendre très fermes et homogènes.

Siroper : tremper un gâteau de pâte levée (baba, savarin) dans un sirop, un alcool, une liqueur, ou l'arroser plusieurs fois jusqu'à ce qu'il en soit entièrement imprégné.

Strier : tracer des stries, à l'aide d'une fourchette, d'un peigne, d'un pinceau, sur le dessus de certains gâteaux.

T

Tamiser : passer de la farine, de la levure ou du sucre à travers un tamis afin d'en éliminer les grumeaux. On tamise aussi certaines préparations plus ou moins fluides.

Tamponner : passer à la surface d'une crème un morceau de beurre qui, en fondant, la recouvre d'une fine pellicule grasse, évitant ainsi la formation d'une peau.

Tempérage : phase de préparation du chocolat servant à décorer (nappage) qui consiste à lui faire suivre un cycle de température, calculé de façon très précise, pour le garder parfaitement brillant, onctueux et stable.

Tirer : opération qui consiste à étirer du sucre cuit au grand cassé et à le replier sur lui-même, plusieurs fois, pour le satiner.

Tourer : pratiquer les « tours » nécessaires (simples ou doubles) à la réalisation d'une pâte feuilletée.

Travailler : mélanger plus ou moins vigoureusement les éléments d'une préparation pâteuse ou liquide soit pour incorporer des ingrédients divers, soit pour la rendre homogène ou lisse, ou pour lui donner du corps ou de l'onctuosité. Selon la nature de la préparation, l'opération se réalise sur le feu, hors du feu, ou sur de la glace, avec une spatule en bois, un fouet manuel ou électrique, un batteur-mélangeur, un mixeur ou même avec la main.

V

Vanner : remuer une crème (ou un appareil) pendant qu'elle tiédit, avec une spatule en bois ou un fouet, pour lui conserver son homogénéité et surtout pour empêcher la formation d'une peau à la surface. Le vannage accélère en outre le refroidissement.

Videler : façonner un rebord sur le pourtour d'une abaisse en relevant petit à petit la pâte, que l'on replie de l'extérieur vers l'intérieur pour former un bord enroulé, qui maintient la garniture durant la cuisson.

Voiler : recouvrir d'un voile de sucre cuit au grand cassé et filé certaines pièces de pâtisserie comme les croquembouches ou des entremets glacés.

Z

Zester : prélever à l'aide d'un couteau économe ou d'un zesteur l'écorce extérieure, colorée et parfumée des agrumes.

Les « coups de cœur » de Pierre Hermé

Ces « coups de cœur », illustrés en doubles pages, sont des créations originales dans lesquelles l'auteur a joué des mélanges subtils de saveurs et de textures (chocolat et fleurs de lavande, raisins et curry, crème brûlée et riz caramélisé). Pierre Hermé utilise également de nombreuses épices et plantes aromatiques (poivre, gingembre, cannelle, feuilles de menthe et de verveine), voire certains légumes (betterave rouge).

Beignets de poire, feuilles de menthe et feuilles de citronnier

PRÉPARATION 40 min
CUISSON 10 min
POUR 6 personnes

100 g de farine de riz
90 g de sucre en poudre
1 jaune d'œuf
1 pincée de sel
poivre du moulin
25 cl d'eau glacée
4 poires (passe-crassane ou doyenné du Comice)
2 citrons
1 botte de menthe
20 à 24 feuilles de citronnier
huile de friture

1] Préparez d'abord la pâte à beignets : dans un saladier, mélangez avec un fouet la farine de riz, 40 g de sucre en poudre, le jaune d'œuf et le sel. Ajoutez 4 tours de moulin à poivre. Fouettez en versant peu à peu l'eau glacée comme vous feriez pour une mayonnaise. Ainsi, vous n'aurez pas de grumeaux. Mettez la pâte au réfrigérateur.
2] Épluchez les poires, coupez-les en quartiers ou en huit selon la taille des fruits et enduisez-les de jus de citron.
3] Lavez et séchez les feuilles de citronnier. Séparez la menthe en bouquets de 3 feuilles.
4] Faites chauffer l'huile de friture à 170-180 °C.
5] Trempez les quartiers de poire, les bouquets de menthe et les feuilles de citronnier dans la pâte à frire et jetez-les dans l'huile chaude, au fur et à mesure. Laissez-les dorer quelques instants, récupérez-les avec une écumoire et déposez-les dans un plat tapissé de papier absorbant pour éponger l'excédent de gras.
6] Mettez ensuite les beignets sur un plat chaud, saupoudrez de sucre en poudre, ajoutez quelques gouttes de jus de citron et servez chaud.

Commentaire gourmand

La feuille de citronnier ne se mange pas ; on déguste la pâte qui l'enrobe et qui s'est imprégnée de son parfum.

Photographié pages 210-211

Boules de Berlin

PRÉPARATION 30 min + ganache
REPOS DU LEVAIN ET DE LA PÂTE 6 h 30 à 7 h
CUISSON 10 à 12 min
POUR 25 beignets

Pour le levain
5 g de levure de boulanger
1,75 dl d'eau à 20 C°
275 g de farine

Pour la pâte
250 g de farine
11 g de fleur de sel
65 g de sucre en poudre
5 jaunes d'œufs
60 g de levure de boulanger
6 cl de lait entier
65 g de beurre
1 litre d'huile de pépins de raisins (ou de Végétaline)

Pour la garniture
1 pot de confiture de quetsche (p. 338), d'abricot (p. 335), de « framboises-pépins » (p. 336), de marmelade d'orange (p. 341) ou de la crème pâtissière (p. 58).
sucre en poudre pour la finition

1] Commencez par préparer le levain. Émiettez la levure dans une jatte. Mélangez-y l'eau avec le bout du doigt, puis posez un tamis sur la jatte. Tamisez la farine. Mélangez pour obtenir une pâte homogène et liquide. Couvrez d'un linge. Laissez le levain « pousser » pendant 1 heure 30 minutes à 2 heures. Il est prêt lorsque de petites bulles se forment à la surface.
2] Versez le levain dans le bol d'un robot muni d'un crochet. Ajoutez-y la farine tamisée, la fleur de sel, le sucre, les jaunes d'œufs, la levure émiettée et le lait. Mixez à vitesse moyenne pendant environ 20 minutes. La pâte est prête lorsqu'elle se décolle des bords du bol. Incorporez le beurre coupé en dés. Mixez. Dès que la pâte est homogène, retirez-la du bol et mettez-la dans une jatte que vous couvrez d'un linge. Laissez-la doubler de volume.
3] Donnez un coup de poing dans la pâte gonflée afin qu'elle reprenne son volume initial. Divisez-la en 25 boules. Pétrissez chacune d'elles pour leur donner une forme bien ronde. Au fur et à mesure, disposez les boules sur un linge très légèrement humide et poudré de farine en les espaçant d'environ 5 cm. Couvrez-les d'un linge et laissez-les reposer.
4] Dès que les boules ont doublé de volume, faites chauffer le bain d'huile à 160 °C. Plongez dans l'huile les boules par fournée de 3 ou 4, selon la taille de l'ustensile, et faites-les cuire pendant 10 à 12 minutes en les retournant à mi-cuisson à l'aide d'une écumoire. Égouttez-les sur un linge.
5] Versez la confiture dans une poche munie d'une douille à bout lisse, de taille moyenne. Garnissez de ganache en enfonçant le bout de la douille jusqu'au centre de la boule. Enrobez généreusement de sucre les boules.

Photographié pages 204-205

Cake au chocolat et à l'orange

PRÉPARATION 30 min (4 jours à l'avance)
CUISSON 1 h
POUR 2 cakes de 18 x 8 cm

125 g de raisins de Smyrne
200 g de farine
50 g de cacao en poudre
5 g de levure chimique
250 g de beurre
350 g d'écorces d'orange confites
390 g de sucre en poudre
5 œufs
15 cl d'eau
13 cl de Grand Marnier
50 g de nappage abricot
1 morceau d'orange confite pour la décoration

1] La veille, lavez les raisins et mettez-les à tremper dans de l'eau.
2] Tamisez ensemble la farine, le cacao en poudre et la levure chimique.
3] Beurrez et farinez les deux moules. Faites ramollir le beurre.
4] Égouttez les raisins. Coupez les écorces d'orange confites en cubes.
5] Préchauffez le four à 250 °C.
6] Battez le beurre avec 250 g de sucre jusqu'à ce qu'il mousse, ajoutez les œufs un par un puis le mélange farine-cacao-levure.
7] Quand la pâte est homogène, ajoutez les raisins et les cubes d'écorce en soulevant bien la pâte avec une cuillère en bois.
8] Versez la pâte dans les moules, faites cuire 1 heure en baissant aussitôt la température à 180 °C. Quand une croûte se forme, fendez-la tout du long avec un couteau passé dans du beurre fondu. Vérifiez la cuisson des cakes en enfonçant une lame de couteau qui doit ressortir sèche.
9] Sortez les cakes du four, laissez-les tiédir 10 minutes et démoulez-les sur une grille.
10] Dans une petite casserole, mélangez l'eau et 140 g de sucre et portez à ébullition, puis, hors du feu, ajoutez le Grand Marnier. Aspergez les cakes de ce sirop.
11] Faites tiédir le nappage abricot et badigeonnez-en les cakes. Collez les tranches d'orange confites sur le dessus et les côtés. Enveloppez les cakes d'un film alimentaire et gardez-les au réfrigérateur.

Photographié pages 254-255

Caramels à la framboise

PRÉPARATION 45 min
CUISSON 15 min environ
POUR 70 caramels environ

250 g de framboises fraîches
20 cl de crème fraîche liquide
280 g de glucose liquide (disponible en pharmacie)
300 g de sucre en poudre
20 g de beurre demi-sel

1] Mixez les framboises au mixeur plongeant. Ajoutez la crème fraîche et mélangez. Portez à ébullition la purée ainsi obtenue, puis mettez de côté.
2] Faites chauffer le glucose dans une casserole sans le faire bouillir. Ajoutez le sucre. Laissez caraméliser jusqu'à ce que la préparation soit d'une belle couleur ambre foncé.
3] Versez la purée de framboise sur le caramel bouillant en prenant garde aux projections. Mélangez et faites cuire à 118 °C en contrôlant la température à l'aide d'un thermomètre de cuisson. Hors du feu incorporez le beurre salé et mélangez dans un mouvement en « 8 ».
4] Sans attendre, versez le mélange dans un moule à tarte sans fond de 22 centimètres de diamètre, posé sur une feuille de papier sulfurisé « spécial cuisson ». Laissez-le refroidir jusqu'à la température ambiante.
5] Retirez le papier. Posez la plaque de caramel sur une planche et découpez-la en carrés. Enveloppez de papier cellophane chaque carré. Gardez les caramels dans une boîte hermétique.

D'après une recette de Georges Gobet, pâtissier à Genève

Photographié pages 336-337

Charlotte au chocolat blanc, à la rhubarbe et aux fruits rouges

PRÉPARATION 1 h
RÉFRIGÉRATION 4 h
POUR 8 à 10 personnes

Pour la compote de rhubarbe
300 g de rhubarbe fraîche
4 cuill. à soupe de jus de citron
40 g de sucre en poudre
1 gousse de vanille
2 feuilles de gélatine

Pour la mousse au chocolat blanc
250 g de chocolat blanc
830 g de crème liquide

Pour le jus de fruits
14 à 16 fruits de la Passion
18 biscuits à la cuillère

Pour la décoration
1 feuille de menthe fraîche
fraises, framboises, groseilles fraîches

1| Préparez d'abord la compote de rhubarbe : coupez les tiges en morceaux, pressez les citrons pour obtenir 4 cuillerées à soupe de jus. Versez tous les ingrédients de la compote (rhubarbe, sucre, jus de citron, gousse de vanille fendue et grattée) dans une casserole, et faites cuire à feu doux jusqu'à ce que le liquide soit évaporé. Trempez la gélatine dans un récipient d'eau froide, essorez-la et ajoutez-la dans la compote refroidie.

2| Préparez la mousse au chocolat : hachez le chocolat blanc et faites-le fondre au bain-marie ou au four à micro-ondes. Faites bouillir 200 g de crème puis versez-la sur le chocolat, fouettez et laissez tiédir. Fouettez le reste de la crème puis versez-la dans le mélange chocolat-crème et mélangez bien.

3| Faites le jus de fruits : coupez ceux-ci en deux, prélevez la chair, mettez-la dans une passoire, au-dessus d'un bol. Pour récupérer le maximum de jus, écrasez bien cette pulpe avec le dos d'une cuillère.

4| Montez la charlotte : beurrez et poudrez de sucre un moule de 18 cm de diamètre. Trempez la partie plate des biscuits dans le jus de fruits et disposez-les côte à côte tout autour du moule. Versez d'abord la moitié de la crème au chocolat blanc dans le fond du moule, puis la moitié de la compote de rhubarbe et recouvrez d'une couche de biscuits à la cuillère imbibés.

5| Ajoutez ensuite le reste de la crème et, par-dessus, le reste de la compote. Terminez par une couche de biscuits imbibés. Mettez au réfrigérateur pendant 4 heures au moins.

6| Décorez la charlotte avec les fruits rouges et la menthe fraîche.

Photographié pages 192-193

Coupe glacée Ispahan

PRÉPARATION 50 min
CUISSON 2 min
POUR 8 personnes

1 litre de sorbet à la framboise *(voir p. 94)*
20 cl de crème Chantilly *(voir p. 51)*

Pour 1 litre de sorbet au parfum de litchi et de rose
18 cl d'eau minérale
180 g de sucre en poudre
1 400 g environ de litchis frais
2,5 cl de sirop de rose

Pour le coulis à la framboise
300 g de framboises
40 g de sucre en poudre

Pour la décoration
8 pétales de roses non traitées
16 coques de macarons à la rose (facultatif)

1| Préparez le sorbet au parfum de litchi et de rose. Pelez les litchis. Fendez-les en deux et retirez-en le noyau. Mixez les fruits pour obtenir 600 g de pulpe de litchis.

2| Portez à ébullition l'eau minérale et le sucre. Retirez du feu et laissez refroidir à température ambiante. Incorporez la pulpe de litchis et le sirop de rose au sirop refroidi. À l'aide d'un mixeur plongeant, mixez en plusieurs fois pour obtenir une préparation fine et souple.

3| Faites prendre en sorbet selon le mode d'emploi de l'appareil. Utilisez aussitôt ou versez dans un bac que vous mettez au congélateur.

4| Préparez le coulis en mixant les framboises avec le sucre, puis en filtrant le mélange que vous garderez au réfrigérateur.

5| Dans une jatte glacée au congélateur pendant 15 minutes, fouettez la crème au batteur électrique et ajoutez le sucre dès qu'elle commence à être ferme. Continuez de fouetter jusqu'à ce qu'elle soit bien ferme. Glissez la crème dans une poche munie d'une douille à bout cranté. Gardez-la au réfrigérateur.

6| Répartissez dans le fond de 8 coupes le coulis à la framboise. Posez au centre 2 boules de sorbet à la framboise et une boule de sorbet au parfum de litchi et de rose. Placez éventuellement 3 coques de macaron entre chaque boule de sorbet. Répartissez sur le dessus une belle volute de crème Chantilly (voir page 51). Décorez-la d'un pétale de rose.

Photographié pages 330-331

Crème brûlée à la pistache et riz caramélisé

PRÉPARATION 40 min
CUISSON 45 min
RÉFRIGÉRATION 3 h
POUR 6 à 8 personnes

60 g de raisins secs blonds
800 g de riz au lait
(voir p. 281)
30 g de beurre
2 jaunes d'œufs
50 cl de lait
50 g de pâte à pistache
5 jaunes d'œufs
80 g de sucre en poudre
40 g de cassonnade
1 barquette de framboises
1 barquette de fraises des bois
sirop de citron
quelques feuilles de verveine

1] Mettez les raisins secs dans une casserole, recouvrez d'eau et chauffez pendant quelques minutes pour les faire gonfler. Égouttez-les.
2] Préparez le riz au lait. Quand le riz a absorbé une bonne partie du lait, mélangez-en 1 ou 2 cuillères avec les jaunes dans un bol. Versez le contenu du bol dans la casserole de riz et mélangez en ajoutant le beurre. Ajoutez les raisins. Donnez un léger bouillon. Versez la préparation dans un moule à soufflé de 20 cm de diamètre et laissez refroidir.
3] Préchauffez le four à 100 °C.
4] Préparez la crème brûlée : mélangez le lait et la pâte de pistache et faites bouillir le mélange. Battez les jaunes et le sucre et versez dessus le mélange lait-pistache en remuant avec une spatule. Versez l'ensemble sur le riz au lait et mettez le moule au four pendant 45 minutes. Laissez refroidir et mettez au réfrigérateur durant 3 heures.
5] Au moment de servir, épongez la surface de la crème avec du papier absorbant, saupoudrez de cassonade et passez sous le gril pour caraméliser légèrement.
6] Disposez au-dessus les fraises des bois et les framboises, assaisonnez avec un trait de sirop de citron et décorez de quelques feuilles de verveine ciselées.

Photographié pages 264-265

Crème brûlée aux fruits de la Passion, gelée de marrons, crème au thé vert

PRÉPARATION 45 min
CUISSON environ 70 min
POUR 8 personnes

Pour la crème brûlée
7 jaunes d'œufs
125 g de sucre en poudre
8 fruits de la Passion
38 cl de crème fraîche liquide

Pour la gelée Passion
1 feuille et demie de gélatine
1 cl de jus de citron
2,5 cl de jus d'orange avec la pulpe
40 g de sucre en poudre
7 ou 8 fruits de la Passion

Pour la gelée au marron
3 feuilles de gélatine
150 g de purée de marrons
150 g de crème de marrons

Pour la crème au thé vert matcha
50 g de chocolat blanc
5 cl de crème fraîche liquide
4 g de thé vert matcha

Pour la finition
200 g de marrons entiers
30 g de beurre
1/2 gousse de vanille
30 g de sucre cassonade brune
fleur de sel et poivre
16 marrons glacés

1] Préchauffez le four à 90° C.
2] Préparez la crème brûlée. Fouettez les jaunes d'œufs et le sucre. Incorporez la pulpe de fruits de la Passion et la crème fraîche.
3] Répartissez la préparation dans 8 verres Martini posés sur la plaque du four. Faites cuire pendant 1 heure. Laissez refroidir, puis gardez au réfrigérateur.
4] Préparez les marrons poêlés. Émiettez grossièrement les marrons. Faites-les revenir pendant 3 ou 4 minutes sur feu vif dans le beurre chaud, la gousse de vanille et le sucre. Salez et donnez 3 ou 4 tours de moulin à poivre. Répartissez sur la crème brûlée.
5] Préparez la gelée au fruit de la Passion. Mettez la gélatine à ramollir dans de l'eau froide. Égouttez-la et faites-la sécher. Portez à ébullition 6 cl d'eau, le jus de citron, le jus d'orange et le sucre, retirez du feu et faites-y fondre la gélatine. Ajoutez la pulpe de fruits de la Passion et mélangez. Laissez refroidir et épaissir, gardez au réfrigérateur.
6] Préparez la gelée au marron. Mettez à ramollir la gélatine dans de l'eau froide. Fouettez la purée de marron avec la crème et 15 cl d'eau. Faites fondre la gélatine au bain-marie en y incorporant peu à peu la purée de marrons et la crème au marron.
7] Répartissez la gelée au marron sur la crème brûlée. Gardez au réfrigérateur.
8] Préparez la crème au thé vert matcha. Hachez le chocolat au couteau-scie et faites-le fondre au bain-marie. Portez la crème à ébullition. Laissez-la refroidir à 60 °C, puis incorporez-y le thé vert en fouettant. Versez 1/3 de la crème parfumé au thé vert sur le chocolat fondu et mélangez. Renouvelez 2 fois cette opération. Répartissez le mélange obtenu sur la gelée au marron. Gardez au réfrigérateur.
9] Répartissez la gelée au fruit de la Passion avec un peu de pulpe de fruits sur la crème au thé vert. Gardez au réfrigérateur.
10] Répartissez les marrons glacés sur le dessus des verres juste avant de servir.

Photographié pages 274-275

Émotion Exaltée

PRÉPARATION 35 min
CUISSON 15 min
POUR 8 personnes

Pour la gelée de tomate
500 g de tomates
3 feuilles et demie de gélatine
35 g de sucre en poudre

Pour la mousse au chocolat blanc et à l'huile d'olive
40 cl de crème fraîche liquide
1/4 de gousse de vanille fendue et grattée
7,5 cl d'huile d'olive
120 g de chocolat blanc

Pour les fraises au citron au sel et au sucre
800 g de fraises équeutées
15 g de citron confit au sel (en bocal, rayon exotique)
40 g de citron confit au sucre
1,5 cl de jus de citron
8 feuilles de menthe fraîche

Pour la finition
8 peaux de tomate séchées

1] Préchauffez le four à 210 °C.
2] Rincez et séchez les tomates. Ôtez les pédoncules. Coupez les tomates en 4. Répartissez-les dans la lèchefrite du four, enfournez et faites cuire pendant 15 minutes.
3] Mettez la gélatine à ramollir dans de l'eau froide. Réduisez les tomates chaudes en purée au mixeur plongeant. Filtrez le jus obtenu. Incorporez-y la gélatine ramollie et essorée, puis le sucre et 9 cl d'eau. Laissez refroidir au réfrigérateur.
4] Préparez la ganache. Mettez une jatte au congélateur pendant 15 minutes. Hachez le chocolat au couteau-scie et faites-le fondre au bain-marie. Fendez la gousse de vanille, grattez-en l'intérieur et mettez-la dans une casserole avec 5 cl de crème. Portez à ébullition, puis ôtez la gousse. Versez la crème bouillante sur le chocolat et mélangez. Dès que la crème atteint une température de 35 à 40 °C, incorporez-y l'huile.
5] Dans une jatte glacée, fouettez énergiquement 35 cl de crème jusqu'à ce qu'elle soit ferme. La température de la ganache ne doit pas excéder 28 °C. Incorporez 1/4 de la crème fouettée dans la ganache, puis ajoutez délicatement le restant.
6] Rincez et séchez les fraises et les feuilles de menthe. Ôtez les pédoncules des fraises. Coupez les fraises en 4, et les citrons confits en petits cubes. Ciselez la menthe. Mélangez délicatement l'ensemble avec le jus de citron.
7] Répartissez la compote de tomates sur 1,5 cm dans le fond de 8 verres, ou gobelets. Garnissez du mélange de fraises sur 2,5 cm de hauteur. Répartissez dessus la crème ganache sur 5 mm de hauteur. Refroidissez au réfrigérateur pendant 30 minutes avant de servir. Décorez éventuellement de pétales séchés de peau de tomate.

Photographié pages 182-183

Fraises gariguettes aux agrumes et au jus de betterave rouge

PRÉPARATION 40 min
SÉCHAGE 1 h à 1 h 30
CUISSON 1 h 20
MACÉRATION 3 h
POUR 4 à 6 personnes

1 betterave rouge cuite
sucre glace
1,5 kg de fraises gariguettes
1 bocal de betteraves rouges en conserve
4 oranges
1 citron
poivre noir
150 g de crème fraîche épaisse
60 g de sucre en poudre
50 cl de sorbet à la fraise *(voir p. 95)*

1] Préchauffez le four à 120 °C. Tranchez la betterave cuite en fines lamelles et posez-les sur une plaque recouverte de papier sulfurisé. Saupoudrez de sucre glace et superposez une feuille de papier sulfurisé et une grille. Mettez au four durant 1 h à 1 h 30. Retirez la grille et la seconde feuille de papier après 45 minutes. À la sortie du four, gardez dans un endroit sec.
2] Lavez les fraises et équeutez-les. Mettez 600 g de fraises dans un récipient en verre à feu, couvrez-le d'un film alimentaire, posez-le dans un bain-marie et cuisez pendant 45 à 60 minutes. Filtrez pour extraire le jus.
3] Égouttez les betteraves en gardant le liquide, cuisez-les dans le jus de fraise à feu très doux pendant une vingtaine de minutes.
4] Ajoutez une lamelle de zeste d'orange, le jus du citron et 3 ou 4 tours de moulin de poivre noir. Laissez macérer pendant 3 heures au moins.
5] Égouttez les betteraves, coupez-les en 4 et mettez-les sur une assiette. Dans le jus de cuisson betteraves-fraises, ajoutez 1/4 du liquide du bocal et mettez le tout au frais.
6] Préparez la crème : dans un saladier, fouettez la crème fraîche pour la rendre juste mousseuse, ajoutez 60 g de sucre en poudre et gardez-la au frais.
7] Pelez les oranges à vif (en retirant aussi la peau blanche) et séparez-les en quartiers.
8] Coupez en deux les fraises restantes (900 g) et répartissez-les dans des assiettes creuses ainsi que les cubes de betterave et les quartiers d'orange. Versez le jus. Disposez dans chaque assiette une quenelle de sorbet et une autre de crème fouettée et plantez une lamelle de betterave séchée entre les deux quenelles. Servez aussitôt.

Photographié pages 292-293

Gâteau Victoria

PRÉPARATION 10 + 50 min
CUISSON 5 min + 35 min
REPOS DE LA PÂTE 2 x 10 min
POUR 6 à 8 personnes

Pour le biscuit à dacquoise
- 25 g de noix de coco en poudre
- 35 g de poudre d'amande
- 55 g de sucre glace
- 2 blancs d'œufs
- 20 g de sucre en poudre

Pour la crème mousseline coco
- 80 g de beurre en pommade
- 40 g de noix de coco râpée
- 0,5 cl de rhum blanc agricole
- 17 cl de lait de coco
- 170 g de crème pâtissière *(voir p. 58)*
- 70 g de meringue italienne *(voir p. 43)*

Pour la garniture à l'ananas
- 1 petit ananas de la Guadeloupe
- 1/2 citron vert
- 8 feuilles de coriandre
- poivre noir de Sarawak
- 4 cuill. à soupe de marmelade d'orange

1| La veille, préparez le biscuit à dacquoise. Tamisez la noix de coco avec la poudre d'amande et le sucre glace. Fouettez les blancs d'œufs en neige en y incorporant petit à petit 55 g de sucre en poudre. Avec une spatule souple, ajoutez délicatement les blancs en neige au mélange à la noix de coco.

2| Versez dans une poche munie d'une douille à bout lisse n° 2. Sur une plaque à pâtisserie recouverte d'une feuille de papier sulfurisé « spécial cuisson », façonnez un disque de 22 cm de diamètre en forme de spirale en partant du centre. Dressez des boules côte à côte le long du bord extérieur. Parsemez d'un peu de sucre glace tamisé. Laissez reposer pendant 10 minutes. Répéter l'opération.

3| Préchauffez le four à 150 °C.

4| Faites cuire pendant 35 minutes. Laissez refroidir sur une grille à pâtisserie. Enveloppez de film alimentaire et gardez au réfrigérateur.

5| Le lendemain, préparez la crème pâtissière *(voir page 58)* et la meringue italienne *(voir page 43)*. Fouettez le beurre au batteur électrique, puis ajoutez la noix de coco, le rhum et le lait de coco. Ajoutez la crème pâtissière et, à l'aide d'une spatule à bout souple, la meringue italienne.

6| Pelez l'ananas et ôtez-en les extrémités. Fendez le fruit en 4 et retirez-en la tige dure. Coupez en tranches puis en bâtonnets que vous égouttez dans un tamis. Prélevez le zeste du 1/2 citron vert. Ciselez les feuilles de coriandre. Au dernier moment, mélangez le zeste et la coriandre dans l'ananas égoutté. Donnez 4 tours de moulin à poivre.

7| Portez à ébullition la marmelade d'orange. Garnissez le fond du biscuit avec la crème glissée dans une poche munie d'une douille à bout lisse n° 10. Disposez les bâtonnets d'ananas en dôme. Badigeonnez-les de la marmelade bouillante à l'aide d'un pinceau. Servez aussitôt.

Photographié pages 150-151

Kouign-amann aux fruits rouges

PRÉPARATION 30 min
CUISSON 35 à 40 min
RÉFRIGÉRATION environ 3 h
REPOS DE LA PÂTE 90 min
POUR 12 gâteaux individuels

Pour la pâte levée feuilletée
- 10 g de levure de boulangerie
- 32 à 35 cl d'eau
- 550 g de farine type 55
- 15 g de fleur de sel
- 495 g de beurre
- 470 g de sucre en poudre

Pour la marmelade de fruits rouges
- 100 g de groseilles égrappées
- 100 g de myrtilles
- 100 g de framboises
- 100 g de cassis égrappés
- 1 sachet de sucre Vitpris (50 g)

1| Diluez la levure dans d'eau. Mélangez dans la farine tamisée 20 g de beurre fondu, la levure et la fleur de sel. Malaxez rapidement la pâte. Enveloppez-la de film alimentaire et mettez au réfrigérateur pendant 30 minutes.

2| Sur un plan de travail fariné, abaissez la pâte en forme de carré. Posez 450 g de beurre au centre, puis rabattez chaque côté de pâte sur le beurre. Gardez au réfrigérateur pendant 20 minutes.

3| Abaissez la pâte en un rectangle trois fois plus long que large. Repliez-la en trois comme pour un tour simple *(voir page 21)*. Gardez au réfrigérateur pendant 1 heure.

4| Préparez les fruits rouges. Portez à ébullition les fruits et le sucre gélifiant. Retirez du feu après 2 minutes et laissez refroidir.

5| Abaissez de nouveau la pâte en forme de rectangle. Saupoudrez-la de 350 g de sucre en poudre, puis repliez-la par un tour simple. Gardez au réfrigérateur pendant 30 minutes.

6| Étalez la pâte en forme de rectangle sur une épaisseur de 4 mm. Découpez 12 carrés de 8 cm de côté. Garnissez-en le centre d'une cuillerée de marmelade, soulevez les 4 pointes et rabattez-les au centre. Tapotez les carrés pour obtenir une forme ronde. Gardez au réfrigérateur pendant 30 minutes.

7| Badigeonnez de 25 g de beurre ramolli 12 cercles à pâtisserie de 8 cm de diamètre. Saupoudrez de 120 g de sucre en poudre une plaque à pâtisserie. Répartissez les cercles sur la plaque et posez-y les ronds de pâte. Laissez la pâte gonfler de 1/3 de son volume pendant 90 min à 28 °C environ.

8| Préchauffez le four à 180 °C. Faites cuire les cercles pendant 35 à 40 minutes, puis disposez-les sur une grille à pâtisserie pour les laisser refroidir. Dégustez le jour même.

Photographié pages 222-223

PRÉPARATION **45 min**
CUISSON **12 min**
POUR **6 personnes**

90 cl de sorbet au chocolat *(voir p. 94)*
2 pincées de fleurs de lavande
500 g de pâte à macarons au chocolat *(voir p. 232)*

Macarons glacés, sorbet au chocolat et fleurs de lavande

1] Préparez le sorbet au chocolat en y ajoutant les fleurs de lavande, fraîches de préférence. Puis mettez-le au congélateur à environ 15 °C, afin qu'il reste bien onctueux.
2] Préchauffez le four à 140 °C.
3] Tapissez une plaque de papier sulfurisé et déposez cette plaque sur une autre plaque.
4] Préparez la pâte à macarons au chocolat et mettez-la dans une poche munie d'une douille n° 8. Déposez des petits macarons de 2 cm de diamètre sur la plaque double et laissez-les reposer à température ambiante afin qu'une petite croûte se forme à leur surface. Mettez-les au four durant 12 minutes.
5] Quand ils sont cuits, versez un peu d'eau sous le papier sulfurisé : le dégagement de vapeur les fera se détacher très facilement. Laissez-les refroidir sur une grille.
6] Retournez les macarons et réunissez-les deux à deux par une quenelle de sorbet, posée sur leur partie plate. Rangez-les sur un plat, couvrez d'un film alimentaire et gardez-les au congélateur si vous ne les consommez pas tout de suite. Placez-les alors au réfrigérateur 1/2 heure avant de les servir.

Commentaire gourmand

Respectez bien le dosage en fleurs de lavande car l'équilibre chocolat-lavande est très subtil.

Photographié pages 322-323

PRÉPARATION **15 min**
CUISSON **10 min à 20 min**
TEMPS DE REPOS **15 min**
POUR **20 gros macarons ou 80 petits**

Pour la pâte à macarons
480 g de sucre glace
280 g de poudre d'amande
7 blancs d'œufs
1 goutte de colorant alimentaire rouge
2 gouttes de colorant alimentaire jaune

Pour la ganache
225 g de chocolat blanc
200 g de pêches (2 ou 3 pêches)
15 g de jus de citron
1,5 cl de crème fraîche liquide
0,30 g de filaments de safran
100 g d'abricots moelleux coupés en cubes de 2 mm

Macarons pêche abricot safran

1] Préparez la pâte à macarons (voir page 230). Incorporez les gouttes de colorant à l'aide d'une spatule à bout en caoutchouc souple en ramenant la pâte vers les bords de la jatte tout en tournant celle-ci sur elle-même.
2] Tapissez une plaque de papier sulfurisé et déposez cette plaque sur une autre plaque.
3] Mettez la pâte dans une poche munie d'une douille lisse n° 8 pour des petits macarons de 2 cm de diamètre, ou n° 12 pour les gros macarons de 7 cm de diamètre. Formez les macarons et déposez-les sur la plaque à une distance de 3 cm les uns des autres. Laissez reposer les macarons pendant 15 minutes à température ambiante.
4] Préchauffez le four à 140 °C.
5] Faites cuire les petits macarons pendant 10 à 12 minutes, ou les gros pendant 18 à 20 minutes, en laissant la porte du four entrouverte. Quand ils sont cuits, versez un peu d'eau sous le papier sulfurisé pour faciliter le détachement. Laissez refroidir sur une grille à pâtisserie.
6] Préparez la ganache. Plongez les pêches dans de l'eau bouillante pendant 1 minute, puis égouttez-les. Retirez-en la peau et le noyau. Coupez les fruits en petits morceaux. Mettez-les dans une casserole avec le jus de citron et faites chauffer à feu très doux pendant 5 minutes.
7] Mettez les filaments de safran dans la crème et laissez infuser.
8] Hachez le chocolat au couteau-scie et faites-le fondre au bain-marie. Écrasez les pêches pour obtenir une purée fine que vous mélangerez avec la crème. Incorporez ce mélange dans le chocolat fondu en commençant par le centre et en élargissant le cercle petit à petit. Ajoutez les cubes d'abricot et mélangez.
9] Retournez les macarons et réunissez-les deux à deux par la ganache, posée sur leur partie plate. Rangez-les sur une feuille de papier sulfurisé et recouvrez-les de film alimentaire. Afin que les macarons puissent développer leurs arômes, il est préférable de les garder au réfrigérateur pendant 2 jours avant de les déguster.

Photographié pages 242-243

Mille-feuille aux framboises et à l'anis

PRÉPARATION 50 min
REPOS 2 h
CUISSON 30 min
POUR 6 personnes

400 g de pâte feuilletée inversée caramélisée *(voir p. 23)*
500 g de crème à mille-feuille *(voir p. 55)*
2,5 cl de pastis ou de liqueur d'anis

Pour la décoration et la garniture

25 g de sucre glace
250 g de framboises
4 ou 5 étoiles de badiane

1] Préparez d'abord la pâte feuilletée inversée caramélisée. Faites-la cuire pendant 20 minutes et laissez-la refroidir pendant 1 heure.
2] Préparez la crème à mille-feuille et ajoutez-lui le pastis ou la liqueur d'anis. Réservez-la au réfrigérateur.
3] Recouvrez le plan de travail d'un linge. Posez la plaque de pâte feuilletée dessus. Découpez avec un grand couteau-scie 3 rectangles dans la longueur.
4] Placez un rectangle de pâte côté caramélisé vers le haut, la crème imbibera plus lentement la pâte.
5] Recouvrez-le de la moitié de la crème avec une spatule.
6] Rangez les framboises les unes à côté des autres, sur toute la surface.
7] Posez un second rectangle de pâte sur les framboises, dans le même sens, couvrez-le avec le reste de la crème et rangez-y une seconde couche de framboises.
8] Posez le dernier rectangle de pâte feuilletée par-dessus.
9] Poudrez de sucre glace, ajoutez quelques framboises et les étoiles de badiane.

Tour de main

Assemblez au dernier moment et servez aussitôt, car le mille-feuille ne souffre pas l'attente. Vous pouvez aussi le découper en 6 petits gâteaux.

Photographié pages 162-163

Pâte de fruits à la banane et aux noisettes

PRÉPARATION 20 min
CUISSON 15 min
RÉFRIGÉRATION 3 h
POUR 6 à 8 personnes

4 bananes
200 g de pommes granny smith
100 g de noisettes
1 citron
15 cl de jus de pomme
40 g de gélifiant
600 g de sucre en poudre
10 g de beurre demi-sel
1 pincée de noix muscade en poudre
sucre cristallisé

1] Pressez le citron.
2] Épluchez les bananes, vous devez obtenir 250 g de chair.
3] Épluchez et retirez les cœurs des pommes.
4] Faites rapidement griller les noisettes au four ou dans une poêle à sec et concassez-les avec un rouleau à pâtisserie.
5] Broyez ensemble les bananes et les pommes au mixeur ou au moulin à légumes en ajoutant le jus de pomme et le jus de citron pour éviter qu'elles ne noircissent.
6] Mélangez le gélifiant et 100 g de sucre dans une terrine.
7] Mettez le beurre dans une casserole, faites-le fondre et ajoutez la pulpe de banane et de pomme, portez à ébullition en fouettant. Ajoutez le mélange gélifiant-sucre. Remuez bien pour que la préparation n'attache pas au fond de la casserole.
8] Après 1 minute de cuisson, versez la moitié du sucre restant, portez de nouveau à ébullition et ajoutez le reste du sucre (250 g). Continuez de tourner sans arrêt. Faire cuire pendant encore 8 minutes après la reprise de l'ébullition.
9] Ajoutez alors les noisettes grillées et concassées et la muscade en poudre.
10] Préparez une feuille de papier sulfurisé et posez dessus un cercle sans fond. Versez-y la pâte de banane puis laissez-la refroidir pendant 3 heures.
11] Découpez-la en carrés et roulez-les dans du sucre cristallisé.

Photographié pages 352-353

Sensation satine

PRÉPARATION 35 min
CUISSON 5 min environ
POUR 8 personnes

Pour la gelée d'orange
2 feuilles et demie de gélatine
12,5 cl d'eau minérale
250 g de marmelade d'orange
7,5 cl de jus de citron

Pour la gelée au yaourt
1 feuille et demie de gélatine
250 g de yaourt bulgare
30 g de sucre en poudre
1/2 g de zeste de citron jaune non traité

Pour la gelée de fruit de la Passion
3 feuilles de gélatine
20 fruits de la Passion
12 cl d'eau minérale
20 g de jus de citron
50 g de jus d'orange avec pulpe
80 g de sucre en poudre

1] Préparez la gelée d'orange. Mettez la gélatine à ramollir dans de l'eau froide. Faites tiédir l'eau minérale. Égouttez et séchez la gélatine. Faites-la fondre dans l'eau minérale et fouettez-y vivement la marmelade d'orange avec le jus de citron. Gardez au réfrigérateur.

2] Préparez la gelée au yaourt. Mettez la gélatine à ramollir dans de l'eau froide. Faites tiédir 50 g de yaourt. Égouttez et séchez la gélatine. Faites-la fondre dans le yaourt. Fouettez-y vivement le restant de yaourt avec le sucre et le zeste de citron. Gardez au réfrigérateur.

3] Préparez la gelée de fruit de la Passion. Mettez la gélatine à ramollir dans de l'eau froide. Fendez les fruits de la passion en 2. Retirez-en la pulpe, le jus et les graines. Pesez-les. Vous devez en obtenir 220 g. Faites tiédir l'eau minérale. Égouttez et séchez la gélatine. Faites-la fondre dans l'eau minérale. Fouettez-y vivement le jus de citron, la pulpe et le jus de l'orange, et le sucre. Gardez au réfrigérateur.

4] Disposez 8 gobelets en biais dans les alvéoles d'une boîte d'œufs. Répartissez dans chacun la gelée d'orange. Laissez gélifier à température ambiante. Tournez le gobelet de l'autre côté, toujours en biais, et répartissez-y la gelée de fruit de la Passion. Laissez gélifier à température ambiante.

5] Lorsque la gelée est prise, redressez les gobelets et répartissez-y la gelée au yaourt. Gardez au réfrigérateur.

Conseil gourmand

Au moment de servir, disposez une demi-coque de macaron pêche abricot safran (voir p. 446) sur le dessus de chaque gobelet.

Photographié pages 294-295

Soufflé à la cannelle, aux pommes, aux raisins et au curry

PRÉPARATION 45 min
CUISSON 15 + 20 + 30 min
RÉFRIGÉRATION 2 h
POUR 8 personnes

2 pommes granny smith
150 g de streusel *(voir p. 29)*

Pour la sauce aux raisins et au curry
80 g de raisins secs blonds
30 cl d'eau
30 g de miel d'acacia
3 lamelles de gingembre frais
1 pincée de sel
poivre du moulin
3 g de curry
5 g de fécule de maïs

Pour l'appareil à soufflé
1 citron non traité
6 œufs
50 cl de lait
50 g de fécule de maïs
125 g de sucre en poudre
3 cuill. à café de cannelle en poudre

1] Préparez d'abord la sauce aux raisins et au curry : dans une passoire, lavez les raisins à l'eau courante. Mettez-les dans une casserole avec l'eau, le miel, le gingembre, le sel et 3 tours de moulin à poivre et faites-les cuire à feu très doux pendant 15 minutes environ jusqu'à ce que les fruits soient bien gonflés. Égouttez-les dans un saladier, retirez les lamelles de gingembre et remettez le jus dans la casserole. Ajoutez le curry et la fécule de maïs. Portez à ébullition et versez sur les raisins. Gardez pendant 2 heures au réfrigérateur.

2] Préchauffez le four à 180 °C.

3] Préparez le streusel. Mettez-le sur une plaque à pâtisserie recouverte de papier sulfurisé et faites-le cuire pendant 18 à 20 minutes.

4] Préparez l'appareil à soufflé : râpez le zeste du citron et pressez le jus. Cassez les œufs et séparez les blancs et les jaunes. Confectionnez une crème pâtissière *(voir p. 58)* avec le lait, les jaunes d'œufs, la fécule de maïs, 100 g de sucre, la cannelle et le zeste.

5] Fouettez les blancs en neige avec le reste du sucre (25 g) et le jus du citron.

6] Faites bouillir la crème et ajoutez-y alors ces blancs montés.

7] Beurrez et poudrez de sucre 8 moules de 10 cm de diamètre. Répartissez dans chaque moule le streusel cuit puis l'appareil à soufflé.

8] Mettez les 8 moules au four à 180 °C pendant 25 à 30 minutes. Vérifiez la cuisson avec un couteau : il doit ressortir propre.

9] Épluchez et coupez les pommes en cubes, citronnez-les et ajoutez-les à la sauce aux raisins et au curry. Versez 1 ou 2 cuillerées à soupe de pommes aux raisins et au curry sur chaque soufflé et servez sans attendre.

Photographié pages 308-309

Tarte au café

PRÉPARATION 20 + 25 min
CUISSON 45 min environ
RÉFRIGÉRATION 1 h 30
POUR 6 à 8 personnes

300 g de pâte sucrée *(voir p. 19)*
300 g de pâte à biscuits à la cuillère *(voir p. 33 ; pour 4 disques, un seul est nécessaire pour la recette)*

Pour la crème Chantilly au café
50 cl de crème fraîche liquide
35 g de café moulu
20 g de sucre en poudre
1 feuille et demie de gélatine

Pour la ganache au café
22 cl de crème fraîche liquide
300 g de chocolat blanc
20 g de café moulu

Pour imbiber le biscuit
3 cl de café expresso très serré

Pour le décor
12 grains de café au chocolat

1] La veille, préparez la crème Chantilly au café. Ramollissez la gélatine dans de l'eau froide. Portez la crème à ébullition, retirez du feu et laissez-y infuser le café moulu pendant 2 minutes, puis filtrez dans un tamis. Égouttez et essorez les feuilles de gélatine. Faites-les fondre dans la crème et mélangez-y le sucre. Gardez au réfrigérateur.
1] Le jour même, préparez les disques de biscuit à la cuillère *(voir p. 33)*.
2] Préchauffez le four à 230 °C.
3] Tapissez de papier sulfurisé 2 plaques à pâtisserie de 30 sur 40 cm. Dessinez sur chaque feuille 2 cercles de 20 cm de diamètre. Versez la pâte dans une poche à douille lisse n° 7 et formez une spirale depuis le centre. Saupoudrez de sucre glace tamisé les cercles, attendez 5 minutes et répétez l'opération.
4] Enfournez et faites cuire successivement pendant 8 à 10 minutes. Laissez refroidir.
5] Retournez les disques de biscuit sur le papier sulfurisé, puis décollez le papier.
6] Badigeonnez de beurre un cercle de 22 cm de diamètre. Garnissez-le de pâte sucrée. Piquetez le fond de coups de fourchette. Gardez au réfrigérateur pendant 30 minutes.
7] Préchauffez le four à 180 °C.
8] Recouvrez la pâte d'une feuille de papier sulfurisé. Garnissez de haricots secs. Faites cuire la tarte pendant 15 minutes, retirez le papier et faites cuire pendant encore 10 minutes. Laissez refroidir sur une grille.
9] Préparez la ganache au café. Hachez le chocolat au couteau-scie et faites-le fondre au bain-marie. Portez la crème à ébullition, retirez du feu et mélangez avec le café. Laissez infuser pendant 2 minutes et filtrez aussitôt. Versez la crème en 3 fois sur le chocolat fondu tout en fouettant l'ensemble.
10] Sans attendre, garnissez le fond de tarte cuit d'une fine couche de ganache au café. Superposez le disque de biscuit. À l'aide d'un pinceau, imbibez-le de café. Garnissez avec le restant de ganache au café. Lissez. Gardez la tarte au réfrigérateur pendant 1 heure.
11] Fouettez la crème au café en crème Chantilly. Glissez-la dans une poche à grosse douille cannelée. Répartissez la crème en rosaces sur la tarte. Parsemez de grains de café au chocolat. Gardez au réfrigérateur. Sortez la tarte 1 heure avant de la servir.

Photographié pages 132-133

Tarte aux marrons et aux poires

PRÉPARATION 50 min
REPOS 1 h
CUISSON 45 min
POUR 4 à 6 personnes

350 g de pâte à foncer *(voir p. 16)*
70 g de pâte de marron
50 g de crème épaisse
10 cl de lait frais entier
2 cuill. à café de whisky pur malt
20 g de sucre en poudre
2 petits œufs
150 g de marrons cuits à sec
3 ou 4 poires bien mûres (passe-crassane ou beurré hardy)
le jus d'un demi-citron
3 feuilles de pâte à filo
20 g de sucre glace

1] Préparez d'abord la pâte à foncer et mettez-la au frais pendant 1 heure.
2] Préparez l'appareil à clafoutis : émiettez la pâte de marron dans un grand bol. Mélangez la crème et le lait et versez-les petit à petit dans le bol. Continuez de remuer avec un fouet pour que la préparation soit bien lisse.
3] Incorporez successivement le whisky, le sucre et les œufs. Gardez au frais.
4] Préchauffez le four à 200 °C.
5] Abaissez au rouleau la pâte à foncer sur une épaisseur de 2,5 mm et disposez-la dans un moule beurré de 22 cm de diamètre. Garnissez-le d'un papier sulfurisé et de noyaux d'abricots.
6] Enfournez et faites cuire à blanc pendant 15 minutes. Retirez le papier et les noyaux.
7] Lorsque le fond de tarte est refroidi, émiettez les marrons cuits dessus.
8] Épluchez, épépinez et coupez les poires en cubes dans un saladier. Mélangez-les avec le jus d'un demi-citron. Disposez les dés de poires en dôme sur les marrons.
9] Versez par-dessus l'appareil à clafoutis et cuisez pendant 35 minutes au four à 180 °C.
10] Dans un autre moule à tarte beurré, disposez en chiffon les feuilles de pâte à filo, poudrez de sucre glace et passez 3 minutes au four à 250 °C pour faire caraméliser.
11] Laissez la tarte refroidir. Posez dessus la chiffonnade de pâte à filo avant de servir.

Photographié pages 120-121

Index des recettes de A à Z

Les numéros de page en gras renvoient aux photographies des recettes illustrées.
Les numéros de page en italique renvoient aux préparations de base illustrées étape par étape.

Le niveau de difficulté est indiqué par des ◆ :
◆ signale les recettes faciles,
◆◆ correspondent aux recettes qui demandent un peu plus d'expérience,
◆◆◆ indiquent les recettes qui nécessitent une plus grande adresse ou un matériel spécifique.

RL *signale les recettes légères.*

A

B

C

D

E-F

G

I-J

K-L-M

N-O

P

Q-R

S

T

V-Z

Index des recettes par produit

Les numéros de page en gras renvoient aux photographies des recettes illustrées.
Les numéros de page en italique renvoient aux préparations de base illustrées étape par étape.

RL *signale les recettes légères*

Index des recettes légères

Les numéros de page en gras renvoient aux photographies des recettes illustrées.

◆ signale les recettes faciles,
◆◆ correspondent aux recettes qui demandent un peu plus d'expérience,
◆◆◆ indiquent les recettes qui nécessitent une plus grande adresse ou un matériel spécifique.

La composition nutritionnelle de ces recettes légères est indiquée à la fin de chaque recette
Pour celles qui comportent une pâte, il est toujours possible de substituer un édulcorant au sucre de l'appareil.

Remerciements

La rédaction remercie pour leur aimable contribution :
Monsieur Philippe Bourguignon,
Monsieur Rochat, Restaurant Girardet, 1023 Crissier, Suisse,
le CEDUS (Centre d'études et de documentation du sucre), 30, rue de Lübeck 75016 Paris

Crédits photographiques

Ingrédients et recettes filmées

Studiaphot © Coll. Larousse : p. 17, 18, 25, 26, 27, 28, 31, 35, 37, 39, 41, 42, 43, 44, 45, 46, 49, 51, 52, 56, 58, 60, 63, 66, 73, 74, 75, 77, 78, 79, 80, 83, 86, 102, 378, 379, 381, 384, 385, 386, 387, 388, 390, 391, 392, 394, 395, 396, 397, 398, 399, 400, 401, 402, 403, 404, 405, 406, 407, 408, 409, 410, 411, 412, 413, 414, 415, 416, 417, 418, 419, 420, 421, 422, 423, 424

Studio Vezelay © Coll. Larousse : p. 20, 21, 70, 71, 72, 76, 87

Photographies pleines pages

Bertherat N. © Coll. Larousse : p. 123, 128, 155, 171, 173, 186, 197, 209, 219, 233, 249, 297, 301, 328, 339, 355, 364, 369

Bloch-Lainé J.-L. © Bloch-Lainé : p. 439
Ginet P. © Coll. Larousse : p. 352, 360
Hall J.-B. © Coll. Larousse : p. 228

Rivière J.-F. © Coll. Larousse : p. 115, 131, 135, 141, 145, 147, 159, 167, 177, 179, 215, 237, 259, 269, 271, 283, 313, 325

Photographies doubles pages

Bertherat N. © Coll. Larousse : p. 132-133, 150-151, 182-183, 204-205, 222-223, 242-243, 274-275, 294-295, 330-331, 366-367
Bloch-Lainé J.-L. © Bloch-Lainé : p. 118-119, 162-163, 192-193, 212-213, 252-253, 262-263, 288-289, 306-307, 318-319, 344-345
Ploton O. © Coll. Larousse : p. 14-15, 110-111, 256-257, 332-333, 374-375

Les stylistes remercient pour leur participation

Maisons du Monde, Asa, Dîners en ville, la céramiste Claire de Lavallée,
Guy Degrenne, Jeannine Gros, Le Printemps de la maison.

Photogravure : GOUSTARD, Clamart et NORD-COMPO, Villeneuve-d'Ascq.
Imprimé en Espagne par GRAFICAS ESTELLA, Estella.
Dépôt légal : octobre 2009
303528/03 - 11012905 - août 2010